정신의학의 권력

Le pouvoir psychiatrique
Cours au Collège de France, 1973-1974 par Michel Foucault

정신의학의 권력

콜레주드프랑스 강의 1973~74년

미셸 푸코 지음 | 오트르망(심세광, 전혜리) 옮김

일러두기

1. 한국어판의 번역대본으로 사용한 프랑스어판, 그리고 각주를 첨부하거나 교열하는 과정에서 참조한 영어판, 일본어판의 서지사항은 아래와 같다.

   - 프랑스어판. *Le pouvoir psychiatrique: Cours au Collège de France, 1973-1974*, édition établie sous la direction de François Ewald et Alessandro Fontana, par Jacques Lagrange, Paris: Seuil/Gallimard, 2003.
   - 영어판. *Psychiatric Power: Lectures at the Collège de France, 1973-1974*, ed. Arnold I. Davidson, trans. Graham Burchell, New York: Palgrave Macmillan, 2008.
   - 일본어판. 『精神医学の権力: コレージュ·ド·フランス講義(1973~1974)』, 慎改康之 翻訳, 東京: 筑摩書房, 2006.

2. 프랑스어판에서 지은이가 이탤릭체로 강조한 대목은 모두 고딕체로 표시했다.

3. 본문과 각주의 '[ ]' 안에 있는 내용은 특별한 표시가 없는 한, 한국어판 옮긴이가 읽는 이들의 이해를 돕기 위해 덧붙인 것이다. 프랑스어판에는 푸코, 총서 편집자, 본서 편집자(자크 라그랑주)가 덧붙인 내용들이 따로 있는데, 해당 내용 뒤에 각각 '— M.F./Fr./J.L.' 등의 약자로 구분해 놓았다. 또한 영어판과 일본어판에서 덧붙여진 내용 역시 해당 내용 뒤에 각각 약자로 '— Eng./日.'처럼 명기했다.

4. 참조한 다른 판본들의 표현이 프랑스어판의 원래 표현과는 엄연히 다르지만 책의 내용을 이해하는 데 훨씬 더 도움이 된다고 판단된 경우에는 원래 표현 뒤에 '[ ]'를 붙여서 그 안에 해당 표현을 병기하고, 3번처럼 약자로 해당 표현의 출처를 명기했다.

5. 인명, 지명, 작품명은 국립국어원이 2002년 발간한 『외래어 표기 용례집』을 따랐다. 단, 이미 관례적으로 쓰이는 표기는 그대로 따랐다.

6. 단행본·전집·정기간행물·팸플릿·영상물·음반물·공연물에는 겹낫표(『 』)를, 논문·기고문·단편·미술 등에는 홑낫표(「 」)를 사용했다.

차 례

프랑스어판 편집자 서문

미셸 푸코는 안식년이던 1977년만 제외하고 1970년 12월부터 1984년 6월 사망할 때까지 줄곧 콜레주드프랑스에서 가르쳤다. 푸코의 강좌명은 '사유체계의 역사'Histoire des systèmes de pensée였다.

1969년 11월 30일 콜레주드프랑스 교수 총회에서 쥘 뷔유맹의 제안으로 개설된 이 강좌는 장 이폴리트가 죽을 때까지 맡았던 '철학적 사유의 역사'Histoire de la pensée philosophique를 대체한 것이었다. 1970년 4월 12일 교수 총회에서 푸코는 이 신규 강좌의 전임교수로 선출됐다.[1] 그때 푸코는 43세였다.

1970년 12월 2일 푸코는 교수취임 기념강의를 했다.[2]

콜레주드프랑스에서의 수업은 특이한 규칙에 따라 진행됐다. 교수들은 연간 26시간만 강의하면 됐다(그 시간수의 절반까지는 세미나 형태로 할 수 있었다).[3] 교수들은 매년 새로운 연구업적을 발표해야 했고, 매번

---

1) 푸코는 교수선발 서류심사용으로 작성해 제출한 소책자를 다음과 같은 말로 끝맺었다. "사유체계의 역사를 쓰는 일에 착수해야 할 것이다." Michel Foucault, "Titres et travaux," *Dits et Écrits*, t.1: 1954-1969, éd. Daniel Defert et François Ewald, avec collab. Jacques Lagrange, Paris: Gallimard, 1994, p.846.

2) 이 강의는 1971년 5월 『담론의 질서』라는 제목으로 갈리마르 출판사에서 출간됐다. Michel Foucault, *L'Ordre du discours*, Paris: Gallimard, 1971. [이정우 옮김, 『담론의 질서』(개정판), 중원문화, 2012.]

3) 1980년대 초까지 푸코는 그렇게 했다.

강의내용도 바꿔야 했다. 강의나 세미나 출석은 완전히 자유로워서 등록을 하거나 학위증을 제출할 필요가 전혀 없었다. 교수들도 학위증을 수여하지 않았다.[4] 콜레주드프랑스 식의 용어를 따르자면, 교수들은 학생을 가진 것이 아니라 청강생을 가지고 있었다.

푸코의 강의는 [몇몇 예외를 빼면] 1월 초부터 3월 말까지 매주 수요일에 열렸다. 학생, 교사, 연구자, 그리고 호기심으로 온 사람들과 많은 외국인들이 섞인 청강생의 숫자는 매우 많아서 콜레주드프랑스의 원형 강의실 두 개를 가득 메웠다. 푸코는 자신과 '청중' 사이의 거리가 너무 멀다고, 따라서 강의에 으레 따르는 상호교류가 이뤄질 수 없다고 가끔 불평했다.[5] 푸코는 정말로 공동의 작업장이 될 수 있는 세미나를 꿈꿨다. 그래서 여러 가지 시도를 해봤다. 말년에 가서는 강의가 끝난 뒤 청강생들의 질문에 답하는 데 오랜 시간을 할애하기도 했다.

1975년 『누벨옵세르바퇴르』 기자인 제라르 프티장은 그 분위기를 다음과 같이 적었다. "마치 물속에 뛰어드는 사람처럼 잰걸음으로 돌진하듯이 강단에 들어섰을 때, 푸코는 자기 의자에 당도하기까지 몇 사람을 타고 넘어야 했다. 그러고는 원고지를 놓기 위해 녹음기들을 한쪽 옆으로 밀고, 웃옷을 벗고, 램프에 불을 켠 뒤 시작하는 것이었다. 이 모든 것이 마치 시속 1백km처럼 신속했다. 이어서 우렁우렁하고 설득력 있는 목소리가 확성기를 통해 나왔다. 이 확성기는 석고 수반에서 올라오는 희미한 불빛으로 밝혀진 강의실에 유일하게 허락된 현대 문물이었다.

---

4) 콜레주드프랑스 안에서만 그랬다.

5) 1976년 푸코는 수강생의 숫자를 줄여보려고 강의시간을 오후 5시 45분에서 아침 9시로 옮겨봤지만 허사였다[푸코는 '9시 30분'이라 말했다]. Michel Foucault, *"Il faut défendre la société": Cours au Collège de France, 1975-1976*, éd. s. dir. François Ewald et Alessandro Fontana, par Mauro Bertani et Alessandro Fontana, Paris: Galli-mard/Seuil, 1997, pp.4~5. [김상운 옮김, 『"사회를 보호해야 한다": 콜레주드프랑스 강의, 1975~76년』, 도서출판 난장, 2015, 16~18쪽.]

좌석은 3백 개였지만 5백 명이 입추의 여지없이 부대끼며 자리를 메웠다. …… 푸코의 말은 전혀 웅변조가 아니었다. 투명하고 무섭도록 설득력이 있었다. 즉흥성에는 한 치의 틈도 허락하지 않았다. 푸코는 바로 전해 자신이 수행한 연구의 의미를 설명하기 위해 1년에 12시간 공개강좌를 가졌다. 그래서 푸코는 최대한 압축했고, 마치 기사를 다 쓰고 난 뒤에도 아직 쓸 말이 너무 많이 남아 있는 기자처럼 여백을 가득 메웠다. 오후 7시 15분 푸코는 강의를 끝냈다. 학생들이 푸코의 책상으로 모여들었다. 푸코에게 말을 하기 위해서가 아니라 녹음기를 끄기 위해서였다. 질문은 없었다. 혼잡한 청강생들 틈에서 푸코는 혼자였다." 푸코는 자기 강의에 대해 이렇게 말했다. "제 가설을 토론에 부쳐야 하는데 그렇게 하질 못했습니다. 가끔, 예컨대, 강의가 좋지 않을 때면 별것 아닌 것, 질문 하나만 있어도 상황[강의]을 바로 잡을 수 있을 텐데 말이죠. 그러나 그런 질문은 한 번도 나오지 않았어요. 프랑스에서는 집단 효과 탓에 토론이 불가능합니다. 되돌아오는 수로水路가 없으니 강의는 연극처럼 되어버리죠. 저로서는 청중 앞에서 배우, 아니면 곡예사가 될 수밖에요. 그리고 강의가 끝나면 말할 수 없는 고독에 휩싸입니다."[6]

푸코는 연구자의 자세로 강의에 임했다. 도래할 책을 위한 탐사요 문제화 영역의 개간이기도 했던 푸코의 강의는 미래의 연구자에게 부치는 초대장처럼 정식화됐다. 그래서 콜레주드프랑스에서의 강의는 이미 출간된 푸코의 어느 책과도 겹치는 부분이 없다. 비록 책과 강의가 공통의 주제를 다루고 있더라도 강의는 그 어떤 책의 밑그림도 아니다. 강의는 고유의 지위를 지니고 있다. 강의는 푸코가 행한 '철학적 행동'의 전체 속에서 특별한 담론적 체제에 속한다. 특히 푸코는 강의에서 지식과 권력의 관계를 다루는 계보학 프로그램을 전개했다. 푸코는 1970년대 초

6) Gérard Petitjean, "Les Grands Prêtres de l'université française," *Le Nouvel Observateur*, 7 avril 1975.

부터 그때까지 자신을 지배했던 담론 형성의 고고학 작업과는 반대로, 이 계보학 프로그램에 따라 자신의 작업을 성찰하기 시작했다.[7]

매 강의는 시사적인 기능도 있었다. 강의를 들으러 오는 청강생들은 매주 짜임새 있게 전개되는 이야기에만 매료된 것은 아니었다. 그 내용의 탄탄한 논리에만 사로잡힌 것도 아니었다. 청강생들은 강의에서 시사 문제에 대한 명쾌한 설명을 발견할 수 있었다. 푸코에게는 시사 문제를 역사와 대각선으로 잇는 탁월한 재주가 있었다. 푸코가 프리드리히 니체나 아리스토텔레스를 말하고, 19세기의 정신감정서나 그리스도교의 전원시를 평가할 때면 청강생들은 항상 거기에서 현재를 비추는 조명, 또는 당대의 사건에 대한 설명을 이끌어낼 수 있었다. 그러므로 푸코가 강의에서 보여준 강점은 학자적인 박학과 개인적인 현실 참여, 그리고 시사적인 사건에 대한 연구를 절묘하게 교차시킨 점에 있다.

1970년대에는 카세트 녹음기가 크게 발달하고 완성된 탓에 푸코의 책상도 예외 없이 녹음기의 침입을 받았다. 푸코의 강의(그리고 몇몇 세미나)가 그렇게 해서 보존됐다.

우리의 책은 푸코가 공적으로 행한 말만을 그 전거로 삼는다. 가능한 한 글자 그대로 옮기려고 애썼다.[8] 우리는 푸코의 말을 있는 그대로 독자들에게 전달하고 싶었다. 그러나 말을 글로 옮기는 작업은 편집자의 개입을 불가피하게 만든다. 적어도 구두점을 찍고, 문단을 나누는 일

---

7) Michel Foucault, "Nietzsche, la généalogie, l'histoire," *Dits et Écrits*, t.2: 1970-1975, éd. Daniel Defert et François Ewald, avec collab. Jacques Lagrange, Paris: Gallimard, 1994, p.137. [이광래 옮김, 「니체, 계보학, 역사」, 『미셸 푸코: 광기의 역사에서 성의 역사까지』, 민음사, 1989, 330쪽.]

8) 특히 우리는 질베르 뷔를레와 자크 라그랑주가 콜레주드프랑스와 현대출판기록소(Institut mémoires de l'édition contemporaine)에 맡긴 녹음테이프를 사용했다.

은 해야 한다. 그러나 실제로 행해진 강의에 가능한 한 근접해 있으려는 것이 우리의 원칙이었다.

불가피한 경우에는 중복과 반복 부분을 삭제했다. 중간에서 중단된 문장들은 복원했고, 부정확한 구문은 교정했다.

말줄임 부호(……)는 해당 부분의 녹음 내용이 들리지 않는다는 것을 뜻한다. 문장이 불분명할 경우에는 괄호([ ]) 안에 그 내용을 추측해 넣어 완성하거나 첨언을 넣었다.

푸코가 사용한 강의원고[노트]와 실제로 말한 내용[단어들]이 현저히 차이 날 때에는 해당 부분에 별표(*)를 치고 그 차이를 해당 쪽수의 아래에서 밝혀 놓았다.

인용문들은 확인하고 나서 실었고, 푸코가 참조한 텍스트 역시 그 서지사항을 밝혀 놓았다. 비판 장치는 불명료한 점을 해명하거나 어떤 암시를 분명하게 밝힐 때, 또는 비판적 논점을 정확히 하기 위해서만 제한적으로 사용했다.

독서를 돕기 위해 각 강의 앞에 해당 강의의 주요 논점을 알려주는 간단한 개요를 붙여뒀다.

매 권의 말미에는 『콜레주드프랑스 연감』에 수록된 해당 강의의 요지를 덧붙여 놓았다. 푸코는 대개 강의가 끝난 직후인 6월에 이 강의요지를 작성했다. 푸코에게 있어서 이 강의요지는 자기 강의의 의도와 목적을 돌이켜보는 기회였다. 그러니까 이 강의요지야말로 푸코의 강의에 대한 최상의 소개인 셈이다.[9]

매 권의 말미에는 해당 강의의 편집자가 책임을 지고 집필한 「강의정황」이 붙어 있다. 이 글은 해당 강의를 푸코의 출판된 저서들 속에 자

---

9) 1973~74년 강의의 요약은 이전에 출판된 바 있다. *Annuaire du Collège de France, 74e année: Histoire des systèmes de pensée, année 1973-1974*, 1974, pp.293~300; Michel Foucault, *Dits et Écrits*, t.2: 1970-1975, éd. Daniel Defert et François Ewald, avec collab. Jacques Lagrange, Paris: Gallimard, 1994, pp.674~685.

리매김하고, 해당 강의가 푸코에 의해 사용된 여러 자료들 가운데서 차지하는 지위를 밝혀주는 전기적·이데올로기적·정치적 맥락에 대한 정보를 독자들에게 제공해준다. 이렇게 함으로써 우리는 독자들의 이해를 돕고, 각 강의가 준비되고 행해졌던 상황이 망각되어 불러일으킬지도 모를 오해를 미리 피하려고 했다.

1973~74년 행해진 강의를 모은 『정신의학의 권력』은 자크 라그랑주가 편집을 맡았다.

⚜

콜레주드프랑스 강의록의 출간으로 푸코의 '작품'이 지닌 새로운 측면이 빛을 보게 됐다.

본래의 의미에서 콜레주드프랑스 강의록은 미공개 원고라고 볼 수 없다. 왜냐하면 푸코가 공적으로 행한 말을 전재한 것이기 때문이다. 그러나 푸코가 매우 공들여 작성해 강의에서 활용한 노트 자료는 예외이다. 푸코의 강의원고를 가지고 있는 다니엘 드페르는 우리 편집자들에게 그 강의원고를 볼 수 있도록 해줬다. 심심한 감사를 드린다.

콜레주드프랑스 강의록의 출판은 푸코의 상속인들의 동의를 얻어 이뤄졌다. 상속인들은 프랑스와 외국에서 푸코의 강의록을 원하는 많은 사람들의 열망에 부응하기 위해 이런 결정을 내렸다. 물론 신뢰할 수 있는 조건 속에서 작업이 이뤄져야 한다는 전제가 붙었다. 우리 편집자들은 상속인들의 신뢰에 답할 수 있도록 최대한의 노력을 기울였다.

프랑수아 에발드
알레산드로 폰타나

강 의
1973~74년

1강. 1973년 11월 7일

정신요양원 공간과 규율적 질서 | 치료적 조작과 '도덕요법' | 치유의 무대 | 『광기의 역사』와 관련해 이 강의가 행한 문제의 변환: (1) '표상'의 분석에서 '권력의 분석론'으로, (2) '폭력'에서 '권력의 미시물리학'으로, (3) '제도적 규칙성'에서 권력의 '조치'로

올해 강의에서 제안드리려는 주제는 정신의학의 권력입니다. 제가 작년 재작년 두 해에 걸쳐 논의했던 것과 이 주제 간에는 약간의 불연속성이 있지만 완전히 불연속적이지만은 않다고 생각합니다.

우선 여러분께서 금세 아실 수 있고 익숙하시기도 할 무대장치가 있는, 일종의 가공의 무대를 소개하는 것으로 시작하겠습니다.

"이 요양소들이 마치 그랑드-샤르트뢰즈 수도원처럼 신성한 숲 속에, 고독하고 가파른 곳에, 거대한 동요의 중심에 세워졌으면 좋겠다. 새로 온 사람은 장치를 통해 내려가고, 목적지에 도착하기 전에는 항시 새롭고 놀라운 장소를 통과하며, 그곳의 관리인들은 특수한 복장을 하는 것이 종종 유용하리라 본다. 이곳에는 낭만주의자가 어울린다. 그리고 나는 아름답고 작은 산골짜기에 이르기 위해, 언덕을 관통하는 동굴을 등지고 있는 낡은 성들을 이용할 수도 있었을 것이라고 생각했다. …… 마술환등과 물리학적 수단, 음악, 물, 번개, 천둥 등이 차례로 사용될 것이고, 그것은 대다수의 사람들에게 상당히 성공적일 수 있다."[1]

---

1) François-Emmanuel Fodéré(1764~1835), "Plan et distribution d'un hospice pour la guérison des aliénés"(VIe section, chap.2), *Traité du délire, appliqué à la médecine, à la morale et à la législation*, t.II, Paris: Croullebois, 1817, p.215.

⚜

이 성은 『소돔의 120일』[2]이 전개되는 성과 완전히 같은 곳은 아닙니다. 이 성에서는 120일보다 많은 날들이, 거의 무한한 날들이 전개되고, 1817년에 프랑수아-엠마뉘엘 포데레는 이 성을 이상적인 정신요양원으로 묘사했습니다. 이 무대장치 내부에서 무슨 일이 일어나는 것일까요? 이 무대장치 내부에서는 물론 질서가 군림하고 법이 군림하며 권력이 군림합니다. 이 무대장치 내부에서는, 여러 산들로 둘러싸이고 낭만적인 무대장치에 의해 보호받는 이 성 안에서는, 복잡한 장치를 통해서만 접근할 수 있는 이 성 안에서는, 그 외관만으로도 대부분의 사람들을 놀라게 할 이 성 안에서는 우선 단순히 하나의 질서가 지배합니다. 그것은 시간, 활동, 몸짓 등의 항구적이고 항상적인 규제라는 단순한 의미에서의 질서입니다. 그것은 신체를 포위하고 신체에 침투하며 신체를 작동시키는 질서, 신체의 표면에 적용될 뿐만 아니라 신경 속에까지, 그리고 어떤 사람이 "뇌의 말랑말랑한 섬유"[3]라고 부른 것 안에까지 각인되는 질서입니다. 그러므로 이 질서에서 신체는 가로질러야 할 평면, 가공해야 할 입체일 뿐입니다. 이 질서는 신체에 기생하고 신체를 가로지르는 거대한 지시명령의 잎맥nervure 같은 것으로서의 질서인 것입니다.

필립 피넬은 이렇게 쓰고 있습니다. "정신이상자를 위한 요양소에서 내가 정숙과 질서의 유지에 부여하는 극도의 중요성, 그리고 이를 위한 감시가 요구하는 신체적이고 도덕적인 자질에 부여하는 극도의 중

2) Donatien Alponse François de Sade(1740~1814), "Les Cent vingt journées de Sodome, ou l'Ecole du libertinage"(1785), *Oeuvres complètes*, t.XXVI, Paris: Jean-Jacques Pauvert, 1967. [김문운 옮김, 『소돔의 120일』(제2판), 동서문화사, 2012.]

3) "가장 강건한 왕국들의 확고한 토대는 뇌의 말랑말랑한 섬유(les molles fibres du cerveau)에 기초한다." Josephe Michel Antoine Servan(1737~1807), *Discours sur l'administration de la justice criminelle*, prononcé par Monsieur Servan, Genève: [s.n.,] 1767, p.35; rééd., in Cesare Beccaria, *Traité des délits et des peines*, trad. Pierre-Joseph-Spiridion Dufey, Paris: Dulibon, 1821.

요성에 놀라지 마라. 왜냐하면 바로 그곳에 조광증 치료의 근본적 토대들 중 하나가 있기 때문이고, 또 가장 효과적이라 여겨지는 약을 아무리 사용해본다 한들, 감시가 없다면 정확한 관찰도, 지속적인 치료도 확보할 수 없기 때문이다."[4]

즉 보시다시피 다음의 두 가지 것들에는 신체의 내부에까지 적용되는 일정한 질서, 일정한 규율, 일정한 규칙성이 필요하다는 것입니다.

한편으로는 의학적 지식의 구축 자체에 이런 질서, 규율, 규칙성이 필요하게 됩니다. 왜냐하면 이 규율과 질서 없이, 또 규칙성의 명령적 도식 없이는 정확한 관찰이 불가능하기 때문입니다. 의학적 시선의 이런 조건, 그 중립성, 의학적 시선이 대상에 접근할 수 있는 가능성, 요컨대 의학적 지식과 그 유효성의 기준을 구축하는 객관적 관계는 일정한 질서적 관계, 시간, 공간, 개인의 일정한 배분을 그 실제적 가능성의 조건으로 갖습니다. 나중에 재론하겠지만 솔직히 말해 우리는 개인들에 대해서는 논의할 수 없습니다. 그냥 신체, 몸짓, 행실, 담론의 일정한 배분을 논의하도록 합시다. 의학적 시선과 그 대상이 맺는 관계, 요컨대 객관적 관계, [즉] 규율적 질서로 구성된 일차적 분산 효과로서 제시되는 관계 같은 어떤 것이 가능하기 위해 근거가 되는 영역은 바로 이런 규칙화된 분산 내에서 발견됩니다. 두 번째로 피넬의 텍스트에서 정확한 관찰을 위한 조건으로 등장하는 이 규율적 질서는 동시에 항구적인 치료의 조건이기도 합니다. 다시 말해 치료적 조작 그 자체, 요컨대 병자로 간주되는 어떤 사람이 더 이상 아프지 않다는 기준이 되는 이 변화는 이 권력의 규칙화된 배분 내에서만 행해질 수 있는 것입니다. 그러므로 대상과 맺는 관계의 조건, 의학적 인식의 객관성의 조건과 치료적 조작의 조건은

---

4) Philippe Pinel, *Traité médico-philosophique sur l'aliénation mentale, ou la Manie*, Paris: Richard, Caille et Ravier, 1800, pp.95~96. 제2절(「정신이상자의 도덕요법」 ["Traitement morale des aliénés"]), 23항("정신이상자 요양소에서 항구적 질서를 유지해야 할 필요성"[Nécessité d'entretenir un ordre constant dans les hospices des aliénés]).

동일합니다. 그것은 규율적 질서입니다. 그러나 이 공간의 내적 질서가 정신요양원의 모든 공간을 무차별적으로 짓누르고 있긴 해도 사실은 어떤 비대칭이 이와 같은 내적 질서를 관통하고 있으며 처음부터 끝까지 이 질서에 영향을 미치고 있습니다. 이 비대칭은 이런 질서가 정신요양원의 내부이자 동시에 시간, 신체, 몸짓, 행실 등의 규율적 배분과 분산이 일어나는 시발점이기도 한 유일한 심급에 강압적으로 병합되게 만듭니다. 정신요양원에 내재하는 이런 심급은 그 무엇도 거기에 저항할 수 없고 저항해서도 안 되는 무제한의 권력을 동시에 갖고 있습니다. 접근 불가능하고 대칭이 존재하지도 않으며 상호성이 존재하지도 않는 이런 심급은 이렇게 권력의 원천으로서 기능하고, 질서의 본질적인 비대칭적 요소로서 기능합니다. 바로 이런 심급이 이 질서를 비상호적인 권력관계로부터 항시 파생하는 질서로 만드는 것입니다. 이 심급은 물론 의학적 심급입니다. 앞으로 보게 되시겠지만 이 의학적 심급은 지식으로 기능하기 이전에 바로 권력으로 기능하는 것입니다.

도대체 이 의사는 누구일까요? 제가 앞서 언급한 놀라운 장치들에 의해 일단 환자가 정신요양원에 실려오면 의사가 출현합니다. 물론 이런 모든 묘사는 허구적입니다. 제가 정신과 의사 한 명에게서가 아니라 여러 텍스트들에서 출발해 이 묘사를 구축했다는 의미에서 말입니다. 사실 그것이 한 사람의 텍스트라면 제 논증은 가치가 없을 것입니다. 저는 포데레의 『착란론』, 조광증에 관한 피넬의 『정신이상에 관한 의학적-철학적 논설』, 장-에티엔 도미니크 에스키롤의 『정신질환에 관하여』[5]에 수록된 논문들, 존 헤이슬럼[6]의 텍스트를 이용했습니다.

---

5) Jean-Étienne Dominique Esquirol(1772~1840), *Des maladies mentales considérées sous les rapports médical, hygiène, et médico-légal*, 2 vol., Paris: J.-B. Baillière, 1838.

6) John Haslam(1764~1844), *Observations on Insanity with Practical Remarks on the Disease, and an Account of the Morbid Appearances on Dissection*, London: F. & C. Rivington, 1798(이 책의 다음의 증보판에 재수록됐다. *Observations on Madness and*

그렇다면 이 비대칭적이고, 무제한적이며, 정신요양원의 보편적 질서를 관통하고 있고, 또 이 질서에 영향을 주는 권력의 심급은 어떻게 모습을 드러내는 것일까요? 이 심급이 포데레의 1817년 텍스트 『착란론』에서 어떻게 모습을 드러내고 있는지 이제 소개해드리도록 하겠습니다. 이 텍스트는 19세기 정신병리학의 원시 역사에서 굉장히 풍요로웠던 시기에 쓰여졌습니다. 에스키롤의 그 위대한 텍스트[7]가 출간된 것도 1818년이고 정신의학적 지식이 의학의 영역에 들어옴과 동시에 전문 분야로서의 독자성을 확보하는 것도 이 시기입니다. "건장한 신체, 즉 위엄 있는 남성적 신체는 아마 일반적으로 우리의 작업이 성공하기 위한 일차적 조건들 가운데 하나일 것이다. 그것은 특히나 광인들을 제압하는 데 필수적이다. 갈색머리 혹은 연륜으로 센 백발, 매서운 눈매, 당당한 자태, 힘과 건강을 예시하는 팔다리와 가슴, 또렷한 이목구비, 강력하고 표현력이 풍부한 목소리 같은 것들은, [자기가] 다른 모든 이들 위에 있다고 생각하는 개인들에게 일반적으로 강력한 효과가 있다. 신체를 규제하는 것은 아마도 정신일 것이다. 그러나 정신은 눈에 보이는 최초의 것이 아니다. 그렇기 때문에 일반 대중의 마음을 훈련시키려면 정신의 외적 형태가 필요하다."[8]

따라서 보시는 것처럼 의사라는 인물 자체가 먼저 최초의 시선으로 기능합니다. 그러나 정신병리학적 관계가 형성되는 출발점으로서의 이 최초의 시선에서 의사는 본질적으로 신체입니다. 더 정확히 말해서 이

Melancholy, London: John Callow, 1809); *Considerations on the Moral Management of Insane Persons*, London: R. Hunter, 1817.

7) Jean-Étienne Dominique Esquirol, *Des établissements consacrés aux aliénés en France, et des moyens d'améliorer le sort de ces infortunés* (Mémoire présenté au ministre de l'intérieur en septembre 1818), Paris: Impr. de Mme Huzard, 1819; 다음의 책에 재수록. *Des maladies mentales*……, op. cit., t.II, pp.399~431.

8) Fodéré, "Du choix des administrateurs, des médecins, des employés et des servants" (VIe section, chap.3), *Traité du délire*, op. cit., t.II, pp.230~231.

때의 신체란 용모, 어떤 종류의 특징, 근육의 크기나 가슴의 넓이 혹은 머리색 등에 의해 명확히 규정되는 어떤 종류의 외형입니다. 정신요양원의 규칙적 질서 내에서 이 특질들과 더불어 절대적 비대칭 조항으로 기능하는 이 신체적 현전으로 인해 정신요양원은, 심리사회학자들이 우리에게 말하는 것 같은, 규칙에 따라 작동하는 제도가 아니게 됩니다. 사실 정신요양원은 권력에 본질적인 비대칭을 통해 양극화된 공간이고, 바로 의사의 신체에서 그 형태와 얼굴을 드러내며 의사의 신체 속에 각인된 공간인 것입니다.

물론 의사의 이 권력이, 행사되는 유일한 권력은 아닙니다. 왜냐하면 다른 어디서나 마찬가지이지만, 정신요양원에서도 권력은 누군가가 보유하는 것이 아니며, 누군가로부터 발원하는 것은 더더욱 아니기 때문입니다. 권력은 어떤 사람이나 집단에 속하는 것이 아닙니다. 분산, 중계, 망, 상호지지, 잠재력의 차이, 격차 등이 존재하기 때문에 비로소 권력이 존재하는 것입니다. 권력이 기능하기 시작할 수 있는 것은 이 차이들의 체계 내에서라는 것을 분석할 필요가 있습니다.

그래서 의사 주변에는 일련의 중계 지점들이 있는데, 그것들 가운데 중요한 것은 다음과 같습니다.

먼저 간수들이 있습니다. 포데레는 간수들에게 우선 환자들에 대한 정보를 가져오는 임무를 부여합니다. 무장하지도 않았고 박식하지도 않은 시선이 되는 임무, 그것을 통해 정신과 의사 자신의 박식한, 즉 객관적인 시선이 작동하는 데 필요한 일종의 시각적 경로가 되는 임무를 부여하는 것입니다. 간수들에 의해 확보되는 이 중계적 시선은 또한 권위의 마지막 고리를 쥐고 있는 간병인들에게 영향을 미치는 시선입니다. 따라서 간수는 말단 장들의 우두머리이고, 간수의 담론·시선·관찰·보고서는 의학적 지식의 구축을 가능케 해야 합니다. 간수는 무엇일까요? 간수는 어떤 방식으로 존재해야 할까요? "조광증 환자의 간수에게서는 균형 잡힌 신체, 힘과 원기로 충만한 근육, 경우에 따라서는 자신감 있고 대담한 자태, 필요하다면 우레와 같은 목소리가 찾아져야 한다. 뿐만 아니라 간수는 엄격한 성실성, 순결한 생활습관, 부드럽고 설득력 있는 형식과 양립가능한 단호함 …… 그리고 의사의 명령에 절대적으로 복종하는 자태를 갖춰야 한다."[9)]

중계 지점은 몇 개는 건너뛰겠습니다. 결국 마지막 계층은 아주 이상한 권력을 쥔 간병인들로 구성되어 있습니다. 사실 간병인은 이 망網, 즉 의사의 권력으로부터 정신요양원을 주파하는 잠재적 차이의 마지막 중계 지점입니다. 그래서 간병인은 밑바닥의 권력입니다. 그러나 단지 이 위계질서의 말단 등급에 있기 때문에 밑바닥이라는 것이 아닙니다. 환자 밑에 있어야 하기 때문에 밑바닥이라고 하는 것이기도 합니다. 간병인은 자기보다 상위에 있는 간수들에게 봉사하기보다는 환자들에게 봉사해야 합니다. 그리고 환자들에게 봉사하는 지위에서 간병인은 사실상 환자들에게 봉사하는 시늉만을 해야 한다는 것입니다. 간병인은 겉보기에는 환자들의 명령에 복종하며 그들을 물질적으로 돕지만, 그렇게 함으로써 한편으로는 간수들과 의사들처럼 위에서 관찰하는 대신에 환자들의 행동을 뒤에서, 아래에서, 환자들이 명령하는 수준에서 관찰할 수 있습니다. 따라서 환자들은 자신들의 일상생활 수준에서, 또 자신들이 행사하는 의지와 자신들이 갖고 있는 욕망들의 거의 내적인 측면에서 자신들을 응시하는 간병인들에게 포위됩니다. 그리고 간병인은 보고할 만한 가치가 있는 것을 간수에게 보고할 것이고, 간수는 그것을 의사에게 보고할 것입니다. 또 이와 동시에 간병인은 수행되어서는 안 될 명령을 환자들로부터 받았을 때 환자들에게 봉사하고 복종하는 척하면서, 따라서 독자적인 의지가 없는 척하면서, [하지만] 규정이라는 거대한 익명적 권위에 준거해, 더 나아가서는 의사의 특별한 의지에 준거해, 환자가 요구하는 바를 들어주지 말아야 하는 임무를 띤 사람입니다. 그

9) Fodéré, *Traité du délire*, t.II, p.237.

결과 간병인의 관찰에 포위된 처지에 놓인 환자는 자신이 간병인에게 명령을 내릴 때에조차 만나게 되는 의사의 의지에 포위되고, 또 이 봉사의 시늉 속에서 의사의 의지 혹은 정신요양원의 일반 규칙에 확실하게 포위되는 것입니다.

이 포위하는 위치에 있는 간병인들에 대한 묘사는 이렇습니다.

"398항. 간병인이나 간수는 키가 크고 힘이 세며 성실하고 영리하며, 복장뿐만 아니라 인격적인 면에서도 청결한 사람으로 정해야 한다. 몇몇 조광증 환자의 극단적인 감수성을 신중하게 다루려면 간병인은 환자의 눈에 간수이기보다는 마치 하인처럼 보일 필요가 있다. …… 하지만 간병인들이 광인들에게 복종해서는 안 되고 또 간병인들이 종종 환자들을 억압해야 하기 때문에, 복종의 거부와 하인의 관념을 일치시키고 모든 알력을 배격하기 위해서, 간수는 환자들에게 그들을 시중드는 사람들이 의사의 즉각적인 허가를 얻지 못하면 넘어설 수 없는 어떤 훈령과 명령을 받았음을 교묘히 암시할 책임이 있다."[10]

그러므로 정신요양원 안에서 작동하며 일반적인 규칙체계를 왜곡하는 권력체계가 있습니다. 즉 다수성, 분산, 차이와 위계의 체계를 통해, 하지만 더 정확히는 상이한 개인들이 그 안에서 한정된 자리를 점유하고 상당수의 분명한 직분을 그 안에서 확보하는, 소위 전술적 장치를 통해 확보되는 권력체계가 있습니다. 따라서 거기에는 권력의 전술적 작동이 있고, 또 이 전술적 운용이 권력의 행사를 가능케 해줍니다.

그리고 정신요양원에서 관찰을 얻어낼 수 있는 가능성에 대해 피넬이 한 말을 재검토해보신다면 정신의학적 담론에 객관성과 진리를 확보해주는 이 관찰이 상대적으로 복잡한 전술적 운용에 의해서만 가능하다는 사실을 알게 되실 것입니다. 저는 "상대적으로 복잡"하다고 했는데, 그 이유는 제가 그것과 관련해 말씀드렸던 것이 여전히 너무 도

10) Fodéré, *Traité du délire*, t.II, pp.241~242.

식적이기 때문입니다. 그러나 사실상 이런 전술적 전개가 실제로 있다면, 또 결국 관찰 같이 단순한 어떤 것에 도달하기 위해 많은 주의를 기울여야 한다면, 그것은 분명 이 규칙화된 정신요양원 공간에 무엇인가 위험한 것, 어떤 힘 같은 것이 있기 때문입니다. 권력이 이렇게 수많은 계략과 더불어 전개된다면, 아니 오히려 규칙화된 이 세계가 이 세계를 왜곡하고 비트는 그런 종류의 권력의 중계자들에 의해 점유된다면, 그것은 필시 이 공간의 심장부에, 제압하고 정복해야 할 위협적인 권력이 있다는 것이겠죠.

달리 말해서 이런 전략적 운용의 상황에 처하게 되면 인식, 병의 진실, 그리고 그 치료가 문제시되기에 앞서, 아니 오히려 그렇게 되기 위해 우선적으로, 제압이 문제시될 수밖에 없습니다. 그러므로 이 정신요양원에서 실제적으로 조직된 것은 싸움터입니다.

제압되어야 할 것은 당연히 광인입니다. 저는 앞서 광인이란 자기가 "다른 모든 이들 위에 있다"[11]고 생각하는 자라는, 광인에 대한 포데레의 이상한 정의를 인용했습니다. 사실 바로 이렇게 광인은 19세기 초에 정신의학적 담론과 실천 내부에서 출현합니다. 그리고 우리가 이미 논의한, 광기를 정의하고 지정하기 위한 기준, 즉 착오라는 기준이 소거되는 중대한 전기와 분할이 바로 여기서 재발견됩니다.

대략 18세기 말까지, 비세트르나 샤랑통 같은 구빈원 내에서 개인들[을 둘러싸고 행해진]* 경찰 보고서, 봉인장, 심문 등까지를 포함해 누군가가 미쳤다고 말하고 광기를 지정하는 것은 항시 그가 어디에서, 어떤 점에서, 어떤 방식으로, 어느 한도까지 착오를 범했다고 말하는 것이었습니다. 그리고 실은 신념의 체계가 광기를 특징지었다고 할 수 있습니다. 그러나 돌연 19세기 초에 완전히 다른 식별·결정 기준이 출현합니

11) Fodéré, *Traité du délire*, t.II, p.230.

* 녹음기에는 "(에게) 행해진"(faits)이라고 기록되어 있다.

다. 이를테면 그것은 힘의 폭발, 즉 광인에게서 발견되는 어떤 제압되지 않은, 아마도 제압할 수 없는 힘의 폭발입니다. 저는 의지라고 말할까 했지만, 이것은 정확하지 않습니다. 그리고 이 힘은 그것이 적용되는 영역과 그것이 폭발하는 장에 따라 크게 네 가지 형태를 취합니다.

우선 개인의 순수한 힘이 있는데, 전통적인 구분에 따르자면 그것은 '흉포함'furieux이라 불리는 것입니다.

두 번째로 그것이 본능과 정념에 적용되는 경우에, 흉포한 본능의 힘과 한없는 정념의 힘이 있습니다. 바로 이것이 착오라는 광기가 아닌 또 다른 광기를 특징짓게 될 것입니다. 그것은 감각의 환상이나 그릇된 신념, 환각을 전혀 동반하지 않는 광기, 요컨대 착란 없는 조광증이라고 불리는 광기입니다.

세 번째로 관념 그 자체에 적용되는 일종의 광기가 있는데, 그것은 관념들을 뒤죽박죽이 되게 하고 정합적이지 못하게 하며 서로 충돌시킵니다. 사람들은 이것을 조광증이라고 부릅니다.

마지막으로는 이렇게 동요하고 상호충돌하는 일반적인 관념들의 영역이 아니라 무한대로 강화되어 환자의 행동, 담론, 정신 속으로 집요하게 들어오는 광기의 힘이 있습니다. 사람들은 이것을 멜랑콜리 혹은 편집증이라고 부릅니다.

그리고 19세기 초 정신요양원 실천의 첫 대대적 분할은 요양원 내부에서 일어나고 있던 바를 정확히 묘사합니다. 다시 말해 광인의 착오를 적발하는 것이 중요한 게 아니라 광기의 폭발하는 힘이 돌출하는 지점을 정확히 파악하는 것, 요컨대 어떤 지점에서, 어떤 영역에서, 무엇과 관련해 힘이 폭발하고 출현하며 개인의 행동을 완전히 동요시켜버리는지를 정확히 파악하는 것이 관건이 된다는 것입니다.

결과적으로 정신요양원의 일반적 전술은, 또 더 특수한 방식으로 의사가 권력의 보편적 틀 내에서 이러저러한 환자에게 적용할 개별적 전술은, 이 힘의 폭발과 파열의 특징을 파악하고 그 위치를 설정하며 그 적용영역을 파악하는 데 적합해지고 또 적합해져야 합니다. 따라서 바로 이것이 정신요양원 전술의 목표이자 적이라면, 즉 광기의 거대한 폭발력이 그 적이라면, 이 힘을 제압하는 것 말고 그 무엇을 치료라 할 수 있겠습니까? 이렇게 우리는 피넬에게서 정신의학적 치료의 매우 단순하지만 근본적인 정의를 발견하게 됩니다. 이 정의는, 그것이 보여줄 수 있는 거칠고 야만적인 속성에도 불구하고 이 시기 이전에는 존재하지 않았습니다. 광기의 치료술은 "이를테면 신체적·도덕적 품성을 통해 정신이상자에게 불가항력적인 지배력을 행사해, 그의 관념들의 나쁜 연쇄를 변화시킬 수 있다고 여겨지는 사람에게 정신이상자가 긴밀히 의존하도록 만들면서 그 정신이상자를 제압하고 길들이는 기술"[12]인 것입니다.

피넬에 의한 치료적 조작의 이 정의 내에서, 제가 말씀드린 모든 것이 다소 비스듬히 교차하는 듯합니다. 우선 환자를 일정한 권력의 엄격한 지배 아래 둔다는 원리가 있습니다. 그 권력은 한 사람, 그러니까 오직 한 사람에게서만 구현될 수 있는데, 그는 지식에 기반하고 지식에 관련되는 방식으로 그 권력을 행사하는 것이 아니라 제한할 수 없고 저항할 수 없는 지배력을 행사할 수 있게 해주는 신체적·정신적 자질과 관련해 그 권력을 행사합니다. 그리고 이에 입각해 관념들의 나쁜 연쇄에 변화를 가져오는 것, 즉 도덕적 교정학이 가능해지는데, 이를테면 치유가 가능해진다는 것입니다. 그래서 결국 정신의학의 이런 원시적 실천에서는 근본적인 치료활동으로서의 무대와 투쟁이 발견되는 것입니다.

이 시대의 정신의학 내에서 두 유형의 처치가 아주 분명하게 구분되는 것을 보실 수 있을 것입니다. 첫 번째 유형의 처치는 19세기 초반 동안에 아주 규칙적이고 지속적으로 그 유효성을 상실해갔습니다. 그것은

12) Pinel, *Traité médico-philosophique*……, p.58. 제2절, 6항("약효를 촉진하기 위해 정신이상자를 감독하는 기술의 장점"[Avantages de l'art de diriger les aliénés pour seconder les effets des médicamens]).

순수의학적인, 혹은 약물을 사용하는 시술이었습니다. 그리고 이것과는 정반대로 '도덕요법'이라 불리는 시술이 발달하는 것을 보실 수 있습니다. 이 도덕요법은 먼저 영국인들, 주로 헤이슬럼에 의해 정의됐고 그 뒤에는 프랑스가 그것을 받아들였습니다.13)

여러분께서는 이 도덕요법이 광기의 진실을 드러내 보여주고 이 진실을 관찰·서술·진단할 수 있게 하며, 또 이를 통한 치료술의 정의를 본

13) 18세기 말에 발달한 '도덕요법'은 치료제와 구속 도구를 통해 신체에 작용하는 '신체요법'과는 대조적으로 환자의 심리에 개입하는 모든 수단을 총동원한다. 1791년 요크 지역 정신요양원의 석연찮은 환경에서 발생한 퀘이커교도 여인의 죽음 이후에 윌리엄 튜크(William Tuke, 1732~1822)는 정신질환을 앓고 있는 '프렌드회'의 구성원들을 수용할 수 있는 기관의 설립을 제안한다. 이 보호수용소는 1796년 5월 11일에 문을 연다(본서 5강[1973년 12월 5일]의 각주 18번 참조). 베들레헴 병원의 약제사를 거쳐 1816년에 의학박사가 되기 직전까지 헤이슬럼은 자신의 저서들에서 보호수용소의 원리를 개진한다(앞의 각주 6번 참조). 프랑스에서는 피넬이 이 원리를 재적용했다. Philippe Pinel, "Observations sur le régime moral qui est le plus propre à rétablir, dans certains cas, la raison égarée des maniaques," *Gazette de santé*, no.4, 1789, pp.13~15; "Recherches et observations sur le traitement moral des aliénés," *Mémoires de la Société médicale d'émulation. Section Médecine*, 1789, no.2, pp.215~255. 이 보고서는 약간 수정된 뒤 다음의 책에 재수록됐다. *Traité médico-philosophique*……, pp.46~105. 에티엔-장 조르제(Étienne-Jean Georget, 1795~1828)는 다음의 책에서 이 원리를 체계화했다. *De la folie: Considérations sur cette maladie; son siège et ses symptômes, la nature et le mode d'action de ses causes; sa marche et ses terminaisons; les différences qui la distinguent du délire aigu; les moyens du traitement qui lui conviennent; suivies de recherches cadavériques*, Paris: Crevot, 1820. 프랑수아 뢰레(François Leuret, 1797~1851)는 의사와 환자의 관계를 강조하게 될 것이었다. *Du traitement moral de la folie*, Paris: J.-B. Baillière, 1840. 푸코가 뢰레에게 할애하고 있는 다음 책의 제3부 4장(「정신요양원의 탄생」[Naissance de l'asile])을 참조할 것. Michel Foucault, *Histoire de la folie à l'âge classique*, Paris: Gallimard, 1972, pp.484~487, 492~496, 501~511, 523~527. [이규현 옮김, 『광기의 역사』, 나남, 2003, 713~718, 723~729, 738~750, 767~773쪽.] 다음의 논문도 참조하라. Robert Castel, "Le traitement moral. Thérapeutique mentale et contrôle social au XIXe siècle," *Topique*, no.2, février, 1970, pp.109~129.

질적으로 일차적이고 최종적인 기능으로 삼는, 일종의 긴 호흡을 요구하는 절차라고 생각하실 수도 있지만 결코 그렇지 않습니다. 1810~30년대에 걸쳐 정식화된 치료적 조작은 하나의 무대, 요컨대 대결의 무대입니다. 이 대결의 무대는 두 가지 측면을 가질 수 있습니다. 먼저 준비적 측면이라 불리는 것이 있습니다. 여기서 [환자의 힘을] 소진시키고 시련을 가하는 조작은 의사가 아닌 간수에 의해 행해집니다. 왜냐하면 의사는 당연히 지고한 존재여야 하기 때문이죠.

이렇듯 거대한 무대에 대한 첫 번째 소묘의 예를 피넬의 『정신이상에 관한 의학적-철학적 논설』에서 발견할 수 있습니다.

격앙된 정신이상자 앞에서 간수는 "대담한 자태로, 하지만 서서히 조금씩 정신이상자 쪽으로 접근해간다. 그리고 정신이상자가 격분하지 않도록 간수는 어떤 무기도 소지하지 않는다. 간수는 앞으로 나아가면서 정신이상자에게 가장 단호하고 위협적인 방식으로 말한다. 그리고 세심하게 준비된 권고를 이용해 정신이상자가 자기 주변에서 일어나고 있는 일을 보지 못하도록 하는 데 온 정신을 집중한다. 복종하고 항복하라는 엄정하고 준엄한 명령이 내려진다. 간수의 이런 굳건한 태도에 다소 당황한 정신이상자는 다른 사물들을 시야에서 놓치게 된다. 그리고 정신이상자가 알아채지 못하는 사이에 느린 걸음으로 접근하고 있던 간병인들에게 어떤 신호가 떨어지면 그 간병인들은 돌연 그 정신이상자를 포위해버린다. 간병인들은 격앙된 정신이상자의 팔, 허벅지, 발 등을 각자 잡는 방식으로 사지를 잡는다."[14]

그리고 피넬은 보충적으로 몇몇 도구의 사용을 권고합니다. 예를 들어 '철제 반원'이 끝에 달린 긴 장대가 그것입니다. 그래서 정신이상자

---

14) Pinel, *Traité médico-philosophique*……, pp.90~91. 제2절, 21항("가장 폭력적이고 위험한 정신이상자들의 특징과 그들을 제압하기 위해 취해져야 할 처치들"[Caractére des aliénés les plus violens et dangereux, et expédiens à prendre pour les réprimer]).

가 간수의 단호함에 현혹되어 간수에게만 주의를 기울인 나머지 사람들이 자신에게 다가오는 것을 보지 못하는 그 순간에 앞모양이 반원인 이 장대를 그를 향해 뻗어 벽에 밀어붙여 제압하는 것입니다. 이것은 예비적인 무대, 간수에 할애된 무대, 교묘하게 조직된 갑작스러운 폭력 같은 것을 통해 정신이상자의 광포한 힘을 제압하는 무대인 것입니다.

하지만 이것이 치유의 대단원이 아니라는 것은 자명합니다. 치유의 무대는 복잡한 무대입니다. 『정신이상에 관한 의학적-철학적 논설』에 유명한 예가 하나 있습니다. 어떤 청년이 "종교적 선입견에 지배되어," 구원을 얻기 위해서는 "옛 은둔수도사들의 금욕주의와 고행을 모방해야 한다"고, 다시 말해 모든 육욕을 피해야 할 뿐만 아니라 모든 음식 섭취를 거부해야 한다고 생각하고 있었습니다. 그래서 어느 날 이 청년은 제공된 포타주[고기와 야채 등을 넣은 진한 수프]를 평소보다 더욱 거칠게 거부했습니다. "어느 날 밤 퓌생이라는 동지가 이 정신이상자의 독방 앞에 모습을 드러낸다. 불타는 눈, 쩌렁쩌렁한 목소리를 가진 그는, 겁을 주기에 안성맞춤인 도구[이것은 물론 고전극에서 통용되는 의미에서의 '도구'입니다 — M. F.]를 가지고, 요란한 소리를 내는 튼튼한 사슬을 흔들어대는 간병인 무리를 주위에 데리고 나타났던 것이다. 정신이상자 가까이에 포타주를 놓고, 만약 가장 잔혹한 대우를 받고 싶지 않으면 밤사이에 이 포타주를 먹으라고 가장 준엄한 명령을 내린다. 사람들이 물러가고 가장 심한 동요상태에, 요컨대 자신을 위협하는 처벌의 관념과 다른 삶의 끔찍한 고통이라는 생각 사이에 이 정신이상자를 방치한다. 몇 시간에 걸친 내적 갈등이 있고 나서 전자의 생각에 압도된 이 정신이상자는 음식을 먹기로 결심하게 된다. 그러고 나서 회복에 필요한 식이요법이 부과된다. 수면과 기력이 점차 회복되고 이성의 사용이 가능해진다. 그리고 이런 방식으로 이 정신이상자는 확실하다고 여겨졌던 죽음에서 벗어날 수 있게 된다. 회복기 동안에 이 정신이상자는 자신이 겪은 끔찍한 동요와 시련의 밤에 겪은 곤혹스러움을 나에게 종종 고백하곤 했다."[15] 이 무대는 일반적인 형태론의 측면에서 매우 중요하다고 생각합니다.

첫째로 보시다시피 치료적 조작은 질병의 원인에 대한 의사의 확인을 결코 거치지 않습니다. 이 치료적 조작의 성공을 위해 의사는 어떤 진단도, 어떤 질병학적 작업도, 어떤 진실된 담론도 요청하지 않습니다.

둘째로 이것이 중요한 활동인 이유는 보시다시피, 위의 경우 및 이와 유사한 모든 경우와 관련해 문제가 되는 것은 병적인 절차나 행동으로 간주될 수 있는 어떤 것에 의학기술적인 처방을 적용시키는 것이 전혀 아니라 두 의지를 대결시키는 것, 요컨대 한편에는 의사 및 의사를 대리하는 자의 의지를 [놓고], 다른 한편에는 환자의 의지를 [놓아] 대결시키는 것이기 때문입니다. 그러므로 어떤 전투가 행해지고 일종의 힘의 관계가 설정되는 것입니다.

셋째로 이 힘의 관계는 이를테면 환자의 내면에서 두 번째 힘의 관계를 촉발시키는 일차적 효과를 갖게 됩니다. 왜냐하면 환자가 매여 있는 고정관념과 처벌에 대한 공포 간의 갈등을 조장하는 것이 관건이기 때문입니다. 따라서 하나의 투쟁은 또 다른 투쟁을 야기합니다. 그리고 무대가 성공했을 때 이 두 투쟁은 모두 하나의 승리로 귀결되어야 합니다. 즉 하나의 관념이 다른 하나의 관념과 관련해 획득하는 승리가, 동시에 의사의 의지가 환자의 의지와 관련해 획득하는 승리여야 합니다.

넷째로 이 무대에서 중요한 것은 진실이 드러나는 순간이 확실하게 발생한다는 사실입니다. 그것은 환자가 자신의 구원을 위해 단식이 필요하다고 확신하던 것이 그릇되고 착란적이었다는 사실을 인정하는 순간, 환자에게 일어난 일을 인정하는 순간, 환자가 여러 동요·주저·고민

15) Pinel, *Traité médico-philosophique*……, pp.60~61. 제2절, 8항("몇몇 사례에서 정신이상자의 상상을 강력하게 동요시키는 것이 갖는 장점"[Avantage d'ébranler fortement l'imagination d'un aliéné dans certains cas]).

을 경험했다는 것을 고백하는 순간인 것입니다. 요컨대 이제까지 진실이 결코 개입한 적 없는 이 무대에 진실이 명확히 모습을 드러내는 순간을 구성하는 것은 바로 환자의 이야기 자체입니다.

마지막으로, 재구성된 의학적 지식을 통해서가 아니라 고백을 통해서 이 진실이 획득됐을 때, 이 실제적인 고백의 순간에 치유의 절차가 시행되고 완결되며 확고해지는 것입니다.

그러므로 거기에는 힘, 권력, 사건, 진실의 일정한 배분이 존재합니다. 그러나 이런 배분은 의학적이라 불릴 수 있는 모델 내에서 발견할 수 있는 것도 아니었고, 당대의 임상의학에서 구성되고 있던 것도 아니었습니다. 당대의 임상의학에서는 의학적 진실, 관찰, 객관성의 일정한 인식론적 모델이 구축되고 있었다고 말할 수 있습니다. 이 인식론적 모델은 의학이 과학적 담론의 한 영역 내에 편입될 수 있게 해줬고, 이 영역 내에서 의학은 의학 고유의 양태를 갖고 생리학·생물학과 만나게 됐습니다. 1800~30년대에 발생한 일은 사람들이 습관적으로 생각하는 것과는 아주 다른 어떤 것이었다고 생각합니다. 일반적으로 사람들은 이런 일들이 일어난 이 30여 년을, 정신의학이 이제껏 상대적으로 무관했던 의학적 실천과 지식의 장 내부에 마침내 편입된 시기로 해석하는 것 같습니다. 사람들은 바로 이 시기에 비로소 정신의학이 의학 영역 내부의 한 전문 영역으로 출현했다고 보통 생각하고 있습니다.

왜 그런 실천이 실제로 의학적이라 간주됐는지, 왜 그런 조작을 행하는 사람들이 의사일 필요가 있었는지 같은 문제는 제기하지 않더라도, 그러므로 이 문제를 검토하지 않더라도, 제 생각에 정신의학의 창시자로 볼 수 있는 사람들 사이에서 그들이 치유할 때 수행하는 의학적 조작은 그 형태로 보나 일반적 경향으로 보나 그것이 [인체]의학의 경험, 관찰, 진단활동, 치료절차가 되어가고 있다는 것과는 실제로 무관한 것이었습니다. 이 사건, 이 무대, 이 절차는 당시의 그 수준에서는 동시대에 [인체]의학에서 일어나고 있었던 것으로 환원될 수 없다고 생각합니다.

그러므로 정신의학을 특징짓게 되는 것은 [인체]의학과 관련한 이런 이질성입니다. 하지만 그와 동시에 정신의학은 그 자체를 [인체]의학에 결부시키는 여러 제도체계 내에서 자신의 토대를 구축하게 됩니다. 왜냐하면 이런 무대설정, 정신요양원 공간의 조직화, 이런 무대의 작동과 전개, 이 모든 것은 당대에 의학의 지위를 획득한 시설 내에서만, 또 의사 자격증을 가진 사람들 쪽에서만 수용되고 제도화됐기 때문입니다.

이렇게 말해도 괜찮다면 여기에 문제가 한 무더기 있습니다. 제가 올해 진행해보려고 하는 연구의 출발점이 여기 있는데, 대략적으로 말해 그 출발점은 확실히 예전에 제가 『광기의 역사』[16]에서 시도했던 작업의 도달 지점이거나 그 중단 지점입니다. 저는 이 도달 지점에서 출발해 문제를 재검토해보고자 합니다. 하지만 몇몇 차이를 갖고 말입니다. 이 책을 준거로 삼는 이유는 그것이 저에게는 현재 작업의 '백그라운드' 같은 것이기 때문인데, 특히 제가 바로 정신요양원의 권력이라는 문제에 도달했던 그 마지막 장에 명백히 비판의 여지가 있는 사항들이 있었다고 생각되기 때문입니다.

첫째로, 아무튼 저는 표상의 분석에 머물러 있었습니다. 저는 특히 17~18세기에 형성된 광기의 이미지, 이 이미지가 불러일으키던 공포, 전통적인 방식이 됐든, 식물학적·자연사적·의학적 모델에 입각한 것이 됐든 간에 광기와 관련해 형성되고 있던 지식을 연구해보려 했던 것 같습니다. 바로 이런 표상들의 핵, 전통적이거나 혹은 그렇지 않은 이미지들의 핵, 환상·지식 등의 핵, 요컨대 저는 바로 이런 종류의 표상들의 핵을 출발점에, 다시 말해 17~18세기에 광기와 관련해 행해질 수 있었던

16) Michel Foucault, *Folie et Déraison: Histoire de la folie à l'âge classique*, Paris: Plon, 1961. [이 책은 『광기의 역사』 초판본이다.]

실천의 기원에 위치시켰죠. 간단히 말해 저는 광기의 지각이라 불릴 수 있는 바에 특권을 부여했던 것입니다.[17)]

하지만 저는 그 연구의 속편에 해당하는 이번 연구에서 그것과는 완전히 다른 분석을 할 수 있는 가능성이 있는지를 타진해보고자 합니다. 그래서 필연적으로 심성사나 사상사로 귀결될 수밖에 없는 그런 종류의 표상의 중핵이 아니라, 권력장치를 분석의 출발점으로 설정할 수는 없는지 그 가능성을 타진해보고자 합니다. 달리 말해서 저는 권력장치가 어떤 한도 내에서 일정 수의 언표·담론을 산출해낼 수 있는지, 그러고 나서 [……]* 그것들로부터 유래하는 모든 유형의 표상을 생산해낼 수 있을 것인지를 타진해보고자 합니다.

담론적 실천을 야기하는 심급으로서의 권력장치. 바로 이 점에서 권력의 담론적 분석은, 제가 고고학이라 부르는 것과 관련해 어떤 수준에 이르게 됩니다. 이 수준이 '근본적'이라 말하고 싶지는 않고, 담론적 실천이 형성되는 바로 그 지점에서 담론적 실천을 파악할 수 있게 해주는 수준이라고 해두죠. 이런 담론적 실천의 형성을 무엇과 관계짓고 어디에서 찾아야 할까요?

담론적 실천과 소위 경제구조나 생산관계와의 관계 등을 탐구하려는 경우에 표상·주체 같은 것을 거치지 않을 수 없으며, 따라서 기성의 심

---

17) 예컨대 『광기의 역사』의 제1부 5장(「정신이상자들」[Les insensés]), 제2부 1장(「종들의 정원에서의 광인」[Le fou au jardin des espèces]), 제3부 2장(「새로운 분할」[Le nouveau partage]) 등을 참조하라. Foucault, *Histoire de la folie à l'âge classique*, pp.169, 174; 223; 407, 415. [『광기의 역사』, 276, 283; 349; 606, 619쪽.] '지각' 혹은 '경험'이라는 개념에 대한 이런 비판의 출발점은 『지식의 고고학』, 특히 제3장(「대상의 형성」[La formation des objets])과 제4장(「언표행위적 양태들의 형성」[La formation des modalités énonciatives])에서 발견된다. Michel Foucault, *L'Archéologie du savoir*, Paris: Gallimard, 1969, pp.55~74. [이정우 옮김, 『지식의 고고학』, 민음사, 2000, 69~90쪽.]

* 녹음기에는 "그것들에 의해 형성되고 또"(s'en former et)라고 기록되어 있다.

리학이나 철학에 의거하지 않을 수 없다고 생각합니다. 제게 중요한 문제는 이렇습니다. 실은 권력장치야말로 담론적 실천의 형성을 확정하기 위한 출발점이어야 하지 않을까? 물론 '권력'이라는 말에 여전히 애매모호한 점이 있고 그것을 탐구해야 하긴 하지만 말입니다. 권력의 이런 정비, 권력의 이런 전략과 전술은 어떻게 여러 긍정, 여러 부정, 여러 경험, 여러 이론, 요컨대 일련의 진실작용을 발생시킨 것일까요? 권력장치와 진실작용, 권력장치와 진실된 담론. 저는 이런 문제를 올해 강의에서 정신의학과 광기의 관계라는 문제에서 출발해 검토해보고자 합니다.

제가 『광기의 역사』 마지막 장에 가하는 두 번째 비판, 그것은 제가 함축적이든 명시적이든 세 가지 개념에 호소했다는 사실, 요컨대 [마치] 전진을 방해하는 녹슨 자물쇠 같은 세 가지 개념에 호소했다는 사실에 대한 비판입니다. 하지만 의식적으로 그렇게 했던 것은 아니었습니다. 왜냐하면 저는 당시의 반정신의학, 그리고 특히 사회심리학에 대해 완전히 무지했기 때문이죠.

첫 번째로 폭력 개념.[18] 사실 피넬과 에스키롤 등을 읽었을 당시에 충격받았던 것은 그들을 성인화한 전기 속에서 이야기되는 것과는 정반대로 피넬, 에스키롤, 그리고 다른 사람들이 신체의 힘에 엄청나게 호소하고 있다는 사실이었습니다. 결과적으로, 폭력 혹은 폭력과 같은 것이 여전히 피넬의 모든 실천을 가로지르고 있었으므로, 피넬의 개혁을 인본주의로부터 결과되는 것으로 볼 수는 없다는 생각이 들었습니다.

그렇지만 피넬의 개혁이 인본주의로부터 결과되지 않는다는 것이 사실이라 해도 저는 그 이유가 피넬이 폭력에 호소했기 때문이라고 생각

18) 폭력 개념은 『광기의 역사』의 제2부 4장(「의사와 환자」[Médecins et malades])과 제3부 4장(「정신요양원의 탄생」[Naisance de l'asile])에서 시도된, 치료방식에 대한 분석들의 기초가 된다. Foucault, *Histoire de la folie à l'âge classique*, pp.327~328, 358; 497, 502~503, 508, 520. [『광기의 역사』, 495~497, 538; 730~731, 738~740, 746~747, 763쪽.] 또한 본서의 「강의정황」을 참조하라(502쪽 이하).

하지는 않습니다. 실제로 사람들은 폭력에 대해 논의할 때 신체와 관련된 권력, 불규칙적이고 정념적인 권력, 감히 말씀드린다면 광포한 권력과 연관된 그런 종류의 함의를 언제나 떠올릴 것입니다. 제가 이 개념을 거북해하는 것도 이 때문이죠. 하지만 이런 폭력 개념은 위험합니다. 왜냐하면 한편으로 이 개념은 이렇게 신체와 관련된 불규칙한 권력을 묘사함으로써 다음과 같이 상정케 할 수가 있기 때문입니다. 즉 좋은 권력 혹은 말 그대로의 권력, 폭력이 가로지르지 않는 권력은 신체와 관련된 권력이 아니라고 말입니다. 그런데 제 생각에는 반대로, 모든 권력에서 본질적인 것은 권력의 적용 지점이 언제나 그 최종적 심급에서는 신체라는 것인 듯싶습니다. 모든 권력은 신체적이며, 신체와 정치권력 간에는 직접적인 접속이 존재합니다.

다른 한편으로 폭력이라는 개념이 충분히 만족스럽지 않은 개념이라고 생각되는 이유는 이 개념이 다음과 같이 상정케 하기 때문입니다. 요컨대 균형을 상실한 힘이 신체에 행사되는 것은, 합리적으로 계측되고 관리되는 권력행사 작용의 일부를 이루지 않는다고 상정케 하니까요. 하지만 제가 앞서 소개해드린 예들은 정신요양원에서 행사되는 권력이 세심하게 계측된 권력이고, 그 전략과 전술도 완벽하게 정의된 그런 권력이라는 것을 명백히 증명하고 있습니다. 완전히 균형을 상실한 힘이 신체에 행사되는 것을 폭력이라 일컬을 수 있다면 우리는 이런 권력의 전략 내에서 폭력의 위치와 역할이 무엇인지를 정확히 알 수 있을 것입니다. 그 말단의 지류에서, 그 모세혈관적인 수준에서, 그것이 개인과 접촉하는 곳에서 권력은 신체와 관련된 것이 되고, 바로 그것으로 인해 권력은 그것이 완전히 불규칙적인 것이 된다는 의미에서 폭력적인 것이 됩니다. 권력이 광폭하다는 것이 아니라 권력이 신체와 관련된 일종의 미시물리학의 여러 조치에 속한다는 것입니다.

제 생각에 그리 만족스럽지 못한 방식으로 제가 참조하고 있는 두 번째 개념은 제도[19]라는 개념입니다. 저는 이렇게 말할 수 있다고 생각했습니다. 19세기 초부터 정신의학의 지식은 정신의학의 제도화라 불릴 수 있는 것과 연관되어 오늘날 우리가 알고 있는 형식과 차원을 갖게 됐다고, 더 정확히 말해서 정신요양원을 그 가장 중요한 형식으로 하는 몇몇 제도와의 관계 속에서 그 형식과 차원을 갖게 됐다고 말입니다. 하지만 저는 이제 더 이상 제도라는 개념이 만족스러운 개념이라고 생각하지 않습니다. 이 개념도 몇몇 위험을 내포하고 있는 듯합니다. 왜냐하면 제도가 논의되는 순간부터 개인과 동시에 집단이 실제로 논의되고, 개인과 집단 그리고 양자를 지배하는 규칙들이 미리 주어지며, 거기에 심리학적이거나 사회학적인 담론들이 몰릴 수 있기 때문입니다.*

그런데 사실 제시되어야 할 본질적인 것은, 규칙성이나 규칙들을 갖춘 제도가 아니라 오히려 권력의 불균형입니다. 저는 권력의 이런 불균형이 어떻게 정신요양원의 규칙성을 왜곡하는 동시에 작동시키는지를 여러분께 보여드리려고 했습니다. 그러므로 중요한 것은 제도적 규칙성이 아니라 오히려 권력의 장치입니다. 다시 말해 권력의 한 형태를 특징짓고 바로 개인과 집단의 구성에 동시에 관여한다고 여겨지는 조직망, 흐름, 중계, 거점, 잠재력의 차이 등이 중요한 것입니다.

제 생각에 개인은 권력의 효과에 불과한 것 같습니다. 권력이 개별화의 한 절차인 한에서 말입니다. 그리고 그 잠재력의 차이나 그 간극 내에서 기능하는 권력망이라는 토대 위에서 개인, 집단, 공동체, 제도 같은 것이 출현하는 것입니다. 달리 말해서 제도들을 다루기 이전에 제도들을 가로지르는 전술적 배치에서 어떤 힘의 관계가 작동하고 있는지를 다뤄야 한다는 것입니다.

---

19) 『광기의 역사』의 「정신요양원의 탄생」에 할애된 분석들을 참조하라. Foucault, *Histoire de la folie à l'âge classique*, pp.483~530. [『광기의 역사』, 711~777쪽.]

* 강의원고에는 이렇게 덧붙여져 있다. "제도는 힘의 관계를 중립화시키거나 그 힘이 한정되는 공간 안에서만 그 관계들을 작동시킨다."

마지막으로 19세기 초에 정신요양원이 어떻게 작동했는지 설명하기 위해 제가 참조한 세 번째 개념은 가정이라는 개념입니다. 대략적으로 말해 저는 피넬 [혹은] 에스키롤이 가정 모델을 정신요양원 제도 내에 도입한 것이 엄청난 폭력이었음을 보여드리려 했던 것입니다.[20] 그런데 저는 '폭력'이 적당한 말도 아니고 '제도'가 더 이상 설정되어야 할 분석의 수준이 아니며, 논의해야 하는 것은 가정이 아니라고 생각합니다. 아무튼 피넬, 에스키롤, 포데레 등을 다시 읽으며 저는 거기서 가정 모델의 사용을 결국 거의 발견하지 못했습니다. 의사가 정신요양원의 공간 내부에 아버지의 상 혹은 아버지라는 인물을 재활성화시키려 했다는 것도 진실이 아닙니다. 그런 재활성화는 훨씬 나중에, 의학의 역사에서 정신의학의 일화라고 부를 수 있는 것의 종반부, 다시 말해 20세기가 되어서야 비로소 발생하는 것 같습니다.

그것은 가정도 아니고 국가기구도 더 이상 아닙니다. 그리고 종종 이야기되는 것처럼 정신요양원의 실천이나 정신의학의 권력이, 국가기구를 통해 조직되는 어떤 국가적 관리를 위해, 혹은 그 요구에 응해, 가정을 재생산할 뿐이라는 것 역시 잘못됐다고 생각합니다.[21] 국가기구가 토대*의 역할을 할 수 있는 것도 아닐 뿐더러 가정이 모델의 역할을 할

---

20) 광기와 이성의 관계가 재편성되고 정신요양원이 구축되는 데서 가정 모델이 행한 역할에 관해서는 다음을 참조하라. Foucault, *Histoire de la folie à l'âge classique*, pp.509~511. [『광기의 역사』, 748~750쪽.]

21) 다음 논문에서 '국가기구'라는 개념을 도입한 루이 알튀세르의 분석을 암시하고 있다. Louis Althusser, "Idéologie et appareils idéologiques d'Etat: Notes pour une d'Etat," *La pensée. Revue du rationalisme moderne*, no.151, juin 1970, pp.3~38; *Positions(1964-1975)*, Paris: Editions Sociales, 1976, pp.65~125. 재수록. [김웅권 옮김, 「이데올로기와 이데올로기적 국가장치」, 『재생산에 대하여』, 동문선, 2007.]

* 강의원고에는 이렇게 명확히 쓰여져 있다. "국가기구라는 개념은 사용할 수 없다. 왜냐하면 그것은 이런 직접적이고 미세하며 모세혈관적인 권력들, 신체와 행실, 몸짓, 개인의 시간에 작용하는 권력들을 지시하기에는 너무 광범위하고 추상적이기 때문이다. 국가기구는 권력의 이런 미시물리학으로 환원되지 않는다."

수 있는 것도 아닙니다. [……]** 정신의학 실천의 내부에서 포착할 수 있는 이런 권력관계 내에서는 말입니다.

제 생각에 문제는 이런 개념이나 모델, 즉 가정 모델과 규범, 글쎄요, 국가기구의 규범이랄까요, 제도라는 개념, 폭력이라는 개념은 그냥 건너뛰고 정신의학의 실천에 고유한 권력관계를 분석하는 것입니다. 문제는 그런 권력관계를 분석하는 것이고 이것이 올해 강의의 주제가 될 텐데요, 정당한 언표로서 주어져 있는 몇몇 언표를 생산하는 것으로서 권력관계를 분석하는 것입니다. 따라서 저는 폭력에 대해 논의하기보다는 오히려 권력의 미시물리학에 대해 논의하고자 합니다. 제도에 대해 논의하기보다는 오히려 서로 대결하는 힘 속에서 활용되는 전술이 어떤 것인지를 발견하고자 합니다. 그리고 가정 모델 혹은 '국가기구'에 대해 논의하기보다는 오히려 정신의학의 실천에서 전개되는 권력관계와 대결의 전략을 발견해보고자 합니다.

여러분께서는 폭력을 권력의 미시물리학으로, 제도를 전술로, 가정 모델을 전략으로 대체하는 것이 아무래도 헛수고라고 말씀하실지도 모르겠어요. 저는 쓸데없는 짓을 한 것일까요? 저는 이 모든 분석에서, 사회심리학적 어휘를 도입시킬 수도 있는 용어들을 피했습니다. 그리고 이제 저는 덜 친숙한 유사군사적 어휘와 마주하고 있습니다. 그렇다면 이제, 이렇게 함으로써 무엇을 할 수 있는지 살펴보죠.***

** 녹음기에는 "일어나고 있는 것 내에서"(dans ce qui se passe)라고 기록되어 있다.

*** 강의원고(f.11-23)에서는 정신의학의 당면 문제를 정의하는 것에 관한 질문이 계속되고 반정신의학에 관한 분석이 제시된다.

2강. 1973년 11월 14일

치유의 무대: 조지 3세, '주권의 거시물리학'에서 규율적 '권력의 미시물리학'으로 | 광인의 새로운 형상 | 치유의 무대에 대한 소백과사전 | 최면의 실천과 히스테리 | 정신분석학의 무대, 반정신의학의 무대 | 킹슬리 홀의 메리 번즈 | 광기의 취급과 진실의 계략: 조지프 메이슨 콕스

여러분 모두 19세기 초에 창시된 근대 정신의학, 단적으로 말해 정신의학의 토대가 됐다고 간주되고 있는 중요한 무대를 당연히 알고 계실 것입니다. 이 무대는 필립 피넬의 유명한 무대입니다. 아직 병원이라고는 할 수 없는 비세트르[라는 구빈원]에서 피넬은, 난폭한 광인들을 독방 바닥에 매어 놓았던 사슬을 끊어버렸습니다. 자유롭게 내버려두면 분노를 폭발시킬까 두려워 붙잡아뒀던 이 난폭한 광인들은 각자의 사슬에서 풀려나자마자 피넬에게 고마움을 표하게 되고, 바로 그렇게 함으로써 치유의 길로 접어듭니다. 그러므로 이것이 정신의학 최초의 무대, 정신의학을 창설하는 무대로 간주되는 것입니다.[1)]

---

1) "비세트르 구빈원의 사슬에서 정신이상자들을 해방한 필립 피넬"이라는 설명은 피넬의 장남인 시피옹 피넬(Scipion Pinel, 1795~1859)의 것으로, 시피옹은 자신의 아버지에 관한 수상한 기사에 기초해 이 해방이 1792년에 이뤄졌다고 말했다(필립은 1793년 8월 6일 비세트르에 임명되어, 1793년 9월 11일부터 '진료의사'의 직무를 시작한다). "Sur l'abolition des chaînes des aliénés, par Philippe Pinel, member de l'institut: Note extraite de ses cahiers, communiquée par M. Pinel fils," *Archives générales de médecine*, 1re année, t.2, mai 1823, pp.15~17. 의학아카데미에서의 보고도 참조하라. "Bicêtre en 1792: De l'abolition des chaînes," *Mémoires de l'Académie de mé-*

샤를-루이 뮐레, 「피넬, 비세트르의 정신이상자들에게서 쇠사슬을 제거해주다」(1849년/부분) 뮐레의 이 그림은 훗날인 1876년에 토니 로베르-플뢰리(Tony Robert-Fleury, 1837~1912)가 그린 「피넬, 살페트리에르의 정신이상자들을 해방시키다」(Pinel délivrant les aliénés à la Salpêtrière)라는 제목의 그림(본서 차례[6~7쪽]의 바탕 이미지)과 더불어 피넬에게 '근대 정신의학의 아버지'라는 불후의 명성을 안겨준 그림이다.

그런데 사실 당시에, 이해하기 쉽다는 이유로 큰 반향을 불러일으켰음에도 불구하고 피넬의 무대만큼은 빛을 보지 못했던 또 하나의 무대가 있었습니다. 그것은 프랑스가 아닌 영국의 무대인데, 피넬은 혁명력 9년(1800년)에 쓴 『정신이상에 관한 의학적-철학적 논설』에서 이 무대를 제법 상세하게 보고하고 있습니다. 곧 보시겠지만 이 무대 역시 일종

decine, 1856, no.5, pp.32~40. 화가인 샤를-루이 뮐레[Charles-Louis Müller, 1815~1892]는 1849년에 "피넬, 비세트르의 정신이상자들에게서 쇠사슬을 제거해주다"(Pinel fait enlever les fers aux aliénés de Bicêtre)라는 제목의 그림을 한 점 그림으로써 피넬의 이름을 영원히 남기게 된다. 푸코는 『광기의 역사』(제3부 4장)에서 이 일[피넬에 의한 정신이상자들의 해방]에 대해 언급하고 있다. Michel Foucault, *Histoire de la folie à l'âge classique*, Paris: Gallimard, 1972, pp.483~484, 496~501. [이규현 옮김, 『광기의 역사』, 나남, 2003, 711~712, 729~736쪽.]

의 조형적 힘과 위풍을 갖기에 부족함이 없었죠. 이 무대가 생겨났던 시대, 즉 이 무대가 설정된 1788년에는 아니었지만, 그것이 프랑스에 알려지고 최종적으로 유럽 전체에 알려지게 된 시대에는 정신이 오락가락하는 것이 소위 왕의 습성인 것처럼 여겨지고 있었기 때문입니다. 이것은 중요한 무대입니다. 왜냐하면 바로 여기서 이 시대부터 권력관계들을 조정하고 협의하며 다루는 것으로서의 정신의학적 실천이 어떤 것일 수 있었는지가 상연되고 있기 때문입니다.

프랑스에 유포되어 이 사건을 알리게 된 피넬의 텍스트를 보시죠.

"어떤 군주[영국의 왕 조지 3세 — M. F.]가 조광증에 걸렸다. 더 신속하고 정확한 치료를 위해, 그를 지도·감독하는 자[이 말에 주목하세요. 여기서는 의사를 가리킵니다 — M. F.]의 신중한 조치에 어떤 제한도 두지 않았다. 이후 왕권을 표시하는 것은 모두 사라지게 되고 이 정신이상자는 가족으로부터, 또 그를 둘러싼 모든 것으로부터 떨어져 외딴 왕궁으로 쫓겨났다. 그리고 그는 자해하지 못하도록 창과 벽이 매트리스로 덮인 방 안에 홀로 갇혔다. 치료를 지도·감독하는 자는 이 정신이상자에게 당신은 더 이상 군주가 아니므로 이제부터는 온순하고 순종적이 되어야 한다고 선언했다. 여태껏 그의 시중을 들던 헤라클레스 같은 몸집을 한 자들 중 두 명에 대해서는, 그의 욕구에 주의해 그의 상태에 필요한 모든 시중을 드는 임무, 그리고 또 그가 완전히 자신들에게 의존하고 있다는 것과 이제부터는 자신들에게 복종해야 한다는 것을 그에게 납득시키는 임무가 부여됐다. 그들은 조용히 침묵을 지키고 있었지만 기회만 있으면 자신들이 얼마나 더 힘이 센지를 그로 하여금 느끼게 했다. 어느 날 이 정신이상자는 격렬한 망상에 사로잡혀, 자신을 방문한 주치의를 매우 거칠게 맞이하고 오물과 분뇨를 문댔다. 그러자 곧 몸종 중 한 명이 말 없이 방에 들어와 그 자신 역시 끔찍하게 더럽혀져 있던 미친 왕의 허리를 잡아 제압하고는 힘껏 매트리스 더미에 넘어뜨리고 옷을 벗겨 바지로 닦아내고 옷을 갈아 입혔다. 그리고 위엄 있게 그를 바라보면서 곧 방을 나가 자기 자리로 돌아가는 것이었다. 이런 징계가 수개월 동안 이따금씩 반복되고 다른 치료수단의 도움도 받아 재발의 위험이 없는 확고한 치료를 할 수 있었다."[2]

저는 이 무대의 구성요소들을 좀 분석해보고자 합니다. 우선 피넬의 텍스트에는 조지 3세의 주치의였던 프랜시스 윌리스로부터 차용된 대단히 분명한 어떤 것이 있는 것 같습니다.[3] 우선적으로 나타나는 것은 사실상 하나의 예식인 것 같습니다. 즉 폐위 의식, 일종의 역전된 대관식인 것입니다. 여기서 왕을 완전한 의존관계에 위치시켜야 한다는 것이 아주 명백하게 드러나고 있습니다. "왕권을 표시하는 것은 모두 사라지게 된다"라는 표현을 기억하시죠? 그리고 이를테면 폐위 의식의 실행

---

2) Philippe Pinel, *Traité médico-philosophique sur l'aliénation mentale, ou la Manie*, Paris: Richard, Caille et Ravier, 1800, pp.192~193. 제5절(「정신이상자 시료원 안에 확립된 내부 질서와 감시」["Police intérieure et surveillance à établir dans les hospices d'aliénés"]), 7항("발작 동안에 광인들은 엄격히 징역살이를 해야 하는가?"[Les maniaques, durant leurs accès, doivent-ils être condamnés à une réclusion étroite?]). 조지 3세(George III, 1738~1820)는 영국과 아일랜드의 왕으로 1765년, 1788~89년, 1801년 2~7월, 그리고 1810년 10월부터 사망하는 1820년 1월까지의 정신질환과 관련된 여러 일화들로 유명하다. Ida Macalpine and Richard Alfred Hunter, *George III and the Mad-Business*, New York: Pantheon Books, 1969.

3) 정신질환에 걸린 사람들을 위해 링컨셔 주[영국 동부]에 세워진 시설의 소유자였던 프랜시스 윌리스 경(Sir Francis Willis, 1718~1807)은 1788년 12월 5일에 런던으로 소환되어 국회가 창설한 위원회에서 왕의 상태에 관한 의견을 표명했다. 윌리스는 1789년 3월 왕의 착란이 일시적으로 진정될 때까지 조지 3세를 치료했다. 피넬은 다음의 두 텍스트에서 이 에피소드를 언급했다. Philippe Pinel, "Observations sur le régime moral qui est le plus propre à rétablir, dans certains cas, la raison égarée des monarques," *Gazette de santé*, no.4, 1789, pp.13~15; Jacques Postel, *Genèse de la psychiatrie: Les premiers écrits de Philippe Pinel*, Le Plessis-Robinson: Institut Synthélabo, 1998, pp.194~197. 재수록; *Traité médico-philosophique*……, pp.192~193, 286~290. 후자에서 피넬은 다음의 보고서를 소개하고 있다. *Report from the Committee Appointed to Examine the Physicians Who Have Attended His Majesty during His Illness, Touching the Present State of His Majesty's Health*, London: Great Britain Parliament and House of Commons, 1789.

자, 권위의 박탈자인 의사가 왕을 향해 "당신은 더 이상 군주가 아니다" 라고 분명하게 선언하고 있다는 점을 기억하실 것입니다.

이것은 선포입니다. 결국 폐위의 선포이죠. 왕은 무력함으로 환원됩니다. 그리고 무대장치와 마지막 장면에서 왕을 둘러싸는 동시에 [매우 큰 역할 — Fr.]*을 맡는 바로 그 '매트리스'가 중요한 듯합니다. 매트리스, 그것은 외부 세계로부터 왕을 격리하고 그로써 외부에서 일어나는 일을 듣지도 보지도 못하게 하고 명령을 내릴 수도 없도록 막는 것입니다. 요컨대 이 매트리스들 때문에 군주제의 모든 본질적 작동은 엄밀한 의미에서 괄호 안에 놓입니다. 왕홀과 왕관 그리고 검을 대신해, 즉 자신의 왕국 위에 군림하는 왕의 보편적 지배력이 모든 군중에게 보여지고 느껴지도록 해야 할 그 기호들을 대신해 이제는 단지 '매트리스'가 있을 뿐입니다. 이 매트리스는 왕을 가두고 왕을 그가 있는 그 장소로, 그 자신인 바로, 요컨대 그 자신의 신체로 환원시키는 것입니다.

그러므로 여기서 보이는 것은 왕의 폐위, 왕의 실추입니다. 그러나 이것이 윌리엄 셰익스피어의 극에서 발견되는 것과 동일한 유형의 것은 아니라는 느낌이 듭니다. 즉 이것은 다른 군주의 권능 아래로 떨어질 위협을 느끼는 리처드 3세도 아니고,[4] 자신의 주권을 박탈당하고 고독과 비참과 광기 속에서 세계를 떠도는 리어 왕도 아닙니다.[5] 사실 왕[조지

---

* 녹음기에는 "매우 중요한 역할"(une rôle si important)이라고 기록되어 있다.

4) 1592년 말~1593년 초에 집필된 윌리엄 셰익스피어의 역사극 『왕 리처드 3세의 비극』(*The Tragedy of King Richard the Third*)은 에드워드 4세의 남동생이자 글루스터 공인 리처드가 왕위를 찬탈하고부터 보즈워스 전투에서 죽을 때까지의 일을 묘사하고 있다. William Shakespeare, "Richard III," trad. Jean Malaplate, in *Œuvres complètes: Histoires II*, éd. bilingue, Paris: Robert Laffont, 1997. [김정환 옮김, 『리처드 3세』, 아침이슬, 2012.]

5) William Shakespeare, "Le Roi Lear," trad. Gilles Monsarrat, in *Œuvres complètes: Tragédies II*, éd. bilingue, Paris: Robert Laffont, 1995. [김정환 옮김, 『리어 왕』, 아침이슬, 2008.] 『리어 왕의 비극』(*The Tragedy of King Lear*)은 1606년 12월 26일 궁정

3세 — Fr.]의 광기는 세계를 떠돌게 하는 리어 왕의 광기와는 달리 그를 어떤 정해진 지점에 고정시키고, 특히 다른 주권이 아닌 어떤 권력 아래 놓이게 합니다. 조지 3세의 광기는 그를 주권이 아닌, 그것과는 모든 면에서 대립되는 완전히 다른 유형의 권력 아래 놓이게 합니다. 익명의 권력, 이름도 얼굴도 없는 권력, 여러 사람에게 분배되어 있는 권력에 말입니다. 특히 그것은 말로 표현할 수조차 없는 규칙의 집요함을 통해 현시되는 권력입니다. 왜냐하면 사실 아무것도 말해지지 않기 때문이고, 또 앞서 소개해드린 텍스트에서도 권력의 모든 행사자들이 침묵으로 일관하고 있다고 쓰여 있기 때문입니다. 이를테면 왕의 폐위 의식을 통해 빈 자리를 채우게 되는 것은 바로 이 규칙의 침묵입니다.

그러므로 이것은 한 주권권력이 또 다른 주권권력 아래로 추락하는 것이 아닙니다. 왕의 머리를 점령한 광기에 의해 참수된 주권권력으로부터, 그리고 왕이 더 이상 주권자가 아니라는 것을 왕에게 알리는 일종의 예식을 통해 폐위된 주권권력으로부터, 다른 [유형의] 권력으로 이행하는 것입니다. 이렇듯 참수되고 폐위된 권력이 있던 자리에 다수적이고 창백한 무색의 익명적 권력이 자리잡게 되는데, 이것은 사실상 제가 규율이라고 부르고자 하는 권력입니다. 주권권력 같은 유형의 권력이 규율이라고 부를 수 있는 권력으로 대체된다는 것, 그런데 이 새로운

에서 상연된 뒤 1608년에 출판되고, 1623년에 개정판이 나왔다. 푸코는 이 작품을 다음에서 언급한 바 있다. Foucault, *Histoire de la folie à l'âge classique*, p.49. [『광기의 역사』, 101쪽.] 또한 푸코는 다음의 저작도 참조하고 있다. André Adnès, *Shakespeare et la folie: Étude médico-psychologique*, Paris: Maloine, 1935. 푸코는 1983~84년의 콜레주드프랑스 강의에서 이 작품을 재검토한다(특히 15강[1984년 3월 21일]을 참조하라). Michel Foucault, *Le courage de la vérité (Le gouvernement de soi et des autres II): Cours au Collège de France*, 1983-1984, éd. s. dir. François Ewald et Alessandro Fontana, par Frédéric Gros, Paris: Seuil/Gallimard, 2009, leçon du 21 mars 1984, pp.49~50. [양창렬 옮김, 『진실의 용기(자기의 통치와 타자의 통치 2): 콜레주드프랑스 강의 1983~84년』, 도서출판 난장, 근간.]

권력은 누군가의 권력을 신성화하거나 눈에 보이고 이름이 있는 한 개인에게 권력이 집중되는 효과를 발생시키는 것이 결코 아니라 그 표적에 대해서만, 즉 왕위를 박탈당하고 이 새로운 권력을 통해 "온순하고 순종적"[6]이 되어야 할 자인 왕의 신체 및 인격 자체에 대해서만 그 효과를 발휘한다는 것입니다.

주권권력이 그것을 쥔 개인의 현란한 힘의 상징을 통해 현시되는 반면, 규율권력은 은밀하고 분산된 어떤 권력입니다. 규율권력은 망 내에서 작동하는 권력이며, 침묵 속에서 이 권력을 행사당하는 자들이 보여주는 순종성과 복종성 내에서만 가시적으로 드러나는 권력입니다. 그리고 제 생각에 이 무대에서 본질적인 것은 바로, 한 규율권력에 대한 한 주권권력의 대립과 복종, 그리고 결합[유기적 결합]입니다.

그렇다면 이 규율권력의 행사자는 누구일까요? 매우 이상하게도 의사 자신은, 즉 모든 것을 조직한 자, 실제로 어느 정도까지는 이 규율체계의 핵심 요소이며 중핵인 자는 모습을 드러내지 않습니다. 윌리스는 결코 거기에 나타나지 않는 것입니다. 그리고 좀 뒤에 나오는 의사의 무대에서 나타나는 것은 윌리스 자신이 아니라 바로 옛 주치의입니다. 그렇다면 권력의 행사자는 도대체 누구일까요? 그것은 헤라클레스만한 몸집의 옛 몸종 두 사람인 듯합니다.

여기에 좀 집중할 필요가 있다고 생각합니다. 왜냐하면 이 무대에서 그들 역시 매우 중요하기 때문입니다. 가설로서, 또 제가 틀릴 수도 있다는 전제 아래 말씀드리자면, 왕위를 찬탈당한 미친 왕과 헤라클레스의 몸집을 한 몸종들의 이런 관계를 몇몇 도상학적 주제들과 비교해봐야 합니다. 제 생각에 이 이야기 속의 조형적 힘은 그 속에서 군주들이 소묘되는 전통적 도상학의 [……]* 요소들이 있다는 사실로부터 기인하

6) Pinel, *Traité médico-philosophique*……, p.192.

* 녹음기에는 "일부를 이루는"(qui font partie)이라고 기록되어 있다.

는 것 같습니다. 그렇지만 왕과 그의 시종들은 전통적으로 두 가지 형태로 소묘된다고 생각합니다.

한편으로는 갑옷을 입고 무기를 든 전사로서의 왕, 자신의 절대 권력을 과시하고 [남들로 하여금 그것을] 느낄 수 있게 하는 왕, 뭐랄까, 헤라클레스 같은 왕에 대한 묘사가 있습니다. 그리고 이런 왕의 옆과 아래에는, 이런 일종의 압도적 권력에 따르는 자로서 복종, 약함, 패배, 예속, 그리고 경우에 따라서는 아름다움 등을 표상하는 인물이 놓입니다. 이런 것들이, 글쎄요, 왕의 지배력을 묘사한 도상에서 발견되는 최초의 몇 가지 대비 중 하나입니다.

다른 한편으로 또 다른 가능성이 있는데, 그것은 대조작용과 더불어 다른 방식으로 소묘됩니다. 그것은 헤라클레스 같은 왕이 아니라 인간의 형상을 한 왕입니다. 이런 왕은 [헤라클레스 같은 왕과는] 반대로 신체적 힘의 가시적이고 직접적인 모든 징표를 결여하고 있으며 그의 힘의 상징만을 갖고 있는 왕입니다. 이 왕은 어민hermine[흰바탕의 검은 반점 무늬 문양, 혹은 그 문양이 새겨진 피복으로서 왕가(혹은 일부 고위 귀족 가문)의 상징]을 두르고, 왕홀과 황금 구슬을 쥐고 있으며, 그 아래에 혹은 그와 더불어 자신에게 복종하는 힘의 가시적 표상을 지니고 있습니다. 요컨대 병사들과 몸종들 그리고 시종들이 바로 이런 힘을 표상하고 있죠. 하지만 이 힘은 앞서 말씀드린 권력의 상징적 요소들, 이를테면 왕홀, 어민, 왕관 같은 것들을 매개로 침묵 속에 발휘되는 힘입니다. 대략적으로 말해 바로 이런 방식으로 왕과 그 시종들 간의 관계가 도상에 소묘되어 있는 것을 볼 수 있다고 생각합니다. 언제나 대조적인 방식으로, 하지만 이와 같은 두 가지 대조의 형태로 말입니다.

윌리스에 입각해 피넬이 말한 무대에서도 이 동일한 요소들이 발견되지만 여기서 [이것들은] 완전히 이동되고 변형되어 있습니다. 한편으로 야수 인간이 되어버린 왕의 야만적 힘이 있습니다. 순종적이고 속박된 노예의 상황에 정확히 처해 있는 왕은 제가 언급한 첫 번째 도상적 설명에서 발견할 수 있습니다. 그리고 [다른 한편으로] 그 맞은 편에는 시종들의 힘, 신중하며 규율화되어 있고 침묵하는 힘이 있습니다. 야만적인 힘으로 되돌아간 왕과, 규율화된 힘의 가시적 표상인 시종들의 이런 대립에서, 소멸하고 있는 어떤 주권권력으로부터 형성 중에 있는 어떤 규율권력으로의 이행이 일어나는 것 같습니다. 그리고 순종적이지만 동시에 절대적 권력을 갖는 이 말 없고 근육질에 강렬한 인상을 주는 몸종들 안에서 규율권력의 모습 그 자체를 발견할 수 있다고 생각합니다.

그런데 이 헤라클레스 같은 시종들은 어떻게 자신의 임무를 수행하는 것일까요? 이 점과 관련해서도 이 텍스트를 어느 정도 상세히 검토할 필요가 있다고 생각합니다. 이 헤라클레스 같은 시종들은 왕의 시중을 들기 위해 거기에 있다고 합니다. 왕의 '욕구' 및 '상태'와 관련해 확실하게 시중들기 위해 그들이 있는 것이라고 아주 명확하게 언급되고 있죠. 그런데 주권적인 권력이라고 부를 수 있는 것 내에서 시종은 실제로 군주의 욕구와 관련된 시중을 들고 군주의 상태가 요구하고 필요로 하는 것을 만족시켜야 합니다. 요컨대 실제로 왕의 옷을 입히고 벗기는 자는 시종이고, 왕의 신체 및 청결 등과 관련한 시중을 드는 자도 시종입니다. 하지만 시종이 이렇게 군주의 욕구 및 상태와 관련된 시중을 들 때마다 그것은 그것이 본질적으로 군주의 의지이기 때문에 그렇게 한다는 것입니다. 다시 말해 군주의 의지는 이러저러한 개별적인 개인으로서의 시종을 욕구 및 상태와 관련된 시중을 드는 임무에 연결시킨다는 것입니다. 왕의 의지, 왕이라는 신분, 바로 이것이 시종을 왕 자신의 욕구 및 상태에 고정시키는 것입니다.

그런데 곧 출현하게 될 규율관계에서, 시종은 왕의 의지에 따르고 있는 것도 전혀 아니고 시종이 왕의 욕구와 관련된 시중을 드는 이유도 그것이 왕의 의지이기 때문이 아닙니다. 요컨대 왕의 욕구 및 상태와 관련된 시중은, 주권자의 의지나 주권자의 신분이 개입하지 않는 시중이라는 것입니다. 이를테면 신체의 기계적 요구들만이, 시종이 시중들어야 하는 바를 확정하고 결정합니다. 결과적으로 의지와 욕구, 신분과 상태 간에 분리가 일어나는 것입니다. 왕의 의지가 자신의 욕구나 상태를 넘어서서 표현되는 한에서만, 시종은 억압하는 힘으로서 개입하고 또 왕의 의지를 꺾기 위해 시중들기를 중단하게 될 것입니다.

자, 이 무대의 무대장치는 글쎄요, 대충 이 정도입니다. 이제 이렇게 설정된 무대의 [일화 중] 중요하다고 생각되는 일화, 즉 의사와의 대결이라는 일화로 넘어가보죠. "어느 날 이 미친 왕은 격렬한 망상에 사로잡혀, 자신을 방문한 주치의를 매우 거칠게 맞이하고 오물과 분뇨를 문댔다. 그러자 곧 몸종 중 한 명이 말 없이 방에 들어와 …… 미친 왕의 허리를 잡아 제압하고는……."[7)]

이렇게 말해도 괜찮다면, 전락과 폐위의 무대 다음은 쓰레기와 배설물 그리고 오물의 무대입니다. 이제 단순히 왕이 폐위되거나 주권권력의 특성들이 박탈당하는 것만이 아니라 주권권력이 총체적으로 전도되는 것이죠. 왕이 이제 가질 수 있는 힘이라곤 야만적인 상태로 환원된 자신의 신체밖에 없고, 가질 수 있는 무기라곤 자신의 배설물밖에 없는데, 그는 바로 이 무기를 사용해 주치의에게 대항하게 될 것입니다. 그런데 제 생각에 그렇게 함으로써 왕은 실제로 자신의 주권권력을 전도시킵니다. 그 이유는 왕의 왕홀과 검이 쓰레기로 대체됐기 때문만이 아니라, 매우 명확하게 역사적 의미를 갖는 몸짓이 거기서 반복되기 때문이기도 합니다. 누군가에게 진흙과 오물을 던지는 이런 몸짓은 권력자들에 대항하는 폭동의 유서 깊은 몸짓인 것입니다.

오늘날에는 오물과 배설물을 돈의 상징으로만 논의하려는 일련의 전통이 존재합니다. 하지만 오물과 배설물의 역사를 아주 진지하게 연구할 필요가 있습니다. 요컨대 상징으로서의 오물과 배설물이 결코 아니라 그 자체가 문제시될 수 있었던 방식, 경제적이고 의학적인 문제가

---

7) Pinel, *Traité médico-philosophique*……, p.193.

될 수 있었던 방식, 또 17세기와 특히 18세기에 현저했던 것처럼 정치적 투쟁의 관건이 될 수 있었던 방식과 관련한 역사 말입니다. 호화로운 마차를 향해 혹은 왕족의 비단이나 어민을 향해 진흙이나 오물을 던지는 이 모독적인 몸짓이 무엇을 의미하는지, 조지 3세는 자기 자신이 그 피해자였기 때문에 완벽하게 알고 있었습니다.

그러므로 여기에는 주권권력적 기능의 총체적 역전이 있습니다. 왜냐하면 왕이 반복하는 폭동의 몸짓은 가난한 자들의 몸짓일 뿐만 아니라 가난한 자들 가운데서도 가장 가난한 자들의 몸짓이기 때문입니다. 실제로 농민들은 반란을 일으킬 때 자기들이 가진 도구들, 즉 낫과 몽둥이 등을 사용해 투쟁했고 장인들도 마찬가지로 자신들의 작업 도구를 이용했습니다. 오직 가장 가난한 자들만이, 아무것도 갖지 못한 자들만이 권력자들에게 던지기 위한 것들을, 길 위에서 자갈과 오물로 뭉쳐야 했던 것입니다. 왕이, 자신이 있는 방에 들어오는 의학권력과의 대결에서 반복하고 있는 것이 바로 이 역할입니다. 겁에 질려 전복되어 있는 주권권력이 음울한 규율에 대항하고 있는 것입니다.

바로 그 순간에 말 없는 근육질의 거역할 수 없는 몸종이 개입합니다. 몸종은 방에 들어와 왕의 허리를 잡아 침대로 던지고 옷을 벗겨 수세미로 씻기고, 이 텍스트가 말하듯이 "오만하게 그를 바라보면서"[8] 나갑니다. 여기서 다시 한 번 권력의 무대를 구성하는 요소들의 이동을 목격할 수 있습니다. 그것은 대관식이나 도상적 표상의 무대가 아니라 보시다시피 교수대, 신체형의 무대입니다. 그러나 여기서도 역전과 이동이 발생하죠. 즉 주권권력을 침해하고 자갈이나 오물을 던졌던 자가 영국의 법에 따라 죽임을 당하고 교수형에 처해지며 토막이 났던 반면 이제는 규율이 몸종이라는 형태로 개입해 신체를 제압하고 쓰러뜨리며 발가벗기고 씻겨서 깨끗하고 참된 것으로 만드는 것입니다.

---

8) Pinel, *Traité médico-philosophique*……, p.193.

이 무대와 관련해 말씀드리고자 했던 바는 이상과 같습니다. 피넬의 광인 해방의 무대 이상으로 제가 원시 정신의학이라 부르는 그 실천 내에서 작용하고 있는 것의 매우 특징적인 것이 있는 것 같습니다. 제가 원시 정신의학이라 부르는 것은 대략 18세기 말의 몇 년 동안부터 시작해 19세기 초반의 20~30년 동안 전개되는 실천입니다. 요컨대 원시 정신의학은 정신의학적 정신요양원이 거대한 제도적 건축물로 출현하는 1830~40년대 이전, 이를테면 프랑스에서 감금과 정신병원의 조직화에 관련된 법률이 제정된 1838년 이전의 실천인 것입니다.[9]

제가 보기에는 이 무대가 중요한 것 같습니다. 무엇보다 이 무대는 제가 『광기의 역사』에서 범한 오류를 수정할 수 있게 해주니까요. 아시다시피 이 무대에서 문제가 됐던 것은 정신의학의 실천에 가정 모델 같은 것을 부과하는 것이 결코 아니었습니다. 정신의학이 부모와의 관계, 요컨대 가정의 구조에 존재하는 어떤 특징적인 관계들을 차용해 광기와 정신이상자를 지도·감독하기 위해 가정 모델을 삽입한다고는 말할 수 없습니다. 가정과의 관계는 정신의학의 역사에서 아주 뒤늦은 시기에 출현하게 될 것입니다. 그리고 제가 이제까지 살펴볼 수 있었던 한에서 가정 모델이 정신의학적 실천에 접목되는 계기는 히스테리와 연관시켜서 파악할 필요가 있습니다.

또한 보시다시피 피넬은 이 치료가 "재발이 없는 완치를 가져다줄 것"[10]이라 낙관적으로 말했고, 이 낙관주의는 곧 반박당하게 됩니다. 왕의 병에 관해서 진실로 기술記述, 분석, 진단, 인식으로서의 가치를 갖는 것이라곤 하나 없이 이 치료가 행해졌던 것입니다. 가정 모델이 뒤늦은

---

9) 1838년 1월 6일 내무장관인 아드리엥 드 가스파랭(Adrien de Gasparin, 1783~1862)이 하원에 제출한 정신이상자 관련 법안은 귀족원에서 3월 22일에, 하원에서 6월 14일에 가결된 직후 6월 30일에 공표된다. Robert Castel, *L'Ordre psychiatrique: L'âge d'or de l'aliénisme*, Paris: Minuit, 1976, pp.316~324.

10) Pinel, *Traité médico-philosophique*……, p.193.

시기에야 비로소 개입하듯이 진실이라는 계기 또한 뒤늦은 시기에 비로소 정신의학의 실천에 개입합니다.

마지막으로 제가 강조하고 싶은 것은 이렇습니다. 요컨대 이 무대에서는 아주 엄밀히 말해서 권력적인 요소들의 작용이 모든 제도 바깥에서 작용하고 이동하며 역전되는 그런 것을 아주 명확하게 목격하실 수 있습니다. 그리고 저는 이런 제도의 계기 역시 권력관계들에 선행하지 않는다고 생각합니다. 요컨대 진실된 담론이 그런 권력관계를 지시하는 것이 아니고 가정 모델 역시 그런 권력관계를 제안하는 것이 아니듯이, 마찬가지로 제도가 그런 권력관계를 결정하는 것은 아니라는 말입니다. 아시다시피 이런 권력관계는 이런 무대 내에서 적나라한 방식으로 작동하고 있습니다. 그리고 이런 의미에서 이 무대는 정신의학의 실천에 핵심이 되는 요소들을 구성하는 권력관계의 토대를 명확히 드러내 보여주는 것 같고, 그 토대에서 출발해 실제로 제도적 건축물이 구축되고 진실된 담론이 출현하며 몇몇 모델이 접목되고 유입되는 것 또한 목격하게 될 것입니다.

그렇지만 당분간은 규율권력이라는 것의 출현에 주목해보죠. 제 생각에 이 무대에는 규율권력의 특수한 형상이 분명하게 출현하는 듯합니다. 왜냐하면 아마도 여기서 규율권력은 제가 주권권력이라 부르려는 또 다른 형태의 정치권력과 대립되고 있기 때문입니다. 즉 지금 저를 이끄는 최초의 가설들이 맞다면, 정신의학의 실천에 애초부터 정치권력 같은 어떤 것이 있다고 말하는 것으로는 충분하지 않습니다. 제 생각에 문제는 훨씬 더 복잡하고, 또 점점 더 복잡해질 것입니다. 하지만 지금은 좀 도식화시켜보죠. 그것은 통상적인 정치권력이 아니며 서로 완전히 구분되는 두 개의 상이한 체계, 두 개의 다른 작동방식에 상당하는 완전히 구별된 두 유형의 권력입니다. 요컨대 한편에는 봉건제 이후 산업혁명 이전의 통치에서 작동했던 것 같은 것으로서의 주권권력의 거시물리학이 있습니다. 다른 한편에는 이를테면 주권권력의 여러 요소들이 단절되고 파열되며 정체가 폭로되는 그런 식으로 나타나는 상이한 요소들 내에서 작동하는 것으로서의 규율권력의 미시물리학이 있습니다.

그러므로 주권권력적 관계가 규율권력으로 변환되는 것입니다. 아시다시피 사실 이 모든 것의 중심에는 일종의 일반적 명제가 존재합니다. "네가 미쳤다면 네가 아무리 왕이라도 더 이상은 왕일 수 없다," 또는 "네가 아무리 미쳤다 해도 그로 인해 왕일 수 있는 것은 아니다"라는 명제가 바로 그것입니다. 왕, 여기서 조지 3세는 윌리스의 무대 위에서, 이를테면 피넬의 우화 속에서 치유가 됐는데, 그것은 오직 조지 3세가 왕으로 대우받지 않았기 때문에, 왕의 권력이 아닌 다른 힘에 제압됐기 때문에 비로소 가능할 수 있었습니다. 제 생각에 "너는 왕이 아니다"라는 명제는 제가 분석하려고 노력하고 있는 이 원시 정신의학의 중심에 있습니다. 만약 여기서, 자신을 왕으로 착각하는 광인들을 문제삼는 르네 데카르트의 글들을 참조하신다면, 데카르트가 전하는 광기에 대한 두 가지 예를 발견하시게 될 것입니다. 그 중 하나는 "자신을 왕으로 착각하기"이며, 다른 하나는 "유리로 된 몸을 갖기"입니다.11) 실제로 데카르트, 그리고 일반적으로 [……]* 18세기 말까지 광기에 대해 이야기했

---

11) 푸코는 여기서 데카르트가 거론한 "[검은 담즙에서 생기는 나쁜 증기로 인해] 두뇌가 아주 혼란스러워져 있기 때문에 알거지이면서도 왕이라고 …… [자기의] 몸이 유리로 되어 있다고 우겨대는" 미치광이들을 암시하고 있다. René Descartes, "Première Méditation: Des choses que l'on peut révoquer en doute," *Méditations touchant la première*(1641), trad. Duc de Louis-Charles d'Albert Luynes, Paris: La veuve Jean Camusat et Pierre le Petit, 1647; *Œuvres et Lettres*, éd. André Bridoux, Paris: Gallimard, 1952, p.268. [이현복 옮김, 『성찰/자연의 빛에 의한 진리탐구/프로그램에 대한 주석』, 문예출판사, 1997, 35쪽.] 다음도 참조하라. Michel Foucault, "Mon corps, ce papier, ce feu," *Paideia*, septembre 1971; *Dits et Écrits*, t.2: 1970-1975, éd. Daniel Defert et François Ewald, avec collab. Jacques Lagrange, Paris: Gallimard, 1994, pp.245~268; *Histoire de la folie à l'âge classique*, pp.583~603 (Apppendice II). [한국어판에는 미번역.]

* 녹음기에는 "말할 수 있습니다"(on peut dire)라고 기록되어 있다.

던 모든 사람에게 "자신을 왕으로 착각하기"와 자신이 "유리로 된 몸"을 갖고 있다고 믿는 것은 정확히 동일한 것이었습니다. 즉 이것들은 완전히 동등한 두 유형의 오류였습니다. 이 오류들은 감각의 가장 기본적인 소여들을 직접적으로 부정하고 있습니다. "자신을 왕으로 착각하기"와 "자신이 유리로 된 몸을 갖고 있다고 믿기," 이 두 말은 그야말로 오류로서의 광기의 전형이었던 것이죠.

이후로 원시 정신의학의 실천에서, 그리고 결과적으로 그것에 접속되는 모든 진실된 담론에서 "자신이 왕이라고 믿는 것"이 광기의 진정한 비밀이라고 여겨집니다. 망상, 환상, 환각 등을 분석하던 당대의 방식을 살펴볼 때, 거기서 어떤 사람이 자신을 왕이라고 믿는 것은 거의 중요하지 않다는 것을 알 수 있습니다. 요컨대 망상의 내용이 자신이 왕의 권력을 행사한다고 생각하든, 이와 반대로 인류 전체가 자신을 파산시키고 박해하며 내쳐버렸다고 생각하든, 그것은 문제가 되지 않는다는 것입니다. 당대의 정신과 의사들이 보기에는 그런 믿음을 다른 사람들에게 강요하는 것, 모든 증거에 대립시키는 것, 의학적 지식에 반해 주장하는 것, 의사에게까지 강요하려는 것, 결국에는 정신요양원 전체에 강요하려는 것, 요컨대 그렇게 자신의 믿음에 의거해 다른 모든 확실함이나 지식을 거부하는 것이 바로 자신을 왕이라고 믿는 것입니다. 여러분 자신이 왕이라고 믿건 여러분 자신이 비참한 자라고 믿건 간에 이런 확신을 일종의 전제적인 방식으로 여러분 주변의 모든 사람들에게 강요하려고 하는 것, 결국 이것이 "자신이 왕이라고 믿는 것"입니다. 그리고 그렇기 때문에 모든 광기는 자신이 세계의 왕이라는 사실에 뿌리를 둔 믿음 같은 것이라고 말할 수 있습니다. 19세기 초의 정신과 의사들이라면 미친다는 것은 자신의 머릿속에서 권력을 잡는 것이라고 말할 수도 있었을 것입니다. 게다가 에티엔-장 조르제는 『광기에 대하여』에서 자신이 왕이라고 믿는 자와 관련해 "그의 생각을 어떻게 단념시킬 것인가?"라는 문제를 정신의학의 중대한 문제로 제시하고 있습니다.[12)]

제가 그 왕의 무대를 이렇게나 강조했던 것에는 몇 가지 이유가 있습니다. 우선 그렇게 함으로써 제가 처음에 말씀드린 정신의학 창설의 또 하나의 무대, 즉 피넬의 무대, 해방의 무대를 좀 더 잘 이해할 수 있을 것 같기 때문입니다. 얼핏 보기에 피넬은 1792년에 비세트르로 들어가, 수주간 내지 수개월간 지하감옥에 갇히고 묶여 있던 이런저런 환자들의 사슬을 풀어줬습니다. 이는 소유권을 박탈당한 왕의 이야기와는 정반대이고 유폐된 왕, 우람한 몸종들에 의해 제압당하고 감시당하는 왕의 이야기와도 정반대입니다. 그런데 사실 잘 들여다보면 이 두 무대가 연속선상에 있다는 것을 알 수 있습니다.

피넬이 지하감옥에 갇혀 있는 환자들을 풀어줄 때의 관건은, 풀어주는 자와 곧 풀려날 자 사이에 특정한 감사의 부채를 설정하는 것입니다. 이 부채는 두 가지 방법으로 상환될 것이고 또한 상환되어야만 합니다. 우선 풀려난 자는 지속적이고 자발적인 순종을 통해 자신의 부채를 상환해갈 것입니다. 사슬의 폭력으로만 붙잡아두던, 육체에 대해 행사되던 야생적 폭력은, 한 의지의 다른 의지에 대한 지속적 순종으로 대체될 것입니다. 달리 말해서 사슬을 제거하는 것은, 감사하는 마음에서 비롯되는 순종을 통해, 뭐랄까 예속 같은 것을 확보하는 것입니다. 그리고 이제 두 번째 방식을 통해, 요컨대 환자의 측면에서 볼 때는 의지적이지 않은 방식으로 부채가 청산될 것입니다. 요컨대 이 환자가 이렇게 복종하게 되는 순간부터, 감사의 부채를 자발적이고도 지속적으로 갚는 행위가 그를 의학적 권력의 규율에 복종하도록 만드는 그 순간부터, 이 규율의 작용 자체와 그 규율의 힘만이 이 환자를 치유할 것입니다. 그 결과 이 치유는 의지적이지 않은 방식으로 해방에 대한 두 번째 지불수단

12) "이 세상의 그 무엇도 그들이 그렇게 생각하는 것을 결코 단념시킬 수 없다. 실제로는 왕이 아닌데도 왕이라고 …… 주장하는 자에게 말을 걸면 그는 욕설로 응수할 것이다." Étienne-Jean Georget, *De la folie: Considérations sur cette maladie*, Paris: Crevot, 1820, p.282. [본서의 1강(1973년 11월 7일), 각주 13번 참조.]

이 될 것이고, 환자, 더 정확히 말해 환자의 그 병이, 감사의 대가를 의사에게 지불하는 방식이 될 것입니다.

보시다시피 이 해방의 무대가 사실 정확히 인본주의의 무대는 아니었다는 것이 당연한 주지의 사실입니다. 하지만 저는 이 무대를 하나의 권력관계로서, 혹은 폭력에 속했던 권력관계, 이를테면 감옥, 감방, 사슬 등 낡은 형태의 주권권력에 속하는 것으로부터 규율관계로서의 예속관계로 변하는 것으로서 분석할 수 있다고 생각합니다.

제가 조지 3세 이야기를 한 첫 번째 이유는 이상과 같습니다. 이를테면 제 생각에는 이 이야기가, 일반적으로 피넬의 업적인 것처럼 여겨지고 있는 모든 정신의학적 실천의 막을 연 것 같다는 것입니다.

제가 이 이야기를 꺼낸 또 다른 이유는 이렇습니다. 제가 볼 때 이 조지 3세의 치유 무대는 다른 일련의 무대들에 속하는 것 같기 때문입니다. 무엇보다 19세기 초반의 25~30년 동안 초기 정신의학 실천의 실제를 구성하고 있는 일련의 무대들에 말입니다. 19세기 초반에는 표준 치료법들을 모은 일종의 작은 백과사전이 존재했다고 말할 수 있겠는데, 이 표준 치료법들은 피넬[13]과 조르제[14]뿐만 아니라 존 헤이슬럼,[15]

13) 강의원고에서는 다음의 책에 나오는 증례가 언급되고 있다. Pinel, *Traité médico-philosophique*……, pp.58~59, 96~97, 181~183, 196~197. 제2절(「정신이상자의 도덕요법」["Traitement morale des aliénés"]), 7항("이성의 회복을 위한 강력한 억압의 유용한 효과"[Effets utiles d'une répression énergique pour le rétablissement de la raison])과 23항("정신이상자 요양소에서 항구적 질서를 유지해야 할 필요성"[Nécessité d'entretenir un ordre constant dans les hospices des aliénés]); 제5절, 3항("우울증의 지배적 관념에 맞서는 빈번한 노력"[Efforts à opposer le plus souvent aux idées dominantes des mélancoliques])과 9항("정신이상자를 이성으로 되돌리기 위해서는 어떤 주의를 기울여서 정신이상자의 성격을 연구해야 하는지를 알기 위한 적절한 사례"[Example propre à faire voir avec qu'elle attention le caractère de l'aliéné doit être étudié pour le ramener à la raison]).

14) Étienne-Jean Georget, *De la physiologie du système nerveux et spécialement du cerveau: Recherches sur les maladies nerveuses en général, et en particulier sur le*

장-에티엔 도미니크 에스키롤,[16] 프랑수아-엠마뉘엘 포데레,[17] 조제프 귀슬랭[18]이 발표한 사례들을 바탕으로 이뤄져 있었습니다. 이 작은 백과사전 속에서 우리는 약 50여 개의 사례들을 발견하게 되는데, 이 사례들은 당대의 모든 정신의학 논문들에서 언급되고 있었으며, 거의 모두 유사한 한 모델을 따르고 있습니다. 제 생각에, 어떻게 이 모든 치유의 무대들이 조지 3세 치유의 주요 무대와 비슷한지를 매우 명쾌한 방식으로 보여주는 한두 가지 예가 있는 것 같습니다.

다음은 피넬의 『정신이상에 관한 의학적-철학적 논설』에 나오는 예입니다. "여전히 정신이상 상태에 있는 한 군인이 …… 갑자기 군대로 돌아가려는 생각에 완전히 사로잡힌다." 그는 저녁에 명령에 따라 침실로 돌아가기를 거부합니다. 일단 침실로 돌아가자 모든 것을 갈기갈기 찢어버리고 더럽히기 시작합니다. 그래서 그는 침대에 묶이게 됩니다. "그는 이런 난폭한 상태에서 일주일을 보내게 된다. 그리고 그는 결국 세상만사가 자신의 뜻대로는 되지 않는다는 사실을 어렴풋이 자각하게

---

siège, la nature et le traitement de l'hystérie, de l'hypocondrie, de l'épilepsie et de l'asthme convulsif, 2 vol., Paris: J.-B. Baillière, 1821; *De la folie*, op.cit.

15) 본서의 1강(1973년 11월 7일), 각주 6번을 참조할 것.

16) 본서의 1강(1973년 11월 7일), 각주 5번을 참조할 것.

17) François-Emmanuel Fodéré, *Essai médico-légal sur les diverses espèces de folie vraie, simulée et raisonnée, sur leurs causes et les moyens de les distinguer, sur leur effets excusant ou atténuant devant les tribunaux, et sur leur association avec les penchants au crime et plusieurs maladies physiques et morales*, Strasbourg: Le Roux, 1832; *Traité du délire*, t.II, Paris:Croullebois, 1817. [본서의 1강(1973년 11월 7일), 각주 1번을 참조할 것.]

18) Joseph Guislain(1797~1860), *Traité sur l'aliénation mentale et sur les hospices des aliénés*, 2 vol., Amsterdam: Van der Hey et Gartman, 1826; *Traité sur les phréno-pathies ou doctrine nouvelle des maladies mentales, basée sur des observations prati-ques et statistiques, et l'étude des causes, de la nature, des symptômes, du pronos-tic, du diagnostic et du traitement de ces affections*, Bruxelles: Établissement Encyclographique, 1833.

된다. 오전에 주임이 순시하는 동안 그는 가장 복종적인 어투를 보이고 주임의 손에 입을 맞추기까지 하며 이렇게 말한다. '약속했잖아. 얌전히 굴면 병원 안에서는 자유를 주겠다고. 자! 약속을 지켜.' 주임은 그가 다행히 제정신을 되찾은 것에 대한 기쁨을 미소로 표현한다. 곧이어 주임은 그에 대한 모든 구속을 중지시킨다……."[19]

또 다른 예는 "자신이 전지전능하다"는 독단적인 생각에 사로잡혀 있는 한 남자의 예입니다. 단 하나의 생각이 그를 사로잡고 있었습니다. 그것은 "콩데 군을 폐망케 하지는 않을까 하는 걱정이었는데 …… 그에 따르면 콩데 군은 신의 섭리를 완수하도록 되어 있다는 것이었다." 이런 믿음을 어떻게 제압해야 좋을까요? 의사는 "그 남자가 자신의 실수로 잘못을 저질러서 그를 가혹하게 다룰 수 있게 될" 기회를 엿보고 있었습니다. 그리고 운 좋게도, "그가 방 안에 남겨둔 오물과 배설물 때문에 간수가 그에게 투덜거리던 어느 날, 이 정신이상자는 간수에게 난폭하게 화를 내며 죽여버리겠다고 협박했다. 이것은 그를 처벌할 수 있는 절호의 기회였고, 또 그의 전지전능함이 공상적이라는 것을 납득시킬 수 있는 절호의 기회이기도 했다."[20]

계속해서 또 다른 예를 들어보죠. "비세트르 시료원의 한 정신이상자는 다른 망상 증상은 없었으나 스스로를 프랑스 혁명의 피해자라고 생각하는 망상을 가지고 있었다. 그는 밤낮으로, 자신은 운명을 감내할 준비가 되어 있다고 반복해 말하고 있다." 그는 자신이 단두대형에 처해질 것이기 때문에 더 이상 자신을 돌볼 필요가 없다고 생각하고 있습니다. 그는 "침대에서 잠들기를 거부"하며, 돌바닥 위에 누워 지냅니다. 간수는 강압적 수단을 사용할 수밖에 없게 됩니다. 요컨대 "환자는 그의 침대 위에 끈으로 묶이게 된다, 하지만 그는 그 누구도 꺾지 못할 고집을 부리

19) Pinel, *Traité médico-philosophique*……, pp.58~59. 제2절, 7항.

20) Pinel, *Traité médico-philosophique*……, pp.96~97. 제2절, 23항, 각주 1번.

며 일체의 음식을 거부함으로써 이에 대한 앙갚음을 시도한다. 권유, 약속, 협박, 모두 소용이 없다." 그런데 어느 정도 시간이 지난 뒤 이 환자는 목이 마르게 됩니다. 그리곤 물을 마십니다. 하지만 "그는 그에게 제공되는 수프조차 완고히 거부하며, 액체가 됐든 고체가 됐든 모든 다른 음식을 거부한다." 12일째가 되던 날, "간수는 환자에게, 이리도 순순히 따르지 않으니 지금부터 더 이상 차가운 물을 마시도록 허용하지 않을 것이라고 말한다, 그리곤 환자에게 대신 기름진 수프를 준다." 결국 갈증이 그를 엄습합니다. "그는 게걸스럽게 그 수프를 먹는다." 이날 이후로 이 환자는 고체로 된 음식을 먹습니다. 그리고 "이렇게 조금씩 조금씩 튼튼하고 혈기 왕성한 건강상태를 되찾아간다."[21]*

이런 무대들의 세부 형태들에 대해서는 다음에 다시 논의하겠습니다. 하지만 19세기 정신의학이 시작될 때, 모든 이론적 정식화나 모든 제도적 조직화에 심지어 앞서서, 또 그것들과 완전히 별개로, 광기에 대한 일정한 조작전술이 정의됐습니다. 그런데 이 전술은 이를테면 치유로 귀결되어야 했던 이런 종류의 정신교정술에 필요한 권력관계의 골격을 소묘하고 있었던 것입니다. 조지 3세의 치유 무대는 결국 이런 무대들의 일부를 이루고 있으며 그 최초의 무대 가운데 하나인 것입니다.

그러고 나서 이런 무대들의 미래와 발달 그리고 변화를 추적함으로써 원시 정신의학의 여러 무대들이 어떻게, 어떤 조건에서 1840~70년대 동안 도덕요법의 국면이라 부를 수 있는 국면, 프랑수아 뢰레가 그 영웅이었던 국면에서 발달했는가를 볼 수 있다고 생각합니다.[22]

---

21) Pinel, *Traité médico-philosophique*……, pp.181~183. 제5절, 3항.

* 강의원고에는 제5절의 9항에 나오는 사례도 언급되고 있다. Pinel, *Traité médico-philosophique*……, pp.196~197. [앞의 각주 13번을 참조할 것.]

22) 뢰레는 다음의 저작들에서 자신의 생각을 전개했다. François Leuret, "Mémoire sur le traitement moral de la folie," *Mémoires de l'Académie royale de médecine*, t.7, Paris: J.-B. Baillière, 1838, pp.552~576; *Du traitement moral de la folie*, Paris: J.-

그리고 나서 도덕요법에 의해 변형된 바로 그 원시 정신의학의 무대가, 정신의학의 역사에서 중요한 한 일화를 통해 다시 한 번 눈에 띄게 변형됩니다. 그 일화는 바로 최면의 발견과 시행, 그리고 히스테리 현상들의 분석이었습니다.

물론 여기에는 정신분석학의 무대도 있습니다.

그리고 마지막으로, 이를테면 반정신의학의 무대가 있습니다. 이 원시 정신의학의 첫 번째 무대인 조지 3세의 무대가, 메리 번즈와 조지프 버크의 책에서 발견되는 무대와 얼마나 유사한지를 살펴보는 것은 아무튼 매우 흥미로운 일입니다. 킹슬리 홀의 번즈 이야기는 조지 3세 이야기에서 발견되는 것과 거의 같은 요소들로 구성되어 있습니다.

"어느 날 메리는 자신을 향한 나의 사랑을 떠보기 위해 어떤 극단적인 실험을 시도했다. 그녀는 똥을 뒤집어 쓴 채 내 반응을 기다리고 있었던 것이다. 이 일에 대해 그녀가 들려준 설명이 웃겼다. 그녀는 자신의 똥 때문에 내가 역겨워할 것이라고는 전혀 생각하고 있지 않았던 것이다. 단언컨대 실제로는 정반대였다. 난 아무 의심 없이 게임룸에 들어섰다. 그러고 나서 마치 공포소설에서 튀어나온 듯한 몰골을 한 메리가 악취를 풍기며 내게 다가왔을 때, 나는 공포와 역겨움을 느꼈다. 내 첫 반응은 도주였다. 나는 허둥지둥 최대한 빠르게 도망쳤다. 다행히도 그녀는 나를 따라오려고 하지는 않았다. 만약 그랬다면 나는 그녀를 쳤을지도 모른다.

나는 나의 첫 반응을 아주 잘 기억하고 있다. '너무해. 이제 더는 못 참겠다. 이제부터 그녀는 스스로 자신을 돌봐야 해. 나는 더 이상 그녀의 일에 관여하고 싶지 않아.'"

B. Baillière, 1840; "Mémoire sur la révulsion morale dans le traitement de la folie," *Mémoires de l'Académie royale de médecine*, t.9, Paris: J.-B. Baillière, 1841, pp.655~671; *Des indications à suivre dans le traitement moral de la folie*, Paris: Le Normant, 1846.

그러고 나서 버크는 곰곰이 생각합니다. 결국 자신이 챙겨주지 않으면 메리와는 끝나버릴 텐데, 그것은 그가 바라는 것이 아닙니다. 이 마지막 생각에는 이론의 여지가 없습니다. 버크는 꽤 주저한 끝에 메리를 쫓아갑니다. "메리는 아직 게임룸에 있었고 고개를 숙인 채 눈물을 흘리고 있었다. 나는 웅얼거리며 말했다. '자, 별거 아니야. 위에서 따뜻한 물로 목욕하자.' 메리를 씻기는 데 적어도 1시간이 걸렸다. 그녀의 상태는 형편없었다. 머리카락도, 팔 아래도, 발가락 사이도 온통 똥범벅이었다. 나는 오래된 괴기영화 『미이라의 유령』의 주인공을 떠올렸다."[23]

사실 버크는 정신의학 역사의 원시 무대, 즉 조지 3세의 이야기를 회상하지는 않았습니다. 허나 이것은 정확히 그 무대였습니다.

제가 올해 연구하려는 것은 결국 이런 몇몇 정신의학의 무대와 관련된 역사인데, 저는 이 역사를 제가 공준公準으로 삼는 것 혹은 아무튼 가설로 삼는 것을 고려해 탐구해보고자 합니다. 요컨대 제도적 조직화이든, 진실된 담론이든, 몇 가지 모델의 유입이든, 이 모든 것을 분석하기에 앞서 정신의학의 무대를 분석하고 그런 무대에서 조직되는 것, 즉 거기서 모습을 드러내는 권력의 작용을 분석해야 한다는 것이 그 공준 혹은 가설입니다. 그리고 저는 이런 무대를 연구하는 데 있어 다음의 것을 강조하고자 합니다. 요컨대 여러분께 말씀드린 조지 3세의 그 무대가 일련의 긴 정신의학 무대의 최초의 무대에 속할 뿐만 아니라 역사적으로는 정신의학의 무대와는 다른 일련의 무대에 속하기도 한다는 것을 강

23) 간호사였던 메리 번즈(Mary Barnes, 1923~2001)는 42세가 되던 해에 킹슬리 홀의 수용센터에 들어간다. 정신장애로 고통받는 사람들을 위해 1965년에 개설되어 1970년 5월 31일에 폐쇄되는 이 수용센터에서 번즈는 5년을 보낸다. 번즈의 이야기는 그녀가 자신을 치료한 의사와 공동으로 쓴 저서를 통해 알려져 있다. Mary Barnes and Joseph Berke, *Mary Barnes: Two Accounts of a Journey through Madness*, London: MacGibbon and Kee, 1971; *Mary Barnes: Un voyage à travers la folie*, trad. Mireille Davidovici, Paris: Seuil, 1973, pp.287~288. [『미이라의 유령』(*The Mummy's Ghost*)은 1944년에 개봉된 미국의 공포영화이다.]

메리 번즈와 그녀의 저서 표지(미국판/New York: Harcourt, Brace & Jovanovitch, 1971) 번즈의 정신요법의였던 미국인 조지프 버크(Joseph Berke, 1939~)는 반정신의학 운동의 주창자인 로널드 D. 랭(Ronald David Laing, 1927~1989)의 동료로서, 그 자신 역시 대안적 정신치료법을 고민하고 있었다. 랭의 주도로 킹슬리 홀에 만들어진 수용센터에서 레지던트로 일하게 된 버크는 수용센터의 첫 번째 환자가 된 번즈를 도맡아 치료했는데, 미술 활동을 통한 치료 도중 번즈의 예술적 재능을 발견해 그녀가 화가의 길을 걸을 수 있도록 도와준다. 1969년 첫 번째 전시회를 성공리에 마친 번즈는 이듬해 사회로 복귀해 활발한 작품 활동을 펼치며 문필 재능까지 발휘하게 됐고, 1979년 자신의 이름을 딴 연극(『메리 번즈』)의 대본을 직접 집필한다.

조하고 싶습니다. 원시 정신의학의 무대에서는 먼저 대관식, 소유권 박탈, 복종, 충성, 항복, 복권 등과 같은 주권권력적 예식이라 불릴 수 있는 것이 모두 발견됩니다. 또 거기에는 명령을 내리고, 복종하며, 규칙을 준수하고, 징벌하며, 포상하고, 응답하며, 침묵을 지키는 것 같이 어떤 사람들이 다른 사람들에게 부과하는 일련의 봉사 예식도 존재합니다. 게다가 일련의 사법절차도 존재합니다. 요컨대 법을 선포하고 위반이 일어나지 않도록 주의하며, 고백을 얻어내고, 과오를 확증하며 판결을 내리고 형벌을 부과하는 절차 말입니다. 마지막으로 일련의 의학적 실천, 특히 고비와 관련된 대대적인 의학적 실천이 존재합니다. 고비와 관련된 실천은 고비가 일어나는 순간을 포착하고 그 발전과 완료를 조장하며 건전한 힘이 다른 힘을 제압케 하는 것입니다.

제 생각에 정신의학의 진정한 역사, 아무튼 정신의학 무대의 진정한 역사를 연구하려면, 이런 일련의 무대들 내에 정신의학을 재설정해야 합니다. 요컨대 중요한 것은 주권권력적 예식의 무대, 봉사 의례의 무대, 사법절차의 무대, 의학적 실천의 무대 내에 정신의학을 재설정하는 것이지, 제도의 분석을 본질적 출발점으로 삼는 것이 결코 아닙니다.* 여기서는 지극히 반제도주의적인 입장을 취해봅시다. 저는 올해 제도의 분석을 행하기에 앞서 먼저 권력의 미시물리학을 조명해보고자 합니다.

이제 저는 여러분께 단초만을 제공해드렸던, 원시 정신의학의 무대를 좀 더 자세히 살펴보고자 합니다. 제가 보기에 조지 3세의 이 무대는, 그때까지 광기를 치료해왔던 규칙화되고 표준화된 방식인 다수의 무대들과는 확연한 대조를 이루기 때문에, 매우 중요한 단절 지점이 됩니다. 제 생각에 18세기 말엽까지, 19세기 초반에도 여전히 그 예들을 찾아볼 수 있는데, 의사들에 의한 광기의 조작은 진실의 책략에 속하는 것이었

* 강의원고에는 이 무대(scène)라는 개념이 명확하게 설명되어 있다. "무대란 연극적 에피소드가 아니라 의례, 전략, 싸움을 일컫는다."

습니다. 병의 주위에, 말하자면 질환이 연장된 공간 속에, 병이 활개치게 놔두고, 그것을 쫓아가며, 허구이지만 동시에 현실적인 일종의 세계를 구성할 필요가 있었는데, 이 세계 속에서 광기는 교묘히 유도된 현실의 덫에 걸리게 되어 있었던 것입니다. 이에 대한 예를 하나 들어보겠습니다. 그것은 조지프 메이슨 콕스의 관찰 기록입니다. 이 기록은 영국에서는 1804년에, 프랑스에서는 1806년에 출판됐고, 『정신이상에 대한 실제 관찰들』이라는 책에 실려 있죠.

"X씨(36세)는 멜랑콜리한 기질이 있지만 과도하게 연구에 몰두했고 이유 없는 슬픔에 사로잡혔다. 그는 종종 밤새워 책을 읽곤 했다. 그리고 그때 그는 극도로 음식을 절제하고 물만 마시며 모든 동물성 음식을 삼갔다. 그의 친구들은 그렇게 하면 건강을 해칠 것이라고 충고했지만 소용이 없었다. 그리고 그의 가정부는 그에게 다른 식이요법을 따르라고 강력하게 주장했지만, 그녀의 염원은 그로 하여금 그녀가 자신을 혐오한다고 생각하게 만들었다. 그래서 그는 가정부가 독이 든 셔츠를 이용해 자신을 살해하려는 계획을 세우고 있다고까지 생각하게 됐고, 그는 그 셔츠로 인해 자신이 고통받고 있다고 주장하게 됐다. 그 무엇도 그의 이런 음울한 생각을 막을 수 없었다. 결국 우리는 그런 생각에 찬동하는 척하기로 결심했다. 수상한 셔츠를 여러 절차와 함께 그의 눈앞에서 일련의 화학적 실험에 부쳐 그의 의심이 정당하다는 것을 증명하는 결과가 나오도록 상황을 꾸며놨다. 가정부에게는 심문을 받도록 했다. 그리고 결백을 주장하는 그녀의 항변에도 불구하고 그녀가 유죄인 것처럼 가장했다. 그녀에게 가짜 구속영장이 발부됐고, 환자 앞에서 가짜 사법관들이 그녀를 구속하고 감옥으로 연행케 했다. 그러고 나서 형식적인 진찰을 하고 거기에 모인 많은 의사들이 여러 종류의 해독제의 필요성을 강조했다. 해독제는 연속해서 수주간 투여됐고 결국 환자는 자신이 치유됐다고 납득하게 됐다. 그리고 재발을 방지하기 위한 식이요법과 생활양식이 처방됐던 것이다."[24]

이 이야기에서 정신의학적 실천이 결국 어떤 방식으로 작동했는지를 아실 수 있겠죠. 사실상[결국] 망상적인 생각 그 자체에서 출발해 그 망상 자체에 완벽하게 합치되는 일종의 미궁, 잘못된 생각과 동질적인 일종의 미궁을 전개시켜 그 안에서 환자를 데리고 다니는 것이 문제였던 것입니다. 이를테면 환자는 가정부가 자신에게, 유황으로 풀을 먹인 셔츠를 주고 있다고, 그래서 자신의 피부가 따끔따끔한 것이라고 믿고 있습니다. 그리고 망상을 계속합니다. 그 셔츠가 화학적 감정에 부쳐지고 물론 양성 반응이 나옵니다. 양성 반응이 나왔기 때문에 이 사건은 법원에 넘겨집니다. 법원은 증거를 건네받아 유죄판결을 내리고 가정부를 감옥으로 연행하는 척하는 것입니다.

그러니까 이 환자의 망상적 생각과 일치하는 하나의 미궁을 조직하는 것입니다. 이 미궁의 끝에 설치되는 것, 그것이 정확히 치유의 역할을 수행하게 될 텐데, 그것은 일종의 두 갈래의 출구, 두 수준으로 이뤄진 출구입니다. 한편으로 망상 자체 내부에서 한 사건이 일어날 것입니다. 무슨 말이냐면, 환자의 망상 수준에서 죄인의 유폐는 망상 속 진실을 공식적으로 인정해주는 동시에 환자에게 그가, 그의 망상 속에서, 그의 병의 원인이었던 것에서 해방됐다는 것을 확신케 해줄 것입니다. 이것이 망상 자체의 수준에서의 첫 출구이며, 이 첫 출구는 망상을 정당화하고 망상 속에서 원인으로 기능하는 것을 제거합니다.

그런데 망상의 수준에서는 이런 것이 일어나는 반면에 다른 수준에서는, 요컨대 의사의 수준, 주변 사람들의 수준에서는 완전히 다른 것이 [……].* 사람들은 가정부를 투옥시키는 척하면서 그녀를 장외로 밀어내어 환자와 떼어 놓고, 현실에서 환자는 자신의 병의 원인이 된 것으로

24) Joseph Mason Cox(1763~1818), *Practical Observations on Insanity*, London: Bald-win and Murray, 1804; *Observations sur la démence*, trad. Louis Odier, Genève: Bibliothèque Britannique, 1806, pp.80~81(네 번째 관찰[Observation IV]).

* 녹음기에는 "일어납니다"(qui se passe)라고 기록되어 있다.

부터, 요컨대 그가 가정부에게 품고 있던 의심과 분노로부터 보호받는 것입니다. 그 결과 망상 속의 원인과 망상의 원인이 하나의 동일한 조작을 통해 제거되는 것입니다.

그리고 이것은 동일한 조작이어야 합니다. 다시 말해 이 조작은 망상의 미궁 그 자체의 끝에서 일어나야 했습니다. 왜냐하면 만약 가정부가 단순히 멀어져 있을 뿐이라면, 즉 망상 내부의 원인으로서 멀어진 것이 아니라면, 의사들이 보기에 이 망상은 다시 시작될 것이 분명했기 때문입니다. 환자는 가정부가 아직 자신을 뒤쫓고 있으며 자신을 속일 방법을 발견했을 뿐이라고 상상할 것입니다. 아니면 가정부에게 품었던 불신을 다른 누군가에게 돌리고 있었겠죠. 망상이 실행으로 옮겨지고 망상에 현실성이 부여되며 망상이 진정한 것으로 인정됨과 동시에 망상에서의 원인이 되는 것이 제거될 때, 망상 그 자체가 청산되기 위한 조건이 갖춰지게 됩니다.** 만약 망상의 청산을 위한 그런 조건이, 동시에 망상 자체의 원인인 바의 제거이기도 하다면, 그것을 통해 치유가 확보됩니다. 따라서 망상의 원인이 제거되고 망상 속에서의 원인이 제거된다는 것입니다. 그리고 허구적 검증의 미궁을 통해 얻어지는 이런 종류의 두 갈래 길이 바로 치유의 원리 그 자체를 확보하게 됩니다.

자, 이제 세 번째 단계입니다. 환자가 자신의 망상이 진실이었다고 정말로 믿었던 순간부터, 자신의 망상 속에서 병의 원인이었던 것이 사라졌다고 믿었던 그 순간부터, 그는 의학적 도움을 받아들일 수 있게 됩니다. 가정부 때문에 생긴 그의 병을 치유한다는 구실 아래, 이 틈을 이용해 약물 치료를 시작하게 됩니다. 이것은 망상 속에서의 약물 치료, 즉 망상 속에서 가정부가 발생시킨 병으로부터 그가 반드시 회복될 수 있도록 해주는 약물 치료입니다. 이것은 또한 망상에 대한 약물 치료입니

** 강의원고에는 이렇게 덧붙여져 있다. "망상의 원인으로서 기능하고 있는 것이 실제로, 그러나 망상에서 잠재적으로 받아들여질 수 있는 형태로 제거되는 것이다."

다. 왜냐하면 그에게 성질을 가라앉히고, 혈기를 진정시키며, 혈관계의 모든 막힘증을 해소해주는 등, 병의 치유를 확실하게 해줄 약물들이 실제로 제공되기 때문입니다. 여러분은 현실의 요소가, 즉 여기서는 약물이 다시 한번 두 수준에서 기능하게 되는 것을 볼 수 있습니다. 하나는 망상 속의 약물 치료로서, 다른 하나는 망상의 치료법으로서 말입니다. 이 일종의 게임, 망상을 확인하기 위한 허구를 둘러싸고 조직된, 이 일종의 게임이 치유를 실질적으로 확보해주는 것입니다.

자, 망상 내에서의 진실임과 동시에 망상의 진실인 것의 이런 작용은 19세기 초에 시작되는 정신의학의 실천에서 완전히 제거될 것입니다. 그리고 이 모든 것을 일소하게 되는 것이 규율의 실천이라 부를 수 있는 것의 출현입니다. 이 권력의 새로운 미시물리학을 통해 이후에 전개되는 정신의학의 모든 무대의 핵이 되는 여러 요소가 확립되고 그 위에 정신의학의 이론과 제도가 구축된다고 저는 생각합니다.

3강. 1973년 11월 21일

'규율권력'의 계보, '주권권력': 주권권력과 규율권력에서의 주체-기능 | 규율권력의 형태: 군대, 경찰, 도제, 작업장, 학교 | '규범화 심급'으로서의 규율권력 | 규율권력의 테크놀로지와 '개인'의 구축 | 인간과학의 출현

고전 정신의학은 스스로를 참된 담론으로 간주하고 기능케 한 일정한 담론에서 출발해 1850년에서 1930년 사이에 결국 별다른 외적 문제 없이 군림하고 기능했다고 말할 수 있을 것입니다. 이 진실된 담론에서 출발해 정신의학은 정신요양원 제도의 필요성을, 또 일정한 의학적 권력이 이 정신요양원 제도 내에서 내적이고 효과적인 법으로서 전개되어야 할 필요성을 이끌어내고 있었습니다. 요컨대 진실된 담론으로부터 정신의학은 어떤 제도와 권력의 필요성을 이끌어냈던 것입니다.

이렇게 말할 수도 있다고 생각합니다. 제도적 비판, '반정신의학적' 비판이라고 말하기는 좀 망설여지는 이 비판, 즉 1930~40년대 이래로 전개된 일정한 형식의 비판[1]은 의학적 제도와 의학적 권력의 필요성을

---

1) 실제로 정신요양원 제도에 대한 비판의 두 형태를 구별해둘 필요가 있을 것이다.
(a) 1838년의 법률에 의해 정신의학적 개입의 거의 유일한 장으로서 설립된 정신요양원은 에두아르 툴루즈(1865~1947)의 말처럼 "구제와 구호"에 그 역할이 한정됐다. Édouard Toulouse, "L'Évolution de la psychiatrie," Commémoration de la fondation de l'hôpital Henri Roussel, 30 juillet 1937, p.4. 이런 정신요양원의 공간에서 단계적으로 거리를 두려는 비판 경향이 1930년대에 나타난다. 이 경향은 '정신질환' 개념과, 법적이며 행정적인 특수한 조건에 따르는 정신요양원 내부에의 구금 개념을 분리하기 위해서 "도덕적이고 개인적인 치료를 더

이끌어내기 위해 진실되다고 상정된 정신의학의 담론에서 출발하려 하

중시하려면 정신요양원 조직을 어떻게 변화시켜야 좋을지 연구"하는 임무에 전념한다. Julien Raynier et Henri Beaudouin, *L'Aliéné et les Asiles d'aliénés au point de vue administratif et juridique*, [s.l.: s.n.,] 1922; 2e éd. rev. et aug., Paris: Le Français, 1930, p.654. 이런 관점에서 전통적 병원중심주의가 새로운 접근에 의해 침식당하게 된다. 우선 돌봄의 방식이 다양화되고 퇴원 후의 감시가 계획된다. 특히 정신요양원적 정신의학의 보루인 생-탄느 병원에 '공개 병동'이 설치된 것이 예증하듯이 자유 병동이 출현한다. 1922년 6월 1일 이 병동은 툴루즈의 손에 맡겨지고 1926년 앙리 루셀 병원이 된다. Édouard Toulouse, "L'hôpital Henri Roussel," *La Prophylaxie mentale*, no.43, janvier-juillet 1937, pp.1~69. 이런 움직임은 각 도의 정신질환자 구제 조직화에 관한, 공중보건장관 마르크 뤼카르(Marc Rucart, 1893~1964)의 공문을 통해 1937년 10월 13일 공인된다. Édouard Toulouse, *Réorganisation de l'hospitalisation des aliénés dans les asiles de la Seine*, Paris: Imprimerie Nouvelle, 1920; Julien Raynier et Jean Lauzier, *La Construction et l'Aménagement de l'hôpital psychiatrique et des asiles d'aliénés*, Paris; Peyronnet, 1935. 1930년대 정신의학 제도에 가용한 자금이 부족했음을 보여주는 자료로는 다음의 책을 참조하라. Georges Daumezon, *La Situation du personnel infirmier des les asiles d'aliénés*, Paris: Doin, 1935.

(b) 1940년대에 새로운 국면으로 접어든 비판은, 당시 생-탈방 병원(로제르 도) 원장이던 폴 발베의 보고로 시작되는데, 생-탈방 병원은 [곧] 정신요양원 구조의 근본적 변혁을 갈망하던 모든 사람들이 참조하는 장소가 된다. Paul Balvet, "Asile et hôpital psychiatrique: L'expérience d'un établissement rural," *XLIIIe congrès des Médecins aliénistes et neurologistes de France et des pays de langue française (Mont-pellier, 28-30 octobre 1942)*, Paris: Masson, 1942. 이런 가운데 전문가 집단으로 이뤄진 소규모 활동가 단체는 정신병원이 정신이상자(aliéné)들을 위한 병원일 뿐만 아니라 그 자체가 '소외'(aliéné)되어 있음을 깨닫는다. 왜냐하면 정신병원은 "방해물을 배제하는 사회적 질서의 원칙과 관례에 합치하는 질서 내에서" 구축된 것이기 때문이다. Lucien Bonnafé, "Sources du désaliénisme," *Désaliéner? Folie(s) et société(s)*, Toulouse: Presses universitaires du Mirail/Privat, 1991, p.221. 이런 흐름은 정신병원을 진정한 치료의 장소로 만들기 위해 정신병원의 기능을 재고하기로 하고 정신과 의사와 환자의 관계의 본성에 관해 문제를 제기한다. Georges Daumezon et Lucien Bonnafé, "Perspectives de réforme psychiatrique en France depuis la Libération," *XLIVe congrès des Médecins aliénistes et neurologistes de France et des pays de langue française (Genève, 22-27 juillet 1946)*, Paris: Masson, 1946, pp.584~590. 또한 본서의 「강의정황」(특히 504쪽 이하)을 참조하라.

지 않고 거꾸로 정신의학 제도와 그 제도의 작동[방식], 그리고 그 제도에 대한 비판에서 출발해 한편으로는 거기서 행사되던 의학적 권력의 폭력을, 다른 한편으로는 그런 의학적 담론이 상정하고 있는 진실을 애초부터 혼란스럽게 했던 몰이해의 효과들을 드러내 보여주려 했던 것입니다. 그러므로 이를테면 이런 형태의 분석은 제도에서 출발해 권력을 고발하고, 또 몰이해의 효과들을 분석했던 것입니다.

저는 반대로, 이 권력의 문제 자체를 맨 앞에 놓아보고 싶습니다. 바로 이것이 제가 이런 식으로 강의를 시작한 이유입니다. 광기에 대한 이 담론의 진실이 무엇이냐 하는 문제와 권력에 대한 이 분석 사이의 관계에 대해서는 나중에 다시 짚어보겠습니다.[2]

따라서 저는 조지 3세와, 시종인 동시에 의학적 권력의 주체이기도 한 이 시종들 간의 대결이라는 무대에서 출발했습니다. 왜냐하면 이 무대가 두 유형의 권력을 잘 보여주는 적절한 예인 것 같기 때문입니다. 한편에는 미친 왕이 몸소 구현하는 주권권력이 있고 다른 한편에는 이와 달리 익명적이고 침묵하는 권력, 그러나 힘에 의거하며 역설적으로 강력한 동시에 온순하며 담론으로 명확히 표현되지 않는 시종들의 권력이 존재합니다. 그러므로 한쪽에는 왕의 격분이 있고 맞은편에는 시종들의 규제된 힘이 있습니다. 프랜시스 윌리스, 뒤이어 필립 피넬이 상정하는 치료적 조작은 광기를 이동시키는 데 있습니다. 광기로 인해 격분하고 그 안에서 광기가 폭발하는 주권으로부터 이 광기를 굴종시킨다고 상정되는 규율 쪽으로 말입니다. 그러므로 광기와 관련된 책략 내에서, 요컨대 모든 제도에 앞서서, 모든 진실된 담론의 바깥에서 출현하는 것은 제가 '규율권력'이라고 부르는 어떤 권력입니다.

이 권력은 과연 무엇일까요? 제가 주장하고자 하는 가설은, 우리 사회에 규율권력 같은 무엇인가가 존재한다는 것입니다. 제가 생각하는 규

2) 본서의 6~7, 10강(1973년 12월 12일과 19일, 1974년 1월 23일)을 참조하라.

율권력은 바로, 말단에 있고 모세관적인 어떤 종류의 권력형태, 권력의 마지막 중계 지점, 정치권력 내지 각종 권력 일반이 최말단의 수준에서 신체에 닿아 거기에 파고들어 몸짓·행동·습관·언행을 고려해 그 신체를 장악하는 특정한 양식, 모든 권력이 개인의 신체 그 자체에 닿을 정도로 하부 쪽에 집중되면서 "뇌의 말랑말랑한 섬유"[3]라고 조제프 미셸 앙투안 세르방이 불렀던 것에 작용하거나 그것을 변화시키거나 관리하는 방식입니다. 달리 말해서 제 생각에 규율권력이란 권력과 신체의 시냅스적 접촉이라고도 부를 수 있는 것의 양태, 우리 사회에 특유한 어떤 종류의 양태인 것입니다.*

두 번째 가설은 이 특수한 규율권력이 어떤 역사를 갖고 있다는 것, 즉 한순간에 생겨난 것도 항상 존재했던 것도 아니고, 이를테면 서구 사회를 가로질러 어떤 대각선의 궤적을 따라가며 형성됐다는 것입니다. 중세부터 오늘날까지의 역사만 본다면, 제가 생각할 때 이 특수한 규율권력은 완전히 중세 사회의 주변부에서만 형성된 것은 아니지만, 그 중심에서 형성된 것은 확실히 아니라고 말할 수 있을 것 같습니다. 이 권력은 수도사 공동체들 내부에서 형성됐습니다. 이 규율권력은 변형되면서 수도사 공동체들로부터 평신도 공동체들 쪽으로 이동해갔던 것입니다. 이 평신도 공동체들은 종교개혁 이전의 시대, 즉 14~15세기경에 발달하고 증가했습니다. 우리는 규율권력의 이동을 평신도 공동체 중 저 유명한 '공동생활 형제회' 같은 특정 유형들 속에서 확실하게 발견할 수 있는데, 이 공동체는 엄밀하게는 수도회 공동체가 아니었습니다. 이 공동생활 형제회는 그들이 수도원 생활로부터 차용한 다수의 기술들과 종

---

3) Josephe Michel Antoine Servan, *Discours sur l'administration de la justice criminelle*, prononcé par Monsieur Servan, Genève: [s.n.,] 1767, p.35.

* 강의원고에는 이렇게 덧붙여져 있다. "이것이 방법론적으로 함의하는 것은 국가의 문제와 국가기구의 문제를 등한시한다는 것, 권위라는 사회심리학적 개념(notion psychosociologique)을 제거한다는 것이다."

교적 수행의 일대 전통에서 차용한 금욕적 수행들을 토대로 해서 일상생활과 교육방법에 관한 규율들을 정했습니다.[4] 그러나 여기서 이것은 종교개혁 이전의 수도회적이거나 금욕적인 규율들의 확산 전체 가운데 한 예에 지나지 않습니다. 우리는 이 기술들이 조금씩 매우 광범위하게 퍼져가고 16세기, 특히 17~18세기에 사회 속으로 스며들어 19세기에 이르러서는 정치권력과 개인 신체 사이의 시냅스적 접촉이라는 일반적이고 거대한 형태가 되는 것을 목격할 수 있습니다.

좀 더 상징적인 지표를 취해본다면, 제 생각에 14세기의 공동생활 형제회로부터 폭발적인 확산의 시기, 즉 이 규율권력이 완전히 보편적인 사회적 형태가 되는 시기에 이르기까지의 모든 변화의 도달 지점은 1791년에 쓰여진 제러미 벤담의 『판옵티콘』인 것 같습니다.[5] 이 책은

---

4) 1383년 네덜란드의 데벤터르에서 헤이르트 흐루테(Geert Groote, 1340~1384)가 설립한 '공동생활 형제회'(Frères de la Vie commune)는 플랑드르의 신학자 얀 반 루즈브루크의 신조와 14세기 라인란트 신비학에서 착상을 얻어(본서 4강[1973년 11월 28일]의 각주 9번 참조), 영적 기술의 일부를 교육으로 바꿔 교육 개혁의 초석을 놓고자 했다. 15세기 말까지 즈볼러, 델프트, 아메르스포르트, 리에주, 위트레흐트에 다수의 시설들이 개설됐다. Michel Foucault, *Surveiller et Punir: Naissance de la prison*, Paris: Gallimard, 1975, pp.163~164. [오생근 옮김, 『감시와 처벌』, 나남, 2003, 254~255쪽]; Albert Hyma, *The Brethren of the Common Life*, Grand Rapids, Mich.: W. B. Erdmans, 1950; Marcel Michelet, éd., *Le Rhin mystique: De Maître Eckhart à Thomas a Kempis*, Paris: Fayard, 1957(흐루테의 저작 발췌 수록); Louis Cognet, *Introduction aux mystiques rhéno-flamands*, Paris: Desclée de Brouwer, 1968; Willem Lourdaux, "Frères de la Vie commune," *Dictionnaire d'histoire et de géographie ecclésiastiques*, t.18, s. dir. cardinal Alfred Baudrillart, Paris: Letouzey et Ané, 1973; rééd., 1977.

5) 이 저작은 익명의 상대에게 보내는 서신의 형태로 1787년에 쓰여지고 1791년 다음의 제목으로 출간됐다. *Panopticon, or the Inspection-House: Containing the Idea of a New Principle of Construction Applicable to any Sort of Establishment, in Which Persons of Any Description Are to Be Kept Under Inspection; and in Particular to Penitentiary-Houses, Prisons, Houses of Industry, Workhouses, Poor Houses, Manufactories, Madhouses, Lazarettos, Hospitals, and Schools; with a Plan*

규율권력의 가장 일반적인 정치적·기술적 정식을 제공하고 있습니다. 제 생각에 판옵티콘과 거의 동시대에 벌어진, 조지 3세와 그 시종들 간의 대결, 요컨대 왕의 광기와 의학적 규율 간의 대결은 사회 내에 규율권력의 결정적 출현과 정착의 역사적·상징적 지점들 중 하나입니다. 그리고 저는 정신요양원 제도의 작동에만 국한해서 정신의학의 작동방식을 분석할 수 있다고는 생각하지 않습니다. 물론 진실이라고 상정되는 정신의학의 담론에서 출발해 정신의학의 작동방식을 분석하는 것도 중요하지 않습니다. 게다가 제도 분석으로부터 출발해서는 더더욱 이 분석을 수행할 수 없다고 생각합니다. 규율권력의 작동방식으로부터 출발해 정신의학의 메커니즘을 이해할 필요가 있습니다.

그러면 이 규율권력은 어떤 것일까요? 오늘 저녁 말씀드릴 것이 바로 이것입니다.

규율권력을 연구한다는 것이 그리 쉽지는 않을 것입니다. 우선 저는 꽤 넓은 시간의 범위를 사용할 것이기 때문이죠. 16세기에 출현해 18세

---

of Management Adopted to the Principle; in a Series of Letters, Written in 1787, from Crechoff in White Russia, to a Friend in England, Dublin: Thomas Byrne, 1791; *The Works of Jeremy Bentham*, vol.IV, ed. John Bowring, Edinburgh: William Tait, 1791. 이 책의 제1부(21통의 편지)는 프랑스어로 번역된 뒤 푸코의 대담이 덧붙여져 출판됐다. *Le Panoptique*, trad. Maud Sissung, précédé de "L'œil du pouvoir: Entretien avec Michel Foucault," Paris: Pierre Belfond, 1977; *Dits et Écrits*, t.3: 1976-1979, éd. Daniel Defert et François Ewald, avec collab. Jacques Lagrange, Paris: Gallimard, 1994, pp.190~207. 최초의 프랑스어판 『판옵티콘』은 에티엔 뒤몽(1759~1829)의 축약본이다. *Panoptique: Mémoire sur un nouveau principe pour construire des maisons d'inspection, et nommément des maisons de force*, trad. Étienne Dumont, Paris: Imprimerie nationale, 1791; *Œuvres de Jérémy Bentham: Le Panoptique*, t.1, éd. Étienne Dumont. Bruxelles: Louis Hauman et Cie, 1829, pp.245~262. 재수록. [신건수 옮김, 『파놉티콘』, 책세상, 2007.]

기 말엽까지 발달하게 되는 규율의 형태들로부터 예들을 취할 것입니다. [이 연구가] 쉽지 않을 이유는 또 있습니다. 이 규율권력을 제대로 연구하려면 신체와 권력의 접합인 규율권력을 규율권력에 앞서 존재하고 또 규율권력과 병치된다고 생각되는 다른 유형의 권력과 대비시켜 분석할 필요가 있기 때문이죠. 제가 여기서 말씀드리는 것에 대한 확신은 없지만 어쨌든 논의를 시작해보려고 합니다.

제 생각에는 역사적으로 규율권력에 선행하는 권력과 규율권력을 대비시킬 수 있을 것 같습니다. 게다가 규율권력이 이 선행하는 권력을 제압하기 전까지는 이 권력과 오랫동안 착종되어 있었습니다. 이 선행하는 권력을 저는 규율권력과 대비시켜 주권권력이라 부르고자 합니다. 이 용어가 마음에 들지는 않는데, 그 이유는 곧 알게 되실 것입니다.

⚜

주권권력은 무엇일까요? 그것은 우선 군주와 신민을 비대칭적 관계에 따라 연결시키는 권력관계 같은 것이 아닐까 싶습니다. 즉 한편으로는 징발, 다른 한편으로는 지출이 있다는 것입니다. 주권적 관계에서 군주는 생산물·수확물·제조물·무기·노동력·용기를 징발하고 시간이나 용역도 징발하는데, 물론 군주는 자신이 징발한 것을 돌려주지 않습니다. 군주는 돌려줄 필요가 없기 때문입니다. 하지만 [징발에 대한] 반환으로서 군주의 지출이 있게 될 것입니다. 이 지출은 예식이 있을 때 행해질 수 있는 증여, 요컨대 경사가 있을 때의 증여, 아이가 태어났을 때의 증여 등의 형태를 취할 수 있습니다. 군주의 지출은 용역의 형태를 취하기도 합니다. 하지만 이것은 징발된 용역과는 전혀 다른 유형의 용역이며, 이를테면 보호로서의 용역, 혹은 교회가 보증하는 종교적 용역 같은 것입니다. 군주의 지출은 또한 보수로서 지불되기도 합니다. 이것은 축제나 전쟁 준비를 위한 것입니다. 영주가 보수를 지불해 자신의 주위 사람들을 일하도록 할 때의 지출입니다. 이처럼 여기에 있는 것은 징발과 지출로 이뤄진 체계이며, 저는 이것이 주권적 유형의 권력을 특징짓는 [첫 번째 —日.] 것이라고 생각합니다. 물론 이 체계에서는 언제나 징발이 지출을 크게 웃돕니다. 그리고 이런 비대칭성이 너무나 크기 때문에 이런 주권적 관계의 배후, 그리고 징발과 지출 간의 이런 비대칭적 결합의 배후에서 파괴·약탈·전쟁 등이 매우 분명하게 모습을 드러내는 것입니다.

두 번째로, 주권적 관계는 항상 그것에 앞서 존재하면서 그 토대가 되는 표식을 지니고 있다고 생각합니다. 주권이 존재하기 위해서는 신권 같은 것, 또는 정복, 승전, 순종의 행위, 충성 서약, 특권·도움·보호 등을 제공하는 군주와 거꾸로 이 군주에 대한 헌신을 약속하는 자 사이에 이뤄지는 행위 같은 것들이 필요합니다. 또는 가문, 즉 생득권 같은 것들도 필요하죠. 간단히 말해 주권적 관계는 그것의 결정적 토대가 되는 어떤 것을 향해 항상 시선을 돌리고 있다는 것입니다. 하지만 이것이 주권적 관계가 규칙적인 방식으로든 불규칙적인 방식으로든 간에 재현동화되어야만 한다는 것을 부정하는 것은 아닙니다. 주권적 관계는 항상 예식, 의식 같은 것들에 의해 재현동화되는데, 이것 역시 주권적 관계의 특성 중 하나입니다. 주권적 관계는 이야기를 통해서도 재현동화됩니다. 이것은 몸짓, 상징, 복식, 경례의 의무, 존경을 표시하는 상징, 휘장, 문장紋章 등을 통해 재현동화됩니다. 주권의 모든 관계가 이렇게 선행하는 것들에 기초하고 있고 다수의 예식적 행위들을 통해 재현동화되는 이유는, 이 관계가 범접할 수 없고 결정적으로 주어지는 것이면서도 동시에 무너지기도 쉽고 언제라도 무효화될 수 있으며 단절될 수도 있기 때문입니다. 주권적 관계가 확고히 유지되기 위해서는 반복이나 재현동화의 의례 외에도, 의례적인 표식의 작용 외에도, 항상 일정한 부가적 폭력 또는 일정한 폭력적 위협이 필요합니다. 이런 폭력과 위협은 주권적 관계 배후에 있으며, 이 관계를 활성화시키고, 그것을 유지케 해주는 것이죠. 주권의 이면, 그것은 바로 폭력이고 전쟁입니다.

주권적 관계의 세 번째 특징은 그 관계들이 동위체적 관계들이 아니라는 것입니다. 요컨대 주권적 관계들은 서로 교차하고 착종되는데, 철저하고 계획적으로 위계화되는 어떤 체계를 거기서 수립할 수는 없는 방식으로 서로 교차하고 착종된다는 것입니다. 달리 말해서 주권적 관계는 끊임없는 차별화 관계에 속하는 것이지, 분류적 관계에 속하는 것이 아니라는 말입니다. 이 관계는 상위에 위치하는 요소들과 하위에 위치하는 요소들로 이뤄진 통일적 위계의 분류표를 구성하는 것이 아닙니다. 이 관계가 동위체적이지 않다는 것은 우선 이 관계들에 공통의 척도가 없고 서로 이질적이라는 것을 의미합니다. 예를 들면 농노와 영주 사이에 발견되는 주권적 관계가 있습니다. 또 이것과는 절대로 중첩되지 않는 또 다른 주권적 관계, 요컨대 가신과 주군의 관계가 있습니다. 성직자가 평신도에게 행사하는 주권적 관계도 있습니다. 이 모든 관계를 단일한 체계 내부에 통합하는 것은 불가능합니다. 그리고 이와 더불어 주권적 관계 속에 내포되어 작용하는 여러 요소들은 등가적이지 않습니다. 이것 역시 주권적 관계가 비동위체적이라는 것을 보여줍니다. 요컨대 주권적 관계는 가정·집단·소교구나 지역의 주민들과, 저는 이런 도식적 분석에서 다음의 양자를 구별하지는 않습니다만, 군주 혹은 주군 사이에 성립될 수 있습니다. 그렇지만 주권은 이런 인간 집단과는 다른 것을 대상으로 삼을 수도 있습니다. 요컨대 토지, 도로, [혹은] 제분기 같은 생산수단을 대상으로 삼는 경우가 있을 수 있고, 또 그런 것을 이용하는 사람들, 즉 통행료 징수소를 통과하는 사람들이나 도로를 이용하는 사람들을 대상으로 삼는 경우도 있는 것입니다.

그 결과 주권적 관계에서 신민이라는 요소는 개인 내지 개인의 신체가 아닌 것 같은데, 아무튼 거의 그렇지 않다는 것을 아실 수 있을 것입니다. 주권적 관계는 신체의 단일성에 적용되는 것이 아닙니다. 주권적 관계는 가족이나 이용자 등 소위 신체의 개별성을 넘어선 다수성에 적용되거나 거꾸로 개인성, 즉 신체의 단일성에서의 여러 단편이나 양상에 적용됩니다. 가령 어느 거리의 부르주아 X의 아들인 한[누군가의 자녀라는 것만으로도] 사람은 주권적 관계에 포획되어 군주가 되거나 거꾸로 신민이 될 수 있을 것이고, 다양한 측면들에 의해 신민인 동시에 군주가 될 수도 있을 텐데, 단일한 분류표에 따라 이 모든 관계들의 총체적 계획화를 전개할 수는 결코 없는 그런 방식으로 그렇게 될 것입니다.

달리 말해서 주권적 관계에서 제가 주체-기능이라 부를 것은 신체의 단일성들의 위와 아래로 이동하고 순환합니다. 그리고 거꾸로 신체들도 순환하고 이동하며 이곳저곳에 기대고 달아날 것입니다. 이와 같이 주권적 관계에는 이동과 분쟁이라는 영속적 작용이 있습니다. 이 영속적 작용은 주체-기능들과 신체의 단일성, 즉 개인들을 서로서로 순환시킬 것입니다. 여기서 이 '개인들'이라는 단어는 썩 제 마음에 들지 않는 표현인데, 그 이유는 곧 아시게 될 것입니다. [아무튼] 주체-기능이라는 개념을 한정된 신체에 고정시키는 것은 사건적이고 불연속적인 방법에 의해서만 가능한데, 예를 들어 예식들 내에서 그렇습니다. 이 순간 개인의 신체가, 그것이 취한 몸짓과 휘장에 의해 각인됩니다. 예를 들자면 신종선서信從宣誓가 그렇죠. 신종선서란, 그것[신종선서]을 받아들이는 주권의 인장이 신체의 단일성에 각인되는 순간입니다. 혹은 주권이 폭력 속에서 자신의 권리를 행사하고 자신이 굴종시킨 자에게 무력으로 그 권리들을 부과하는 순간입니다. 그러므로 주권적 관계가 적용되는 그 수준 자체에서, 즉 주권적 관계의 최하위 말단에서는 주권적 관계와 신체의 단일성 간의 조응이 결코 발견되지 않습니다.

거꾸로 정상 쪽을 바라다보는 그 순간, 아래쪽에서는 발견할 수 없는 이 개별화를 발견하게 되실 것입니다. 위쪽을 향할 때 개별화가 모습을 드러내기 시작한다는 것이죠. 말하자면 주권적 관계에서 개별화는 위쪽을 향해, 즉 군주 쪽을 향하는 특수한 경향이 있습니다. 그리고 이 주권권력을 필연적으로 야기시키는 군주제의 나선 같은 것이 있다고 생각됩니다. 요컨대 이 주권권력이 동위체적이지 않고 부단히 분쟁과 이동을 발생시키기 때문에, 이 주권적 관계의 배후에서는 여전히 횡령·약탈·전쟁 같은 것이 일어나려 하는 상태에 있기 때문에, 개인이 개인으로서 그런 관계 속에 결코 사로잡혀 있지 않기 때문에 어떤 일정한 시기에 중재를 보증하는 무엇인가가 위쪽에 있어야만 하는 것입니다. 하나의 동일한 분류표 상에서의 계획적 조직화가 결코 불가능하고 서로가 서로에게 헤테로토피적인hétérotopique 모든 관계의 정점인 유일하고 개인적인 지점이 있어야 합니다.

군주의 개별성은 주권적 관계가 적용되는 여러 요소의 비개별화에 내포되어 있습니다. 그러므로 군주 같은 무엇이 필요하다는 것, 너무나 다수적이고 상이하며 양립불가능한 그 모든 관계들이, 자신의 고유한 신체 속에서 수렴되는 지점으로서의 군주 같은 어떤 것을 필요로 한다는 것입니다. 이렇게 해서 이런 유형의 권력의 정점 자체에는 자신의 개별성 내에서의 왕과 같은 어떤 것이 왕의 신체와 함께 필연적으로 생겨나게 됩니다. 그러나 곧장 매우 흥미로운 현상이, 에른스트 칸토로비치가 『왕의 [두]* 신체』에서 연구한 현상이 발견됩니다.[6] 자신의 주권을 확고히 하기 위해 왕은 당연히 하나의 신체를 갖는 개인이어야 할 뿐만 아니라 이 신체가 왕의 신체의 단일성과 함께 사라져버리지 않도록 해야 한다, 군주가 타계하더라도 군주제는 존속되어야 한다, 모든 주권적 관계를 유지시키는 왕의 이런 신체는 서거한 X 내지 Y라는 개인과 함께 소멸해서는 안 된다, 따라서 왕의 신체에는 어떤 종류의 영속성이 있어야만 한다, 왕의 신체는 단순히 그 신체의 단일성이어야 할 뿐만 아니라 그것에 더해 자신의 왕국과 왕권의 견고함이어야 한다, 따라서 주권

---

* 녹음기에는 "이중의"(Le Double)라고 기록되어 있다.

6) Ernst Kantorowicz, *The King's Two Bodies: A Study in Medieval Political Theology*. Princeton, NJ.: Princeton University Press, 1957; *Les Deux Corps du Roi: Essai sur la théologie politique du Moyen-Âge*, trad. Jean-Philippe Genet et Nicole Genêt, Paris: Gallimard, 1989.

적 관계의 정점 쪽에서 소묘되는 개별화 같은 것은 왕의 신체의 복수화를 내포하고 있다, 등등. 칸토로비치에 따르면 왕의 신체는 적어도 이중적입니다. 상세히 검토한다면 아마도 이 왕의 신체는, 분명 적어도 어느 시대 이래로는 완전히 복수의 신체일 것입니다.

따라서 저는 이렇게 말할 수 있다고 생각합니다. 주권적 관계는 정치적 권력 같은 것들을 신체와 연관시키고 신체에 적용시키지만 결코 개별성을 드러내지는 않는다고 말입니다.* 이것은 개별화하는 기능을 갖고 있지 않은 권력, 또는 신체의 이 신기하고 역설적이며 신화적인 복수화를 통해 군주 쪽에서만 개별성의 윤곽을 드러내는 권력입니다. 한편에는 개별성 없는 신체들이 있고, 다른 한편에는 복수의 신체를 갖는 하나의 개별성이 있는 것입니다.

⚜

그러면 이제 규율권력에 대해 논의하도록 하겠습니다. 왜냐하면 제가 논의하고 싶었던 것이 특히 이 규율권력이기 때문입니다.

저는 규율권력을 거의 일대일로 주권권력과 대비시킬 수 있다고 생각합니다. 첫 번째로 규율권력은 징발-지출 메커니즘, 즉 징발과 지출의 비대칭적 결합을 작동시키지 않습니다. 규율장치에는 이원성이나 비대칭성이 없고 그 파편화된 포획의 공간도 없습니다. 제 생각에 규율권력을 특징짓는 것은 우선, 규율권력이 생산물이나 시간의 일부나 어떤 범주의 용역 등의 징발을 내포하는 것이 아니라 개인의 신체, 몸짓, 시간, 품행을 총체적으로 포획한다는 사실, 혹은 적어도 그런 남김없는 포획을 목표로 하고 있다는 사실입니다. 생산물의 포획이 아닌 신체의 포획, 용역의 포획이 아닌 시간의 총체적 포획인 것입니다.

---

* 강의원고에는 다음과 같이 명확하게 적혀 있다. "표식의 의례를 제외하면, 주체의 극은 결코 신체의 단일성에 연속적으로 부합되지 않는다."

우리는 이에 대한 매우 명확한 예를 17세기 말~18세기 전반에 걸친 군대 규율의 출현에서 찾을 수 있습니다. 대략 17세기 초, 30년 전쟁[1618~48년] 때까지 군대 규율은 존재하지 않았습니다. 유랑에서 군대로의 끊임없는 이행이 있었을 뿐입니다. 즉 군대는 항상 필요에 따라 한시적으로 징집된 사람들의 무리로 이뤄져 있었고, 그들의 식량은 약탈로, 그들의 거처는 그들이 도달하게 되는 지역의 점령으로 확보됐던 것입니다. 달리 말하면 여전히 주권에 속하는 체계 안에서 사람들의 삶의 일정 시간이 징수됐고, 각자의 무기를 직접 지참하고 오도록 요구함으로써 그들의 자원이 일정 부분 징수됐으며, 그러고는 그들에게 약탈이라는 막대한 보수 같은 것을 약속해줬던 것이었습니다.

17세기 중엽부터 군대 내에 규율체계 같은 것이 출현하는 것을 보실 수 있습니다. 즉 병사를 병영에 입영시키는 군대, 병사를 점유하는 군대가 출현하는 것이죠. 병사가 점유된다는 것은 병사가 하루 종일, 군사작전 기간 내내 군대에 의해 점유된다는 것이며, 몇 차례의 동원해제를 제외하고는 평화시에도 점유된다는 것입니다. 극단적인 경우에 병사는 인생이 끝날 때까지 점유됩니다. 왜냐하면 1750년 혹은 1760년 이후 병사는 병사로서의 생활을 끝낼 때 연금을 수령하고 퇴역 군인이 되기 때문입니다. 군대 규율이 신체, 시간, 생명을 총체적으로 몰수하기 시작합니다. 이제 개인의 활동을 징발하는 것이 아니라 개인의 신체, 생명, 시간을 점유하게 된다고 말할 수 있습니다. 제 생각에 모든 규율체계는 개인의 시간, 생명, 신체의 점유를 지향합니다.[7]

두 번째로 규율체계는 그것이 기능하기 위해 예식과 상징으로 이뤄진 불연속적이고 의례적이며 다소간 주기적인 작용을 필요로 하지 않습

7) 푸코는 이 점을 『감시와 처벌』 제3부(「규율」[Discipline])의 1장(「순종적인 신체」[Les corps dociles])에서 전개하게 된다. Foucault, *Surveiller et Punir*, pp.137~ 171. [『감시와 처벌』, 213~266쪽.]

니다. 규율권력은 불연속적인 것이 아니라 거꾸로 연속적인 통제의 절차를 내포하고 있습니다. 요컨대 규율체계 내에서 우리는, 경우에 따라서 누군가의 지배 아래 놓이는 것이 아니라, 끊임없이 누군가의 시선 아래 놓이거나 아무튼 적어도 보이는 상황에 놓이게 된다는 것입니다. 따라서 결정적으로 행해지는 몸짓을 통해 사람이 양각적으로 드러나는 것도 아니고 애초에 부여된 상황을 통해 양각적으로 드러나는 것도 아닙니다. 사람들은 시선에 노출되어 있고 언제나 보이는 상황에 놓이게 됩니다. 더 정확히 말해 규율권력적 관계 내에는 시원적인 행위·사건·권리라는 준거가 없습니다. 규율권력은 오히려 반대로 최종 내지 최적의 상태를 참조합니다. 규율권력은 미래 쪽을 응시하고 있으며, 그것이 홀로 기능하고 또 감시가 잠재적일 수밖에 없게 되며, 결과적으로 규율이 습관이 되어버리는, 그런 순간 쪽을 응시하고 있습니다. 주권권력에서는 필연적으로 그것에 선행하는 것에 대한 준거가 발견됐지만 규율에는 그와는 정반대의 발생론적 분극화分極化 내지 시간적 점진화가 있습니다. 모든 규율은 이런 종류의 발생론적 절차, 즉 불가피한 상황으로서 부여되는 그런 지점으로부터가 아니라 거꾸로 규율이 시작되는 영점으로서 부여되는 한 지점에서 출발해 규율이 독자적으로 기능하게 되기 위해 무엇인가가 전개되어야 하게 만드는 발생론적 절차를 내포하고 있는 것입니다. 다른 한편으로 이 규율의 항구적 기능방식, 규율권력을 특징짓는 이런 종류의 발생론적 연속성 같은 것은 무엇을 통해 보증되는 것일까요? 물론 그것은 의례적 내지 주기적인 예식을 통해 보증되는 것이 아니라 거꾸로 점진적이고 단계적인 훈련, 시간적 척도에 따라 규율을 증대시키고 개량시키는 것으로서의 훈련을 통해 보증됩니다.

자 여기서 또 다시, 군대의 규율을 예로 들어봅시다. 제가 주권권력이라 부르는 그런 형태 아래 존재했던 군대, 그 군대에도 훈련이라 불릴 만한 어떤 것이 존재했습니다. 하지만 이 군대에 실상 규율 훈련의 기능은 전혀 존재하지 않았습니다. 그것은 기마창 시합이나 경합 같은 것들이었죠. 전사들, 적어도 귀족이나 기사처럼 신분에 의해 전사였던 자들은 기마창 시합 같은 것들을 행했던 것입니다. 어떤 면에서 보면, 이것을 일종의 훈련이라고 해석할 수도 있을 것입니다. 체력단련 같은 것으로 말이죠. 하지만 제가 생각할 때 이것은 근본적으로 일종의 용맹의 반복적 현시, 시련 같은 것이었습니다. 이 시련을 통해 개인은 자신이 항상 기사로서의 지위를 확고히 할 수 있다는 것, 그 결과 자기 자신의 현 지위를 명예롭게 할 수 있다는 것을 보여줬던 것입니다. 또한 이 시련을 통해, 그는 일정한 권리들을 행사했고, 일정한 특권들을 획득했던 것입니다. 기마창 시합, 이것은 아마 어느 정도는 훈련 같은 것일 수도 있습니다. 제 생각에 특히 이것은 중대한 시련의 주기적 반복이었고 이를 통해 기사는 기사가 됐던 것입니다.

이와는 반대로 18세기부터, 그것도 특히 프리드리히 2세와 프로이센 군대로부터 시작해 군대 내에 신체적 훈련이라는, 그때까지 결코 존재하지 않았던 것이 출현하게 됩니다. 프리드리히 2세의 군대와 18세기 말 서구 군대 내에서의 신체적 훈련은, 기마창 시합처럼 전쟁행위 자체를 반복하거나 재생산하는 데 [그 목적이] 있지 않습니다. 신체적 훈련은 신체의 훈육입니다. 요컨대 그것은 기교, 구보, 지구력, 그리고 기본적 동작과 관련된 훈육이고 점진적인 단계에 따라 행해지는 것으로, 기마창 시합이나 경합의 주기적 반복과는 완전히 다릅니다. 예식이 아니라 훈련이라는 말입니다. 이 훈련이 규율을 특징짓는다고 생각되는 그런 [종류]의 발생론적 연속성을 확보하는 수단인 것이죠.[8)]

개인의 신체를 언제나 이렇게 통제하고, 항구적이며 포괄적으로 관리하기 위해 규율에는 필연적으로 어떤 도구의 사용이 요구된다고 생각합니다. 그것은 문서기록이라는 도구입니다. 즉 주권적 관계가 상징

---

8) 프로이센 보병대의 규칙에 관해서는 다음을 참조하라. Foucault, *Surveiller et Punir*, pp.159~161. [『감시와 처벌』, 249~251쪽.]

의 현동화를 내포하는 반면, 전면적 가시성을 필요로 하고 발생론적 절차의 구성 등 규율을 특징짓는 위계적 연속체를 갖는 이 규율은 필연적으로 문서기록에 호소한다고 말할 수 있을 것 같습니다. 이렇듯 문서기록에 호소하는 것은 우선, 일어나는 모든 일, 개인이 행하는 모든 것, 개인이 말하는 모든 것을 적고 기록하기 위함입니다. 그러고 나서 위계의 단계에 따라 아래로부터 위로 정보를 전달하기 위한 것이기도 합니다. 마지막으로 문서기록에 호소하는 것은 그런 정보를 언제나 입수가능한 것으로 만들고 규율의 두 번째 중요한 특징이라 할 수 있는 완전한 가시성의 원리를 확고히 하기 위한 것이기도 합니다.

규율권력이 총체적이고 지속적일 수 있으려면 문서기록의 사용이 절대적으로 필요하다고 저는 봅니다. 17~18세기부터 군대에서뿐만 아니라 학교, 직업 훈련소, 경찰 또는 사법체계 속에서 어떻게 사람들의 신체·품행·담론이 점차 문서기록의 피륙에 의해, 그것들을 기록하고 코드화하고 위계적 층위에 따라 전달하고, 결국 그것들을 중앙으로 집중시키는 일종의 서기書記 플라즈마에 의해 포위되는지* 그 방식을 연구해볼 수 있을 것이라 생각합니다. 제가 생각할 때 여기에는 어떤 새로운 관계, 요컨대 신체와 문서기록의 직접적이고 지속적인 관계가 있습니다. 신체의 가시성과 문서기록의 지속성은 짝을 이루고 그것들은 도식적이고 중앙집중적인 개별화라 불릴 만한 것을 그 효과로서 발생시키게 됩니다.

규율 내에서 이런 문서기록이 담당하는 역할에 대해 간단히 두 가지 예를 들어보도록 하죠. 첫 번째 예는 프랑스에서 17세기 후반에 형성되어 18세기 동안에 증가하게 되는 직업훈련학교입니다. 중세나 16세기 혹은 17세기에 동업조합의 도제실습이 어떤 것이었는지 살펴보시기 바

* 강의원고에는 이렇게 쓰여 있다. "신체, 몸짓, 품행, 담론들이 점점 문서기록의 피륙에 의해, 그리고 그것들을 기록하고 코드화하고 도식화하는 서기 플라즈마(plasma graphique)에 의해 포위되는지."

랍니다. 도제는 비용을 지불하고 스승 밑에 제자로 들어갑니다. 스승의 의무는 자신이 받은 금액에 따라 반대로 제자에게 자신이 알고 있는 것 전부를 전승하는 것입니다. 이에 상응해 도제는 스승이 자신에게 요구하는 모든 봉사로 답례해야 합니다. 요컨대 일상적인 봉사와 지식의 전승이라는 큰 봉사 간의 교환이었습니다. 그리고 도제수련이 종료될 때에는 하나의 관리형태만이 있었습니다. 요컨대 길드에, 다시 말해 해당 도시의 동업자조합 혹은 직업조합의 책임자들에게 장인 인증을 위한 작품을 제출하면 됩니다.

그런데 17세기 후반에 완전히 새로운 유형의 제도가 출현하게 됩니다. 고블랭 직물제조소에서 그림과 타피스리[장식 융단]를 배우는 직업학교를 예로 들어보죠. 이 직업학교는 1667년에 설립되고 조금씩 개량되어 중요한 규칙이 정해지기에 이르렀는데, 아마도 1737년일 것입니다.[9] 이 직업학교에서의 실습은 [동업조합에서와는 ―日.] 전혀 다른 방식으로 이뤄집니다. 우선 모든 학생이 연령대에 따라 나뉘고 각 연령대마다 일정 유형의 작업이 부과됩니다. 이 작업은 교사 혹은 일을 감독하는 사람의 눈앞에서 이뤄져야만 합니다. 그리고 일을 하는 학생의 품행, 끈기, 열정이 평가되는 동시에 일 그 자체가 평가되어야 합니다. 이런 평가는 기록부에 기재됩니다. 이 기록부는 보존되고 위계에 따라 고블랭 직물제조소 소장에게까지 전달됩니다. 그리고 거기서부터 작업의 질과 학생의 능력에 관한, 또 그 학생을 이제 정말로 장인으로 여길 수 있을 것인지에 관한 간략한 보고서가 왕실 행정부의 장관에게까지 보내지게

---

9) 고블랭 직물제조소의 설립에 관한 1667년 11월의 왕명에 따라, 직업 습득자의 채용절차와 그 조건이 정해지고 동업조합에 의한 실습이 조직되며 밑그림을 배우기 위한 학교가 창설된다. 새로운 규칙은 1737년에 제정된다. Édouard Gerspach, ed., "Règlement de 1680 imposant de chanter à voix basse des cantiques dans l'atelier," *La Manufacture nationale des Gobelins*, Paris: Delagrave, 1892, pp.156~160; Foucault, *Surveiller et Punir*, pp.158~159. [『감시와 처벌』, 247~249쪽.]

되는 것입니다. 여러분은 여기서 견습생의 품행을 둘러싸고 구성되는, 문서기록으로 이뤄진 이런 망 전체를 보실 수 있습니다. 한편으로 문서기록은 사전에 내려진 몇몇 평가에 따라 견습생의 모든 행동을 코드화하게 될 것이고, 그 다음에는 이를 도식화하며, 결국 견습생의 적격·부적격 여부를 정의하게 될 중앙집중화된 한 지점으로 전달될 것입니다. 여기에는 문서기록에 의한 포위, 코드화, 이전, 중앙집중화, 요컨대 도식화되고 중앙집중화된 개별성의 구축이 있는 것입니다.

대부분의 유럽 국가들, 특히 18세기 후반 프랑스에서 형성된 경찰의 규율에 관해서도 똑같이 말할 수 있습니다. 17세기 후반 경찰의 실천은 문서기록의 측면에서는 매우 간결했습니다. 위반행위가 벌어지고 그것이 재판소 관할이 아닐 때는, 치안 감독관이나 그 대리인이 단순히 통지 정도만 받고 그것을 맡아 판정했죠. 그 뒤 18세기 동안 차츰차츰 문서기록이 개인을 철저히 포위해가는 것을 보시게 될 것입니다. 개인과 관련된 여러 정황, 요컨대 그가 왜 붙잡혔으며, 언제 그곳에 있게 됐고, 그 뒤의 태도는 어땠으며, 변화는 있었는지 등을 알기 위해 여러 수용소들에서 행해진 감시방문의 출현을 목격할 수 있죠. 그러고 나서 이 체계는 자체적으로 완성되어가고, 18세기 후반이 되면 심지어 경찰과 단순히 접촉한 사람들 또는 어떤 것과 관련해 경찰이 의심했던 사람들에 대한 서류들이 구축됩니다. 1760년대쯤에는 혐의가 있는 자들에 대한 보고서를 2부 작성해야 하는 임무가 경찰 공무원들에게 부여되는데, 1부는 우선 현지에 남겨져 그 결과 혐의자가 사는 곳에서 해당 개인을 감시할 수 있게 합니다. 물론 이 보고서들은 최신 정보로 갱신되어야만 합니다. 그리고 다른 1부는 파리로 보내집니다. 이 보고서들은 정부부처로 중앙집권화되고 다시 다른 치안 감독관 관할 아래 있는 주요 행정구역들로 분배되어, 만약 혐의자가 이주하더라도 그를 바로 찾아낼 수 있었습니다. 이렇게 제가 문서기록에 의한 지속적 포위라고 부를 기술들로부터 전기傳記 또는 사람들에 대한 경찰적 개별화가 이뤄져가는 것입니다. 카드기록 기술을 적용하는 방법이 1826년에 발견되고 이때부터 행정적이고 중앙집권적인 개별화가 이뤄지게 됩니다. 그런데 이 카드기록 기술은 식물원이나 도서관에서는 이미 알려져 있던 기술입니다.[10)]

문서기록을 통해 확보되는 연속적이고 항구적인 가시성은 중요한 효과를 발생시킵니다. 규율체계 내에서 문서기록의 항구적인 가시성으로 인해 규율권력은 매우 신속하게 반응하게 됩니다. 폭력적이고 간헐적으로만 개입하는, 또 전쟁과 본보기적인 처벌, 예식의 형태로만 개입하는 주권권력과 달리 규율권력은 최초의 순간, 최초의 몸짓, 최초의 미동부터 이미 부단히 개입합니다. 규율권력은 발생하는 것과 인접한 수준에서 잠재성이 현실이 되고 있는 순간에 개입하는 경향을 본질적으로 지니고 있습니다. 규율권력은 항시 사전에 개입하려는 경향, 가능하다면 행위 자체 이전에 개입하려는 경향이 있습니다. 그리고 이런 개입은 사법 심급 아래에 위치하고 있는 감시, 보상, 처벌, 압력을 통해 행해집니다.

그리고 만약 주권적 관계의 이면이 전쟁이었다고 말할 수 있다면 규율 관계의 이면은 처벌이며, 처벌을 향한 아주 미세하고 연속적인 압력이라고 말할 수 있을 것 같습니다.

자, 여기서 다시 노동자의 규율에서 그리고 작업장의 규율에서 예를 들어보겠습니다. 15~16세기에 서명된 노동자들의 계약서들, 그 중 몇 가지는 매우 이른 시기에 체결된 계약인데, 이 계약서들에는 매우 독특한 점이 있습니다. 그것은 노동자가 일정 시간 안에 자신의 일을 끝마치거나 일정 근무일수를 고용주에게 제공해야 했다는 것입니다. 만약 일을 끝마치지 못하거나 일정 근무일수를 제공하지 못할 경우, 노동자는 부족한 부분에 상당하는 것을 제공하거나 추가적인 벌금으로서 일정량

10) Foucault, *Surveiller et Punir*, pp.215~219. [『감시와 처벌』, 329~334쪽.] 18세기의 내치 기록부에 대해서는 다음의 책을 참조하라. Marc Chassaigne, *La Lieutenance générale de police de Paris*, Paris: A. Rousseau. 1906.

의 일, 어떤 경우에는 일정량의 금전을 제공해야 했습니다. 그러니까 이것은 손해나 과실 같이 실제로 벌어진 일과 결부됐으며, 그것에 입각해 작동하는 처벌적 체계였습니다.

이와는 반대로 18세기 이래로 작업장의 규율이 세심한 규율로서, 이를테면 품행의 잠재성 자체에 관계하는 규율로서 탄생하게 됩니다. 당시에 배포된 작업장 규칙을 보면 노동자들의 품행은 상호감시되고, 그들의 지각·결근에 대해 세심하게 규정되어 있는 것을 볼 수 있습니다. 그리고 기분전환으로 보일 수 있는 모든 것이 처벌받았다는 것도 알 수 있습니다. 예를 들어 1680년 고블랭 직물제조소의 어떤 규칙에는 일하면서 찬송가를 부를 수 있지만 주변 사람이 방해를 받지 않도록 낮은 목소리로 불러야 한다고 명시되어 있습니다.[11] 다음과 같은 규칙들도 있습니다. 요컨대 점심이나 저녁식사를 하고 작업장에 돌아왔을 때 외설적인 이야기들을 해서는 안 된다는 규칙이 있는데, 그 이유는 이 이야기들이 노동자들의 정신을 산란하게 해 그들이 노동에 필요한 정신적 안정을 취할 수 없게 하기 때문이라는 것입니다. 그러므로 이것은 과실이나 손해와 관련된 것이 아니라 품행의 잠재성에 관련된 규율권력의 연속적인 압력인 것입니다. 어떤 몸짓이 행해지기 이전에 무엇인가가 포착될 수 있어야 하고 또 규율권력이 개입해야 하는데, 품행의 표출에 앞서, 요컨대 신체와 몸짓과 담론에 앞서, 잠재성과 성향과 의지의 수준에서, 즉 영혼의 수준에서 개입해야 하는 것입니다. 그리고 이렇게 규율권력의 배후에서 영혼과 같은 어떤 것, 그리스도교적 실천과 이론에 의해 규정된 영혼과는 완전히 다른 영혼이 투영되는 것을 볼 수 있습니다.

규율권력의 이런 두 번째 측면 전체, 다시 말해 규율권력의 일망감시적 특징이라고 부를 수 있는 것, 즉 개인의 신체를 둘러싼 절대적이고 항구적인 가시성에 대해 요약하자면 다음과 같이 말할 수 있을 것입니

---

11) Gerspach, ed., *La Manufacture nationale des Gobelins*, op.cit.

다. 요컨대 이 일망감시라는 원리, 즉 언제나 모든 사람의 모든 것을 본다는 원리는 우선 시간의 발생론적 극성極性을 조직한다는 것, 다음으로 문서기록을 지지대와 도구로 삼는 중앙집권적 개별화를 실행한다는 것, 마지막으로 신체 그 자체의 배후에 영혼 같은 어떤 것을 투영해 품행의 잠재성에 대한 연속적 처벌의 작용을 내포하고 있다는 것입니다.

마지막으로 세 번째 특성은 규율장치인데, 이것은 주권장치와 대비됩니다. 규율장치는 동위체적입니다. 또는 적어도 동위체적 성향을 갖고 있습니다. 이것은 몇 가지 것들을 의미합니다.

우선 규율장치 내에서 각 요소는 적절히 한정된 장소를 갖습니다. 규율장치에는 하위에 위치하는 요소들과 상위에 위치하는 요소들이 있죠. 군대에서의 위계 같은 것 말입니다. 학교에는 상이한 연령층에 따른 명확한 구분이 있고, 각 연령층에는 각자의 순위에 따른 명확한 구분이 있습니다. 이 모든 것은 18세기에 획득된 것이며 이 동위체의 훌륭한 예라고 할 수 있습니다. 이런 구분이 어디까지 나아가는지 보려면 예수회의 모델,[12] 특히 공동생활 형제회의 학교 모델에 의거해 규율화된 수업에서 교실 내의 자리는 학업성적상의 개인 석차에 따라 정해진다는 것에 유념할 필요가 있습니다.[13] 결국 개인의 자리라 불리던 것은 학급에서

12) 1586년에 작성되어 1599년 1월 8일의 회람장에 의해 예수회 수도원들에 부과된 『학술강요』(*Ratio Studiorum*)에 따르면 학업은 학급별로 나눠 행해지는데, 학급은 두 조로 나뉜 뒤 다시 몇 개의 10인대로 나뉘고 각 대의 수석을 '10대장'(décurion)으로 삼아 감시하도록 정해진다. Camille de Rochemonteix, *Un collège de jésuites aux XVIIe et XVIIIe siècles: Le collège Henri IV de La Flèche*, t.I, Le Mans: Leguicheux, 1889, pp.6~7, 51~52. 또한 다음을 참조하라. Foucault, *Surveiller et Punir*, pp.147~148. [『감시와 처벌』, 230~231쪽.]

13) 즈월레의 학교장 장 셀레(Jean Cele, 1375~1417)가 도입한 개혁을 암시한다. 셀레는 학생들의 성적에 따라 학급을 나누고 각 학급에 특별 커리큘럼, 책임자, 학교 내 장소 등을 부여한다. Gabriel Codina Mir, *Aux sources de la pédagogie des jésuites: Le "Modus Parisiensis,"* vol.28, Roma: Institutum Historicum Societatis Iesu, 1968, pp.172~173; Mathieu-Jules Gaufrès, "Histoire du plan d'études protestant,"

의 자기 석차이자 가치와 성공의 위계질서에서의 자기 순위였던 것입니다. 이것은 규율체계 내 동위체의 적절한 예라 할 수 있습니다.

그러므로 이런 체계에서는 분쟁, 전쟁, 특혜 등을 통해 불연속적인 방식으로 자리바꿈이 이뤄질 수 없습니다. 자리바꿈은, 주권권력의 경우에서처럼 단절 내에서 이뤄지는 것이 아니라 시험, 선발시험, 근속연수 등과 같은 규칙화된 운동을 통해 이뤄지는 것입니다.

동위체적이라는 것은 여러 체계 간의 충돌이나 양립불가능성이 없다는 의미입니다. 다양한 규율장치들은 서로 잘 연결될 수 있어야 합니다. 바로 코드화와 도식화로 인해, 규율장치의 형식적 특성으로 인해, 한 장치에서 다른 장치로의 이행이 항상 이뤄질 수 있게 되는 것이죠. 이렇게 학교에서의 석차는 큰 어려움 없이 일정한 수정만 거쳐 성인들의 세계에 존재하는 기술인 사회적 위계들 속으로 투영됩니다. 규율적·군사적 체계 속에서 발견되는 위계화는 민간의 체계 속에서 발견되는 규율적 위계를 변형시키면서, 규율적·군사적 체계 안에서 이를 반복합니다. 간단히 말해 이들 여러 체계의 동위체적 특성은 거의 절대적입니다.

마지막으로, 특히 동위체적이라는 것은 다음을 의미합니다. 요컨대 규율체계 내에서 모든 요소를 분배하고 분류하는 원리는 필연적으로 잔재와 같은 것을 내포하고 있습니다. 즉 '분류불가능한 것'이 늘 존재하죠. 반면에 주권적 관계에서 마주치게 되는 장애는 상이한 주권체계들 사이에서 발견되는 장애, 요컨대 분쟁과 대립, 그런 체계들 간의 항구적 전쟁 같은 것이었고, 바로 이 지점에서 주권체계는 차질을 빚게 됩니다. 그러므로 분류하고 감시하며 위계화하는 규율체계는 분류불가능한 자들, 감시를 피해가는 자들, 분배체계 내에 들어올 수 없는 자들을 마주할 때 차질을 빚습니다. 요컨대 잔재, 환원불가능한 것, 분류불가능한

Bulletin de l'histoire du protestantisme français, vol.XXV, 1889, pp.481~498; Foucault, *Surveiller et Punir*, pp.162~163. [『감시와 처벌』, 252~253쪽.]

것, 동화불가능한 것이 규율권력의 물리학에서 차질이 빚어지는 지점이 됩니다. 다시 말해 모든 규율권력에는 여백이 존재합니다. 예를 들어 탈영병은 규율화된 군대가 있기 이전에는 존재하지 않았습니다. 왜냐하면 [규율화된 군대 이전의] 탈영병이란 미래의 병사, 요컨대 일단 군대를 떠났다가도 다시 돌아올 수 있는 자, 필요할 때, 또 자신이 원할 때, 혹은 강제로 징집될 때 군대로 돌아올 수 있는 자였기 때문입니다. 반면 규율화된 군대가 존재하기 시작한 이래로, 다시 말해 입대해 그것을 일생의 직업으로 삼으며 일정한 과정을 거쳐 승진하고 처음부터 끝까지 감시받기 시작한 이래로 탈영병은 이 체계를 벗어나는 자, 이 체계로 환원불가능한 자가 됩니다.

이와 마찬가지로 정신박약 같은 것이 출현하는 것도 학교 규율이 있고 나서부터입니다.[14] 즉 학교 규율로 환원불가능한 사람은 바로 이 규율과의 관계를 통해서만 존재할 수 있다는 것, 학교가 규율의 도식을 따

14) 1904년 "모든 '비정상적이고 정신지체적인 어린이들'에 대해 …… 초등교육을 보장하기 위해 사용되어야 할 수단을 검토하기" 위한 위원회가 교육장관에 의해 창설되고, 1905년 알프레드 비네(1857~1911)가 학업이 뒤떨어지는 어린이를 발견할 수 있는 수단을 강구하는 임무를 맡는다. 비네는 페레-보클뤼즈의 시설 원장 테오도르 시몽(1873~1961)과 함께 파리 2구와 20구의 학교에서 질문표에 따른 조사를 행하고 '발달지체를 평가하기 위한 지능 척도'를 개발한다. Alfred Binet et Théodore Simon, "Applications des méthodes nouvelles au diagnostic du niveau intellectuel chez les enfants normaux et anormaux d'hospice et d'école," *L'Année psychologique*, t.XI, 1905, pp.245~336. 이렇게 해서 정신박약자는 그 '부정적 특징'을 통해 정의된다. 즉 "이들은 각자의 신체적·지적 구성으로 인해 공립 학교에서 사용되고 있는 교육방법을 향유할 수 없게 됐다." Alfred Binet et Théodore Simon, *Les Enfants anormaux: Guide pour l'admission des enfants anormaux dans les classes de perfectionnement*, préface de Léon Bourgeois, Paris: A. Colin, 1907, p.7. 다음을 참조하라. Gaby Netchine, "Idiots, débiles et savants au XIXe siècle," in René Zazzo, *Les Débilités mentales*, Paris: A. Colin, 1969, pp.70~107; Francine Muel, "L'école obligatoire et l'invention de l'enfance anormale," *Actes de la recherche en sciences sociales*, no.1, janvier 1975, pp.60~74.

르게 되는 바로 그 순간부터 읽기·쓰기를 배우지 못하는 사람이 문제로서, 또 경계로서 출현할 수 있다는 것입니다. 비행자라고 불리는 범주도 마찬가지입니다. 이 범주는 언제 나타난 것일까요? 비행자는 범법자가 아닙니다. 모든 법이 법을 위반하는 범법자의 존재와 상관관계를 갖고 있는 것도 사실이지만 동화불가능한 집단으로서의 비행자, 환원불가능한 집단으로서의 비행자는 경찰의 규율이 존재하고서야 비로소 그것과의 관계에서 출현할 수 있게 됩니다. 정신병자로 말하자면 그는 아마도 잔재 중의 잔재, 모든 규율의 잔재이며 한 사회에서 발견될 수 있는 학교, 군대, 경찰 등의 모든 규율에 동화불가능한 자인 것입니다.

따라서 제 생각에 여기에는 여러 규율체계들의 동위현상에 고유한 하나의 특성이 존재합니다. 그것은 잔재의 필연적 존재입니다. 물론 그것은 이런 개인들을 포섭하고 그런 포섭을 한없이 유지하기 위한 보충적 규율체계의 출현을 야기합니다. 정신박약자, 요컨대 학교 규율 속으로 환원될 수 없는 사람들이 있으므로, 이 정신박약자들을 위한 학교가 만들어지는 것입니다. 그러고 나서 정신박약자들을 위한 학교로 환원될 수 없는 이들을 위한 학교가 다시 만들어집니다. 마찬가지로 비행자들과 관련해서는 어떻게 보면 부분적으로는 경찰에 의해, 그리고 환원될 수 없었던 자들 자체에 의해 '암흑가' 조직이라는 것이 만들어집니다. 암흑가, 이것은 실질적으로 범죄자들을 경찰의 업무에 협력하도록 만드는 한 방법이었습니다. 우리는 이 암흑가라는 것을 경찰 규율로 환원될 수 없는 자들에 대한 규율이라고 말할 수 있을 것입니다.

요컨대 규율권력에는 이중적 특성이 있습니다. 한편으로 규율권력은 무질서화하는 특징이 있습니다. 즉 항시 일정 수의 개인들을 배제시켜서 무질서와 환원불가능한 것을 만들어냅니다. 다른 한편으로 규율권력은 항시 규범화하는 경향이 있습니다. 항시 새로운 포섭체계를 발명하고, 항시 규칙을 다시 수립하려는 특징이 있죠. 규율권력체계는 무질서 속에서 부단히 규범을 작동시키는 작업으로 특징지어집니다.

그러므로 이제까지의 모든 것을 이렇게 요약할 수 있겠습니다. 요컨대 규율권력의 주된 효과는 신체의 단일성, 주체, 개인 간의 관계들을 근본적으로 개편하는 것이라고 말할 수 있을 것입니다. 주권권력이라는 권력의 행사형태에서는 개별화의 절차가 정상 쪽에서 모습을 드러냈다는 것, 군주 쪽을 향하는 경향을 갖는 개별화가 있었다는 것, 그리고 이 개별성은 복수의 신체의 작용을 통해 그것이 나타나는 바로 그 순간 사라져버린다는 것을 저는 여러분께 보여드리고자 했습니다. 그러나 반대로 규율체계에서는 정상 쪽, 요컨대 이런 체계를 운용하거나 작동시키는 자 쪽에서 이런 개별화하는 기능이 사라지는 것 같습니다.

규율체계는 완전히 홀로 작동할 수 있도록 만들어집니다. 그리고 그것을 담당하는 자 또는 그것의 감독관은 한 개인이라기보다는 그 개인에 의해 행사되는 기능, 하지만 다른 이에 의해 행사될 수도 있는 기능에 가깝습니다. 주권의 개별화에서는 결코 이런 것을 찾아볼 수 없죠. 게다가 한 규율체계에서 책임을 지고 있는 이는 더 큰 체계의 내부에 포획되며, 이 체계 안에서 감시당하는 것은 그의 차례가 되고, 그 내부에서 그는 규율화의 대상이 됩니다. 따라서 정상 쪽에서의 개별화는 소거된다고 생각합니다. 그 대신 규율체계는, 제 생각에 이것은 매우 중요한 점인데, 말단 쪽에서 매우 강력한 경향의 개별화를 내포하고 있습니다.

주권권력에서 주체-기능은 예식, 상징, 폭력 등과 같은 우연적 사건의 경우를 제외하고는 결코 신체의 단일성에 결부되지 않았다는 것, 그리고 대부분의 경우 주체-기능은 이런 예식의 바깥에서 항시 이 신체의 단일성의 위아래를 순환 운동했다는 것을 저는 보여드리려 했습니다. 규율권력 내에서 주체-기능은 이와는 반대로 신체의 단일성에 합치됩니다. 신체, 그의 몸짓, 그의 위치, 그의 이동, 그의 힘, 그의 삶의 시간, 그의 담론 같은 이 모든 것들 위에 규율권력의 주체-기능이 적용되고 행사됩니다. 규율은 주체-기능을 신체의 단일성에 정확히 중첩시키고 합치시키는 권력의 기술입니다.

한마디로 말하면 이렇습니다. 규율권력은 예속된 신체를 만들어내고 주체-기능을 신체에 정확히 고정시키는데, 이것은 아마도 규율권력의 근본적 속성일 것입니다. 규율권력은 예속된 신체들을 만들어내고 그것들을 배열합니다. 규율권력이 개별화한다는 것은 [다만 — Fr.] 개인이 예속된 신체[일 뿐이 — Fr.]라는 [의미에서인 — Fr.] 것입니다. 그리고 규율의 이런 메커니즘 전체를 이렇게 요약할 수 있을 것입니다. 요컨대 규율권력은 개별화를 행하는데, 왜냐하면 이 권력은 주체-기능을 신체의 단일성에 합치시키기 때문이고, 이것은 감시와 문서기록으로 이뤄진 체계를 매개로, 혹은 모든 것을 쓰고 기록하는 일망감시체제를 통해 이뤄진다는 것입니다. 그리고 이를 통해 신체의 단일성의 배후에 그런 단일성의 연장 혹은 시작으로서의 잠재적인 하나의 중핵, 하나의 영혼이 투영되고 더 나아가서는 그렇게 구성된 모든 개인을 위해 분할의 원리로서의 규범과 보편적 처방으로서의 규범화가 확정된다고 말입니다.

그러므로 규율권력에는 주체-기능, 신체의 단일성, 지속적인 시선, 문서기록, 극미한 형벌의 체제, 영혼의 투영, 마지막으로 정상과 비정상의 구분으로 이뤄지는 어떤 계열이 존재합니다. 이 모든 것이 규율적 개인을 구성하고, 결국 신체의 단일성과 정치권력을 합치시킵니다. 우리가 개인이라 부르는 것에 정치권력이 달라붙는 것이 아닙니다. 우리가 개인이라고 불러야만 하는 것, 이것은 여러분께 보여드린 바 있는 기술들에 의해 정치권력이 신체의 단일성 위에 고정됨으로써 생긴 결과이고, 그 생산물인 것입니다. 규율권력이 우리 사회에 존재할 수 있는 개별화의 유일한 방식이라고 말하려는 것은 전혀 아닙니다. 이것에 대한 이야기는 다음 기회에 더 해보고자 합니다. 아무튼 제가 말씀드리려는 바는 규율이 개인을 표적과 상대물 그리고 권력관계 속에서 마주하는 것으로 만드는 권력의 최종적이며 모세혈관적인 형태라는 것입니다.

그리고 그런 한에서, 또 제가 여러분께 말씀드린 것이 옳다면 주체-기능, 영혼의 투영, 규범화 심급보다 앞서 개인이 존재한다고는 말할 수 없을 것입니다. 이와는 반대로 신체의 단일성이 규율메커니즘을 통해 주체-기능을 갖췄기 때문에 개인이 정치체계 내부에 출현한 것입니다. 부단한 감시, 계속적인 문서기록, 잠재적 처벌이 이렇게 예속된 신체를 에워쌌고 예속된 신체로부터 영혼을 추출해냈기 때문에 개인이 구성됐으며, 규범화하는 심급이 부단히 이 신체-영혼을 배분하며 배제하고 다시 취했기 때문에 개인이 그렇게 특징지어지게 된 것입니다.

따라서 마치 개인이 모든 권력관계 아래 존재하고 권력관계 이전에 존재하며 권력관계에 의해 부당하게 압박당하는 것처럼 생각해서, 개인의 가치를 고양하기 위해 위계·구속·금지를 부셔버리려고 할 필요는 없습니다. 사실 개인은 그에 선행하는 것, 즉 정치권력을 신체에 확실하게 고정시키는 그 메커니즘, 그 절차 전체에 의해 결과된 것입니다. 신체가 '주체화'됐기 때문에, 요컨대 주체-기능이 신체 위에 고정되고 신체가 심리학화되어 신체가 규범화됐기 때문에, 개인 같은 어떤 것이 출현하게 됩니다. 달리 말해서 개인에 관해 논의할 수 있고, 담론을 행할 수 있고, 여러 과학을 기초할 수 있게 된다는 것입니다.

인간에 관한 학문들, 어쨌든 개인에 관한 학문이라고도 여겨지는 이 학문들은 오직 이 일련의 절차들 전체의 효과입니다. 그리고 다른 한편 여러분께서는 주체·규범·심리에 반하는, 개인의 타고난 권리들을 주장하는 것이 역사적으로나 정치적으로나 오류임을 아실 수 있을 것입니다. 실제로 개인은 애초부터 이 메커니즘들의 작용으로 정상적인 주체, 심리적으로 정상적인 주체가 된 것입니다. 결과적으로 탈주관화, 탈표준화, 탈심리화는 필연적으로 그런 개인의 파괴를 초래하게 됩니다. 탈개별화는 제가 [곧] 말씀드릴 세 가지 다른 작용들과 짝을 이루게 됩니다.

마지막으로 한마디만 덧붙이고자 합니다. 유럽의 사유와 정치적 현실에서 개인의 출현은 흔히 자본주의 경제의 발전과 부르주아지에 의한 정치권력의 요구로부터 성립되는 한 절차에 의해 야기된 효과라고 여겨져 왔습니다. 대체로 토머스 홉스에서 시작해 프랑스 혁명에 이르기까지 발달하게 된 개인성에 관한 철학적-법률적 이론은 이런 절차로부터 탄생했다고 할 수 있죠.[15] 하지만 제 생각에 제가 논의하는 수준에서 개인에 관한 일정한 사유가 실제로 발견된다면 개인이 일정한 권력테크놀로지에서 출발해 실제적으로 구축됐다는 사실에 주목할 필요가 있습니다. 그리고 제가 보기에 규율이 그 테크놀로지라고 생각합니다. 요컨대 고전주의 시대에 탄생해 발전하고 신체를 둘러싼 작용에서 출발해 개인이라 불리는 역사적으로 새로운 이 요소를 따로 떼어내고 절단하는 권력, 이런 권력에 고유한 테크놀로지가 규율인 것입니다.

이를테면 일종의 법률적·규율적 개인주의의 협공이 있는 것 같습니다. [첫 번째로] 철학적 내지 법적인 이론 속에 나타나는 것 같은 법적 개인이 있습니다. 즉 그것은 [개인이 — Fr.] 계약을 통해 동의하는 경우를 제외하고는 어떤 권력도 제한할 수 없는 개인의 권리들을 통해 규정되는 추상적 주체로서의 개인입니다. 그리고 [두 번째로] 그 아래와 그 옆에는 개인을 역사적 현실로서, 또 생산력의 요소로서, 더 나아가서는 정치력의 요소로서 출현시킨 규율테크놀로지 전체의 발전이 있었습니다. 그리고 이 경우 개인이란 감시의 체계에 둘러싸여 규범화의 절차에 따라야 하는 예속화된 신체를 일컫습니다.

⚜

인간과학의 담론은 이 법률적 개인과 규율적 개인을 접합하고 한 쌍이 되게 하는 기능을 가지며, 정치적 테크놀로지에 의해 규율적 개인으로서 재단되고 구축된 것이 법률적 개인의 구체적이고 실제적이며 자연적인 내용이라고 믿게 만드는 기능을 갖고 있습니다. 심리학, 사회학 등

15) C.B. Macpherson, *The Political Theory of Possessive Individualism: From Hobbes to Locke*, Oxford: Oxford University Press, 1961. [이유동 옮김, 『소유적 개인주의의 정치이론: 홉스와 로크까지』, 인간사랑, 1991.]

인간과학은 이렇게 말합니다. 법률적 개인을 벗겨보시오, 그러면 여러분은 특정한 인간을 찾게 될 것이오. 실제로 인간과학이 제시하는 인간은 바로 규율적 개인입니다. 동시에 인간과학 담론의 반대 방향에는 인본주의 담론이 있습니다. 이 인본주의 담론은 인간과학과는 반대로 다음과 같이 말합니다. 규율적 개인은 소외되고 예속된 개인이며 그것은 진정한 개인이 아니다. 규율적 개인을 벗겨보시오, 혹은 차라리 규율적 개인의 충만한 권리를 회복시켜보시오. 그러면 그 생생한 활력으로 가득 찬 시원적 형태로서, 철학적이며 법적인 개인을 발견할 수 있을 것이오. 이런 법적 개인과 규율적 개인 간의 [상호]작용이 인간과학 담론과 인본주의 담론을 지탱하고 있다고 저는 생각합니다.

19~20세기에 보편적 인간Homme[대문자 인간]이라 불렸던 것은 법률적 개인과 규율적 개인 사이에서의 동요가 남긴 잔상에 불과합니다. 이 법률적 개인은 그것을 통해 부르주아지가 자신들의 담론 내에서 권력을 요구한 개인이고, 규율적 개인은 이 동일한 부르주아지가 생산력과 정치력의 장에서 개인을 구성하기 위해 사용한 테크놀로지의 결과물이기도 합니다. 권력 요구의 이데올로기적 도구인 법률적 개인과 물리적으로 권력을 행사하는 데 실제적 도구가 되는 규율적 개인 사이에서의 동요, 즉 주장되는 권력과 행사되는 권력 간의 동요로부터 보편적 인간이라 불리는 환상과 현실이 탄생하게 된 것입니다.[16]

---

16) Michel Foucault, "Mon corps, ce papier, ce feu"(1971), *Dits et Écrits*, t.2: 1970-1975, éd. Daniel Defert et François Ewald, avec collab. Jacques Lagrange, Paris: Gallimard, 1994, pp.245~268. 본서 2강(1973년 11월 14일)의 각주 11번 참조.

4강. 1973년 11월 28일

규율장치 역사의 요소들: 중세의 수도사 공동체, 교육에 의한 청년층의 예속지배, 파라과이 예수회의 임무, 군대, 작업장, 노동자 거주촌 | 제러미 벤담의 『판옵티콘』 모델 내에서 이런 장치들을 형식화하기 | 가정제도와 심리학적인 것이라는 기능의 출현

규율장치의 역사에 관해 몇 가지 지적하면서 강의를 시작해보죠.

지난 주에는 좀 추상적으로, 모든 통시태의 바깥에서, 또 그것의 배치와 일반화를 야기한 모든 결정의 체계 바깥에서 규율장치를 묘사해보려 했습니다. 여러분께 묘사해드린 것은 이를테면 17세기, 특히 18세기 이래 그 주요 형태가 백일하에 드러나는 일종의 기구, 일종의 기계장치입니다. 사실 규율장치는 17~18세기에 형성된 것도, 특히 제가 규율장치와 대비시키려 했던 주권장치를 단숨에 대체한 것도 결코 아닙니다. 규율장치는 오래 전부터 있었죠. 이 장치는 오랫동안 주권장치의 한복판에 뿌리 내리고 거기서 기능하고 있었습니다. 그것은 몇 개의 작은 섬 같은 것을 형성하고 있었고, 그 내부에서는 당시 주권의 일반적 유형과는 매우 다른 유형의 권력이 행사되고 있었습니다.

이 규율장치들은 어디에 존재했을까요? 이런 규율장치들을 찾아내고 추적하는 것은 그리 어렵지 않습니다. 무엇보다 우리는 수도사 공동체 속에서 규율장치들을 발견할 수 있습니다. 그 수도사 공동체는 교회가 인정한 위상을 갖는다는 의미에서 정규 공동체일 수도 있고, [혹은] 자발적 공동체일 수도 있습니다. 그런데 제가 중요하다고 생각하는 것은 다음과 같은 사실입니다. 요컨대 수도사 공동체에서 발견되는 것과 같은 규율장치가 중세 동안에, 그리고 16세기에 이르기까지도 사실상 이중적 역할을 담당했다는 사실이 그것입니다.

물론 이 규율장치는 봉건적이고 군주제적인 주권의 일반 도식에 통합됐습니다. 규율장치는 분명 그 자체를 에워싸고 지탱하며 아무튼 그 자체를 완벽하게 용인하던, 더 일반적인 장치 내부에서 긍정적으로 기능했던 것입니다. 하지만 이 규율장치는 비판적 역할, 요컨대 대립과 혁신의 역할을 담당하기도 했죠. 아주 도식적으로 이렇게 말할 수 있습니다. 요컨대 한편으로 규율장치의 고안 혹은 재현동화를 통해 교회에서 수도원 자체가 비로소 변형됐을 뿐만 아니라 종교적 실천, 종교적 위계질서, 종교적 이데올로기도 변형됐던 것입니다. 간단히 한 예를 들어보죠.

사실 11~12세기에 일어난 어떤 개혁, 혹은 당시 베네딕트 수도회 내부에서 일어난 일련의 개혁은 종교적 실천 혹은 수도회 전체를, 베네딕트 수도회가 포획되고 고착되어 있던 봉건적 주권의 체계로부터 떼어내기 위한 어떤 시도를 보여줍니다.[1] 대략적으로 말해 봉건적 체계가 클

1) 수도회가 사회에 너무 개방되어 수도원의 속죄정신을 상실했다고 비판하며 성 베네딕투스의 회칙이 정한 의무를 충족시키려 한 개혁들을 암시한다. Ursmer Berlière, *L'Ordre monastique des origines au XIIe siècle*, Paris: Desclée de Brouwer, 1921; *L'Ascèse bénédictine des origines à la fin du XIIe siècle*, Paris: Desclée de Brouwer, 1927; "L'étude des réformes monastiques des Xe et XIe siècles," *Bulletin de la classe des Lettres et des Sciences morales et politiques*, t.18, Bruxelles: Académie royale de Belgique, 1932; Ernst Werner, *Die Gesellschaftlichen grundlagen der Klosterreform im XI. Jahrhundert*, Berlin: Akademie-Verlag, 1953; Jean Leclercq, "La crise du monachisme aux XIe-XIIe siècles," *Aux sources de la spiritualité occidentale*, Paris: Cerf, 1964. 수도회 일반에 관해서는 다음을 참조하라. Pierre Hélyot, et al., *Dictionnaire des ordres religieux, ou Histoire des ordres monastiques, religieux et militaires*, 4 vol., Paris: Petit-Montrouge, 1847; Patrice Cousin, *Précis d'histoire monastique*, Paris: Bloud et Gay, 1956; David Knowles, "Les siècles monastiques," *Nouvelle Histoire de l'Église*, t.II: *Le Moyen Âge*, éd. David Knowles et Dimitri Obolensky, trad. Laurent Jézéquel, Paris: Seuil, 1968; Marcel Pacaut, *Les Ordres monastiques et religieux au Moyen Âge*, Paris: Nathan, 1970.

뤼니 수도회라는 거대 형식을 그 정도로까지 포위하고 또 그것에 기생하고 있었다고 말할 수 있는데 클뤼니 수도회는 그 전체가, 즉 그것의 존재, 경제, 그 내적 위계에서 하나의 주권장치였다는 것입니다.[2] 시토 수도회의 개혁은 어떤 것이었을까요?[3] 시토 수도회의 개혁은 수도회에 어떤 종류의 규율을 복원시키는 데 있었는데, 요컨대 더 시원적인 어떤 규칙, 잊힌 것으로서의 어떤 규칙과 관련된 규율장치를 재구성하려는 것이었습니다. 우리는 이 규율체계에서, 청빈의 규칙에서부터 육체노동과

---

2) 910년 마코네 산간 지역에 설립되어 성 베네딕투스의 회칙에 따라 생활하던 클뤼니 수도회는 11~12세기에 대부분의 대수도원장·소수도원장을 선출하는 영주계급과 결합해 발전한다. Hélyot, et al., *Dictionnaire des ordres religieux*……, t.I, col.1002-1036; Berlière, "Cluny et la réforme monastique"(chap.IV), *L'Ordre monastique*, pp.168~197; Guy de Valous, *Le Monachisme clunisien des origines au XVe siècle: Vie intérieure des monastères et organisation de l'ordre*, t.II: L'Ordre de Cluny, Paris: A. Picard, 1935(2^e^ éd. rev. et aug., 1970); "Cluny," *Dictionnaire d'histoire et de géographie ecclésiastiques*, t.13, s. dir. cardinal Alfred Baudrillart, Paris: Letouzey et Ané, 1956, col.35-174; Cousin, *Précis d'histoire monastique*, p.5; Adriaan Hendrik Bredero, "Cluny et Cîteaux au XIIe siècle: Les origines de la controverse," *Studi Medievali*, Torino: Giovanni Chiantore, 1971, pp.135~176.

3) 1098년 3월 21일 몰렘 수도원의 원장 로베르(Robert de Molesme, 1028~1111)가 창시한 시토 수도회는 성 베네딕투스의 회칙을 엄격히 준수하기 위해 클뤼니 수도회로부터 분리되어 세속의 포기, 청빈, 침묵, 노동을 중시한다. Ursmer Berlière, "Les origines de l'ordre de Cîteaux et l'ordre bénédictin au XIIe siècle," *Revue d'histoire ecclésiastique*, Louvain: Université catholique de Louvain, 1900/1901, pp.448~471/253~290; Jean-Martial Besse, "Cisterciens," *Dictionnaire de théologie catholique*, t.II, s. dir. Alfred Vacant et Eugène Mangenot, Paris: Letouzey et Ané, 1905, col.2532-2550; Robert Trilhe, "Cîteaux," *Dictionnaire d'archéologie chrétienne et de liturgie*, t.III, s. dir. Fernand Cabrol, Paris: Letouzey et Ané, 1913, col.1779-1811; Berlière, *L'Ordre monastique*, pp.168~197; Jean-Berthold Mahn, *L'Ordre cistercien et son gouvernement, des origines au milieu du XIIIe siècle (1098-1265)*, Paris: Édition de Boccard, 1945; Joseph-Marie Canivez, "Cîteaux (Ordre de)," *Dictionnaire d'histoire et de géographie ecclésiastiques*, t.12, s. dir. cardinal Alfred Baudrillart, Paris: Letouzey et Ané, 1953, col.874-997; Louis Julius Lekai, *Les Moines blancs: Histoire de l'ordre cistercien*, Paris: Seuil, 1957.

빽빽한 일과의 의무, 사적 소유와 분에 넘치는 지출의 소거, 식이요법과 복장의 규제, 내적 복종의 규칙, 위계의 강화를 발견하게 될 것입니다. 요컨대 여러분께서는 수도회를 관통하고 부식시켰던 주권장치로부터 수도회가 벗어나려 했던 노력에 해당하는 규율체계의 모든 특징이 여기서 나타나는 것을 보실 수 있을 것입니다. 게다가 시토 수도회가 몇몇 경제적 혁신을 실현시킬 수 있었던 것은 바로 그 덕분입니다. 정확히 말해서 그것은 청빈의 규칙, 위계의 체계, 복종과 노동의 규칙 덕분이고, 또 평가와 회계 등 규율적 실천과 연결된 체계 전체 덕분이었습니다.

또 규율체계가 단지 경제적 혁신의 측면에서만 중세 시대에 결정적이고 혁신적인 역할을 했던 것은 아니라고 말할 수 있습니다. 정치적 영역에서도 이런 역할을 했죠. 가령 이런 이야기입니다. 봉건제를 가로지르며 주권장치들에서 출발해 그 모습을 드러내려 했던 새로운 정치적 권력들이 있었습니다. 한쪽은 군주제였고 다른 쪽은 교황제였습니다. 이 새로운 중앙집권적 권력들은 주권메커니즘과 비교해 새로운 도구들을 갖추고자 했습니다. 규율적 형태의 도구들 말입니다. 그래서 예를 들면 다른 수도회적 규칙에 비해 새로운 규율을 보여준 도미니크 수도회[4]와 베네딕트 수도회[5]는 교황제의 수중에, 또 프랑스 군주제의 수중에 있었

---

4) 1215년 카스틸리아 주교좌성당 참사회원 도미니쿠스(Sanctus Dominicus, 1170~1221)를 중심으로 성 아우구스티누스의 회칙에 따라 생활하는 복음주의 설교자 수도회가 설립되어, 1217년 1월 교황 호노리우스 3세로부터 '설교자 형제수도회'(Ordo fratrum Praedicatorum)라는 이름을 받는다. Hélyot, et al., *Dictionnaire des ordres religieux*……, t.I, col.86-113; Georgina Rosalie Galbraith, *The Constitution of the Dominican Order 1216-1360*, Manchester: University Press, 1925; Marie-Humbert Vicaire, *Histoire de Saint Dominique*, 2 vol., Paris: Cerf, 1957; *Saint Dominique et ses frères*, Paris: Cerf 1967. 또한 다음의 문헌들도 참조하라. Pierre Mandonnet, "Frères Prêcheurs (Ordre des)," *Dictionnaire de théologie catholique*, t.VI, s. dir. Alfred Vacant et Eugène Mangenot, Paris: 1905; rééd., 1910, col.863-924; Raphael L. Oechslin, "Frères Prêcheurs," *Dictionnaire de spiritualité ascétique et mystique: Docrine et histoire*, t.V, s. dir. André Rayez, Paris: Beauchesne, 1964,

으며, 봉건제 체계의 일정한 요소들과 남부 프랑스, 오크 지역 등에 존재했던 일정한 주권장치들을 부숴버릴 수 있게 했던 도구였던 것입니다. 이와 마찬가지로 예수회[6]는 좀 더 나중인 16세기에 봉건제 사회의 일정한 잔재들을 부숴버릴 수 있게 해준 도구였습니다. 그러므로 경제적 혁신임과 동시에 정치적 혁신이었던 것입니다.

또 중세 사회에 이런 규율적 탐구와 규율적 군도 같은 것들이 출현함으로써 사회적 혁신 역시 가능해졌으며, 아무튼 위계질서와 주권장치의 차별화 체계에 대항하는 일정 유형의 사회적 대립이 유기적으로 구성됩니다. 중세부터 비교적 평등주의적인 다양한 공동체적 단체들이, 또 더 이상 주권장치에 따르지 않고 규율장치에 따르는 다양한 공동체적 단체들이 특히 종교개혁이 임박해오면서 더욱더 많이 설립되는 것을

---

col.1422-1524; André Duval et Marie-Humbert Vicaire, "Frères Prêcheurs (Ordre des)," *Dictionnaire d'histoire et de géographie ecclésiastiques*, t.18, s. dir. cardinal Alfred Baudrillart, Paris: Letouzey et Ané, 1973; rééd., 1977, col.1369-1426.

5) 529년 눌시아의 베네딕투스(Sanctus Benedictus de Nursia, 480~547)가 몬테카시노에 설립한 수도회. 회칙은 534년부터 작성됐다. Pierre Hélyot, "Bénédictins (Ordre des)," *Dictionnaire des ordres religieux*……, t.I, col.416-430; Cuthbert Butler, *Benedictine Monachism: Studies in Benedictine Life and Rule*. 2nd ed., London: Longmans Green & Co., 1924; *Le Monachisme bénédictin: Études sur la vie et la règle bénédictines*, trad. Charles Grolleau, Paris: J. de Gigord, 1924; Claude Jean-Nesmy, *Saint Benoît et la vie monastique*, Paris: Seuil, 1959; Raymond Tschudy, *Les Bénédictins*, Paris: Éditions Saint-Paul, 1963.

6) 1534년 이단들과 싸우기 위해 이그나티우스 데 로욜라(Ignatius de Loyola, 1491~1556)가 설립한 예수 수도회는 교황 파울루스 3세가 공표한 『교회 군대에 대한 칙령』(*Regimini Militantes Ecclesiae*)에 의해 '예수회'(Compagnie de Jésus)라는 이름을 부여받는다. Hélyot, et al., *Dictionnaire des ordres religieux*……, t.II, col.628-671; Alfred Demersay, *Histoire physique, économique et politique du Paraguay et des établissements des jésuites*, Paris: Hachette, 1860; Joseph Brucker, *La Compagnie de Jésus. Esquisse de son institut et de son histoire, 1521-1773*, Paris: Beauchesne, 1919; Hubert Becher, *Die Jesuiten: Gestalt und Geschichte des Ordens*, München: Kösel-Verlag, 1951; Alain Guillermou, *Les Jésuites*, Paris: PUF, 1963.

목격할 수 있습니다. 요컨대 하나의 동일한 규칙이 만인에게 동일한 방식으로 적용됩니다. 규칙의 적용을 받는 자들 간에는 규율장치의 내적 위계질서가 지시하는 위상의 차이 외에는 그 어떤 다른 차이도 존재하지 않습니다. 이렇게 해서 탁발수도사 같은 것이 아주 일찍부터 출현해 새로운 규율 도식을 통해 일종의 사회적 대립을 미리 표현하는 것을 볼 수 있습니다.7) 또 14세기에 네덜란드에서 출현한 공동생활 형제회처럼

---

7) 13세기에 수도생활을 쇄신하기 위해 조직되는 몇몇 '탁발 수도회'는 사람들의 보시만으로 생활한다고 표명하고 청빈을 실천하면서 포교와 교육에 종사한다. 처음으로 나타난 탁발 수도회는 (a) 도미니크 수도회, (b) 프란치스코 수도회 (c) 카르멜 수도회 (d) 아우구스티누스 수도회 등 네 개였다.

(a) 도미니크 수도회에 대해서는 앞의 각주 4번을 참조하라.

(b) 1209년 아시시의 프란치스코(Franciscus Assisiensis[Giovanni di Pietro di Ber-nardone], 1181~1226)가 만들어 참회의 전도에 전념한 아시시의 '참회자 형제회'(Frati della penitenza)는 1210년에 수도회가 되고, '작은 형제회'(Frati minori)['작은'은 '겸소한'의 의미이다]라는 이름으로 가난한 방랑생활을 한다. Hélyot, et al., *Dictionnaire des ordres religieux*……, t.II, col.326-354; Henry Charles Lea, *A History of the Inquisition of the Middle Ages*, vol.1, New York: Harper and Brothers, 1887, pp.243~304; "Les ordres mendiants"(chap.VI), *Histoire de l'Inqui-sition au Moyen Âge*, t.I, trad. Salomon Reinach, Paris: Société nouvelle de librairie et d'édition, 1900, pp.275~346; Édouard d'Alençon, "Frères Mineurs," *Dictionnaire de théologie catholique*, t.VI, col. 809-863; Badin Gratien, *Histoire de la fondation et de l'évolution de l'ordre des Frères Mineurs au XVIIIe siècle,* Gembloux: J. Ducu-lot, 1928; François de Sessevalle, *Histoire générale de l'ordre de Saint-François*, 2 vol., Le Puy-en-Velay: Édition de la Revue d'histoire franciscaine, 1935-1937; John Richard Humpidge Moorman, *A History of the Franciscan Order from Its Origins to the Year 1517*, Oxford: Clarendon Press, 1968.

(c) 1247년 교황 인노첸티우스 4세는 '카르멜 산의 복되신 동정녀 마리아의 수도회'(Ordo Fratrum Beatissimæ Virginis Mariæ de Monte Carmelo)를 '탁발 수도회'의 하나로 만든다. 1185년 칼라브리아의 베르톨드(Berthold de Calabre[Malifaye], 1155~ 1188)가 설립한 카르멜 수도회에 대해서는 다음을 참조하라. Hélyot, et al., *Dictionnaire des ordres religieux*……, t.I, col.667-705; Benedict Zimmerman, "Carmes (Ordre des)," *Dictionnaire de théologie catholique*, t.II, col.1776-1792.

(d) 토스카나의 은둔수도사들을 아우구스티누스 수도회라는 단일한 수도회로 통

수도자 공동체이지만 주로 평신도로 구성된 공동체도 출현하는 것을 볼 수 있습니다.[8] 마지막으로 종교개혁 직전에는 민중적이거나 부르주아적인 공동체가 출현해 그것이 예를 들면 영국에서 새로운 형태 아래 여러분께서 알고 계시는 정치적·사회적 역할과 더불어 17세기까지, 또한 18세기까지도 존속되는 것을 볼 수 있습니다. 또 결국에 프리메이슨 단체는 18세기까지 프랑스와 유럽 사회에서 주권체계의 망을 내적으로 동요시키고 건너뛰며 일정 정도까지 파괴시키는 일종의 규율적 혁신으로서 작동하게 됐다고 말할 수 있습니다.

이상으로 매우 도식적이지만, 규율장치가 오래 전부터 주권적 관계의 일반적 플라즈마 내부에 작은 섬 같은 것으로서 존재하고 있었다는 것을 말씀드렸습니다. 이런 규율체계는 중세와 16세기, 심지어는 18세기 동안에도 내내 부수적인 채 머물러 있었습니다. 그것이 어떻게 사용됐건 간에, 어떤 일반적 효과들을 발생시켰건 간에 규율체계는 부수적인 채 머물러 있었죠. 그것은 부수적인 채 머물러 있었지만 그럼에도 불구하고 그 규율체계를 통해 일련의 혁신들이 모습을 드러내고, 그것이

합하기로 결정한 것은 교황 인노첸티우스 4세이다. Jean-Martial Besse, "Augustin," *Dictionnaire de théologie catholique*, t.I, col. 2472-2483. '탁발 수도회' 전반에 관해서는 다음의 문헌을 참조하라. Lea, *A History of the Inquisition of the Middle Ages*, vol.1, pp.275~346; *Histoire de l'Inquisition au Moyen Âge*, t.I, pp.458~459. (리는 탁발 수도회에 한 장 전체를 할애한다); Félix Vernet, *Les Ordres mendiants*, Paris: Bloud et Gay, 1933; Jacques Le Goff, "Ordres mendiants et urbanisation dans la France médiévale," *Annales ESC*, 1970, no.5: Histoire et Urbanisation, pp. 924~965. 푸코는 '견유주의'(cynisme)에 관한 분석에서 중세 탁발 수도회를 다시 다루게 된다. Michel Foucault, *Le courage de la vérité (Le gouvernement de soi et des autres II): Cours au Collège de France, 1983-1984*, éd. s. dir. François Ewald et Alessandro Fontana, par Frédéric Gros, Paris: Gallimard/Seuil, 2008, leçons du 29 février 1984. [양창렬 옮김, 『진실의 용기(자기의 통치와 타자의 통치 2): 콜레주드프랑스 강의, 1983~84년』, 도서출판 난장, 근간, 9~10강(1984년 2월 19일[첫 번째 시간/두 번째 시간]).]

8) 본서 3강(1973년 11월 21일)의 각주 4번을 참조하라.

점차 사회 전체를 뒤덮게 됩니다. 그리고 17~18세기에 규율이 사회 내에 점차적으로 확장되고 전반적으로 기생하게 됨으로써, 물론 매우 대략적이고 도식적인 이름에 불과하지만, '규율사회'라 부를 수 있는 것이 구성되고 그것이 주권적 사회를 대체하게 됩니다.

이 규율장치의 확장, 이것은 어떻게 이뤄진 것일까요? 어떤 단계를 거쳐서 이뤄진 것일까요? 결국 이런 규율장치의 근간으로 이용된 메커니즘은 무엇이었을까요? 이에 대해 다시 한번 매우 도식적이긴 하지만 이렇게 말할 수 있을 것 같습니다. 16세기부터 18세기에 이르기까지 규율장치들에 의해 작동되는 이 역사적 확장과 전면적인 기생적 침투는 일정한 거점을 가지고 있었다고 말입니다.

첫째로 학업에 종사하는 청년층에의 기생이 있습니다. 15세기 말부터 16세기 초까지 학생들은 자신의 자율성, 요컨대 이동과 방랑과 관련해 독자적인 규칙을 가지고 있었고, 자기 고유의 소란을 유지하고 있었으며, 민중의 소란과도 관계를 유지하고 있었습니다. 이탈리아적 체계의 형태 아래서이건, 프랑스적 체계의 형태 아래서이건, 학생-교수 공동체의 형태 아래서이건, 교수 공동체와 관련한 학생들의 자치 공동체의 형태 아래서이건, 아무튼 상관없이 사회가 작동하는 일반 체계 내에는 배회하는 단체, 혼탁한 상태, 소란한 상태에 있는 단체 같은 것이 존재했다는 말입니다. 그리고 본래 이 청년 학생들에 대한 규율화, 이 청년층에 대한 예속지배는 규율체계가 최초로 적용되고 확장되는 지점들 중 하나였습니다.

흥미로운 것은 이처럼 부산스럽게 돌아다니던 청년층을 규율체계를 통해 예속지배하게 되는 그 출발점이 바로 공동생활 형제회였다는 것, 다시 말해 그 목표라든지 금욕적 이상이 매우 분명한 수도자 공동체였다는 것입니다. 왜냐하면 공동생활 형제회의 창립자인 헤이르트 흐루테라는 사람이 경이로운 얀 반 루즈브루크와 매우 강한 연결고리를 갖고, 14세기 독일과 라인란트의 신비주의 전체를 잘 알고 있던 인물이었기 때문입니다.[9] 개인이 자기 자신에 가하는 수련의 실천, 개인을 변형시키려는 시도, 그리고 구원에 이르기까지의 개인의 점진적 향상의 추구 등 개인이 자기 자신을 구원하기 위해 스스로에게 가하는 금욕적 작업에서 우리는 바로 청년층에 대한 교육적 예속지배의 모태, 그 최초의 모델을 발견하게 되는 것입니다. 이것으로부터 출발해, 그리고 공동생활 형제회에서 발견되는 이 금욕주의의 집단적 형식하에서 교수법과 관련된 다수의 거대한 도식들이 윤곽을 드러내게 됩니다. 우선 몇몇 의무적이고 필수적인 단계를 경유함으로써 비로소 사물의 이치를 배울 수 있다는 생각, 그리고 이런 여러 단계를 시간 속에서 순서대로 따라가는 움직임 속에서 단계별 진보를 얻을 수 있다는 생각이 여기서 출현합니다. 시간과 향상의 접합은 금욕적 수련의 특징이며, 이것이 마찬가지로 교육적 실천의 특징적인 점입니다.

결국 공동생활 형제회가 설립한 학교들, 맨 먼저 데벤터르, 그 뒤를 이어 리에주, 스트라스부르그에 설립된 이 학교들에서 처음으로 단계적인 수련 프로그램과 함께 연령에 따른 분할, 수준에 따른 분할이 있게 됐다는 것입니다. 둘째로 우리는 이 새로운 교수법 내부에서, 중세 시대 청년층의 생활규칙이었던 것과는 다른 매우 새로운 것이 출현하게 됨을 볼 수 있습니다. 그것은 바로 수도원 생활규칙입니다. 닫힌 공간 내부에서, 자발적으로 폐쇄시킨 환경 안에서 바깥 세계와의 관계를 최소화한 채로 교육적 수련, 바로 금욕적 수련 같은 것을 행해야 한다는 것입니

---

9) Jan van Ruusbroec(1294~1381). 1343년 브뤼셀 근교의 호넨달[그뢰넨델]에 공동체를 설립하고 1350년 3월에 그것을 수도회로 만든다. 이 수도회는 성 아우구스티누스의 회칙에 따라 생활하고, 교회 관습의 해이와 이단에 맞서 싸우는 것에 전념한다. Francis Hermans, *Ruysbroek l'Admirable et son école*, Paris: Fayard, 1958; Jean Orcibal, *Jean de la Croix et les mystiques rhéno-flamands*, Paris: Desclée de Brouwer, 1966; Louis Cognet, *Introduction aux mystiques rhéno-flamands*, Paris: Desclée de Brouwer, 1968; Alexandre Koyré, *Mystiques, spirituels, alchimistes du XVIe siècle allemand*, Paris: Gallimard, 1955; 2e éd., 1971.

다. 금욕적 수련에는 특권적 공간이 필요했습니다. 이와 마찬가지로 이제 교육적 수련에도 그런 공간이 필요하게 됩니다. 바로 거기에 새롭고 핵심적인 것이 있습니다. 학계와 주변부의 혼합과 뒤얽힘 전체, 특히 중세 시대 전반에 걸친 학계의 청년층과 서민계급 간의 매우 근본적인 연결고리 전체가 교수법으로 옮겨진 금욕의 원칙인 이 수도원적 생활의 원칙에 의해 단절되어간다는 것입니다.

셋째로 금욕적 수련에는 다음과 같은 원리가 있습니다. 요컨대 금욕적 수련이 확실히 개인에 의해 자기 자신에게 행사되는 것이라 해도 그 수련은 항시 인도자나 보호자에 의한 지속적인 지도 아래 행해진다는 것, 아무튼 금욕의 길로 발을 내딛기 시작한 자의 거동에 책임을 지는 자에 의한 지속적인 지도 아래 행해진다는 것입니다. 금욕적 인도에는 금욕적 수련을 시작하는 자의 향상이나 혹은 이와 반대로 좌절 혹은 과오를 부단히 주의 깊게 관찰하는 자인 항구적 인도자가 필요합니다. 이와 마찬가지로 여기서 교수가 개인의 진행과정을 지속적으로 지켜봐야 한다는 관념, 혹은 적어도 교수가 자신보다 지적으로 앞서고 우수하기 때문에, 학생을 그 이상의 단계로 인도해줄 수 있다고 생각되는 다른 인도자로 넘기기 이전에 학생을 어떤 단계로부터 다른 단계로 인도해야 한다는 관념이 발견됩니다. 이런 관념 역시 중세의 대학교육에 비교할 때 완전히 혁신적인 것입니다. 금욕의 인도자는 교실에서 교수가 되고, 학생은 일정한 교육과정 동안 혹은 1년 동안, 경우에 따라서는 학교과정 내내 그 교수에게 매이게 됩니다.

마지막으로 여기서 금욕주의가 모델 역할을 하고 있다고 확신할 수는 없지만, 어쨌든 공동생활 형제회의 학교에서 발견되는 것은 준군대식의 매우 흥미로운 조직입니다. 이것은 수도원에서 기원한 도식일 가능성이 충분합니다. 실제로 수도원에서는, 특히 고대 그리스도교 시대의 수도원에서는 작업하는 집단, 명상하는 집단, 지성과 정신을 양성하는 집단이 자신들을 부양하고 책임지는 자의 지도감독 아래로 10명씩 들어가 '10인대'를 형성했습니다.[10] 고대 로마의 군대에서 착상을 얻은 것이 분명한 이 도식이 그리스도교 초기의 수도원 생활로 옮겨져 변형됐을 가능성이 충분합니다. 어쨌든 이런 일이 공동생활 형제회의 학교에서 발견되며, 거기서는 10인대라는 군대식 도식에 기초한 구분이 행해지고 있습니다. 아마도 플랑드르 지역 도시민병대의 조직화도 어떤 의미에서는 이 모델을 이어가고 있다고 말할 수 있을 것입니다. 이렇게 수도원적이자 군대적이라고 할 수 있을 어떤 흥미로운 도식이, 교육형태 내부에서 청년층에 대한 예속지배의 도구 역할을 하게 되는 것입니다.

이를테면 제 생각에 규율장치들을 통해 한 사회 전체가 예속지배되는 첫 계기들 중 하나가 여기 있습니다.

⚜

이런 규율장치가 다른 종류의 예속지배 내에서 다른 방식으로 적용된 것도 발견됩니다. 청년층에 대한 예속지배가 아니라 식민지의 여러 민족에 대한 예속지배도 발견된다는 것이죠. 그리고 거기에는 상당히 흥미진진한 이야기가 있습니다. 규율적 도식이 식민지 주민들에게 어떻게 적용되고 또 동시에 개선됐는지 자세히 살펴볼 필요가 있습니다. 이런 식민지 주민의 규율화는 지극히 은밀하고 주변부적인 방식으로, 흥미롭게도 노예제에 대항하는 것으로서 행해졌다고 생각됩니다.

사실 라틴아메리카에서 예수회 수도사들은 신학적이고 종교적인 이유로, 또한 경제적인 이유로, 노예제도 반대자들로서 인간의 삶을 직접적이고 폭력적이며 고도로 소모적으로 사용하는 대신에, 요컨대 매우 비

10) '공동생활 형제회'의 학교에서 발견되는 독특한 특징 중 하나는 학생들이 10인대로 나뉘고 수석인 사람이 10인대장으로서 행동의 감시를 맡게 된다는 것이다. Mathieu-Jules Gaufrès, "Histoire du plan d'études protestant," *Bulletin de l'histoire du protestantisme français*, vol.XXV, 1889, pp.481~498.

용이 많이 들고 거의 조직화되어 있지 않은 노예제도의 이런 실천 대신에, 규율체계를 통한 또 다른 유형의 [······]* 분배, 관리, 착취를 행했습니다. 파라과이 과라니족 사람들의 소위 '공산주의적'이라고 하는 저 유명한 공화정들은 사실 규율적 소우주였고 그 안에는 하나의 위계적 체계가 있었습니다. 그리고 그 위계체계의 열쇠는 예수회 수도사들 자신의 수중에 있었던 것입니다. 개인들 그리고 과라니족 공동체들에는 철저한 규약에 따르는 행동의 도식이 부과되어 있었고, 지켜야 할 일과가 정해져 있었습니다. 즉 식사나 휴식 시각이 정해져 있고 정해진 시간에 성교해 아이를 만들 수 있도록 한밤중에 일어나야 했던 것입니다.[11] 따라서 꽉 채워진 일과가 부과되어 있었다는 것입니다.

부단한 감시도 행해졌습니다. 요컨대 과라니 공화국의 마을들에선 모든 사람이 주거지를 갖고 있었습니다. 하지만 이 주거지들을 따라서

* 녹음기에는 "인간의"(humains)라고 기록되어 있다.

11) "종교적 질서와 종교의 강력함은 매일의 일과에서 가장 훌륭한 형태로 나타난다. 아침 일찍부터 주민들은 미사에 가고, 이어서 아이들은 학교로, 어른들은 작업장 혹은 밭으로 향한다······. 일이 끝나면 교리문답, 로자리오의 기도, 기원 등의 종교적 실천이 시작된다. 저녁은 자유롭고 산책이나 운동에 할애된다. 귀가 및 소등을 알리는 종소리가 밤의 시작을 가리킨다······. 이 체제는 병영과 수도원에서 유래하는 것이다." Louis Baudin, *Une théocratie socialiste: L'État jésuite du Paraguay*, Paris: M.-T. Génin, 1962, p.23. 또한 다음의 문헌들을 참조하라. Lodovico Antonio Muratori, *Il Cristianesimo felice nelle missioni de'padri della compagnia di Gesú nel Paraguai*, Venise: Giambatista Pasquali, 1743; *Relation des missions du Paraguay*, trad. Félix Esprit de Lourmel, Paris: Bordellet, 1826, pp.156~157; Demersay, *Histoire [······] du Paraguay et des établissements des jésuites*, op.cit.; Joseph Brucker, *Le gouvernement des jésuites au Paraguay*, Paris: [s.n.,] 1880; Maria Faßbinder, *Der "Jesuitenstaat" in Paraguay*, Halle: Max Niemeyer, 1926; Clovis Lugon, *La République communiste chrétienne des Guaranis*, Paris: Éditions Ouvrières, 1949. 1967년 3월 14일 푸코는 건축연구회의 강연회에서 이미 파라과이의 예수회에 대해 언급한 바 있다. Michel Foucault, "Des espaces autres," *Dits et Écrits*, t.4: 1980-1988, éd. Daniel Defert et François Ewald, avec collab. Jacques Lagrange, Paris: Gallimard, 1994, p.761.

일종의 보도가 이어져 있었고, 이 보도에서 창문 너머를 들여다보는 것이 가능했습니다. 물론 이 창문에는 덧문이 존재하지 않았고, 이로 인해 밤새 각자가 무엇을 하는지 감시가 이뤄질 수 있었습니다. 그리고 무엇보다 적어도 가정이라는 소규모 단위 수준에서는 일종의 개별화가 존재했습니다. 각 가정, [특히] 게다가 오래된 과라니 공동체와 관계를 끊은 가정에 주거지가 주어졌던 것입니다. 그리고 정확히 이 주거지에 감시의 시선이 던져졌던 것입니다.

마지막으로 당대 유럽의 형벌체계와 비교해볼 때 어떤 의미에서 대단히 관대한 일종의 지속적인 형벌체계가 있습니다. 다시 말해 사형, 신체형, 고문 같은 형벌이 없는 형벌체계가 존재했습니다. 그러나 이 형벌체계는 완전히 지속적인 형벌체계입니다. 이 체계가 개인의 생애 전체를 답파하고 부단히 개인의 일거수일투족과 태도 속에서 나쁜 경향과 나쁜 성향을 보이는 것을 검출해 어떤 처벌, 요컨대 지속적이고 행동의 잠재성이나 단초에만 가해지므로 한층 가벼운 것이 될 수도 있는 어떤 처벌을 부과하게 되는 것입니다.

학업에 종사하는 청년층에 대한 예속지배, 그리고 식민지 민족들에 대한 예속지배 이후에 형성되는 세 번째 유형의 예속지배가 있습니다. 이미 여러 번 검토했기 때문에 반복하지는 않겠지만, 그 세 번째 유형은 방랑자·걸인·유랑자·비행자·창녀 등에 대한 내적인 예속지배이며 고전주의 시대의 구금 전체입니다. 이 모든 경우에서 규율장치가 확립되는데, 그런 장치는 명백히 종교적 제도에서 직접적으로 파생되고 있습니다. 말하자면 그것은 종교적 제도입니다. 즉 '그리스도교 교리보급회'[12]나 훗날 예수회처럼 그런 장치를 이어받는 거대한 교육적 수도회

12) 16세기에 세자르 드 뷔스(César de Bus, 1544~1607)가 설립하고 1593년에 아비뇽에 정착한, 사제와 신학생으로 이뤄진 종교 단체(Congrégation). 교리문답 교육 부활의 흐름 속에서 17~18세기에 발전하고 콜레주들에서의 교육으로 나아간다. Hélyot, et al., *Dictionnaire des ordres religieux*……, t.II, col.46-74.

는 수학가능한 청년층에게 자신의 규율을 연장 적용해 그 촉수를 사방팔방으로 뻗쳤다는 것입니다.

식민지에 자신들의 규율을 이식시키고 변형시켰던 것도 수도회, 정확히 이 경우에는 예수회였습니다. 이 단체가 구금의 체계, 그리고 방랑자들과 유랑자들을 예속지배하는 이 절차들로 말하자면, 이것들 또한 종교에 매우 가까운 형태를 취하고 있었습니다. 왜냐하면 대부분의 경우에, 수도회들이 주도권을 갖고 있었다고까지는 말할 수 없지만, 적어도 이런 기관들의 운영에 책임을 지고 있었기 때문입니다. 따라서 이렇게 외부를 향해 나아가는 종교적 규율이 점차적으로 주변성에서 벗어나 점점 더 중심에 적용되는 것을 여기서 보실 수 있습니다.

그러고 나서 17세기 말과 18세기에 종교적 거점을 갖지 않는 규율장치가 출현합니다. 이를테면 종교적 거점을 변형시킨 것이지만 종교의 바깥에서 종교의 공식적인 지원을 받지 않고 출현해 정착된 규율장치가 17세기 말~18세기에 출현한다는 것입니다. 물론 그것은 군대에서 출현합니다. 18세기 후반에 병영생활이 시작됩니다. 그리고 탈영병과의 전쟁, 다시 말해 병사들이 병영에 들어온 이상 그곳을 쉽게 떠나는 것을 막을 수 있는 인사기록과 개인을 포착할 수 있는 모든 테크놀로지가 구축됩니다. 마지막으로 18세기 후반에 신체훈련이 행해지고 빈틈없이 꼼꼼히 채워진 일과가 부과됩니다.[13]

군대 다음으로 노동계급에게도 규율장치가 부과되기 시작합니다. 18세기에 광산 도시나 제련산업의 중심지 등에 거대한 작업장이 출현하고 그곳에 처음으로 농촌 사람들이 완전히 새로운 기술에 종사하기 위해 이주되어야 했습니다. 그런 중심지에서, 이를테면 로와르 분지의

---

13) Michel Foucault, *Surveiller et Punir: Naissance de la prison*, Paris: Gallimard, 1975, pp.137~138, 143, 151~157. [오생근 옮김, 『감시와 처벌』, 나남, 2003, 213~214, 222~223 235~246쪽.]

모든 제련산업에서, 또한 중앙 산지나 프랑스 북부의 모든 탄전에서 노동자들에게 규율적 형식이 부과되고 르 크뢰조[부르고뉴 주의 소도시]에서 발견되는 최초의 노동자 거주촌이 출현하게 됩니다. 그리고 동시대에 노동자의 규율을 위해 어찌 됐건 아주 중요한 도구였던 노동자 수첩이 모든 노동자에게 부과됩니다. 각 노동자는 이전 고용주가 누구였는지, 어떤 조건에서 일하고 있었는지, 어떤 이유로 그곳을 떠났는지를 적시하는 이 수첩을 갖고 있어야만 이동할 수 있고 또한 그 권리를 가졌습니다. 그리고 노동자가 새로운 일자리를 갖고자 하거나 새로운 도시에 살고자 할 때에는 이 수첩을 자신의 새로운 고용주, 관공서, 지방 당국에 제출해야만 했습니다. 이 수첩은 소위 노동자를 무겁게 짓누르고 있는 모든 규율체계의 상징 그 자체인 것입니다.14)

따라서 여기서도 매우 도식적으로 말해서, 중세 시대에 형성됐고 고립적이고 국지적이며 부수적 속성을 지녔던 이런 규율체계들이 외적이자 내적인 예속지배라 부를 수 있는 일종의 과정을 거치며 사회 전체를

14) 1781년 이래로 노동자는 '수첩' 혹은 '노트'를 휴대하고 다니며, 이동할 때에는 행정 당국으로부터 승인의 압인을 받고, 고용될 때에는 그것을 제시해야 할 필요가 있었다. 이 수첩은 집정 정부에 의해 재제정되고 1890년에 되어서 마침내 폐지된다. Marc Sauzet, *Le Livret obligatoire des ouvriers*, Paris: F. Pichon, 1890; Georges Bourgin, "Contribution à l'histoire du placement et du livret en France," *Revue politique et parlementaire*, t.LXXI, janvier-mars 1912, pp.117~118; Steven Kaplan, "Réflexions sur la police du monde du travail (1700-1815)," *Revue historique*, 103e année, no.529, janvier-mars 1979, pp.17~77; Édouard Dolléans et Gérard Dehove, *Histoire du travail en France. Mouvement ouvrier et législation sociale*, 2 vol., Paris: Domat-Montchrestien, 1953~55. 푸코는 1972~73년의 콜레주드프랑스 강의에서 "사법 밑의 형벌메커니즘"(un mécanisme de pénalisation de l'existence infra-iudiciaire)으로서의 노동자 수첩을 소개하고 있다. Michel Foucault, *La société punitive: Cours au Collège de France 1972-1973*, éd. s. dir. François Ewald et Alessandro Fontana, par Frédéric Gros, Paris: Gallimard/Seuil, 2013, leçons du 14 mars 1973. [황재민 옮김, 『처벌사회: 콜레주드프랑스 강의, 1972~73년』, 도서출판 난장, 근간, 11강(1973년 3월 14일).]

뒤덮어가기 시작합니다. 그리고 이 과정 내부에서 제가 말씀드렸던 규율체계들의 요소들을 확실히 발견하시게 됩니다. 공간 내에 고정하기, 시간의 최적의 추출, 몸짓·태도·관심에 대한 통제들에 의한 신체의 힘의 적용과 착취, 지속적인 감시와 즉각적인 처벌을 행하는 권력의 구축, 마지막으로 그 자체가 익명적이고 비개인적인 것으로 작동하면서 예속화된 개인성들을 항시 포착하게 되는 통제권력의 조직화 등을 발견하게 된다는 말입니다. 대략적으로 말해, 단일 신체를 에워싸고 그것을 개인으로서, 즉 예속된 신체로서 구축하는 권력이 단일한 신체를 담당하게 된다는 것입니다. 규율장치들의 역사를 매우 도식적인 방식으로 재구성해본다면 이와 같을 것입니다. 그런데 이 역사는 무엇에 응답하는 것일까요? 이 사건이나 제도의 표면에서 아주 쉽게 포착될 수 있는 이 일종의 확장, 그 배면에는 무엇이 존재하는 것일까요?

이런 규율장치의 일반적 확립의 배면에서 문제가 됐던 것은 인간의 축적이라 불릴 수 있는 문제였습니다. 즉 자본의 축적과 병행해, 게다가 자본의 축적에 필요한 것으로서 일정하게 인간을 축적해야 했다는 것입니다. 혹은 모든 신체적 단일성 내에 현존하는 노동력을 일정하게 배분해야 했다는 것입니다. 이런 인간의 축적, 이런 신체적 단일성과 그것이 갖고 있는 힘의 합리적 배분이란 도대체 무엇일까요?

첫 번째로, 개인들을 활용할 수 있는 가능성을 최대한으로 높이는 것. 다시 말해 모든 자를 사용할 수 있도록 하는 것인데, 단 그것은 모든 자를 실제로 사용하기 위해서가 아니라 바로 모든 자를 사용하지 않아도 되게끔 하기 위해, 노동시장을 최대한으로 확장하지 않아도 되게끔 하기 위해서입니다. 왜냐하면 그렇게 함으로써 실업자라는 잉여분이 확보되고 그로 인해 급여 삭감이 가능해지기 때문입니다. 따라서 우선은 모든 자를 사용가능하게 만든다는 것입니다.

둘째로, 다수 상태의 개인들을 유용하게 만드는 것입니다. 그런 개인들의 다수성에 의해 생산되는 노동력을 여러 단일한 노동력의 총합과 적어도 같거나, 가능한 한 상회하게 만드는 것이죠. 서로 나란히 놓인 개인들이 한 일의 순수하고 단순한 총합보다 다수 상태의 그들이 더 많은 일을 할 수 있게 만들려면 개인들을 어떻게 분배해야 할까요?

결국 힘들의 축적뿐만 아니라 시간의 축적을 가능케 하는 것입니다. 요컨대 노동시간, 습득을 위한 시간, 향상을 위한 시간, 지식과 적성의 획득을 위한 시간을 축적하는 것입니다. 이것이 인간의 축적을 통해 제기되는 문제의 세 번째 양상입니다.

저는 인간과 노동력을 축적하는 기술의 이런 3중적 기능, 3중적 양상이 여러 다른 규율장치가 구축되고 시도되고 다듬어지고 개량되는 것을 설명하는 것 같다고 생각합니다. 18세기 이래로 규율이 부수적인 기능으로부터 그것이 달성하게 될 중심적이고 일반적인 기능으로 확장되고 이동하며 이주하는 것은 인간의 축적과 자본주의 사회에서 인간의 축적의 역할과 연관되어 있는 것입니다.

다른 관점에서 다시 생각해보고, 과학의 역사에 근거해서 이것들을 바라본다면 이렇게 말해볼 수 있을 것 같습니다. 식물·동물·사물·가치·언어에 대한 복수의 경험들의 문제에 있어서, 17~18세기의 고전 과학은 일정한 작업을 제안했습니다. 바로 분류의 작업이었죠. 제가 생각할 때 분류학적 활동은 고전주의 시대 전반에 걸친 경험적 인식의 일반적 형태였습니다.[15] 반대로 자본주의 경제가 발달하던 순간부터, 그 결과 자본의 축적과 병행해, 그리고 그와 관련되어 인간들의 축적의 문제가 생겨나던 순간부터, 바로 그 순간부터 순수한 분류학적 활동과 단순한 분류는 유효성을 상실한 것이 분명합니다. 경제적 요구들에 대응하기 위해서는 분류와는 완전히 다른 기술들을 이용해 인간을 분배할 필

15) Michel Foucault, "Classer"(1re partie, chap.V), *Les Mots et les Choses: Une archéo-logie des sciences humaines*, Paris: Gallimard, 1966, pp.137~176. [이규현 옮김, 「분류하기」(제1부 5장), 『말과 사물』(개정판), 민음사, 2012, 191~242쪽.].

요가 있었습니다. 어떤 종류 속에, 어떤 유형 속에 개인들을 끼워 넣도록 하는 분류학적 도식이 아닌 것을 사용할 필요가 있었습니다. 분배가 문제시됨에도 불구하고 분류학이 아니라 제가 전술이라고 부를 그 무엇인가를 사용할 필요가 있었던 것입니다. 규율, 이것은 전술입니다. 요컨대 이것은 단일성들을 분배하는 특정한 방법, 하지만 분류적이지 않은 도식에 따라서 공간적으로 단일성들을 분배하고, 시간의 축적을 가능케 하는 방법입니다. 그리고 이 시간의 축적이 생산활동의 수준에서 극대화된 효율성을 확보하게 해줄 수 있는 것입니다.

여기서도 여전히 대단히 도식적인 방식으로 말한다면 이렇게 말할 수 있겠습니다. 인간과학들은 당시에 발달하게 된 경제의 필요성에 부응하는 노동력을 분배할 필요성 때문에 제기된 문제들의 난입, 현전, 혹은 집요함에 의해 탄생됐다고 말이죠. 이런 필요성에 따라 노동력을 분배하는 것은 이제 분류학을 내포하고 있는 것이 아니라 어떤 전술, 다시 말해 '규율'이라는 이름을 갖는 하나의 전술을 내포하고 있었습니다. 규율은 신체, 시간, 노동력을 분배하는 기술입니다. 그리고 이런 규율은 바로 그 전술과 더불어, 그것이 내포하는 시간적 매개체와 더불어 18세기를 통해 서구의 지식체계 속에 난입해 모든 경험과학의 모델이 됐던 낡은 분류학을 시대에 뒤떨어진 지식의 영역, 그리고 아마도 전적이든 부분적이든 간에 아무튼 폐기됐다고 말할 수 있는 지식의 영역으로 추방시켜버린 것입니다. 전술이 분류법을 대체하게 됐고 또 전술과 더불어 인간, 신체의 문제, 시간의 문제 등이 출현하게 된 것입니다.

제가 제기하고자 했던 문제를 다시 상기해봅시다. 요컨대 정신의학 권력의 일반적 형식을 구성하는 그런 정신요양원의 규율에 대한 문제를 다시 상기해보죠. 19세기 초의 정신의학적 실천 속에 소위 노출된 상태, 적나라한 상태로 드러나 있었던 것은 제가 규율이라고 부른 것을 그 일반적 형식으로서 갖는 듯한 어떤 권력[이었다는 것을, ― 그리고 그것이 어떻게 해서] 그렇게 됐는지를 저는 보여드리려 했던 것입니다.

⚜

실제로 규율권력의 미시물리학과 관련한 지극히 명료하고 주목할 만한 형식화가 존재했는데, 이 형식화는 제러미 벤담의 『판옵티콘』에서 찾으실 수 있습니다. 판옵티콘[일망감시체제]은 과연 무엇일까요?[16]

일반적으로 말해지는 바로는, 벤담이 1787년에 감옥의 모델을 발명했고, 이 감옥의 모델은 일정한 변형을 거쳐 유럽의 몇몇 구치소, 예를 들면 영국의 펜튼빌 교도소[17]에서, 그리고 몇몇 변형을 거쳐 프랑스의 라 프티트 로케트 교도소에서 복제됐다고 합니다.[18] 그러나 실제로 벤담의 일망감시체제는 감옥의 모델이 아니거나, [적어도] 감옥의 모델이기만 한 것은 아닙니다. 일망감시체제는 감옥을 위한 모델이지만 병원, 학교, 작업장, 고아원 등을 위한 모델이기도 하다고 벤담은 분명히 말하고 있습니다. 일망감시체제는 모든 제도를 위한 형식이라고 말할까 했지만, 더 간단히 말해 일련의 제도를 위한 형식이라고 말할 수 있습니다.

---

16) 본서 3강(1973년 11월 21일)의 각주 4번을 참조하라.

17) 1795년 벤담이 펜튼빌[런던 북중보의 소도시]에서 취득한 용지에 1816년부터 1821년에 걸쳐 하비(John Harvey, 1783~1856), 버스비(Charles Augustin Busby, 1786~1834), 윌리엄스(William Williams, 1774~1839)가 건설한 국립 형무소. 거기에는 여섯 개의 5각형이 방사형으로 늘어서고, 그 중심에 사제, 감찰관, 직원을 위한 6각형의 건물이 있다. 이 감옥은 1903년에 파괴됐다.

18) "중심 지점 혹은 내부 회랑을 통해 감옥의 모든 부분에 대한 감시가 단 한 사람 혹은 많아야 두 사람으로 가능한" 모델 감옥을 건설하려는 1825년 2월 24일의 공문을 받고, 1827년 '라 프티트 로케트'(La Petite Roquette)라 불리는 '교정교육 시설'이 루이-이폴리트 르바(Louis-Hippolyte Lebas, 1782~1867)가 제시한 도면에 따라 [파리 11구에] 건설된다. Charles Lucas, *Du système pénitentiaire en Europe et aux États-Unis*, t.I, Paris: Bossange, 1828, p.CXIII. 1836년 문을 연 이 감옥은 1865년까지 소년원으로 이용된다[수감자들의 연령은 14~20세 사이였다]. Marie-Noëlle Barbaroux, Jocelyne Broussard, et Mariannick Hamoniaux, "L'évolution historique de la Petite Roquette," *Revue "Rééducation,"* no.191, mai 1967; Henri Gaillac, *Les Maisons de correction (1830-1945)*, Paris: Cujas, 1971, pp.61~66; Jeanne Gillet, *Recherches sur la Petite Roquette*, Paris: [s. n.,] 1975.

그리고 여전히 일망감시체제가 가능한 일련의 제도를 위한 도식이라고 말하는 것도 사실 정확하지는 않다고 생각합니다.

심지어 벤담은 일망감시체제가 제도들을 위한 도식이라고도 말하지 않습니다. 벤담에 따르면 일망감시체제란 모든 제도에 힘을 부여하는 하나의 메커니즘 내지 도식을 일컬으며, 한 시설에서 작용되거나 작용되어야 하는 것, 혹은 한 권력에 최대의 힘을 부여할 수 있는 일종의 메커니즘을 일컫습니다. 일망감시체제는 일련의 제도 내부에서 권력을 증대시키고 강화하는 무엇입니다. 권력의 힘을 최대한 강화하고 최적으로 분배하며 가장 적절한 표적에 적용시키는 것, 바로 이것이 사실상 일망감시체제의 세 가지 목표입니다. 벤담이 실제로 그렇게 말하고 있습니다. "그것의 탁월성은 그것이 적용되는 **모든** 제도에 거대한 힘을 부여할 수 있다는 점에 있다."[19] 다른 구절에서 벤담은 일망감시체제의 훌륭한 점은 "제도를 관리하는 자들에게 헤라클레스적 힘을 부여"하는 데 있다고 말합니다.[20] 일망감시체제는 제도 내에서 순환하는 권력에, 그 권력을 보유하고 관리하는 개인에게 "헤라클레스적 힘을 부여"합니다. 벤담은 이렇게도 말합니다. 즉 일망감시체제의 훌륭한 점은 그것이 "정신에 미치는 권력을 정신에 부여하는 새로운 방식"을 구성하는 데 있다고 말입니다.[21] 헤라클레스적 힘을 구성하고 정신에 미치는 권력을 정신에 부여한다는 이 두 명제야말로 일망감시체제의 메커니즘에서, 또 이렇게 말해도 괜찮다면 규율의 일반적 형식에서 특징적인 것이라고 저는 생각합니다. '헤라클레스적 힘'이란 어떤 의미에서는 신체에 관계되는 물리적 힘을 말합니다. 그러나 신체를 포위하고 신체를 무겁게 짓누르는 이

19) Jérémy Bentham, *Le Panoptique*, trad. Maud Sissung, Paris: Pierre Belfond, 1977, p.166. 강조는 지은이.

20) 벤담은 "권력의 영향력에 헤라클레스적이고 저항하기 힘든 힘을 부여한다"라고 썼다. Bentham, "Lettre XX: Écoles," *Le Panoptique*, p.160.

21) Bentham, "Préface," *Le Panoptique*, p.95.

힘은 사실 전혀 사용되지 않고 일종의 비물질성이 거기에 부여되어 있습니다. 이렇게 해서 일망감시체제에서 문제가 되고 있는 것은 사실 신체인데도, 정신으로부터 정신으로 이행하는 절차가 이뤄지게 된다는 것입니다. '헤라클레스적 힘'과 정신의 순수한 관념성의 이런 작용이 바로 벤담이 『판옵티콘』에서 탐구했던 바라고 저는 생각합니다. 그렇다면 벤담은 어떻게 그런 작용을 얻게 되는 것일까요?

환형環形[도넛 모양]의 건물이 있습니다. 그리고 이 건물이 일망감시체제의 주변을 구성합니다. 이 건물 안에는 독방들[감시되는 방들]이 설치되어 있고 이 방들은 환형 건물의 내부 쪽으로는 유리문을 통해, 외부 쪽으로는 창문을 통해 그 안이 보입니다. 이 환형 건물의 안쪽 둘레에는 긴 복도가 있고 이 복도를 통해 순환하거나 한 방에서 다른 방으로 이동이 가능합니다. 그리고 빈 공간, 중앙의 빈 공간에는 하나의 탑이, 일종의 원통형의 건물이 있는데 이 건물은 여러 층으로 이뤄져 있고 그 정상에는 첨탑이 있습니다. 요컨대 거대한 빈 공간이 있고 이 중앙의 공간에서는 단지 제자리에서 방향을 전환하는 것만으로도 각 방에서 벌어지는 일들을 관찰할 수 있습니다. 이것이 일망감시체제의 도식입니다.

이 도식이 의미하는 바는 무엇일까요? 왜 이렇게 오랫동안 이 도식은 정신에게 말을 했고, 또 제가 보기에는 잘못된 생각이지만, 18세기 유토피아의 전형 자체로 존속되어온 것일까요? 첫째로 독방에는 개인이 홀로 놓이게 됩니다. 즉 병원·감옥·작업장·학교 등에도 유효한 이 체계 내에서, 한 방에 한 사람만이 들어가게 된다는 것이고, 이것은 요컨대 하나의 신체가 자신의 공간을 갖고 결국 공간 속에 단단히 고정된다는 것입니다. 그리고 간수의 시선이 취하는 각 방향 내에서, 이 각 방향의 말단에서 시선은 신체와 마주치게 됩니다. 따라서 공간의 좌표는 거기서 지극히 분명한 개별화 기능을 갖고 있습니다.

이렇게 해서, 그런 체계가 관계를 갖는 것은 군집도 아니고 집단도 아니며 사실은 다수성조차도 아니라는 것입니다. 그것은 개인들하고만 관계가 있습니다. 확실히 확성기를 통해 전원에게 동시에 향해지고 전원이 동시에 따르는, 하나의 집단적 명령이 내려질 수도 있겠죠. 하지만 그럼에도 불구하고 역시 그런 명령은 각각의 개인에게만 내려지고 서로 곁에 위치하고 있는 각 개인에게만 받아들여집니다. 모든 집단적 현상, 다수성을 갖는 모든 현상이 이렇게 해서 완전히 소거되는 것입니다. 그리고 벤담은 만족스럽게 이야기합니다. 학교에서는 이제 더 이상 부도덕의 발단이 되는 '커닝'이 일어나지 않을 것이다,[22] 작업장에서는 노래나 파업 등 집단적 기분전환이 더 이상 없을 것이다,[23] 감옥에서는 이제 공모가 없어질 것이다,[24] 정신요양원에서는 더 이상 집단적 흥분이나 모방 같은 그런 현상이 일어나지 않을 것이다 등.[25]

여기서 여러분은 의사소통망 전체, 집단적 현상 전체, 요컨대 일종의 연대적 도식 안에서 악의 도덕적 확산만큼이나 의학적 전염병 같은 것으로도 여겨지는 이런 집단적 현상 전체가 일망감시체제에 의해서 어떻게 완전히 무력화되는지 아실 수 있습니다. 여기서 볼 수 있는 것은, 만인에게 일제히 행사되면서도 오직 서로 분리된 일련의 개인들만을 표적으로 삼는 권력인 것입니다. 이 권력은 중앙에서는 집단적이지만, 그 도착 지점에서는 지극히 개인적인 것이 됩니다. 여기서 지난번 제가 말씀드렸던 규율에 의한 개별화 현상이 어떻게 존재하게 되는지를 아실 수 있습니다. 규율은 아래쪽을 개별화합니다. 규율은 규율이 관계맺고 있는 자들을 개별화하는 것입니다.

---

22) "웨스터민스터에서 **커닝**이라고 불리는 것 같은 종류의 사기, 지금까지 학교에나 적합하다고 여겨져 왔던 악은 여기서 옴짝달싹 못할 것이다." Bentham, "Lettre XX: Écoles," *Le Panoptique*, p.158.

23) Bentham, "Lettre XVIII: Manufactures," *Le Panoptique*, p.150.

24) Bentham, "Lettre VII: Maisons de sûreté pénitentiaires. Détention de sûreté," *Le Panoptique*, p.115.

25) Bentham, "Lettre XIX: Maisons de fous," *Le Panoptique*, p.115.

중앙의 방, 첨탑에 대해 저는 그 전체가 유리창으로 되어 있다고 말씀드렸습니다. 그러나 사실 벤담은 중앙의 방을 유리창으로 만들어서는 안 된다는 것, 혹은 유리창을 대더라도 개폐가 가능한 블라인드 장치를 설치해야 한다는 것, 방의 내부 자체에 유동적인 차단벽을 교차시켜 설치해야 한다는 것을 강조했습니다. 요컨대 감시받는 자가 자신이 감시받는지 아닌지를 모르게 감시가 행해질 수 있게 만들어야 한다는 것입니다. 즉 감시받는 자는 중앙의 방에 누군가가 있는지를 알아서는 안 된다는 말입니다.[26] 따라서 한편으로는 중앙의 방에 있는 유리창은 빛을 차단하거나 그 일부만을 투과시켜야 하고, 어떤 수감자의 시선이 탑을 관통하고 중앙의 첨탑에 누군가가 있는지 없는지를 볼 수 있는 역광 효과가 있어서는 결코 안 된다는 것입니다. 이에 입각해 자유롭게 이동시킬 수 있는 내부 차단벽과 블라인드 장치가 설치되는 것입니다.

따라서 제가 지난번에 말씀드렸듯이 이런 권력은 완전히 익명의 권력일 수 있습니다. 감독하는 자는 신체를 갖지 않습니다. 왜냐하면 일망감시체제의 진정한 효과란 아무도 보고 있지 않을 때조차 독방 안에 있는 개인이 하나의 시선에, 그것이 거기 있는지 없는지는 중요하지 않은 시선에 자신이 보이는 상태라는 것을 언제나 경험하게 되기 때문입니다. 따라서 권력은 완전히 탈개인화되어 있습니다. 극단적으로 말한다면 중앙탑이 완전히 비어 있어도 권력은 행사된다는 것입니다.

권력의 탈개인화와 탈신체화인 것입니다. 이 권력은 더 이상 신체와 개인성을 갖고 있지 않으며 누구나 권력의 주체가 될 수 있습니다. 게다가 일망감시체제의 핵심 요소 중 하나는 바로 이 중앙 탑 내부에 누구든지 있을 수 있다는 것, 즉 감시는 감독하는 자에 의해 실행될 수 있을 뿐만 아니라 그의 부인, 그의 자식들, 그의 하인 등에 의해서도 가능하다는 것입니다. 그러나 중앙 탑과 외부를 연결해주는 지하도를 통해 누

---

26) Bentham, "Préface," *Le Panoptique*, pp.7~8.

구나 중앙 탑으로 들어가 원한다면 감시를 실행할 수도 있습니다. 다시 말해 그 어떤 시민이든지 병원에서, 학교에서, 작업장에서, 그리고 감옥에서 벌어지는 일들을 감시할 수 있어야 한다는 것입니다. 벌어지는 일들을 감시하고, 모든 것이 질서정연하게 이뤄지는지를 감시하며, 감독하는 자가 적절히 관리를 하는지 감시하고, 감시하는 감시인을 감시해야 한다는 것입니다.

따라서 중앙탑 내부에는 연속적이고 가동적이며 익명인 권력의 띠 같은 것이 부단히 전개됩니다. 그것이 얼굴을 갖든 말든, 이름을 갖든 말든, 개별화되어 있든 말든, 그런 것은 아무래도 좋은 것으로, 어쨌든 권력의 익명의 띠가 그 불가시성의 작용을 통해 끊임없이 전개되고 행사되는 것입니다. 게다가 이것이 벤담이 '민주주의'라고 부르는 바입니다. 왜냐하면 한편으로 누구나 권력의 위치를 점할 수 있는 동시에, 다른 한편으로 권력은 그 누구의 소유물도 아니기 때문입니다. 즉 누구나 탑 안에 들어가 권력의 행사방식을 감시할 수 있고, 따라서 권력은 끊임없는 관리 아래 있다는 것이죠. 결국 권력은 그 불가시성의 중심에서 독방의 사람들과 마찬가지로 가시적이게 됩니다. 그리고 권력이 누구에게라도 감시될 수 있다는 바로 이것이 권력행사의 민주화인 것입니다.

일망감시체제에는 또 다른 특징이 있습니다. 독방들에는 물론, 가시성을 얻기 위해 안쪽으로 난 유리문이 있습니다. 하지만 바깥쪽을 향해서도 창이 있습니다. 이 창은 투명함의 효과를 얻기 위해, 탑의 중심에 있는 자의 시선이 모든 독방을 꿰뚫고 한쪽으로부터 다른 쪽으로 도달해 학생·병자·노동자·수감자 등 독방에 있는 자가 하는 모든 것을 역광을 통해 볼 수 있도록 하기 위해 필수불가결한 것입니다. 따라서 항구적 가시성의 상태, 바로 이것이 일망감시체제 내부에 놓인 개인의 상황입니다. 그리고 여기서 제가 방금 전에 말씀드린 것 같은 권력관계의 비물질성을 볼 수 있습니다. 왜냐하면 권력은 그저 단순히 빛의 작용만을 통해 행사되고 있기 때문입니다. 다시 말해 중앙으로부터 주위로 향하는 시선, 최초의 몸짓, 최초의 태도, 최초의 기분전환에서 이미, 언제나 눈치채고 판단하고 기록하고 처벌할 수 있는 시선을 통해 권력이 행사된다는 것입니다. 이 권력에는 도구가 필요 없습니다. 그것이 의지하고 있는 것은 그저 시선과 빛뿐입니다.

일망감시체제, 이것은 두 가지를 의미합니다. 모든 것이 언제나 감시된다는 것을 의미하기도 하지만, 또한 여기서 실행되는 권력이 완전히 광학적 효과라는 것을 의미하기도 합니다. 물질성이 결여된 권력이라는 것이죠. 이 권력은 군주권력의 상징적인 동시에 구체적인 기반을 필요하지 않습니다. 이 권력은 그 손아귀에 제왕의 홀을 쥐고 있을 필요도 없고, 또 응징하기 위해 검을 휘두를 필요도 없습니다. 이 권력은 군주권력의 방식에서처럼 전광석화 같은 개입도 필요로 하지 않습니다. 이 권력은 오히려 마치 태양 같은 것입니다. 지속적인 빛 같은 것이라는 말입니다. 이것은 물질적이지 않은 조명입니다. 그리고 이것은 권력이 행사되는 모든 자들에게 무차별적으로 가해집니다.

일망감시체제의 마지막 특징은 조명 속에서 부단히 행사되는 이 비물질적 권력이, 끊임없는 지식의 추출과 연결되어 있다는 것, 요컨대 권력의 중심이 동시에 부단한 평가나 개인의 행동양식의 전사轉寫의 중심이기도 하다는 것입니다. 개인이 자신의 독방에서 하고 있는 일을 규준화하고 평가하는 것입니다. 이 지식을 축적해 개인을 특징짓게 되는 계열을 구성하는 것입니다. 이렇게 기록되고 중앙에 전달되어 발생론적 절차에 따라 구성된 일종의 개인성이 독방에 놓인 신체의 서류상의 분신, 기록된 심령체 같은 것을 형성하게 되는 것입니다.

따라서 이 권력관계가 야기시키는 중요한 효과는 개인에 관한 끊임없는 지식의 구축입니다. 다시 말해 주어진 한 공간에 확실히 고정되어 잠재적으로 연속된 시선에 복종하는 개인과 관련해 그의 변화, 그의 치유, 그의 지식의 획득, 그의 뉘우침 등의 시간적 곡선을 규정하는 끊임없는 지식의 구축이 있다는 것입니다. 따라서 일망감시체제는 아시다시피 개별화의 기제인 동시에 인식의 기제이기도 합니다. 일망감시체제는 권력의 기제인 동시에 지식의 기제이며, 한편에서는 개별화를 행하고 다른 한편에서는 개별화하면서 인식하는 것입니다. 그리고 여기로부터 벤담은 자신이 '형이상학적 실험'이라고 불렀던 것의 도구로서 일망감시체제를 이용할 생각을 하게 됩니다. 벤담은 일망감시체제 장치를 어린이에 대한 실험에 사용할 수 있다고 생각하면서 이렇게 말합니다. 갓 태어난 아이들이 말을 배우거나 무엇인가를 의식하기 시작하기 전에 [그들을] 일망감시체제 내부에 두는 것을 상상해보라고 말이죠. 그렇게 하면 "관찰가능한 각 관념의 계보"[27]를 추적할 수 있을 것이고, 그래서 에티엔 보노 드 콩디약이 형이상학적 실험으로부터 물증 없이 추론했던 것을 실험을 통해 수정할 수 있을 것이라고 벤담은 이야기합니다.[28] 또 콩디약의 발생론적 사고방식뿐만 아니라 "누구에게나 모든 것을 가르칠 수 있다"[29]고 하는 클로드-아드리앵 엘베시우스의 테크놀로지적 이상도 검증할 수 있다는 것입니다. 인류의 변화를 야기할지도 모를 이 근본적 명제는 참일까 거짓일까? 그것을 알기 위해서는 일망감시체제

27) Bentham, "Lettre XX: Écoles," *Le Panoptique*, p.164.

28) 인간정신 연마의 원료가 되는 감각에서 출발해 지식의 질서를 연역하려는 콩디약(1715~1780)의 기획을 암시한다. Étienne Bonnot de Condillac, *Essai sur l'origine des connaissances humaines, ouvrage où l'on réduit à un seul principe tout ce qui concerne l'entendement humain*, Paris: Pierre Mortier, 1746; *Traité des sensations*, 2 vol., Paris: De Bure, 1754; rééd., Paris: Fayard, 1984. 푸코는 다음에서 이에 대해 언급하고 있다. Michel Foucault, "L'homme est-il mort?"(entretien avec Claude Bonnefoy, juin 15, 1966), *Dits et Écrits*, t.1: 1954-1969, éd. Daniel Defert et François Ewald, avec collab. Jacques Lagrange, Paris: Gallimard, 1994, p.542; *Les Mots et les Choses*, pp.74~77. [『말과 사물』(개정판), 105~109쪽.]

29) 벤담이 엘베시우스(1715~1771)가 했다고 하는 이 말("누구에 대해서나 모든 것을 가르칠 수 있다"[L'éducation peut tout])은 사실 엘베시우스 사후 [그의 친구였던] 디미트리 갈리친(Dimitri Alexeïevitch Galitzine, 1738~1803) 공에 의해 출판된 작품 속 한 장의 표제이다. Claude-Adrien Helvétius, *De l'homme, de ses facultés intellectuelles et de son éducation*, t.III, Amsterdam: [s.n.,] 1774, p.153.

를 통해 실험하면 된다는 것입니다. 다시 말해 여러 다른 독방 안에서 여러 다른 사항을 여러 다른 아이들에게 가르치면 된다, 모든 것을 모든 아이들에게 가르치고 그 결과를 보면 된다는 것입니다. 이렇게 해서 서로 완전히 다른 체계 속에서, 혹은 서로 양립불가능한 체계 속에서 아이들을 키울 수 있을 텐데, 이를테면 몇몇 아이들에게는 아이작 뉴턴의 체계를 가르치고 다른 아이들에게는 달이 치즈로 되어 있다고 믿게 하는 것입니다. 그리고 이 아이들이 18세 내지 20세가 됐을 때, 그들 모두를 한 곳에 모아 이야기를 나누게 해보는 것입니다. 또 아이들에게 2 더하기 2가 4가 되는 수학과, 2 더하기 2가 4가 되지 않는 수학, 이렇게 두 종류의 수학을 가르쳐 볼 수도 있다는 것입니다. 그리고 마찬가지로 그들이 20세가 됐을 때 그들을 한 곳에 모이게 하면 논의가 일어날 것입니다. 벤담은 분명 즐거워하면서 이렇게 말합니다. 이것은 설교나 강연, 논쟁을 위한 경비를 지불하는 것보다 가치 있는 일일 것이라고 말입니다. 이것은 직접적인 실험이라는 것이죠. 마지막으로 물론 벤담은 남녀에 관한 실험을 할 필요를 역설하고 있습니다. 남자아이와 여자아이를, 그들이 사춘기가 됐을 때 한 곳에 모으고 거기서 어떤 일이 일어나는지를 보자는 것입니다. 이것은 아시겠지만 피에르 드 마리보의 『논쟁』 이야기 그 자체입니다. 결국 마리보의 희곡에서 이미 일종의 일망감시체제적 드라마를 발견할 수 있다는 것입니다.[30)]

어쨌든 보시다시피 일망감시체제는 개별화하는 권력과 개인에 관한 지식을 구축하기 위한 형식적 도식입니다. 일망감시체제적 도식, 즉 벤담의 『판옵티콘』에서 활용되고 있는 주요 메커니즘은 결국 학교·병영·

30) Pierre Carlet de Chamblain de Marivaux(1688~1763), *La Dispute, comédie en un acte et en prose, où pour savoir qui de l'homme ou de la femme donne naissance à l'inconstance, le Prince et Hermiane vont épier la rencontre de deux garçons et de deux filles élevés depuis leur enfance dans l'isolement d'une forêt*, Paris: Jacques Clousier, 1747. [이경의 옮김, 『사랑과 우연의 유희/논쟁』, 지만지, 2011.]

감옥·감시교육 시설 등, 인간에게 권력이 행사되는 장이자 동시에 인간에 관한 어떤 종류의 지식이 형성되는 장이기도 한 거의 모든 제도 속에서 발견됩니다. 노동력으로서의 인간에게 행사되는 권력과 개인으로서의 인간에게서 획득되는 지식에 공통적인 틀이 일망감시체제의 메커니즘에 의해 부여된다고 저는 생각합니다. 따라서 일망감시체제는 우리 사회 내부에서 하나의 일반적 형식으로서 나타나고 기능할 수 있는 것 같습니다. 규율사회에 대해서와 마찬가지로 일망감시체제적 사회에 대해서 말할 수 있을 것입니다. 우리는 규율체계 내부에서 살아가고 있기 때문에 바로 일반화된 일망감시체제 속에서 살고 있는 것입니다.

이렇게 말씀하실지도 모르겠습니다. 확실히 그럴지도 모르지만 정녕 규율체계가 실제로 사회를 뒤덮어버렸고, 주권이라는 메커니즘·장치·권력이 규율메커니즘으로 인해 사라져버렸다고 말할 수 있을까?

제 생각에는 주권의 도식이 우세했던 중세 사회에 규율 유형의 권력이 존재했듯이 현대 사회에서도 여전히 주권권력 형태를 발견할 수 있을 것 같습니다. 그렇다면 어디에서 발견할 수 있을까요? 그것은 단 하나의 제도 속에서 발견할 수 있을 것 같습니다. 그 제도는 제가 학교나 병영, 감옥 등 전통적 계보를 논할 때 다루지 않았던 것이고 아마도 그 부재는 여러분을 놀라게 하지 않았을까 생각합니다. 즉 그것은 가정이라는 제도입니다. 저는 [제도가 아니라] 잔여라고 말할 뻔 했지만 이것은 별로 정확한 표현방식이 아닙니다. 어쨌든 가정은 보통 이야기되는 것과는 달리 그 내부에서 규율적 권력이 행사되고 있는 것이 아니라 거꾸로 주권적 유형의 권력이 행사되는 일종의 작은 단위인 것입니다.

이렇게 말해볼 수 있지 않을까요? 정신요양원·학교·병영·작업장 등이 가정을 모델로 삼고 있다는 것은 사실이 아니라고 말입니다. 실제로 가정이 어떻게 기능하는지 살펴보면 제가 논의하고 있는 규율적 제도나 장치와의 연속성을 발견할 수 있게 해주는 것이 아무것도 없습니다. 가정에서 발견되는 것은 반대로 권력을 행사하는 자, 즉 아버지 쪽에서 작용하는 최대한의 개별화 기능 이외의 그 무엇도 아닙니다. 권력의 익명성, 일망감시체제 속에서 무차별적으로 전개되는 권력의 그 띠, 이런 것들은 가정을 구성하는 데 아무런 관계도 없는 것들이죠. 가정에서는 반대로 아버지가 성씨姓氏의 소유자로서, 또 그 성씨를 바탕으로 권력을 행사하는 자로서 최대의 강도를 갖는 개별화의 축이며, 이것은 아내나 자식들의 개별화보다 훨씬 더 큰 강도를 갖는 축입니다. 따라서 여기에 있는 것은 규율권력과 완전히 반대되는 주권권력을 떠올리게 하는 것, 그야말로 주권권력의 전형인, 정점 쪽에서 일어나는 개별화입니다.

두 번째로 가정에는 결혼이라는 형태 혹은 출생이라는 형태 아래서 결정적으로 확정되는 일정 유형의 관계, 약속, 의존에의 항상적 준거가 존재합니다. 그리고 선행하는 행위나 결정적으로 받아들여진 지위에의 이런 준거가 가정에 그 견고함을 부여합니다. 감시메커니즘은 가정에 접목될 뿐이며, 그래서 감시메커니즘이 작용하지 않을 때조차도 가정으로의 귀속은 계속 유지됩니다. 가정에서 감시는 보충적입니다. 규율체계에서는 끊임없는 감시가 완전히 체제의 구성요소였던 것에 비해 가정에서의 감시는 그 구성요소가 아닙니다.

마지막으로 가정에는 헤테로토피적이라고 부를 수 있을 관계들의 착종이 있습니다. 그 국지적이고 계약에 기초한 연대, 소유관계, 사적이며 집단적인 약속 등과 같은 관계들은 규율체계의 단조로움이나 그 동위체가 아닌, 주권권력을 상기시킵니다. 그러므로 저는 가정이 기능하는 방식과 그 미시물리학을 규율권력 쪽이 아니라 철저하게 주권권력 쪽에 위치시키고자 합니다. 하지만 그렇다고 해서 저는 가정을, 그 안에서 주권장치가 완전히 사회에 침투되어 있는 한 체계의 시대착오적이거나 역사적 잔재 같은 것으로 생각하는 것은 아닙니다. 가정은 주권의 잔재도 아니고 그 흔적도 아닙니다. 반대로 가정은 규율체계에 본질적인 한 부분이며, 게다가 점차적으로 더 본질적이 되어가는 한 부분인 것 같다고 저는 생각합니다.

제 생각에 이렇게 말해볼 수 있을 것 같습니다. 가정이 규율적이지 않은 도식과 주권장치에 복종함으로써 가정은 경첩, 즉 모든 규율체계의 기능 자체에 절대적으로 필수적인 연결 지점이 된다는 것입니다. 이것이 무엇을 의미하는가 하면, 가정은 규율장치에 개인들을 항구적으로 고정시키고, 개인들을 어떻게 보면 규율장치들 안으로 주입하는 강압, 가정은 이 강압의 심급이라는 것입니다. 가정이 존재하기 때문에, 가정이라는 형태 아래 사회 내에서 작용하고 있는 주권체계가 존재하기 때문에, 교육의 의무가 작동하고 아이들, 요컨대 개인들, 신체적 단일성들이 교육체계의 내부에 고정되고 결국 개별화되는 것입니다. 학교에 가는 것이 의무적인 것이 되기 위해서는 주권, 즉 가정의 주권이 작용해야 하는 것입니다. 역사적으로 어떻게 군복무의 의무가 사람들에게 부과됐는지를 한 번 살펴보세요. 물론 군복무를 원할 그 어떤 이유도 없었던 사람들에게 부과된 군복무의 의무 말입니다. 오로지 국가가 아버지, 어머니, 형제들, 자매들 등으로 이뤄진 이 작은 공동체로서의 가정에 압력을 가했기 때문에 군복무의 의무가 실제적으로 강제됐고, 개인들이 규율체계와 연결될 수 있었고, 규율체계에 의해 개인들이 징집될 수 있었던 것입니다. 노동의 의무는 무엇을 의미했을까요? 만약 개인들이 가정이라는 주권체계 내부에 우선적으로 속하지 않았더라면, 헌신·의무 등으로 이뤄진 이 체계, 가정의 다른 구성원에 대한 지원과 그들에게 먹을 것을 공급할 책임을 당연한 것으로 만드는 이 체계 내부에 속하지 않았더라면 말입니다. 노동의 규율체계에의 고착은 오직 가정의 주권 자체가 온전히 작동할 때에만 획득되는 것입니다. 그러므로 규율장치들과 관련한 가정의 일차적 역할은 바로 일종의 핀 꽂기, 즉 개인들을 규율장치에 고정시키는 것입니다.

가정은 또 하나의 기능을 갖고 있는 것 같습니다. 다시 말해, 가정이란 소위 여러 다른 규율체계가 서로 연결되는 제로 지점이라는 것입니다. 가정은 한 규율체계로부터 다른 규율체계로, 하나의 장치로부터 다른 장치로의 이행을 보증하는 교환기이자 합류 지점이라는 것입니다. 이것을 가장 잘 증명하고 있는 것은 개인이 비정상인으로서 규율체계 바깥으로 내쫓겼을 때, 그 개인이 바로 자신의 가정으로 내쫓긴다는 사실입니다. 개인이 동화가 불가능한 자, 훈육이 불가능한 자, 교육이 불가능한 자로서 몇몇 규율체계로부터 차례로 내쫓길 때, 그 개인은 가정으로 내쫓깁니다. 그리고 그때 가정의 역할은 이번에는 그 개인을 어떤 규율체계에도 자리잡을 수 없는 자로서 내쫓고, 병리학이나 비행 등의 형태로 배제하는 것입니다. 어떤 규율체계에도 동화될 수 없기 때문에 한 체계로부터 다른 체계로 옮겨갈 수 없고, 그래서 최종적으로는 사회로부터 내쫓겨 자신들을 위해 마련된 새로운 규율체계 속으로 들어가지 않으면 안 되는 자들은 도대체 어떤 개인들인가를 결정하는 감성의 영역, 그것이 가정인 것입니다.

따라서 가정은 개인을 규율체계에 확실히 고정하는 역할과 개인을 하나의 규율체계로부터 또 다른 규율체계로 접속·순환시키는 이중적 역할을 맡고 있습니다. 그런 한에서, 가정은 그것이 주권적 소단위이기 때문에 규율체계의 기능에 불가결하다고 말할 수 있을 듯합니다. 이것은 헤테로토피적 관계에 있는 여러 주권들이 주권적 사회의 작용 안에 적응하기 위해 왕의 신체, 왕의 신체의 복수성이 필요했던 것과 마찬가지입니다.[31] 주권메커니즘에 속하는 사회에서는 왕의 신체가 맡았던 역할을, 규율체계에 속하는 사회에서는 가정이 맡고 있는 것입니다.

역사적으로 이것은 무엇에 상응하는 것일까요? 제 생각에는 이렇게 말해볼 수 있을 것 같습니다. 권력이 본질적으로 주권의 형태에 속하고

---

31) 다음의 책을 암시한다. Ernst Kantorowicz, *The King's Two Bodies: A Study in Medieval Political Theology*. Princeton, NJ.: Princeton University Press, 1957; *Les Deux Corps du Roi: Essai sur la théologie politique du Moyen-Âge*, trad. Jean-Philippe Genet et Nicole Genêt, Paris: Gallimard, 1989.

권력이 주권장치를 통해 행사되던 체제 안에서 가정은 주권장치 중에 하나였다고 말입니다. 따라서 가정은 매우 강력한 것이었습니다. 중세의 가정, 17세기 또는 18세기의 가정은 실제로 매우 강력한 가정들이었습니다. 그리고 그것의 힘은 다른 주권체계들과 관련한 동질성에서 기인한 것이었습니다. 하지만 가정이 모든 다른 주권체계에 이렇게 동질적이었기 때문에 사실상 특수성을 갖고 있지는 않았다는 것을, 그리고 명확한 경계를 갖고 있지도 않았다는 것을 잘 이해하실 수 있을 것입니다. 이런 이유 때문에 가정은 멀리까지 뿌리를 확장하고 있었지만 빠르게 모래로 뒤덮이게 됐던 것이고, 가정의 경계는 결코 정의됐던 적이 없습니다. 가정은 그 자체와 매우 가깝게 존재하던 일련의 다른 관계들 속으로 녹아들게 됐던 것입니다. 그 이유는 이런 관계들은 동일한 유형의 것이었기 때문입니다. 이런 관계들은 군주와 가신의 관계였고, 조합원과 동업조합의 관계였던 것입니다. 이런 이유로 가정은 매우 강력한 것이었습니다. 가정은 다른 권력 유형들과 닮아 있었지만, 동시에 그 때문에 불명확하고 흐릿한 존재였던 것입니다.

이에 비해 우리 사회와 같은 사회, 요컨대 그 권력의 미시물리학이 규율적 유형인 사회에서는 가정이 규율에 의해 용해되어버리는 일은 없었습니다. 가정은 응축되고 제한됐지만 강화됐습니다. 가정과 관련한 민법의 역할이 어떤 것이었는지를 상기해주시기 바랍니다. 역사학자 중에는 민법이 가정에 최대한의 것을 주었다고 말하는 사람이 있는가 하면, 민법이 가정권력을 소멸시켰다고 말하는 사람도 있습니다. 그러나 실제로 민법의 역할은 가정을 제한하고 가정의 경계를 획정하며 가정을 결집시키고 강화하는 것을 동시에 수행하는 것이었습니다. 즉 민법 덕분에 가정은 지배, 귀속, 봉건군주권적 관계 등과 같은 주권적 도식을 보존했지만 그런 도식을 남녀의 관계와 부모자식의 관계에 한정했던 것입니다. 민법은 부부와 부모자식으로 이뤄진 미시적 단위를 중심으로 가정을 재정의했고, 바로 그 순간 부부와 부모자식에게 최대한의 강도를 부여했습니다. 민법은 개인의 단일성을 규율장치에 고정시키는 것을 그 기능으로 하는 주권적 봉방alvéole/蜂房을 구축한 것입니다.

주권체계를 무효화해 소멸시킨 거대한 규율체계가 스스로 기능할 수 있게 되기 위해서는 이런 강도 있는 봉방, 강력한 소단위가 필요했습니다. 그리고 이것이 두 가지 현상을 설명해준다고 생각합니다.

첫 번째는 19세기에 행해진 가정의 대대적 재편성이라는 현상입니다. 이 현상은 가정이 해체되고 있고 규율이 불가결했던 모든 사회계층에서, 주로 노동자 계층에서 발견됐습니다. 19세기에 유럽의 프롤레타리아트가 형성되던 즈음 노동조건과 주거조건, 노동자의 이동, 아동 노동의 사용 같은 모든 것들로 인해 점점 가족관계가 약화됐고, 가정의 구조가 무효화되어갔습니다. 실제로 19세기 초에는 아이, 청소년, 노동자로 이뤄진 무리가 한 지역에서 다른 지역으로 이동하거나 공동 숙소에서 생활하거나 곧 해체될 공동체를 형성했습니다. 또 사생아들, 버려진 아이들, 유아살해 등도 날로 늘어갔죠. 프롤레타리아트의 형성과 더불어 야기된 이런 사태에 직면해 아주 일찍부터, 1820년에서 1825년 사이에 이미 가정을 재구성하기 위한 매우 주목할 만한 노력이 있게 됩니다. 고용주, 박애주의자, 행정 당국은 가정을 재구성하기 위해, 요컨대 노동자들이 세대를 이뤄 살고 가정을 꾸려 생활하며 결혼하고 자식들을 낳아 그들을 자식으로 인정케 하기 위해 가능한 모든 수단을 사용했습니다. 게다가 고용주는 노동자의 생활을 이처럼 재가정화하기 위해 경제적 지출까지 했습니다. 1830년에서 1835년 사이에는 뮐루즈에 최초의 노동자 주택단지가 건설되기 시작하기도 했죠.[32] 사람들에게는 가정을 꾸릴

32) Achille Penot, *Les Cités ouvrières de Mulhouse et du département du Haut-Rhin*, Mulhouse: L.-L. Bader, 1867. 푸코는 미셸 페로(Michelle Perrot, 1928~), 장-피에르 바루(Jean-Pierre Barou, 1940~)와 나눈 대담에서 이 문제를 다시 다룬다. Foucault, "L'œil du pouvoir," in Bentham, *Le Panoptique*, p.12.

수 있도록 집이 주어졌고, 실제 결혼은 하지 않고 동거생활을 하는 자들을 일소하기 위한 캠페인들이 조직됐습니다. 간단히 말해 일련의 조치들이 있었고 이것은 게다가 규율적인 조치였던 것입니다.

마찬가지로 작업장이나 몇몇 도시에서도 정식으로 결혼하지 않고 거처를 갖는 사람들이 사절됩니다. 작업장, 공장 내부 자체나 그 여백에서 일련의 규율장치가 규율장치로서 기능하고 있었는데, 그 역할은 가정이라는 소단위를 재구성하는 것, 즉 규율적이지 않고 주권에 속하는 메커니즘에 따르는 가정이라는 소단위를 구성하는 것입니다. 마치 규율메커니즘이 최대한의 강도와 유효성을 지닌 채 작용하거나 영향력을 발휘할 수 있으려면 가정을 구성하는 주권의 소단위가 그 메커니즘의 곁에서 개인을 고정시켜놔야 한다는 듯이 말입니다. 아마도 이것이 가정이 재구성되는 이유일 것입니다. 따라서 제 생각에 가정이라는 소단위와는 전혀 다른 형식을 갖는 규율의 일망감시주의와 가정의 주권 사이에는 끊임없이 서로에게 회부되는 작용이 있게 됩니다. 19세기 내내, 재가정화의 기획 내에서, 규율적 조직이 가정이라는 주권적 소단위를 끊임없이 새롭게 분비하는 이유는 사실상 가정이 규율체계를 확고한 것으로 만들기 위한 한 요소이기 때문입니다. 가정이 제아무리 규율체계 외부에 있고, 제아무리 규율체계와 상이한 것이어서 이질적일지라도 말입니다.

또 하나의 귀결[두 번째 현상]은 가정이 황폐화되어 더 이상 그 기능을 수행할 수 없게 됐을 때 가정의 약화에 대처하는 기능을 지닌 일련의 규율장치가 즉시 설치됐다는 것입니다. 이런 현상은 18세기에도 매우 분명하게 발견됩니다. 버려진 아이를 위한 시설이나 고아원의 출현, 1840~45년 비행 청소년이나 위험한 아이들이라고 불리게 되는 자들을 위한 일련의 시설의 개설[33] 등, 요컨대 사회부조라고 부를 수 있는 모든

33) Jean-Baptiste Monfalcon et Jean-François Terme, *Histoire des enfants trouvés*, Paris: J.-B. Baillière, 1837; Emmanuel Parent de Curzon, *Études sur les enfants*

것이 19세기 초에 이미 출현했습니다.[34] 오늘날 여러분께서 잘 알고 계시는 것 같은 중요성을 갖게 되는 모든 사회복지활동은 가정을 대체하고 가정을 재구성함과 동시에 가정이 없어도 되게 하는 일종의 규율조직을 구성하는 것을 그 기능으로 삼고 있다는 것입니다.

메트레라는 마을을 예로 들어보죠. 이 마을은 이런 식으로 비행 청소년들, 대부분 가정이 없던 아이들을 모아둡니다. 이 아이들은 완전히 군대식으로, 즉 규율적이지만 가정적이지는 않은 방식으로 편성됩니다. 이와 동시에 가정의 대체물 내부에서, 가정이 더 이상 존재하지 않는 지점을 향해 가는 규율적 체계 내부에서 가정에 대한 끊임없는 참조가 행해집니다. 감독관과 원장 등이 아버지, 큰 형이라는 호칭을 갖게 되는 것이죠. 또 한편으로 완전히 군대화된 아이들의 무리는 10인단décurie 방식으로 움직이고, 이 10인단이 한 가정으로 여겨집니다.[35]

---

trouvés au point de vue de la législation, de la morale et de l'économie politique, Poitiers: Henri Oudin, 1847; Henri-Jean-Baptiste Davenne, *De l'organisation et du régime des secours publics en France*, t.I, Paris: Paul Dupont, 1865; Léon Lallemand, *Histoire des enfants abandonnés et délaissés: Études sur la protection de l'enfance*, Paris: Picard et Guillaumin, 1885; Jacques Bouzon, *Cent Ans de lutte sociale: La législation de l'enfance de 1789 à 1894*, Paris: Guillaumin, 1894; Claude Rollet, *Enfance abandonnée: Vicieux, insoumis, vagabonds. Colonies agricoles, écoles de réforme et de préservation*, Clermont-Ferrand: G. Mont-Louis, 1899; Gaillac, *Les Maisons de correction*, op.cit. 푸코는 이 책을 참조한 바 있다. Foucault, *Surveiller et Punir*, pp.304~305. [『감시와 처벌』, 451~452쪽.]

34) 1849년 1월 10일의 법률에 의해 센의 도지사와 내무장관의 지휘 아래 파리에 고아원이 만들어진다. 이 법률은 이 행정기관장을 발견된 아이, 버려진 아이, 그리고 고아의 보호자로 정한다. Adolphe de Watterwille, *Législation charitable, ou Recueil des lois, arrêtés, décrets qui régissent les établissements de bienfaisance (1790-1874)*, Paris: A. Hévis, 3 vol., 1863~74; Casimir-Jean Viala, *Assistance de l'enfance pauvre et abandonnée*, Nîmes: Impr. de Chastanier, 1892; Ferdinand Dreyfus, *L'Assistance sous la Seconde République (1848-1851)*, Paris: Éditions Cornély, 1907; Jacques Dehaussy, *L'Assistance publique à l'enfance: Les enfants abandonnés*, Paris: Librairie du Recueil Sirey, 1951.

따라서 여기서 볼 수 있는 것은, 가정이 약화되고 있는 장소로 쇄도해 들어가 국가적으로 관리되는 권력의 돌출부 자체를, 가정이 더 이상 존재하지 않는 장소에서 구축하는 규율의 골격[같은 것]*입니다. 그러나 규율체계의 이 돌출부는 반드시 가정을 준거로 하고 준가정이나 유사가정으로서 기능합니다. 이 현상은 가정적 주권이 규율메커니즘과 관련한 필수적 기능에 매우 특징적인 것이라고 저는 생각합니다.

그리고 바로 가정을 규율적으로 대체하는 이런 조직화 내에서 심리학적인 것의 기능, 즉 정신의학, 정신병리학, 정신사회학, 정신범죄학, 정신분석학 등의 기능이 출현하는 것을 볼 수 있습니다. 그리고 '기능'이라는 단어를 사용할 때 저는 단지 담론뿐만 아니라 제도, 더 나아가서는 심리학에 종사하는 개인까지도 생각하고 있습니다. 그리고 심리학자, 심리치료사, 범죄학자, 정신분석의 등의 기능이 바로 그런 것이라고 저는 생각합니다. 실제로 규율장치를 조직하고 가정의 주권 내에 균열이 생기는 장소에 규율장치를 접속시켜 거기에 쇄도해 들어가는 것 말고 그런 사람들이 도대체 어떤 기능을 가질 수 있었을까요?

---

35) 1840년 1월 22일, 행정관 프레데릭 오귀스트 드메츠(1796~1873)가 투르 근교의 메트레에 설립한 이 시설은 면책을 통해 무죄가 된 어린이들, 부권적 교정의 명목으로 구속된 어린이들에게 할애된다. Frédéric Auguste Demetz, *Fondation d'une colonie agricole de jeunes détenus à Mettray*, Paris: Duprat, 1839; Augustin Cochin, *Notice sur Mettray*, Paris: Claye et Taillefer, 1847; Édouard Ducpétiaux, *Colonies agricoles, écoles rurales et écoles de réforme pour les indigents, les mendiants et les vagabonds, et spécialement pour les enfants des deux sexes, en Suisse, en Allemagne, en France, en Angleterre, dans les Pays-Bas et en Belgique: Rapport adressé au ministre de la Justice*, Bruxelles: Th. Lesigne, 1851, pp.50~65; *La Colonie de Mettray*, Batignolles: Hennuyer, 1856; *Notice sur la colonie agricole de Mettray*, Tours: Ladevèze, 1861; Gaillac, *Les Maisons de correction,* op. cit., pp.80~85. 푸코는 다음의 책에서 이 시설을 다시 언급한다. Foucault, *Surveiller et Punir*, pp.300~303. [『감시와 처벌』, 445~450쪽.]

* 녹음기에는 "~과 같은 종류, 구성"(espèce, une constitution)이라고 기록되어 있다.

역사 속에서 어떤 일이 있었는지 살펴봅시다. 심리학적인 것의 기능 function-Psy은 명백히 정신의학 쪽에서 탄생했습니다. 즉 19세기 초에 가정과는 다른 쪽에서 가정과의 일종의 대면을 통해 탄생됐던 것입니다. 한 개인이 가정의 주권을 벗어났을 때, 그는 정신병원에 들어가게 됩니다. 이 병원에서 중요한 것은 그에게 순수하고 단순한 규율을 학습하게끔 하는 것이었고, 이와 관련해서는 제가 지난 강의들에서 몇 가지 예를 보여드렸습니다. 또한 이 병원에서 19세기 내내 차츰차츰 가정에 대한 참조들이 생겨나는 것을 보실 수 있습니다. 그리고 정신의학이 개인의 재가정화를 가능케 해줄 규율의 제도적 기획으로서 조금씩 모습을 드러내기 시작할 것입니다.

따라서 심리학적인 것의 기능은 가정과 관련된 이런 종류의 대응에서 생겨난 것입니다. 가정이 감금을 요구하고 그에 따라 개인은 정신의학적 규율 아래 놓여 재가정화된다고 간주됐던 것입니다. 그러고 나서 차츰 심리학적인 것의 기능은 학교, 군대, 작업장 등 모든 규율체계로 확장됐습니다. 즉 규율을 익히는 것이 불가능한 모든 사람에게 이 심리학적인 것의 기능이 규율의 역할을 했던 것입니다. 개인이 학교나 작업장이나 군대에서, 극단적인 경우 감옥에서 규율에 따르는 것이 불가능할 경우, 그때 심리학적인 것의 기능이 개입했습니다. 또 심리학적인 것의 기능이 그렇게 개입할 때는 개인의 규율화 불가능성을 가정의 결함이나 약화의 탓으로 돌리는 담론과 함께 개입했습니다. 이렇게 19세기 후반에는 규율적 측면에서의 개인의 모든 결함이 가정의 태만 때문이라 여겨지게 됩니다. 마지막으로 20세기가 되면 심리학적인 것의 기능은 모든 규율체계의 담론인 동시에 이 규율체계의 관리가 됩니다. 이런 심리학적인 것의 기능은 규율체계 내부에서 개인을 개별화·정상화·예속화하는 모든 도식에 대한 담론이자 그것들의 실행이었던 것입니다.

이렇게 해서 학교 규율 내부에서는 교육심리학이, 직장 규율 내부에서는 노동심리학이, 감옥 규율 내부에서는 범죄학이, 정신의학과 정신요양원의 규율 내부에서는 정신병리학이 출현하게 됩니다. 따라서 이 심리학적인 것의 기능은 모든 제도와 모든 규율장치를 관리하기 위한 심급이며, 그와 동시에 그것과 모순되는 일 없이 가정에 대한 담론을 행하는 것이기도 합니다. 교육심리학, 노동심리학, 범죄학, 정신병리학 등으로서의 심리학적인 것의 기능이 부단히 참조하는 것, 요컨대 심리학적인 것의 기능이 구축하고 만들어내는 진실, 심리학적인 것의 기능에 참조계 형상의 역할을 하는 것은 언제나 가정이라는 진실인 것입니다. 심리학적인 것의 기능은 가정 내지 가정의 주권을 자신의 항상적 참조계로 삼고 있으며, 또 이것은 심리학적인 것의 기능이 모든 규율장치의 윤리적 심급이라는 바로 그런 한에서인 것입니다.

심리학적인 것의 기능은 정확히 가정적 주권이 규율장치들에 심층에 속해 있음을 폭로합니다. 가정의 주권과 규율장치 사이에 존재하는 것처럼 보이는 이 이질성에는 특정한 기능이 있고 이 기능에 심리학적 담론, 제도, 인간이 접속됩니다. 한편으로 심리학은 제도, 개인의 신체, 담론으로서 규율장치를 끊임없이 관리하게 됩니다. 그리고 다른 한편으로 심리학은 진실의 심급으로서의 가정의 주권, 즉 규율장치 내에서 일어나는 포지티브하거나 네거티브한 모든 절차의 기술記述과 규정을 가능케 하는 출발점으로서의 가정의 주권을 참조하게 됩니다.

가정에 대한 담론, 심리학의 담론 중에서도 '가정의 담론'에 가장 가까운 것, 즉 정신분석학이 20세기 중반 이래로 그 자체에서 출발해 모든 규율제도를 분석할 수 있는 진실의 담론으로서 기능할 수 있다는 것은 놀랄 일이 아닙니다. 그리고 제가 말씀드리고 있는 것이 사실이라면, 바로 그렇기 때문에 가정의 담론에서 출발해 형성됐다고 생각되는 진실을 학교나 정신의학 등의 제도나 규율을 비판하는 것으로서 내세울 수 없다는 것을 아실 수 있을 것입니다. 정신의학 제도를 재가정화하는 것, 정신의학의 개입을 가정적인 것으로 만드는 것, 가정을 준거로 하는 진실의 담론의 이름 아래 정신의학이나 학교 등의 실천과 제도, 규율을 비판하는 것은 규율을 비판하는 것이 전혀 아니라 거꾸로, 끊임없이 규율을 참조케 하는 것입니다.*

가정적 관계의 주권을 준거로 삼는다는 것, 그것은 규율메커니즘을 벗어나는 것이 아닙니다. 그것은 거꾸로 가정의 주권과 규율의 기능 간의 작용을 강화하는 것입니다. 이 작용은 현대 사회에서 매우 특징적인 것이라 생각됩니다. 가정이 주권의 잔재처럼 보인다는 것은 그것을 규율체계와 비교해봤을 때 의외로 여겨질지도 모르지만, 가정은 실제로 규율체계와 밀접한 관계를 가지며 기능하고 있다고 저는 생각합니다.

* 강의원고는 여기서 다음의 문헌들을 언급하고 있다. Gilles Deleuze et Félix Guattari, *L'Anti-Œdipe: Capitalisme et schizophrénie 1*, Paris: Minuit, 1972; Robert Castel, *Le Psychanalysme: L'ordre psychanalytique et le pouvoir*, Paris: Maspero, 1973.

5강. 1973년 12월 5일

정신요양원과 가정, 금치산에서 감시로, 정신요양원과 가정의 단절 | 정신요양원, 치유기계 | '신체에 관련된 기구'의 유형론 | 광인과 어린이 | 요양원 | 규율장치와 가정권력

저는 정신요양원의 규율적 토대가 어떤 것인지 분명히 하고, 18세기 이래로 규율의 틀과도 같은 것이 어떻게 사회를 뒤덮어버리기 시작했는지 보여드리려 했습니다. 거기서 나타나게 될 군대, 학교, 작업장 등 몇몇 특수한 규율의 도식에 대해서 저는 그 형식화 내지 체계적이고 세련된 밑그림을 제러미 벤담의 『판옵티콘』에서 발견할 수 있다고 생각했죠.

그러면 이번에는 정신요양원이 어떻게 기능하고 있는지를 살펴보려고 하는데, 정신요양원은 그 독자적 특징들 때문에 더 특수하게 기능하는 것 같습니다. 한편으로는 가정과 어떤 관계를, 그것도 특권적이고 곤란하며 문제를 내포하는 관계를 갖는다[는 특징]이 있습니다. 다음으로 규율체계로서의 정신요양원은 일정 유형의 진실담론이 형성되는 장소이기도 합니다. 저는 다른 규율체계가 진실담론을 만들어내지도 않고, 가정과의 관계를 갖지도 않는다고 말하려는 것은 전혀 아닙니다. 그러나 제 생각에 정신요양원의 제도와 규율에서, 가정과의 사이에는 매우 특수하고 중대한 관계가 있습니다. 게다가 이 관계는 매우 긴 시간에 걸쳐 만들어졌고 19세기 동안 끊임없이 변했습니다. 그리고 다른 한편으로 정신요양원에서의 진실담론 역시 특수한 담론입니다.

마지막 세 번째 특징은 정신요양원에서 형성되는 진실담론, 그리고 그것과 가정의 관계는 서로를 지탱하고 서로에게 의지한다는 것, 결국 주로 가정이나 가족 구성원들이나 가정적인 절차 등을 그 목적·목표·참조영역으로 하는 담론을 만들어낸다는 것입니다. 제가 확인해보고 싶은 가설은 바로 이것입니다. 문제는 정신의학의 담론, 즉 정신의학의 권력행사에서 생겨나는 담론이 어떻게 가정의 담론, 가정의 진실된 담론, 가정에 관한 진실된 담론이 될 수 있는지 아는 것입니다.

그러면 오늘은 정신요양원과 가정의 관계에 대해 고찰해보죠.

그러기 위해서는 우선 가정 없는 정신요양원, 폭력적이면서 명백한 방식으로 가정과 단절되어 있었던 시절의 정신요양원부터 검토해볼 필요가 있겠죠. 정신요양원과 가정의 단절이라는 상황은 정신의학의 초기에, 즉 필립 피넬과 더 나아가서는 프랑수아-엠마뉘엘 포데레, 그리고 특히 장-에티엔 도미니크 에스키롤이 그 대표자이며 창립자였던 원시 정신의학에서 발견되는 것입니다.

정신요양원이 가정과 단절되어 있었다는 것에 대해서 세 가지 증거를 들겠습니다. 첫 번째로 정신의학적 감금의 법적 형태 자체를 들 수 있습니다. 그 중심에 있는 것이 1838년의 법률인데, 몇 군데 수정이 가해졌지만 여전히 정신요양원에서의 감금을 지배하고 있다고 말할 수 있는 이상 우리는 지금도 그 법률에서 벗어나지 못하고 있습니다. 이 법률은 그것이 자리매김되는 시대에 비추어 생각해볼 때, 광인과 가족의 단절, 광인에 대해 가족이 갖고 있던 권리들의 박탈로 해석될 수 있을 것 같습니다. 실제로 1838년의 법률 이전에 광인을 포획할 수 있게 하고 광인이라는 지위를 특징지어 그것을 지시가능케 했던 주된 절차, 근본적인 법적 요소는 무엇보다 바로 금치산이었습니다.

금치산이란 무엇이었을까요? 첫 번째로 금치산은 가족에 의해 요청됐고 그런 요청이 필요했던 법적 절차였습니다. 두 번째로 금치산은 확실히 사법에 속하는 조치, 즉 재판관에 의해 결정되는 조치였지만, 그 결정은 가족의 요청에 따라, 더 나아가서는 가족과의 필요한 협의 뒤에 내려지고 있었습니다. 그리고 세 번째로 금치산의 절차는 그렇게 해서 금치산이 선언된 개인의 민법상의 권리를 가족 회의에 위임하는 법적 효과를 발생시키고 정신이상자를 후견체제 아래 두고 있었습니다. 따라서 이렇게 말해도 좋다면 그것은 법적 절차에 따라 유효하다고 인정된 가족의 권리를 둘러싼 하나의 일화였습니다.[1] 바로 그것이 금치산의 절차이며, 바로 그것이 근본적인 절차였습니다. 광인이란 무엇보다 금치산이 선고된 자이며, 금치산자라는 지위로 지시됨으로써 낭비하는 자나 방탕한 자, 그리고 광인 등으로 인정받았던 것입니다.

---

1) "흉포한 자들을 안전한 장소에 집어넣어야 하는데, 그들은 가족이 주도해야 하는 재판을 통해 처음으로 구속가능하게 된다. …… 그것[민법 — Fr.]은 그들의 상태를 확증하는 역할을 재판소에만 부여한다"(포르탈리스[Jean-Étienne-Marie Portalis, 1746~1807]의 회람장, 프랑스 공화력 12년의 12월 30일[1804년 9월 17일]). Gabriel Bollotte, "Les malades mentaux de 1789 à 1838 dans l'œuvre de P. Sérieux," *Information psychiatrique*, vol.44, no.10, 1968, p.916. 재인용. 1804년의 민법은 제489조(11절 2항)에서 과거의 재판권을 재정식화하고 있다 "치우(癡愚), 치매, 혹은 흉포상태가 일상적이 되어버린 성인은 때로 제정신을 차리는 경우가 있다고 할지라도 금치산을 선고해야 한다." "Interdit," *Dictionnaire de droit et de pratique*, éd. Claude-Joseph de Ferriere, t.II, Paris: Brunet, 1769, pp.48~50; Henri Legrand du Saulle, *Étude médico-légale sur l'interdiction des aliénés et sur le conseil judiciaire*, Paris: Delahaye et Lecrosnier, 1881; Paul Sérieux et Lucien Libert, *Le Régime des aliénés en France au XVIIIe siècle*, Paris: Masson, 1914; Paul Sérieux et Marc Trénel, "L'internement des aliénés par voie judiciaire (sentence d'interdiction) sous l'Ancien Régime," *Revue historique de droit français et étranger*, 4e série, 10e année, juillet-septembre 1931, pp.450~486; André Laingui, *La Responsabilité pénale dans l'ancien droit (XVIe-XVIIIe siècles)*, vol.II, Paris: Librairie générale de droit et de jurisprudence, 1970, pp.173~204. 푸코는 다음의 책에서 금치산의 문제를 언급한 바 있다. Michel Foucault, *Histoire de la folie à l'âge classique*, Paris: Gallimard, 1972, pp.141~143. [이규현 옮김, 『광기의 역사』, 나남, 2003, 235~238쪽.] 또한 푸코는 1974~75년의 콜레주드프랑스 강의(6강[1975년 2월 12일])에서 이 금치산의 문제를 다시 다루게 된다. Michel Foucault, *Les Anormaux: Cours au Collège de France, 1974-1975*, éd. s. dir. François Ewald et Alessandro Fontana, par Valerio Marchetti et Antonella Salomoni, Paris: Gallimard/Seuil, 1999, leçon du 12 février 1975, pp.131~136. [이재원 옮김, 『비정상인들: 콜레주드프랑스 강의 1974~75년』, 도서출판 난장, 근간, 6강(1975년 2월 12일).]

감금에 대해 말하자면 이것은 고전주의 시대 내내 행해지고 있었습니다. 규칙적이라고 말할 뻔 했지만, 그러나 실제로 감금은 규칙적인 방식이 아니라 거꾸로 불규칙적인 방식으로 행해지고 있었습니다. 감금은 금치산 절차 이후에 행해지거나 혹은 금치산 절차에 독립적으로 행해지고 있었는데 그것은 언제나 다음과 같은 것이었습니다. 즉 감금은 가족이 치안감독관 혹은 지사의 개입을 요청함으로써 얻어지는 것이거나 혹은 누군가가 어떤 규칙 위반이나 법률 위반 혹은 범죄행위를 저질렀을 때, 그리고 그 자를 재판에 넘기기보다는 오히려 감금하는 편이 좋다고 생각될 때 왕권 내지 고등법원에 의해 결정되는 것이었다는 말입니다. 따라서 감금은 상당히 불규칙한 기원을 갖는 절차였습니다. 그것은 금치산 가까이에 존재했고 경우에 따라서는 금치산을 대체할 수도 있었지만, 광인을 포획할 경우에는 동질적이고 근본적인 법적 지위를 갖고 있지 못했던 그런 절차였던 것입니다.

그러므로 광인을 포획하는 것은 금치산이며, 금치산은 법적 절차를 통해 유효화된 가족의 권리에 관한 하나의 일화였습니다. 1838년의 법률을 일찌감치 예고하는 몇 가지 에피소드, 예를 들면 1790년 8월의 법률이 시 당국에 몇 가지 권리를 부여하는 등의 에피소드에 대해서는 생략하도록 하겠습니다.[2)]

제 생각에 1838년의 법률에는 두 가지 근본적인 사항이 있습니다. 다시 말해 이제는 감금이 광인을 포획하기 위한 주요 부품이 된다는 것입니다. 이에 비해 금치산은 그것이 필요하다고 여겨질 때, 이를테면 개

2) 1790년 8월 16~24일의 법률은 감금을 치안상의 조치로 만들고 "자유상태에 있는 광인이나 난폭한 미치광이에 의해 일어날 수 있는 불미스러운 사건의 예방 내지 개선 조치를 지방자치 단체의 감시와 직권에 맡긴다"(11절 3항). *Législation sur les aliénés et les enfants assistés: Recueil des lois, décrets et circulaires (1790-1879)*, t.I, Paris: Ministère de l'intérieur et des Cultes, 1880, p.3. 또한 다음의 책을 참조하라. Foucault, *Histoire de la folie à l'âge classique*, p.443. [『광기의 역사』, 657쪽.]

인의 법적 상황이나 민법상의 권리가 위험에 처할 가능성이 있을 때, 혹은 거꾸로 개인이 자신이 가진 권리를 통해 가족의 상황을 위험에 노출시킬 가능성이 있을 때, 경우에 따라서는 가능한 법적 보충물로서 사후적으로 부가될 수 있을 뿐입니다. 근본적 절차가 되는 감금의 절차에 비해 금치산은 이제 그 부수적인 하나의 부품일 뿐입니다.

감금을 통해 포획한다는 것, 이것은 요컨대 신체 자체를 포획한다는 것입니다. 이제 근본적인 사법적 부품이 되는 것은 진정한 신체의 포획이지, 더 이상 민법상의 권리나 가정의 권리의 박탈이 결코 아닙니다. 그렇다면 이런 신체의 포획은 누구에 의해 어떤 방식으로 행해졌던 것일까요? 물론 대부분의 경우 그것은 가족의 요구에 의해 행해집니다. 하지만 언제나 그런 것은 아닙니다. 1838년의 법률에 의하면 감금은 가족이 요청하지 않더라도 도지사의 권한에 의해 결정되는 것이 완전히 가능했습니다. 가족이 요청을 하든 안 하든, 누군가의 감금에 대한 최종결정은 언제나 의학적 권위에 의해 뒷받침되는 도지사의 권한에 의해서만 내려져야 했습니다. 누군가가 광기에 걸렸다고 진단되거나 그렇다고 추정되어서 공립 병원 혹은 사립 진료소에 오게 된다고 해봅시다. 그 경우 그 자가 실제로 광기에 사로잡힌 자의 지위를 부여받고 그런 자로서 특징지어질 수 있는 것은 민간 당국이 자격을 인정해준 누군가에 의해 감정이 이뤄지고 이 민간 당국, 즉 도지사의 권한에 의해 그런 결정이 내려지는 경우뿐입니다. 즉 이제 광인은 가족이라는 장과 관련해 나타나는 것도 아니고 차별화되는 것도 아니며 또 광인의 지위를 얻는 것도 아닙니다. 이제 광인은 기술적이고 행정적인 영역, 이렇게 말해도 좋다면 의학적이며 국가적이라고 부를 수 있을 영역 내부에서, 즉 정신의학적 지식 및 정신의학적 권력이 행정적 조사 및 행정적 권력과 결합되어 구성되는 그런 영역에서 출현하는 것입니다. 이런 결합이 비로소 광인을 광인으로 지시하게 되는 것입니다. 그리고 가정은 이제 광인에 대해서 비교적 한정된 권력만을 갖게 되는 것입니다.

광인은 이제 더 이상 가정의 권리나 부나 특권을 위험에 빠뜨리는 개인으로서가 아니라 사회의 적으로서, 사회의 위험으로서 나타납니다. 1838년 법률의 메커니즘을 통해 지시되고 있는 것은 사회의 적이며, 이렇게 해서 가정은 소유권을 박탈당하게 된다고도 말할 수 있습니다. 1838년의 법률이 가결됐을 때 행해졌던 정당화나 그것에 대해 이후에 덧붙여진 논평을 살펴보면, 거기서 주위 사람들의 생명과 권리를 지키기 위해 금치산보다는 감금에 우선권을 부여해야 하며, 가정의 권력보다는 과학적이고 국가적인 권력에 우선권을 부여해야 한다는 언급이 항시 있었던 것 같습니다. 실제로 금치산의 길고 무거우며 곤란한 절차가 핵심 부품이었던 시대에는 광인을 지배하는 것이 결국 상당히 곤란한 일이었습니다. 그리고 그런 절차가 행해지고 있는 동안 계속해서 광인이 실제로 그 주위 사람들에게 피해를 줄 가능성이 있었습니다. 광인은 주위 사람들에게 위험하다는 것인데, 특히 바로 가까이에 있는 사람들이 그 흉포함에 노출되어 있었습니다. 따라서 그런 사람들을 보호하기 위해서는 신속한 감금의 절차를, 금치산의 긴 절차 이전에 시행할 필요가 있게 됐다는 것입니다.

또 다른 한편으로 금치산에 지나친 중요성을 부여하는 것, 금치산을 핵심 부품으로 삼는 것은 가족의 이해와 관련된 모든 음모, 모든 분쟁에 길을 열어준다는 주장이 제기됐습니다. 그리고 여기서도 역시 대가족의 소유욕에 맞서 근친 가족의 권리, 즉 부모와 자식으로 이뤄진 가족의 권리를 지켜야 한다고 되어 있었습니다.

그것은 확실히 그렇습니다. 그리고 모든 의미에서 1838년의 법률은 확실히 그렇게 기능했습니다. 다시 말해 근친 가족의 권리를 우선하기 위해서 넓은 의미에서의 가족으로부터 그 소유권을 박탈한다는 것입니다. 그러나 이것은 바로 19세기를 통해 발견되는 일련의 절차, 광인에게만이 아니라 교육이나 비행 등에도 적용되는 일련의 절차에 매우 특징적인 것입니다.*

요컨대 국가권력 내지는 어떤 종류의 기술적이며 국가적인 권력이, 가정이라는 거대한 체계 안에 소위 쐐기와 같이 파고들어가 자신[국가]의 이름으로 거대한 가정의 권력이었던 몇몇 권력을 찬탈하고, 방금 자신의 것이 된 그 권력을 행사하기 위해 하나의 실체에 의거한다는 것입니다. 완전히 새롭지는 않다 하더라도 새로이 재단되어 강화되고 강도가 더해진 이 실체야말로 이후에 작은 핵가족이 되는 바입니다.

부모자식으로 형성되는 작은 핵가족은 소유권을 박탈당하고 생략당한 대가족 내부의, 일종의 강화 지대입니다. 그리고 국가권력, 이 경우에는 기술적이며 국가적인 권력이 이 작고 강도 있는 핵가족을 고립시켜 그것에 의거하게 되는데 이것은 대가족으로부터 그 소유권을 박탈한 권력이 그 귀결로서 야기시킨 것입니다. 제 생각에 1838년 법률의 메커니즘에 대해 말할 수 있는 것은 이상과 같습니다. 그리고 모든 거대한 정신요양원이 오늘날까지 150년간에 걸쳐 이 사법적 형태에서 출발해 기능해왔다는 것을 고려한다면, 이 법률이 가정의 권력에 대해 유리하게 작용하지 않는다는 사실을 지적해두는 것이 중요합니다. 이 사법적 형태는 거꾸로 가정의 전통적 권리를 박탈합니다. 따라서 정신요양원과 가정 사이에는 법적 단절이 있습니다.

그러면 다음으로 의학적 전술, 요컨대 정신요양원에서 일어나는 사태 그 자체를 다뤄봅시다. 거기서 과연 무엇을 발견할 수 있을까요?

정신의학의 규율이 소위 평온한 삶을 영위해오고 있는 동안, 즉 20세기에 이르기까지, 거기서 언제나 발견되는 근본적인 첫 번째 원칙이 있습니다. 그 원칙, 아니 오히려 그 계율, 그 실무적 규칙은, 가정 내에서는 결코 정신이상자를 치유할 수 없다는 것입니다. 가정이라는 장은 어떤 치료행위의 운용과도 절대적으로 양립불가능하다는 것입니다.

---

* 강의원고에는 이렇게 덧붙여져 있다. "사실상 여기서 우리는 정신의학 권력의 역사를 통해 다시 발견될 과정을 포착하고 있는 것이다."

이 원칙은 19세기를 통해 빈번하게 표명되고 있습니다. 그 중 하나만 참조해 예로 들어보겠습니다. 왜냐하면 이 예는 오래됐고, 어떤 의미에서 이 원칙을 창설한 것이기 때문입니다. 포데레의 1817년 텍스트가 그것입니다. 거기서 포데레는 정신요양원에 수용되는 자는 "새로운 세계에 들어가 거기서 자신의 부모, 친구, 지인들과 완전히 분리되어야 한다"고 말합니다.[3] 그리고 더 늦은 시기, 1857년의 텍스트 하나를 인용해보겠습니다. 왜냐하면 그 텍스트는 우리에게 지표 역할을 하게 될 텐데, 요컨대 거기서 중요한 분할이 발견되기 때문입니다. "광기의 최초의 희미한 빛이 보인다면, 환자를 가족·친구·집으로부터 떨어뜨려 놓아야 한다. 환자를 즉시 감독 아래 두어야 한다."[4] 따라서 정신이상자를 결코 가정에서 치유할 수 없다는 것입니다.

다른 한편으로 치료가 행해지는 동안, 요컨대 치유로 귀결되어야 할 의학적 조작이 행해지는 동안 가족과의 모든 접촉은 혼란을 야기시키고 위험하므로 가능한 한 접촉을 피해야 한다는 원칙이 있습니다. 이렇게 말해도 괜찮다면 이것은 격리의 원칙, 아니 오히려 무연고無緣故의 세계에 두어야 한다는 원칙입니다. 격리라는 말은 그 자체로 위험한 것입니다. 왜냐하면 이 말은 환자가 혼자여야 한다는 것을 지시하는 것 같지만, 정신요양원에서 환자는 이런 식으로 다뤄지고 있지 않습니다. [아무튼] 정신요양원의 규율권력을 통해 구상되는 공간은 가정의 공간과 완전히 인연이 끊어져 있어야 한다는 원칙입니다.[5] 왜 그런 것일까요? 기

3) François-Emmanuel Fodéré, *Traité du délire, appliqué à la médecine, à la morale et à la législation*, t.II, Paris: Croullebois, 1817, p.252.

4) Pierre Berthier. *Médecine mentale*, t.I: *De l'isolement*, Paris: J.-B. Baillière, 1857, p.10.

5) 이것은 에스키롤에 의해 언표된 원리이다. "정신이상자의 격리(구금과 억류)는 그를 가족이나 친구나 시종들로부터 떼어내 모르는 사람들로 주위를 둘러싸고, 그의 생활방식 전체를 바꾸게 함으로써 그를 그 모든 습관으로부터 멀어지게 하려는 데 있다." Jean-Étienne Dominique Esquirol, "Mémoire sur l'isolement des aliénés"(Lu à l'Institut le 1er octobre 1852), *Des maladies mentales considérées sous les rapports*

준이 될 만한 이유만을 들어보겠습니다. 그 중에는 매우 진부한 이유도 있지만 제법 흥미로운 이유, 연이어 발생한 변용을 통해 정신의학 권력의 역사 속에서 일정한 운명을 갖게 될 이유도 있습니다.

첫 번째 이유로 광인의 주의를 돌려 놓아야 한다는 원칙, 얼핏 보면 평범하지만 중요한 원칙이 있습니다. 다시 말해 그것은 광인을 치유하기 위해서는 광인이 자신의 광기를 결코 생각하지 않도록 해야 한다는 원칙인 것입니다.[6] 광인이 자신의 광기를 결코 떠올리지 않게 하는 것,

---

médical, hygiène, et médico-légal, t.II, Paris: J.-B. Baillière, 1838, p.745. 또한 다음의 글들을 참조하라. Jean-Pierre Falret(1794~1870), "Du traitement général des aliénés"(Leçon faite à l'hospice de la Salpêtrière, 1854), *Des maladies mentales et des asiles d'aliénés*, Paris: J.-B. Baillière, 1864, pp.677~699(p.685 sq.); Joseph Guislain, *Traité sur les phrénopathies ou doctrine nouvelle des maladies mentales,* 2e éd., Bruxelles: Établissement Encyclographique, 1835, p.409; J.-Marc Dupuy, *Quelques considérations sur la folie: Visite au Castel d'Andorte, établissement destiné aux aliénés de la classe riche*, Périgueux: Impr. Dupont, 1848, pp.7~8.

6) 프랑수아 뢰레는 "가능한 한 환자에게 자신의 망상에 대해 침묵케 하고 다른 것으로 머리를 가득 채우게끔 해야 한다"고 말한다. François Leuret, *Du traitement moral de la folie*, Paris: J.-B. Baillière, 1840, p.120; "Mémoire sur la révulsion morale dans le traitement de la folie," *Mémoires de l'Académie royale de médecine*, t.9, Paris: J.-B. Baillière, 1841, pp.658. 하지만 이 점에 대해 가장 명확하게 쓴 것은 장-피에르 팔레이다. 팔레는 에스키롤의 생각(Esquirol, "De la folie"[1816], *Des maladies mentales*……, t.I, p.119)을 미발표 원고에서 충실하게 요약하며 이렇게 말한다. "명백하게 우선적으로 격리가 필요하다……. 하지만 환자를 외부의 영향에서 떼어낸 뒤 고착된 그의 병적 관심을 파괴하지 않고 그를 그대로 두어야 할까? 물론 아니다. 망상을 조장할 가능성이 있는 원인을 떼어 놓는 것만으로 만족할 것이 아니라 망상 자체를 타파해야 한다. 경험에 따르면 그런 목적을 달성하기 위한 가장 유효한 수단은 다음과 같다. 환자들의 주의와 마음을 가장 강하게 끄는 대상을 고정하거나, 그들의 망상과 관계없는 것을 그들 앞에 계속 두고, 그들의 주의를 완전히 모든 종류의 활동으로 향하게 함으로써 그들의 고정관념을 흐트러뜨리고, 그들의 걱정거리로부터 기분전환을 시켜주는 것이다. 이렇게 해서 그들은 자신들의 병을 생각할 수 없게 된다." Falret, "Du traitement général des aliénés," pp.687; Georges Daumezon et Philippe Koechlin, "La psychothérapie institutionnelle française contemporaine," *Anais portugueses de psiquiatria*, t.IV, no.4, 1952, p.274.

그 광기가 가능한 한 광인의 담론으로부터 사라지게 하는 것, 그리고 그 광기가 누군가에게 발견되지 않도록 해야 한다는 것입니다. 자신의 광기를 감추고 그것을 말하지 않으며 그것을 자신의 머릿속으로부터 떼어내 다른 것을 생각하기, 이렇게 말해도 좋다면 이것은 연상을 일으키지 않게 하는 원칙, 연상을 해체하는 원칙입니다.

이것은 당대 정신의학적 실천의 거대한 도식 중 하나였고, 거꾸로 연상의 원칙이 승리를 거두게 될 때까지 유지됩니다. 연상의 원칙이라 말할 때 제가 염두에 두는 것은 지그문트 프로이트가 아니라 장-마르탱 샤르코, 즉 히스테리의 출현입니다. 왜냐하면 이 역사 전체에서 거대한 분할 지점이 되는 것은 히스테리이기 때문입니다. 따라서 가정이 부재해야만 하고, 광기에 걸린 개인을 절대적으로 무연고의 세계에 두어야 한다면, 그것은 광인의 주의를 돌려 놓아야 한다는 원칙 때문입니다.

다음으로 두 번째 원칙입니다. 이것도 역시 매우 진부한 것이지만, 이후의 역사의 관점에서 보면 흥미롭습니다. 두 번째 원칙은 가정이, 정신이상의 명백한 원인이라고는 할 수 없다 하더라도, 적어도 정신이상에 빠지는 계기로서 즉각적으로 포착되고 지시된다는 원칙입니다. 다시 말해 광기의 에피소드를 부추기는 것은 불만, 금전상의 염려, 연애에서의 질투, 슬픔, 이별, 파산, 빈곤 등이며, 이런 모든 것이 광기를 불러일으키고 끊임없이 키운다는 것입니다.[7] 그러므로 가정이 광기의 항상적

7) "정신이상의 도덕적 원인은 때로 가정 내에 존재하고 그 원천은 슬픔, 가정 내 불화, 금전적 손실 등 …… 이다. 지적이고 도덕적인 능력에 가해지는 최초의 충격은 때로 정신이상자 자신의 집에서, 자신의 지인, 부모, 친구들에게서 일어난다." Jean-Étienne Dominique Esquirol, *Des passions, considérées comme causes, symptômes et moyens curatifs de l'aliénation mentale*, Th. Méd. Paris, Paris: Didot Jeune, 1805, p.43. 또한 다음의 언급도 참조하라. "수많은 정신이상자들이 가정이라고 불리는 것 내부에서, 이런 종류의 증상들을 자극하고 격화시키며 부추기는 조건뿐만 아니라 그런 증상을 생겨나게 하는 조건을 발견한다." Jules Fournet, "Le traitement moral de l'aliénation soit mentale, soit morale, a son principe et son modèle dans la

지지대이기 때문에 그것[가정]을 뛰어넘기 위해서 환자를 가정으로부터 떼어 놓아야 한다는 것입니다.

세 번째 이유는 매우 흥미롭습니다. 그것은 에스키롤에 의해 도입되는 개념입니다. 그것은 이윽고 쇠퇴하고 사라지지만 그 [……]* 용어 자체가 다시 다뤄지지는 않은 채 오랫동안 발견되는 [……]** '징후성 의심'[8]이라는 매우 기묘한 개념입니다. 에스키롤은 정신이 병든 자, 특히 편집증 환자는 '징후성 의심'을 앓고 있다고 말합니다. 정신이상은 개인의 기분이 변하는 절차를 의미합니다. 거기서는 감각에 이변이 생겨나고 새로운 인상이 생겨나, 이윽고 사물은 정확하게 보이지 않고 얼굴은 지각되지 않으며 말은 정확히 동일한 방식으로 들리지 않게 됩니다. 그리고 경우에 따라서는 현실적 근거가 없는 목소리가 들린다거나 정확하게는 지각되지 않는 이미지가 보인다거나 합니다. 요컨대 이것이 환각입니다. 이런 자신의 신체의 수준에서 일어나는 모든 변화에 대해 정신이상자는 그 원인을 이해하지 못합니다. 여기에는 두 가지 이유가 있습니다. 우선 정신이상자가 자신이 광인인지를 모르기 때문이며, 다음으로 그 자신이 광기의 메커니즘을 알지 못하기 때문입니다.

---

famille"(Mémoire lu à la Société médicale d'émulation, le 4 mars 1854), *Annales médico-psychologiques*, 2e série, t.VI, octobre 1854, pp.523~524. 또한 다음도 참조하라. Alexandre-Jacques-François Brierre de Boismont, "De l'utilité de la vie de famille dans le traitement de l'aliénation mentale, et plus spécialement de ses formes tristres"(Mémoire lu à l'Académie des sciences, le 21 août 1865), *Annales médico-psychologiques*, 4e série, t.VII, janvier, Paris: Martinet, 1866, pp.40~68.

* 녹음기에는 "에스키롤의"(d'Esquirol)라고 기록되어 있다.

** 녹음기에는 "에스키롤에 의해 도입되는"(qui'introduit Esquirol)이라고 기록되어 있다.

8) "정신이상자는 소심하고 불안해진다. 그는 자신에게 가까이 오는 모든 것을 무서워하고 그의 의심은 그 자신과 가장 친했던 사람들에게까지 확대된다. 모든 사람이 그를 괴롭히고 중상하며 …… 파멸시키려 한다는 확신에 의해 이런 정신적 도착은 정점에 이른다. 그 결과 징후성 의심이 생겨나고 그것이 때로 이유 없이 증대하는 것이다." Esquirol, "De la folie," p.120.

이런 모든 변화의 원인을 이해하지 못하기 때문에 정신이상자는 그 기원을 자기 자신과 다른 장소, 자신의 신체와는 다른 장소, 자신의 광기와는 다른 장소에서 찾게 됩니다. 즉 그는 그 모든 변화의 기원을, 자신의 주위 사람들 속에서 찾으려 하는 것입니다. 이렇게 해서 그는 자신의 기묘한 인상, 아니 오히려 그런 기묘함의 원인을 자신을 둘러싼 모든 것에 연결시킵니다. 그리고 그 결과 그는, 모든 안 좋은 상태의 원인이 자신을 둘러싼 사람들의 악의 때문이라고 생각하게 되며, 피해망상 환자가 됩니다. 에스키롤이 '징후성 의심'이라고 불렀던 피해망상, 이것은 환자와 그 주위 사람들과의 관계가 거기서 전개되는 배경 같은 것입니다. 이 '징후성 의심'을 제거하고자 한다면, 즉 환자에 대해서 환자 자신이 병들어 있다는 것, 그 기묘한 감각이 환자 자신에게서만 유래한다는 것을 자각시키고자 한다면 그때는 물론 그의 생활과, 그를 둘러싸고 있던 모든 사람들, 그의 광기가 시작된 이래 '징후성 의심'을 통해 지목되고 있는 사람들과의 연결고리를 끊어야 한다는 것입니다.

마지막으로 가정과의 단절 필요성을 설명하기 위해 정신과 의사가 예로 드는 네 번째 이유는 모든 가정의 내부에 그 자체로서 광기의 치유와 양립불가능한 권력관계가 있기 때문이라는 것입니다. 제가 주권권력관계라고 부르는 것인데요, 이것은 방금 전의 것보다 중요한 것은 아닙니다. 아무튼 이 양립불가능성에는 두 가지 이유가 있습니다. 첫 번째 이유는 가정 내의 권력관계 자체가 광기를 악화시킨다는 것입니다. 아버지가 어린이들이나 자신과 가까운 자들에 대해 전제적인 의지를 행사할 수 있다는 것은 가정에 고유한 권력의 근간에 속합니다. 그리고 말할 것도 없이 이것은 아버지의 강대함이라는 망상을 강화하죠. 여성이 가정이라는 공간에 고유한 권력관계에 따라 정당한 방식으로 그 변덕을 주장하고 남편에게 그것을 강요할 수 있다는 것은 가정에 고유한 권력 유형에 속하는 것인 동시에 말할 것도 없이 여성의 광기를 악화시킬 수밖에 없는 것이기도 합니다. 따라서 개인들로부터 권력의 상황을, 가정에서 그들이 갖는 그런 권력의 토대를 빼앗아야 한다는 것입니다. 다음으로 두 번째 이유는 의학적 권력 자체가 가정의 권력과는 다른 유형의 것이고, 의사의 권력이 실제로 행사되어 그것이 환자에게 영향력을 행사하게끔 하고자 한다면, 당연히 가정의 권력에 고유한 형태와 토대, 그리고 중계 지점 모두를 끊어 놓아야 한다는 것입니다.

이상이 대략적으로 정신요양원과 가정을 단절시켜야 할 치료상의 필요성을 설명하기 위한, 당시의 정신의학에서 발견되는 네 가지 이유입니다. 그리고 치료의 절차가 성공하고 있던 바로 그때, 가족과의 아주 약간의 접촉 때문에 모든 것이 소용없게 되어버렸다는 교훈적인 이야기가 수없이 발견됩니다.

이를테면 피에르 베르티에는 『정신의 의학』이라는 논고에서 치유 도중에 가족과 접촉함으로써 완전히 실패하고 만 사람들의 지독한 이야기 몇 가지를 소개하고 있습니다. 베르티에는 앙리 지라르 드 카이외에게 사사받고 옥세르 병원에서 근무하고 있었죠.[9] "가장 존경해야 할 성직자 중 한 사람으로, 언제나 금욕주의적인 실천 속에서 살아 온 B씨는 알 수 없는 이유로 편집증에 걸렸다. 조심과 편의를 위한 조치로서 모든 지인들과의 면회가 금지되어 있었다. 그러나 이런 양식 있는 충고에도 불구하고 그의 아버지가 그가 있는 곳에 들어온다. 조금 회복되어 있던 환자는 순식간에 상태가 나빠졌다. 그의 망상이 여러 가지 형태를 띠게 된 것이다. 그는 환각에 시달리고 성무일과서를 옆구리에 끼고 욕하며 모독적 언사를 일삼고, 음탕하고 방만한 망상의 포로가 됐다."[10]

9) Pierre Berthier(1830~1877). 1849년 옥세르 정신요양원의 의사장 겸 원장인 숙부 앙리 지라르 드 카이외(본서 7강[1973년 12월 19일]의 각주 40번 참조) 밑에서 수련의로 근무를 시작했고, 1857년 『원인과 치료법으로 보는 정신이상의 본성에 관하여』(*De la nature de l'aliénation mentale d'après ses causes et son traitement*)라는 박사 논문의 구두시험을 몽플리에에서 끝낸다. 부르(앙 도[都])에서 의사로 임명되기 이전 2년간 옥세르에 있었다. 1865년 비세트르에서 레지던트 의사가 된다.

더 멋진 이야기가 하나 더 있습니다. "S부인은 한심한 상태로 론도都의 병원에 들어왔다. 그녀는 우울증을 앓고 있었으며 슬픔과 재산의 손실 때문에 야기된 조광증의 흥분상태를 동반하고 있었다. 2년 동안 꾸준히 치료활동을 하자 확실한 차도의 조짐이 보였다. 회복기가 가까워진 것이다. 그녀의 아들은 이런 변화에 기뻐하며 어머니를 만나고 싶다는 의향을 보였다. 의사장은 그 바람을 들어주면서 단기간만 체재하라고 충고했다. 이 젊은이는 충고의 중요성을 전혀 이해하지 못하고 명령에 따르지 않았다. 2일 뒤 다시 흥분상태가 일어나게 됐다……."11)

아! 실례했습니다, 제가 소개해드리려고 했던 것은 이 이야기가 아니라 …… 옥세르 병원에서 치유되어가고 있던 한 집안의 아버지 이야기였습니다. 이 아버지는 창 너머에 아들이 있음을 눈치채자, 아들과 만나고 싶은 격렬한 욕구에 사로잡혀 유리를 박살냈습니다. 병원과 바깥 세계, 그와 아들을 떼어 놓고 있던 유리창이 깨지니 모든 것이 끝이었죠. 그는 다시 자신의 망상에 빠져버렸습니다. 가족과의 접촉이 즉시로 병을 악화시켰던 것입니다.12)

따라서 정신요양원에 입원하고 정신요양원에서 생활하는 것은 필연적으로 가족과의 단절을 함의하고 있습니다.

그럼 이번에는 일단 입원이 완료되어 정화와 단절의 의식이 행해졌을 때 어떤 일이 일어나는지 살펴보죠. 정신요양원이 어떻게 [환자를]

---

10) Berthier. *Médecine mentale*, t.I, Observation C, p.25.

11) Berthier. *Médecine mentale*, t.I, Observation D, p.25.

12) "M·G는 급성 우울증을 앓고 …… 최악의 상태가 찾아왔다. 수개월의 치료 후, 그리고 엄청난 노력의 결과로 …… 갑작스럽게 회복됐다. 주임의사의 엄격한 금지에도 불구하고 환자는 아들을 찾았다. 그는 유리창을 부수고 아들이 있는 곳으로 뛰어갔다. 그때 이래로 …… 더 심한 환각이 다시 일어나고 잠을 잘 수 없었으며 망상이 증대됐다. 그리고 환자의 상태는 악화일로를 걷게 됐다." Berthier. *Médecine mentale*, t.I, Observation B, pp.24~25.

치유하고, 그곳에서 어떻게 치유가 일어난다고 생각되고 있었는지를 살펴보면 거기서도 가정이 치유를 해준다는 생각과는 전혀 양립할 수 없는 사고방식이 발견됩니다. 치유는 결코 가정과 관계되어서는 안 되고 더욱이 치유에 도달하기 위해서는 어떤 방식으로든 가정을 상기시킬 수 있는 요소, 배치, 구조에 의지해서는 안 된다고 생각됐습니다.

여기서 전환점이 되어줄 것은 에스키롤, 그리고 1860년대 즈음까지 에스키롤의 후계자들 대부분입니다. 정신의학 권력의 역사에 등장하는 이 최초의 일화 전반을 통해 무엇이 병원에서 치유를 가져다준 것일까요? 그것은 두 가지, 아니 본질적으로는 한 가지입니다. 병원에서 치유를 가져다주는 것은 바로 병원입니다. 다시 말해 건축상의 배치 그 자체, 공간의 조직화, 개개인이 이 공간에 배분되는 방식, 거기서 사람들이 왕래하는 방식, 거기서 보거나 보이는 방식, 이런 모든 것이 그 자체로서 치료의 가치를 갖는 것입니다. 그 당시의 정신요양원에서 치유를 가져다주는 기계는 병원인 것입니다. 제가 두 가지 것이 치유를 가져다준다고 말했을 때 저는 [나머지의] 다른 하나로서 진실을 생각하고 있었습니다. 그러나 저는 정신의학적 조작 같은 진실담론 혹은 진실의 출현이 결국은 이런 공간의 배분을 통해 야기되는 효과에 지나지 않는다는 것을 여러분께 보여드리고자 합니다.

따라서 병원은 치유를 가져다주는 기계입니다. 그렇다면 병원은 어떻게 치유를 가져다주는 것일까요? 결코 가정을 재현함으로써가 아닙니다. 병원은 이상적인 가정이 전혀 아닙니다. 병원이 치유를 가져다주는 것은 제가 여러분께 벤담이 어떻게 형식화하는지 보여드리려 했던 바로 그 요소들을 거기서 이용함으로써입니다. 병원은 판옵티콘적 기계이기 때문에, 판옵티콘적 기구로서 치유를 가져다주는 것입니다. 병원은 실제로 권력을 행사하는 기계, 벤담의 도식에 따라 권력을 발생시키고 그것을 배분하며 적용시키는 기계입니다. 물론 벤담의 구상에 고유한 건축상의 배치에는 수정이 가해졌지만 말입니다. 대략적으로 말해서 벤담의 판옵티콘 도식 그 자체에 속하고 치유를 가져다주는 기능을 갖는다고 여겨지고 있는 네다섯 가지 요소를 발견할 수 있습니다.

첫 번째로 항구적 가시성입니다.[13] 광인은 그저 단순히 감시받는 자여서는 안 됩니다. 그와 더불어 언제나 자신이 감시받고 있다는 것을 안다는 사실, 더 나아가 언제라도 자신이 감시받을 수 있다는 것을 안다는 사실, 언제나 자신이 끊임없는 시선의 잠재적 권력 아래 놓여 있다는 것을 안다는 그 사실이 그 자체로 치료의 가치를 갖는 것으로 간주됩니다. 왜냐하면 자신이 보이고 있다는 사실을 스스로 알 때, 자신이 광인으로 보이고 있다는 사실을 자각하는 바로 그때, 광인은 자신의 광기를 보여주지 않으려 하기 때문이고, 광인의 주의를 돌려 놓는다는 원칙, 연상을 해체한다는 원칙이 완전한 방식으로 작용하기 때문입니다.

따라서 광인은 언제나 보일 수 있는 위치에 있어야 합니다. 여기에 정신요양원 건축의 원칙이 있습니다. 정신요양원에는 원형의 판옵티콘과 다른 체제가 선호되지만, 그것은 전자와 동일한 규모의 가시성을 보증해야 합니다. 분동식 건축의 원칙, 즉 몇 개의 작은 병동을 만든다는 원칙이 그것입니다. 에스키롤의 설명에 따르면 그 병동들의 3면은 서로 마주보고 네 번째 면은 정원 쪽으로 열려 있도록 배치되어야 합니다. 이렇게 배치된 동은 가능한 한 단층으로 지어야 합니다. 왜냐하면 의사는 환자나 수위나 간수에게 눈치채이지 않고 몰래 들어가 거기서 일어나는 모든 일을 한눈에 파악할 수 있어야 하기 때문입니다.[14] 게다가 변형된

13) 『광기의 역사』에서는 "거울 속에서의 인식"(La reconnaissance en miroir)이라는 표제 아래 이 원리가 다뤄진다. Foucault, *Histoire de la folie à l'âge classique*, pp.517~519. [『광기의 역사』, 759~762쪽.]

14) "단층 건물에서 그는 언제든지 소리 없이 환자나 시종들 곁으로 갈 수 있다." Jean-Étienne Dominique Esquirol, *Des établissements consacrés aux aliénés en France, et des moyens d'améliorer le sort de ces infortunés*, Paris: Impr. de Mme Huzard, 1819, p.36; *Des maladies mentales*……, t.II, pp.426.

분동식 건축이라는 19세기 말까지 사용된 모델에서 독방은 양쪽을 향해 열려 있고, 광인이 한쪽 방향을 보고 있을 때 광인의 그런 모습을 다른 방향의 창에서 볼 수 있도록 해야 했습니다. 왜 독방이냐면 당시에, 또 에스키롤에게도 독방은 공동 침실보다 선호되고 있지는 않았지만 적어도 그것을 대체하는 것으로 여겨지고 있었기 때문이죠. 이렇게 에스키롤이 정신요양원의 건설법에 대해 언급할 때 거기에는 판옵티콘의 원리가 엄밀한 방식으로 옮겨져 있다는 것을 알 수 있습니다.

두 번째는 중앙으로부터의 감시라는 원칙입니다. 익명의 권력이 끊임없이 행사되는 그 탑에도 역시 수정이 가해집니다. 이것은 우선 어느 정도까지 중앙에서 주변에 배분된 모든 동을 감시해야 하는 것으로서의 지도자/감독자의 건물이라는 형태로 발견되는 것입니다. 그러나 특히 중앙으로부터의 감시는 벤담의 『판옵티콘』에서와는 다른 방식으로, 하지만 언제나 동일한 효과를 얻기 위해 피라미드 형태의 시선에 의한 감시라고 부를 수 있는 그런 것에 의해 확보됩니다.

다시 말해 거기에는 수위, 간호사, 간수, 의사로 구성되는 위계가 있다는 것입니다. 그들 전원이 위계화된 경로를 따라 서로에게 보고합니다. 이런 위계는 정신요양원의 유일한 책임자로서의 의사장에서 그 정점에 달합니다. 왜냐하면 당시의 모든 정신과 의사가 강조하고 있는 것처럼, 행정 권력과 의사의 권력이 분리되어서는 안 되기 때문입니다. 마지막으로 의사장에 의해 구성되는 이런 통일적이고 절대적인 지식-권력 같은 것을 향해서 모든 감시의 중계가 수렴되어갈 필요가 있습니다.

세 번째로 역시 치료의 가치를 가져야만 하는 것으로서 격리의 원칙이 있습니다. 격리, 개별화를 확보하는 것은 에스키롤의 독방입니다. 이것은 판옵티콘의 독방을 이중의 개방과 역광을 통해 정확히 재현한 것입니다. 모든 집단 효과를 해체하고 개인을 개인으로서 지정하는 이 흥미로운 격리의 원칙도 당시 통상적인 의학적 실천 내에서, 광기를 둘러싼 삼각 구조의 지각이라고 부를 수 있는 체계 내에서 발견됩니다.

말하자면 이런 것입니다. 정신요양원은 때때로 다음과 같은 반론에 부딪쳤습니다. 모두 미친 사람들을 동일한 공간에 두는 것이 정말 의학적으로 유효한 것이냐? 첫째로 광기가 전염되는 것은 아닌지, 둘째로 이런 광인들 가운데 있는 사람이 다른 광인들을 봄으로써 우울이나 슬픔 등에 빠지고 마는 것은 아닌지 등과 같은 반론이 있었죠.

이런 반론에 대해서 의사들은 이렇게 답했습니다. 결코 그렇지 않으며, 거꾸로 타인의 광기를 보는 것은 매우 좋은 일이라고 말입니다. 단 그 경우 각각의 환자가 자신 곁에 있는 다른 광인에 대해, 의사가 그 광인에 대해 하는 지각과 동일한 지각을 할 수 있게 해야 한다는 것입니다. 달리 말해보죠. 광인에게 자기 자신에 대해 의사가 갖는 관점을 취하도록 즉시 요구할 수는 없다는 것입니다. 왜냐하면 광인은 자기 자신의 광기에 너무 강하게 연결되어 있기 때문입니다. 반면에 광인은 타인의 광기에는 연결되어 있지 않습니다. 따라서 만약 의사가 각 환자에게, 그[해당 환자]의 주위에 있는 모든 사람이 실제로 어디에 병이 있어서 광인인지를 보여준다면, 그것을 통해 해당 환자는 삼각 구조를 통해 타인의 광기를 지각하면서 광인이라는 것은 어떤 것인지, 망상을 갖는다는 것이 어떤 것인지, 조광증 내지 우울증에 걸린다는 것이 어떤 것인지, 편집증에 걸리는 것이 어떤 것인지를 이해하게 됩니다. 자신을 루이 16세라고 생각하고 있는 자가, 역시나 자신이 루이 16세라고 생각하고 있는 다른 사람을 보게 되고, 의사가 그 사람을 어떻게 판단하는지를 볼 때 그는 간접적으로 자신과 자기 자신의 광기에 대해 의학적 의식과 비슷한 의식을 갖게 된다는 것입니다.[15]

---

15) 실제로 피넬은 이렇게 말한다. "각자 자신을 왕이라 생각하고 서로 루이 16세를 자칭하는 정신이상자 세 명이 어느 날 왕권 다툼을 벌이는데, 그 다툼이 너무 지나쳐 사람들의 주목을 끌었다. 여성 간수가 그들 가운데 한 사람에게 다가가 따로 불러내고는 말한다. '누가 봐도 미친 저 사람들과 왜 다투나요? 당신이 루이 16세로 인정될 것이 뻔하다는 것은 누구나 아는데요?' 이런 찬사에 기분이 좋아진 그는

이렇게 광인은 삼각 구조의 작용을 통해 자신의 광기 내부에 격리당합니다. 이 삼각 구조는 그 자체로 치유의 효과를 가져다주며,[16] 어쨌든 정신요양원에서 이 전염이라는 파괴적 현상, 요컨대 학교나 병원 등에서 판옵티콘이 막고자 했던 그 집단적 현상이 일어나지 않도록 보증해줍니다. 전염이 일어나지 않게 하고 집단적인 것이 존재하지 않게 하는 것, 이것은 각각의 환자가 자기 주변의 모든 사람에 대해 가져야 하는 이런 종류의 의학적 인식을 통해 보증되어야 하는 것입니다.

마지막으로, 여기서도 판옵티콘이라는 주제가 발견되는데, 정신요양원에는 부단한 처벌의 작용이 있습니다. 물론 이 작용은 늘 환자 주변에 붙어 있는 담당 직원, 혹은 일련의 도구를 통해 보증됩니다.[17] 서구 정

다른 두 사람에게 거만한 경멸의 시선을 던지며 곧 자리를 뜬다. 두 번째 사람에게도 이와 똑같은 술책이 먹혀 들어간다. 그리하여 다툼은 순식간에 흔적도 없이 끝나버린다." Philippe Pinel, *Traité médico-philosophique sur l'aliénation mentale, ou la Manie*, Paris: Richard, Caille et Ravier, 1800, pp.93~94. 제2절(「정신이상자의 도덕요법」["Traitement morale des aliénés"]), 22항("가공의 생각을 펼치려는 듯한 정신이상자를 다루는 기술에서의 능숙함"[Habileté dans l'art de diriger les aliénés, en paraissant se prête à leurs idées imaginaires]). 이 대목은 조금 다른 언급과 함께 다음에서도 인용되고 있다. Foucault, *Histoire de la folie à l'âge classique*, pp.517~518. [『광기의 역사』, 759~761쪽.]

16) 에스키롤은 "이런 종류의 치유를 위한 시설 내에서의 격리에 대해 매우 강한 반대"가 있음을 환기시키며 이렇게 반론한다. "동일한 불행으로 고통받는 사람들과 함께 생활함으로써 생겨나는 정신이상자들에 대한 나쁜 영향"은 "치유에 전혀 장애가 되지 않는 공동 생활"에 의해 벌충된다. "이 공동 생활은 치료의 한 수단이다. 왜냐하면 그런 생활을 통해 정신이상자는 자신의 상태에 대해 반성하고 …… 자신 주위에서 일어나고 있는 것에 관심을 두며, 소위 자신을 잊지 않게 되기 때문이다. 이를 통해 건강을 향해 한걸음 내딛는 것이다." Esquirol, "De la folie," p.124. 팔레 역시 정신요양원은 "환자를 둘러싼 모든 것과 일찍이 그를 둘러 싸고 있던 모든 것들 간의 대조에 의해 자신에 대한 반성을 촉발시키는" 것을 가능케 한다고 말하고 있다. Falret, "Du traitement général des aliénés," pp.687.

17) 푸코는 "처벌의 이 거의 산술적인 명백함"에 대해 말한 바 있다. Foucault, *Histoire de la folie à l'âge classique*, p.521. [『광기의 역사』, 765쪽.]

신의학의 실천과 비교해 다소 뒤처져 있던 영국에서 1840년대 즈음에 몇몇 영국 의사, 특히 아일랜드 의사가 무속박의 원칙, 즉 신체를 구속하는 도구를 철폐해야 한다는 원칙을 세웠습니다.[18] 당시 이 주장은 큰 반향을 일으켰습니다. 그리고 어떤 의미에서는 유럽의 모든 병원에서 무속박 캠페인 같은 것이 일어났고, 실제로 광인을 다루는 방식에 꽤 중대한 변화가 일어나게 됐습니다. 하지만 제 생각에 신체의 구속이냐 무속박이냐 식의 양자택일은 결국 그렇게 중요한 것은 아니었습니다.

그 증거로서 한 통의 편지를 예로 들어보겠습니다. 릴의 수녀회 원장이 루앙의 수녀회 원장에게 보낸 이 편지에는 이렇게 쓰여 있습니다. 괜찮아요, 저희가 최근 릴에서 한 것처럼 모든 도구를 전부 없애버려도

18) 무속박(no restraint)의 원칙은 윌리엄 튜크, 존 헤이슬럼, 에드워드 찰스워스(1783~1853) 등의 영국인, 아일랜드의 존 코놀리(1794~1866) 등이 착수한 개혁 속에서 생겨났다. 튜크는 퀘이커교도인 한 여성이 요크의 정신요양원에서 사망한 뒤 1796년 5월 11일에 '친우회'(Société des amis)의 정신이상자를 받아들이기 위한 보호수용소를 창설한다. 그의 손자 새뮤얼 튜크(1784~1857)는 다음의 저작을 남겼다. Samuel Tuke, *Description of the Retreat, an Institution near York for Insane Persons of the Society of Friends*, York: William Alexander, 1813. 또한 다음을 참조하라. René Semelaigne, *Aliénistes et Philanthropes: Les Pinel et les Tuke*, Paris: Steinheil, 1912; Foucault, *Histoire de la folie à l'âge classique*, pp.484~487, 492~496, 501~511. [『광기의 역사』, 713~718, 723~729, 738~750쪽]. 런던의 베들레헴 병원 약제사 헤이슬럼은 튜크에 관한 저작을 썼다(본서 1강[1973년 11월 7일]의 각주 6번과 13번 참조). John Haslam, *Considerations on the Moral Management of Insane Persons*, London: R. Hunter, 1817. 1820년 링컨 정신요양원의 대진의(對診醫) 찰스워스는 당시 통용되던 구속적 방법에 이의를 제기했다. Edward Charlesworth, *Remarks on the Treatment of the Insane and the Management of Lunatics Asylums*, London: Rivington, 1825. 1839년 6월 1일 무속박의 주창자 코놀리는 런던 근교 한웰의 미들섹스 정신요양원에 온 즉시 그 원칙을 적용했다. John Conolly, *The Construction and Government of Lunatics Asylums and Hospitals for the Insane*, London: John Chuchill, 1847; *The Treatment of the Insane without Mechanical Restraint*, London: Smith and Elder, 1856. 또한 다음을 참조하라. Hamilton Labatt, *An Essay on Use and Abuse of Restrain in the Management of the Insane*, London: Hodges and Smith, 1847.

별일 없으실 것입니다. 단 그렇게 해방한 모든 정신이상자들 곁에 '위압적인 수녀'를 붙여둘 필요가 있습니다만.[19)]

따라서 담당 직원을 통한 시선 내지 개입을 행할 것인가 아니면 도구를 사용할 것인가 식의 양자택일은 결국 표면상의 양자택일이며 심층에 있는 것은 부단한 처벌의 메커니즘입니다. 하지만 제 생각에 속박의 체계, 신체적 구속의 체계는 어떤 의미에서 이와 다른 또 하나의 체계보다 뚜렷한 것, 훨씬 명백한 것입니다. 당시의 병원들, 즉 피넬이 비세트르에서 정신이상자들의 사슬을 풀어준 이후의 병원들에서는 무속박이 논의된 1820년부터 1845년 사이에 일련의 놀라운 도구가 사용되고 있었습니다. 그 도구는 다음과 같은 것들이었습니다. 벽에 고정시켜 환자를 묶어 놓기 위한 의자, 환자가 흥분하면 그에 맞춰 흔들리는 의자,[20)] 수갑,[21)] 구속용 토시,[22)] 구속복,[23)] 손이 허벅지에 붙도록 몸을 죄는 장

19) 릴의 여성전용 정신요양원 원장이 클뤼니의 생-조제프 수녀회 원장에게 보낸 서신. 생-조제프 수녀회는 1856년 5월 23일 이래로 베네딕트 오귀스탱 모렐(1809~1873)이 책임 의사로 지냈던 생-용 정신요양원(센 강 하류)의 업무를 담당하고 있었다. 릴 정신요양원 원장은 생-조제프 수녀회 원장에게 자신이 어떻게 환자의 흥분상태를 제어할 수 있었는지 설명했다. "우리는 일에 착수해 ……흥분상태인 여자를 데려와 그녀를 제압할 방법을 알고 있는 수녀의 감시 아래 두었습니다." Bénédict Augustin Morel, *Le Non-Restraint, ou De l'abolition des moyens coercitifs dans le traitement de la folie*, Paris: Masson, 1860, p.77. 재인용.

20) 풀무 위에 놓인 안락의자로 "정신이상자가 아주 조금만 움직여도 모든 방향으로 심하게 흔들려 불쾌한 느낌을 받기 때문에 가만히 앉아 있어야 한다." Guislain, *Traité sur les phrénopathies*……, p.414.

21) 가죽을 덧댄 철제 수갑은 "사슬보다 온건한 많은 방법" 중 하나로, 에스키롤에 의해 권장된다. Jean-Étienne Dominique Esquirol, "Des maisons d'aliénés"(1818), *Des maladies mentales*……, t.II, p.533; Joseph Guislain, "Instituts pour les aliénés. Moyens de répression"(livre 12), *Traité sur l'aliénation mentale et sur les hospices des aliénés*, t.II, Amsterdam: Van der Hey et Gartman, 1826, pp.271~272.

22) '구속용 토시'는 양손을 몸 앞쪽에서 고정시키기 위해 천으로 만든 도구이다.

23) 1790년에 비세트르의 직조공 기유레(Guilleret)가 발명한 구속복은 튼튼한 천으로

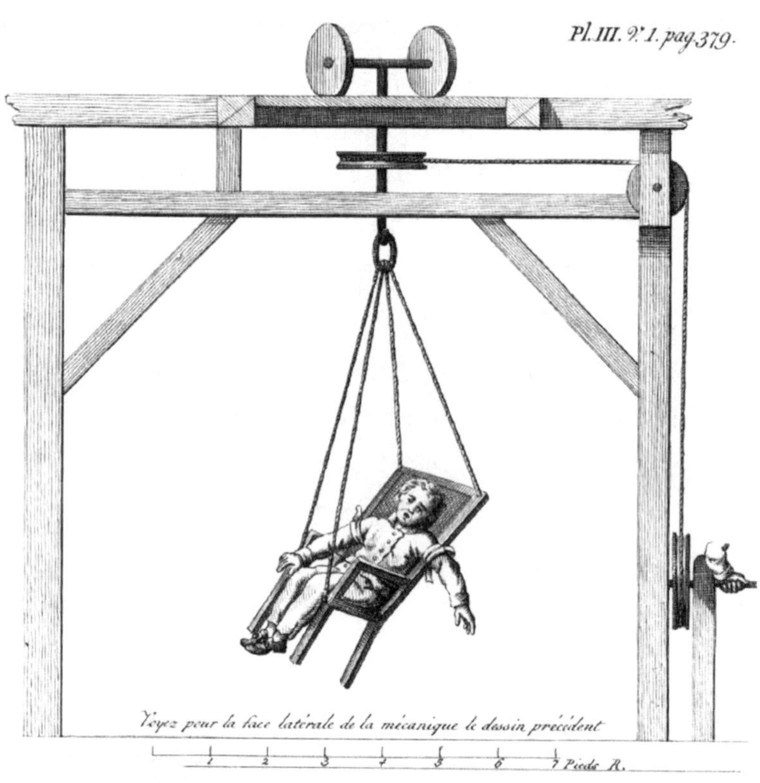

위쪽 그림 흔들리는 의자('회전의자'/'각주 20번' 참조)
조제프 귀슬랭의 『정신이상자와 정신요양원에 관한 논고』(1826) 제1권에 들어 있는 삽화.

왼쪽 그림 구속복을 입은 치매 환자('각주 23번' 참조)
장-에티엔 도미니크 에스키롤의 『정신질환에 관하여』(1838) 제2권에 들어 있는 삽화.

갑 형태의 옷, 사람을 가두기 위해 버드나무로 짠 바구니,[24] 턱 밑에 징이 박힌 목걸이 등. 이것들은 매우 흥미로운 신체테크놀로지의 한 형식입니다. 이에 대해서는 아마도 그 역사, 신체에 관련된 여러 기구에 관한 일반적 역사 속에 그것을 재편입시켜 연구할 필요가 있을 것입니다.

이렇게 말할 수 있겠습니다. 요컨대 19세기 이전에는 신체와 관련된 기구가 제법 많았다고 말입니다. 그리고 제 생각에 그런 기구에는 세 가지 유형이 있었습니다. 우선 방지와 시련의 기구가 있습니다. 다시 말해 어떤 유형의 행동을 금지하고 어떤 종류의 욕망을 저지하기 위한 기구 말입니다. 문제는 그것을 어디까지 견딜 수 있는지, 그리고 그런 기구에서 구체적인 형태를 갖는 금지사항이 위반되는지 여부를 아는 것이었습니다. 이런 기구의 전형으로 들 수 있는 것이 정조대입니다.

다음으로 진실을 탈취하기 위한 기구가 있습니다. 단계적으로 강도를 높이고 양적으로 증대시키는 법칙에 따르는 그런 기구로서는 이를테면 물고문, 매달아 떨어뜨리는 형벌[25] 등이 있고 이것들은 사법적 실천

만들어져 있고 등 쪽으로 열리게 되어 있다. 긴 소매를 앞쪽에서 교차시킨 뒤 등으로 돌려 고정해 팔을 못 움직이게 한다. Guislain, *Traité sur l'aliénation mentale*……, t.II, pp.269~271; Eugéne Rouhier, *De la camisole ou gilet de force*, Paris: Pillet, 1871; Auguste Voisin, "De l'utilité de la camisole de force et des moyens de contention dans le traitement de la folie"(Communication à la Société médico-psy-chologique, 26 juillet 1860), *Annales médico-psychologiques*, 3e série, t.VI, novembre 1860, pp.427~431; Valentin Magnan, "Camisole," *Dictionnaire encyclopéd-ique des sciences médicales*, Ire série, t.XI, Paris: Masson/Asselin, 1880, pp.780~784. 푸코는 구속복 사용의 의미를 분석한 바 있다. Foucault, *Histoire de la folie à l'âge classique*, p.460. [『광기의 역사』, 680쪽.]

24) 구속 도구로 사용되는 버드나무로 짠 관은 사람의 키만한 광주리로, 그 속에 매트리스를 깔고 환자를 눕힌다. 광주리에는 머리가 드나들 수 있도록 끝이 깊이 패여 있고 뚜껑이 달려 있다. Guislain, *Traité sur l'aliénation mentale*……, t.II, p.263.

25) '매달아 떨어뜨리는 형벌'(l'estrapade)은 양 손발이 묶인 상태로 밧줄에 매달린 죄인을 지주의 꼭대기 부분까지 들어올렸다가 지면으로 떨어뜨리는 것이다. 사법절차에서의 진실의 시련에 대해서는 다음을 참조하라. Michel Foucault, *Théories et*

으로서의 진실의 시련 속에서 자주 사용되고 있었습니다.

마지막 세 번째 유형으로서 권력의 힘을 과시함과 동시에 현시하는 것을 주된 기능으로 하는 기구가 있었습니다. 이를테면 어깨나 이마에 불로 달군 쇠 문자 하나로 낙인을 찍는다거나, 국왕 시해범을 불로 달군 집게로 고문하고 화형에 처하는 것, 이것은 신체에 고통을 가하는 기구인 동시에 각인하는 기구였습니다. 이것은 고문당하는 예속된 신체 그 자체 위에서 맹위를 떨치는 권력의 포효였습니다.[26)]

이상이 신체와 관련된 기구의 주된 세 가지 유형입니다. 19세기가 되면 네 번째 유형의 도구가 출현합니다. 다시 한번 말씀드리지만 이 모든 것에 대한 역사가 연구될 필요가 있기 때문에 아직은 가설에 불과합니다만, 제 생각에 이 네 번째 유형의 기구는 19세기의 정신요양원에서 출현합니다. 그것은 교정 도구라고 부를 수 있는 것입니다. 요컨대 그것은 권력을 각인하는 기구도 아니고 진실을 탈취하기 위한 기구도 아니며, 방지를 위한 위한 기구도 아닙니다. 그것은 신체를 교정하고 훈육하는 것을 그 기능으로 삼는 기구인 것입니다.

이런 기구는 다음과 같이 특징지을 수 있을 것 같습니다. 첫 번째로 그것은 연속적으로 작용하는 기구입니다. 두 번째로 그것은 그 점진적인 효과가 결국 그 자체를 불필요한 것으로 만들어버리게 되는 기구입니다. 즉 그것은 최종적으로는 제거되어야만 하는 기구, 이 기구를 통해 얻어지는 효과가 결정적인 방식으로 신체에 각인되어야 하는 그런 기구입니

Institutions Pénales: Cours au Collège de France, 1971-1972, éd. s. dir. François Ewald et Alessandro Fontana, par Alessandro Fontana, Paris: Gallimard/Seuil, 2015, 6e leçon. [황재민 옮김, 『형벌의 이론과 제도: 콜레주드프랑스 강의, 1971~72년』, 도서출판 난장, 근간]; *Surveiller et Punir: Naissance de la prison*, Paris: Gallimard, 1975, pp.43~46. [오생근 옮김, 『감시와 처벌』, 나남, 2003, 74~81쪽.]

26) [1757년 1월 5일 루이 15세를 시해하려다 실패한] 로베르-프랑수아 다미엥(Robert-François Damiens, 1715~1757)의 신체형에 관해서는 다음을 참조하라. Foucault, *Surveiller et Punir*, pp.9~11, 36~72. [『감시와 처벌』, 23~27, 65~120쪽.]

다. 따라서 그것은 스스로를 무효화하는 효과를 갖는 기구입니다. 마지막으로 이 기구는 가능한 한 호메오스타시스적[생체항상적]homéostatique 기구여야 합니다. 즉 그것은 그것에 저항하지 않으면 느낄 수 없고, 거꾸로 그것에서 도망치려고 하면 할수록 그 때문에 괴로워지는 기구라는 말입니다. 이를테면 쇠로 된 징이 박힌 목걸이의 체계입니다. 이것은 고개를 숙이지 않으면 느낄 수 없지만 고개를 숙이면 숙일수록 그것을 느끼게 되는 체계이죠. 혹은 발버둥을 치면 칠수록 죄어오는 구속복의 체계. 더 나아가서는 현기증을 일으키는 의자의 체계. 이것은 움직이지 않으면 그냥 앉아 있을 수 있지만 반대로 몸을 움직이면 의자의 진동이 뱃멀미 같은 것을 일으키는 도구인 것입니다.

이상이 교정기구 사용의 원칙입니다. 이것은 벤담이 절대적 가시성이라는 형태로 꿈꿨던 것의 등가물, 정신요양원의 메커니즘상에서의 등가물이라고 저는 생각합니다.

이 모든 것을 통해 우리는 정신의학 체계에서 가정이 그 어떤 역할도 하지 못한다는 사실을 알 수 있습니다. 가정은 아예 처음부터 소거되어 있고 배제되어 있을 뿐만 아니라, 정신요양원의 기구에 의한 치료적 조작으로 가정되는 것 내에서 가정을 상기시키는 것은 결코 없습니다. 여기서 모델로 간주되고, 모델 역할을 하는 것은 말할 것도 없이 작업장, 식민지 유형의 대농장, 열병, 시찰을 동반하는 병영입니다.

그리고 실제로 당시의 병원은 그런 도식에 따라 기능하고 있었습니다. 일반적 체계로서의 판옵티콘, 끊임없는 시찰 내지 부단한 시선으로 이뤄진 체계로서의 판옵티콘은 물론 감시를 그 임무로 하는 자들의 시선 아래 개인들을 서로의 곁에 위치시키는 공간적 조직화를 통해 실현됩니다. 이를테면 릴 정신요양원 원장[27]은 이렇게 설명합니다. 그는 무

27) "쇠사슬로 벽에 고정된 남녀 환자"를 발견했다고 보고한 고스레 박사를 말한다. Morel, *Le Non-Restraint*……, p.14. 기욤 페뤼(7강[1973년 12월 19일]의 각주 36번

구속 캠페인이 시작되기 얼마 전 정신요양원의 책임자가 됐을 때, 병원에 들어서자마자 도처에서 들리는 무시무시한 비명소리에 놀랐습니다. 그는 환자들이 실제로는 매우 평온하다는 것, 그리고 그 이유가 그들이 벽에 확실하게 고정되어 있기 때문이라는 것을 알아차렸을 때 안도하면서도 불안해했습니다. 환자들은 한 명씩 의자에 묶여 있고 그 의자 자체가 벽에 고정되어 있었던 것입니다. 이런 체계를 통해 판옵티콘의 메커니즘이 재현되고 있음을 알 수 있습니다.

따라서 이런 유형의 구속은 가정과는 전혀 관계가 없습니다. 제 생각에 정신요양원에서 가정적 체계의 조직화를 떠올리게 하는 것은 아무것도 없습니다. 정신요양원에서 조직화되는 것은 작업장, 학교, 병영 등의 체계입니다. 그리고 작업장의 일, 농사일, 학업[에서] 실제로 분명히 드러나는 것은 개개인의 군대식 배치입니다.

가령 프랑수아 뢰레는 『도덕요법』(1840)에서 이렇게 말합니다. "걸을 수 있는 환자 중 일할 수 없는 자나 일하려 하지 않는 자는 요양원의 중앙 정원에 모아 놓고 시간이 허락하는 한 훈련 중인 부대처럼 보행 훈련을 시킨다. 가장 태만하고 고집 센 자들에게조차 모방의 힘은 절대적이며 처음에는 모든 것을 거부한 자들도 보행 훈련에는 적잖이 동의했다. 이것은 정연하고 규칙적이며 분별 있는 행동의 시작이며, 이 행동은 다른 행동을 유도한다."[28] 또 환자에 대해서는 이렇게 말합니다. "만약 내가 그로 하여금 계급을 받아들이게 하고 명령을 내리게 해서 그가 그 임무를 잘 해낸다면, 나는 그가 치유됐다고 거의 확신할 것이다. 보행과 이동을 명령하는 데 나는 결코 간수를 쓰지 않고 환자만을 쓴다."

과 39번 참조) 역시 "어떤 장소들에서는 이 불행한 자들이 벽에 고정되어 있다. 그 자들은 선 상태에서 넓은 가죽 띠로 벽에 고정되어 있다"고 말하고 있다. René Semelaigne, *Les Pionniers de la psychiatrie française avant et après Pinel*, t.I, Paris: J.-B. Baillière, 1930, pp.153~154. 재인용.

28) Leuret, *Du traitement moral de la folie*, p.178.

"이런 다소 군대적인 조직화를 통해 [그리고 이를 통해 교정 훈련에서 의학적 지식의 구성 자체로의 이행이 발생한다 — M. F.], 환자의 검진은 병실에서 이뤄지든 중앙 정원에서 이뤄지든 용이해지며, 나는 적극적인 치료를 따르는 정신이상자를 위해 내 시간의 대부분을 할애하면서 적어도 하루에 한 번은 불치의 정신이상자에게도 눈을 돌릴 수 있는 것이다."[29]
이렇게 여기서는 점검, 시찰, 중앙 정원에서의 정열, 의사의 시선 등의 것으로 이뤄진 군대식 세계가 실제로 발견됩니다. 정신요양원은 1850년대까지 이런 형태로 기능하고 있었죠. 그리고 1850년대가 되어서 어떤 종류의 전환을 보여주는 일이 일어난다고 저는 생각합니다.*

1850~60년대에 첫째로 광인은 어린이 같다는 생각이 정식화되기 시작합니다. 두 번째로 광인은 실제로는 가정이 아니더라도 가정과 유사한 환경에 둬야 한다는 생각, 세 번째로 이 유사가정적 요소가 그 자체로 치유의 가치를 갖는다는 생각이 정식화되는 것을 볼 수 있습니다.

광인은 어린이라는 정식화는 이를테면 쥘 푸르네[30]의 텍스트에서 발견됩니다. 이것은 중요한 텍스트니까 나중에 다시 검토하게 될 것입니다. 1854년 『의학·심리학연보』에 발표된 「정신이상의 도덕요법」이라는 텍스트가 바로 그것입니다. 거기서 이야기되고 있는 것은, 광인은 어린이처럼 다뤄야 한다는 것, 그리고 가정, 그것도 "평화와 지성과 애정

29) Leuret, *Du traitement moral de la folie*, p.179.

* 강의원고에서는 분석을 계속해 명확하게 적고 있다. "요컨대 치료상의 효력을 당연히 갖는다고 여겨진 규율장치. 여기서 이해할 수 있는 것은 의지가 이런 치료의 상관물, 그 표적이라는 사실이다. 이제 무분별로서가 아니라 의지의 손상으로서 광기가 정의된다는 것, 그리고 광인이 규율적 치료의 영역 속으로 삽입된다는 것, 이것들은 두 상관적 현상으로서 서로를 지지하고 강화했던 것이다."

30) 파리 시립병원 의사장이었던 푸르네(1811~1885)는 다음의 저작들을 썼다. Jules Fournet, *Doctrine organo-psychique de la folie*, Paris: Masson, 1867; *De l'hérédité physique ou morale*(Discours prononcé au Congrès médico-psychologique de 1878), Paris: Imprimerie nationale, 1880.

의 정신이 군림하는 진정한 가정"만이 "최초의 시점부터, 인간의 최초의 착란이 발생한 이후부터," "마음과 정신의 모든 착란에 대한 치료법의 모델인 도덕요법"을 보증해야 한다는 것입니다.[31]

1854년의 이 텍스트는 그 논의가 당시로서는 상당히 새로운 방향에서 전개됐기 때문에 한층 더 흥미롭습니다. 푸르네는 실제로 다음과 같이 말하고 있습니다. 가정이 치료의 가치를 갖는다는 것, 가정이 실제로 어떤 종류의 심리적이며 도덕적인 교정학을 그 위에 혹은 거기서 출발해 확립할 수 있는 모델이라는 것, 그리고 그 교정학은 정신요양원과는 전혀 다른 장소에서 발견되는 몇몇 예를 통해 나타난다고 말입니다. "문명의 선교사는 [이 말을 통해 푸르네는 엄밀한 의미에서의 선교사와 알제리를 식민지화하고 있던 병사들을 함께 생각하고 있는 것 같다 — M. F.], 가정으로부터 평화, 호의, 헌신 정신과 함께 아버지의 이름까지도 차용해 야만적인 백성의 편견, 그릇된 전통, 착오를 치유하려고 한다. 이 선교사는 정복하는 군대, 즉 난폭한 무력을 통해 문명으로 이끈다고 주장하며 백성들을 쇠사슬로 묶고 불행한 정신이상자들을 투옥하는 군대와 비교해볼 때 피넬과 같고 다캥과 같은 사람이다."[32]

분명히 말해서 이것은 정신요양원에 두 시대가 있다는 것을 의미합

31) Fournet, "Le traitement moral de l'aliénation……," p.524. 또한 다음을 참조하라. "우리는 아픈 자에게는 가족생활이 맨 처음 생겨나게 하는 이런 호의가 필요하다고 생각한다. Julius Parigot, *Thérapeutique naturelle de la folie: L'air libre et la vie de famille dans la commune de Ghéel*, Bruxelles: J. B. Tircher, 1852, p.13.

32) Fournet, "Le traitement moral de l'aliénation……," pp.526~527. 1788년 샹베리 출생의 조제프 다캥(1732~1815)은 거기서 불치병자 시료원 원장에 임명되고 정신이상자들이 처한 상황을 목격한다. Joseph Daquin, *La Philosophie de la folie, ou Essai philosophique sur le traitement des personnes attaquées de folie*, Chambéry: Gorin, 1791; *La Philosophie de la folie, où l'on prouve que cette maladie doit plutôt être traitée par les secours moraux que les secours physiques*, Chambéry: Cléaz, an XII(1804년 피넬에게 헌정된 증보개정판). 또한 다음을 참조. Johann Rudolf Nyffeler, *Joseph Daquin und seine "Philosophie de la folie,"* Zurich: Juris, 1961.

니다. 하나는 쇠사슬을 사용했던 시대, 다른 하나는 그와 반대로 소위 인간성의 감정을 사용한 시대입니다. 그리고 이와 마찬가지로 식민지화에 있어서도 두 가지 방법이 있고 아마도 두 시대가 있습니다. 하나는 군대를 통한 순수하고 단순한 정복의 시대, 그리고 다른 하나는 정착화 시대와 심층적 식민지화 시대입니다. 그리고 이 심층적 식민지화는 가정 모델의 조직화를 통해 행해집니다. 야만적인 백성의 전통과 착오에 가정을 도입함으로써 식민화의 활동이 시작되는 것입니다. 그리고 푸르네는 비행자에 관해서도 이와 완전히 동일한 것이 발견된다고 이야기하면서 1840년에 설립된 메틀레의 시설을 예로 듭니다. 이 시설에서는 결국 완전히 군대적인 도식 속에서 아버지나 형 등의 호칭이 사용되고, 유사가정적인 조직화가 행해지고 있었습니다. 푸르네는 이것을 참고하면서 다음과 같이 말합니다. 다시 말해 여기서도 역시 "이 불행한 자들, 부모의 사정 혹은 부모의 악덕 때문에 고아가 된 이 자들 주위에 가정적인 요소들과 그 체제를 …… 재구성하기" 위해 가정 모델이 사용되고 있다고 말입니다. 그리고 이렇게 결론내립니다. "나는 정신의 소외와 역사 혹은 법률의 관할에 속하는 민족이나 개인의 도덕적 소외를 바로 동일시하려는 것은 아니다……."[33] 푸르네는 장래에 이 작업을 하겠다고 약속하지만 결코 하지 않았습니다.

하지만 아시나시피, 푸르네를 대신해 다른 많은 사람들이 이 작업을 하게 됩니다. 사회의 잔재로서의 비행자, 역사의 잔재로서의 식민지 사람들, 인간성 일반의 잔재로서의 광인, 즉 비행자, 식민지화해야 할 사람들, 광인 같은 모든 개인이 동일시됐다는 것입니다. 그리고 그런 사람들을 재교육하고 문명화시키며 교정적 치료를 실시하기 위해서는 그들에게 가정 모델을 반드시 제안해야 한다는 것입니다.

33) Fournet, "Le traitement moral de l'aliénation……," p.527. 메트레에 대해서는 본서 4강(1973년 11월 28일)의 각주 35번을 참조하라.

그리고 여기에 중요한 굴절 지점이 있는 것 같습니다. 왜 중요하냐 하면 그것이 이른 시기의 것이기 때문입니다. 푸르네의 텍스트가 발표되는 것은 1854년, 즉 다위니즘 이전, 『종의 기원』[34] 이전의 일입니다. 확실히 개체발생 및 계통발생의 원리는 적어도 그 일반적 형태가 이미 알려져 있었지만, 여기서는 그 원리가 기묘한 방식으로 사용되고 있습니다. 그리고 특히 광인, 미개인, 비행자의 동일시 이상으로 흥미로운 것은 가정이 야만인, 비행자, 광인에 대한 공통의 치료법으로서 등장하는 것입니다. 제가 말하고 싶은 것은 이것이 최초의 텍스트라는 것이 아니라 가장 의미 있는 텍스트 중 하나인 듯하다는 것, 그 이전에는 이 정도로 명확하게 기술하고 있는 텍스트를 발견할 수 없었다는 것입니다. 따라서 대략적으로 말한다면 이제부터 여러분께 말씀드리고자 하는 현상은 1850년대를 중심으로 일어난다고 할 수 있습니다.

그런데 왜 이 시대일까요? 이 시대에 무슨 일이 일어났을까요? 이 모든 일은 무엇을 그 지지대로 삼았을까요? 저는 그것을 오랫동안 탐구해 왔습니다. 그리고 "누가 말하는가"라는 니체적 물음을 제기하는 것만으로도 어떤 단서를 찾을 수 있으리라 생각했습니다. 실제로 누가 그런 생각을 표명하는 것일까요? 어디서 그것이 발견되는 것일까요?

그것은 푸르네, 피넬의 대를 잇는 장-피에르-카지미르 피넬,[35] 알렉

---

34) Charles Darwin(1809~1882), *On the Origins of the Species by Means of Natural Selection, or the Preservation of Favoured Races in the Struggle for Life*, London: John Murray, 1859; *De l'origine des espèces au moyen de la sélection naturelle, ou la Lutte pour l'existence dans la nature*, trad. Edmond Barbier, Paris: Reinwald, 1876. 이 프랑스어판은 영어판의 6판(1872년)을 옮긴 것이다. [송철용 옮김, 『종의 기원』, 동서문화동판, 2013. 이것은 상당수의 컬러 도판이 들어간 판본이다.]

35) 필립 피넬의 조카인 장-피에르-카지미르 피넬(1800~1866)은 1829년 샤이요 거리 76번지에 정신질환 치료를 위한 요양원을 열고, 1844년에 뉘이의 생-잠므 근교로 옮긴다. Jean-Pierre-Casimir Pinel, *Du traitement de l'aliénation mentale en général, et principalement par les bains tièdes prolongés et les arrosements continus d'eau froide sur la tête*, Paris: J.-B. Baillière, 1853.

상드르-자크-프랑수아 브리에르 드 보와몽,[36] 에스프리 실베스트르 블랑슈[37] 같은 사람들에게서 이미 발견됩니다. 즉 공공 의료기관의 운영보다도 오히려, 특히 사립 요양원의 운영을 담당하고 있었던 일련의 사람들 가운데서 그런 생각이 발견된다는 것입니다. 요양원은 공공 병원이나 공공 제도와 나란히 존재하고 있기는 했지만, 그것들과는 아주 많이 다른 것이었습니다. 게다가 공공 병원은 치료의 장에서의 가정화의 모든 예를 요양원의 예에 입각해 들고 있습니다. 여러분께서는 이렇게 말씀하실지도 모르겠습니다. 고작 그런 것을 발견했다는 것인가, 19세기 이래로 한편으로는 피착취자를 위한 병영으로서의 병원이 있고, 다른 한편으로는 부자들을 위한 쾌적한 요양원이 존재했다는 것 정도는 누구라도 알고 있어, 라고 말이죠. 하지만 이것에 관해서 제가 분명히 하고자 하는 것은 실제로 그런 대립을 넘어서는 듯한 현상입니다. 혹은 이렇게 말해도 좋을지 모르겠네요, 그러니까 그런 대립 안에 머물러 있긴 하지만 그것보다 훨씬 더 명확한 현상이라고 말입니다.

---

36) Alexandre-Jacques-François Brierre de Boismont(1798~1881). 1825년 픽퓌스 거리의 요양원 생-콜롱브의 의사로 취직한 뒤, 1838년 뇌브 생-주느비에브 거리 21번지 시설의 원장이 된다. 이 시설은 1859년에 생-망데로 이전되고 브리에르 드 보와몽은 거기서 1881년 12월 25일에 사망한다. "Maison de Santé du Docteur Brierre de Boismont, rue Neuve Sainte-Geneviève, no.21, près du Panthéon, Prospectus," *Observations médico-légales sur la monomanie homicide*, Paris: Mme Auger Méquignon, 1826; *Revue médicale*, octobre-novembre 1826. 발췌. 브리에르 드 보와몽의 저서로는 다음이 있다. *Des hallucinations, ou Histoire raisonnée des apparitions, des visions, des songes*, Paris: J.-B. Baillière, 1845.

37) Esprit Sylvestre Blanche(1796~1852). 1821년 P.A. 프로스트가 1806년 몽마르트르에 창설한 요양원의 원장이 되고, 1846년에 파시에 있는 랑발 공작부인(Marie Thérèse Louise de Savoie, 1749~1792)의 저택 터를 빌린다. 블랑슈는 뢰레의 도덕요법을 비판한 것으로 알려져 있다(본서 7강[1973년 12월 19일]의 각주 8번 참조). Jacques Le Breton, *La Maison de santé du docteur Blanche, ses médecins, ses malades*, Paris: Vigné, 1937; René Vallery-Radot, "La maison de santé du docteur Blanche," *La Presse médicale*, no.10, 13 mars 1943, pp.131~132.

저는 19세기에 한 가지 상당히 중요한 현상이 일어난 것은 아닌지, 가정 모델의 도입은 거기서 생겨난 무수한 귀결 중 하나에 불과한 것은 아닌지 자문해봅니다. 그런 귀결을 야기시켰다고 여겨지는 중요한 현상, 그것은 비정상으로부터 취해지는 이익, 비합법적 행위로부터 획득되는 이익, 규칙 위반으로부터 얻어지는 이익이라 부를 수 있는 것의 통합·조직화·착취인 것 같습니다. 저는 다음과 같이 생각하고 있습니다. 규율체계의 첫 번째 기능, 그 집단적 기능, 그 포괄적 기능이 18세기에 분명한 형태로 출현하는 것을 볼 수 있다고 말입니다. 그것은 개인의 무리를 생산기계 혹은 그것을 관리하는 국가기구에 적합화시키는 기능이며, 더 나아가 인간 누적의 원리를 자본 축적에 적합화시키는 기능이라고 생각합니다. 이 규율체계는 정상화를 행하기 때문에 필연적으로 그 여백에 배제에 의한 잔재로서 많은 비정상, 비합법적 행위, 규칙 위반을 만들어내고 있었습니다. 규율체계가 치밀해지면 질수록, 비정상이나 규칙 위반의 수도 늘어나게 됩니다. 그런데 이런 규칙 위반, 비합법적 행위, 비정상의 영역, 즉 규율체계를 통해 해소되어야 하는 것임과 동시에 규율체계가 기능함에 따라 끊임없이 촉발되는 것이었던 규칙 위반, 비합법, 비정상의 영역으로부터 19세기 부르주아지의 경제적·정치적 체계는 이익의 원천과 권력 강화의 원천을 [이끌어내게]* 됐습니다.

정신요양원에 대해 이야기하기 전에 그것과 비슷한 한 예, 즉 매춘의 예를 소개하겠습니다. 말할 것도 없이 19세기 이전에도 매춘부, 고객, 포주[매춘부의 정부]로 이뤄진 삼각형이 존재했고, 매춘굴과 확고한 조직망도 존재했습니다. 19세기 이전에도 매춘부와 그 정부가 밀고자로 이용됐고, 성적 쾌락 일반을 위해서 큰 돈이 움직이고 있었습니다. 하지만 제 생각에 19세기가 되면 유럽의 모든 나라에서 우선 호텔이나 매춘굴 등의 부동산 총체를 토대로 한 치밀한 조직망이 만들어지게 됩니다. 그

* 녹음기에는 "발견하게"(trouvé)라고 기록되어 있다.

체계에서는 포주들이 밀고자로서 중계·매개의 역할을 담당하고 그들 모두가 하나의 집단으로 모이죠. 저는 작년에 그런 집단의 구성에 대해 몇 가지를 말했습니다. 그 집단은 곧 비행자 단체입니다.[38]

이처럼 비행자가 필요했고 최종적으로 비행자들을 '암흑가'에서 구성해내기 위해 그토록 많은 배려가 있었던 이유는 바로 비행자들이, 포주-밀고자의 예에서 보듯이, 중요한 매개자들의 예비군이었기 때문입니다. 창녀들의 정부들은 경찰에 의해 관리되고 또한 경찰과 쌍을 이뤄 매춘체계의 본질적 중계 지점을 구성합니다. 그런데 그런 토대와 중계 지점을 갖는 엄격하게 조직되어 있는 체계에는 어떤 궁극적 목적이 있는 것일까요? 이 체계는 성적 쾌락으로부터 탈취될 수 있는 모든 이익을 자본 그 자체로, 정상적인 유통 내에서의 자본주의적 이익으로 유도하는 것을 그 기능으로 합니다. 하지만 여기에도 물론 다음과 같은 삼중의 조건이 있습니다. 첫째로 그런 성적 쾌락이 주변화되고 가치폄하되며 금지되는 것, 그리고 그때 그것이 금지됐다는 오로지 그 사실 하나 때문에 성적 쾌락이 값비싼 것이 된다는 것입니다. 두 번째로 성적 쾌락으로부터 이익을 얻어내기 위해서는 그것이 금지되어 있어야 할 뿐만 아니라 실질적으로는 용인되어 있어야 합니다. 세 번째 조건은 성적 쾌락이 특수한 권력에 의해 감시되는 것, 포주-밀고자의 형태를 갖는 비행자와 경찰의 결합을 통해 확보되는 권력을 통해 감시되는 것입니다. 그런데 이렇게 자본주의의 정상적인 유통으로 유도되는 성적 쾌락에 의한 이익은 그 부차적인 효과로서 모든 감시 절차를 강화하고 그 결과 하부권력이라고 부를 수 있는 것의 구성, 즉 인간의 가장 일상적이고 가장 개별적이며 가장 신체적인 행동양식을 대상으로 삼는 권력의 구성을 야기하

38) 『처벌사회』의 강의(1973년 2월 21일)에서 비행세계의 조직화 문제가 다뤄진다(본서 4강[1973년 11월 28일]의 각주 14번 참조). 다음도 참조하라. Foucault, *Surveiller et Punir*, pp.254~260, 261~299. [『감시와 처벌』, 384~391, 393~444쪽.]

게 됩니다. 요컨대 그것은 바로 매춘의 규율체계입니다. 19세기에 조직됐던 것과 같은 것으로서의 매춘은 군대, 학교, 정신요양원처럼 역시 하나의 규율체계인 것입니다. 그리고 그것이 어떤 경제적이며 정치적인 파급효과를 가져왔는지에 대해서는 곧 알게 되시리라고 생각합니다.

첫 번째로 성적 쾌락을 유익한 것으로 만들어야 합니다. 즉 그 금지와 용인으로부터 출발해 성적 쾌락을 이익의 원천으로 만들어야 한다는 것이죠. 두 번째로 성적 쾌락에서 유래하는 이런 이익을 자본주의의 일반적 유통으로 유도해나가야 한다는 것입니다. 그리고 세 번째로 첫 번째와 두 번째를 토대로 하면서 최종적인 효과로서 야기되는 것, 요컨대 결국 인간의 일상적 쾌락과 합류하게 되는 국가권력의 시냅스적 중계지점을 더욱 확고히 정착시켜야 한다는 것이죠.

그렇지만 매춘은 물론 규율체계 속에서 발견될 수 있는 일반적 메커니즘의 한 예에 지나지 않습니다. 18세기에 그 포괄적 기능이 확립되는 규율체계는 19세기에야 완전히 새로운 생산기구의 형성으로 인해 요청된 규율에서 출발해 세련됩니다. 옛 규율에 더 섬세한 규율이 결합되는 것. 혹은 이렇게 말해도 좋다면 옛 규율이 세련되어짐으로써 이익을 구성하고 권력을 강화하는 새로운 가능성이 발견된다는 것입니다.

⚜

이제 브리에르 드 보와몽이나 블랑슈 등의 메종드상테[가정을 모델로 한 요양원]로 돌아가보죠. 결국 거기서 무엇이 문제가 됐던 것일까요? 정신의학의 규율로 인해 야기된 주변화로부터 이익을 끌어내는 것, 그것도 최대한의 이익을 끌어내는 것입니다. 그런데 정신의학의 규율이 그 포괄적인 면에서는 생산기구 내에서 활용불가능한 상당수 개인들을 그 기구 바깥으로 내치는 것이 본질적인 목적이었지만, 별도의 수준에서, 그리고 더 작은 규모로, 더 나아가서는 전혀 다른 사회적 국지화를 통해 그런 개인을 새로운 이익의 원천으로 만들 수도 있습니다.*

실제로 유복한 사회계급에 속하는 몇몇 개인들로부터도, 그들이 사람들을 감금하는 지식과 동일한 지식의 이름 아래 사회로부터 소외되는 그 순간부터, 다소의 이익이 도출될 수 있게 됩니다. 즉 경제적으로 여유 있는 가정에 "치료 비용을 지불"하도록 요구할 수 있게 된다는 것입니다. 따라서 여기서 발견되는 것은 병을 앓고 있다고 진단된 개인의 가정으로부터 이익을 얻도록 하는 절차의 첫 번째 동향입니다. 그리고 그런 가족으로부터 이익을 얻으려면 몇 가지 조건이 있습니다.

말할 것도 없이, 여기서도 환자가 자택에서는 치유불가능할 필요가 있습니다. 그러므로 이익의 원천이 되는 이 환자를 위해 격리의 원칙이 계속해서 강조됩니다. "당신은 가정에서 치유될 수 없을 것입니다. 그렇지만 당신을 자택과는 다른 장소에 수용하기 위해 가정이 다소의 비용 지불을 요구받는다면 그때에는 물론 가정에게 가정과 닮은 어떤 것이 반환되는 것이 보장되어야 합니다." 다시 말해 가정으로부터 얻어지는 이익에 버금가는 어떤 이익을 가정이 얻을 수 있게 해야 한다는 것입니다. 그러니까 개인을 수용시키고 그 비용을 지불하게 만듦으로써 의사 측이 어떤 이익을 가정에 요구한다는 것입니다. 그렇지만 가정 역시 그것을 통해 이익을 얻을 수 있도록 해야만 합니다. 이 이익이란 바로 가정 내부에 존재하는 권력체계의 유지입니다. 정신과 의사는 가정에 다음과 같이 말합니다. "당신의 권력체계에 실제로 합치하고 적응하며 적합한 자를 당신께 돌려드릴 것입니다." 이렇게 해서 재가정화된 개인이 만들어지게 되는 것인데, 그것은 사회적 소외화를 통해 이익을 만들어내는 사람들에게, 가정이 광인을 지시함으로써 그런 이익을 가능케 했기 때문입니다. 바로 이런 이유로 인해 가정 모델에 매우 직접적으로 부합하는 메종드상테를 만들 필요성이 생겨납니다.

---

* 강의원고에는 이렇게 덧붙여져 있다. "가정 모델을 정신의학적 실천 안에 도입하도록 재촉한 것은 규칙 위반에 따른 이익이다."

예컨대 생-앙투안 거리에 있는 브리에르 드 보와몽의 진료소에 설립된 것은 전적으로 가정을 모델로 한 조직, 즉 아버지 역할과 어머니 역할이 있는 조직입니다. 게다가 이것은 새로운 것이 아니라 블랑슈가 이미 왕정복고 시대에 최초의 예를 보여줬습니다.[39] 아버지는 브리에르 드 보와몽 자신이고 그의 아내가 어머니입니다. 전원이 동일한 가정 안에서 생활합니다. 전원이 형제로서 함께 식사하고 서로에게 가족적인 감정을 품어야 합니다. 이때 가족적인 감정의 재활성화, 진료소 내부에서의 모든 가족적 기능의 부여는 그 자체가 치유를 가져다줍니다.

이에 대한 매우 명확한 몇 가지 증언이 브리에르 드 보와몽의 환자들이 치유된 뒤에 그 혹은 그의 아내와 주고받은 편지에서 발견됩니다. 브리에르 드 보와몽은 일찍이 환자가 자신의 아내에게 썼던 편지를 인용했습니다. "당신으로부터 멀리 떨어져서도 저는 마음 속 깊이 새겨진 기억에 종종 질문하면서, 당신의 친밀함 속에 환영받는 사람들에게 당신께서 주시는 애정에 찬 평안을 즐기겠죠. 저는 때때로 당신의 가정을 생각하겠죠. 당신의 가정에서는 모든 사람이 긴밀히 하나가 되어 각자가 애정이 깊고 그 중에서도 가장 나이 많은 여성은 우아하고 총명했습니다. 제가 돌아간다면, 그리고 그것은 제 희망이기도 한데, 그 무렵에는 제 가족을 만난 뒤에 우선 당신을 방문하겠습니다. 당신께는 마음으로부터 은혜를 느끼고 있습니다"(1847년 5월 20일).[40]

저는 이 편지가 참 흥미롭다고 생각합니다. 아시겠지만 여기서 치유의 기준, 치유의 형식이 되고 있는 것은 가정적인 유형의 감정의 활성화입니다. 거기에 있는 것은 아버지와 어머니를 향한 감사입니다. 또 거기서는 거의 근친상간적이면서도 허락되어 있는 애정의 주제가 작용하고 있고, 혹은 적어도 그런 주제가 모습을 드러내고 있습니다. 왜냐하면 이

39) 1847년에 프레사 박사가 블랑슈에게 양도한 생-앙투안 거리의 요양원.

40) Brierre de Boismont, "De l'utilité de la vie de famille……," pp.8~9.

환자는 브리에르 드 보와몽의 아들이 되어 있고, 따라서 그가 호의를 품은 맏딸의 남동생이 되어 있기 때문입니다. 그리고 다음으로 가정적 감정의 이런 활성화가 어떤 효과를 야기시키는지에 대해 살펴봅시다. 이 환자는 파리로 돌아올 때 무엇을 하려 하고 있는 것일까요? 그는 우선 자신의 가족, 자신의 진짜 가족을 만나러 가고 있습니다. 즉 의학적 조작으로부터 이익을 얻는 것은 확실히 이 가족이라는 것입니다. 그리고 그 다음에 드디어 브리에르 드 보와몽의 가족을 만나러 갑니다. 따라서 이 유사가정은 가정 이상이기도 하고 가정 이하이기도 한 역할을 담당하고 있습니다. 우선 가정 이상의 것이라고 하는 까닭은 그것이 순수한 상태로 기능하는 이상적인 가정, 언제나 그러해야 하는 것으로서의 가정이기 때문입니다. 그리고 그 유사가정은 그것이 진정한 가정인 한에 있어서, 그것에 부여되는 교정학적 기능을 확실히 갖게 되는 것입니다. 다음으로 가정 이하의 것이라고 하는 까닭은 그것이 진짜 가정 앞에서는 사라진다는 것, 진짜 가정이 수익자가 되기 위해서만 그 내적 메커니즘을 통해 가정적 감정을 활성화시키는 것을 그 역할로 삼기 때문입니다. 그리고 이때 이 가정은 이미 진짜 가정의 기능에 끊임없이 은밀하게 생기를 불어 넣기 위한 도식적인 버팀목 같은 것일 뿐입니다. 가정 이상임과 동시에 가정 이하인 것, 이것이 메종드상테라는 장소, 즉 정신요양원에서 발견되는 것과는 매우 다른 방식으로 사회적이며 경제적으로 설정된 장소에서 구성되는 것입니다.

그러나 부르주아지를 위한 유료 메종드상테가 이렇게 가정화, 즉 가정 모델에 따라 기능하고 있지만 다른 한편으로 가정도 요양원의 외부 그 자체에서 자신의 역할을 담당해야 합니다. 가정에게, 당신이 비용을 지불해준다면 당신 집의 광인을 가정 내부에서 기능할 수 있도록 해서 돌려보내겠소, 라고 말하는 것만으로는 충분하지 않습니다. 이와 더불어 가정이 스스로의 역할을 담당할 것, 다시 말해 가정이 광인인 자를 실제로 지시하도록 요구해야 합니다. 가정이 자기 자신을 위해 소위 규율적 역할을 담당하는 것, 즉 가정 내에서 광인이고 비정상인이며 의학의 관할에 속하는 그런 자를 지시하는 것이 필요하다는 것입니다. 요컨대 한편으로는 요양원에서 치료의 장이 가정화되고, 다른 한편으로는 가정이 규율화되고 개인을 비정상화하는 심급이 된다는 것입니다.

주권적 가정이 제기하는 문제는 비정상적인 개인에 관한 문제가 아니라 가문의 위계나 유산 상속의 문제, 서로에 대한 충성, 복종, 패권관계 같은 문제였습니다. 즉 성씨와 성씨의 모든 하위 기능에 관심을 두는 것이 주권적 가정이었다는 것입니다. 이에 비해 규율화된 가정은 그런 성씨의 주권적 기능을 비정상적인 개인의 지시라는, 개인의 비정상화라는 심리학적 기능으로 대체하기 시작합니다.

게다가 제가 메종드상테에 대해 이야기하고 있는 것은 학교에도 적용될 것이고, 건강 일반이나 병역 등에도 어느 정도 적용될 것입니다. 여러분께 보여드리고 싶었던 것은 19세기에 가정이 계속해서 주권적 모델을 따른다 하더라도, 아마도 19세기 중반 즈음부터 가정의 내적 규율화 같은 것이 생겨나는 것 같다는 말입니다. 다시 말해 규율의 형태나 도식, 규율에 의해 부여된 권력의 기술이, 가정 주권의 작용 내부 그 자체에 전이되는 것 같다는 말입니다.

가정 모델이 규율체계의 내부로 전이되는 것과 완전히 동일하게 규율기술이 가정 내부에 접목된다는 것. 그때부터 가정은 주권권력에 고유한 이질성을 유지하면서도 작은 학교로서 기능하기 시작합니다. 여기에 학부모라는 기묘한 범주가, 숙제나 학교 규율의 가정에 의한 관리가 나타나기 시작합니다. 가정은 신체나 영혼의 정상성 혹은 이상성을 관리하는 미시적 메종드상테가 되고, 소형 병영이 되며, 그리고 아마도 나중에 다시 다루겠지만, 성현상이 순환하는 장소가 되는 것입니다.

제 생각에, 규율체계에 입각해 다음과 같은 의무가 가족의 주권에 할당되는 것 같습니다. "우리를 위해 광인, 정신박약자, 난폭한 자, 방탕한 자를 찾아내야 하고 가정의 주권 내에서 규율적 유형의 관리를 행함으로써 여러분 스스로 이런 자들을 발견해야 한다. 그리고 광인, 비정상인, 정신박약자, 난폭한 자 등을 가정이 이렇게 규율화된 주권의 작용을 통해 발견하게 되면 우리는 당신 가정이 기능하는 데 최대한 이익이 되도록 그런 자들을 정상화/규범화의 장치를 통해 여과한 뒤 가정으로 되돌려 보낼 것이다. 우리는 그런 자들을 가정이 필요로 하는 것에 합치시킬 것이다. 물론 우리도 그것을 통해 이익을 끌어내긴 하겠지만."

이렇게 규율권력은 가정의 주권에 기생하고 정상과 비정상, 규칙에 부합하는 것과 규칙에 반하는 것을 결정하는 심급의 역할을 담당할 것을 가정에 강력히 요청하고, 그런 비정상인이나 규칙 위반자 등을 규율권력으로 보내달라고 요구합니다. 그리고 이들로부터 규칙 위반을 통한 경제적 이익이라고 부를 수 있는 이익이 이익의 일반 체계에 더해지게 되고, 그 이익이 규율권력에 의해 탈취됩니다. 그 대가로 가정 측에서는 이런 조작이 종료될 때, 규율을 몸에 익혀 가정에 고유한 주권 도식에 실제로 복종할 수 있는 개인을 되찾을 수 있다고 간주됩니다. 착한 아들 되기, 좋은 남편 되기 등은 학교, 병원, 감시학교 등과 같은 모든 규율 시설이 제안하는 것입니다. 다시 말해 그런 기계장치로 인해 사람들은 규율장치가 가정의 주권권력의 고유한 형태 내부에 모습을 드러낼 수 있는 인물들을 구성한다고 생각하게 되는 것입니다.

6강. 1973년 12월 12일

정신의학에 의한 개입 목표로서의 어린이의 구성 | 정신요양원적·가족적 유토피아: 클레르몽-앙-와즈의 정신요양원 | 정신과 의사: 원시 정신의학적 실천에서의 현실과 진실의 '양의적 주인'으로부터 현실적인 것을 '강화하는 자'로 | 정신의학의 권력과 진실담론 | 히스테리 환자의 위장과 봉기에 관한 문제 | 정신분석학의 탄생이라는 문제

지난번 내용을 조금만 더 연장해서 이야기하겠습니다. 왜냐하면 이번 주에 멋진 시설을 하나 발견했거든요. 저는 이 시설의 존재를 어렴풋이 알고는 있었지만, 그것이 제 강의에 이처럼 적절한 예가 되리라고는 생각하지 못했습니다. 그러니 이것을 여러분께 소개해드릴께요. 제 생각에 이 시설은 정신요양원의 규율과 가정 모델의 접합을 매우 분명하게 현시하고 있는 것 같습니다.

지난번에 보여드리려던 것은 우선 정신요양원이 가정 모델을 연장해서 구성된 것이라는, 일찍이 저 자신도 지지했던 꽤 안이한 가설과는 반대로 19세기의 정신요양원이 규율권력이라고 부를 수 있는 것에 가까운 미시권력 모델에 기초해 기능했다는 것, 그리고 그 규율권력은 그 자체가 가정의 권력과는 완전히 이질적인 방식으로 기능한다는 것이었습니다. 그 다음으로는 가정 모델이 규율체계로 삽입되고 접합되는 것이 19세기의 비교적 뒤늦은 시기, 제 생각에는 1860~80년대 즈음에 행해졌다는 것, 그리고 바로 이때 비로소 가정이 정신의학적 규율이 기능하기 위한 모델이 될 수 있었을 뿐만 아니라, 정신의학의 실천의 지평이 되며 대상이 될 수 있었다는 것을 보여드리려고 했습니다.

정신의학의 실천 속에서 뒤늦게야 가정이 문제시되는 시기가 도래했다는 것입니다. 저는 이 현상이 서로를 지탱하는 두 절차가 교차하는 지점에서 일어났다는 것을 보여드리려고 했습니다. 그 두 절차란 우선 비정상성의 이익, 규칙 위반의 이익이라고 부를 수 있는 것의 구성이며, 그리고 다음으로 가정의 내적 규율화입니다. 이 절차들에 대해서는 몇 가지 증거가 있습니다.

한편으로는 물론 19세기 전반에 걸쳐 비정상성과 비정상성의 수정을, 비용이 드는 것으로 만드는 것을 주된 목적으로 하는 영리 시설, 즉 대략적으로 말해 어린이나 어른을 위한 메종드상테가 점점 더 확장됩니다. 다른 한편으로는 정신의학적 기술이 가정 내부 자체에 배치되고 가정교육 내부 자체에 활용됩니다. 서서히 비정상성의 이익을 야기할 수 있었던 가정, 즉 부르주아 가정에서 [……]* 가정 내 교육방법의 변화[와 함께] 가족의 눈이, 혹은 이렇게 말해도 좋다면 가족의 군주권이 조금씩 규율적 형태를 띠게 된 것 같습니다. 가정의 눈이 정신의학적 시선 혹은 정신병리학적 시선, 심리학적 시선이 됐다는 것입니다. 어린이의 감시는 정상인지 비정상인지를 결정하기 위한 감시가 됐고, 어린이의 행동·성격·성현상의 감시가 시작된 것입니다. 바로 이렇게 해서 가정 내부 자체에서 어린이에 대한 심리학적 의미 부여가 행해지게 됩니다.

또 정신의학적 관리를 위한 기구들이 여러 개념과 함께 차츰 가정 내부로 도입되는 것 같습니다. 정신요양원에서 1820~30년대 이래로 발견되는 신체적 구속을 위한 유명한 여러 도구들, 즉 손을 묶거나 머리를 누르거나 똑바로 세우기 위해 우선 정신요양원 규율 내에서 규율의 도구로서 확립된 여러 도구들이 차츰 장소를 이동해 가정 내부에 정착되는 것 같습니다. 자세나 몸짓이나 행동양식의 관리, 성현상의 관리, 자위행

* 녹음기에는 "일어난 일을 살펴보면"(si on regarde comme ça s'est passé)이라고 기록되어 있다.

위 방지 도구, 이 모든 것은 19세기 전반에 걸쳐 전개되는 규율화를 통해 가정 내부로 침입합니다. 바로 이 규율화를 통해 어린이의 성현상이 가정 자체의 내부에서 마침내 지식의 대상이 됐고, 그 결과 어린이가 두 가지 의미에서 정신의학적 개입의 중심적인 표적이 됩니다.

우선 직접적인 의미에서 그렇습니다. 왜냐하면 정신의학에 접속되는 영리 시설은 실제로 자신의 이익을 구성하기 위해 필요한 재료를 내놓으라고 가정에 요구하기 때문입니다. 정신의학은 대략 이렇게 말합니다. 광기에 걸린 어린이들을 내게 데려오세요, 혹은 아무리 어려도 광기에 걸릴 수 있습니다, 혹은 더 나아가 성인 내지 다 큰 어른이 되어 광기에 걸리는 것을 기다리고만 있어서는 안 됩니다 등. 그리고 이 모든 것은 어린이를 둘러싼 감시, 탐지, 관리, 혹은 치료를 위한 제도의 형태를 띠고 19세기 말에 전개되는 것으로 이해되는 것입니다.

그리고 두 번째로 유년기는 간접적인 방식으로 정신의학에 의한 개입의 중심이 되고 표적이 됩니다. 왜냐하면 광인으로서의 어른에게 물음을 던질 때 거기서 물음의 대상이 되는 것은 바로 그의 유년기에 대한 것이기 때문입니다. 유년기의 추억을 떠오르는 대로 말하세요, 그러면 당신에게는 정신의학적 의미가 부여될 것입니다, 이런 식이죠. 지난번에 제가 정리해 말씀드리려던 것이 이런 내용이었습니다.

그리고 이 모든 것을 통해 저는 1860년대 즈음의 정신요양원과 가정의 접속을 훌륭하게 표명하고 있는 한 시설로 이끌리게 됐습니다. 이 시설이 최초의 접속이라고 말할 수는 없지만 틀림없이 가장 완전하며 가장 잘 정리된 거의 유토피아적인 형태를 현시하고 있기는 합니다. 그 당시, 즉 매우 이른 시기에 일종의 가정적이며 정신요양원적인 유토피아를 구성하는 것으로서, 즉 가정의 군주권과 정신요양원의 규율이 교차하는 지점 같은 것으로서, 적어도 프랑스에서는 이 정도로 완벽한 예를 찾을 수 없었습니다. 이 시설은 바로 클레르몽-앙-와즈의 정신요양원과 핏츠-잠므 메종드상테의 결합이라 할 수 있는 시설입니다.

18세기 말 보베 근교에 있었던 이 시설은 고전적인 의미에서의 작은 감금 시설로서 프란치스코 수도회의 수도자들에 의해 관리되고, 입원비 납입을 조건으로 가정의 요청 내지 봉인장에 기초해 스무 명 남짓한 사람들을 수용하고 있었습니다. 1790년이 되어서 이 시설은 해체되고, 그곳에 있던 사람들이 모두 해방됩니다. 하지만 그곳에서 해방된 낭비를 일삼는 자, 칠칠치 못한 자, 광인 등을 난처해하는 가족도 당연히 있었습니다. 그래서 그런 자들은 클레르몽-앙-와즈에 있던 일종의 입원 시설로 보내지게 됩니다. 당시 파리에서 귀족들의 망명 때문에 방치된 저택이 레스토랑이 됐던 것과 마찬가지로, 개방되고 얼마 지나지 않아 폐허가 된 감금 시설에 그런 종류의 입원 시설이 상당수 생겨났던 것입니다. 이렇게 해서 클레르몽-앙-와즈에 입원 시설이 하나 생겼고 거기에 혁명기부터 제정기를 지나 왕정복고 초기에 이르기까지 스무 명 남짓한 사람들이 수용됩니다. 그리고 정신의학의 실천이 대규모의 방식으로 제도화되는 시기 이래로 이 시설은 점점 더 중요성을 띠고 와즈 도都의 행정과 이 시설의 창립자 사이에 어떤 합의가 이뤄지게 됩니다. 그 합의는 도로부터 돈을 받는 대신에 도의 가난한 정신이상자들을 클레르몽의 시설이 수용한다는 것이었습니다. 그리고 이 합의가 센-에-와즈, 센-에-마르느, 솜므, 에느 도까지 확장되어 1850년경이 되자 모두 합쳐 다섯 개의 도가, 여러 도에 속하는 정신요양원 같은 것이 된 이 시설에 1천 명 남짓한 사람들을 보내게 됩니다.[1)]

1) 1861년 시점에서 이 정신요양원에는 남자 561명, 여자 666명, 총 1,227명의 정신이상자들이 수용됐는데 그 중 215명이 입주자, 1,212명이 극빈자였다. 이곳의 원장이 쓴 다음의 저서를 참조하라. Gustave Labitte, *De la colonie de Fitz-James, succursale de l'asile privé de Clermont (Oise), considérée au point de vue de son organisation administrative et médicale*, Paris: J.-B. Baillière, 1861, p.15. 클레르몽 정신요양원의 역사에 대해서는 다음의 저작을 참조하라. Eugène-Joseph Woillez, *Essai historique, descriptif et statistique sur la maison d'aliénés de Clermont (Oise)*, Clermont: Impr. Vve Danicourt, 1839.

바로 이때 이 정신요양원은 두 개로 나뉩니다. 아니, 나뉜다기보다는 '콜로니'[취락][2]라 불리는 일종의 위족僞足을 뻗치게 됩니다. 이 '콜로니'는 [노동]* 능력이 있다고 간주된 입주자들로 구성됩니다. 그리고 그들이 유용할 수 있다는 구실, 어차피 노동은 그들의 치유에 유용하다는 구실 아래 그들은 농업노동의 매우 엄격한 체제에 놓이게 됩니다.

그리고 이 농장에 또 하나의 위족이 접속됩니다. 즉 클레르몽의 정신요양원에서 오는 것이 아니라 가정이 직접 보내오는 매우 비싼 입원비를 지불하는 유복한 사람들을 위해 전혀 다른 유형의 입원 시설이 가정 모델이라는 전혀 다른 모델에 따라 거기에 세워진 것입니다.[3]

이렇게 해서 세 단계로 구성된 시설이 완성됩니다. 다시 말해 1천 명 남짓한 환자를 수용하는 클레르몽의 정신요양원, 100~150명의 남녀에게 노동을 부과하는 농장,[4] 그리고 유료 입원 시설이 그것입니다. 마지막 입원 시설은 남녀별로 나뉘어 있어서 남성들은 그 시설의 원장과 함께 관리동에 살고 유복한 여성들은 '작은 성'이라는 독특한 이름을 갖는 별도의 건물에서 기본적으로 가정을 모델로 한 생활을 합니다.[5] 이 체제는 1850년부터 1860년의 10년 사이에 확립됐습니다. 1861년에 시설 원장은 현황 보고서를 발행합니다. 이것은 동시에 선전용 팸플릿 같은 것이기도 해서, 칭찬으로 가득 차 있고 약간 유토피아적이기도 합니

---

2) 핏츠-잠므의 콜로니는 1847년에 창설된다.

* 녹음기에는 "노동할 수 있는"(pouvoir ptravailler)이라고 기록되어 있다.

3) "핏츠-잠므의 콜로니를 창설해 우리는 우선 환자들을 클레르몽 정신요양원과는 전혀 다른 환경에 두고자 했다." Labitte, *De la colonie de Fitz-James*……, p.13.

4) 1861년 이 농장에는 총 '1,708명의 환자들'이 있었다. Labitte, *De la colonie de Fitz-James*……, p.15.

5) 라비트가 적은 바에 따르면 "우선 관리동은 관장과 남성 입주자의 주거에 할애된다. 두 번째로 농장에는 콜로니에서 일하는 사람들이 있다. 세 번째로 작은 성에는 여성 입주자들이 산다. 네 번째로 베브렐(Bévrel) 동은 세탁 담당으로 고용된 여자들이 차지하고 있다." Labitte, *De la colonie de Fitz-James*……, p.6.

다. 그렇지만 그것은 [시설] 전체가 매우 면밀하며 정치한 방식으로 기능하고 있다는 사실을 분명하게 보여주고 있습니다.

이런 시설, 즉 클레르몽의 정신요양원, 핏츠-잠므의 농장, 작은 성으로 이뤄진 시설에는 몇몇 수준이 존재합니다. 우선 쉽게 포착되는 것으로 경제회로가 있습니다. 도는 가난한 환자를 위해 그 수에 따라 보조금을 부여합니다. 그 다음으로 농장을 움직이는 데 필요한 충분한 수의 사람들이 가난한 환자들 중에서 징집되고, 농장으로부터의 이익을 통해 작은 성이 만들어지고 유지되며, 거기에 입원비를 내는 사람들이 들어와 그 입원비가 체계 전체의 책임자들의 이익을 구성하죠. 따라서 여기에는 보조금, 노동, 착취, 이익으로 이뤄진 체계가 있는 것입니다.

두 번째로 거기에는 일종의 완벽한 축소판 사회, 사회 일반적 기능의 작은 유토피아 같은 것이 발견됩니다. 우선 정신요양원에는 농장의 프롤레타리아트 예비군이 있습니다. 거기에 있는 모든 자들이 경우에 따라서는 노동할 수 있는 자들이며 일이 없는 경우에는 그 기회를 기다리고, 일할 능력이 없는 경우에는 거기에 머무르며 무위의 생활을 합니다. 다음으로 농장에는 생산적 노동의 장이 있습니다. 마지막으로 노동과 이익의 혜택을 받는 자들이 지내는 시설이 있습니다. 그리고 이 각각의 수준들에 독자적인 건축양식이 대응합니다. 우선은 정신요양원의 건축양식, 다음으로는 노예제와 식민지화의 모델에 따른다고까지 말할 수 있는 농장, 마지막으로 관리동과 작은 성입니다.

세 번째로 거기에는 두 유형의 권력이 있는데, 그 중 하나는 다시 두 개로 나뉩니다. 우선 정신요양원의 전통적인 규율권력입니다. 이것은 사람들을 조용하게 만들 뿐으로, 거기서 어떤 긍정적인 것을 얻을 수 없는 권력, 이른바 부정적인 권력입니다. 두 번째 유형의 권력도 규율권력이긴 한데 약간 수정된 것입니다. 대략적으로 말하면 예속지배하는 권력입니다. 즉 그것은 사람들을 노동하게 만드는 권력이며, 정신이상자들은 거기서 자신들을 규칙적으로 노동으로 내모는 사람들의 책임과 감시

아래 반이나 분단 등으로 나뉩니다. 그리고 세 번째로 작은 성에 입주하는 사람들을 위해 현실화된 가정 모델의 권력이 있습니다.

마지막으로 세 유형의 정신의학적 개입 내지 정신의학적 조작이 있어서, 역시 이상의 세 가지 수준에 대응하고 있습니다. 우선 소위 정신의학적 개입의 영도零度로서, 순전히 정신요양원에 가두기만 하는 것이 있습니다. 두 번째로 치유를 한다는 구실 아래 환자들을 노동하게 만드는 정신의학적 실천으로서의 작업요법이 있습니다. 그리고 세 번째로 입원비를 지불하는 사람들을 위해 가정 모델에 따라 행해지는 정신의학의 개별적 실천, 개별화하는 실천이 있습니다.

그리고 이 모든 것의 중심에 있는 가장 중요하며 특징적인 요소, 그것은 아마도 정신의학의 지식과 치료법이, 노동 능력을 가진 입원자들의 노동과 결합되는 그 방식입니다. 실제로 매우 흥미롭게도 장-에티엔 도미니크 에스키롤 이래로 당시의 정신의학이 만들어낸 정신의학적 범주들 중 몇몇은 명백히 여기서 사람들의 치유가능성이나 사람들에게 적용시켜야 할 치료법의 형태를 분류하기 위해 사용되고 있지 않습니다. 저는 그것들이 결코 치료법 그 자체에 영향을 미치지 않았다는 것을 보여드리려고 합니다. 질병분류학적인 분류는 치료를 위한 그 어떤 처방과도 연관되어 있지 않고, 순전히 노동을 위해 개개인을 어떻게 사용할 수 있는지를 규정하는 데 사용되고 있습니다.

이렇게 해서 클레르몽 정신요양원과 핏츠-잠므 농장의 운영자들이 깨달은 것은 조광증, 편집증, 치매를 앓고 있는 자들이 밭일이나 작업장 일, 가축을 돌보거나 경작 도구를 관리하는 일에 적합하다는 것이었습니다.[6] 이에 비해 "바보와 백치에게는 중앙 정원, 축사, 그리고 직무에 필요한 모든 운반 용구를 청결하게 유지시키는 임무가 부여된다."[7] 여

6) "농장에서 …… 밭이나 작업장에서의 노동, 가축 돌보기, 경작 도구 관리는 조광증 환자, 편집증 환자, 치매 환자가 한다." Labitte, *De la colonie de Fitz-James*……, p.15.

성에 대해 말하자면, 징후학에 따라 사람들을 사용하는 방식이 훨씬 더 세밀하게 나뉩니다. 우선 "공동 세탁장과 세탁방에서 일하고 있는 자들은 거의 모두 요란한 망상을 앓고 작업장 생활의 적막함에 순응할 수 없는 여자들이다."[8] 즉 공동 세탁장과 세탁방에서는 망상으로 인해 소란스럽게 굴거나, 큰 소리로 이야기하거나, 비명을 질러도 좋다는 것입니다. 두 번째로 "세탁물을 너는 작업을 하고 있는 여자들은 우울증 환자이며, 이런 종류의 작업은 그녀들에게 많은 경우 결여되어 있는 생생한 활력을 되찾아줄 수 있다. 바보와 백치에게는 세탁물을 공동 세탁장에서 건조장으로 옮기는 일이 부여된다. 세탁물을 분류해서 개는 작업은 얌전한 환자, 편집증 환자에게 할당된다. 그녀들의 고정관념이나 환각이 일관된 주의력을 유지할 수 있도록 하기 때문이다."[9]

이 시설을 소개한 것은 이것이 1860년대경 가정과 규율 사이에 이뤄진 조화의 최초 형태와 가장 완전한 도달점을 동시에 표현하고, 규율로서의 정신의학적 지식의 전개 역시 표현하는 듯하기 때문입니다.

⚜

다음의 예는 제가 이제부터 다루고자 하는 문제로 우리를 안내합니다. 그 문제란 지금까지도 가정화되어 있지 않은 규율의 공간, 1820~30년 사이에 구성되어 정신요양원 제도의 거대한 토대를 구성하게 되는 규율체계가 어떻게 해서, 그리고 어떤 한도 내에서 치료의 효과를 갖는 것으로 간주됐느냐입니다. 왜냐하면 설령 정신요양원의 규율체계가 많은 점에서 학교나 병영이나 작업장 등과 같은 다른 규율체계와 동일한 모양을 하고 있더라도 결국 그것은 치료의 기능을 부여받음으로써 스스로를

---

7) Labitte, *De la colonie de Fitz-James*……, p.15.

8) Labitte, *De la colonie de Fitz-James*……, p.14.

9) Labitte, *De la colonie de Fitz-James*……, p.14.

정당화하는 체계라는 것을 잊지 말아야 하기 때문입니다. 이 규율의 공간은 도대체 무엇을 통해 치유를 가져다준다고 생각됐던 것일까요? 이 공간에 존재하는 의학적 실천은 어떤 것일까요? 이런 문제를 둘러싸고 오늘부터 고찰을 진행해가고자 합니다.

그러기 위해서 앞서 살펴본 한 유형의 예에서 출발하겠습니다. 그것은 고전적인 치유라고 부를 수 있는 예입니다. 고전적 치유란 17세기부터 18세기, 그리고 19세기 초에 이르기까지 발견되는 치유를 일컫습니다. 이에 대해서 저는 여러분께 몇 가지 예를 소개해드렸습니다. 필립 피넬이 담당했던 환자의 예에 대해 말하자면, 이 환자는 자신이 혁명가들에게 쫓기고 있고 곧장 고소당할 것이며 그래서 사형에 처해질지 모른다고 믿고 있었습니다. 피넬은 이 환자를 치유로 인도하기 위해서 그의 주위에 둔 가짜 재판관을 통해 가짜 재판을 조직하고 그에게 무죄를 언도했습니다. 그 덕분에 그는 치유됐던 것입니다.[10)]

이와 마찬가지로 19세기 초에는 다음과 같은 치유의 예를 조지프 메이슨 콕스가 제공합니다. 그것은 "장사에 너무 많은 관심을 쏟은 나머지 건강을 해치고 만"[11)] 40세 남자의 예입니다. 장사를 향한 열정은 그의 머리에 자신이 "모든 종류의 병에 걸렸다"[12)]는 생각을 심어줬습니다. 그런 병 중에서 위중한 것, 자신을 가장 위협하고 있다고 그가 느낀 것은 당시 '반향성 옴'이라 불리던 병, 즉 옴벌레가 몸에 들어와 죽지 않고 몸 전체에 확산되어 몇몇 징후로 나타나는 병이었습니다. 이 병을 치

---

10) Philippe Pinel, *Traité médico-philosophique sur l'aliénation mentale, ou la Manie*, Paris: Richard, Caille et Ravier, 1800, pp.233~237. 제6절(「정신이상자에 대한 의학적 치료의 원칙」["Principes du traitement médical des aliénés"]), 4항("도덕적 원인이 야기한 깊은 우울증의 치료 시도"[Essai tenté pour guérir une mélancolie profonde produite par une cause morale]).

11) Joseph Mason Cox, *Observations sur la démence*, trad. Louis Odier, Genève: Biblio-thèque Britannique, 1806, pp.77(두 번째 관찰[Observation II]).

12) Cox, *Observations sur la démence*, p.78.

유하기 위한 고전적 기술은 이 옴이 바깥으로 드러나도록 해서 그것에 대해 적절한 치료를 행하는 것이었습니다.

[콕스는] 한동안 환자에게 그가 어떤 병에도 걸려 있지 않았다는 것을 납득시키보려 했습니다. "어떤 논법을 사용해도 그의 생각을 바꿀 수도, 그의 관심을 돌릴 수도 없었다. 그래서 몇몇 의사들이 합동으로 공식 진찰을 하게 됐다. 그를 정성껏 검진하고 그의 생각에 맞출 필요가 있다는 합의에 도달한 이후, 의사들은 만장일치로 그의 억측을 근거 있는 것으로 간주해 옴벌레가 바깥으로 드러나게 만들기로 결정했다. 이렇게 해서 피부를 부어오르게 하는 도포가 처방되고, 그에 따라서 그의 몸 여러 부위에 차례로 많은 화농들이 나타났다. 그 화농을 치유하는 데에는 아주 간단한 세정으로 충분했다. 그러나 이 처치를 하면서 새로운 반향이 일어나지 않도록 하기 위해 매우 세심한 주의를 기울이고 있는 척했다. 수주간에 이르는 이 긴 치료는 매우 훌륭한 성공을 거뒀다. 환자는 완전히 나았고 그의 이성 및 건강과 함께 정신의 모든 능력을 회복했던 것이다."[13] 이른바 그의 망상을 충족시켜줬다는 것입니다.

피넬과 콕스가 시행한 이런 절차는 무엇을 상정하고 작동시킬까요? 이미 알고 계실 테니 다시 검토할 생각은 없습니다만 거기서 상정되고 있는 것은 잘못된 신념, 착각, 착오가 광기의 중핵을 이룬다는 것입니다. 또한 거기서 상정되고 있는 것은 병을 사라지게 하기 위해서는 이 착오를 정정하는 것만으로 충분하다는 것이기도 합니다. 이에 대해서는 좀 검토의 여지가 있습니다. [아무튼] 따라서 치유를 위한 절차는 착오의 교정이 됩니다. 하지만 광인의 착오는 통상적인 착오와는 다릅니다.

광인의 착오와 광인이 아닌 자의 착오는, 생각의 엉뚱함 그 자체로 구별되는 것이 아닙니다. 왜냐하면 반향성 옴에 걸렸다고 믿는 것은 결국 그리 엉뚱한 일이 아니기 때문입니다. 게다가 조금 후에 프랑수아 뢰

---

13) Cox, *Observations sur la démence*, pp.78~79.

레가 『광기에 관한 심리학적 단장』에서 말한 대로, 결국 와동설渦動說을 믿었던 르네 데카르트와 하복부에서 공의회가 열리고 있다고 생각했던 살페트리에르의 여성 환자를 비교해봤을 때,[14] 후자가 훨씬 더 엉뚱하다고 할 수만도 없습니다. 광인의 착오를 바로 광인의 착오로 만드는 것은 과연 무엇일까요? 그것은 착오의 최종적 효과로서의 엉뚱함보다는 착오를 깨뜨리고 바로잡는 방법입니다. 광인이란 그 착오가 논증을 통해 바로잡히지 않는 자를 일컫는 것입니다. 광인에게서는 논증이 진실을 산출하지 않습니다. 따라서 광기가 확실하게 착오인 이상, 착오를 바로잡기 위해서는 논증과는 다른 수단을 발견해야 한다는 것입니다.

다시 말해 잘못된 판단을 마주해 그런 판단이 현실 내에 상관물을 갖지 않는다는 것을 보여주는 대신에, 대략적으로 말해서 이것이 논증의 절차이죠, 오히려 잘못된 그 판단을 진실된 것으로서 유효하게 만들고, 거꾸로 현실을 미친 판단, 잘못된 판단에 적합하도록 변형시킨다는 것입니다. 그런데 잘못됐던 어떤 판단이 이렇게 그것을 진실된 것으로 만드는 상관물을 현실 속에서 갖게 되는 바로 그 순간, 정신 속에 있는 어떤 것이 현실 속에 있는 것과 일치하게 되고 이제 착오는 존재하지 않게 됩니다. 그러므로 이제 광기도 더 이상 존재하지 않게 되죠.

따라서 그것은 잘못된 판단을 조정해 논증을 통해 수정하고 쫓아버리는 것이 아닙니다. 거꾸로 현실을 왜곡시키고 조작함으로써 소위 현실

14) "파리의 소교구 중 한 곳에서 의자 임대업을 하던 여자는 에스키롤씨의 치료를 받고 있었는데 …… 자신의 뱃속에서 주교들이 공의회를 열고 있다고 말했다……. 데카르트는 송과선(松果腺)이 외적 물체의 상을 비추는 거울이라고 확신하고 있었다……. 이 두 주장 중 한쪽이 다른 쪽보다 더 확실하다고 증명될 수 있을까?" François Leuret, "Délire de l'intelligence"(chap.II), *Fragments psychologiques sur la folie*, Paris: Crochard, 1834, p.43. 뢰레가 암시하고 있는 것은 "감각을 자극하는 대상에 대한 관념"의 형성에서 송과선이 하는 역할에 관해 데카르트가 제시한 분석이다. René Descartes, *Traité de l'Homme*, Paris: Clerselier, 1664; *Œuvres et Lettres*, éd. André Bridoux, Paris: Gallimard, 1952, pp.850~853.

을 망상의 위치로까지 불러들입니다. 이렇게 해서 망상의 잘못된 판단이 현실에서 현실적인 내용을 가지게 되고, 결국 그것은 올바른 판단이 됩니다. 착오가 이미 착오가 아니게 된 순간, 광기도 이미 광기가 아니게 됩니다. 따라서 망상이 더 이상 망상이 아니게 되도록 현실을 망상화하고, 망상이 더 이상 오류가 아니게 되도록 망상의 오류를 정정하는 것입니다. 요컨대 문제는 망상의 가면을 씌운 현실을 망상 속으로 집어넣음으로써 망상이 현실로 가득 차도록 하는 것입니다. 망상의 잘못된 명제 아래, 혹은 망상의 잘못된 명제 중 중요한 것 아래로 슬며시 변형이나 가면을 이용해 현실에 있는 어떤 것을 미끄러져 들어가게 하는 것입니다. 그렇게 해서 망상이 진실된 것으로 여겨지게 만든 것입니다.*

이런 치유의 실천은 어떤 의미에서 판단이나 착오에 관한 고전적 사고방식과 완전히 동질적입니다. 이것은 이른바 명제와 판단에 관한 포르-루아얄 학파의 사고방식에 따르고 있습니다.15) 하지만 교사나 논

---

* 강의원고에는 이렇게 적혀 있다. "희극적 혹은 극장적 현실, 가짜 현실이 현실에 부차적 효과를 부여하며 몰래 망상 속에 도입된다. 왜냐하면 현실에서 가면을 씀으로써 틀린 판단이 참된 판단이 되면, 그것만으로 망상은 무너지기 때문이다."

15) 다음의 사고방식을 말한다. "판단한다는 것은 우리가 개념을 통해 파악하는 사물에 대해, 그것이 그렇다거나 그렇지 않다고 확신하는 것이다. 가령 지구란 무엇일까, 둥글다는 것은 무엇일까 등을 개념을 통해 파악한 뒤 지구가 둥글다고 확신할 때처럼 말이다." Antoine Arnauld et Pierre Nicole, *La Logique, ou l'Art de penser, contenant, outre les réglés communes, plusieurs observations nouvelles propres à former le jugement*(1662), 5e éd., Paris: Desprez, 1683, p.36; Louis Marin, *La Critique du discours: Sur la "Logique de Port-Royal" et les "Pensées" de Pascal*, Paris: Minuit, 1975, pp.275~299. 또한 푸코의 고찰을 참조하라. Michel Foucault, "Représenter"(Ire partie, chap.III), *Les Mots et les Choses: Une archéologie des sciences humaines*, Paris: Gallimard, 1966, pp.72~81. [이규현 옮김, 「재현하기」(제1부 3장), 『말과 사물』(개정판), 민음사, 2012, 98~115쪽]; "Introduction," in Antoine Arnauld et Claude Lancelot, *Grammaire générale et raisonnée contenant les fonde-ments de l'art de parler expliqués d'une manière claire et naturelle*, Paris: Le Petit, 1660; Paris: Républications Paulet, 1969, pp.iii~xxvii; *Dits et Écrits*, t.1: 1954-1969, éd. Daniel Defert et François Ewald, avec collab. Jacques Lagrange, Paris:

증하는 자, 요컨대 진실을 보유한 자와 정신과 의사 간에는 차이가 하나 존재합니다. 교수나 학자처럼 진실의 주인인 자는 판단·명제·사유 등을 다루는 자인 반면에, 의사는 착오가 진실이 되도록 현실을 다루는 자입니다. 의사는 이런 종류의 작업에서 매개자이고 양면성을 갖는 인물입니다. 다시 말해 의사는 현실에 관심을 갖고 그것을 다루며, 다른 한편으로는 진실과 착오에 관심을 갖고 현실의 형태를 착오의 최저 수준으로까지 이끌어감으로써 착오를 진실로 변형시키는 인물인 것입니다.

의사는 현실에 가면을 씌우며 현실을 조종합니다. 의사는 현실로부터 다소간 그 현실성을 빼앗는 자입니다. 아무튼 의사는 현실 위에 비현실의 껍데기 같은 것을 씌웁니다. 현실을 극장적 현실, '유사현실 같은 것,' 가짜 현실의 괄호 속에 집어넣어 비현실화함으로써 의사는 착오를 진실로 변형시키는 것입니다. 따라서 의사는 현실을 전담하는 자이며 이 점에 있어 학자나 교수와 다릅니다. 그러나 의사는 환자가 품은 잘못된 판단에 작용을 가하기 위해서 현실을 비현실화하는 자입니다.[16)]

이에 비해 정신요양원의 규율공간에서 일하게 될 정신과 의사는 광인이 말하는 것의 진실에 관심을 기울이는 개인이 더 이상 아닌 것 같다고 말할 수 있습니다. 정신과 의사는 단호하고 결정적으로, 현실 쪽으로 이동합니다.** 정신과 의사는 이제 더 이상 피넬이나 콕스와 함께 여전

Gallimard, 1994, pp.732~752. 재수록.

16) 연극적 현실화에 대해서는 다음을 참조하라. Michel Foucault, *Histoire de la folie à l'âge classique*, Paris: Gallimard, 1972, pp.350~354. [이규현 옮김, 『광기의 역사』, 나남, 2003, 527~533쪽.] 푸코는 이 광기의 '연극화'를 '시련 재판'(épreuve ordalique) 같은 것이라 말한 바 있다. Michel Foucault, *Leçons sur la volonté de savoir: Cours au Collège de France, 1970-1971*, éd. s. dir. François Ewald et Alessandro Fontana, par Daniel Defert, Paris: Gallimard/Seuil, 2011, 6e leçon. [양창렬 옮김, 『지식의 의지에 관한 강의: 콜레주드프랑스 강의, 1970~71년』, 도서출판 난장, 2017, 123~146쪽.] 문제는 "환자와 의사 중 어느 쪽이 더 오랫동안 진실 작용을 보유하느냐이다. 광기의 그런 연극 전체에서 의사는 소위 객관적으로 환자의 망상을 현실화하고 이 가짜 진실에서 출발해 환자의 진실에 접근했다는 것이다"(개인적 메모 — J. L).

히 현실과 진실의 양의적 주인인 것이 아니라 현실의 주인이 됩니다. 이제 의사에게 관건은 현실을 망상 속으로 몰래 들여보내는 것도 결코 아니고, 피넬이나 콕스가 여전히 그렇게 하고 있었듯이 현실을 밀수입하는 것도 아닙니다. 정신과 의사는 현실적인 것에 강제력을 부여함으로써 현실적인 것이 광기를 제압하고 광기를 완전히 관통해 광기를 광기로서 소멸시킬 수 있게 하는 자입니다. 정신과 의사는 현실적인 것에 그것이 광기에 부과되도록 하기 위해 필요로 하는 추가적 권력을 확보하고, 거꾸로 광기로부터 그것이 현실적인 것을 벗어나려는 힘을 제거하려 하는 그런 자입니다. 이렇게 정신과 의사의 임무가 규정됩니다.

따라서 19세기 이래로 정신과 의사는 현실적인 것을 강화하는 자, 현실적인 것의 초권력을 전담하는 자입니다. 이에 비해 고전주의 시대의 정신과 의사는 이른바 현실을 비현실화하는 힘을 전담하는 자였습니다. 여러분께서는 이렇게 말씀하실지도 모르겠습니다. 19세기의 정신과 의사가 완전히 현실 쪽으로 이동하고 광기 곁에서 바로 자신이 갖추고 있는 규율권력을 통해 현실의 힘을 강화하게 되는 것이 사실이더라도, 정신과 의사에 의해 진실과 관련된 물음이 제기되지 않는 것은 아니라고 말입니다. 물론 진실의 문제는 19세기의 정신의학에서도 제기되고 있습니다. 자신의 실천에 대한 이론적 작업에 좀 소홀하긴 하지만 정신의학이 진실의 문제를 회피하고 있는 것은 아닙니다. 그러나 피넬이나 콕스가 여전히 진실의 문제를 치료의 핵심 그 자체에 위치시키고, 광인과의 관계의 한복판에 위치시키며, 의사와 환자의 대결에서 진실의 문제를 확실히 출현시키고 있었던 것에 비하면, 정신의학의 권력은 진실에 대한 물음을 자기 자신의 내부에서만 제기합니다. 정신의학의 권력은 스스로를 의학적이며 임상적인 과학으로 구성하면서 애초부터, 그리고 결정적

** 강의원고에는 이렇게 덧붙여져 있다. "정신요양원의 정신의학에서 정신과 의사는 전혀 다른 방식으로 현실의 주인 역할을 한다."

인 방식으로 진실을 스스로에게 부여합니다. 즉 진실의 문제는 치료에서 작용하는 것이 아닙니다. 정신의학적 실천에 일단 의학적 실천으로서의 지위가 부여되자마자, 정신의학적 과학을 적용한 것이라는 토대가 부여되자마자 진실의 문제는 결정적인 방식으로 해결됐던 것입니다.

따라서 제가 올해 말씀드리려는 이 정신의학의 권력을 정의해야만 한다면, 당장은 이렇게 말해두겠습니다. 정신의학의 권력이란 의학적 과학 내지 정신의학의 이름 아래 결정적인 방식으로 획득되어 유지되는 하나의 진실의 이름으로, 현실적인 것을 광기에 부과하는 그런 추가적 권력이라고 말입니다. 당장은 이런 정의에서 출발해 19세기 정신의학의 역사의 일반적 특징 중 몇 가지를 이해할 수 있으리라 생각합니다.

첫 번째로 정신의학의 실천과, 이렇게 말해도 좋다면, 진실담론 사이에는 매우 흥미로운 관계가 있습니다. 자칫 관계의 부재라고 말할 뻔 했네요. 확실히 정신의학은 매우 빨리 19세기 초의 정신과 의사들과 함께 매우 꼼꼼한 방식으로 스스로를 과학적 담론으로서 구성하려고 했습니다. 하지만 그렇다면 정신의학의 실천은 과연 어떤 과학적 담론을 발생시킨 것일까요? 그것은 다음과 같은 두 유형의 담론입니다.

우선 임상의학적 혹은 분류학적 담론, 질병분류학적 담론이라고 부를 수 있을 그런 것은 대략적으로 말해 광기를 하나의 질병, 아니 그보다는 일련의 정신질환으로 묘사하고 각각의 질환에 대해 그 징후, 그것에 고유한 진행 추이, 진단적 요소들, 예후 진단의 요소 등을 서술하려는 것입니다. 형성 중에 있던 정신의학의 담론은 이렇게 종래의 임상의학적 담론을 모델로 삼으려 합니다. 의학적 진실의 **아날로곤**[유동대리물] analogon 같은 것을 구성하려는 것입니다.

다음으로, 역시 매우 일찍이, 앙투안 로랑 제스 벨르가 전신성 마비를 발견하기 이전부터, 어쨌든 벨르의 발견이 있던 1822년 이래로 병리해부학 지식이 발달하게 됩니다.[17] 이것은 광기의 토대 혹은 그 기질적 상관물에 대한 물음, 광기의 병인이나 광기와 신경학적 변형의 관계 등에 관계된 문제를 제기하며, 거기서 더 이상 의학적 담론과 유사한 담론이 아니라 실제로 정신의학의 실천에 물질적 보증을 부여해야 하는 것으로서의 병리해부학 내지 병태생리학 담론을 구성하려는 것입니다.[18]

---

17) Jean-Étienne Dominique Esquirol, "Démence," *Dictionnaire des sciences médicales, par une société de médecins et de chirurgiens*, t.VIII, Paris: C.-L.-F. Panckoucke, 1814, p.283; "Folie," ibid., t.XVI, 1816. 치매의 진행 중에 생긴 질환으로 여겨지거나 혹은 에스키롤의 말처럼 병의 '악화'로 여겨지던 마비성 장해에 관해 1822년 앙투안 로랑 제스 벨르(1799~1858)는 살페트리에르의 앙투안-아타나즈 루와이에-콜라르(Antoine-Athanase Royer-Collard, 1768~1825) 밑에서 수집되고 해부학적 검사에 부쳐진 여섯 개의 관찰 기록을 바탕으로 질병 단위 하나를 개별화하고, 그 해부학적 원인으로 여겨지는 것에 입각해 '만성적 거미막염'(arachnitis chronique)이라 이름붙인다. "병의 모든 단계에 마비와 망상 사이의 항상적 관계가 존재하기 때문에 …… 이 두 현상이 동일한 한 병의 두 증상, 즉 만성적 거미막염이라는 병의 두 증상이라고 인정할 수밖에 없을 것 같다"는 사실에 의거했던 벨르는 이 문제를 1822년 11월 21일 심사를 통과한 자신의 박사 논문(제1장)에서 다루고 있다. Antoine Laurent Jess Bayle, *Recherches sur les maladies mentales*, Th. Méd. Paris, Paris: Didot Jeune, 1822; *Recherches sur l'arachnitis chronique, la gastrite, la gastro-entérite, et la goutte, considérées comme causes de l'aliénation mentale*, Paris: Gabon, 1822; Centenaire rééd., Paris: Masson, 1922, p.32. 후일 벨르는 이런 사고방식을 대부분의 정신질환으로 확대 적용시킨다. "정신이상의 대부분은 '뇌의 막'에서의 초발성 만성적 급성결합조직염의 증상이다." *Traité des maladies du cerveau et de ses membranes*, Paris: Gabon, 1826, p.xxiv. 벨르의 다음 논문도 참조하라. "De la cause organique de l'aliénation mentale accompagnée de paralysie générale"(Lu à l'Académie impériale de médecine), *Annales médico-psychologiques*, 3e série, t.I, juillet 1855, pp.409~425.

18) 1820년대에 젊은 의사들로 이뤄진 한 단체가 병리해부학에 주목해 임상정신의학과 접목시키려고 한다. "증상이 주어질 때 병의 위치를 특정할 것. 이것이 생리학에 의해 계명된 의학이 오늘날 스스로에게 제기할 수 있는 문제이다." Félix Voisin, *Des causes morales et physiques des maladies mentales, et de quelques autres affec-tions telles que l'hystérie, la nymphomanie et le satyriasis*, Paris: J.-B. Baillière, 1826, p.329; Achille-Louis Foville(1799~1878) et Jean-Baptiste Delaye(1789~1879), "Considérations sur les causes de la folie et de leur mode d'action, suivies de recherches sur la nature et le siège spécial de cette maladie," Paris: 1821(1821년 레옹 로스탕[Léon Rostan, 1791~1866]의 두 학생의 에스키롤상 응모 논문); Jean-Pierre Falret, *Observations et propositions médico-chirurgicales*, Th. Méd. Paris, Paris:

그런데 정신의학의 실천이 19세기에 어떻게 발달하고 정신요양원에서 광기와 광인이 실제로 어떻게 다뤄지는지를 살펴보면 다음과 같은 것을 알게 됩니다. 요컨대 한편으로는 이 실천이 여러 종류의 질병에 관한 질병분류학적 담론과 기질적 상관물에 관한 병리해부학적 담론이라는 두 가지 담론의 표식 아래 놓이고, 소위 그 보증들 아래 놓여 있었다는 것입니다. 이 두 담론의 보호 아래 정신의학의 실천이 발달했던 것입니다. 그러나 다른 한편으로 이 실천은 그 담론들을 전혀 사용하지 않았고 그 담론들을 준거로, 참조체계로, 그리고 이른바 거기에 확실히 자신을 고정시켜야 하는 것으로만 사용했습니다. 19세기에 통용되던 대로의 정신의학적 실천은 거대한 정신의학적 질병분류학 혹은 병리해부학적 연구에서 축적되던 지식 혹은 유사지식을 실제로는 결코 활용하지 않았다는 것입니다. 정신요양원에서의 배분, 즉 환자들을 분류하고 그들을 정신요양원 안에서 분배하며 그들에게 하나의 체제를 부여하고 그들에

Didot Jeune, 1819(1819년 12월 31일 심사를 통과한 박사 논문); *De l'hypocondrie et du suicide: Considérations sur les causes, sur le siège et le traitement de ces mala-dies, sur les moyens d'en arrêter les progrès et d'en prévoir les développements*, Paris: Croullebois, 1822; "Inductions tirées de l'ouverture des corps des aliénés pour servir au diagnostic et au traitement des maladies mentales," Paris: Biblio-thèque Médicale, 1824(1823년 22월 6일 의학학원에서의 강연).

1830년 에스키롤의 학생 에티엔-장 조르제의 박사 논문을 놓고 광기의 기질적 원인에 관한 논의가 이뤄진다. Étienne-Jean Georget, *Dissertation sur les causes de la folie*, Th. Méd. Paris, Paris: Didot Jeune, 1820. 조르제는 1816년 살페트리에르에 임명되고 1819년에는 「정신이상자의 사체 해부」("Des ouvertures du corps des aliénés")라는 논문으로 에스키롤상을 수상한 바 있다. 1820년 2월 8일에 심사를 통과한 조르제의 박사 논문은 피넬과 에스키롤이 광기의 현상을 관찰하면서 그것을 생겨나게 하는 원인에 결부시키고 있지 않다는 것을 비판하고 있다. 조르제는 그 논문에서 "광기가 원발성(原發性) 뇌질환이라는 것을 증명함으로써 …… 내 스승들과 대립하는 것을 두려워해서는 안 된다"고 분명하게 적시하고 있다. Étienne-Jean Georget, *De la folie: Considérations sur cette maladie*, Paris: Crevot, 1820, p.72. [본서의 1강(1973년 11월 7일), 각주 13번을 참조할 것.]

게 임무를 부여하며 그들이 치유됐는지 아니면 병을 앓고 있는지, 치유 가능한지 불가능한지를 언표하는 그 방식은 결국 이 두 가지 담론을 고려에 넣고 있지 않았던 것입니다.

이 두 담론은 소위 진실이 결정적 방식으로 부여되고 결코 문제화되기를 원치 않는 정신의학의 실천에, 그저 단순히 진실을 보증해줄 뿐이었습니다. 정신의학의 실천 배후에 있던 질병분류학과 병인론, 의학적 질병학과 병리해부학이라는 거대한 두 그림자가 모든 정신의학의 실천 이전에, 치료의 실천에는 결코 사용되지 않을 진실을 결정적 방식으로 보증하고 있었던 것입니다. 대략적으로 말해서 정신의학의 권력은 이렇게 말합니다. 진실의 문제가 나와 광기 간에 제기되는 일은 결코 없을 것이다. 그것은 나, 정신의학이 이미 하나의 과학이라는 매우 단순한 이유 때문이다. 만약 내가 과학으로서 내 자신이 말하는 바에 대해 내 자신에게 물음을 던질 권리가 있더라도, 또 만약 내가 잘못을 범할 수 있다는 것이 사실이더라도 아무튼 내가 말하고 있는 것이 진실인지 아닌지 결정하거나, 저질러진 잘못을 정정하는 것은 과학으로서의 나, 오직 나뿐이다. 나는 진실의 내용을 보유하고 있는 자라고까지는 말할 수 없다 하더라도, 진실의 모든 기준을 보유한 자이다. 게다가 과학적 지식의 자격을 갖는 내가 이렇게 검증과 진실에 대한 기준을 갖고 있기 때문에 나는 현실과 그 권력의 편이 될 수 있고, 내가 현실에 부여하는 초권력을 치매인 자나 흥분한 자들의 모든 신체에 부과할 수 있는 것이다. 나는 현실의 초권력이다. 왜냐하면 나는 나 자신을 토대로 결정적 방식으로 광기와 관련된 진실인 듯한 어떤 것을 보유하고 있기 때문이다.

이것은 당시의 어느 정신과 의사가 "이성이 광기에 대해 갖는 불가침의 권리"라고 불렀던 것입니다. 그에게는 이런 불가침의 권리가 정신의학적 개입의 근거였던 것입니다.[19)]

---

19) 장-피에르 팔레를 말한다. 팔레에 따르면 격리 덕분에 "가족은 실정법의 침묵 아래

제 생각에 진실담론과 정신의학의 실천이 이렇게 서로 연결되지 않은 이유, 서로 격차를 보이는 이유는 현실적인 것의 힘을 증대시킨다고 하는 정신의학의 권력에 본질적인 기능에서 기인합니다. 그리고 이 기능이, 이미 획득됐다고 여겨지고 있던 진실을, 소위 그 배후에서 전도시키게 됩니다. 이것은 19세기 정신의학의 역사에서 중대한 문제가, 개념들에 관련된 것도 아닐 뿐더러 이러저러한 질병에 관련된 것도 아니라는 사실을 이해할 수 있게 해줍니다. 19세기의 정신의학에서 진정한 문제, 무거운 짐이 됐던 문제는 편집증도 아니고 히스테리도 아니었습니다. 정신의학의 권력에서 진실에 관한 물음이 결코 제기되지 않는다는 것을 인정한다면, 19세기의 정신의학에 있어서 무거운 짐이 되는 것은 위장의 문제였다는 것을 간파할 수 있을 것입니다.[20]

자의적 행위를 범할 우려를 극복한다. 그리고 망상에 대한 이성의 불가침의 권리를 활용하면서 가족은 정신이상자의 치유라는 은혜를 입기 위해서 과학의 가르침에 동의하는 것이다." Jean-Pierre Falret, *Observations sur le projet de loi relatif aux aliénés, présenté le 6 janvier 1837 à la Chambre des députés par le ministre de l'Intérieur*, Paris: Éverat, 1837, p.6.

20) 1800년부터 이미 피넬은 위장의 문제를 자신의 저작 중 한 장에서 다루고 있다. Pinel, *Traité médico-philosophique*……, pp.297~302. 제6절, 22항("위장 조광증; 그 인식방법"[Manie simulée; Moyens de la reconnaître]). 또한 다음도 참조하라. Armand Laurent, *Étude médico-légale sur la simulation de la folie: Considérations cliniques et pratiques à l'usage des médecins experts, des magistrats et des jurisconsultes*, Paris: Masson, 1866; Henri-Louis Bayard, "Mémoire sur les maladies simulées," *Annales d'hygiène publique et de médecine légale*, 1re série, t.38, 1867, p.277; Edmond Boisseau, "Maladies simulées," *Dictionnaire encyclopédique des sciences médicales*, 2e série, t.II, Paris: Masson/Asselin, 1876, pp.266~281; Gabriel Tourdès, "Simulation," ibid., pp.681~715. 장-마르탱 샤르코는 다음 텍스트들에서 위장 문제를 여러 번 다뤘다. Jean-Martin Charcot, "Ataxie locomotrice, forme anormale"(1888년 3월 20일의 임상강의), *Leçons du mardi à la Salpêtrière: Policlinique 1887-1888*, t.I, notes de cours de Emmery Blin, Jean-Martin Charcot et Henri Colin, Paris: Lecrosnier et Babé, 1889, pp.281~284; "§ Simulation"(1873) [Leçon IX: De l'ischurie hystérique], *Leçons sur les maladies du système nerveux*,

위장이라는 단어를 통해 저는 광인이 아닌 자가 광인인 척하는 방식을 생각하고 있는 것이 아닙니다. 왜냐하면 위장을 통해 정신의학의 권력이 실제로 문제화되는 일은 결코 없었기 때문입니다. 광인이 아닌데 광인인 척하는 것이 정신의학의 실천이나 정신의학의 권력에서 한계, 경계 내지 본질적 실패 같은 것이 되지는 않습니다. 왜냐하면 결국 이런 것은 모든 지식에서, 특히 의학에서 자주 일어나는 일이기 때문입니다. 이러저러한 질병에 걸려 있다, 이러저러한 증상이 있다고 의사가 믿게 만들면서 의사를 속이는 것은 언제나 가능합니다. 군복무 경험이 있다면 누구나 알고 있죠. 하지만 그렇다고 해서 의학적 실천이 문제화되는 것은 아닙니다. 반면에 제가 논의하고자 하는 위장, 19세기 정신의학의 역사적 문제였던 위장은 광기에 내재하는 위장입니다. 즉 그것은 광기가 스스로에 대해서 하는 위장이며, 광기가 광기를 위장하는 방식, 히스테리가 히스테리를 위장하는 방식, 진짜 징후가 사실은 기만하는 한 방식이 되고 가짜 징후가 실제로 아픈 것으로 위장하는 방식이 되는 것 말입니다. 이 모든 것이 19세기의 정신의학에게 해결불가능한 문제, 한계를 발생시키고 최종적으로는 정신의학을 실패로 이끌어가서 거기로부터 몇 가지 새로운 전개가 생겨나게 된 것입니다.

대략적으로 정신의학은 이렇게 말했습니다. 광인인 당신과 마주해 나는 진실의 문제를 제기하거나 하지 않는다. 왜냐하면 나는 내 지식에 입각해 내 범주에서 출발해 진실을 보유하고 있기 때문이다. 그리고 내가 광인인 당신과 관련해 권력을 보유하고 있다면 그 이유는 내가 이 진

---

t.I, 5e éd., éd. Désiré-Magloire Bourneville, Paris: Delahaye et Lecrosnier, 1884, pp. 281~283; "Leçon d'ouverture"[§ VII. Simulation](1882년 4월 23일 신경체계 질병 진료소에서의 강좌 개회사), *Leçons sur les maladies du système nerveux*, t.III, éd. Joseph Babinski, Claude Bernard, Charles Féré, Georges Guinon, Pierre Marie, et Gilles de La Tourette, Paris: Lecrosnier et Babé, 1890, pp.17~22; "Cas du mutisme hystérique chez l'homme: Les Simulation"(Leçon XXVI), ibid., pp.432~433.

실을 보유하고 있기 때문이다. 그리고 이에 대해 광기는 이렇게 답합니다. 당신이 이미 완성된 지식에 입각해 진실을 결정적인 방식으로 보유하고 있다고 주장할 테면 하시오. 나는 내 안에 거짓말을 놓아두도록 하겠소. 그 결과 당신이 내 징후를 다룰 때, 당신이 병이라고 부르는 것을 다룰 때, 당신은 덫에 걸리겠지. 왜냐하면 내 징후의 중심 그 자체에는 어둠과 거짓말의 작은 핵이 있어서 그것을 통해 나는 당신에게 진실에 대한 물음을 제기할 것이기 때문이오. 따라서 당신의 지식이 제한되는 바로 그때 내가 당신을 속이는 것이 아니라, 만약 그렇다면 그것은 순수하고 단순한 위장일 테지만, 반대로 만약 당신이 언젠가 실제로 나에 대해서 영향력을 행사하고 싶다면 내가 당신에게 제시하는 진실과 거짓의 작용을 받아들임으로써 그렇게 할 수 있을 것이라는 말이오.

살페트리에르의 당시 고명한 정신과 의사 중 한 명이었던 에티엔-장 조르제 앞에서 두 여성 환자와 더불어 위장이 출현했던 1821년 이래로, 1880년대경의 샤르코의 엄청난 에피소드에 이르기까지 정신의학의 역사 전체를 이 위장의 문제가 관통하고 있다고 말할 수 있습니다. 그리고 제가 논의하고 있는 것은 위장의 이론적인 문제가 아니라, 실제로 진실의 문제를 제기하는 것을 거부했던 정신의학의 권력에 대해서 광인이 거짓의 문제를 통해 응수하는 이 절차의 문제인 것입니다. 위장이라는 거짓. 광기를 위장하는 광기, 바로 이것이 정신의학의 권력과 대면하는 광인들의 대항권력이었던 것입니다.

여기에 위장과 히스테리라는 문제의 역사적 중요성이 있는 것 같습니다. 또 이것에 입각해 위장의 현상이 집단적으로 일어난다는 것도 이해될 수 있는 것입니다. 이것은 1821년경 '페트론뉴'와 '브라겟트'라는 이름의 두 히스테리 환자의 행동양식에서 나타납니다.[21] 이 두 사람은

21) 1821년 조르제는 파리 시립병원의 앙리-마리 위송(Henri-Marie Husson, 1772~1853) 밑에서 쥘 뒤포테 드 세느부와(Jules Dupotet de Sennevoy, 1790~1866) 남

제 생각에 정신의학의 매우 방대한 역사적 절차에 토대를 부여하게 됩니다. 이들은 프랑스의 모든 정신요양원에서 모방됐죠. 왜냐하면 이들에게서 정신의학의 권력에 대항하는 전쟁의 도구가 발견되기 때문이었습니다. 그리고 19세기 말인 1880년경에 정신요양원의 정신의학에 거대한 위기가 발생했는데 이것은 샤르코의 마술적인 힘과 마주한 사람들이, 그에 의해서 연구된 모든 징후가 그의 환자들의 위장에서 출발해 그가 행한 것임을 깨닫게 될 때입니다. 결국 바로 이때 진실의 문제가 광인들에 의해 확실하게 정신의학에 부과됐던 것입니다.

제가 이 말을 강조하는 데는 몇 가지 이유가 있습니다. 첫째로 거기서는 징후가 문제되고 있는 것이 아니기 때문입니다. 히스테리는 사라졌다, 히스테리는 19세기의 거대한 질환이었다고 종종 말해집니다. 그러나 히스테리는 19세기의 중대한 질환이 아니었습니다. 의학 용어로 말한다면 히스테리는 전형적으로 정신요양원적인 증후군, 혹은 정신요양원의 권력 내지 의학의 권력과 상관관계에 있는 증후군이었습니다. 그러나 저는 증후군이라는 단어조차 사용하고 싶지 않습니다. 실제로 히

작이 행한 실험(1820년 10월)에 매료되어 살페트리에르에서 로스탕의 협력 아래 두 환자, 즉 '브라겟트'(Braguette)라고 불리던 '마누리'(Manoury)[브루이야르(Brouillard) 미망인]와 '페트론뉴'(Pétronille)를 최면실험의 대상으로 삼았다. Amédée Dechambre, "Nouvelles expériences sur le magnétisme animal," *Gazette médicale de Paris*, 12 septembre 1835, p.585. 조르제는 다음의 저서에서 환자의 이름을 밝히지 않은 채 이 실험에 대해서 보고한 바 있다. Étienne-Jean Georget, "Somnambulisme magnétique"(chap.3), *De la physiologie du système nerveux, et spécialement du cerveau*, t.I, Paris: J.-B. Baillière, 1821, p.404. [본서 2강(1973년 11월 14일)의 각주 14번 참조.] 또한 다음도 참조하라. Aubin Gauthier, *Histoire du somnambulisme: Chez tous les peuples, sous les noms divers d'extases, songes, oracles, visions, etc.*, t.II, Paris: Félix Malteste, 1842, p.324; Amédée Dechambre, "Deuxième lettre sur le magnétisme animal," *Gazette médicale de Paris*, 1840, pp.13~14; "Mesmérisme," *Dictionnaire encyclopédique des sciences médicales*, 2e série, t.VII, Paris: Masson/Asselin, 1877, pp.164~165.

스테리는 그것을 통해 환자가 정신의학의 권력에서 벗어나려 했던 절차였습니다. 히스테리는 전쟁의 현상이지 병리학적 현상이 아니었습니다. 어쨌든 사태를 이렇게 파악할 필요가 있다고 저는 생각합니다.

두 번째로 잊지 말아야 할 것은, 브라게트와 페트론뉴 이래로 정신요양원 내부에서 발생한 그토록 많은 위장이 실은 정신요양원 자체 내부에 환자들이 공존하고 있었기 때문에만 가능했던 것은 아니라는 것입니다. 그와 같은 수많은 위장이 일어날 수 있었던 것은 의학 편에 있는 직원들, 실습생들, 수위들, 하급 직원들에 의한 때로는 자발적이고 때로는 무의지적인 공모나 지지, 때로는 명시적이고 때로는 암묵적인 공모나 지지를 환자들이 받았기 때문이기도 하다는 것입니다. 샤르코가 사실상 히스테리 환자를 환자로 진찰하지 않았다는 것, 그리고 위장에 의해 변조된 그 모든 관찰 기록이 실제로는 환자들을 관리하고 있던 직원들에 의해 밖으로부터 샤르코에게 전해진 것임을 잊어서는 안 됩니다. 이 직원들은 환자들과 다소간 높은 수준으로 공모하면서 위장의 세계를 구축했고, 이것을 통해 바로 1880년에 살페트리에르에서 어떤 인물에 의해 구현된 정신의학의 권력에 대한 저항이 행해졌던 것입니다. 즉 정신과 의사가 아니라 신경과 의사였기 때문에 가장 확실한 방식으로 구성된 진실담론에 가장 잘 의거할 수 있었던 이 인물을 통해 구현된 정신의학의 권력에 대한 저항이 행해졌던 것입니다.

그러므로 최고의 의학적 지식을 몸에 익히고 찾아온 자에게 거짓이라는 덫이 쳐진 것입니다. 따라서 19세기의 일반적 위장 현상은 환자들이 정신의학적 권력에 대항하는 투쟁의 절차로서만이 아니라 정신의학의 체계와 정신요양원의 체계 내부 자체에서 벌이는 투쟁의 절차로서 이해되어야 합니다. 이렇게 해서 결국 제 강의가 목표로 하는 일화에 도달하게 됩니다. 그것은 그런 절차의 총체를 통해 무리하게 진실의 문제, 즉 피넬과 콕스 이후 정신요양원의 규율체계와 정신의학 권력의 기능방식 유형이 제외시켰던 진실의 문제가 다시 제기되는 계기입니다.*

그리고 정신분석학은 정신의학으로부터의 최초의 거대한 후퇴로 해석될 수 있다고 말할 수 있을 것입니다. 즉 징후상에서 논의되던 것의 진실 문제, 혹은 징후상에서의 진실과 거짓의 작용이라는 것이 정신의학의 권력에 무리하게 부과된 그 계기로 정신분석학을 해석할 수 있다는 것입니다. 문제는 정신분석학이 이 최초의 패배에 대해 최초의 방어선을 구축함으로써 대응한 것은 아닌지를 아는 것이 될 것입니다. 아무튼 최초의 탈정신의학화가 지그문트 프로이트에 의해 이뤄진 것이라고 생각해서는 안 됩니다. 탈정신의학화를 최초로 행하고, 진실의 문제와 관련해 정신의학의 권력을 처음으로 휘청이게 만든 것은 이 위장자들입니다. 이 위장자들은 자신들의 거짓을 통해 정신의학의 권력에, 즉 현실의 주체이기 때문에 바로 자신이 진실의 담지자라고 주장하고 또 정신의학적 실천과 치료의 내부에서 광기 안에 있는 진실한 것에 대해 문제를 제기하기를 거절했던 이 정신의학의 권력에 덫을 놓았던 것입니다.

거대한 위장의 봉기라고 부를 수 있을 만한 것이 19세기 정신요양원의 세계 전체에 퍼졌고, 그 중 여성을 위한 정신요양원 살페트리에르는 그런 위장의 봉기가 끊임없이 되살아나는 항상적 중심지였습니다. 그렇기 때문에 저는 히스테리, 히스테리의 문제, 정신과 의사들이 19세기에 히스테리의 수렁에 빠진 그 방식을, 사소한 과학적 착오 같은 것으로 여기거나 인식론적 장애 같은 것으로 여길 수 없다고 생각합니다. 물론 그렇게 할 수 있다면 매우 안도할 만한 일이 되겠죠. 왜냐하면 그럼으로써 정신의학의 역사와 정신분석학의 탄생을 니콜라우스 코페르니쿠스, 요하네스 케플러, 알베르트 아인슈타인을 설명하는 바로 그런 식으로 묘사할 수 있게 되기 때문입니다. 즉 '프톨레마이오스적' 세계의 너무 많

* 녹음기에는 "무리하게"(de force)라는 말이 반복적으로 기록되어 있다. 한편 강의원고에는 이렇게 덧붙여져 있다. "이렇게 해서 광인과 정신과 의사의 관계에서 진실의 문제를 다시 제기하는 모든 운동을 반정신의학이라고 부를 수 있을 것이다."

은 구체나 제임스 클러크 맥스웰의 방정식 같은 과학적 지식에 발목을 잡혀서 빠져나올 수 없는, 그런 종류의 장애에서 출발해 인식론적 단절이 일어나 코페르니쿠스나 아인슈타인이 출현했다고 하는 그런 식으로 말입니다. 이런 방식으로 문제를 제기한다면, 또 히스테리의 역사를 이런 종류의 전개의 아날로곤으로 본다면, 정신의학의 역사를 과학사의 평온한 전통 속에 위치시킬 수 있을 것입니다. 하지만 제가 하려고 하듯이 히스테리가 아닌 위장을 본다면, 인식론상의 문제나 지식에서의 장애로 보는 것이 아니라 정신의학의 권력에 대항하는 투쟁의 일면으로 본다면, 또 위장이 광인들의 입장에서 현실만을 그들에게 부과하려 하는 정신의학의 권력에 대해 강력하게 진실의 문제를 제기하기 위한 은밀한 방식이었다는 것을 인정한다면, 정신의학의 역사는 이제 정신과 의사와 그 지식을 중심으로 전개되는 것이 아니라 광인을 중심으로 전개되는 것으로서 추적할 수 있을 것이라고 저는 생각합니다.

정신의학의 역사를 이렇게 다시 다룬다면, 제도가 실제로 폭력의 장인지 아닌지 문제를 제기하는 모든 제도주의적 관점은 무엇인가 감출 우려가 있다는 것을 아실 수 있을 것입니다. 그리고 그렇게 함으로써 정신의학의 역사적 문제를 극히 엄밀한 방식으로 명확히 규명할 수 있다고 생각합니다. 즉 정신과 의사들이 재차 부과하려 했던 이 현실의 권력, 위장자들이 묻는 거짓에 의해 덫에 걸린 현실의 권력에 대해, 그 문제를 명확히 드러내 보일 수 있다고 생각합니다.

이상이 오늘 이후 강의의 일반적 배경 같은 것입니다. 그러면 다음 번에는 제가 다소 거친 방식으로 암시한 오늘 이야기를 다시 다루면서, 정신의학이 현실에 관한 초권력으로서 어떻게 기능하고 있었는가에 대한 문제 그 자체를 다루고자 합니다.

7강. 1973년 12월 19일*

정신의학의 권력 | 프랑수아 뢰레의 치료법과 그 전략적 요소들: 1. 권력의 불균형화, 2. 언어의 재활용, 3. 욕구의 조정, 4. 진실의 언표 | 병의 쾌락 | 정신요양원 장치

정신의학의 권력은 본질적으로 현실을 조작하는 기능, 광기의 곁에서 현실을 강화하는 기능을 갖고 있습니다. 이 권력은 어떤 의미에서 현실에 대한 초권력sur-pouvoir으로 규정될 수 있는 것일까요?

이런 문제를 좀 풀어보기 위해 저는 1838년부터 1840년에 걸친 한 정신의학의 치료법을 예로 들고자 합니다. 당시 정신의학의 치료법은 어떻게 전개됐던 것일까요?

정신요양원의 세계가 확립되고 조직될 때, 얼핏 보기에 치료법은 전혀 전개되고 있지 않는 듯이 보입니다. 왜냐하면 치유는 자발적이지는 않더라도 적어도 자동적으로 반응하는 절차로서 기대되고 있기 때문입니다. 이런 자동적 반응은 네 가지 요소의 결합에 입각해 진행됩니다. 첫 번째 요소는 정신요양원 안에 격리하기이고, 두 번째 요소는 아편제[1]나 아편팅크[2] 등 신체적이거나 생리학적으로 작용하는 약물 치료입니다.

---

* 강의원고에는 "정신의학적 치료법"(La cure psychiatrique)이라는 제목이 붙어 있다.

1) 얀 밥티스트 반 엘몽(Jan Baptist van Helmont, 1577~1644) 혹은 토머스 시드넘(Thomas Sydenham, 1624~1689)은 아편을 주성분으로 조합되어 흉포한 발작을 중단시키고 관념들의 질서를 회복시키는 효과가 있다고 여겨진 아편제를 설사약이나 사혈(瀉血)보다 바람직한 것으로서 장려했다. 아편제는 '조광증'이나 '흉포함' 같은 형태를 띤 광기의 치료제로 18세기에 널리 사용된다. Philippe Hecquet(1661~1737), *Réflexions sur l'usage de l'opium, des calmants et des narcotiques pour la*

세 번째 요소는 정신요양원 생활에 고유한 구속, 가령 규율, 규칙에의 복종,[3] 정해진 [양의] 식사,[4] 수면시간이나 노동시간[5] 등입니다. 마지막

---

guérison des maladies, Paris: G. Cavelier, 1726, p.11; Joseph Guislain, "Moyens dirigés sur le système nerveux central: Opium"(livre IV), *Traité sur l'aliénation mentale et sur les hospices des aliénés*, t.I, Amsterdam: Van der Hey et Gartman, 1826, pp.345~353. 푸코가 이 물질에 관해 쓴 부분도 참조하라. Michel Foucault, *Histoire de la folie à l'âge classique*, Paris: Gallimard, 1972, pp.316~319. [이규현 옮김, 『광기의 역사』, 나남, 2003, 481~485쪽.] 19세기가 되면 자크-조제프 모로 드 투르(1804~1884)가 조광증 치료에 아편제의 사용을 장려한다. "지금도 여전히 아편제(아편, 독말풀, 벨라돈나, 사리풀, 바곳 등) 중에서 조광증 환자의 일반적 동요와 편집증 환자의 일시적 격정을 진정시킬 수단을 발견할 수 있다." Joseph-Jacques Moreau de Tours, "Lettres médicales sur la colonie d'aliénés de Ghéel," *Annales médico-psychologiques*, t.V, mars 1845, p.271. 또한 다음을 참조하라. Claude-François Michéa, *De l'emploi des opiacés dans le traitement de l'aliénation mentale* (extrait de L'Union médicale, 15 mars 1849), Paris: Malteste, 1849; *Recherches expérimentales sur l'emploi des principaux agents de la médication stupéfiante dans le traitement de l'aliénation mentale*, Paris: Labé, 1857; Henri Legrand du Saulle, "Recherches cliniques sur le mode d'administration de l'opium dans la manie," *Annales médico-psychologiques*, 3e série, t.V, janvier 1859, pp.1~27; Hippolyte Brochin, "Maladies nerveuses"(§Narcotiques), *Dictionnaire encyclopédique des sciences médicales*, 2e série, t.XII, Paris: Masson/Asselin, 1877, pp.375~376; Jean-Baptiste Fonssagrives, "Opium," ibid., 2e série, t.XVI, 1881, pp.146~240.

2) 아편팅크는 아편과 여타 성분들로 이뤄져 있다. 시드넘의 아편팅크 혹은 '아편 함유 포도주'가 소화불량에 좋다고 여겨졌고, 신경병과 히스테리를 치료하기 위해 가장 많이 사용됐다. Thomas Sydenham, "Observationes Medicae"(1680), *Opéra Omnia*. t.I, London: William Greenhill, 1844, p.113; *Dictionnaire encyclopédique des sciences médicales*, 2e série, t.II, Paris: Masson/Asselin. 1876, pp.17~25.

3) "병동에는 불변의 질서가 필요하다"라고 단언한 필립 피넬 이래로 초기 정신과 의사들은 끊임없이 규칙체계의 중요성을 강조했다. Philippe Pinel, *Traité médico-philosophique sur l'aliénation mentale, ou la Manie*, Paris: Richard, Caille et Ravier, 1800, p.212. 제5절(「정신이상자 시료원 안에 확립된 내부 질서와 감시」["Police intérieure et surveillance à établir dans les hospices d'aliénés"]), 16항("정신이상자 시료원 안의 일반 질서와 업무의 일상 순서"[Police générale et ordre journalier du service dans les hospices d'aliénés]). 이를테면 장-피에르 팔레는 이렇게 말한다. "오늘날의 정신요양원에서 우리는 무엇을 보는가? 엄격하게 고수된 명확한 규칙체계이다. 이 규칙

으로 [네 번째 요소는] 샤워[6]나 회전의자[7] 등 처벌과 치료를 동시에 목

체계에 의해 하루 시간의 사용이 고정되고 각 환자는 일반적인 법에 따르면서 무질서로 향하는 자신의 경향에 저항하도록 강요당한다. 환자는 자기 자신과 관계없는 의지를 포기하고, 규칙 위반에 대한 징벌을 받지 않도록 끊임없이 노력할 수밖에 없게 된다." Jean-Pierre Falret, "Du traitement général des aliénés"(Leçon faite à l'hospice de la Salpêtrière, 1854), *Des maladies mentales et des asiles d'aliénés*, Paris: J.-B. Baillière, 1864, p.690.

4) 식이요법은 정신요양원의 일과를 구성하고 치료에 기여하는 것으로서 특권적 지위를 점한다. 이를테면 프랑수아-엠마뉘엘 포데레는 "음식은 최초의 약"이라 말하고 있다. François-Emmanuel Fodéré, *Traité du délire, appliqué à la médecine, à la morale et à la législation*, t.II, Paris: Croullebois, 1817, p.292. 또한 다음을 참조하라. Joseph Daquin, *La Philosophie de la folie*, rééd. avec une présentation de Claude Quétel. Paris: Éditions Frénésie, 1987, pp.95~97. [본서 5강(1973년 12월 5일)의 각주 31번 참조]; Guislain, "Régime alimentaire à observer dans l'aliénation mentale"(livre 16), *Traité sur l'aliénation mentale*……, t.II, pp.139~152.

5) 도덕요법의 핵심 요소인 노동은 이중적 관점, 즉 치료를 위한 격리라는 관점과 규율을 위한 질서라는 관점으로 구성되어 있다. "꾸준한 노동은 관념들의 악순환을 변화시키고 오성을 훈련시킴으로써 분별력을 확고하게 하며, 정신이상자들이 모이게 될 경우 독자적으로 질서를 유지할 수 있게 해주고, 세밀하고 또 종종 무용하기까지 한 수많은 규칙들 없이도 내부 질서를 유지할 수 있게끔 해준다." Pinel, *Traité médico-philosophique*……, p.225. 제5절, 21항("기계적 업무; 모든 정신이상자 시료원의 기본 규칙"[Travail mécanique; Loi fondamentale de tout hospice d'aliénés]); Camille Bouchet, "Du travail appliqué aux aliénés," *Annales médico-psychologiques*, t.XII, novembre 1848. pp.301~302. 푸코는 다음의 연구를 참조하고 있다. Jacques-Louis-Albert, *Sur les origines historiques du travail des malades dans les asiles d'alienes*, Th. Méd. Paris, Paris: [s.n.,] 1952; Foucault, *Histoire de la folie à l'âge classique*, pp.505~506. [『광기의 역사』, 742~743쪽. 프랑스어판 편집자는 푸코가 여기서 '장 칼베'를 인용했다고 했으나 실은 새뮤얼 튜크를 인용했다.]

6) 피넬은 샤워요법을 치료의 도구인 동시에 조정의 도구로 삼음으로써 그것의 지위를 확립한다. Philippe Pinel, *Traité médico-philosophique sur l'aliénation mentale*, 2e éd. rev. et aug., Paris: Caille et Ravier, 1809, pp.205~206. 또한 다음도 참조하라. Henri Girard de Cailleux, "Considérations sur le traitement des maladies mentales," *Annales médico-psychologiques*, t.IV, novembre 1844, pp.330~331; André-amphile-Hippolyte Rech (de Montpellier), "De la douche et des affusions d'eau froide sur la tête dans le traitement des aliénations mentales," ibid., t.IX, janvier 1847,

표로 하는 것으로서, 소위 정신생리학적으로 작용하는 의료적 조치입니다. 치료법의 틀을 규정한 것은 이 요소들의 결합이며, 이에 대한 어떤 설명이나 이론도 없이 이것들로부터 치유를 기대했던 것입니다.*

그런데 저는 이런 외관에도 불구하고 정신의학적 치료법은 정의할 수 있는 몇몇 계획, 전술적 절차, 전략적 요소에 따라 발전했다고 생각합니다. 그런 계획, 절차, 요소는 제 생각에 정신의학적 지식의 구성 그 자체와 관련해 오늘날까지도 큰 중요성을 갖고 있는 것 같습니다.

---

pp.124~145. 특히 샤워요법은 프랑수아 뢰레가 활용한다. 뒤프레씨의 치료를 참조하라(본서의 205쪽 이하와 8강[1973년 1월 9일]의 252쪽 이하). François Leure, "§Douches et affusions froides"(chap.III), *Du traitement moral de la folie*, Paris: J.-B. Baillière, 1840, pp.158~162. 푸코도 샤워요법에 대해 상당한 지면을 할애했다. Michel Foucault, *Maladie mentale et Psychologie*, Paris: PUF, 1962, pp.85~86. [박혜영 옮김, 『정신병과 심리학』, 문학동네, 2002, 126~127쪽]; *Histoire de la folie à l'âge classique*, pp.338, 520~521[『광기의 역사』, 510~511, 764~766쪽]; "L'eau et la folie," *Dits et Écrits*, t.1: 1954-1969, éd. Daniel Defert et François Ewald, avec collab. Jacques Lagrange, Paris: Gallimard, 1994, pp.268~272. 훗날 푸코는 이 문제를 재검토한다. "Sexuality and Solitude," *London Review of Books*, 21 May-5 June 1981, pp.3, 5~6; *Dits et Écrits*, t.4: 1980-1988, ibid., pp.168~169.

7) 영국 의사 에라스무스 다윈(Erasmus Darwin, 1731~1802)이 개발한 '회전의자'를 광기의 치료에 활용한 조지프 메이슨 콕스는 그 효과를 찬양했다. "나는 정신이나 신체를 진정시키고 규율화할 수 있는 수단으로 그것을 활용함으로써 환자를 순종적이고 온순하게 할 수 있다고 생각하고 있다." Joseph Mason Cox, *Observations sur la démence*, trad. Louis Odier, Genève: Bibliothèque Britannique, 1806, p.58. 또한 다음을 참조하라. Louis-Victor-Frédéric, Amard, *Traité analytique de la folie et des moyens de la guérir*, Lyon: Ballanche, 1807, pp.80~93; Guislain, *Traité sur l'aliénation mentale*……, t.I, livre IV; *Moyens dirigés sur le système nerveux cérébral: De la rotation*, Amsterdam: Van der Hey, 1826, pp.374~404; Christine Buvat-Pochon, *Les Traitements de choc d'autrefois en psychiatrie: Leurs liens avec les thérapeutiques modernes*, Th. Méd. Paris, Paris: Le François, 1939; Foucault, *Histoire de la folie à l'âge classique*, pp.341~342. [『광기의 역사』, 515~516쪽.]

* 강의원고에는 이렇게 덧붙여져 있다. "요컨대 하나의 코드가 있다. 하지만 그것은 의미작용의 결정에 기초한 언어학적 코드가 아니라 어떤 종류의 힘의 관계를 확정하고 그 힘의 관계를 결정적으로 등록가능케 해주는 전술적 코드이다."

치료법 하나를 예로 들어보겠습니다. 솔직히 이것은 제가 아는 한, 프랑스의 정신의학 문헌에서 발견되는 치료법 중에서 가장 발전된 치료법입니다. 이 예를 제공한 것은 프랑수아 뢰레라는 불행하게도 악명 높은 정신과 의사이며 도덕요법으로 유명한 인물인데, 뢰레는 처벌이나 샤워 등을 남용했다고 오랫동안 비난받아왔습니다.[8] 뢰레는 확실히 고전적인 치료법을 가장 정확하고 가장 세심하게 정의했고 그 치료법과 관련된 가장 많은 자료를 남긴 인물입니다. 하지만 그뿐만이 아닙니다. 제 생각에 뢰레는 치료법의 실천과 그 전략을 고안해냈고 그것을 완벽한 지점까지 추진해 이를 통해 자신과 동시대의 모든 정신과 의사가 활용한 일반적 메커니즘을 이해할 수 있게 해주고, 그 섬세한 메커니즘의 세부사항을 소위 느린 화면의 형태로 이해할 수 있게 해준 인물입니다.

그 치료법은 뒤프레씨라는 인물에게 적용된 치료법입니다. 이 치료법은 1840년의 『광기에 대한 도덕요법에 관하여』 마지막 장에 상술되어 있습니다.[9] 뒤프레씨의 증상은 이랬습니다. "뒤프레씨는 뚱뚱하고 키도 작아 비만기가 있는 인물이다. 그는 혼자 산보하고 결코 누구에게도 말을 걸지 않는다. 그의 시선은 흐릿하고 표정은 얼이 빠져 있다. 그

8) 뢰레는 생전에 수많은 비판에 맞서 자신을 변호해야 했다. 뢰레의 말에 따르면 자신의 실천은 "퇴행적이고 위험하다"고 비난받았다. Leure, *Du traitement moral de la folie*, p.68. 뢰레에 대한 주요 반대 의견은 에스프리 실베스트르 블랑슈가 다음의 책에서 의학아카데미 시절을 회상하는 중에 드러난다. Esprit Sylvestre Blanche, *Du danger des rigueurs corporelles dans le traitement de la folie*, Paris: Gardembas, 1839. 또한 블랑슈의 다음 소논문에서도 나타난다. *De l'état actuel du traitement de la folie en France*, Paris: Gardembas, 1840. 이 논쟁은 뢰레의 사망기사에 의해 알려졌다. Ulysse Trélat, "Notice sur Leuret," *Annales d'hygiène publique et de médecine légale*, t.45, 1851, pp.241~262; Alexandre-Jacques-François Brierre de Boismont, "Notice biographique sur M. F. Leuret," *Annales médico-psychologiques*, 2e série, t.III, juillet 1851, pp.512~527.

9) Leuret, "Porteurs de titres et de dignités imaginaires"(Observation XXII), *Du traitement moral de la folie*, pp.418~462.

는 끊임없이 위와 아래로 가스를 뿜어대며, 아주 불쾌한 중얼거리는 소리를 자주 낸다. 이것은 강신술의 도움으로 몸에 들어오는 발현들을 쫓아버리기 위함이다. 그는 다른 사람의 친절에 둔감하고 그것을 피하려고까지 한다. 남들이 고집을 부리면 그는 기분이 언짢아진다. 그러나 결코 난폭해지지는 않고, 간수가 그곳에 있는 경우에는 그에게 이렇게 말한다. '끈질기게 달라붙는 이 미친년들 좀 떼어내줘.' 그는 누구도 결코 정면으로 바라보지 않는다. 불안이나 몽상에서 그를 잠시 떼어 놓는다 해도 언제나 그는 곧바로 거기로 되돌아가버린다……. 이 세계에는 그 고귀함으로 인해 남들보다 뛰어난 세 가문이 있다. 타타르 왕족의 가문, 니그리시아의 가문, 콩고의 가문이다. 특별한 일족, 타타르 왕족의 가장 이름 높은 가문, 그것이 아르퀴오네 가문이며 그 수장이 뒤프레이다. 그러나 사실 그는 코르시카 태생으로 코스로에스의 직계이며 동시에 나폴레옹, 들라비뉴, 피카르, 오드리유, 데투슈, 베르나르댕 드 생-피에르라고 한다. 그의 아르퀴오네적 특질의 변별적 요소는 성애의 쾌락을 끊임없이 맛볼 수 있다는 것이다. 그의 아래에는 그의 동족 중 퇴락한 자들이 있다. 그들은 이성애의 소질을 자신보다 덜 타고나서 그 성애의 소질 정도에 따라 아르퀴오네 3/4, 1/4, 1/5 등으로 불린다. 과도한 행위 때문에 그는 만성질환 상태에 빠졌다. 이를 치료하기 위해 그의 보좌인은 그를 생-모르 성(샤랑통을 그는 이렇게 부른다), 이어서 생-용, 나중에는 비세트르로 보냈다. 그는 자신이 있는 비세트르가 파리 근처에 있는 것이 아니고 요양원에서 보이는 것은 랑그르 마을일 뿐이라고 생각한다. 그를 속이기 위해 이 마을 안에 진짜 파리에 있는 건물의 모조품이 만들어졌다는 것이다. 요양원에 있는 남자는 자기 한 명뿐이고 다른 모든 사람은 여자이며, 그 중 몇 명이 얼굴 위에 잘 만들어진 가면을 쓰고 가짜 수염을 달고 있다는 것이다. 그를 진찰하는 의사는 그를 위한 요리사로 여긴다. 생-용을 나와 비세트르에 들어갈 때까지 그가 머물렀던 집은 그가 떠나자마자 사라져버렸다고 생각한다. 그는 결코 독서를 하지 않는다. 또한 바보 같은 이유로 어떤 신문도 손에 들지 않는다. 자신에게 건네진 신문은 가짜이고, 그것은 나폴레옹에 대해 말하고 있지 않으며, 그것을 읽는 자들은 그것을 쓴 자들의 동료들이라는 것이다. 그에게 돈은 아무런 가치도 없다. 이제는 위조지폐밖에 없다고 생각하기 때문이다. 그는 종종 식물원의 곰이나 원숭이가 말하는 것을 듣는다. 그는 생-모르성에서의 생활을 떠올리고 거기서 알게 된 몇몇 사람들도 떠올린다…….
그가 가진 잘못된 관념의 수가 많다는 것보다도 그가 그것을 확신에 차서 말한다는 것이 훨씬 더 주목할 만한 가치가 있다."[10]

저는 이제부터 분석하게 될 긴 치료 속에서 몇몇 장치 내지 술책을 식별해낼 수 있다고 생각하는데, 뢰레는 그것을 결코 이론화하지 않았고, 그 토대를 정신질환의 병인론에서도, 신경계의 생리학에서도, 광기의 심리학 일반에서도 찾고 있지 않습니다. 뢰레는 그저 자신이 시도해 본 조작을 몇 가지로 분해해 보여줄 뿐입니다. 그리고 저는 그런 뢰레의 술책을 네다섯 가지 큰 유형으로 나눌 수 있다고 생각합니다.

첫 번째로 권력을 불균형화하기 위한 술책이 있습니다. 다시 말해 권력을 애초부터 혹은 어쨌든 가능한 한 신속히 한쪽에만, 즉 의사 쪽에만 넘겨주는 술책입니다. 그리고 뢰레는 이 술책을 신속하게 행합니다. 뢰레와 뒤프레씨의 첫 번째 상견례는 권력을 불균형화하기 위한 것입니다. "뒤프레씨를 치료하기 위해 내가 그에게 처음으로 말을 건 것은, 그가 치유불가능하다고 소문난 정신이상자들이 모여 있던 큰 방에 있었던 때였다. 그는 앉아서 식사를 기다리면서 자신의 어리석음을 보여주고 있었다. 그는 자기 주변에서 일어나고 있는 모든 것에 무관심했고 가까이 있는 자들이나 자기 자신의 불결함에도 전혀 신경 쓰지 않고, 먹는 것 이외의 본능은 갖고 있지 않은 것 같았다. 그를 그 무기력으로부터 끌어내고 올바른 감각을 부여해 좀 더 주의 깊게 만들려면 어떻게

10) Leuret, *Du traitement moral de la folie*, pp.421~424.

해야 좋을까? 호의적인 말은 전혀 소용이 없다. 엄격한 쪽이 유효한 것일까? 나는 그의 언동과 그의 몸짓에 불만을 갖고 있는 척했고, 그의 태만·허영심·거짓을 비난했으며, 내 앞에서 모자를 벗고 서 있으라고 그에게 요구했다."[11]

이 최초의 상견례는 정신요양원의 일반적 의례라고 불릴 수 있는 것을 분명히 보여주고 있는 것 같습니다. 사실상 당시의 모든 정신요양원에서 의사가 자신의 환자와 상견례를 할 때 볼 수 있는 이 선례는 힘의 최초의 명시이며, 따라서 뢰레는 자신의 동시대 사람들과 완전히 같은 일을 하고 있었던 것입니다. 즉 정신요양원 내에서 환자가 놓이는 힘의 장이 불균형적인 것이라는 것, 거기에는 공유도 상호성도 교환도 없다는 것, 언어가 서로 간에 자유롭고 무차별적으로 유통되지 않는다는 것이 처음으로 명시되는 것입니다. 정신요양원에 있는 여러 사람들 사이의 상호성이나 투명성 등과 같은 모든 것이 폐기되어야 합니다. 차이의 세계, 의사와 환자의 단절 내지 불균형의 세계, [한번 내려가면] 다시는 올라갈 수 없는 어떤 경사면의 정상에는 의사가, 아래에는 환자가 위치하는 세계, 애초부터 이런 세계에 자리잡아야 하는 것입니다.

그리고 정신요양원에서의 생활에서 결코 사라지지 않을 완전히 지위에 기초한 위계의 차이나 위치의 차이에서 출발해 치료법 절차가 전개될 수 있습니다. 이것은 다양한 다른 치료법과 관련해 초기 정신과 의사들이 하는 조언에서 볼 수 있는 상투구입니다. 즉 언제나 그렇게 권력을 현시하는 것에서 출발해야 한다는 것입니다. 그 권력이 일방적이라는 것, 이것은 필립 피넬이 "공포를 불어넣는 그런 기제, 즉 [조광증 환자의 — J. L.] 상상력에 강력하게 작용해 어떤 저항도 무용하다는 것을 깨닫게 만드는 위압적 기제를" 가지고 환자에게 접근하도록 종용하면서 이야기하고 있는 바입니다.[12] 또한 그것은 장-에티엔 도미니크 에스키

11) Leuret, *Du traitement moral de la folie*, p.429.

롤이 묘사했던 것이기도 합니다. "정신이상자를 위한 시설에서는 의사장으로부터만 모든 것이 나올 수 있도록 해야 한다"[13]는 것입니다.

이것은 명백히 '타자의 의지 원칙'이라고 부를 수 있는 장-피에르 팔레의 원칙, 즉 환자의 의지를 '타자의 의지'로 대체하는 원칙이기도 합니다.[14] 환자는 자신이 정신요양원에서 직면한 현실을 집약하고 요약하는 어떤 것을 즉시 눈앞에서 감지해야 합니다. 현실 전체가 의사의 전능한 의지라고 하는 어떤 타자의 의지 속에 집약되어 있다는 것이죠. 다른 모든 현실이 의사의 의지를 위해 제거된다는 말이 아닙니다. 그런 것이 아니라 환자에게 부과되고 영향력을 행사하는 모든 현실이 의사의 의지로 지탱되어야 한다는 것, 즉 환자의 의지와는 무관한 의지, 그 지위 면에서 우월하기 때문에 교환이나 상호성이나 평등 등의 관계를 전혀 허용하지 않는 의지가 그런 현실의 근간이 되어야 한다는 것입니다.

이 원칙에는 두 가지 본질적인 목표가 있습니다. 우선 치료에 필요한 일종의 순종적 상태를 확립하는 것입니다. 요컨대 실제로 의사의 처방을 환자가 받아들이게 할 필요가 있습니다. 그러나 문제는 단순히 자신을 치유하려는 환자의 의지를 의사의 지식과 권력에 복종하게 만드는 것이 아닙니다. 문제는 특히 권력의 절대적 차이를 확립하며 광기 속에 존재하는 지상권至上權의 주장에 타격을 가하는 것입니다. 그 내용이 어떤 것

---

12) Pinel, *Traité médico-philosophique*……, p.61. 제2절(「정신이상자의 도덕요법」["Traite-ment morale des aliénés"]), 9항("일체의 폭력을 허용하지 않으면서 정신이상자에게 위압감 주기"[Intimider l'aliéné, mais ne point se permettre aucun acte de violence]).

13) Jean-Étienne Dominique Esquirol, "De la folie"(1816), *Des maladies mentales considérées sous les rapports médical, hygiène, et médico-légal*, t.I, Paris: J.-B. Baillière, 1838, p.126.

14) 앞의 각주 3번을 참조하라. 조제프 귀슬랭에게서 이미 이것은 "정신이상 치료에서의 격리"의 이점 중 하나였다. "자신과는 무관한 의지에 따르도록 강요됐다. …… 정신이상자가 격리를 통해 느끼는 의존의 감정에 기초한다." Guislain, *Traité sur l'aliénation mentale*……, t.I, p.409.

이건 간에 모든 광기에는 언제나 지상권의 주장 같은 것이 있습니다. 그리고 절대적으로 우월한 타자의 의지의 단언이라는 최초의 의례는 이런 광기의 주장에 타격을 가하는 것을 목표로 삼고 있는 것입니다.

당시의 정신의학에서 광기의 지상권이 표명되는 방식에는 두 가지가 있습니다. 몇몇 사례에서 그 지상권은 망상의 내부에서 이른바 위대함이라는 관념의 형태로 표현됩니다. 즉 자신이 왕이라고 믿는다는 것입니다. 뒤프레씨의 경우 자신이 나폴레옹이며,[15] 인류 가운데 성적으로 가장 탁월하고,[16] 자신만이 남성이며 다른 이들은 모두 여성[17]이라는 것을 일종의 주권 내지 지상권이라는 망상의 내부 자체에 설정하면서 믿고 있습니다. 그러나 이것은 오직 위대함의 망상에서만 일어나는 일입니다. 그리고 이밖에 위대함의 망상이 부재하는 경우에도 역시 어떤 종류의 지상권의 주장이 있습니다. 하지만 그것은 망상이 표현되는 방식상에서가 아니라 망상이 행해지는 방식상에서 단언됩니다.

망상의 내용이 무엇이든지 간에 자신이 박해받고 있다고 믿고 있는 경우에서조차도 자신의 망상을 행하는 것, 다시 말해 모든 논의나 추론이나 증거를 거부하는 것, 이것 자체는 일종의 지상권의 주장입니다. 그리고 이것은 모든 광기와 완전히 동일한 외연을 갖는 것입니다. 반면에 망상 속에서 지상권을 표현하는 것은 단지 위대함의 망상에 빠져 있다는 것일 뿐입니다.

망상에 빠져 있음으로 인해 자신의 지상권을 망상 속에서 행사하는 것, 이것이 모든 광기의 특징입니다.

---

15) "뒤프레씨는 임의로 정한 이름, 가짜 이름이다. 그의 진짜 이름은 우리가 잘 알고 있는 이름인 나폴레옹이다." Leuret, *Du traitement moral de la folie*, p.422.

16) "그의 아르퀴오네적 자질은 사랑의 쾌락을 끊임없이 맛볼 수 있는 능력으로 나타난다." Leuret, *Du traitement moral de la folie*, p.423.

17) "시료원 내에서 그만이 남성이며 다른 모든 이들은 여성이다." Leuret, *Du traitement moral de la folie*, p.423.

결국 정신의학적 조작의 최초의 장치·술책이 어떻게, 그리고 왜 정당화되는지 짐작하실 수 있으시겠죠. 요컨대 문제는 더 강력하고 우월한 권력을 갖춘 다른 의지의 표명을 통해 광기의 지상권에 타격을 가하는 것, 광기의 지상권을 굴복시키는 것입니다. 에티엔-장 조르제는 의사들에게 이렇게 조언합니다. "정신이상자에게 그가 갖고 있다고 주장하는 왕의 자격을 …… 부인하는 대신 그가 무력하다는 것을 증명하라. 왕이 아닌 당신들이 그를 향해 무엇이든 할 수 있다는 것을 증명하라. 그러면 그는 자신이 정말 오류에 빠진 것이 아닌지 생각하게 될 것이다."[18]

따라서 의사의 현실이, 정신요양원의 지위적 불균형이 그 현실에 부여하는 지상권을 가지고 망상의 지상권과 대결한다는 것, 바로 이런 면에서 제가 뒤프레씨의 경우와 관련해 소개한 상견례가 당시 정신요양원 실천의 일반적 맥락에 속한다는 것입니다. 그런 실천에는 당연히 여러 형태가 있습니다. 정신의학적 담론에 내적인 모든 논의는 이것을 중심으로 전개되는데, 우선 의사의 권력을 현시하기 위해 때로는 폭력을 사용할 필요가 있지만 경의나 신뢰의 요구, 환자에게 부과된 일종의 계약, 협조 등의 방식도 때로는 필요하다고 생각하는 의사들이 있습니다.

이와는 반대로 모든 경우에 공포, 폭력, 위협을 가할 것을 권장하는 정신과 의사들도 있습니다. 어떤 정신과 의사들은 권력의 골격과 경향을 지탱하고 그것을 규정하는 것으로서의 감시의 총체, 내부의 위계, 건물의 배치를 갖춘 정신요양원의 체계 자체가 사실상 충분히 권력의 근본적인 불균형을 확보할 수 있다고 생각합니다. 그리고 이와는 반대로, 의사라는 인물 자체, 그의 위신, 그의 풍모, 그의 공격성, 그의 언변의 과격함 등과 같은 모든 것이 권력의 불균형을 현시한다고 생각하는 정신과 의사들도 있습니다. 이런 상이한 견해들 모두는 이 근본적인 의례보

---

18) Étienne-Jean Georget, *De la folie: Considérations sur cette maladie*, Paris: Crevot, 1820, p.284. [본서 1강(1973년 11월 7일)의 각주 13번 참조.]

다 중요하지 않다고 생각됩니다. 저는 뢰레가 이 근본적인 의례를 자신의 치료법에서 정신요양원이 부과한 권력의 초과분을 의학적으로 개별화하는 해결책에 분명히 동의하고, 그것에 공격과 폭력의 매우 직접적인 형태를 부여하면서 어떻게 전개시켜가는지 보여드리고자 합니다.

뒤프레씨에게서 발견된 망상의 주제 중 하나는 자신의 성적 지상권을 믿는 것, 정신요양원에서 자기 주변에 있는 모든 사람이 여자라고 믿는 것이었습니다. 뢰레는 뒤프레씨에게 다가가 그 주위에 있는 사람들이 정말로 모두 여자냐고 묻습니다. "예"라고 뒤프레씨는 답합니다. "나도 여자요?"라고 뢰레가 묻자, "당연하죠"라고 답합니다. 이때 뢰레는 뒤프레씨에게 달려들어 그를 "격렬하게 흔들면서, '이게 여자의 팔입니까?'라고 묻는다."[19] 뒤프레씨가 그다지 납득하지 않자, 더 납득시키기 위해 뢰레는 뒤프레씨의 저녁식사에 '칼로멜 가루'를 섞습니다. 이것 때문에 불쌍한 뒤프레씨는 밤중에 심한 복통을 느끼게 됐고, 뢰레는 다음날 아침 뒤프레씨에게 이렇게 말합니다. "요양원 안에서 유일한 남자인 당신은 어제의 언쟁에 겁이 난 나머지 배가 아프게 된 거요."[20] 이렇게 해서 뢰레는 자신의 남성적이고 신체적인 우월성을, 뒤프레씨 안에 인위적으로 유발시킨 공포라는 징후를 통해 현시한 것입니다.

뢰레의 치료를 따라가면서 이런 일련의 요소들을 인용할 수 있을 것입니다. 뢰레는 뒤프레씨를 샤워시킵니다. 뒤프레씨는 날뛰며 자신의 망상의 주제를 다시 끄집어내 이렇게 말합니다. "봐, **어떤 년**이 나를 모욕하는구만!" 그러자 뢰레는 "**년**이라고?"라고 되묻고, 목구멍 안쪽까지 샤워를 격하게 뿜어대자 뒤프레씨는 날뛰면서, 그것이 남성적인 몸짓이라는 것을 이해하고, "마침내 그것이 남성이라는 것을 인정"하게 됩니다. 이런 식으로 권력의 예식적 불균형이 있는 것입니다.[21]

---

19) Leuret, *Du traitement moral de la folie*, p.429.

20) Leuret, *Du traitement moral de la folie*, p.430.

두 번째 술책이 있습니다. 그것은 언어의 재활용이라고 부를 수 있을 그런 술책입니다. 뒤프레씨는 사람들을 올바로 식별하고 있지 않았습니다. 뒤프레씨는 의사를 요리사로 믿고 있었고, 자신에게는 차례로 또 동시에 일련의 정체성을 부여해 "나폴레옹, 들라비뉴, 피카르, 오드리유, 데투슈, 베르나르댕 드 생-피에르"라고 생각하고 있었습니다.[22] 따라서 뒤프레씨는 우선 이름을 다시 암기하고 각각의 사람들에 대해서 적절한 이름을 할당할 수 있어야 합니다. 그리고 여기에 첫 번째 술책 이후에 이용됐고, 몇 가지 점에서 그것과 겹치는 두 번째 술책의 특징이 있습니다. "집요하게 몰아세운 끝에 그는 사려 깊고 온순해진다."[23] 그리고 뒤프레씨가 사람들의 이름을 외울 때까지 반복시킵니다. "그에게 내 이름, 학생들의 이름, 간수들의 이름, 간호사들의 이름을 외우도록 하는 것, 우리들 모두의 이름을 외우도록 할 필요가 있었다."

뢰레는 뒤프레씨에게 책을 읽게 하고 시 구절을 암송시키며 뒤프레씨가 학교에서 배웠다고 하는 라틴어를 말하게 합니다. 또한 뢰레는 뒤프레씨에게, 군대에 있을 때 배웠다고 하는 이탈리아어를 말하게 하고 "이야기를 해보시오"라고 재촉하기도 합니다.[24]

그리고 또 다른 경우 뢰레는 뒤프레씨를 욕조에 넣고 언제나처럼 샤워를 맞게 한 뒤, 늘 그랬던 것과는 달리 욕조를 비우도록 명령합니다. 하지만 뒤프레씨는 늘 어떤 명령에도 따르지 않았습니다. 뢰레는 이 명령에 억지로 따르게 하고, 뒤프레씨가 욕조를 비우고 있을 때 등을 보이자마자 새로 욕조를 채웁니다. 이렇게 뢰레는 명령과 복종의 메커니즘이 완전하게 연동될 때까지 몇 번이나 계속해서 명령을 반복합니다.[25]

---

21) Leuret, *Du traitement moral de la folie*, p.430.

22) Leuret, *Du traitement moral de la folie*, p.422.

23) Leuret, *Du traitement moral de la folie*, p.431.

24) Leuret, *Du traitement moral de la folie*, p.431.

25) Leuret, *Du traitement moral de la folie*, p.432.

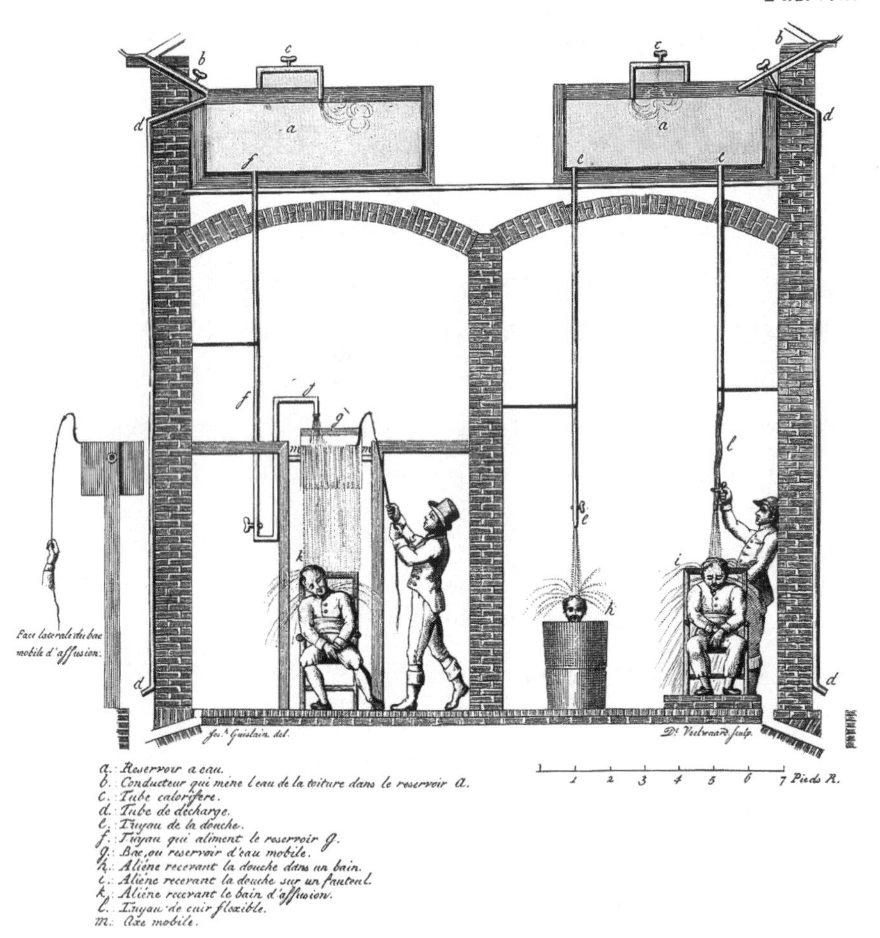

샤워요법 혹은 주입욕('각주 6번' 참조) 푸코는 광기의 역사에서 몸을 물에 담그는 관례가 아주 오래 전부터 있었음을 지적한 뒤, 17세기 말~18세기에 들어와 피넬과 그 계승자들이 이 기법을 순전히 억압적이며 정신적인 맥락에서 재수용했음을 지적한 바 있다. 즉, 이들 정신의학자들에게 이제 샤워는 더 이상 환자의 정신과 근육을 신선하게 해주기 위해서가 아니라 일종의 '처벌'로서 이용됐다는 것이다. "그래서 환자가 '열에 들떠 있을' 때는 샤워요법을 쓰지 말아야 했다. 오히려 환자가 잘못을 저질렀을 때 샤워요법을 써야 했다"(『정신병과 심리학』). 『광기의 역사』에서 푸코는 이런 폭력성이 일종의 "세례에 의한 재탄생"을 약속했다고 비꼬았다(위 도판은 조제프 귀슬랭의 『정신이상자와 정신요양원에 관한 논고』[1826] 제2권에 들어 있는 삽화이다).

아시다시피 본질적으로 언어에 관련된 이런 일련의 조작에서 문제는 우선 다형적 명명이라는 망상을 수정하는 것이며, 정신요양원의 규율적 피라미드 내부에서 개별화된 이름을 각자에게 되돌려주도록 환자에게 강제하는 것입니다. 아주 특징적인 것은 뒤프레씨에게 요구되는 것이 환자 이름 외우기가 아니라 의사의 이름, 학생들의 이름, 간수들의 이름, 간호사들의 이름 외우기라는 사실입니다. 다시 말해 명명법을 배우는 것은 동시에 위계질서를 배우는 것이기도 합니다. 이름을 외우는 것, 경의를 표하는 것, 이름을 배분하는 것, 개개인이 규율공간 안에서 위계화되는 방식으로 배분하는 것, 이 모든 것은 완전히 동일한 것입니다.

또 뒤프레씨는 독서나 시구의 암송 등을 요구받습니다. 물론 그것을 통해 정신을 사로잡는 언어의 망상적 사용을 단념시키는 것이 문제인데, 뿐만 아니라 다음과 같은 언어 사용을 다시 가르치는 것 역시 문제가 됩니다. 다시 말해 학습과 규율에 기초한 그런 형태의 언어, 뒤프레씨가 학교에서 배운 형태의 언어를 다시 가르치는 것, 현실에서 뒤프레씨가 사용하는 언어가 아니라 학교의 규율이나 명령체계가 그것을 통해 뒤프레씨에게 부과한 일종의 인위적 언어를 다시 가르치는 것입니다. 마지막으로 무제한적으로 반복되는 명령을 통해 욕조를 채우거나 그것을 비우거나 할 때는 역시 명령어, 하지만 이번에는 일시적인 명령어를 환자로 하여금 습득케 하는 것이 문제가 되고 있습니다.

일반적으로 말해서 뢰레에게 문제는 환자로 하여금 언어의 모든 명령적 사용을 습득케 하는 데 있다고 저는 생각합니다. 고유명사를 통해 인사하고 경의를 표하며 타인에게 주의를 기울이는 것, 학교 식으로 암송하고 배운 언어를 사용하는 것, 지도에 따르는 것. 아시다시피 여기서 문제가 되는 것은 변증법적이라고 불릴 수 있을 만한, 일종의 진실의 재학습이 전혀 아닙니다. 문제는 뒤프레씨에게 언어로부터 출발해 그 자신이 내리고 있던 판단이 잘못되어 있다는 사실을 보여주는 것이 아닙니다. 모든 사람이 '아르퀴오네'라고 뒤프레씨가 자신의 망상 속에서 믿고 있는 것이 옳은지 아닌지의 여부를 둘러싼 논의가 전개되는 것이 아닙니다.[26] 문제는 언어 내지 논의에 고유한 변증법 안에서 가짜인 것을 진짜인 것으로 전환시키는 것이 아닙니다. 문제는 그저 단순히 주어진 명령이나 지도의 작용을 통해 주체를, 명령을 전달하는 것으로서의 언어와 다시금 접촉시키는 것입니다. 권력의 한 체계를 준거로 해 그 권력에 따르는 언어의 명령적 사용이 문제가 되고 있는 것입니다. 이런 언어는 정신요양원에 고유한 언어이며, 정신요양원의 위계를 규정하는 이름을 정하는 언어, 주인의 언어입니다. 그리고 이런 권력의 틀 전체가 학습하는 언어 배후에 현실로서 투명하게 드러나야 합니다. 환자가 다시 배워야 할 언어는, 환자가 그것을 통해 진실을 다시 볼 수 있는 언어가 아닙니다. 환자에게 다시 배우도록 강요되는 언어, 그것은 환자에게 부과된 명령·규율·권력이라는 현실이, 그것을 통해 투명하게 보이는 그런 언어입니다. 바로 이것이 뢰레가 그런 언어 훈련의 마지막 단계에서 말하고 있는 바입니다. "이렇게 해서 뒤프레씨는 주의[이것은 물론 현실에 관련된 능력입니다 — M. F.]를 기울이게 되고 나와 관계를 맺게 됐다. 나는 그에게 영향력을 행사하고, 그는 나를 따랐다."[27] '주의'란 의사, 즉 명령을 내리는 자, 권력을 소유한 자로서의 의사와의 관계를 일컬으며, 바로 권력을 소유한 자로서의 의사가 명령이라는 형태로 영향력을 행사하는 관계를 일컫습니다. 따라서 그런 권력의 현실과 관련해 투명한 언어가 문제가 되고 있습니다.

이 점에 관해서도 뢰레의 방식은 어떤 의미에서 당시의 다른 정신과 의사들보다 훨씬 정교하고 완벽주의적입니다. 그러나 당시 '도덕요법'이라고 불리던 것은 결국 그런 것이었습니다. 물론 거기에는 언어의 사용, 즉, 실제로는 명령과 복종을 작동시키는 변조된 대화 같은 것이 뢰레의

---

26) Leuret, *Du traitement moral de la folie*, p.422.

27) Leuret, *Du traitement moral de la folie*, p.432.

경우만큼 직접적으로 중심이 되고 있지는 않았습니다. 왜냐하면 대부분의 정신과 의사는 뢰레와 달리 권력을 보유한 자인 정신과 의사의 직접적 행동보다는 오히려 정신요양원의 내적 메커니즘을 특히 신뢰했기 때문입니다.[28] 그러나 당시 정신과 의사들에게 정신요양원 제도 자체가 어떻게 기능하는 것으로 파악되고 있었는지, 정신요양원의 그런 작용이 어떻게 치료에 도움이 된다고 간주됐는지를 살펴보면, 결국 정신요양원이 치료에 도움을 주는 것으로 간주된 이유는 그것이 사람들을 규칙의 체계나 일과에 복종시키고, 명령에 복종시키고 정렬시키며, 몇몇 질서정연한 몸짓이나 습관에 복종시키고, 노동에 따르게 만들기 때문이라는 것을 알 수 있습니다. 이런 명령의 총체, 실제로 내려지는 여러 명령인 동시에 제도적으로 구속적인 규칙체계이기도 한 명령의 총체가 결국 당시의 정신과 의사들에게 정신요양원 치료의 중요한 요소들 중 하나였음을 알 수 있습니다. 이런 것에 대해서는 팔레가 1854년의 텍스트에서 이야기하고 있습니다. "하루 일과 전체를 정하는 확고한 규칙체계는 그것이 엄격하게 지켜질 때, 각각의 환자로 하여금 규칙 위반을 범하려는 그들의 경향에 반해 일반적인 법에 따르도록 강제한다. 자기 자신에게 빠져 있거나 자신의 변덕이나 무질서한 의지로 인한 충동에 따르거나 하는 대신에 정신이상자는 그것이 만인을 위해 확립된 것일수록 더욱더 열심히 그런 하나의 규칙에 굴종하지 않을 수 없다. 정신이상자는 자신과는 무관한 의지의 수중에 자기를 방기하고, 규칙[의] 위반으로 인한 처벌을 받지 않도록 끊임없이 노력해야 한다."[29]

그리고 이런 명령체계, 즉 실제로 내려지는 명령과 지속적인 명령, 지도로서의 명령과 규칙체계로서의 명령으로 이뤄진 체계와 관련해 에스

28) 뢰레는 자신의 치료법을 이렇게 정의한다. "내가 말하는 광기에 대한 도덕요법은 정신이상자의 지성과 정념에 직접적으로 작용하는 모든 수단을 합리적으로 사용하는 것이다." Leuret, *Du traitement moral de la folie*, p.156.

29) Falret, *Des maladies mentales et des asiles d'aliénés*, p.690.

키롤 역시 그 체계가 정신요양원에서 치유를 가능케 하는 주요 요소라고 생각하고 있었습니다. "이런 시설에서는 각각의 입원자가 조금씩 그곳으로 이끌리는 그런 움직임, 활동, 소용돌이가 있다. 이를테면 가장 완고하고 가장 의심스러운 만성우울증 환자는 자기도 모르게 자기 바깥에서 생활하고, 타인의 일반적인 움직임과 사례에 사로잡히게 된다. …… 이 시설의 균형, 질서, 규칙에 구속되는 조광증 환자는 자신의 충동으로부터 더 잘 자신을 지키며 기행에 빠지는 일이 적어지게 된다."[30] 달리 말하면 명령은 규율의 형태를 한 현실인 것입니다.

정신요양원의 치료장치에서 볼 수 있는 세 번째 술책은 욕구의 조정 혹은 욕구의 조직화라고 부를 수 있는 것입니다. 정신의학의 권력은 현실을 광기 속으로 진입시키고 현실이 광기에 대해 영향력을 행사토록 하기 위해 욕구를 조정하고 더 나아가서는 새로운 욕구를 출현시킨다는 것, 몇 가지 욕구를 창조하고 유지하며 지속시킨다는 것입니다.

그리고 이 원리에 대해서도, 뢰레의 매우 정교하고 매우 흥미로운 방법을 출발점으로 취해 검토할 수 있을 것 같습니다.

뢰레의 환자인 뒤프레씨는 일하려고 하지 않았습니다. 왜냐하면 뒤프레씨는 돈의 가치를 믿지 않았기 때문입니다. 뒤프레씨는 이렇게 말했습니다. "돈에는 아무 가치도 없소. 위조지폐뿐이야."[31] 왜냐하면 화폐를 주조할 권리를 갖는 것은 자기 자신, 나폴레옹뿐이기 때문이고, 따라서 자신이 손에 넣을 수 있는 돈은 위조지폐이니 일해도 소용없다는 것입니다. 그런데 문제는 바로 뒤프레씨에게 돈의 필요성을 이해시키는 것입니다. 어느날 뒤프레씨는 억지로 일하게 됩니다. 뒤프레씨는 거의 일하지 않았지만 그날이 저물 때 하루 일당으로 돈이 건네졌습니다. 뒤프레씨는 "돈에는 아무 가치도 없다"[32]는 것을 이유로 그것을 거절합

30) Esquirol, "De la folie," p.126.

31) Leuret, *Du traitement moral de la folie*, p.424.

니다. 뒤프레씨는 제압당하고 뒤프레씨의 주머니에 억지로 돈이 넣어집니다. 하지만 저항한 것에 대한 벌로서 뒤프레씨는 그날 밤과 다음날 오후, "마실 것과 먹을 것 없이" 구금됩니다. 하지만 사전에 잘 훈련된 간호사가 뒤프레씨에게 가서 이렇게 말합니다. "아! 뒤프레씨, 식사도 못 하시다니 참 딱하군요! 뢰레 선생님의 힘과 징벌이 두렵지 않다면 먹을 것을 가져다 드릴 텐데. 하지만 당신께서 제게 몇 푼이라도 주신다면 위험을 무릅쓸 생각도 있는데요." 결국 먹을 것을 얻기 위해 뒤프레씨는 자신의 주머니에서 받은 8수 중 3수를 꺼내야만 했습니다.

아마도 인위적으로 만들어진 이 욕구를 통해 돈의 의미, 혹은 적어도 유용성이 이미 뒤프레씨에게 나타나기 시작합니다. 뒤프레씨에게는 먹을 것이 주어지지만 여기서도 "뒤프레씨가 먹는 야채에 12그레인의 칼로멜"이 섞이고, 그 때문에 뒤프레씨는 "곧 화장실에 가고 싶어져 간병인을 불러 자신의 양손을 자유롭게 해달라고 부탁한다. 여기서도 돈이 도움이 된다."[33] 다음날 뒤프레씨는 일하고 "하루치 보수를 받게" 됩니다. 뢰레에 따르면 이것은 "내가 그에게서 얻어낸, 자발적으로 숙고한 끝에 이뤄진 최초의 이성적 행동"이라는 것이었습니다.[34]

물론 제 생각에 뢰레가 돈과 배변 사이에 확립시킨, 하지만 아시다시피 명령적 개입이라는 형태를 통해 확립된 이 놀라운 관계에 대해 더 깊이 생각해볼 수 있을 것입니다. 이것은 아시겠지만 돈과 배변이라는 두 개의 항으로 이뤄진 상징적 관계가 아니라 식사·배변·노동·돈이라는 네 개의 항으로 이뤄진 전술적 관계이며, 더 나아가 다섯 번째 항으로서 전술적 사각형의 네 점을 주파하게 되는 것이 의학적 권력입니다. 이 네 개의 항을 순환하는 이 의학적 권력의 작용이 여러분께서도 잘 아시는

32) Leuret, *Du traitement moral de la folie*, p.434.

33) Leuret, *Du traitement moral de la folie*, p.435.

34) Leuret, *Du traitement moral de la folie*, p.435.

운명을 갖게 되는 그런 관계를 확정하게 되며, 여기서 우리는 그 관계의 출현을 처음으로 목격할 수 있게 된다고 저는 생각합니다.[35]

일반적으로 말해서 이 점과 관련해서도 뢰레는 매우 정교하고 치밀한 방식으로 당시의 정신의학적 치료체계에서 매우 중요한 어떤 것에 대한 정식을 부여한 것 같습니다. 결국 여기서 문제가 되고 있는 것은 환자에게 결여의 상태를 만들어내 철저히 유지시키는 것입니다. 즉 환자를, 그의 일상적 생활수준보다 낮은 수준에 두어야 한다는 것입니다. 이로부터 다음에 기술하는 몇몇 전술이 생겨나게 됩니다. 뢰레의 전술만큼 정교한 것은 아니지만, 그것들 역시 정신요양원 제도와 광기의 역사에서 오래 지속되는 운명을 갖게 됐습니다.

우선 의복의 전술입니다. 자신의 1834년 저작 『정신이상자에 관하여』에서 기욤 페뤼는 정신요양원에서 환자에게 입혀야 할 의복에 관한

---

35) 푸코가 암시하는 것은 훗날 정신분석학에서 중시되는 '돈-배설물'의 관계이다. 지그문트 프로이트가 1897년 12월 22일 빌헬름 플리스(1887~1902)에게 보낸 편지에서 언급한 이 상징적 관계는 항문성애의 이론에서 발전하게 된다. Sigmund Freud, "Lettres à Wilhelm Fliess," *La Naissance de la psychanalyse*, trad. Anne Berman, Paris: PUF, 1956, p.212. [임진수 옮김, 「편집 79」, 『정신분석의 탄생』, 열린책들, 2003, 179~180쪽]; "Charakter und Analerotik"(1908), *Gesammelte Werke*, Bd.VII, Frankfurt/Main: S. Fischer Verlag, 1941, pp.201~209; "Caractère et érotisme anal," trad. Denise Berger, Pierre Bruno, Daniel Guérineau, et Françoise Oppenot, *Névrose, Psychose et Perversion*, Paris: PUF, 1973, pp.143~148. [김정일 옮김, 「성격과 항문성애」, 『성욕에 관한 세 편의 에세이』, 열린책들, 2003, 187~195쪽]; "Über Triebumsetzung insbesondere der Analerotik"(1917), *Gesammelte Werke*, Bd.X, Frankfurt/Main: S. Fischer Verlag, 1946, pp.401~410; "Sur les transpositions de pulsions, plus particulièrement dans l'érotisme anal," *La Vie sexuelle*, trad. Denise Berger, Paris: PUF, 1969, pp.106~112. [김정일 옮김, 「항문성애의 예로 본 본능의 변형」, 『성욕에 관한 세 편의 에세이』, 열린책들, 2003, 273~282쪽.] 또한 다음의 책도 참조하라. Ernest Borneman, *Psychoanalyse des Geldes: Eine kritische Untersuchung psychoanalytischer Geldtheorien*, Frankfurt/Main: Suhrkamp, 1973; *Psychanalyse de l'argent: Une recherche critique sur les théories psychanalytiques de l'argent*, trad. Daniel Guérineau, Paris: PUF, 1978.

이론을 하나 제안하고 있습니다. "정신이상자의 의복에 특별히 주의를 기울여야 한다. 거의 모든 광인은 허영심이 강하고 거만하다. 그들 중 대부분은 병에 걸리기 전에 부침 가득한 인생을 보냈다. 때때로 그들은 어느 정도 재산을 갖고 있었지만 그들의 정신적 혼란 때문에 그 재산을 낭비하게 됐다."[36] 즉 광인들은 아름다운 의복이나 장신구를 갖고 있었다는 것입니다. 그들은 정신요양원 안에서 왕년의 화려함을 보여주는 복장을 재현하려고 합니다. 현재 그들의 비참함은 그들의 망상을 작동시킵니다. 광인들을 그런 망상으로부터 분리시켜야 합니다. 페뤼는, 그러나 너무 지나쳐서는 안 된다고 말합니다. 정신요양원에서 빈번히 일어나는 일이지만, 그들의 명예에 상처를 주는 찢어진 의복을 광인들에게 입혀서는 안 된다는 것입니다. 왜냐하면 그것은 광인들을 너무 모욕하는 일이 되고 그들의 망상과 불쾌감을 자극할 가능성이 있으며, 그렇게 해서 광인들이 알몸으로 돌아다니게 되기 때문이라는 것입니다. 망상으로 인해 치장하는 것과 음란하게 알몸을 드러내는 것 사이에서 무엇인가를 발견해야만 하는데, 그것은 "촘촘하고 튼튼한 천으로 되어 있지만, 동일한 모양으로 만들어져 청결하게 유지되고 광기의 유치한 허영심에 유의한 의복"이 될 것입니다.[37]

음식과 관련된 전술도 있습니다. 간소하고 한결같은 식사를, 마음껏 주는 것이 아니라 평소보다 가능한 한 적게 주는 것입니다. 정신요양원 내부에서의 이런 식사의 일반적 배급제에 더해, 특히 속박하지 않는 정책이 적용된 이래로, 즉 구속을 위한 기구의 일부가 폐지된 이래로,[38] 처

36) Guillaume Ferrus, *Des aliénés: Considérations sur l'état des maisons qui leur sont destinées, tant en France qu'en Angleterre; Sur le régime hygiénique et moral auquel ces malades doivent être soumis; Sur quelques questions de médecine légale et de législation relatives à leur état civil*, Paris: Impr. de Mme Huzard, 1834, p.234.

37) Ferrus, *Des aliénés*……, p.234.

38) 본서 5강(1973년 12월 5일)의 각주 18번을 참조하라.

벌로서의 식사 금지라는 정책이 사용됩니다. 즉 음식을 빼앗거나 절식케 하는 것으로, 이것은 정신요양원의 주요 처벌이었습니다.

다음으로 노동과 관련된 전술이 있습니다. 노동은 정신요양원의 체계에서 매우 다원적으로 결정됐습니다. 우선 노동은 필요한 규율이나 규칙체계 혹은 쉼 없는 활동을 확보합니다. 이렇게 해서 1830년대에 노동은 매우 빠르게 정신요양원 내부에서의 의무 같은 것으로서 편성됐습니다. 이를테면 생-탄느의 농장은 비세트르 구빈원을 계승하기 이전에 우선 그것을 연장하는 것이었습니다.[39] 앙리 지라르 드 카이외가 옥세르 구빈원의 원장을 역임하던 시대에 말했던 것처럼 "채소 껍질을 벗기거나 조리하는 것은 때때로 치료에 매우 유익한 활동이 된다"고 생각됐던 것입니다.[40] 그리고 흥미로운 것은 이런 노동이, 단지 명령이나 규율 그리고 규칙성의 요인이기 때문에만 부과되는 것이 아니라 보수의 체계를 거기에 삽입할 수 있게 해주기 때문에 부과된다는 것입니다. 정

39) '생-탄느 농장'은 애초에 전염병이 일어났을 때 병자들을 수용하는 시설을 건설하기 위해 1651년 안느 도트리슈(Anne d'Autriche, 1601~1666)에게 기증받은 것이었다. 일부는 건축에 할애되고 남은 토지는 경작에 이용됐다. 1833년 비세트르 구빈원의 의사장 페뤼(1784~1861)는 이 토지를 정신요양원의 세 부분으로부터 온 회복기 병자들과 치유불가능하지만 건강한 병자들을 노동하게 만드는 데 이용하기로 결정한다. 조르주-외젠 오스만(Georges-Eugène Haussmann, 1809~1891)[본서 8강(1974년 1월 9일)의 각주 22번과 26번 참조] 지사가 "센 도(都)의 정신이상자 부문에서 이뤄져야 할 개선과 개혁을 검토"하기 위해 1860년 12월 27일 설치한 위원회는 이 농장의 폐쇄에 서명한다. 1863년 말 지라르 드 카이외[아래의 각주 40번과 본서 8강(1974년 1월 9일)의 각주 21번 참조]의 지시로 확정된 계획에 따라 시작된 정신요양원 설치는 1867년 5월 1일 개시됐다. Charles-Auguste Guestel, Asile d'aliénés de Sainte-Anne à Paris, Versailles: Aubert, 1880.

40) Henri Girard de Cailleux(1814~1884). 1840년 6월 20일 옥세르 정신요양원의 의사장 겸 원장이 됐고, 센 도의 정신이상자 담당 감찰관에 임명되는 1860년까지 그 자리를 지켰다. 본문에 인용된 것은 지라르 드 카이외의 다음 논문 속에 나오는 구절이다. "De la construction et de la direction des asiles d'aliénés"(1re partie), *Annales d'hygiène publique et de médecine légale*, t.40, juillet 1848, p.30.

신요양원에서의 노동은 무상 노동이 아니라 보수를 지불받는 노동입니다. 그리고 이런 지불은 추가적인 은혜가 아니라 노동의 핵심 기능입니다. 정신요양원에서는 근본적인 결여, 즉 음식물의 결핍, 혹은 담배나 후식 등을 즐기는 모든 만족감의 부재 등 근본적 결여를 통해 몇몇 욕구가 만들어지는데, 보수는 그런 욕구를 만족시키기에 충분해야 합니다. 노동과 함께 주어지는 보수의 체계가 기능할 수 있으려면 욕구를 갖게 하고 느끼게 하며 결여의 상태에 두어야 한다는 것, 그러므로 지극히 사소한 근본적 결여를 통해 만들어진 욕구를 충분히 만족시킬 수 있는 보수이면서도 동시에 통상적인 모든 일반적 보수에는 미치지 못하는 보수여야 한다는 것입니다.

마지막으로 정신요양원의 규율이 조성한 거대한 결여 중에서도 아마도 특히 중요한 것으로 자유의 결여가 있습니다. 그리고 19세기 전반의 정신과 의사들에게서 격리 이론이 어떻게 조금씩 변화하는지, 혹은 심화되고 완성되는지를 보시게 됩니다. 지난번에 말씀드렸던 격리 이론은 본질적으로 치료환경과 병이 진행된 장으로서의 환자의 가정을 단절시켜야 하는 의무를 통해 작동되고 있었습니다. 그 후에 격리에 추가적인 이점이 있다는 생각이 생겨나게 됩니다. 즉 격리는 가정을 보호할 뿐만 아니라 환자 내면에 자유에 대한 열망이라고 하는 그때까지는 환자 자신이 알지 못했던 새로운 욕구를 생겨나게 하기도 한다는 생각입니다. 그리고 인위적으로 만들어진 이런 욕구를 배경으로 치료를 진행할 수 있게 되는 것입니다.

정신요양원에서 작동하는 당시 정신의학의 권력은 따라서 욕구를 만들어내고 권력이 만들어낸 결여를 운용합니다. 그렇다면 왜 그런 욕구의 운용이나 결여의 제도화가 이뤄졌던 것일까요? 거기에는 쉽게 포착할 수 있는 몇 가지 이유가 있습니다.

첫 번째로 욕구가 작동함으로써 욕구되는 것의 현실이 불가결한 것이 된다는 것입니다. 이를테면 결여가 생겨나고 그것을 충족시키기 위한 돈이 필요해지는 그 순간부터, [이전에는] 아무것도 아니었던 돈이 중요해집니다. 따라서 결여가 작용함으로써 자신이 욕구하는 것의 현실이 지각되는 것입니다. 이것이 이 체계의 첫 번째 효과입니다.

두 번째 효과는 정신요양원에서의 궁핍상태를 통해 외부 세계의 현실이 점점 뚜렷이 윤곽을 드러낸다는 것입니다. 즉 그때까지 광기의 지상권이 부정하려 했던 외부 세계의 현실이 정신요양원의 울타리 너머에 있고, 확실히 가까이 가기 어렵지만 광기의 상태에 있는 동안만 가까이 가기 어려운 그런 현실로서 점차 필수적인 것이 되어간다는 것입니다. 그런 외부 세계는 사실 두 양태 아래서 현실적인 것이 됩니다. 우선 그것은 정신요양원의 세계와는 대조적으로 결핍 없는 세계가 되며, 그럼으로써 바람직한 현실이라는 양상을 띠게 됩니다. 또 이 바깥 세계는 동시에 자기 자신의 결핍상태나 자기 자신의 욕구에 대처하는 법을 배운 뒤에 발을 들여 놓아야 할 세계로서 나타나게 됩니다. "음식을 얻기 위해, 돈을 벌기 위해, 심지어는 용변을 보기 위해서조차 노동해야 한다는 것을 이해했을 때 당신은 외부 세계에 다가갈 수 있다"는 것입니다. 즉 외부 세계가 현실 세계라는 것은 그것이 정신요양원의 결여의 세계와 대조적으로 결핍 없는 세계라는 것, 그리고 정신요양원의 결핍상태가 그 준비단계로서 도움을 주는 그런 세계라는 것입니다.

결여의 정책을 통해 결과되는 세 번째 효과가 있습니다. 현실 세계, 즉 정신요양원 외부에서의 생활과 비교해 물질적으로 낮아진 지위에서 환자는 자신 역시 불만족한 상태에 있다는 것, 자신의 지위가 낮아졌다는 것, 자신이 모든 것에 대해 권리를 갖고 있지는 않다는 것, 그리고 자신에게 몇 가지가 결여되어 있다면 그것은 자신이 병들어 있기 때문이라는 것을 잘 이해하게 된다는 것입니다. 환자는 이제 더 이상 바깥 세계의 현실이 아니라 자기 자신의 광기의 현실을 자기 주위에 설정된 결여의 체계를 통해 지각하게 된다는 것입니다. 달리 말하면 환자는 자신이 걸린 광기가 현실에 존재하고 있기 때문에 그 대가를 치러야 한다는 것을 배워야만 합니다. 광기는 생활의 일반적 결핍상태, 체계적인 결여라는 대가를 치르게 된다는 것을 말입니다.

마지막으로 정신요양원에서 결여의 조직화를 통해 결과되는 네 번째 효과는 다음과 같습니다. 환자는 결여를 느끼고 그것을 일시적으로 완화하기 위해서는 노동을 하거나 몇 가지 것들을 양보하거나 규율에 따라야 한다는 것을 배웁니다. 그리고 이로부터 환자는 자신에 대한 치료활동이나 자신을 치유해주려는 시도가 사실 당연한 의무로서 행해지고 있는 것이 아니라는 것을 배우게 됩니다. 환자는 치료활동이나 치유를 받기 위해 노동이나 규율로부터 시작해 보수를 얻을 수 있는 생산으로 나아가는 상당한 노력을 해야 합니다. 환자는 사회가 자신에게 베푸는 선행에 대해서 자신의 노동을 통해 그 대가를 지불해야 하는 것입니다. 이폴리트 벨로크는 이렇게 말합니다. "사회는 정신이상자에게 그들이 필요로 하는 도움을 준다. 이에 대해 정신이상자 쪽은 자신이 가능한 범위에서 사회의 부담을 덜어줘야 한다."[41] 달리 말하면 광인은 현실의 네 번째 측면, 즉 병자로서 자신의 욕구는 자신의 노동으로 충족시키고 사회가 그 비용을 지불하지 않도록 해야 한다는 측면을 배우는 것입니다. 따라서 광기에는 치러야 할 대가가 있고 치유는 대가를 치르고 살 수 있다는 결론에 이르게 됩니다. 정신요양원은 바로 광기로 하여금 인위적으로 만들어진 몇 가지 욕구의 충족에 대한 대가를 지불케 하는 장소이며, 동시에 치유의 대가를 어떤 종류의 규율이나 어떤 종류의 수익을 통해 지불케 하는 장소입니다. 정신요양원은 결여를 확정함으로써 그 치유를 지불하기 위한 통화를 만들어내는 것을 가능케 합니다. 체계적으로 만들어진 욕구에서 출발해 광기의 도덕적 대가를 만들어내고

41) Hippolyte Belloc, *Les Asiles d'aliénés transformés en centres d'exploitation rurale, moyen d'exonérer en tout ou en partie les départements des dépenses qu'ils font pour leurs aliénés, en augmentant le bien-être de ces malades, et en les rapprochant des conditions d'existence de l'homme en société*, Paris: Béchet Jeune, 1862, p.15.

치료에 대해 지불하는 수단을 만들어내는 것. 정신요양원에서 행해지는 것은 결국 이런 것입니다. 그리고 대가를 요하는 것으로서의 광기와 대가를 지불하고 살 수 있는 것으로서의 치유가 필요하다는 사실과 결부된 돈의 문제가 정신의학의 술책과 정신요양원의 장치 속에 근본적인 방식으로 편입되는 것입니다.

마지막으로 [네 번째] 장치에 대해 말해보겠습니다. 그것은 진실 언표의 장치입니다. 뢰레가 제안한 치료법의 마지막에서 두 번째 에피소드에 이르게 되는 이 최종 국면에서는 환자가 진실을 말해야만 합니다. 여러분께서는 이렇게 말씀하실 수도 있습니다. 만약 그것이 정말이라면, 그리고 만약 그 에피소드가 치료의 전개에서 진짜로 중요한 것이라면, 당신은 왜 진실의 문제가 고전적 치료법의 실천에서 제기되지 않았다고 말할 수 있었느냐고 말입니다.[42] 하지만 그 진실의 문제가 어떤 방식으로 제기되는지를 여러분은 보시게 될 것입니다.

뢰레는 뒤프레씨에게 이렇게 합니다. 뒤프레씨가 단언하길, 파리는 파리가 아니고, 왕은 왕이 아니며, 자신은 나폴레옹이고, 파리는 파리로 위장한 랑그르라는 도시일 뿐입니다.[43] 뢰레에 따르면 유일한 수단은 이 환자를 파리로 데리고 가는 것입니다. 실제로 뢰레는 실습생을 시켜 뒤프레씨를 데리고 파리를 산책하도록 합니다. 실습생은 뒤프레씨에게 파리의 여러 랜드마크를 보여주고 "이곳이 파리라는 걸 모르시겠어요?"라고 묻습니다. 그러자 뒤프레씨는 "아니, 이것은 랑그르 시요. 파리에 있는 것들을 흉내 내서 여기에 만들어 놓은 거요"라고 답합니다.[44] 실

42) 앞선 강의에서 설명한 것을 시사한다. 본서의 1강(1973년 11월 7일)은 의사에 의한 치료에는 "그 어떤 진실담론"도 필요하지 않다고 주장했다. 2강(1973년 11월 14일)은 '원시적 정신의학'을 특징짓던 '진실작용'이 "19세기 초에 시작되는 정신의학의 실천에서" 폐지되는 것을 언급하고 있다. 6강(1973년 12월 12일)은 정신의학의 권력에서 진실이라는 문제가 결코 제기되지 않았다고 결론짓고 있다.

43) Leuret, *Du traitement moral de la folie*, pp.423, 435~436.

습생은 길을 모르는 척하며 뒤프레씨에게 방돔 광장까지 안내해달라고 부탁합니다. 뒤프레씨는 능숙하게 도착했고 실습생은 말합니다. "역시 여기는 파리에요. 방돔 광장을 이렇게 잘 찾으셨잖아요!"[45] "아니," 뒤프레씨가 말합니다. "여기는 파리를 흉내 낸 랑그르라니까." 비세트르에 다시 돌아오면서도 뒤프레씨는 자신이 파리를 방문했다는 것을 인정하지 않습니다. 그리고 "그가 한사코 거부했기 때문에 그를 욕조에 넣고 차가운 물을 머리에서부터 끼얹자, 그는 우리 측이 하는 말을 전부 인정하고" 파리가 확실히 파리라는 것을 인정했습니다. 그리고 욕조에서 나오자마자 "그는 그 광기 어린 생각으로 되돌아갔다. 그래서 그를 다시 벗기고 계속해서 물을 붓자 그는 다시 굴복하고," 파리가 파리라는 것을 인정합니다. 그렇지만 다시 옷을 입자마자 "그는 자신이 나폴레옹이라고 주장했다. 세 번째로 물을 붓고 그의 오류를 정정했다. 그는 굴복하고 잠자리에 들었다."[46]

그러나 뢰레는 속지 않습니다. 그런 훈련으로는 충분하지 않다는 것을 뢰레는 알고 있었죠. 뢰레는 소위 더 높은 수준의 훈련으로 옮겨갑니다. "다음 날 나는 그를 내 앞으로 부르고 전날의 외출에 대해 조금 이야기한 뒤 심문했다. '당신의 이름은? ― 나는 다른 이름을 갖고 있었다. 내 진짜 이름은 나폴레옹 루이 보나파르트이다 ― 그렇다면 당신의 직업은 무엇인가? ― 퇴역한 제19전대 중위이다. 설명하겠다. 중위란 군의 지휘관을 말한다 ― 당신은 어디에서 태어났나? ― 아작시오, 혹은 파리라고 해도 좋을 것이다 ― 증명서에 따르면 당신은 정신이상으로 샤랑통에 있었던 것으로 되어 있는데 ― 나는 정신이상으로 샤랑통에 있었던 것이 아니라 나의 생-모르 성에서 9년을 보냈다.' 그의 답변이

44) Leuret, *Du traitement moral de la folie*, p.438.

45) Leuret, *Du traitement moral de la folie*, p.439.

46) Leuret, *Du traitement moral de la folie*, p.440.

불만스러웠으므로 나는 그를 욕조로 끌고 갔다. 샤워를 맞게 하면서 나는 그에게 신문을 보여주고 큰 소리로 읽게 했고 그는 내 말에 따랐다. 나는 그를 심문하고 그가 자신이 읽은 내용을 이해했는지 확인했다. 그리고 샤워의 저수탱크가 가득 찬 것을 큰 소리로 확인한 뒤 뒤프레씨에게 노트 한 권을 들고 오게 해, 내 질문에 대한 답변을 거기에 쓰도록 명령했다. '이름은? — 뒤프레 — 직업은? — 중위 — 태어난 곳은? — 파리 — 샤랑통에서 얼마나 있었나? — 9년 — 그렇다면 생-용에는 얼마나 있었나? — 2년 2개월 — 비세트르의 정신이상자 부문에서 얼마 동안 치료를 받았나? — 3개월. 3년 전부터 나는 치료불가능한 정신이상자이다 — 어제 당신은 어디에 갔었나? — 파리의 마을에 갔다 — 거기서는 곰이 말을 하고 있는가? — 그렇지 않다.'"[47] 이전 에피소드와 비교해 여기에는 진보가 있습니다. 그리고 이번에는 진실 언표 훈련의 제3단계에 이르게 됩니다. 이제부터 아시겠지만 이것은 대단히 중요한 에피소드입니다. "뒤프레씨는 그의 대답에서 알 수 있는 것처럼, 소위 **광기와 이성 사이에서 불확정의 상태**에 있다."[48] 뒤프레씨가 15년 동안 정신이상이었기 때문이라는 것입니다! 그리고 뢰레는 "지금이야말로 그에게 결정적인 해결책을 요구할 시기, 즉 자신의 생활사를 쓰는 해결책을 요구할 시기"라고 생각합니다.[49] 뒤프레씨는 몇 차례의 샤워 후 처음으로 그것을 실행에 옮기고 "그날의 남은 시간과 다음 날을, 자신의 개인사를 상세하게 쓰는 일에 할애했다. 그는 사람이 자신의 유년기에 대해 떠올릴 수 있을 만한 것을 떠올리고 그것을 썼다. 자신이 공부한 기숙학교나 고등학교의 이름, 선생님과 친구들의 이름을 많이 열거했다. 그의 이야기 전체에서 잘못된 사유나 무례한 언어는 전혀 없었다."[50]

47) Leuret, *Du traitement moral de la folie*, pp.440~442.

48) Leuret, *Du traitement moral de la folie*, p.444.

49) Leuret, *Du traitement moral de la folie*, p.444.

여기에는 제가 아직 해결할 수 없는 문제가 있습니다. 자서전적 이야기가 어떻게 1825~40년경의 정신의학적 실천이나 범죄학적 실천 내에 실제로 도입됐는지, 자기 자신의 삶에 대해 말하는 것이 어떻게 개인을 담당해 규율화하는 모든 절차 내에서 다양한 용도를 갖는 핵심 부품이 될 수 있었는지의 문제입니다. 왜 자신의 삶을 말하는 것이 규율적 기획의 한 에피소드가 됐는가? 자신의 과거를 말하는 것, 유년기를 떠올리는 것이 어떻게 그런 기획 속에 자리잡게 됐는가? 이에 대해 저는 거의 아무것도 모릅니다. 아무튼 이상과 같은 진실 언표의 술책에 관해서는 다음과 같은 몇 가지 사항을 파악할 수 있을 것 같습니다.

우선 아시다시피 진실은 지각되는 것이 아닙니다. 결국 뒤프레씨를 파리로 데리고 간 것은 파리가 확실히 거기 있다는 것, 자신이 파리에 있다는 것을 뒤프레씨 자신의 지각 작용으로 발견케 하기 위함이 아닙니다. 뒤프레씨에게 요구되는 것은 그런 것이 아닙니다. 사람들은 뒤프레씨가 파리를 파리의 모조품으로 지각하리라는 것을 잘 알고 있습니다. 뒤프레씨에게 요구되는 것은 자신이 확실히 파리에 있다고 고백하는 일입니다. 이 점에서 진실 언표가 효력을 갖게 됩니다. 필요한 것은 지각하기가 아니라 언표하기이며, 설령 그것이 샤워를 통해 강제된다 해도 상관없습니다. 진실인 어떤 것을 언표한다는 단순한 사실 자체가 하나의 기능을 갖는 것입니다. 설령 강제된 것일지언정 고백은 침묵을 지키고 있는 올바른 생각이나 정확한 지각보다도 치료에서 더 큰 효력을 갖습니다. 따라서 치유의 작용에서 진실 언표는 수행적입니다.

두 번째로 지적해둬야 하는 것은 다음과 같은 것입니다. 확실히 파리가 파리라는 것을 인정케 하는 것에도 어느 정도 집착하지만, 특히 뢰레가 진실의 핵심으로서 바라는 것은 환자가 자기 자신의 역사에 제대로 고정되는 것입니다. 필요한 것은 환자가 자기 생활의 여러 에피소드를

50) Leuret, *Du traitement moral de la folie*, pp.444~445.

통해 구성된 일종의 정체성 내에서 자기 자신을 인정하는 것입니다. 달리 말하면 환자가 최초로 진실을 언표해야 하는 것은 개인사적인 여러 에피소드를 인정하는 그 순간이라는 것입니다. 가장 효력을 갖는 진실 언표는 사물이 아니라 환자 자신을 대상으로 하는 언표입니다.

제 생각에 세 번째로 주목해야 하는 점은, 환자에게 요구되며 그것의 고백이 치료에 큰 효력을 갖는 개인사적 진실은 환자가 자기 자신에 대해 자신의 경험 수준에서 언표할 수 있는 진실이 아니라, 판에 박힌 방식을 통해 강요되는 진실이라는 것입니다. 즉 신원에 대해 심문하거나 의사도 알고 있는 몇몇 에피소드, 가령 예전에 샤랑통에 있었던 것, 언제부터 언제까지 병을 앓고 있었는가 등을 환기시킴으로써 진실을 강요하는 것입니다.[51] 이렇게 가정이나 직업이나 신분이나 의학적 관찰 등의 체계 전체를 통해 외부로부터 확정된 개인사의 집성corpus 같은 것이 구성됩니다. 환자가 최종적으로 고백해야 하는 것은 자신의 정체성에 대한 이런 집성 전체이며, 환자가 이것을 고백하는 그 순간에 치료에서 가장 효율적인 한 계기가 만들어지는 것입니다. 그리고 이 계기가 마련되지 않을 때는 이미 그 병이 손쓸 수 없는 지경이 됐다는 것입니다.

여기서 뢰레가 작성한 다른 관찰 기록 하나를 소개해보죠. 거기서는 멋진 대화가 오가고 있습니다. 결코 치유시킬 수 없다고 뢰레가 말했던 한 여성의 이야기입니다. 뢰레는 왜 이 여성이 치유불가능하다고 생각했을까요? 그것은 바로 그녀가 자신의 정체성을 담지하고 있는 개인사적 도식을 고백할 수 없었기 때문입니다. 뢰레는 다음의 대화 속에서 환자의 치유불가능성이 명백하게 나타나고 있다고 간주한 것입니다.

"마담, 상태가 좀 어떠십니까? — 나란 사람은 기혼이 아닙니다. 마드모아젤이라고 불러주세요 — 저는 당신 이름을 모릅니다. 가르쳐주세요 — 나란 사람에게는 이름이 없습니다. 그 여자라고 당신이 기록하지

51) Leuret, *Du traitement moral de la folie*, pp.441~442.

않기를 바랍니다 — 그렇지만 저는 당신이 어떻게 불리고 있는지, 아니 당신이 이전에 어떻게 불렸는지 알고 싶은데요? — 무슨 말씀을 하고 싶으신지 알겠습니다. 카트린느 X라고 불렸죠. 무슨 일이 일어났는지에 대해서는 더 이상 말할 수 없습니다. 나란 사람은 이름을 잃어버렸습니다. 살페트리에르에 들어갈 때 그것을 제출해버렸거든요 — 나이가 어떻게 되십니까? — 나란 사람에게는 나이가 없습니다 — 그렇다면 당신이 방금 말씀하신 카트린느 X는 몇 살입니까? — 모르겠어요…… — 당신이 당신이 말하고 있는 사람이 아니라면, 당신은 혼자서 두 사람이라는 겁니까? — 아니오, 나란 사람은 1779년에 태어난 사람을 모릅니다. 당신이 거기서 보고 계신 건 아마도 그 부인이겠죠…… — 당신은 당신이라는 사람이 되고 난 뒤 무슨 일을 했습니까? 그 뒤로 당신에게 무슨 일이 일어났죠? — 나라는 사람은 …… 요양원에 입원해 있었습니다. 그녀에 대해서는 육체적으로, 정신적으로 실험이 행해졌죠. 이것은 지금도 여전히 행해지고 있습니다……. 봐요, 눈에 보이지 않는 여자가 하나 내려왔어요. 그녀는 당신 목소리에 자기 목소리를 섞으려 하고 있습니다. 나라는 사람은 그걸 원하지 않고, 그녀를 훌륭하게 되돌려보냅니다 — 당신이 말씀하시는 눈에 보이지 않는 사람들은 어떤 것입니까? — 그들은 작고 만질 수 없고 거의 형태가 없죠 — 그들은 어떤 언어로 말합니까? — 프랑스어로요. 그들이 다른 언어로 말한다면 나라는 사람은 그들의 말을 이해할 수 없겠죠 — 당신에게는 확실히 그들이 보입니까? — 확실히 나라는 사람에게는 그들이 보입니다. 하지만 눈에 보이지 않는 모습을 형이상학적으로 보고 있지 물질적으로 보는 것이 아닙니다. 물질적으로 보인다면 이제 그들은 보이지 않는 자들이 아니게 되어버리겠죠…… — 당신에게는 때때로 보이지 않는 사람들을 당신의 몸으로 느끼는 일이 있습니까? — 나라는 사람은 그들을 느끼는 것을 아주 유감스럽게 생각하고 있습니다. 그들은 그녀에게 온갖 종류의 나쁜 짓을 해요…… — 살페트리에르에서는 기분이 어떠셨나요? — 나라는 사람은 이곳을 매우 마음에 들어합니다. 그녀는 파리세씨에게 매우 친절한 대우를 받고 있죠. 그녀는 몸종에게 결코 아무것도 부탁하지 않아요…… — 이 방에 당신과 함께 있는 부인들을 어떻게 생각하시나요? — 나라는 사람은 그녀들이 이성을 잃었다고 생각해요."[52)]

어떤 의미에서 이것은 정신요양원에서의 생활과 관련해 발견할 수 있는 가장 멋진 묘사입니다. 살페트리에르에 들어갈 때 이름이 부여되고 행정상·의학상의 정체성이 구성되자마자 이미 거기에 남는 것은 이제 3인칭으로밖에 이야기하지 않는 '나라는 사람'뿐입니다. 바로 이것, 즉 고백이 불가능하다는 것, 이제 아무것도 아닌 사람의 형태로만 이야기하는 자를 통해 끊임없이 3인칭으로 이야기되는 언표가 있다는 것, 이 모든 것 …… 뢰레가 완벽하게 이해하고 있는 이것은 진실 언표를 중심으로 그가 조직한 치료의 모든 조작이 이런 사례에서는 이제 불가능하다는 것이며, 살페트리에르에 들어갈 때 이름을 제출하고 정신요양원에서는 이제 '나라는 사람'일 뿐이고, 따라서 자신의 유년기의 추억을 이야기하거나 자신의 신분적 정체성 내에서 자신을 인정할 수 없는 자는 평생을 정신요양원에 머무를 수밖에 없다는 것입니다.

결국 정신요양원이라는 기계의 효력은 몇 가지 것들 덕택에 발생한다고 말할 수 있을 것입니다. 끊임없는 규율적 관리, 그런 관리에 내재하는 권력의 불균형, 욕구·돈·노동의 작용. 행정상의 정체성 내에서 자신의 지위를 확실하게 고정시킨 뒤에, 진실된 언어를 통해 자신을 그 안에서 인정해야 하는 의무가 바로 그것입니다. 그러나 이 진실은 광기가 자신의 이름으로 말하는 진실이 아니라, 광기가 정신요양원의 권력에 의해 구성된 행정상·의학상의 어떤 종류의 현실 속에서 자신을 1인칭으로 인정하는 것을 수용하면서 언표하는 진실입니다. 그리고 환자가 그

52) 다음을 참조하라. François Leuret, *Fragments psychologiques sur la folie*, Paris: Crochard, 1834, pp.121~124.

런 정체성 내에서 자신을 인정할 때, 진실의 조작이 성취될 수 있게 되는 것입니다. 따라서 개인의 현실로서 설정된 것을 담론화시키는 것, 바로 이것이 진실의 조작인 것입니다. 진실은 의사와 환자 사이에서 작용하는 것이 아닙니다. 최초에 부여되는 것, 그것은 결정적인 방식으로 설정된 환자의 개인사적 현실입니다. 그리고 만약 치유를 바란다면, 환자는 이 현실에 자신을 합치시켜야 하는 것입니다.

뒤프레씨의 사례에는 말하자면 추가적인 마지막 에피소드가 남아 있습니다. 그 진짜 이야기, 하지만 바로 사전에 구성된 어떤 종류의 개인사적 형태에 기초해 진실한 듯한 그 이야기를 수중에 넣었을 때, 뢰레는 놀라운 일을 행했던 것입니다. 뢰레는 뒤프레씨가 여전히 아프지만 이제 뒤프레씨에게 정신요양원은 필요하지 않다고 말하고는 그를 해방시킵니다. 뢰레에 의한 이 해방에서 어떤 것이 문제시된 것일까요? 물론 우선은 현실의 강화라는, 정신요양원이 맡고 있던 조작을 지속하는 것이 문제였습니다. 즉 뢰레는 자유로운 상태의 환자 주변에서, 제가 여러분께 이야기해온 것과 완전히 동일한 유형의 여러 장치들을 설치한 것입니다. 이를테면 뒤프레씨에게 진실의 이야기를 통해 덫을 설치합니다. 언젠가 뒤프레씨는 아랍어를 알고 있다고 주장했습니다. 그래서 아랍어를 모른다는 것을 고백하지 않으면 안 되는 상황에 뒤프레씨를 놓이게 합니다.[53] 혹은 정신요양원에 있을 때와 마찬가지로 언어에 구속됩니다. 뒤프레씨를 치유로 이끌기 위해서, 요컨대 최종적으로 뒤프레씨에 대한 현실의 지배가 전면적인 것이 되도록 하기 위해서 뢰레가 뒤프레씨를 위해 발견한 일은 인쇄교정직이었습니다.[54] 이것은 뒤프레씨가 실제로 구속력을 갖는 언어의 진실 속에 편입되게 하기 위해서이며, 거기서도 이 언어는 진실을 담지하고 변증법적으로 사용되는 언어가 아니라

53) Leuret, *Du traitement moral de la folie*, pp.449~450.

54) Leuret, *Du traitement moral de la folie*, p.449.

명령적으로 사용되는 언어입니다. 뒤프레씨가 읽는 것은 실제로 규약에 기초한 학교의 철자법에 합치하는 것이어야 한다는 것입니다.

또한 뢰레는 뒤프레씨를 오페라에 데리고 가 무대를 보고 싶어하게 함으로써 뒤프레씨에게서 욕구를 만들어냅니다. 이렇게 해서 뒤프레씨에게는 돈을 벌어야 할 필요가 생겨납니다. 이것도 역시 규율의 작용에 의한 현실의 갱신 내지 현실과의 동일화[계획]입니다. 무엇보다 이 규율의 작용은 정신요양원에서처럼 농밀하고 큰 강도를 갖는 것이 아니라 산발적이지만 말입니다. "나는 그의 욕구를 확장함으로써 그를 인도하는 수많은 수단을 손에 넣기 위해 그의 즐거움을 늘려갔다."[55]

그렇지만 뒤프레씨의 해방에는 이보다도 훨씬 더 강력한 이유, 더 정교하며 흥미로운 이유가 있습니다. 왜냐하면 실은 뢰레는 이 환자에게서 세 가지 형태의 쾌락, 즉 정신요양원의 쾌락,[56] 병들어 있음의 쾌락, 증후를 갖고 있음의 쾌락을 포착했기 때문입니다. 이것은 사실 광기의 지상권을 야기하는 삼중의 쾌락입니다.

치료법의 전개 전체를 다시 한 번 살펴보면 뢰레가 처음부터 병의 쾌락, 징후의 쾌락을 뒤프레씨에게서 감지하고, 그것을 공격하려 했다는 것을 알 수 있습니다. 애초부터 뢰레는 그 유명한 샤워, 구속복, 식사 박탈 등의 방법을 사용합니다. 그리고 이런 억압적 방법은 생리학적이면서 동시에 도덕적이기도 한 이중의 방식으로 정당화됩니다. 그리고 도덕적인 정당화 자체는 두 개의 목표에 부합하는 것입니다. 즉 한편으로 문제는 물론 광기의 지상권에 대항하는 의사 권력의 현실을 감지하게 만드는 것입니다. 그러나 다른 한편으로는 치료가 주는 불쾌감을 통해 광기에 의한 쾌락을 해체하는 것, 즉 징후의 쾌락을 무로 되돌리는 것이

55) Leuret, *Du traitement moral de la folie*, p.451.

56) "그는 요양원을 나오려 하지 않고 또 치료를 행하겠다고 협박하거나 실제로 치료를 실시해도 개의치 않는다." Leuret, *Du traitement moral de la folie*, p.425.

문제시됩니다. 그런데 제 생각에 뢰레는 여기서도 역시 당시의 정신과 의사들이 성찰하거나 이론화한 적이 없는 형태로 존재하던 몇몇 기술을 재생산하고 있다는 것을 알 수 있습니다.

그러나 뢰레의 특이한 점은 그가 뒤프레씨라는 특수한 사례와 마주하고 있었다는 것입니다. 이렇게 해서 뢰레는 한발 앞으로 나아갑니다. 즉 뒤프레씨는 샤워를 당할 때, 그리고 두피를 태울 때조차도[57] 거의 항의하지 않고 그것이 치료의 일부를 이루는 한, 그 모든 것을 완벽하게 견딜 수 있는 것으로서 받아들이고 있었습니다.[58] 그런데 바로 여기서 뢰레는 아마도 당시 대부분의 정신과 의사보다 앞서 나가게 됩니다. 당시의 정신과 의사들은 본질적으로 환자가 아무것도 말하지 않고 치료를 받도록 요구하고 있었습니다. 정신과 의사들은 거기서 환자에 대해 자신들이 갖고 있는 지상권의 표식을 확인하고 있었죠. 하지만 뢰레가 대면하고 있는 것은, 어떤 의미에서, 치료를 받아들이지만 그것이 병의 일부를 이루고 있는 환자인 것입니다.

여기서 뢰레는 이런 수용이 자신의 치료법에서 나쁜 징후라는 것을 포착했습니다. 즉 치료가 망상의 내부에 포획되어 있다는 것을 보여주는 징후를 포착합니다. 샤워를 맞을 때 뒤프레씨는 말합니다. "나를 모욕하는 년이 있다!"[59] 따라서 이렇게 끊임없이 치료를 공격하려 하는 망상으로부터 치료가 분리되고 떨어지게 해야 합니다. 그렇기 때문에 치료할 때 극단적으로 큰 고통을 가하고, 이렇게 함으로써 현실이 병에 그 영향력을 행사하게 만들 필요가 생겨납니다.

---

57) "그의 머리에 한 번, 그리고 목덜미에 두 번 불에 달군 쇠를 갖다댔다." Leuret, *Du traitement moral de la folie*, p.426.

58) "그러자 그는 내게 그것이 자신을 치료하기 위한 것이냐고 물었다. 만약 그렇다면 자신은 내가 원하는 모든 것을 감수할 것이라고 말이다." Leuret, *Du traitement moral de la folie*, p.429.

59) Leuret, *Du traitement moral de la folie*, p.430.

이런 기술 내에서 다음과 같은 몇 가지 근본적인 생각이 발견됩니다. 즉 광기가 쾌락과 연결되어 있다는 것, 치료는 쾌락을 통해 광기 그 자체에 통합될 가능성이 있다는 것, 현실의 영향은 치료에 본질적인 쾌락의 메커니즘을 통해 무력화될 가능성이 있다는 것, 따라서 치료는 그저 단순히 현실의 수준에서뿐만 아니라 쾌락의 수준에서도 행해져야 하며, 더 나아가서는 환자가 자신의 광기로부터 얻는 쾌락의 수준에서뿐만 아니라 환자가 자기 자신의 치료로부터 얻는 쾌락의 수준에서도 행해져야 한다는 것* 같은 생각이 발견되는 것이죠.

여기서 뢰레가 이해한 것은 뒤프레씨가 정신요양원에서 일련의 쾌락을 발견해내고 있다는 것, 다시 말해 뒤프레씨가 마음대로 망상에 빠질 수 있고, 자신에 대한 치료를 자신의 망상에 통합시킬 수 있으며, 자신에게 부과되는 모든 처벌을 자신의 병 내부에 다시 편입시키는 것은 정신요양원에서라는 것이었습니다. 그 결과 뢰레는 이 환자를 정신요양원 바깥으로 내보내고 그로부터 병의 쾌락, 병원의 쾌락, 치료의 쾌락을 빼앗을 필요가 있다는 결론을 내렸습니다. 따라서 뢰레는 뒤프레씨를 바깥 세계에 두고 치료에 의한 쾌락을 해체해 전혀 의학적이지 않은 양태 아래서 치료를 작용시키게 됩니다.

이렇게 뢰레는 의학적 인물로서는 완전히 소거되어버립니다. 뢰레는 자신이 맡고 있던 공격적이고 고압적인 역할을 그만두고, 자신 대신 몇몇 공모자들을 이용해 다음과 같은 유형의 시나리오를 짜려고 했습니다. 뒤프레씨는 인쇄교정직이라는 직업을 가졌는데도 불구하고 체계적으로 계속 철자 오류를 저지르고 있었습니다. 왜냐하면 자신의 망상 속에서 뒤프레씨는 철자의 간소화를 바라고 있었기 때문입니다. 그래서 뒤프레씨에게 많은 수입을 가져다주는 직업으로 유혹하는 가짜 편지가 보내집니다. 뒤프레씨는 보수가 아주 좋은 이 새로운 직의 제안을 받아들이는

* 강의원고에는 이렇게 덧붙여져 있다. "모든 징후 속에는 권력과 쾌락이 동시에 있다.

답장을 쓰는데, 철자 오류를 한두 개 범하고 맙니다. 그래서 뢰레의 공모자는 뒤프레씨에게 편지를 보내 이렇게 말합니다. "만약 심각하게 철자를 틀리지만 않았더라면, 당신을 고용했을 텐데요."[60)]

따라서 이제는 정신요양원에 설치됐던 것과 동일한 유형의 모든 메커니즘을 탈의학화된 상태에서 볼 수 있습니다. 뢰레 자신이 말하고 있듯이 의학적 인물은 오히려 은혜를 베푸는 인물이고, 사태를 수습하는 인물이며, 이 혹독한 현실과 환자 자신 사이를 중개하는 인물이 됩니다.[61)] 그러나 그 결과 환자는 이제 자신의 병에서도, 정신요양원에서도, 자신의 의사에게서조차도 쾌락을 맛볼 수 없게 됩니다. 왜냐하면 그 병이 그토록 귀찮은 결과를 초래하기 때문이고, 자신은 이제 정신요양원에 있지 않기 때문이며, 의사 자체가 사라져버리기 때문입니다. 뒤프레씨의 치료법은 이렇게 해서 완전히 성공했습니다. 이 치료는 완전한 치유와 더불어 1839년 봄에 종료됐습니다. 하지만 뢰레는 1840년 부활절에 '그 환자'에게 새로운 병이 찾아오고 있다는 것을 보여주는 성가신 징후들이 나타났다고 기록하고 있습니다.[62)]

⚜

이제까지 말씀드린 것들을 간단히 요약해보겠습니다. 우선 뒤프레씨의 사례 같은 치료행위를 통해 기능하고 있는 정신요양원은 치유장치이며, 거기서 의사의 활동은 제도, 규칙체계, 건물의 작용과 완전한 일체를 이루고 있습니다. 결국 정신요양원은 벽이나 방이나 도구, 간호사, 간수,

---

60) "그는 매우 짧은 편지에서 12개의 철자를 틀렸다. 그래서 그런 일을 열망하지 않는 편이 더 낫게 된 것이다." Leuret, *Du traitement moral de la folie*, p.453.

61) "나는 부분적으로 계속 관여하고 있었다. 뒤프레씨는 전력을 다해 자신을 지키고 있었다. 그리고 그가 너무나 곤란해할 때는 그를 구제하기 위해 내가 중재인 역할을 했던 것이다." Leuret, *Du traitement moral de la folie*, p.454.

62) Leuret, *Du traitement moral de la folie*, p.461.

의사 등 그 구성요소들이, 물론 각기 다른 기능을 하면서도 본질적으로는 하나의 전체적 효과를 발생시키는 것을 그 기능으로 하는, 유일하고 거대한 신체 같은 것입니다. 그리고 정신과 의사들은 각기 나름대로 주된 강조점, 최대의 권력을 어느 때는 감시의 일반적 체계에 집중시키고, 어느 때에는 의사에게 부여하거나, 또 어느 때에는 공간에서의 격리 그 자체에 집중시키게 되는 것입니다.

두 번째로 제가 강조하고 싶은 것은 다음과 같은 것입니다. 정신요양원은 확실히 몇몇 계열의 담론이 형성되는 장소였습니다. 확실히 거기서의 관찰로부터 출발해 질병학, 다시 말해 질병의 분류가 가능하게 됐습니다. 또 마찬가지로 광인들의 사체를 자유롭게 다룰 수 있게 됨으로써 정신질환의 병리해부학의 윤곽을 그릴 수도 있게 됐습니다. 하지만 그런 질병학적 내지 병리해부학적 담론 중 그 어느 것도 정신의학적 실천의 형성 그 자체를 안내하는 데 결코 도움을 주지는 못했습니다. 정신의학의 실천은 그 몇몇 매뉴얼이 남아 있다고는 하지만 실제로는 침묵하고 있었다고 말할 수 있습니다. 침묵하고 있었다는 것은, 다시 말해 그런 실천이 오랜 세월에 걸쳐서 말해지거나 행해진 것의 단순한 기록과는 다른 자율적인 담론과 같은 것을 아무것도 남겨 놓지 않았다는 것입니다. 치유에 관한 진정한 이론도 없고, 치유에 관해 설명하려는 시도조차 없었습니다. 거기에 있었던 것은 술책, 전술, 해야 할 몸짓, 작동시켜야 할 작용과 반작용 등의 집성이었습니다. 정신요양원의 삶을 통해 그런 전통이 의학교육 속에서 존속하고, 그저 단순히 제가 개중에 가장 긴 것을 소개해드린 몇몇 관찰 기록을 표면에 출현시킬 뿐이었습니다. 전술의 집성, 전략의 총체. 이것이 광인들이 다뤄져왔던 그 방식에 대해 이야기할 수 있는 모든 것이었습니다.

세 번째로 정신요양원의 동어반복에 대해 이야기할 필요가 있겠죠. 요컨대 다음과 같은 의미입니다. 의사는 정신요양원 장치 그 자체를 통해 몇몇 도구를 손에 넣습니다. 현실을 강요하고 현실을 강화하는 것을 그 본질적인 기능으로 하는 이 도구들이 현실에 추가적 권력을 부과하게 됨으로써 정신과 의사는 광기에 영향력을 행사하고 광기를 정복해 결국 광기를 관리하고 통치할 수 있게 됩니다. 정신요양원을 통해 현실에 부가되는 이 추가적 권력이 무엇인가 하면, 그것은 규율적 비대칭성이며, 언어의 명령적 사용이고, 결핍상태와 욕구의 조정이며, 환자가 거기서 스스로를 인정해야만 하는 것으로서의 규약상의 정체성 부여이고, 광기가 가져다주는 쾌락의 해체인 것입니다. 이런 추가적 권력을 통해, 즉 정신요양원 덕택에, 그리고 정신요양원이 기능함에 따른 작용 그 자체를 통해 현실이 광기에 대해 그 영향력을 행사할 수 있게 된다는 것입니다. 그러나 아시겠지만, 그리고 바로 여기에 동어반복이 있는 것인데, 권력의 비대칭성, 담론의 명령적 사용 등 이 모든 것은 그저 단순히 현실에 부가된 추가적 권력에 불과한 것이 아니라 현실 그 자체의 현실적 형태이기도 합니다. 현실적인 것에 적응하는 것, [……]* 광기의 상태로부터 탈출하려고 하는 것, 바로 이것이 불가항력적인 것으로 인정되는 하나의 권력을 수용하는 것이고, 광기의 지상권을 포기하는 것입니다. 광기이기를 그만두는 것, 그것은 순종적이 되기를 받아들이는 것이며 자신의 생활비를 버는 것, 남들이 부여해준 개인사적 정체성 속에서 스스로를 인정하는 것이고, 광기의 쾌락을 음미하기를 포기하는 것입니다. 따라서 아시겠지만 광기를 제압하기 위한 도구, 즉 현실이 광기를 통제하도록 현실에 부가된 추가적 권력은 동시에 치유의 기준이기도 합니다. 더 말하자면 치유의 기준이 되는 것은 치유를 가져다주기 위한 도구 그 자체입니다. 따라서 여기에 정신요양원의 거대한 동어반복이 있다고 말할 수 있습니다. 즉 정신요양원은 현실에 추가적인 강도를 부여해야 하는 것임과 동시에 적나라한 권력의 상태에 있는 현실이

* 녹음기에는 "광기의 지상권을 포기하는 것"(renoncer à la toute-puissance de la folie)이라고 기록되어 있다.

며, 의학적으로 강화된 현실이고, 현실 그 자체를 전담하는 것 이외의 어떤 다른 기능도 갖지 않는 그런 의학적 작용, 의학적 권력-지식이기도 하다는 것입니다.

현실 그 자체를 정신요양원 내부에서 재생산하는 것 이외에는 아무것도 하지 않는, 현실에 부과된 추가적 권력의 작용, 이것이 바로 정신요양원의 동어반복이 하는 일입니다. 당시의 의사들이 왜 다음과 같은 두 가지 것을 동시에 말할 수 있었는지 이해할 수 있으시겠죠. 한편으로 의사들은 이렇게 말하고 있었습니다. 요컨대 정신요양원은 바깥 세계와 완전히 격리되어 있어야 하고, 정신요양원에서 광기의 세계는 완전히 전문화된 세계, 지식의 권한에 의해서만 규정되는 의학적 권력의 수중에 있는 그런 세계여야 한다, 즉 의학적 지식을 이용해 정신요양원 공간을 점유해야 한다고 말하는 것입니다. 그리고 다른 한편으로 이 동일한 의사들은 정신요양원의 일반적 형태가 가능한 한, 일상생활을 환기시킬 수 있는 곳이어야 한다는 것, 정신요양원은 식민지·작업장·학교·감옥과 유사한 것이어야 한다고 말하고 있었습니다. 즉 광기와 광기가 아닌 것을 분할하는 선에 기초해 정신요양원이 구별하는 것과 정확히 동질적인 것에 바로 정신요양원의 특징이 있다는 것입니다. 정신요양원의 규율, 그것은 현실의 형태임과 동시에 현실의 힘인 것입니다.

나중에 다시 다루게 되겠지만, 제가 유의해두고 싶은 마지막 점은 다음과 같은 것입니다. 즉 뢰레의 치유 같은 하나의 치유를 다소간 상세하게 추적해나가고, 물론 그것이 기록으로 남아 있는 모든 치유법 중 가장 완벽에 가까운 것임을 고려할 필요가 있겠지만, 뢰레가 말하는 것에 아무것도 덧붙이지 않고 여러 에피소드를 예로 들어볼 때, 이를테면 뢰레가 자신이 말하고자 하는 것을 전혀 이론화하지 않았다고는 해도, 우리는 거기서 다음과 같은 관념들이 나타나고 있는 것을 볼 수 있습니다. 즉 의사의 권력, 언어, 돈, 욕구, 정체성, 쾌락, 현실, 유년기의 추억 등과 같은 관념들 말입니다. 이 모든 것은 완전히 정신요양원의 전략 내부에 편입되어 있고, 이것들은 아직은 그런 정신요양원의 전략적 거점일 뿐입니다. 이것들이 곧이어 어떤 운명에 처하게 되는지는 여러분께서도 잘 아실 것입니다. 이것들은 정신요양원과 관련해 완전히 외적인 담론 속에, 혹은 어쨌든 정신의학과 관련해 외적인 것으로서 주어지게 될 담론 속에서 발견될 것입니다.* 그러나 이 관념들이 그런 대상 내지 관념으로서의 지위를 얻기 전에, 뒤프레씨에 대한 치료법이 우리에게 제시해주는 일종의 느린 화면 속에서 발견되듯이, 환자와 정신요양원 구조 그 자체 간의 관계에서 전술적 거점, 전략적 요소, 술책, 계략으로서 작용하는 것을 알 수 있습니다.

이제는 그 요소들이 어떻게 해서 거기서부터 벗어나 또 다른 유형의 담론 속으로 옮겨가는지에 대해 살펴보도록 하겠습니다.

---

* 강의원고에는 이렇게 덧붙여져 있다. "바로 여기서 프로이트가 그것들을 수중에 넣게 되는 것이다."

8강. 1974년 1월 9일

정신의학의 권력과 '지도'의 실천 | 정신요양원에서의 '현실'의 작용 | 의학적으로 특징지어진 공간인 정신요양원과 그 의학적·행정적 지도의 문제 | 정신의학의 지식의 표식: ① 심문기술, ② 의료적 조치와 처벌 작용, ③ 임상적 제시 | 정신요양원에서의 '권력의 미시물리학' | 심리학적인 것의 기능과 신경병리학의 출현 | 정신의학 권력의 삼중적 운명

저는 낡고 초보적인 정신의학의 권력, 즉 19세기 초의 30~40년간 원시적 정신의학에서 기능하던 정신의학의 권력이 무엇보다 현실에 부여된 추가적 권력으로서 기능하고 있었다는 것을 보여드렸습니다.

이것은 우선 정신의학의 권력이 치료적 개입을 행하는 것이기 이전에 무엇보다 먼저 운영, 관리를 행하는 것임을 의미하고 있습니다. 즉 정신의학의 권력은 하나의 체제이며, 오히려 하나의 체제인 한에서 사람들은 정신의학의 권력으로부터 몇 가지 치료의 효과를 기대하는 것입니다. 그것이 격리의 체제, 규칙성의 체제이고, 거기서 일과, 계산된 결핍체계, 노동의 의무 등이 부과되는 것입니다.

정신의학의 권력은 하나의 체제이지만, 또 이와 동시에 하나의 투쟁이기도 합니다. 제가 강조해서 말씀드린 것은 바로 이 측면[투쟁의 측면]입니다. 제 생각에 정신의학의 권력은, 19세기에 광기의 현상들에 대해 행해진 질병학적 분석이나 설명이 결국 어떤 것이든 간에 관계없이, 무엇보다 먼저 반항의 의지 내지 무제한의 의지로 간주되는 광기에 맞서는 투쟁입니다. 망상의 경우에서조차도 그 망상을 믿는 의지, 그 망상을 긍정하는 의지, 망상의 그런 긍정의 핵심에 있는 의지, 이 모든 것이 바로 정신의학의 체제를, 그 전개를 통해, 주파하고 활성화하는 투쟁에서 표적이 되고 있는 바입니다.

따라서 정신의학의 권력은 통제화이고 굴종화하려는 시도인 것입니다. 그리고 제 생각에 정신의학 권력의 이런 기능방식에 가장 적합하기도 하고 필립 피넬에서 프랑수아 뢰레에 이르기까지 여러 텍스트에서 발견되는 말이 있습니다.[1] 가장 빈번하게 반복되는 체제임과 동시에 통제인 이 기획에 매우 특징적인 듯한 용어, 그것은 '지도'라는 용어입니다. 이 개념에 대해서는 그 역사를 더듬어볼 필요가 있을 것입니다. 왜냐하면 이 개념은 정신의학에서 기원하는 것이 전혀 아니기 때문입니다. 그것은 19세기에는 이미 종교적 실천에 속하는 일련의 함의를 갖고 있는 개념입니다. '양심지도'는 19세기 이전의 3~4세기간 계속해서 기술들과 대상들의 일반적 영역을 규정해왔습니다.[2] 어느 정도까지 그런

---

1) 이를테면 피넬은 자신의 저작에서 '지도하다'(diriger)라는 용어를 빈번히 사용하고 있다. Philippe Pinel, *Traité médico-philosophique sur l'aliénation mentale, ou la Manie*, Paris: Richard, Caille et Ravier, 1800, pp.xlv, 46, 50, 52, 194, 195, 200. 게다가 피넬은 정신이상자의 지도라는 용어 문제에 두 항목을 할애했다. 제2절(「정신이상자의 도덕요법」["Traitement morale des aliénés"])의 6항("약효를 촉진하기 위해 정신이상자를 감독하는 기술의 장점"[Avantages de l'art de diriger les aliénés pour seconder les effets des médicamens])과 22항("가공의 생각을 펼치려 하는 듯한 정신이상자를 다루는 기술에서의 능숙함"[Habileté dans l'art de diriger les aliénés, en paraissant se prête à leurs idées imaginaires])을 참조하라. Pinel, *Traité médico-philosophique*……, pp.57~58, 92~95. 장-에티엔 도미니크 에스키롤은 도덕요법을 "정신이상자의 지능과 정념을 지도하는 기술"로 정의하고 있다. Jean-Étienne Dominique Esquirol, "De la folie"(1816), *Des maladies mentales considérées sous les rapports médical, hygiène, et médico-légal*, t.I, Paris: J.-B. Baillière, 1838, p.134. 뢰레는 다음과 같이 명확히 말한다. "정신이상자의 지능을 지도하고, 정신이상자 내에 그의 망상을 잠시 잊을 수 있게 하는 정념을 유발시켜야 한다." François Leuret, *Du traitement moral de la folie*, Paris: J.-B. Baillière, 1840, p.185.

2) '지도'(direction) 내지 '인도'(conduite)의 실천이 가톨릭의 개혁, '묵상회'의 발달과의 관계에서 창시되는 것은 카를로 보로메오(1538~1584)의 사목신학 이후부터이다. Carolus Borromeus, *Pastorum instructiones ad concionandum, confessionisque*

기술들이나 대상들이 지도의 실천과 함께 정신의학의 영역 속에 이입됩니다. 이 모든 것에 대해서는 역사적인 연구가 필요할 것입니다. 어쨌든 여기에 실마리가 있습니다. 요컨대 정신과 의사는 병원을 지도하고 기능케 하는 자, 개개인을 지도하는 자인 것입니다.

이런 실천이 존재했고 정신과 의사들 자신에게 그런 실천이 분명하게 의식되고 있었음을 명확히 보여주기 위해 생-용 정신요양원의 원장

---

et eucharistiae sacramenta ministrandum utilissimae, Antverpiae: Christ Plantini, 1586. 그런 실천의 규칙들에 대해서는 다음 문헌들을 참조하라. Ignace de Loyola, *Exercitia spiritualia*, Roma: Apud Antonium Bladum, 1548; *Exercices spirituels*, trad. et annotés par François Courel, Paris: Desclée de Brouwer, 1963; Paul Dudon, *Saint Ignace de Loyola*, Paris: Beauchesne, 1934; Paul Doncœur, "Saint Ignace et la direction des âmes," *La Vie spirituelle*, t.48, juillet-septembre 1936, pp.48~54; Michel Olphe-Galliard, "Direction spirituelle"(III. Période moderne), *Dictionnaire de spiritualité ascétique et mystique: Doctrine et histoire*, t.III, Paris: Beauchesne, 1957, col.1115-1117. 지도자들은 성 프란체스코 살레시오(1567~1622)의 『신심 생활 입문』(*Introduction à la vie dévote*)의 4장(「신앙에 들어와 향상되기 위한 지도자의 필요성에 관하여」[De la nécessité d'un directeur pour entrer et faire progrès en la dévotion])을 애독했다. François de Sales, *Œuvres*, vol.III, Annecy: Niérat, 1893, pp.22~25; Francis Vincent, *Saint François de Sales, directeur d'âmes: L'éducation de la volonté*, Paris: Beauchesne, 1923. 생-피스 신학원의 설립자인 장-자크 올리에(1608~1657)의 글도 참조하라. Jean-Jacques Olier, "L'esprit d'un directeur des âmes," *Œuvres complètes*, Paris: Jacques-Paul Migne, 1856, col.1183-1240.

'지도'에 대해서는 다음의 저작들을 참조할 수 있다. Elme Marie Caro, "La direction des âmes au XVIIe siècle," *Nouvelles Études morales sur le temps présent*, Paris: Hachette, 1869, pp.145~203; Henri Huvelin, *Quelques directeurs d'âmes au XVIIe siècle: Saint François de Sales, M. Olier, saint Vincent de Paul, l'abbé de Rancé*, Paris: Gabalda, 1911. 푸코는 1974~75년(『비정상인들』의 7~8강[1975년 2월 19, 26일]), 1977~78년(『안전, 영토, 인구』의 5강[1978년 2월 8일]), 1981~82년(『주체의 해석학』의 17~20강[1982년 3월 3, 10일])의 콜레주드프랑스 강의에서 '지도' 개념을 반복해 다룬다. 또한 1979년 10월 10일의 스탠포드대학교 강의에서도 '지도'에 대해 말한다. Michel Foucault, "'Omnes et singulatim': Vers une critique de la raison politique," *Dits et Écrits*, t.4: 1980-1988, éd. Daniel Defert et François Ewald, avec collab. Jacques Lagrange, Paris: Gallimard, 1994, pp.146~147. [정일준 옮김, 「정치와 이성」, 『미셸 푸코의 권력 이론』(수정증보판), 새물결, 1995, 65~67쪽.]

이 쓴 1861년의 텍스트를 소개해드리죠. "매일, 내가 지도하는 정신요양원에서 나는 칭찬하거나 보수를 주거나 질책하거나 강요하거나 강제하거나 위협하거나 벌을 주거나 하고 있다. 왜? 나 자신이 미치광이인 것일까? 내가 하고 있는 일을 내 동료들도 모두 하고 있다. 모두가 예외 없이. 왜냐하면 그것이 사물의 본성에서 유래하는 것이기 때문이다."3)

이 '지도'의 목표는 무엇이었을까요? 제가 지난번에 도달한 것이 여기까지인데, 제 생각에 '지도'의 목표는 무엇보다 현실에 구속력을 갖는 하나의 권력을 부여하는 것입니다. 이것은 두 가지를 의미합니다.

우선 이것은 소위 현실을 불가피한 것, 강제적으로 부과되는 것으로 만드는 일이며, 현실을 권력으로서 작동시키는 것입니다. 또한 광기와 대면하기 위한 추가적 힘을 현실에 부여하는 것이며, 더 나아가 현실에서 도피하거나 우회하려는 자인 광인에게 다가가기 위한 추가적 거리를 부여하는 것입니다. 따라서 이것은 현실에 부여된 추가분입니다.

그러나 이와 동시에 이것은 정신요양원 내부에서 행사되고 있는 권력이 현실 그 자체의 권력으로도 유효함을 인정하는 것입니다. 여기에 정신의학 권력의 또 다른 측면이 있습니다. 정신요양원 내의 권력, 그 정비된 공간 내부에서 작동하는 권력은 무엇을 도입하자고 주장하는 것일까요? 그리고 무엇의 이름으로 정신의학의 권력은 권력으로서 스스로를 정당화하는 것일까요? 바로 현실 그 자체의 이름으로입니다. 이렇게 해서 동시에 두 원칙이 발견됩니다. 한편으로 정신요양원은 가정 등으로부터 부과될 수 있는 모든 압력으로부터 절대적으로 독립된 폐쇄된 장으로서 기능해야 한다는 원칙이 있습니다. 그러므로 절대적인 권력입니다. 그러나 다른 한편으로 완전히 단절된 이 정신요양원 자체가 현실 그 자체의 재생산이어야 합니다. 건물은 가능한 한 통상적인 주거지와

---

3) Hippolyte Belloc, "De la responsabilité morale chez les aliénés," *Annales médico-psychologiques*, 3e série, t.III, juillet 1861, p.422.

닮아 있어야 하고, 정신요양원 내부에서 사람들 간의 관계는 시민들 간의 관계와 닮아 있어야 하며, 정신요양원 내부에서 노동의 일반적 의무가 재현되고 욕구와 경제체계가 재활성화되어야 합니다. 즉 현실의 체계가 정신요양원 내부에서 복제되어야 한다는 원칙입니다.

따라서 현실에 권력을 부여함과 동시에 현실의 토대 위에 권력을 기초하는 것, 이것이 정신요양원의 동어반복입니다.

그러나 현실이라는 이름으로 정신요양원 내부에서 실제로 도입되고 있는 것은 더 정확하게 어떤 것일까요? 현실로서 기능하도록 되어 있는 것은 결국 무엇일까요? 추가적 권력은 도대체 무엇에 부과되고 정신요양원의 권력은 어떤 유형의 현실을 토대로 기초되는 것일까요? 문제는 이상과 같은 것입니다. 그리고 이 문제를 다소간 해명하기 위해 저는 지난번에 정신의학적 치료가 어떻게 기능하고 있는지를 매우 잘 예시하고 있다고 생각되는 치료의 전말을 길게 소개해드렸던 것입니다.

정신요양원 내부에 현실의 작용이 도입되고 기능하는 방식을 정확하게 포착하는 것이 가능하다고 저는 생각합니다. 비교적 쉽게 도출되는 것을 도식적으로 요약해보고자 합니다. 결국 '도덕요법' 일반에서, 그리고 특히 지난번 예에서 발견되는 도덕요법 내에서 현실로서 포착할 수 있는 것은 도대체 어떤 것일까요?

제 생각에 그것은 우선 타자의 의지입니다. 환자로 하여금 직면케 해야 할 현실, 반항의 의지로부터 떼어낸 환자의 주의가 따라야 하는 현실, 환자를 복종시키는 현실은 우선 의지의 중심이자 권력의 원천으로서의 타자이며, 광인의 권력보다 우월한 권력을 갖고 있고 또 항시 갖게 되는 자로서의 타자입니다. 타자 쪽에 더 큰 권력이 있다는 것, 타자는 언제나 광인보다 훨씬 많은 권력의 지분을 갖고 있다는 말이죠. 이상이 광인을 복종시켜야 하는 최초의 현실이라는 멍에입니다.

두 번째로 광인을 복종시켜야 할 현실이라는 다른 유형 혹은 멍에로서 포착된 것은 이름이나 과거에 대한 학습 및 과거를 상기할 의무를 통해 표명되는 멍에였습니다. 뢰레가 여덟 바가지의 물로 위협함으로써 환자에게 자신의 삶을 말하도록 강제한 것을 상기해보세요.[4] 이름, 정체성, 과거, 1인칭으로 암송되고 그래서 결국 고백과 닮은 의례 속에서 인정되는 개인사. 바로 이런 현실이 광인에게 부과되는 것입니다.

세 번째 현실은 병의 현실 그 자체, 아니 오히려 광기의 현실, 양의적이고 모순적이며 현기증을 일으키는 광기의 현실입니다. 왜냐하면 한편으로 도덕요법에서는 광인에게 그의 광기가 확실히 광기이고, 그가 실제로 아프다는 것을 언제나 분명하게 보여줄 필요가 있기 때문입니다. 따라서 그 자신의 광기를 부인하는 모든 것을 버리도록 광인을 강제하고, 실제 병의 집요함에 그를 복종시켜야 합니다. 다른 한편으로 그와 동시에 광기의 핵심에 있는 것은 병이 아니라 결함이고 악의이며 주의 부족이고 자만이라는 것을 광인에게 보여줄 필요가 있습니다. 뒤프레씨의 치료를 상기해주세요. 한편으로 끊임없이 뢰레는 자신의 환자에게 일찍이 생-모르 성이 아닌 샤랑통에 있었다는 것,[5] 실제로 아프다는 것, 환자 신분이라는 것을 강제로 인정케 합니다. 이런 진실에 주체를 복종시켜야 하는 것입니다.

그러나 다른 한편으로 그와 동시에 뒤프레씨에게 샤워요법을 부과할 때 뢰레는 이렇게 분명히 말합니다. 내가 이렇게 하는 것은 당신을 치료하기 위해서도 아니고, 당신이 아프기 때문도 아니다. 내가 이렇게 하는 것은 당신이 말을 듣지 않았기 때문이고, 용인하기 힘든 종류의 욕망이 당신 안에 있기 때문이다.[6] 그리고 뢰레는 그 전술을 밀어붙여 뒤

4) Leuret, *Du traitement moral de la folie*, pp.444~446. 본서의 216~217쪽도 참조.

5) Leuret, *Du traitement moral de la folie*, pp.441, 443, 445.

6) "나는 그의 얼굴과 몸에 물줄기를 뿜었고, 그가 **치료를 위해** 모든 것을 견디고자 할 때 나는 그를 배려해 그를 치료하기 위해서가 아니라 괴롭히고 벌주기 위해서라고 말해줬다"(강조는 원문). Leuret, *Du traitement moral de la folie*, p.431.

프레씨가 정신요양원 내부에서 자신의 병으로부터 쾌락을 얻지 못하도록, 그리고 정신요양원 안에서 자신의 징후를 은폐할 수 없도록 뒤프레씨를 정신요양원에서 퇴원시키기까지 한 것입니다. 따라서 병과 관련해 그 병으로서의 지위를 거부하고 병의 지위를 통해 야기되는 모든 이익도 더불어 거부하려면, 병의 내부에서 그것에 활력을 불어넣고 있는 유해한 욕망을 몰아내야 한다는 것입니다. 그러니까 병의 현실을 부과함과 동시에 병들어 있지 않은 어떤 욕망의 현실을 부과하는 것, 즉 병의 근원 그 자체에서 병의 의식에 활력을 불어넣고 있는 어떤 욕망의 현실을 부과해야 한다는 것입니다. 병의 현실성과 비현실성, 광기가 현실이 아니라는 현실. 대략적으로 말해 이런 것을 중심으로 뢰레의 전술이 조직되고 있으며, 여기서 환자들이 도덕요법에 일반적으로 복종하게 되는 제3의 현실의 멍에가 있습니다.

마지막으로 현실의 네 번째 형태는 돈, 욕구, 노동의 필요성과 관련된 기술들에 대응하는 모든 것, 교환과 유용성의 체계 전체이며, 필요를 채우는 의무입니다.

제 생각에 이 네 가지 요소, 즉 첫 번째로 타자의 의지, 결정적으로 타자 쪽에 놓인 초권력, 두 번째로 정체성, 이름, 개인사의 멍에, 세 번째로 광기의 현실적이지 않은 현실과 광기의 현실을 구성하고 광기를 광기로서는 소거시키고 마는 욕망의 현실, 네 번째로 욕구·교환·노동의 현실은 현실의 잎맥 같은 요소로서, 바로 이 네 가지 요소가 정신요양원 안에 침투하는 것이고, 정신요양원 내부에서 정신요양원의 체제가 분절되는 지점이며, 그로부터 정신요양원 내에서 투쟁의 전술이 수립되는 지점인 것입니다. 정신요양원의 권력은 바로 그 현실들이 현실로서 가치를 갖도록 만들기 위해 행사되는 권력인 것입니다.

현실을 구성하는 이 네 가지 요소의 존재, 혹은 [정신요양원 내에] 이 네 가지 요소가 침투케 하기 위해 정신요양원의 권력이 현실에서 행하는 여과는 몇 가지 이유 때문에 중요하다고 생각합니다.

첫 번째 이유는 그 네 가지 요소가 정신의학의 실천 내에 정신의학의 역사를 통해 집요하게 발견되는 몇몇 문제를 편입시키기 때문입니다. 첫 번째로 환자가 피해갈 수 없는 어떤 종류의 권력을 보유한 자인 의사에 대한 환자의 의존, 복종의 문제가 편입됩니다. 두 번째로 고백, 과거의 상기, 말하기, 자기 자신의 인정 등의 것에 관한 문제 내지 실천이 있습니다. 세 번째로 광기를 현실에서 광기로서 존재케 하고 있는 욕망의 문제, 비밀임과 동시에 받아들일 수 없는 욕망의 문제를 모든 광기에 제기하기 위한 수법이 정신의학의 실천 속에 편입됩니다. 그리고 마지막 네 번째 문제로서 물론 돈, 금전적 보상의 문제가 있습니다. 요컨대 이것은 광인이 어떻게 자기 자신의 필요를 충족시켜야 하는지의 문제이며, 자신의 광인으로서의 삶을 꾸려갈 수 있게 해주는 교환체계를 광기의 내부로부터 어떻게 창설하느냐의 문제인 것입니다. 이상의 모든 것이 이미 비교적 명확한 방식으로 원시적 정신의학의 모든 기술 속에 소묘되어 있는 것을 볼 수 있습니다.

이 네 요소가 중요한 것은 정신의학의 역사, 정신의학 실천의 집성 내에 그 기술들, 그 문제들이 놓여 있기 때문만이 아니라 [게다가]* 그것들을 통해 치유한 개인이 어떤 자인지가 규정되기 때문이기도 합니다. 실제로 치유된 개인들은 어떤 자들일까요? 만약 의존, 고백, 욕망의 수용불가능성, 돈이라는 바로 이 네 가지 멍에를 받아들인 자가 아니라면 말입니다. 치유, 그것은 정신요양원에서 실행되는 일상적이고 직접적인 신체적 예속화의 절차이며, 그것에 의해서 4중의 현실을 담지한 자가 치유된 개인으로서 구성됩니다. 그리고 개인이 담지해야 할 그런 4중의 현실, 즉 개인이 받아들여야 할 4중의 현실은 바로 타자의 법이며, 자기 정체성, 욕망의 수용불가능성, 하나의 경제체계 안으로의 욕구의 삽입인 것입니다. 실제로 치유를 받는 개인을 통해 이 네 가지 요소가 받아

* 녹음기에는 "또 그것들이 중요한 것은"(c'est également important)이라고 기록되어 있다.

들여졌을 때, 그 개인에게 치유된 개인으로서의 자격이 부여되는 것입니다. 이것이 조정**의 4중 체계이며, 그것이 그 자신에게서, 그 현실에 의해, 개인을 치유시키고 회복시키는 것입니다.

그러면 이번에는 또 다른 계열의 귀결에 대해 상세하게 검토해보고자 합니다. 4중의 예속화는 규율 공간 내부에서 규율 공간 덕분에 행해집니다. 이런 의미에서, 그리고 이제까지 제가 정신요양원에 대해 여러분께 이야기해온 것은 병영, 학교, 고아원, 감옥 등에 대해서 말할 수 있었던 것과 별반 다를 것이 없습니다. 그렇지만 그런 시설 내지 제도와 정신요양원 사이에는 역시 본질적인 차이가 하나 있습니다. 그 차이는 물론 정신요양원이 의학적 공간으로 특징지어지고 있다는 것입니다.

이제까지 저는 정신요양원의 일반적 체제, 더 나아가 정신요양원 내 투쟁의 기술, 그런 투쟁에서 현실에 주어진 최대의 권력에 대해 이야기해왔습니다. 그런데 결국 이 모든 것에 의학은 어떻게 관여했던 것일까요? 그 모든 것에 의사는 왜 필요했던 것일까요? 정신병원이 의학적 장소로서 간주되고 있었다는 것은 도대체 무엇을 의미할까요? 어느 시점부터, 정확히 말하면 19세기 초에 광인들을 집어 넣던 장소는 단순히 규율적인 장소에 불과한 것이어서는 안 되고 그와 더불어 의학적 장소여야만 했다는 것이 의미하는 바는 도대체 무엇일까요? 달리 말해서 현실의 추가적 권력을 통용시키기 위해 왜 의사가 필요한 것일까요?

더 구체적으로 말해봅시다. 아시다시피 18세기 말까지 광인들이 그 내부에 놓여 있던 장소, 광기에 걸린 사람들을 규율에 복종시키기 위한 장소는 의학적 장소가 아니었습니다. 비세트르[7]도, 살페트리에르[8]도,

---

** 강의원고에는 '조정'(ajustement)이 아니라 '예속화'(assujettissement)로 되어 있다.

7) 가난한 귀족이나 부상병을 위한 보호 시설로서 1634년에 건설된 비세트르 성은 1656년 4월 27일의 왕령에 따라 만들어진 구빈원 중 하나가 된다. 그 왕령이란 "가련한 거지들은 건장하건 불구건, 남자건 여자건 간에 구빈원에 구금하고 그 능력에 따라 재봉, 제조, 기타 업무에 종사케 해야 할 것이다"라는 것이었다. 1660년

생-라자르[9]도 의학적 장소가 아니었고, 샤랑통[10]조차 그곳이 다른 시

정신이상자 수용을 위해 만들어진 '생-프리'[환자들을 위한 병동 — J. L.]에 피넬이 '진료의'로 취임한 것은 1793년 9월 11일이다. 피넬은 1795년 4월 19일까지 이 일을 계속하게 된다. Paul Bru, *Histoire de Bicêtre (hospice, prison, asile), d'après des documents historiques*, Paris: Progrès médical, 1890; Frantz Funck-Brentano et Georges Marindaz, *L'Hôpital général de Bicêtre*, Lyon: Laboratoires Ciba, 1938; Jean Marcel Surzur, *L'Hôpital-hospice de Bicêtre: Historique, fonctions sociales jusqu'à la Révolution française*, Th. Méd. Paris, Paris: [s.n.,] 1969.

8) 살페트리에르라는 이름은 일찍이 루이 13세 때 만들어진 화약 공장에서 유래한다. 1656년 4월 27일의 왕령은 파리 시가지와 그 주변의 '가련한 여자 거지,' '교정불가능한 여자,' 몇몇 '미친 여자'를 '수용'하기 위해 살페트리에르를 구빈원 중 하나로 만든다. 감옥의 기능이 폐지되자 이 구빈원은 1793년에 '왕립여성시설'로 이름을 바꾸고 1823년까지 그렇게 불린다. 1801년 장-앙투안 샵탈(Jean-Antoine Chaptal, 1756~1832)이 설립한 센 병원·시료원 이사회는 1802년 3월 27일의 법령에 따라 파리 시립병원에 입원해 있던 미친 여자들을 살페트리에르로 옮기도록 명한다. Louis Boucher, *La Salpêtrière: Son histoire de 1656 à 1790, Ses origines et son fonctionnement au XVIIIe siècle*, Paris: Progrès médical, 1883; Georges Guillain et Pierre Mathieu, *La Salpêtrière*, Paris: Masson, 1925; Léo Larguier, *La Salpêtrière*, Lyon: Laboratoires Ciba, 1939; Jean Couteaux, "L'histoire de la Salpêtrière," *Revue hospitalière de France*, t.9, 1944, pp.106~127, 215~242. 더 풍부한 자료에 기반한 다음의 연구가 있다. Nadine Simon et Jean Franchi, *La Pitié-Salpêtrière*, Saint-Benoît-la-Forêt, Éd. de l'Arbre à images, 1986.

9) 9세기 성 라자로 수도회의 구제수도사들이 나병환자들을 돌보기 위해 설립한 생-라자르는 1632년 1월 7일 성 뱅상 드 폴(Vincent de Paul, 1581~1660)에 의해 "폐하의 명에 따라 구류된 사람들"과 "가련한 미치광이들"을 수용하는 장소로 바뀌었고, 1794년에는 매춘부들을 위한 감옥이 된다. Eugène Pottet, *Histoire de Saint-Lazare (1122~1912)*, Paris: Société française d'imprimerie et de librairie, 1912; Jacques Vié, *Les Aliénés et les correctionnaires à Saint-Lazare au XVIIe siècle et au XVIIIe siècle*, Paris: Félix Alcan, 1930. 푸코는 다음에서 생-라자르를 언급했다. Michel Foucault, *Histoire de la folie à l'âge classique*, Paris: Gallimard, 1972, pp.62, 136. [이규현 옮김, 『광기의 역사』, 나남, 2003, 123, 228~229쪽.]

10) 메종 드 샤랑통은 국무평정관 세바스티앙 르블랑(Sébastien Leblanc, 1598~1672)이 1641년 9월 13일에 창설했다. 1644년 2월, 이 시설은 가난한 자들과 병든 자들을 돕기 위해 포르투갈인 후앙 시다데(João Cidade, 1495~1550)가 만든 성 요한 의료봉사 수도회(1537년)에 위탁된다. Jean Monval, *Les Frères hospitaliers de*

설과는 달리 특히 광인들을 치료하기 위한 곳으로 지정되어 있었다고는 하지만, 역시 의학적 장소가 아니었습니다. 사실 이 시설들은 모두 의학적 장소가 아니었습니다. 확실히 그곳에 의사가 있긴 했지만 의사의 역할은 통상적인 의사의 역할이었습니다. 즉 의사는 수감된 사람들의 상태나 치료법 그 자체로 인해 필요해진 조치를 수행하는 역할을 담당하고 있었던 것입니다. 광인의 치유가 의사의 자격을 가진 자에 의해 행해지리라고는 기대되지 않았습니다. 그리고 성직자에 의해 확보되는 통솔, 이때 개개인에게 부과되는 규율은, 이것들이 어떤 치유를 가져다줄 것이라는 기대효과를 위해 의학적 보증을 받을 필요가 없었습니다.

이는 18세기 말까지 매우 분명한 형태로 발견됩니다. 하지만 [그] 세기 마지막 몇 년에 걸쳐 거대한 변화가 일어나고, 19세기가 되면 지극히 일반적인 방식으로 다음과 같은 두 가지 단언이 발견됩니다. 즉 한편으로 광인들에게 필요한 것은 지도이고 체제라는 단언, 그리고 다른 한편으로 이런 지도는 의학에 종사하는 자의 손에 맡겨야만 한다는, 앞의 단언에는 함의되어 있지 않은 것처럼 생각되는 역설적인 단언입니다.

Saint-Jean-de-Dieu en France, Paris: Bernard Grasset, 1936; André Chagny, *L'Ordre hospitalier de Saint-Jean-de-Dieu en France*, Lyon: Lescuyer et fils, 1953; Pierre Sevestre, "La maison de Charenton, de la fondation à la reconstruction: 1641-1838," *Histoire des sciences médicales*, t.25, 1991, pp.61~71.

1795년 7월에 폐쇄된 이 시설은 총재 정부 아래 1797년 6월 15일에 다시 열리고 국유화되어 파리 시립병원의 정신이상자 병동을 대체하게 된다. 이 시설의 원장으로는 프레몽트레 수도회의 옛 수사인 프랑수아 드 쿨미에르(François de Coulmiers, 1741~1818), 의사장으로는 조제프 가스탈디(Joseph Gastaldy, 1741~1805)가 임명된다. Charles-François-Simon Giraudy, *Mémoire sur la Maison nationale de Charenton, exclusivement destinée au traitementdes aliénés*, Paris: Imprimerie de la Société de Médecine, 1804; Jean-Étienne Dominique Esquirol, "Mémoire historique et statistique sur la Maison Royale de Charenton"(1835), *Des maladies mentales considérées sous les rapports médical, hygiène, et médico-légal*, t.II, Paris: J.-B. Baillière, 1838, pp.539~736; Charles Strauss, *La Maison nationale de Charenton*, Paris: Imprimerie nationale, 1900.

이제까지 제가 여러분과 논의한 규율이 재규정될 때, 이런 의학화가 요청된다는 것이 의미하는 바는 무엇일까요? 이것은 병원이 이후로 의학적 지식이 활용되는 장소가 되어야만 한다는 것을 의미할까요? 광인들의 지도가 정신질환에 관한 지식, 정신질환의 분석, 질병학, 정신질환의 병인론에 기초해 정리되어야 한다는 것을 의미할까요?

저는 그렇게 생각하지 않습니다. 다음의 사실을 특히 강조해둘 필요가 있습니다. 그것은 다시 말해 19세기에는 한편으로는 질병학, 정신질환의 병인론, 정신질환의 가능한 기질적 상관관계에 대한 병리해부학적 탐구가 발달했다는 것, 그리고 다른 한편으로는 그것과는 별개로 지도의 전술적 현상의 총체가 있었다는 것입니다. 의학적 이론이라고 부를 수 있을 만한 것과 실제의 지도의 실천 사이에 존재하는 이런 간극, 이런 격차는 많은 방식으로 표출됩니다.

첫 번째로 병원 내부에 갇힌 사람들과 어떤 종류의 지식을 소유하고 그 지식을 개개의 환자에게 적용할 수 있는 자인 의사 사이에 있을 수 있었던 것은 한없이 희박한 관계, 혹은 이렇게 말해도 좋다면, 지극히 불확실한 관계였습니다. 앞서 한 예로 들어드렸던, 길고 곤란한 치료를 행한 뢰레는, 통상적 병원에서 의사장이 환자 한 명에게 할애할 수 있는 시간이 대략 1년에 37분이라는 것을 특히 잊어서는 안 된다고 말했습니다. 그리고 뢰레는 한 병원, 아마도 비세트르의 사례라고 생각되는데, 한 병원의 예를 들어, 거기서는 의사장이 환자 한 명에게 할애할 수 있는 시간이 1년에 최대 18분이라고 말했습니다.[11] 엄밀한 의미에서의 의학적 기술과 정신요양원 입원자들과의 관계는 극히 불확실한 것이었음을 아실 수 있을 것입니다.

---

11) "환자의 수가 너무 많기 때문에, 의사가 각각의 환자들에게 1년에 37분밖에 할애할 수 없는 시설을 나는 알고 있다. 또 환자의 수가 더 많기 때문에 …… 각각의 환자가 1년에 10분밖에는 의사장에게 진찰을 받을 수 없는 시설도 있다." Leuret, *Du traitement moral de la folie*, p.185.

이런 격차의 증거는 아마도 더 확실한 방식으로 다음과 같은 사실 가운데서 발견됩니다. 요컨대 그것은 그 시대에 환자들이 정신요양원 내부에 실제로 배치됐던 방식은 이론적 텍스트 속에서 발견되는 정신질환의 질병학적 분류와는 하등의 관계가 없었다는 사실입니다. 조광증과 만성우울증[12] 사이의 구분, 조광증과 편집증[13] 사이의 구분, 조광증과 치매 계열 전체,[14] 이 모든 것의 흔적과 귀결은 정신요양원의 실제 조직화 속에서 발견되지 않습니다. 병원 안에서 구체적으로 수립되는 것은 그와는 전혀 다른 분할입니다. 즉 거기에 있는 것은 치유가 가능한 자와 치유가 불가능한 자, 얌전한 환자와 동요하는 환자, 순종적인 환자와 말을 듣지 않는 환자, 노동이 가능한 환자와 노동이 불가능한 환자, 벌을 받는 환자

---

12) 푸코는 "감성·지능·의지의 무질서로 특징지을 수 있는, 통상 만성적이고 열을 수반하지 않는 뇌질환"이라고 정의되는 광기의 영역 내에 에스키롤이 확정한 구별을 참조했다. Esquirol, "De la folie," p.5. 심리적 능력을 셋으로 구분함으로써 획정된 이 영역 내부에는 (a) 능력들에 영향을 미치는 혼란의 본성, (b) 혼란의 외연, (c) 그 영역에 영향을 미치는 기분의 성질에 따라 서로 다른 임상상의 변화가 야기된다고 여겨진다. 이렇게 조광증이 "감성·지능·의지의 교란 혹은 발양"으로 특징지어지는 데 반해(Esquirol, "De la manie"[1818], *Des maladies mentales*……, op. cit., t.II, p.132), 만성우울증['슬픔,' '고뇌'라는 의미의 그리스어 어근 λύπη로부터 에스키롤이 1815년에 만든 신조어]에서 "감성은 극심하게 자극되거나 침해된다. 지능과 의지는 비통하고 압박된 정념에 의해 변한다." Esquirol, "De la monomania"(1819), *Des maladies mentales*……, op. cit., t.II, pp.398~481.

13) 조광증과 편집증을 구별하는 기준은 혼란의 외연이 전반적인지 부분적인지의 여부이다. 요컨대 부분적이라는 것은 혼란이 하나의 능력(지능 편집증, 본능 편집증 등), 하나의 대상(호색증), 혹은 하나의 주제(종교 편집증, 살인 편집증)에 국소화된다는 것이다. 이렇게 조광증이 "망상이 전반적이고 사고 능력이 모두 발양되어 혼란스럽다"는 사실로 특징지어지는 데 비해 편집증에서 "망상은 그것이 비통한 것이든 쾌활한 것이든, 또는 그것이 농축된 것이든 팽창된 것이든지 간에 부분적이며 소수의 관념과 감정에 한정된다." Esquirol, "De la manie," p.133.

14) '능력들의 발양'으로 특징지어지는 조광증에 비해 ('급성,' '만성,' '노인성'이라는 다양성을 갖는) 치매의 집합군은 그 부정적 측면에 의해 구별된다. "치매는 통상 열을 동반하지 않는 만성적 뇌질환이며 감성·지능·의지의 감퇴로 특징지어진다." Esquirol, "De la démence"(1814), *Des maladies mentales*……, op. cit., t.II, p.219.

와 벌을 받고 있지 않은 환자, 부단히 감시해야 하는 환자와 때때로 감시해야 하거나 혹은 전혀 감시할 필요가 없는 환자 간의 차이입니다. 정신요양원 내부 공간을 실제로 구획 정리한 것은 이런 배분이지, 이론적 논설 속에서 구축되고 있던 질병학적 틀이 아니라는 것입니다.

의학적 이론과 정신요양원에서의 실천 간에 존재하는 이런 격차와 관련해서는 또 다른 증거가 있습니다. 이렇게 말해도 괜찮다면, 이것은 의학적 이론을 통해, 즉 정신질환에 대한 징후학적 혹은 병리해부학적 분석을 통해, 의료적 조치로 규정되어 있던 모든 것이 이제는 치유의 목적으로서 사용되는 것이 아니라 지도의 기술 내부에서 아주 신속하게 재활용되기 시작했다는 사실입니다. 제가 말하고 싶은 것은 이런 것입니다. 샤워요법, 거기에 소훼,[15] 뜸뜨기[16] 등 모든 의학적 조치는 우선 정신질환의 병인론 혹은 그 기질적 상관관계라는 일정한 견해에 따라 처

15) '소훼'(cautérisation) 내지 '현행 소훼'(cautère actuel)란 불에 벌겋게 달구거나 끓는 물로 덥힌 쇠를 정수리나 목덜미에 갖다 대는 치료법이다. Louis Valentin, *Mémoire et observations concernant les bons effets du cautère actuel, appliqué sur la tête ou sur la nuque dans plusieurs maladies*, Nancy: Hissette, 1815. 에스키롤은 "악화되어 흉포해진 조광증에, 달군 쇠를 목덜미에 갖다 대는" 방식을 장려했다. Esquirol, "De la folie," p.154; "De la manie," pp.191, 217; Joseph Guislain, "Moxa et cautère actuel"(chap.VI), *Traité sur l'aliénation mentale et sur les hospices des aliénés*, t.II, Amsterdam: Van der Hey et Gartman, 1826, pp.52~55.

16) '뜸뜨기'(moxa)란 천천히 뜸을 떠서 고통을 불러일으키고, 그럼으로써 신경계를 자극해 감각을 각성시키려는 치료법이다. Alexandre Edme Maurice Bernardin, *Dissertation sur les avantages qu'on peut retirer de l'application du moxa et de la pratique de l'opération de l'empième*, Th. Méd. Paris, Paris: Impr. Lefebvre, 1803. 조르제는 혼미와 무감각을 동반하는 정신이상 형태들에서의 뜸뜨기 사용을 장려했다. Étienne-Jean Georget, *De la folie: Considérations sur cette maladie*, Paris: Crevot, 1820, p.247. 또한 귀슬랭의 다음과 같은 언급을 참조하라. "그 강력한 자극은 살아 있는 부분의 고통과 파괴를 통해 신체감각에 작용할 뿐만 아니라 그것이 불러일으키는 공포를 통해 신경에 작용한다"(4절), Joseph Guislain, *Traité sur les phrénopathies ou doctrine nouvelle des maladies mentales,* 2e éd., Bruxelles: Établissement Encyclographique, 1835, p.458.

방되고 있었습니다. 예를 들면 혈액 순환을 돕는다거나 신체의 이런저런 부분의 응혈을 제거해야 한다는 이유로 말입니다. 하지만 아주 일찍이 이런 여러 방법들은, 그것들이 환자에게 불쾌감을 주는 개입방법인 한에서 바로 지도의 체계 속에서 처벌의 수단으로 이용됐습니다. 이것들이 이후에도 계속 행해졌다는 것, 전기충격요법이 사용되어온 방식이 바로 이런 유형에 속한다는 것을 알고 계실 것입니다.[17]

더 정확히 말하면 의학적 조치의 활용 자체가 흔히 신체의 표면이나 내부에 정신요양원의 규율을 연장하는 것이었습니다. 환자를 목욕시킨다는 것은 결국 무엇을 의미하는 것이었을까요? 이론의 수준에서 그것은 확실히 혈액이 잘 순환하도록 보증하는 것이었습니다. 1840~60년까지 정신요양원에서 때때로 아편팅크나 에테르가 사용됐는데,[18] 이것이

---

17) 헝가리의 정신과 의사 라디슬라스 J. 메두나(Ladislas J. Meduna, 1896~1964)가 1935년부터 사용한 카르디아졸 충격요법에 만족하지 못했던 [이탈리아의 신경학자] 우고 첼레티(1877~1963)는 루치오 비니(Lucio Bini, 1908~1964)와 함께 전기충격요법을 개발한다. 1938년 4월 15일 이 치료법은 한 정신분열증 환자에게 처음으로 적용됐다. Ugo Cerletti, "L'elettroschock," *Rivista sperimentale di freniatria*, Reggio Emilia, vol.XVIII, 1940, pp.209~310; "Electroshock Therapy," *The Great Physiodynamic Therapies in Psychiatry: An Historical Reappraisal*, ed. Arthur Mitchell Sackler et al., New York: Hoeber-Harper, 1956, pp.92~94.

18) 19세기 후반 이후 정신의학에서 에테르 사용은 확대된다. 이것은 치료, 특히 "불안 때문에 동요하는 상태"를 진정시키기 위한 것이자 진단을 목적으로 하는 것이기도 했다. Wilhelm Griesinger, *Die Pathologie und Therapie der psychischen Krankheiten*, Stuttgart: A. Krabbe, 1845, p.544; Henri-Louis Bayard, "L'utilisation de l'éther et le diagnostic des maladies mentales," *Annales d'hygiène publique et médicale*, t.42, no.83, juillet 1849, pp.201~214. "에테르 마취는 특정한 상황에서 병의 상태를 변화시키고 그 질환이 진짜 신경장해임을 의사가 확실히 알 수 있게 해주는 귀중한 수단이다." Bénédict Auguste Morel, "De l'éthérisation dans la folie du point de vue du diagnostic et de la médecine légale," *Archives générales de mé-decine*, V^e série, t.3, vol.1, février 1854, p.135. Hippolyte Brochin, "Maladies ner-veuses"(§Anesthésiques: Éther et chloroforme), *Dictionnaire encyclopédique des sciences médicales*, 2e série, t.XII, Paris: Masson/Asselin, 1877, pp.376~377.

의미하는 바는 무엇이었을까요? 얼핏 보면 그것은 환자의 신경계를 진정시키는 것처럼 여겨질지도 모르겠지만, 실제로는 그저 정신요양원체제의 체계, 규율의 체계를 환자의 신체 내부에까지 연장해 적용하는 것이었습니다. 그것은 정신요양원의 내부에서 명령되고 있던 정숙을 보장하는 것이고, 그 정숙을 환자의 신체 내부에까지 연장하는 것이었습니다. 현행의 신경안정제 사용 역시 이런 유형에 속합니다. 즉 정신요양원의 실천에서 의학적 이론이 가능한 의료적 조치로서 규정했던 것이 매우 신속하게 규율체계의 요소로 전환됐다는 것입니다. 따라서 정신요양원 내부에서 의사가 자신의 정신의학적 지식에서 출발해 기능했다고 할 수는 없다고 저는 생각합니다. 매 순간 정신의학적 지식으로 주어지고 있었던 것, 정신의학의 이론적 텍스트 내에서 논의되고 있었던 것, 이 모든 것은 현실의 실천에서는 언제나 다른 모습으로 변환됐으며, 그런 이론적 지식이 실제로 정신요양원 생활 그 자체에 영향력을 행사했다고는 말할 수 없습니다. 다시 한번 반복하면 이것은 원시적 정신의학의 최초 몇 년에 대해 말할 수 있는 바이고, 아마도 어느 정도까지는 오늘날에 이르기까지의 정신의학의 역사 전체에 대해 말할 수 있는 바입니다. 그렇다면 의사는 어떻게 기능할까요? 왜 의사가 필요할까요? 의사가 수립한 틀, 의사가 서술한 바, 의사가 그 지식에서 출발해 규정한 의료적 조치가 의사 본인에 의해서조차 활용되지 않는데도 말입니다.

정신요양원의 이런 권력을 의학적인 것으로 표시한다는 것은 무엇을 의미할까요? 왜 이 권력을 행사해야 하는 자가 의사여야 할까요? 정신요양원 내부에서 의학적으로 표시하는 것은 무엇보다 의사를 신체적으로 현전시키는 것이라고 저는 생각합니다. 그것은 의사를 편재시키는 것이며, 대략적으로 말해 정신요양원의 공간을 정신과 의사의 신체에 동화시키는 것입니다. 정신요양원은 정신과 의사의 신체가 확장되고 팽창되어 시설의 크기를 갖게 된 것이며, 이렇게 확장된 결과 바야흐로 정신요양원의 각 부분이 정신과 의사의 신체 각 부분에 상응하고 그 자신의 신경에 의해 제어되고 있기라도 한 듯이 정신과 의사의 권력이 행사됩니다. 더 정확히 말하면 정신과 의사의 신체와 정신요양원이라는 장소와의 이런 동일시는 다음과 같은 여러 다른 방식으로 표명됩니다.

우선 환자가 대면해야 하고, 또 소위 현실의 다른 요소들이 통과해야 하는 것으로서의 최초의 현실은 정신과 의사의 신체 그 자체인 것입니다. 첫 강의에서 소개해드린 무대를 상기해주시기 바랍니다. 다시 말해 모든 치료는 환자가 요양원에 도착하는 날 혹은 진료가 시작되는 날에 자신의 환자 앞을 갑작스럽게 막아 서는 정신과 의사의 등장과 함께, 그 형태미와 그 무게로 자신을 강하게 어필하는 결함 없는 신체의 위광과 함께 시작되는 것입니다. 이 신체는 현실로서, 혹은 모든 다른 현실의 현실성이 통과하게 되는 것으로서 환자를 압도해야 합니다. 환자는 이 의사의 신체에 복종해야 하는 것입니다.

두 번째로 정신과 의사의 신체는 모든 곳에 현전해야 한다는 것입니다. 정신요양원의 건축양식, 1830~40년 사이에 장-에티엔 도미니크 에스키롤,[19] 장-바티스트 파르샤프,[20] 앙리 지라르 드 카이외[21] 등에 의

19) 에스키롤이 정신요양원 건립에 관한 논의를 시작하는 것은 프랑스, 이탈리아, 벨기에 여행에서 돌아온 직후부터이다. Jean-Étienne Dominique Esquirol, *Des établissements consacrés aux aliénés en France, et des moyens d'améliorer le sort de ces infortunés*, Paris: Impr. de Mme Huzard, 1819; *Des maladies mentales*……, op. cit., t.II, pp.399~431. 재수록.

20) Jean-Baptiste Parchappe de Vinay(1800~1866). 1848년 정신이상자 담당 감찰관에 임명되고, 환자를 범주별로 분리해 치료가능케 하는 정신요양원 도면을 작성한다. *Des principes à suivre dans la fondation et la construction des asiles d'aliénés*, Paris: Masson, 1853. 또한 다음 논문을 참조하라. Jean-Georges-Hippolyte Martel, *Parchappe: Signification de son œuvre, sa place dans l'évolution de l'assistance psychiatrique*, Th. Méd. Paris, Paris: R. Foulon et Cie, 1965.

21) 1840년 6월 20일 옥세르 정신요양원의 의사장 겸 원장에 임명되어 도덕요법 원칙에 따라 정신이상자들을 격리·분류하고 노동에 종사케 할 장소인 정신요양원 건립을 제안한 지라르 드 카이외[본서 7강(1973년 12월 19일)의 각주 40번 참조]는

해 규정된 건축양식은 언제나 정신과 의사가 잠재적으로 모든 곳에 모습을 나타낼 수 있도록 계산되어 있습니다. 정신과 의사는 흘깃 쳐다보는 사이에 모든 것을 볼 수 있어야 하고, 한 바퀴 도는 것만으로 각 환자의 상황을 감시할 수 있어야 합니다. 정신과 의사는 끊임없이 시설, 환자, 직원을 전면적으로 점검할 수 있어야만 합니다. 정신과 의사는 모든 것을 봐야 하고, 모든 것이 그에게 보고되어야 합니다. 즉 정신과 의사가 자신의 눈으로 보지 않은 것은 그에게 전적으로 순종하는 간수들이 그에게 전달해야만 합니다. 그 결과 언제나 끊임없이 정신과 의사는 정신요양원 내부에 편재하는 것입니다. 정신과 의사는 자신의 시선, 귀, 몸짓을 통해 정신요양원의 공간 전체를 뒤덮고 있는 것입니다.

더 나아가 정신과 의사의 신체는 정신요양원 행정의 모든 부분과 직접 소통하고 있어야 합니다. 요컨대 간수는 결국 톱니바퀴이고 수족이며, 어쨌든 정신과 의사의 수중에 있는 도구입니다. 1860년 이래로 파리 근교에 건설된 모든 정신요양원을 조직화한[22] 지라르 드 카이외는

특히 다음의 텍스트들에서 이런 구상을 개진하고 있다. Henri Girard de Cailleux, "De l'organisation et de l'administration des établissements d'aliénés," *Annales médico-psychologiques*, t.II, septembre 1843, pp.230~260; "De la construction, de l'organisation, et de la direction des asiles d'aliénés"(2e partie), *Annales d'hygiène publique et de médecine légale*, t.40, juillet 1848, pp.5, 241.

22) 1860년 조르주-외젠 오스만에 의해 센 도의 정신이상자 담당 감찰관에 임명된 지라르 드 카이외는 정신이상자에 대한 구제 업무 재편성의 일환으로 자신이 원장을 지내며 개축한 옥세르 정신요양원을 모델로 삼아서, 1861년 파리 교외에 약 10개의 정신요양원을 건설할 계획을 제출한다(앞의 각주 참조). 1867년 5월에 생-탄느 요양원이 개설된 뒤, 1868년에는 빌르-에브라르 요양원, 1869년에는 페레-보클뤼즈 요양원, 시간이 좀 지난 1884년에는 빌쥐프 요양원이 개원한다. 다음의 텍스트들을 참조하라. Georges Daumezon, "Essai d'historique critique de l'appareil d'assistance aux malades mentaux dans le département de la Seine depuis le début du XIXe siècle," *Information psychiatrique*, t.I, no.5, 1960, pp.6~9; Gérard Bleandonu et Guy Le Gaufey, "Naissance des asiles d'aliénés (Auxerre-Paris)," *Annales ESC*, no.1, 1975, pp.93~126.

이렇게 말했습니다. "의사장이 부여한 추진력은 잘 숙지된 위계를 통해서만 모든 부서에 전달되는 것이다. 그런 위계를 제어하는 자는 의사이고, 그의 부하들은 그에게 필수불가결한 톱니바퀴이다."[23]

요컨대 이렇게 말할 수 있겠습니다. 정신과 의사의 신체는 정신요양원 자체라고 말입니다. 정신요양원의 장치와 정신과 의사의 신체는 한 몸이어야 합니다. 에스키롤이 『정신질환에 관하여』에서 말했던 것이 이것입니다. "의사는 소위 정신이상자를 위한 요양원에서 생명의 본원 같은 것이어야 한다. 의사가 모든 것을 움직여야 한다. 의사는 모든 행동을 지도하고 모든 사유를 규제해야 한다. 시설에 거주하는 자와 관련된 모든 것은 활동의 중심에 있는 정신과 의사에게 보고되어야 한다."[24]

따라서 제 생각에 정신요양원을 의학적 장소로서 표시할 필요가 있다는 것, 정신요양원이 의학적 장소여야 한다는 것은 우선 환자가 의사의 소위 편재하는 신체 앞에 있어야 한다는 의미이며, 결국 의사의 신체 내부에 포함되어야 한다는 의미입니다. 이것이 끌어낼 수 있는 최초의 의미입니다. 하지만 여러분께서는 이렇게 말씀하시겠죠. 왜 그것이 의사여야만 하나, 왜 의사가 그런 역할을 하는가, 어떤 지도자라도 상관없는

---

23) Girard de Cailleux, "De la construction, de l'organisation, et de la direction des asiles d'aliénés," p.272.

24) Jean-Étienne Dominique Esquirol, "Des maisons d'aliénés"(1818), *Des maladies mentales*……, op. cit., t.II, pp.227~528. 이런 은유가 그 뒤로 많이 쓰이게 된다. 이를테면 1946년 생-탈방 요양원의 전 원장으로 제도적 정신의학운동의 주창자인 폴 발베(1907~2001)는 다음과 같이 표명하고 있다. "정신요양원은 그곳의 의사장인 정신과 의사와 동질적이다. 의사장으로 재임한다는 것은 운영자로 재임하는 것이 아니다. 그것은 명령을 내려야 할 대상과 일종의 유기적 관계를 맺는 것이다……. 정신과 의사는 뇌가 신경에 명령을 내리는 방식으로 명령을 내린다. 그러므로 정신요양원은 정신과 의사의 신체라고 여겨질 수 있다." Paul Balvet, "De l'autonomie de la profession psychiatrique," *Documents de l'information psychiatr-ique*, t.II: Au-delà de l'asile d'aliénés et de l'hôpital psychiatrique, Paris: Desclée de Brouwer, 1946, pp.14~15.

것 아닌가라고 말입니다. 권력이 되는 이 개인적 신체, 모든 현실이 통과하는 이 신체가 왜 바로 의사의 신체여야만 하냐고 말입니다.

흥미롭게도 이 문제는 끊임없이 제기되어 왔음에도 불구하고 결코 진정한 의미에서는 정면으로 논의되지 않았습니다. 한편으로 19세기 텍스트에서 정신요양원이 실제로 한 의사에 의해 지도되어야 한다는 것, 의사에 의해 전적으로 지도되지 않으면 정신요양원의 치료적 기능은 달성될 수 없다는 하나의 원리, 하나의 공리로서 반복해서 단언됩니다. 하지만 다른 한편으로 이 원리를 설명하는 데 있어서의 곤란함이 계속해서 생겨나고, 정신요양원이 규율적 시설이므로 결국 거기에는 좋은 운영자가 있으면 충분한 것 아닌가 하는 염려가 끊임없이 생겨납니다. 그리고 실제로 오랫동안 병원 치료의 임무를 담당하는 의학적 지도자와 경리, 인사, 운영 등의 수준에서의 업무를 담당하는 지도자 사이에 지속적인 갈등이 있어왔습니다. 피넬 자신도 처음부터 염려하고 있었습니다. 피넬은 이렇게 말했습니다. 사실 나는 환자들을 치료하기 위해 여기 있는데, 비세트르의 문지기이자 수위이며 간수였던 장-바티스트 퓌생도 이와 관련해 나만큼이나 많이 알고 있다. 그리고 결국 나는 바로 그의 경험을 근거로 해서 많은 것들을 배울 수 있었다.[25]

---

25) 1745년 9월 28일 롱-르-솔니에에서 태어난 퓌생(Jean-Baptiste Pussin)은 1780년 비세트르의 '남성 수감자'(garçons enfermés) 부서 책임자를 지낸 뒤 '동요된 정신이상자의 독방'에 해당하는 일곱 번째 '업무'(emploi) 혹은 생-프리 업무의 총감으로 승진한다. 1793년 8월 6일 비세트르 시료원의 의사장에 임명된 피넬은 9월 11일부터 직무를 시작하고 퓌생과 만나게 된다. 1795년 5월 13일 살페트리에르 구빈원의 의사장에 임명된 피넬은, 1802년 5월 19일 퓌생을 배치 전환시킨다. 퓌생이 1811년 4월 7일에 타계하기까지 그들은 여성 광인 부서에서 함께 일하게 된다. 피넬은 자신의 논문에서 퓌생의 지식을 찬양하고, 퓌생이 '도덕요법의 초기 발전'의 아버지라는 점을 인정하고 있다. Philippe Pinel, "Recherches et observations sur le traitement moral des aliénés," *Mémoires de la Société médicale d'émulation. Section Médecine*, 1789, no.2, p.226. 퓌생에 대해서는 다음을 참조하라. René Semelaigne, "Pussin"(Appendice), *Aliénistes et philanthropes: Les Pinel*

그리고 이 갈등은 다른 척도로 옮겨가 19세기 내내 병원이 기능할 때 운영자와 의사 중 누가 우위에 있어야 하는지의 문제와 함께 재발견됩니다. 의사들은 어쨌든 우위에 있어야 하는 것은 의사라고 답합니다.[26] 결국 이것이 프랑스에서 채용된 해결이죠. 주된 책임을 지고 지도자 역할을 해야 하는 자는 결국 의사라는 것이었습니다. 운영이나 경리를 임무로 하는 자는 의사의 관리 아래 있어야 하고, 또 어느 정도는 의사의 책임 아래 있어야 하며, 의사 곁에 있어야 한다는 것이죠. 그렇다면 도대체 왜 의사여야만 하는 것일까요? 왜냐하면 의사가 알고 있기 때문이라는 것입니다. 그런데 의사가 무엇을 알고 있다는 것일까요? 의사의 정신의학적 지식이 정신요양원 체제에 실제로 활용되는 것도 아니고, 정신이상자들을 지도할 때 실제로 의사들이 사용하는 것도 그 지식이 아닌데 말입니다. 그런데도 정신요양원을 지도하기 위해서 왜 의사가 한 명 필

---

et les Tuke, Paris: Steinheil, 1912, pp.501~504; Elizabeth Bixler, "A Forerunner of Psychiatric Nursing: Jean-Baptiste Pussin," *Annals of Médical History*, vol.8, 1936, pp.518~519. 또한 다음을 참조하라. Michel Caire, "Pussin avant Pinel," *Information psychiatrique*, no.6, 1993, pp.529~538; Jack Juchet, "Jean-Baptiste Pussin et Philippe Pinel à Bicêtre en 1793: Une rencontre, une complicité, une dette," *Philippe Pinel*, éd. Jean Garrabé, Paris: Les Empêcheurs de penser en rond, 1994, pp.55~70; Jack Juchet et Jacques Postel, "Le surveillant Jean-Baptiste Pussin," *Histoire des sciences médicales*, t.30, no.2, 1996, pp.189~198.

26) 1838년 6월 30일 법률 이래로 정신요양원을 주재하는 권력의 본성을 둘러싼 논의가 시작된다. 이를테면 1860년 12월 27일 센의 도지사 오스만은 '정신이상자 부서에서 이뤄져야 할 개선과 개혁'을 위한 위원회를 설립한다. 1861년 2월부터 6월까지 이 위원회는 정신요양원의 의사와는 별개로 운영 원장을 임명해야 할지, 아니면 1839년 12월 18일의 법률 시행명령 제13조에 있는 것처럼 원장인 의사 한 명에 의학권력과 운영권력을 집중시켜야 할지의 문제에 대해서 논의한다. 1861년 11월 25일, 보고서는 이렇게 결론내린다. "가장 바람직하다고 생각되는 것은 권한을 유일한 것으로 만드는 것이고 운영적이고 의학적인 모든 요소가 하나의 동일한 추진력 아래서 기획된 선(善)을 위해 협동하는 것이다." *Rapport de la Commission instituée pour la réforme et l'aménagement du service d'aliénés du département de la Seine*, Paris: [s.n.,] 1861.

요하다고 말할 수 있는 것일까요? 의사가 알고 있다는 이유로요? 그리고 왜 [의사의] 그런 지식이 필요한 것일까요? 정신요양원이 제대로 기능하기 위해 필요하다고 생각되는 것, 정신요양원이 필연적으로 의학적 장소로 표식되어야 한다고 생각됐던 이유는, 지식의 내용 때문이 아니라 지식의 표식이 합법적으로 부여하는 보충적 권력 효과 때문인 것 같습니다. 달리 말하면 의사의 내부에 지식이 존재하고 있다는 것을 보여주는 표식을 통해, 그리고 그런 표식의 작용을 통해서만 의학적 권력은 그 지식의 실질적 내용이 어떤 것이든 간에 상관없이, 정신요양원 내부에서 필연적으로 의학적 권력으로서 기능하게 된다는 것입니다.

그런 지식의 표식이란 어떤 것일까요? 그런 표식은 19세기 초의 몇 해에 걸쳐 원시적 정신요양원에서는 어떻게 작용하고 있고, 또 더 나아가 후일에는 어떻게 작용하게 될까요? 병원이 조직화되고 기능함에 따라 그런 지식의 표식을 작동시키는 일련의 방식이 어떤 것이었는지를 추적해 파악하는 것은 별로 어려운 일이 아닙니다.

첫째로 피넬은 이렇게 말합니다. "환자를 심문할 때에는 우선 그의 상황을 파악해둬야 한다. 왜 그가 찾아왔는지, 그에 대해 사람들이 갖고 있는 불만이 무엇인지, 그의 개인사는 어떤 것이었는지를 알아둬야 한다. 환자를 심문하기 전에 미리 그의 가족 내지 가까운 사람들에게 질문함으로써 그보다 훨씬 상세하게 사정을 알고 있어야 하고 혹은 적어도 그가 생각하고 있는 것보다 상세히 알고 있어야 한다. 그 결과 진실하지 않은 말을 그가 할 때에는 중간에 끼어들어서 우리 쪽이 그[환자]보다 사정을 상세히 알고 있다는 것, 그가 말하고 있는 것은 거짓이고 망상이라고 주장할 수 있는 것이다. [……]"[27]

27) Philippe Pinel, *La Médecine clinique rendue plus précise et plus exacte par l'applica-tion de l'analyse, ou Recueil et résultats d'observations sur les maladies aiguës, faites à la Salpêtrière* (1802), 2e éd., Paris: Brosson et Gabon. 1804. pp.5~6.

두 번째로 피넬에 의해, 아니 오히려 아마도 에스키롤과 그의 후계자들에 의해 이론적이기보다는 실질적으로 규정된 정신의학적 심문기술[28]은 수중에 없는 몇몇 정보를 환자로부터 얻어내기 위해 사용되는 것이 결코 아닙니다. 아니 오히려 수중에 없는 몇몇 정보를 심문을 통해 환자로부터 얻어내야 한다 하더라도 그런 정보와 관련해 그에게 의존하고 있다는 것을 그가 깨닫게 해서는 안 됩니다. 심문은 환자로 하여금 자신이 말하고 싶은 것을 말하게 하는 것이 아니라, 질문에 답하게 하는 방식으로 행해져야 한다는 것입니다.[29]* 이로부터 다음과 같은 절대적 지침이 생겨납니다. 즉 결코 환자가 길게 이야기하게 내버려둬서는 안 되고 그의 이야기를 규범적이고 동시에 항시 동일하며 일정한 질서로 계속되는 상당수의 질문을 통해 끊어야 한다는 것입니다. 그리고 그 질문은 그의 대답이 진정한 의미에서 의사에게 정보를 주는 것이 아

28) 심문을 임상검사에서 가장 중요한 위치에 두는 것은 장-피에르 팔레이다. 팔레는 다음과 같은 원칙을 정한다. "만약 모든 표명의 원천으로서의 성향·정신의 방향·감정의 경향을 알고 싶다면 당신은 환자의 비서, 환자의 말의 속기사, 혹은 그들 행동의 화자(話者) 등 수동적 관찰자여서는 안 된다……. 따라야 할 제1원칙은 …… 따라서 환자의 말이나 행동의 관찰자로서의 수동적 역할을 능동적 역할로 바꾸는 것이고, 결코 자발적으로 나타나지는 않는 표현이 출현하도록 노력하는 것이다." Jean-Pierre Falret, "Discours d'ouverture: De la direction à imprimer à l'observation des aliénés," *Leçons cliniques de médecine mentale faites à l'hospice de la Salpêtrière*, Paris: J.-B. Baillière, 1854, pp.19~20.

29) "때로 병적인 관념 내지 감정과 관계를 갖는다고 생각되는 어떤 종류의 주제로 화제를 교묘하게 이끌 필요가 있다. 그런 식으로 계산된 대화는 병적인 집착을 발견하기 위한 시금석의 역할을 해준다. 어떤 종류의 정신이상자를 적절하게 관찰하고 심문하기 위해서는 풍부한 경험과 기법이 필요하다"(8강), Falret, *Leçons cliniques*……, pp.221~222; *De l'enseignement clinique des maladies mentales*, Paris: Impr. de Martinet, 1850, pp.68~71.

* 강의원고에서는 '의사의 침묵'에 의한 심문형식도 언급하고, 뢰레의 관찰 기록("우울증의 특징을 동반하는 부분적 치매: 환청")을 예로 들고 있다. François Leuret, *Fragments psychologiques sur la folie*, Paris: Crochard, 1834, p.153.

니라는 것, 그 질문이 단지 그를 알게 하는 단서만 줄 뿐이며, 그에게 자신을 설명할 기회를 주는 것뿐이라는 것을 그가 깨닫게 하는 방식으로 기능해야 합니다. 그의 모든 대답이 의미를 갖는 것은 의사의 머릿속에서 이미 완전하게 구성된 지식의 영역 내부에서라는 것을 그로 하여금 깨닫게 할 필요가 있다는 것입니다. 심문은 환자로부터 끌어낼 수 있는 정보를, 환자에 대한 영향력을 의사에게 부여하는 의미 작용이라는 외관으로 몰래 대체하기 위한 방식인 것입니다.

셋째로 역시 의사를 의사로서 기능케 하는 지식의 표식을 구성하기 위해 환자를 끊임없이 감시하고 환자에 관해 끊임없이 서류를 작성해야 합니다. 환자에게 말을 걸 때에는 언제나 그가 무엇을 했는지, 전날 무엇을 말했는지, 어떤 잘못을 범했는지, 어떤 처벌을 받았는지를 보여줄 수 있어야 합니다. 그러므로 정신요양원 환자에 대한 기록이나 평가의 완전한 체계가 조직되고 그것이 의사의 수중에 넘겨지는 것입니다.[30]

---

30) 이렇게 해서 환자들의 관찰 기록을 '기록부'에 기록해 놓고 그 병의 역사를 돌아볼 필요가 있음이 수없이 강조된다. 피넬은 "정신이상이 그 초기부터 말기까지 어떻게 진행되고, 어떻게 여러 형태를 취하는지 정확하게 일지에 적을" 것을 권장한다. Pinel, *Traité médico-philosophique*……, p.256. 제6절(「정신이상자에 대한 의학적 치료의 원칙」["Principes du traitement médical des aliénés"])의 12항("일차적인 요법을 정신이상자들에게서 떼어내는 것의 어려움, 회복기 동안 그들에게 제공해야 할 치료들"[Inconvénies de séparer le traitement primitif des aliénés, des soins à leur donner durant leur convalescence]). 기로디 역시 피넬과 마찬가지의 주장을 한다. Giraudy, *Mémoire sur la Maison nationale de Charenton*……, pp.17~22. 또한 다음의 언급을 참조하라. "환자에 관해서 얻은 정보는 기록부에 기록된다. 또한 이 기록부는 병의 진행과 관련해 필요한 세부사항을 포함하는 것이어야 한다……. 이 기록부는 진정한 관찰 노트이며 매해 연말에 통계적 검토를 시행하고 귀중한 자료의 원천이 된다." Joseph-Jacques Moreau de Tours, "Lettres médicales sur la colonie d'aliénés de Ghéel," *Annales médico-psychologiques*, t.V, mars 1845, p.267. 이런 규율적 문서기록의 형태와 관련해서는 다음을 참조하라. Michel Foucault, *Surveiller et Punir: Naissance de la prison*, Paris: Gallimard, 1975, pp.191~193. [오생근 옮김, 『감시와 처벌』, 나남, 2003, 295~298쪽].

넷째로 의료적 조치와 지도를 이중의 방식으로 작용시켜야 합니다. 환자가 뭔가 해서는 안 될 짓을 했을 때는 그를 처벌해야 하는데, 단 그 때 처벌하는 것은 그것이 치료로서 유용하기 때문이라는 것을 환자에게 확신시킬 필요가 있습니다. 즉 처벌을 치료약 같은 것으로서 기능하게 할 수 있어야 한다는 것입니다. 한편 환자에게 치료약을 처방할 때에는 거꾸로 그것이 효과가 있으리라는 것을 알면서도 그에게는 그것이 단지 그를 곤란케 하고 처벌하기 위한 것이라고 믿게 해야 한다는 것입니다. 정신요양원이 기능하는 데 본질적인 치료약과 처벌의 이 이중의 작용은, 치료약 혹은 처벌일 수 있는 것에 대한 진실을 소유한 자가 거기에 있다는 조건 아래서만 확립될 수 있습니다.

마지막으로 의사가 정신요양원 내부에서 자신에게 지식의 표식을 부여하기 위해 사용하는 다섯 번째 요소는 임상교육의 거대한 작용입니다. 이것은 정신의학의 역사에서 매우 중요했습니다. 임상교육은 하나의 연출된 무대 내부에 환자를 출현시킵니다. 환자에 대한 심문이 학생들에 대한 교육으로서의 가치를 갖는 이 무대에서 의사는 환자를 진찰함과 동시에 학생에게 교시하는 이중의 역할을 합니다. 이렇게 의사는 치료하는 자이자 교사로서의 언어를 소유하고 있는 자이며, 의사이자 교사이게 되는 것입니다. 그리고 [……] 이런 임상교육의 실천은 정신요양원의 실천 내부에서 결국 매우 이른 시기에 시작됐음을 알 수 있습니다.

1817년부터 이미 에스키롤은 살페트리에르에서 첫 임상교육을 시작했습니다.[31] 1830년부터는 비세트르[32]와 살페트리에르[33]에서 정기

31) 1817년 살페트리에르에서 정신질환의 임상강의를 시작한 에스키롤은 1826년에 샤랑통의 의사장에 임명될 때까지 이 강의를 계속하게 된다. René Semelaigne, *Les Grands Aliénistes français*, Paris: Georges Steinheil, 1894, p.128; Camille Bouchet, *Quelques mots sur Esquirol*, Nantes: Camille Mellinet, 1841, p.1.

32) 1826년 초 비세트르에서 의사장으로 임명된 기욤 페뤼는 1833~39년 "정신질환에 관한 임상강의"를 한다. Guillaume Ferrus, *Gazette médicale de Paris*, t.I, no.65,

적으로 임상교육이 행해집니다. 그리고 최종적으로 1830~35년 이래로 모든 주요 시설의 의사장들은 교수가 아닌 자까지도, 환자를 임상적으로 공개하는 체계, 즉 임상적 진단과 교수의 업무가 함께 작용하는 체계를 사용하게 됩니다. 그렇다면 왜 임상교육이 중요한 것일까요?

임상교육을 실제로 실천한 사람들 중 하나인 장-피에르 팔레 [측에서] 임상교육에 대한 매우 훌륭한 이론이 발견됩니다. 왜 그런 임상교육의 방법을 사용해야 할까요?

첫 번째로 의사는 환자에게 자기 주위에서 자기 말에 귀 기울이는 사람들을, [가능한 많은 사람들을]* 보여줘야 합니다. 그리고 바로 그 결과에 의해 환자는 자기 자신이 경우에 따라서는 거부하거나 주의를 게을리할 수도 있는 의사의 말에 실제로 경의를 표하며 귀 기울이는 사람들이 있다는 사실을 확인하지 않을 수 없게 됩니다. 다시 말해 의사의 말에 의해 발생되는 권력 효과는 청강자의 현전을 통해 증대된다는 것입니다. "다수의 다양한 청중이 현전함으로써 그[의사]의 말은 한층 더 권위를 갖게 되는 것이다."[34]

1833; t.II, no.39, 1834, p.48; t.IV, no.25, 1836, pp.28, 44, 45; *Gazette des hôpitaux*, t.I, 1838, pp.307, 314, 326, 345, 352, 369, 384, 399, 471, 536, 552, 576, 599, 612; 1839, pp.5, 17, 33, 58, 69, 82, 434, 441. 페뤼가 떠난 뒤 뢰레는 1840년에 임상강의를 조직해 1847년까지 이어갔다. 이 강의는 다음 문헌에 부분적으로 수록되어 있다. *Gazette des hôpitaux*, t.II, 1840, pp.233, 254, 269, 295.

33) 1841년 쥘 바이야르제(Jules Baillarger, 1809~1890)는 살페트리에르에서 임상교육을 재개한다. 또한 1843년 팔레는 정신이상자 부서의 의사로 임명되어 임상교육을 시작한다. 그 일부가 다음에 수록되어 있다. *Annales médico-psychologiques*, t.IX, septembre 1847, pp.232~264; t.XII, octobre 1849, pp.524~579; *De l'enseignement clinique des maladies mentales*, op.cit. 재수록. 또한 다음을 참조하라. Mireille Wiriot, *L'Enseignement clinique dans les hôpitaux de Paris entre 1794 et 1848*, Th. Méd. Paris, Vincennes: Impr. Chaumé, 1970.

* 녹음기에는 "가능한 한 많이"(le plus nombreux si c'est possible)라고 기록되어 있다.

34) Falret, *De l'enseignement clinique*……, p.126.

두 번째로 임상교육이 중요한 이유는, 그것을 통해 의사가 환자를 심문할 수 있게 될 뿐만 아니라, 환자를 심문하거나 환자의 대답에 주석을 달면서, 자신이 환자의 병에 대해 여러 가지로 알고 있다는 것, 학생들 앞에서 그것에 대해서 말하거나 이론적으로 설명할 수 있다는 것을 환자 자신에게 보여줄 수 있게 되기 때문입니다.[35] 이렇게 해서 환자가 의사와 하는 대화의 위상이 그 본성을 바꾸게 됩니다. 모두에게 받아들여진 하나의 진리 같은 어떤 것이 의사의 말 내부에서 말해지고 있다는 것을 환자는 이해하게 되는 것입니다.

세 번째로 임상교육이 중요한 것은 그것이 환자를 소위 일회적인 방식으로 심문하는 것일 뿐만 아니라 학생들 앞에서 사례에 관한 전반적 병력病歷을 상기시키는 것이기도 하기 때문입니다. 즉 [그들]** 앞에서 환자의 삶의 총체를 다시 다루고 환자에게 그것을 말하게 하거나, 만약 환자가 그것을 말하고 싶어 하지 않는다면 그를 대신해서 그것을 말하기도 하는 것입니다. 심문이 강요되고 최종적으로 환자는, 자진해서 말하며 협조하든 침묵을 고집하며 협조하지 않든 간에, 자신의 삶이 자기 앞에서 펼쳐지는 것을 보게 되고, 어쨌든 자신의 삶이 의학을 배우는 학생들 앞에서 확실히 병으로 제시됨으로써 병이라는 현실을 갖게 됨을 보게 되는 것입니다.[36]

---

35) "정신이상자들이 자신의 병에 대해 사람들 앞에서 이야기하는 것은 의사에게는 더욱 귀중한 보조가 된다……. 의사는 임상의 완전히 새로운 조건 아래서, 즉 환자가 다수의 청중 앞에서 자기 병의 모든 현상을 보여줄 때 분명히 더 큰 힘을 얻을 수 있을 것이다." Falret, *De l'enseignement clinique*……, p.127.

** 녹음기에는 "학생들"(les étudiants)이라고 기록되어 있다.

36) "만약 환자들이 승낙한다면 …… 의사는 환자들의 병에 대해 시간 순서대로 이야기한다. 단 그것은 환자들에게 완전히 명백한 것만을 이야기한다는 확고한 원칙에 기초한 것이다. 그리고 의사는 여러 번 이야기를 중단하고, 환자들에게 자신이 표명하고 있는 것 모두가 확실히 환자들 스스로 이전에 자신에게 이야기한 사실인지를 묻는다." Falret, *De l'enseignement clinique*……, p.119.

마지막으로 팔레에 따르면 환자는 그런 역할을 행함으로써, 즉 무대 앞에 의사와 나란히 나와서 자신의 병을 남 앞에 드러내고 의사의 질문에 답함으로써 자신이 의사를 기쁘게 하고 있다는 것, 자기가 어느 정도까지는 의사를 고생시키고 있다는 것을 분명히 깨닫게 됩니다.[37]

이렇게 해서 제가 앞서 말씀드렸던 현실의 네 요소, 즉 타자의 권력, 정체성의 법칙, 그 본성과 은밀한 욕망 내에서 광기가 무엇인지에 대한 고백, 마지막으로 보수, 교환의 작용, 금전을 통해 관리되는 경제체계라는 네 요소가 임상교육 속에서 다시 발견됩니다. 우선 임상교육에서 의사의 말은 다른 누구의 말보다도 큰 권력을 갖는 것으로서 나타납니다. 다음으로 임상교육에서 환자는 정체성의 법을 자신에 대해 말해지는 모든 것 속에서, 또 자신의 삶에 대해 행해지는 모든 상기 내에서 반드시 인정해야 합니다. 더 나아가 청중 앞에서 의사의 심문에 답함으로써, 또 자신의 광기의 최종적인 고백이 도출되어짐으로써 환자는 자신의 광기의 근원에 있는 미친 욕망의 현실을 인정하고 받아들입니다. 마지막으로 환자는 어떤 의미에서 만족이나 보상의 체계 속에 들어갑니다.

그리고 그 결과 환자의 임상적 현시라는 이 유명한 예식이 정신의학의 권력을 발생시키게 되는 것을, 아니 오히려 정신요양원의 일상생활에서 획책되는 정신의학의 권력을 증폭시키게 되는 것을 볼 수 있습니다. 1830년대부터 현재에 이르기까지 정신병원의 일상생활에서 임상교육이 터무니없이 큰 제도적 중요성을 갖게 된 것은 임상교육을 통해 의사가 진실의 주인으로 구성된다는 사실로부터 기인합니다. 고백과 말하기의 기술은 제도적 의무가 되고, 광기를 병으로 현실화하는 것은 필요

37) "자기 병의 진행을 모두 이야기함으로써 정신이상자들은 때로 크게 감명받는다. 그들은 눈에 띄게 만족스러워하며 스스로 진실을 증언하고, 이야기를 보완하기 위해 가장 세세한 부분까지도 기쁘게 이야기한다. 그들은 사람들이 자신의 생활사를 알기 위해 충분한 관심을 갖고 자신들을 돌봐준 데 놀라워하며 소위 그것을 명예롭게 여기는 것이다." Falret, *De l'enseignement clinique*……, p.125.

한 에피소드가 되며, 환자는 자신을 치유하는 자에게 부여되는 이익과 만족의 체계 속에 들어가는 것입니다.

이렇게 임상교육에서 고양된 지식의 표식을 보실 수 있고, 그것이 결국 어떻게 기능하는지도 아실 수 있습니다. 초기 정신과 의사가 정신요양원 내부에서 의사로 기능할 수 있게 한 것은 바로 그런 지식의 표식이지 어떤 과학적 내용이 아닙니다. 바로 그런 지식의 표식을 통해 초기 정신과 의사는 정신요양원 내부에서 하나의 절대적 초권력을 행사하고, 결국 자신을 정신요양원의 신체로 만들 수 있게 됩니다. 바로 그런 지식의 표식을 통해 초기 정신과 의사는 정신요양원을 자신의 눈, 귀, 말, 몸짓, 자신의 톱니바퀴장치를 사용해 치유를 가져다주는 일종의 의학적 신체로서 구성할 수 있게 됩니다. 바로 그런 지식의 표식을 통해 정신의학의 권력은 결국 현실을 강화하는 자신의 역할을 실제로 담당할 수 있게 되는 것입니다. 그리고 아시겠지만, 임상교육의 무대에서 활용되고 있는 것은 지식의 내용이라기보다는 오히려 지식의 표식입니다. 그리고 그런 지식의 표식을 통해 여러분께 말씀드린 현실의 네 촉수, 요컨대 의사의 초권력, 정체성의 법칙, 광기의 수용할 수 없는 욕망, 돈의 법칙이라는 네 개의 촉수가 그 모습을 드러내고 작동하는 것입니다.

이렇게 말할 수 있을 것 같습니다. 요컨대 정신과 의사의 신체와 정신요양원이라는 장소의 이런 동일화를 통해, 지식의 표식과 그것을 가로질러 작용하는 현실의 네 형태를 통해 어떤 의학적 인물의 형성을 포착할 수 있다고 말입니다. 이 인물의 대극對極에는 그 시대에 완전히 새로운 모습을 획득하는 또 하나의 의학적 인물인 외과의사라는 인물이 있습니다. 19세기 의학계에서는 병리해부학의 발달과 더불어, 대략적으로 말해 마리-프랑수아-자비에 비샤[38] 이래로 외과학이라는 극極이 모습을

38) Marie-François-Xavier Bichat(1771~1802). 리옹에서 마르크-앙투안 프티(Marc-Antoine Petit, 1762~1840) 밑에서 외과학의 기초를 익혔다. 1794년 6월 파리 시립

드러내기 시작했습니다. 이것은 지식의 실질적 내용에서 출발해 환자의

병원의 외과의사 피에르 조제프 델소(Pierre Joseph Delsaut, 1744~1795)의 제자가 된 뒤 1800년에 지명을 받으며 병리해부학에 종사하게 됐고, 조직의 변이와 임상상의 징후 간의 명확한 관계들을 확정하고자 기획한다. *Traité des membranes en général et des diverses membranes en particulier*, Paris: Gabon, 1800. 다음의 저작에서 비샤는 자신의 구상을 서술하고 있다. *Anatomie générale appliquée à la physiologie et à la médecine*, 4 vol., Paris: Brosson et Gabon, 1801.

그러나 임상의학과 병리해부학을 하나의 학문으로 융합시키려 애쓴 것은 특히 가스파르 로랑 벨르(Gaspard Laurent Bayle, 1774~1816)와 르네-테오필 라에넥(René-Théophile Laënnec, 1781~1826)이다. 신흥 병리해부학파의 방법론을 처음 표명한 사람들 중 하나인 벨르는 공화력 10년 풍월 4일(1802년 2월 24일)에 심사받은 박사 논문에서 그 방법론을 표명했다. *Considérations sur la nosologie, la médecine d'observation et la médecine pratique, suivies d'observations pour servir à l'histoire des pustules gangreneuses*, Th. Méd. Paris, Paris: Boiste (Gabon), 1802. 이 논문에서 서술된 생각은 다음에서 전개된다. *Recherches sur la phtisie pulmonaire*, Paris: Gabon, 1810; "Considérations générales sur les secours que l'anatomie pathologique peut fournir à la médecine," *Dictionnaire des sciences médicales*. t.II. Paris: C.-L.-F. Panckoucke, 1812. pp.61~78. 다른 한편 라에넥은 폐병리학을 쇄신한 다음의 저작에서 "진단에 관해서 내과적인 기질적 병변을 외과적인 병과 동일한 수준에 놓도록" 노력할 것을 원칙으로 정했다. *De l'auscultation médiate, ou Traité du diagnostic des malades des poumons et du cœur, fondé principalement sur ce nouveau moyen d'exploration* (1819), t.1, 2e éd. rev. et aug., Paris: Brosson et Chaudé, 1826, p.xxv. 라에넥 사후에 간행된 다음의 저작도 참조하라. *Traité inédit sur l'anatomie pathologique, ou Exposition des altérations visibles qu'éprouve le corps humain dans l'état de maladie*, Paris: Félix Alcan, 1884.

비샤에 대해서는 다음을 참조하라. Michel Foucault, "Ouvrez quelques cadavres" (chap.VIII), *Naissance de la clinique: Une archéologie du regard médical*, Paris: PUF, 1963, pp.125~148. [홍성민 옮김, 『임상의학의 탄생』, 이매진, 2006, 211~243쪽.] 더 일반적으로는 다음의 문헌을 참조하라. Jules Eugène Rochard, *Histoire de la chirurgie française au XIXe siècle*, Paris: J.-B. Baillière, 1875; Owsei Temkin, "The Role of Surgery in the Rise of Modern Medical Thought," *Bulletin of the History of Medicine*, vol.25, no.3, Baltimore, Md., 1951, pp.248~259; Erwin H. Ackerknecht, "Panser chirurgie von 1794-1850," *Gesnerus*, t.17, 1960, pp.137~144; *Medicine at the Paris Hospitals (1794-1848)*, Baltimore, Md.: The Johns Hopkins Press, 1967; *La Médecine hospitalière à Paris (1794-1848)*, trad. Françoise Blateau, Paris: Payot,

신체 속에서 병의 일정한 현실을 포착하려고 하는 것이며, 자기 자신의 손, 자기 자신의 신체를 사용해 병을 소거해버리려는 것입니다.

의학계의 다른 한쪽 극단에서 발견되는 것이 정신의학인데, 이것은 완전히 다른 방식을 통해 작용합니다. 이것은 지식의 내용이 아니라 의학적 인물에 자격을 부여하는 지식의 표식에서 출발해, 정신요양원의 공간을 그 자신의 현전, 그 자신의 몸짓, 그 자신의 의지를 통해 치유를 행하는 하나의 신체 같은 것으로서 기능시키고, 또 그 신체를 통해 현실의 사중의 형태에 하나의 추가적 권력을 부여하려는 것입니다.

결론적으로 이런 역설에 도달하게 된다고 말할 수 있습니다. 한편으로 의학적인 것으로서 표식되기 때문에 다른 모든 규율장치와 구별되는 어떤 규율 공간, 어떤 규율장치가 완전히 특수한 방식으로 구성됩니다. 그렇지만 다른 한편으로, 의학적인 것으로 표식됨으로써 다른 모든 규

1986, pp.181~189; Pierre Huard et Mirko Grmeck. eds., *Sciences, médecine, phar-macie, de la Révolution à l'Empire (1789-1815)*, Paris: Dacosta, 1970, pp.140~145; Marie-José Imbault-Huart, *L'École pratique de dissection de Paris de 1750 à 1822, ou l'Influence du concept de médecine pratique et de médecine d'observation dans l'enseignement médico-chirurgical au XVIIIe siècle*, Thèse de doctorat ès lettres, Paris: Université Paris-I, 1973; Lille: Université de Lille-III, 1975; Pierre Huard, "Concepts et réalités de l'éducation et de la profession médico-chirurgicales pendant la Révolution," *Journal des savants*, avril-juin 1973, pp.126~150.

벨르에 대해서는 다음을 참조하라. Marie-José Imbault-Huart, "Bayle, Laënnec et la méthode antomo-clinique," *Revue du Palais de la Découverte*, no. spéc., 22 août 1981, pp.79~89. 다음은 좀 더 최근의 문헌이다. Jacalyn Duffin, "Gaspard Laurent Bayle et son legs scientifique: Au-delà de l'anatomie pathologique," *Canadian Bulletin of Médical History*, t.31, 1986, pp.167~184.

라에넥에 대해서는 다음을 참조하라. Pierre Huard, "Les chirurgiens et l'esprit chirurgical en France au XVIIIe siècle," *Clio Medica*, vol.15, no.3-4, 1981; Jacalyn Duffin, "The Medical Philosophy of R. Th. Laënnec (1781-1826)," *History and Phüosophy of the Life Sciences*, vol.8, 1986, pp.195~219; "La médecine anatomo-clinique: Naissance et constitution d'une médecine moderne," *Revue médicale de la Suisse Romande*, no.109, 1989, pp.1005~1012.

율 공간과 관련한 정신요양원의 특징이 표식된다 해도, 이것은 어떤 이론 내에서 정식화된 정신의학의 어떤 지식이 정신요양원 내부에서 활용된다는 뜻이 전혀 아닙니다. 의학적인 것으로서 표식된다는 것은 실제로는 예속화된 광인의 신체와 제도화된 정신과 의사의 신체, 즉 제도의 차원으로까지 확장된 정신과 의사의 신체 간에 하나의 작용을 확립하는 것입니다. 정신요양원을 정신과 의사의 신체처럼 여겨야 한다는 것, 정신요양원이라는 제도는 그런 신체가 정신요양원 내부에서 예속화된 광인의 신체 그 자체에 실행하는 규율의 총체에 다름 아닌 것입니다.

⚜

제가 정신요양원 권력의 미시물리학이라고 부르는 것의 근본적인 특징 중 하나를 바로 여기서 포착할 수 있다고 생각합니다. 광인의 신체와, 그 위에서 그것을 지배하고 그 위로 돌출하는 동시에 그것을 흡수해버리는 것으로서의 정신과 의사의 신체 사이의 작용 말입니다. 바로 이것이 이런 종류의 작용에 고유한 모든 효과와 함께 정신의학 권력의 미시물리학을 특징짓는다고 저는 생각합니다.

여기로부터 출발해 다음번 강의부터 상세하게 분석하려고 생각하고 있는 세 가지 특징을 포착할 수 있습니다. 첫 번째 현상은 다음과 같은 것입니다. 제가 규정하려고 한 원시적 정신의학의 권력은 물론 나중에 보시게 되겠지만, 몇몇 현상 이후에 1850~60년대 이래로 현저하게 변형됩니다. 그럼에도 불구하고 여전히 그 권력은 정신요양원 내부에서 더 많은 임무를 담당하고 수정되면서 유지됩니다. 그러나 그 권력은 정신요양원 바깥에서도 역시 유지됩니다. 즉 1840~60년경에 정신의학 권력의 일종의 전파, 일종의 이주가 일어나고 있다는 것입니다. 이 권력은 몇몇 제도, 몇몇 다른 규율의 체제 속으로 확대되어, 그것들을 소위 이중화하게 됐습니다. 달리 말하면 제 생각에, 일종의 권력의 물리학에서 신체의 예속화 전술인 정신의학의 권력, 현실을 강화하는 권력인 정신의학의 권력, 현실을 받아들이면서 그것을 지탱하는 개인을 구성하는 것인 정신의학의 권력이 정신요양원 바깥으로 퍼져나갔다는 것입니다.

제 생각에 병리학이나 범죄학 등에서 작용하는 심리학적인 것의 기능들 하부에서 발견할 수 있는 것은 이런 권력입니다. 현실적인 것을 강화하는 기능을 갖는 이 정신의학의 권력은, 현실을 권력으로서 기능시킬 필요가 있다고 간주되는 모든 장소에서 발견됩니다. 만약 학교·공장·감옥·군대 등에 심리학자가 나타났다면, 그것은 그 각 제도들이 현실을 권력으로서 기능시켜야만 하게 됐거나 제도 내부에서 행사되어온 권력을 현실로서 가치지워야 하게 되는 바로 그때 심리학자가 개입했기 때문입니다. 이를테면 학교에서는 거기서 부여되고 배치되는 하나의 지식이, 그것을 받아들이는 자에게 실제로 현실적인 것이 아닐 때, 그 지식을 현실로서 가치지워야 하게 될 때 심리학자가 나타납니다. 또 학교에서 행사되는 권력이 현실의 권력이기를 그만두고 신화적임과 동시에 연약한 권력이 되어버리고, 그 결과 그 권력의 현실을 강화해야 할 필요가 있게 될 때, 심리학자가 학교에 개입할 필요가 생기는 것입니다. 이런 이중의 조건 아래서 학교심리학이 필요하게 되고, 학교심리학은 차별화된 개인의 적성이라는 것을 출현시키게 됩니다. 이 적성은 개인을 지식 영역 내의 일정한 수준에 위치하게 만듭니다. 마치 그것이 현실의 영역이기라도 한 것처럼, 그리고 마치 그것이 그 자체로서 구속력을 갖는 영역이기라도 한 것처럼 말입니다. 왜냐하면 우리는, 학교제도가 규정한 그 지식의 영역 내에서의 우리 위치에 머물러야 하니까요. 이렇게 해서 지식은 권력으로서 기능하고, 이 지식의 권력은 그 내부에 개인이 위치하게 되는 그런 현실로서 주어지게 되는 것입니다. 그리고 학교심리학에 의한 조작 이후에 개인은 실제로 이중적으로 보이는 하나의 현실을 갖게 됩니다. 즉 개인은 자신의 적성이라는 현실과, 자신이 획득할 수 있는 지식의 내용이라는 현실을 갖게 된다는 것입니다. 그리고 학교심리학을 통해 규정되는 이런 두 '현실'이 연접되는 지점에서 바로 개인이 개인으로서 나타나게 되는 것입니다. 이와 동일한 유형의 분석을 감옥이나 공장 등에 대해서도 행할 수 있을 것입니다.

역사적 관점에서 볼 때 심리학적 기능은, 전적으로 정신의학의 권력에서 파생되어 여러 다른 곳으로 흩어지게 됐습니다. 그리고 그런 심리학적 기능의 역할은 무엇보다 먼저 현실을 권력으로서 강화하고, 권력을 현실로서 가치매기면서 강화하는 데 있다는 것, 이상이 강조해야 할 첫 번째 점이라고 저는 생각합니다.

하지만 그런 확산은 어떻게 일어난 것일까요? 정신요양원의 공간 그 자체에 극히 강고하게 연결되어 있는 것처럼 보였던 정신의학의 권력이 어떻게 그 진행방향을 바꾸게 된 것일까요? 아무튼 그런 확산을 매개한 것은 도대체 무엇일까요? 제 생각에 쉽게 발견될 수 있는 매개로 무엇보다 먼저, 비정상적인 아이들에 대한 정신의학적 의미 부여, 아주 엄밀하게 말하자면 백치에 대한 정신의학적 의미 부여를 들 수 있습니다. 정신요양원 내부에서 광인과 백치가 분리된 바로 그때 일종의 제도가 규정되기 시작하고, 거기서 제가 묘사한 낡은 형태의 정신의학 권력이 활용됐습니다.[39] 이 낡은 형태는 몇 년 동안은 원래의 상태에 머물러 있었

39) 정신이상자와 백치인 어린이의 분리가 원칙의 표명으로서, 동시에 제도적 실현의 시작으로서 개시되는 것은 1830년대의 일이다. 1826년 비세트르에 임명된 페뤼는 1834년 "모든 치료기술이 결합되는 전문 시설"의 창설을 주장했다. Guillaume Ferrus, *Des aliénés*, Paris: Impr. de Mme Huzard, 1834, p.190. [본서 7강(1973년 12월 19일)의 각주 36번 참조.] 1839년 파리병원 의학위원회의 이름으로 작성된 보고서에서 페뤼는 "비세트르 시료원의 병동에 어린이 부서를 창설하는 것의 유용성"을 재강조했다. Désiré-Magloire Bourneville, *Assistance, Traitement et Éducation des enfants idiots et dégénérés: Rapport fait au congrès national d'Assistance publique, Lyon, juin 1894*, Paris: Progrès médical, 1895, p.142. 최초의 제도적 실현 중 하나는 팔레에 의한 것이다. 팔레는 1831년 3월 30일 살페트리에르에 임명된 뒤 한 공동 섹터 내에 80명의 백치와 치우 여성을 모아 놓기로 결정한다. 그러나 그녀들이 심하게 굼떴기 때문에 1853년 파르샤프는 다시 이렇게 쓴다. "[백치아들은] 전용 병동이 없는 탓에 정신병원에 온갖 종류의 부조리를

습니다. 아니 거의 한 세기 동안 원래의 형태로 존속했다고 말해도 좋을 것 같군요. 그리고 바로 정신의학과 교육법 간의 그런 혼합적 형태로부터 출발해, 또 비정상인·정신박약자·장애자 등에 대한 그런 정신의학적 의미 부여에서 출발해 모든 제도를 이중화하는 것으로서 심리학을 기능시키는 확산의 체계 전체가 형성됐던 것이라고 저는 생각합니다. 백치에 대한 정신의학적 의미 부여가 어떻게 조직화되고 어떻게 확립됐는지에 대해서는 다음번 강의에서 말씀드리도록 하겠습니다.

다음으로 역시 제가 포착하려는 것으로서, 원시적 정신의학으로부터 출발하는 다른 현상이 있습니다. 또 다른 계열의 현상이란 다음과 같은 것입니다. 즉 백치에 대한 정신의학적 의미 부여에 있어서는 제가 묘사해드렸던 것 같은 정신의학의 권력이 거의 그대로의 형태로 계속해서 효력을 갖는데 비해, 정신요양원 내부에서는 거꾸로 매우 근본적이고 본질적인 이중의 절차가 발생합니다. 모든 싸움에서 그런 것처럼 누가 시작했는지, 누가 주도권을 갖는지, 그리고 모든 싸움에서 그런 것처럼 누가 마지막에 승리하는지조차 매우 알기 어려운 듯한 이중의 절차 말입니다. 이렇게 쌍을 이루는 두 개의 절차는 어떤 것이었을까요?

그것은 우선 의학의 역사에서 본질적인 것으로서의 신경학의 출현, 아주 정확하게 말하면 신경병리학의 출현이었습니다. 즉 그 신경학적 발원지와 신경병리학적 병인이 실제로 지정할 수 있게 된 몇몇 장애가 광기로부터 분리되기 시작한 이래로 현실에서 신체적 수준에서 병에 걸린 자와 기질적 병변의 수준에서 어떤 병인도 지정할 수 없는 자를 구별할

발생시킨다……. 나는 정신병원 안에 반드시 어린이 병동을 창설할 필요가 있다고 생각한다." Parchappe, *Des principes à suivre dans la fondation et la construction des asiles d'aliénés*, p.89. 이 점에 관해서는 데지레-마글루아 부르느빌의 역사적 설명을 참조하라. Bourneville, "Aperçu historique de l'assistance et du traitement des enfants idiots et dégénérés"(chap.I), ibid., pp.1~7. 그리고 본서의 9강(1974년 1월 16일)도 참조하라.

수 있게 됐다는 것입니다.[40] 그 이래로 정신질환이 진짜인지, 진정한 것인지 등의 문제가, 해부학적 상관관계를 갖지 않는 정신질환을 실제로 진지한 병으로 간주해야 하는지 같은 물음이 제기된 것입니다.

그리고 이에 대응해, 신경학이 정신질환의 세계 전체에 대해 갖기 시작한 이런 종류의 의심과 상관적으로, 정신의학의 권력에 대해 진실과 거짓이라는 관점에서 계속 응답해온 환자들의 작용 전체가 있었습니다. 내가 유일한 권력이고, 당신은 나의 지식을 그 내용이 야기하는 효과를 결코 보지 말고 그 표식의 수준에서만 받아들여야 한다고 정신의학의 권력이 말했을 때, 이 정신의학의 권력에 대항해 환자들은 위장이라는 작용으로 응수하고 있었습니다. 의사들이 마침내 신경병리학적 지식이라는 새로운 지식의 내용을 들여왔을 때 환자들은 다른 유형의 위장, 요컨대 히스테리 환자에 의한 간질과 마비 등, 대체로 신경병의 거대한 위장을 통해 응수하게 됩니다. 그리고 어떤 종류의 진실의 이름으로, 또 어떤 종류의 거짓말의 작용 내에서 의학적 지식을 함정에 빠뜨리는 일을 중단하지 않던 환자들과, 병리적 징후에 관한 신경학적 지식의 덫을 통해 환자들을 포획하려고 끊임없이 시도하던 의사들 사이에서 일어난, 끊임없는 추적 게임이 최종적으로 의사와 환자 간의 실제 투쟁 같은 것으로서 19세기 정신의학의 역사 전체를 관통했던 것입니다.

마지막으로 정신의학의 권력 내부 자체에서 형성됐고, 또 정신의학 권력의 근간이 됐던 주요 요소가 어떤 방식을 통해 정신요양원 제도 바

---

40) 신경학적 장해의 질병분류학이 완성에 이르는 1880년대에 기질적 징후 전체(마비, 감각소실, 감각장해, 동통 등)는 신경증의 영역에서 제외되고, 골수신경의 국부화된 병변과 뇌의 종별적 구조의 연구에 종사하는 것으로서의 새로운 신경병리학적 임상의학으로 대체된다. 신경증 영역에 남겨진 것들은 1885년경부터 1890년경에 걸쳐 다음의 네 가지 거대한 임상집단을 중심으로 조직화되는 방향으로 나아간다. 그 네 집단은 다음과 같다. (a) 무도병적(舞蹈病的) 신경증(히스테리성 무도병, 무도병), (b) 신경쇠약, (c) 히스테리, (d) 강박관념과 공포증.

깥에서 다시 다뤄지게 됐는지의 문제가 있습니다. 그런 요소들, 즉 타자의 권력의 법칙, 의사의 언어에 부여된 위광, 정체성의 법칙, 상기想起의 의무, 광기 어린 욕망을 몰아내는 시도, 돈의 문제 등, 현실을 구성하는 요소들이 어떻게 해서 정신의학과는 다른 것이라고 자칭하는 하나의 실천, 요컨대 정신분석학의 실천 내부에서 작용하게 됐을까요? 그런데 정신분석학의 실천 내에서 발견되는 여러 요소를 재검토해볼 때 알 수 있는 것은 그 요소들이 정신의학의 권력 내부 자체에 얼마나 편입되어 있었는지, [그리고] 그것들을 떼어내어 출현시키기 시작한 것은 정신요양원 규율 내에서의 정신의학 권력의 작용 그 자체라는 것입니다.[41)]

따라서 정신의학의 권력에는 삼중의 운명이 있다고 말할 수 있을 것입니다. 우선 정신의학의 권력은 정신박약의 교수법에서, 1840~60년대 이후에도 오랫동안 낡은 형태로 집요하게 존속될 것입니다. 다음으로 정신의학의 권력은 정신요양원 내부 자체에서 신경학과 위장의 작용을 통해 정교화되어 작용하게 될 것입니다. 마지막으로 제3의 운명으로서의 정신의학의 권력은 정확하게는 정신의학적이지 않은 것으로 주어지게 되는 어떤 실천 내부에서 반복될 것입니다.

---

41) 푸코의 분석은 다음의 책에서 착상을 얻고 있다. Robert Castel, *Le Psychanalysme: L'ordre psychanalytique et le pouvoir*, Paris: Maspero, 1973. 이 책에 대해 푸코는 본서 1강(1973년 11월 7일)을 위한 강의원고에서 이렇게 쓰고 있다. "이것은 아주 중요한 책이다. 왜냐하면 여기서 처음으로 정신분석학이 오직 정신의학의 실천과 권력의 내부에서만 명확히 해명되기 때문이다."

9강. 1974년 1월 16일

정신의학의 권력이 일반화되는 양태들과 유년기의 정신의학화 | 1. 백치에 대한 이론적 특수화, 발달의 기준, 백치의 정신병리학과 정신지체의 출현, 에두아르 세갱: 본능과 비정상성 | 2. 정신의학의 권력에 의한 백치의 제도적 병합, 백치의 '도덕요법': 세갱, 백치를 감금하고 백치에게 위험성의 낙인을 찍는 절차, 퇴행 개념에의 호소

저는 정신의학 권력의 일반화에 대해 그 요점과 형태를 포착해보려 합니다. 제 생각에 이 일반화는 꽤 이른 시기에 일어난 것 같습니다. 정신의학 권력의 일반화는 최근에 일어난 사실도 아니고, 정신분석학의 실천이 야기한 효과들 가운데 하나도 아닙니다. 정신의학의 권력은 아주 일찌감치 전파된 것 같습니다. 오래 전에 일어난 이런 전파를 통해 당연히 정신의학 권력의 오래 전 형태가 전해지는 것입니다.

그런 정신의학 권력의 전파가 그 출발점으로 삼은 것은 유년기, 즉 유년기의 정신의학화였던 것 같습니다. 물론 여러분께서는 그런 일반화의 소묘나 형태를 어린이가 아닌 다른 인물로부터 출발해, 이를테면 제법 이른 시기에 법정신의학 감정이나 편집증 개념이 만들어진 이래로 범죄자와 관련해 발견하실 수도 있습니다. 그러나 결국 19세기 전반에 걸쳐 정신의학의 권력이 전파되는 데 지지대가 됐던 것은 성인보다는 특히 어린이라고 저는 생각합니다.

달리 말하면 정신의학의 권력이 전파되기 시작하는 것은 병원과 학교가 연결될 때 교육제도나 건강 모델 등의 보건위생 제도와 학습의 체계가 연결되는 때인 것 같다고 생각합니다. 어쨌든 이것은 제가 여러분과 함께 검토해보고자 하는 가설입니다. 그리고 저는 조르주 캉길렘이 말한 훌륭하고 짧은 문구 중 하나를 [……] 명언으로 들고 싶습니다. 실제로 캉길렘은 이렇게 썼습니다. "정상normal은 19세기에 학교의 모범이나 신체기관의 건강상태를 가리키는 용어였다."[1] 제 생각에 결국 정신의학의 권력은, '정상'이라는 개념의 이런 정교화가 행해지는 가운데 전파된 것 같습니다.

유년기의 이런 정신의학화가 이뤄진 것은 다음과 같은 두 개의 길이 미리 부과되어 있었기 때문일 것이라고 자연스럽게 생각할 수도 있을 것입니다. 즉 한편으로는 광기에 사로잡힌 어린이의 발견이라는 길, 그리고 다른 한편으로는 정신질환의 토대 내지는 기원으로서의 유년기의 발견이라는 길 말입니다.*

그런데 저는 일이 그런 식으로 일어났을 것이라고는 생각하지 않습니다. 사실 광기에 사로잡힌 어린이의 발견은 결국 뒤늦게 일어난 사건이고, 어린이의 정신의학화의 기원이 되는 장소이기는커녕 오히려 그 부차적인 효과인 것 같습니다. 제 생각에 광기에 사로잡힌 어린이가 나타나는 것은 상당히 뒤늦은 19세기의 일입니다.[2] 광기에 사로잡힌 어린이는 장-마르탱 샤르코를 중심으로, 즉 히스테리를 중심으로 대략 1880년대에 출현하고 정신요양원이라는 왕도를 통해서가 아니라 사적인 진료라는 비딱한 길을 통해서 정신의학 속에 등장합니다. 정신의학의 역사

1) Georges Canguilhem, *Le Normal et le Pathologique* (1943), 2e éd. revue, Paris: PUF, 1972, p.175. [이광래 옮김, 『정상과 병리』, 한길사, 1996, 248쪽.]

* 강의원고에는 다음과 같이 명확히 쓰여 있다. "과거의 상기, 환자와 그 가족의 심문, 그 삶에 대한 이야기 등등의 것의 작용을 통해."

2) 클로드 스테판 르 폴미에는 1856년 광기에 걸린 어린이를 특별히 다룬 연구를 발표한다. Claude Stephen Le Paulmier, *Des affections mentales chez les enfants, et en particulier de la manie*, Th. Méd. Paris, Paris: Impr. Rignoux, 1856. 폴 모로 드 투르(1844~1908)는 소아정신의학에 관한 최초의 논설인 듯한 것을 출판한다. Paul Moreau de Tours, *La Folie chez les enfants*, Paris: J.-B. Baillière, 1888.

에 관한 자료들에서 나타나는 최초의 어린이들, 그들은 사적인 고객의 아이들이고 샤르코[의 경우]로 말하자면 보통은 러시아 대공들의 멍청한 아이들이나 히스테리를 좀 앓는 라틴아메리카의 아가씨들입니다.[3] 1880년대 즈음 그런 아이들과 그 치다꺼리를 하는 부모들로 이뤄진 삼위일체가 샤르코의 진찰 속에 등장합니다. 그리고 19세기 동안에 광기에 사로잡힌 어린이가 표적이 된 이유는 결코 가족 내의 규율이 강화됐기 때문도 아니고 학교 규율이 설치됐기 때문도 아닙니다.

다른 한편으로, 정신의학의 권력이 19세기 동안 계속 환자들에게 강제해온 자서전적 이야기로서의 과거 상기에 대해 말해보자면 흥미롭게도 이것 역시 유년기와 광기 사이의 근본적이고 특권적이며 창설적인 어떤 종류의 관계를 백일하에 드러내는 역할을 담당하지는 않았습니다. 환자들에게 자신의 삶을 말하라고 요구할 때, 그 요구는 결코 환자들의 유년기에 일어난 일로부터 출발해 그들의 광기를 설명하기 위해서가 아니었습니다. 그런 것이 아니라 그 요구는 그 유년기 속에 소위 이미 구성되어 있는 것으로서의 광기를 포착하기 위함이고, 아무튼 광기의 전조, 유년기에 이미 징후를 보였던 광기의 소인素因의 표식을 포착하기 위

3) 전 모스크바 시장의 딸과 상트페테르부르크 대공의 딸을 진료하기 위해 1881년 러시아로 갔을 때 샤르코는, 생-제르맹 대로에 있는 저택에서의 사적인 진료에서 러시아의 유복한 계층에 속하는 신경성 질환에 걸린 어린이들을 여러 명 만나게 됐다. "파리에는 그의 러시아 손님이 아주 많다"고 파리의 어느 통신원이 지적하고 있다(*Le Temps*, 18 mars 1881, p.3). 그 증례들과 라틴아메리카 어린이들의 증례는 공표되지 않았다. 예외적으로 13살 "러시아인 유대교도" 소녀의 증례, 그리고 모스크바 출신인 15살 A양과 17세 S양의 몇몇 사례가 남아 있다. "De l'hystérie chez les jeunes garçon," *Progrès médical*, t.X, no.50, 16-23 décembre 1882, pp.985~987; no.51, 24-31 décembre 1882, pp.1003~1004; *Leçons sur les maladies du système nerveux*, t.III, éd. Joseph Babinski, Claude Bernard, Charles Féré, Georges Guinon, Pierre Marie, et Gilles de La Tourette, Paris: Lecrosnier et Babé, 1890, pp.92~96 ("Leçon VI"). 또한 다음도 참조하라. Alexis Lubimoff, *Le Professeur Charcot*, trad. Lidiia Andreevna Rostopchina, Saint-Pétersbourg: Souvorina, 1894.

함이며, 더 나아가서는 거기서 유전적 소인의 표식을 찾기 위함이었던 것입니다. 그리고 과거의 상기에서 어린이의 경험에 존재하는 광기 어린 내용에 대해 물음이 제기된 것도 아니었습니다. 광기와 근본적인 관계를 갖는 것으로서의 유년기에 대해 일찍부터 물음이 제기되지는 않았다는 것입니다.

따라서 제가 검토하려는 것은 다음과 같은 가설입니다. 즉 어린이에 대한 정신의학화는 그것이 아무리 역설적으로 생각된다 할지라도, 광기에 사로잡힌 어린이 내지 어린이의 광기를 경유해서 이뤄진 것이 아니라 전혀 다른 등장인물을 경유함으로써 이뤄졌다는 것입니다. 그것은 치우, 백치인 어린이이며, 마침내 정신지체자라고 불리게 되는 어린이, 즉 19세기의 처음 30년부터 이미 광인과는 다른 자로 특수화되고 [……]* 배려의 대상이 된 어린이입니다.[4] 바로 광기에 사로잡히지 않은 어린이를 매개로 어린이의 정신의학화가 이뤄졌으며, 그리고 거기서부터 출발해 정신의학의 권력이 일반화된 것입니다.

광기에 사로잡히지 않은 자의 자격을 부여받은 어린이를 매개 삼아 어린이의 정신의학화가 행해진다는 것은 무슨 의미일까요?

---

* 녹음기에는 "[광인과는 다른 자]로 말하고자 하는"(de dire)이라고 기록되어 있다.

4) 이를테면 장-에티엔 도미니크 에스키롤은 정신질환과의 관계에서 백치를 다루면서도 백치와 정신이상자를 동일시하려는 모든 시도들에 선을 긋고 다음과 같이 주장한다. "백치를 치매나 다른 정신이상과 혼동해서는 안 된다. 확실히 지적 능력과 도덕적 능력의 병변이라는 점에서 백치는 그것들[치매나 정신이상]에 속해 있긴 하지만 말이다." Jean-Étienne Dominique Esquirol, "Idiotisme," *Dictionnaire des sciences médicales*, t.XXIII, Paris: C.-L.-F. Panckoucke, 1818, p.509. 이와 마찬가지로 살페트리에르에 근무하던 당시 에스키롤 밑에서 백치 부문에 배속된 자크 에티엔 벨롬므(1800~1880)는 다음과 같이 주장한다. "이 질환은 전적으로 유년기에만 속하는 것이며 사춘기 이후에는 이와 유사한 현상을 제공하는 모든 정신질환과 신중히 구별해야 한다." Jacques Étienne Belhomme, *Essai sur l'idiotie: Dissertation inaugurale présentée et soutenue à la faculté de Médecine de Paris, le 1er juillet 1824*, Paris: Germer-Baillière, 1843, p.52.

이에 관해서는 적어도 겉으로 보기에 완전히 대립하는 두 절차를 포착할 수 있다고 저는 생각합니다. 첫 번째 절차는 순수하게 이론적인 차원에 속하는 것입니다. 이것에 대해서는 의학적 텍스트, 관찰 기록, 질병학적 논설 등으로부터 출발해서 분석할 수 있습니다. 이 절차는 저능아 내지 백치라는 개념을 광기와 절대적으로 구별되는 현상으로서 이론적으로 완성해가려고 합니다.

매우 도식적으로 사태를 요약한다면 다음과 같이 말할 수 있습니다. 18세기 말까지 치우, 어리석음, 백치 등으로 불리던 것은 광기 일반과 관련해 어떤 변별적 특징도 갖고 있지 않았습니다. 그것들은 광기의 한 종류 이외의 그 무엇도 아니고, 물론 일련의 다른 종류의 광기와 구별되고 있기는 했지만, 아무튼 광기의 일반적 범주에 귀속되어 있었습니다. 이를테면 '흉포'[5]라는 형태를 갖는 광기, 요컨대 폭력이나 일시적 동요 등 소위 '지나침'의 형태를 갖는 광기, 그리고 쇠약·무기력·동요 없음 등의 유형에 속하고,[6] 바로 '치매,'[7] '어리석음,'[8] '치우' 등으로 불리던

5) "흉포는 신경과 근육의 힘의 발양이다. 흉포를 일으키는 것은 잘못된 지각이나 무의지적 기억이며, 이것을 특징짓는 것은 사건의 원인 내지 목격자로서 그 장소에 있는 자 혹은 부재한 자에 대한 격노, 거친 분노이다. 흉포의 발작은 망상의 절정 그 자체이며 그 지속 기간과 재발 빈도는 제각각이다." Étienne-Jean Georget, *De la folie: Considérations sur cette maladie*, Paris: Crevot, 1820, pp.106~107.

6) 이를테면 조제프 다캥은 '도를 넘은 광인'(fou extravagant)과 '어리석은 광인'(fou stupide)을 구별한다. "도를 넘은 광인은 단속적인 신체적 동요에 빠져 거기에 머물며 위험이나 위협을 두려워하지 않는다. …… 치우인 광인에게서는 지적 기관이 완전히 이상해져 있다. 이쪽은 분별력을 전혀 갖지 못하고 타인의 추진력에 따라 행동한다." Joseph Daquin, *La Philosophie de la folie*, éd. 1791, p.22; éd. 1987, p.50. [본서 5강(1973년 12월 5일)의 각주 31번 참조.]

7) 이를테면 윌리엄 컬런(1710~1790)은 '선천적 치매'(démence innée)에 대해 말한다. 컬런에 따르자면 선천적 치매는 "판단하는 정신의 치우이며 이것에 의해 인간은 사물 간의 관계를 지각하지 않거나 떠올리지 않거나 한다." William Cullen, "Vésanies"(IVe partie), *Apparatus ad nosologiam methodicam, seu Synopsis nosologiae methodicae in usum studiosorum*, Edinburgh: William Creech, 1769. 데

'모자람'의 형태를 갖는 광기라는 두 종류의 광기 사이에 거대한 대립

지레-마글루아 부르느빌(1840~1909)[본서 8강(1974년 1월 9일)의 각주 39번 참조]에 따르면, 장-미셸 사가르(1702~1778)는 자신이 아멘티아(amentia)라 이름 붙인 치우의 한 형태에 자기 저작의 한 쪽 반을 할애하고 있다. Désiré-Magloire Bourneville, *Recueil de mémoires, notes et observations sur l'idiotie*, t.I: De l'idiotie, Paris: Lecrosnier & Babé, 1891, p.4; Jean-Michel Sagar, *Systema morborum symptomaticum secundum classes, ordines, genera et species*, Vienne: Kraus, 1776. 프랑수아-엠마뉘엘 포데레는 이미 "선천적 치매는 백치상태와 동일한 것 같다"라고 말하고, 선천적 치매를 "감정 능력의 전면적 혹은 부분적 폐색이며 그 어떤 선천적·후천적 지적 능력도 보이지 않는 것"으로 정의했다. François-Emmanuel Fodéré, *Traité du délire, appliqué à la médecine, à la morale et à la législation*, t.I, Paris: Croullebois, 1817, pp.419~420.

8) Thomas Willis, *De Anima Brutorum, quae hominis vitalis ac sensitiva est exercitationes duæ*……, Londini: R. Davis, 1672; *Two Discourses Concerning the Soul of Brutes, Which Is That of the Vital and Sensitive of Man*, ed. Samuel Pordage, London: Harper & Leigh, 1683. 이 저서의 13장에서 윌리스는 어리석음 혹은 우둔이라는 이름으로 어떤 종류의 정신질환을 분리하고 있다. 「어리석음 혹은 우둔함에 대하여」("Of Stupidity or Foolishness")라는 제목이 붙은 이 장은 다음에 재수록되어 있다. Paul Cranefield, "A Seventeenth-Century View of Mental Deficiency and Schizophrenia: Thomas Willis on 'Stupidity or Foolishness'," *Bulletin of the History of Medicine*, vol.35, no.4, 1961, pp.291~316. "어리석음 혹은 우둔함은 기본적으로는 이성적인 혼에 속하며 지성과 판단력의 결함을 의미한다고는 하지만, 머리 내지 뇌의 질환으로 여겨지지 않는 것은 아니다. 왜냐하면 이런 고차적인 영혼의 소실은 상상력과 기억력의 병변에 기인하기 때문이다"(293쪽). 푸코는 다음에서 이에 대해 언급하고 있다. Michel Foucault, *Histoire de la folie à l'âge classique*, Paris: Gallimard, 1972, pp.270~271, 278~280. [이규현 옮김, 『광기의 역사』, 나남, 2003, 416~416, 428~431쪽.] 또한 다음을 참조하라. Jean Vinchon et Jacques Vié, "Un maître de la neuropsychiatrie au XVIIe siècle: Thomas Willis(1662-1675)," *Annales médico-psychologiques*, 12e série, t.II, juillet 1928, pp.109~144. 프랑수아 부아시에 드 소바주(1706~1767)는 [자신의 저서 중] 아멘티아에 할애한 한 장에서 아멘티아 모로시스(amentia morosis), 혹은 어리석음을 여덟 번째 종류로서 구별하고 있다. "치우, 음울함, 우둔함, 어리석음. 이것들은 정신박약, 상상력이나 판단력의 완만함 혹은 폐지이며, 망상을 동반하지 않는 것이다." François Boissier de Sauvages, *Nosologia methodica sistens morborum classes, genera et species, juxta Sydenhami mentem et botanicorum ordinem*, t.II, Amsterdam: De Tournes, 1763; *Nosologie*

이 있다고 여겨지는 경우가 있었습니다. 아니면 조광증, 우울증, 치매를 포함하는 한 계열에서의 특수한 형태로서 치우나 어리석음이 규정되는 경우도 있었죠.[9] 그래서 [포착]*할 수 있는 것은 기껏해야, 백치는 어린이들에게서 더 쉽게 발견되는 병이라는 것, 그리고 백치와 매우 닮은 병인 치매는 역으로 일정한 연령에 이르러서야 처음으로 생기는 것 같다는 것 등의 몇몇 지적에 불과합니다.[10]

---

méthodique, ou Distribution des maladies en classes, en genres et en espèces suivant l'esprit de Sydenham et l'ordre des botanistes, t.II, trad. J.-L. Théodore Gouvion, Lyon: Buyset, 1771, p.340. 또한 다음을 참조하라. Lester S. King, "Boissier de Sauvages and Eighteenth-Century Nosology," *Bulletin of the History of Medicine*, vol.40, no.1, 1966, pp.43~51. 장-바티스트 테오필 자클랭 뒤뷔송(1770~1836)은 '백치상태'를 "다소간 완벽한 정신둔화가 야기되는, 혼미의 상태 혹은 지적이며 감정적인 기능이 폐지된 상태"라 정의하고 있다. Jean-Baptiste Théophile Jacquelin Dubuisson, *Des vésanies ou maladies mentales*, Paris: Méquignon, 1816, p.281. 에티엔-장 조르제는 "관념을 갖지 않거나 혹은 그것을 표현할 수 없는 등, 사고 표명의 우발적 부재"로 특징지어지는 것으로서, "어리석음이라는 이름으로 지시할 수 있을 제4의 장르"를, 필립 피넬에 의해 정의된 정신이상의 장르에 덧붙인다. Georget, *De la folie*, p.115. 또한 다음을 참조하라. Antoine Ritti, "Stupeur — Stupidité," *Dictionnaire encyclopédique des sciences médicales*, 3e série, t.XII, Paris: Masson/Asselin, 1883, pp.454~469.

9) 이를테면 부아시에 드 소바주는 자신의 질병학에서, 아멘티아에 할당된 18번째 강(綱)[classe]에 치우를 기입한다. Boissier de Sauvages, *Nosologie*, t.II, pp.334~342. 조제프 다캥에게 "치매와 치우는 거의 동의어이다. 단 치매는 이성의 완전한 상실이고 치우는 이성의 감퇴일 뿐이라는 차이가 있다." Joseph Daquin, *La Philosophie de la folie, ou Essai philosophique sur le traitement des personnes attaquées de folie*, Chambéry: Gorin, 1791, p.51.

* 녹음기에는 "발견"(trouver)이라고 기록되어 있다.

10) 벨롬므는 다음과 같이 말한다. "백치와 치매는 쉽게 구별될 수 있을 것이다. …… 한쪽이 태어나서 곧, 혹은 지능의 완전한 발달 이전의 연령에서 시작되는 데 비해, 다른 한쪽은 사춘기 이후에 나타난다. 한쪽은 전적으로 어린이의 것이고 다른 한쪽은 기본적으로 노화의 병이다." Jacques Étienne Belhomme, *Essai sur l'idiotie: Propositions sur l'éducation des idiots mise en rapport avec leur degré d'intelligence*, Th. Méd. Paris, Paris: Didot Jeune, 1824, pp.32~33. 백치에 대한 사고방식의 역사

의외라고 생각하실지 모르겠네요. 치우 내지 백치가 질병학 분류표에서 점유하는 위치가 어떻든 간에, 치우나 백치가 동요나 흉포에 일반적으로 대립하는 것으로서 넓은 의미를 갖는 개념으로 여겨진다거나 명확한 의미를 갖는 개념으로 여겨진다 해도, 어쨌든 치우가 광기의 내부에서 모습을 드러내는 것에는 좀 놀라운 데가 있을 수 있습니다. 왜냐하면 당시에 광기는 본질적으로 망상을 통해, 즉 착오, 그릇된 신념, 엉뚱한 상상력, 현실 쪽에 상관물을 갖지 않는 단언으로 특징지어지고 있었기 때문입니다.[11] 광기가 본질적으로 망상이라는 중핵을 통해 규정되는 것이 사실이라면, 백치나 치우를 그런 망상의 거대한 일족에 속하는 것으로 간주할 수 있는 것일까요? 그러나 실제로 치우는 그 본성상, 게다가 치매와 더불어, 일종의 망상과 동일시됩니다. 치우는 그 최정점에 도달한 망상, 즉 사라지는 단계에 이른 망상, 격분이나 폭력의 극점으로 몰려 자기 자신에게 달려들어 자신을 무너뜨리고, 망상으로서는 소멸하

적 변천에 관해서는 다음을 참조하라. Édouard Seguin, *Traitement moral, hygiène et éducation des idiots et des autres enfants arriérés ou retardés dans leur développe-ment*, Paris: J.-B. Baillière, 1846, pp.23~32; Désiré-Magloire Bourneville, "Aper-çu historique de l'assistance et du traitement des enfants idiots et dégénérés"(chap. I), *Assistance, Traitement et Éducation des enfants idiots et dégénérés: Rapport fait au congrès national d'Assistance publique, Lyon, juin 1894*, Paris: Progrès médical, 1895, pp.1~7; Leo Kanner, *A History of the Care and Study of the Men-tally Retarded*, Springfield, Ill,: Charles C. Thomas, 1964; Gaby Netchine, "Idiots, débiles et savants au XIXe siècle," in René Zazzo, *Les Débilités mentales*, Paris: A. Colin, 1969, pp.70~107; Renate Myrvold, *L'Arriération mentale de Pinel à Binet-Simon*, Th. Méd. Paris, [s.l.: s.n.,] 1973.

11) 다음을 참조하라. "열을 동반하지 않는 망상은 광기(vésanie)의 병리적 징후이다." Jean-Étienne Dominique Esquirol, "Délire," *Dictionnaire des sciences médicales*, t.VIII, Paris: C.-L.-F. Panckoucke, 1814, p.255; "이 병의 본질적 징후는 …… 망상이라는 이름을 부여받은 지성의 무질서이다. 망상이 없는 광기는 존재하지 않는다." Georget, *De la folie*, p.75. 푸코는 18세기 의학에서 "이 암묵의 망상은 정신의 모든 변화 속에 실재한다"고 지적한다. Foucault, *Histoire de la folie à l'âge classique*, p.254. [『광기의 역사』, 393쪽.]

게 되는 단계에 이른 그런 망상으로 간주됩니다. 그리고 거기에 뒤늦게 도달하는 것이 치매의 경우이며, 훨씬 빨리 도달하는 것이 백치의 경우라는 것입니다. 치우, 그것은 이런 종류의 18세기 질병학에서는 망상에 속하는 착오입니다. 단 그것은 너무 일반화되고 너무 전면적이 되어버려서 더 이상 그 어떤 진실도 받아들일 수 없고, 그 어떤 관념도 형성할 수 없는 그런 착오입니다. 치우란 소위 혼미상태가 된 착오이며, 자기 고유의 밤에 빠진 망상인 것입니다. 1816년에도 여전히, 그러므로 아주 뒤늦은 시기까지 필립 피넬과 동시대의 정신과 의사인 장-바티스트 테오필 자클랭 뒤뷔송이 백치상태와 관련해 대략적으로 이런 말을 했던 것입니다. "백치상태는 혼미한 상태, 혹은 지적 능력이나 감정과 관련된 기능이 사라진 상태이다. 그 결과 그런 기능의 다소 완전한 둔화가 일어나게 된다. 때때로 거기에는 생명유지에 필요한 기능의 변이가 동반되기도 한다. 이런 종류의 정신이상은 사유하는 사회적 인간을 특징짓는 숭고한 자질을 상실하고 순수하게 기계적인 존재로 환원되어버리며 그럼으로써 그의 상황은 초라하고 비참해진다. 백치의 원인은 치매의 원인과 거의 동일한 것이다. 백치는 병변된 기능들의 변이가 더 강한 강도를 갖고 더 근본적이라는 점에서만 치매와 구별된다."[12)]

따라서 백치상태는 근본적인 토대와 같은 것이 결코 아닙니다. 즉 그것은 더 격렬하거나 혹은 더 큰 강도를 갖는 다른 병리적 상태가 전개되는 데 출발점이 되는 그런 것이 결코 아니라는 것입니다. 역으로 백치상태는 광기의 절대적이고 완전한 형태입니다. 백치상태는 그 자체가 너무 빠르게 회전해서 더 이상 어떤 망상의 요소도 어떤 확신도 지각되지 않게 되는 광기의 현기증이며, 소위 여러 색채가 자신 안에서 소용돌이를 일으킴으로써 무색이 되는 그런 상태입니다. 백치상태에서 확인되는 것은 모든 사유, 더 나아가서는 모든 지각의 이런 '혼미상태'의 효과입

---

12) Dubuisson, *Des vésanies ou maladies mentales*, p.281.

니다. 그리고 이로 인해 백치상태는 소위 징후가 부재함에도 불구하고 당대에 망상의 한 범주로 간주되는 것입니다.[13] 18세기 말의 이론적 상황을 서둘러 재구성한다면 이상과 같습니다.

그렇다면 19세기 초반의 40년 동안, 즉 에스키롤에서부터 1843년의 세갱에 이르기까지 어떻게 해서 백치, 정신지체, 치우에 대한 새로운 개념이 고안된 것일까요? 여기서도 여러 텍스트나 이론적 정교화만을 참조하고 제도나 현실적 실천에 대해서는 전혀 다루지 않겠습니다.

19세기 초 정신의학의 이론적 텍스트에서 백치 개념이 고안되는 두 중대한 계기에 주목해볼 수 있을 것 같습니다.* 우선 에스키롤의 1817, 1818, 1820년 텍스트,[14] 그리고 벨롬므가 1824년에 낸 책[15]을 통해 특징지어지는 계기가 있습니다. 거기서는 백치에 대한 완전히 새로운 개념, 18세기에는 없었던 듯한 새로운 개념이 나타납니다. 에스키롤은 이렇게 정의합니다. "백치는 병이 아니다. 그것은 지적 능력들이 결코 나타나지 않았거나 충분히 발달되지 않은 하나의 상태이다."[16] 1824년에

---

13) 피넬은 '백치상태'를 정신이상의 '종'(espèces) 중 하나로 분류하고 있다. Philippe Pinel, *Traité médico-philosophique sur l'aliénation mentale, ou la Manie*, Paris: Richard, Caille et Ravier, 1800, pp.166~176. 제4절(「종별 차이에 따른 정신이상의 구분」["Division de l'aliénation mentale en espèces distinctes"]) 중 "정신이상의 다섯 번째 종: 백치상태, 혹은 지적·정서적 능력의 소멸"(Cinquième espèce d'aliénation: Idiotisme ou oblitération des facultés intellectuelles et affectives)[21~26항].

* 강의원고에서는 여기서 이렇게 말하고 있다. "치매(즉 백치와 가장 근접한 정신질환의 형태 혹은 단계)와 관련한 백치의 특수화는 두 시기에 걸쳐 행해졌다."

14) Jean-Étienne Dominique Esquirol, "Hallucinations," *Dictionnaire des sciences médicales*, t.XX, Paris: C.-L.-F. Panckoucke, 1817, pp.64~71; "Idiotisme," pp.507~524; "De l'idiotie"(1820), *Des maladies mentales considérées sous les rapports médical, hygiène, et médico-légal*, t.II, Paris: J.-B. Baillière, 1838, pp.286~397.

15) 1824년 7월 1일에 심사받은 벨롬므의 박사 논문을 말한다[앞의 각주 10번 참조]. 1843년 이 논문은 몇몇 수정을 거쳐 재출간됐다[앞의 각주 4번 참조].

16) Esquirol, "De l'idiotie," p.284.

벨롬므는 이 동일한 정의를 거의 그대로 반복합니다. "백치란 …… 지적 능력들이 전혀 발달되지 않은 구성적 상태를 일컫는다."[17]

이 정의는 그것을 통해 발달이라는 개념이 도입되기 때문에 중요합니다. 발달, 아니 차라리 발달의 부재가 장차 한편으로 광기가 되는 것과 다른 한편으로 백치가 되는 것 간의 [변별적] 기준이 됩니다. 즉 백치는 진실이나 착오와 관련해 정의되거나 자신을 통제하는 능력 내지 무능력과의 관계나 망상의 강도와 관련해 정의되는 것이 아니라 발달과 관련해 정의됩니다. 그러나 이런 정의나 이로부터 결과되는 서술에서 에스키롤과 벨롬므는 발달을 이를테면 이항대립적으로 사용하고 있습니다. 이들에게 발달은 사람들이 갖고 있거나 그렇지 않은 어떤 것이며, 향유하거나 하지 못하는 어떤 것입니다. 발달이 진행되거나 진행되지 않는 것은 의지나 지적 능력이 있거나 없거나 하기 때문입니다. 말하자면 여기서는 발달이라는 개념이 여전히 아주 단순화되어 사용되죠.

그런데 그런 단순화에도 불구하고, 있거나 없거나, 향유하거나 하지 못하거나 하는 것으로서의 발달이 기준으로 사용되게 됨으로써 이론적 영역의 격자화에 중요한 상당수의 정교화가 가능해집니다.

첫 번째로 그것을 통해 시간적 경과를 둘러싼 분명한 구별이 가능해집니다. 백치가 발달의 부재라면, 필연적으로 의당 이 광기는 애초부터 즉각적으로 나타나는 것입니다. 그리고 이것은 치매처럼 사유, 지성, 지각의 다른 형태의 감퇴와 대립합니다. 즉 치매는 조광증, 편집증, 만성우울증 등 다른 정신질환처럼 어느 시기가 되어서야 비로소, 주로 사춘기가 되어서야 비로소[아무리 빨라도 사춘기 이후에] 나타나는 것입니다.[18]

---

17) Belhomme, *Essai sur l'idiotie*, éd. 1843, p.51.

18) "백치는 태어나자마자, 혹은 지성 및 감성 능력이 완전히 발달되기 이전의 나이에 시작된다. …… 치매는 조광증이나 편집증과 마찬가지로 사춘기가 되기 전에는 시작되지 않는다." Esquirol, "De l'idiotie," p.284. 또한 벨롬므의 텍스트도 참조하라. Belhomme, *Essai sur l'idiotie*, éd. 1824.

따라서 여기에 시간적 경과를 둘러싼 구별이 설정됩니다.

두 번째로 진행유형상의 차이가 있습니다. 백치는 발달의 부재인 이상 안정된 것, 결정적으로 획득된 것입니다. 거꾸로 치매도 사유의 감퇴이긴 하지만 백치와는 다르며 진행을 동반하는 정신질환이 됩니다. 즉 해를 거듭할수록 악화되고, 어느 시기가 되면 이윽고 안정되어 경우에 따라서는 치유하는 것도 가능한 정신질환이라는 것입니다.[19]

세 번째 차이는 이렇습니다. 백치는 언제나 신체의 구성적 결함과 연관됩니다.[20] 즉 백치는 신체장애에 속하는 것으로 간주되거나,[21] 여전

19) "백치는 일생 동안 계속 그 상태에 머물고 …… 이 상태를 바꿀 가능성은 생각할 수 없"는 데 비해 "치매에는 …… 빠르게 진행되거나 느리게 진행되는 시기가 있다. 만성치매나 노인성치매는 나이가 듦에 따라 악화되어간다. …… 치매는 치유 가능하며, 그 우발 징후를 막을 가능성을 생각할 수 있다." Esquirol, "De l'idiotie," pp.284~285. 루이-플로랑탱 칼메이(Louis-Florentin Calmeil, 1798~1895), 아쉴-루이 포빌르(Achille-Louis Foville, 1799~1878), 조르제, 루이-프랑수아 레뤼(Louis-François Lélut, 1804~1877), 프랑수아 뢰레 같은 정신병 전문의들이 백치를 정신요양원에 격리하도록 장려하는 것은 바로 그들 역시 백치가 치유불가능하다고 생각하기 때문이다.

20) "그들에게서는 신체 구성이 불완전하게 발달하거나 발달이 정지된다는 것을 모든 것이 보여주고 있다. 두개골을 열어보면 거의 언제나 선천적 기형이 발견된다." Esquirol, "De l'idiotie," p.284; "백치는 불완전한 신체 구성의 흔적을 보인다. …… 사체를 해부해보면 백치는 선천적 기형 내지 신체 구성상의 결함을 보인다." Belhomme, *Essai sur l'idiotie*, éd. 1824, p.33; "백치와 치우는 단순히 (사체 해부를 통해 보이는) 지적 능력 기관의 장애만을 갖는 것이 아니라 통상적으로 그들의 신체 구성 전체가 이런 병적 상태와 관련되어 있다. 일반적으로 말해 그들에게서는 발달이 거의 보이지 않는다……. 그 중 다수는 구루병, 선병(피부샘병), 마비, 간질 중 하나를 앓고 있으며 때로는 몇 가지가 동시에 발견되기도 한다……. 이들 증례에서 뇌의 구성은 다른 어떤 기관의 구성보다 열악한 상태에 있음이 틀림없다." Georget, *De la folie*, p.105.

21) 이를테면 공공구호위원회의 책임자 앙리-장-바티스트 다벤느(1789~ 1869)는 1852년 1월 1일 센 도지사에게 백치인 어린이의 교육을 다룬 한 보고서를 제출하면서 이렇게 단언한다. "백치는 가련한 신체장애자 이외의 그 무엇도 아니다. 의사는 자연이 그에게 거절한 것을 결코 주어서는 안 된다." Henri-Jean-Baptiste

히 괴물성의 일반적 분류표 속에 편입된다는 것입니다.[22] 반면에 치매는 다른 병과 마찬가지로 어느 순간부터 불의로 생기는 우발적 병변을 동반할 수 있는 것으로 간주됩니다.[23]

마지막으로 징후상의 차이입니다. 치매는 몇몇 절차에서, 경우에 따라서는 몇몇 기질적 병변에서 출발해 뒤늦게 발생하는 병인 이상, 언제나 어떤 과거를 갖게 됩니다. 즉 치매 속에는 언제나 어떤 것이 남아 있다는 것, 그 상태의 과거에 속하는 것으로서 지적 능력 혹은 망상 등의 긍정적이거나 부정적인 어떤 것이 다소간 남아 있다는 것입니다. 이에 비해서 백치는 과거를 갖지 않는 자입니다. 백치에게는 아무것도 남아 있지 않습니다. 즉 백치는 자신의 기억 속에 자기 자신의 생존의 흔적도 남겨 놓지 않았고, 앞으로도 결코 남기지 않을 그런 자라는 것입니다. 그리고 이렇게 해서 여러분은 1세기 이상 동안 반복될 다음과 같은 에스키롤의 규범적 정식화에 도달하게 됩니다. "치매인 인간은 자신이 과거에 향유하던 재산을 잃어버렸다. 즉 그것은 부자가 거지가 된 꼴이다. 이에 비해 백치는 늘 불행과 빈곤상태에 있어왔다."[24]

이처럼 발달이라는 개념은 거친 방식으로, 문자 그대로 이항대립적으로 사용되고 있음에도 불구하고, 몇몇 구별을 가능케 합니다. 그리고

Davenne, *Rapport du Directeur de l'administration de l'Assistance Publique à M. le Préfet de la Seine sur le service des aliénés du département de la Seine*, Paris: Imprimerie de l'administration de l'Assistance Publique, 1852.

22) 이를테면 조르제는 이렇게 말한다. 백치는 "발달의 원초적 결함"을 통해 특징지어지는 이상 "괴물에 포함시켜야 한다. 지적인 관계 하에서의 진정한 괴물에 포함시켜야 한다." Georget, *De la folie*, p.102., n.1. 당시 괴물이라는 용어의 암시적 의미에 대해서는 다음을 참조하라. Casimir Davaine, "Monstres," *Dictionnaire encyclopédique des sciences médicales*, t.LXI, Paris: Asselin, 1874, pp.201~264.

23) "사체를 해부해보면 기질적 병변이 발견되기도 하지만 그것은 우발적인 것이다. 왜냐하면 치매에서만 발견되는 두개골 비대 혹은 그 판의 분리가 선천적 기형을 특징짓는 것은 아니기 때문이다." Esquirol, "De l'idiotie," p.285.

24) Esquirol, "De l'idiotie," p.285.

병을 규정하는 것의 특징과 신체장애, 괴물성, 병이 아닌 것에 속하는 것의 특징이라는 두 종류의 특징을 구분할 수 있게 해줍니다.

그리고 수년 후인 1840년경 세갱과 더불어 제2단계의 정교화가 시작됩니다. 세갱에 대해서는 유년기를 둘러싼 실질적 제도화 및 정신의학적 의미 부여 내에서 다시 다루게 될 것입니다. 세갱이 『백치의 도덕 요법』에서 그 주요 개념들을 제시했고, 이 개념들에 입각해 정신지체에 관한 심리학·정신병리학이 19세기 전반에 걸쳐 발달하게 됩니다.[25]

---

25) 국립농아학교의 의사 장 마르크 가스파르 이타르(Jean Marc Gaspard Itard, 1774~1838) 밑에서 보조교사로 일하던 세갱(1812~1880)은 1831년에 이타르와 에스키롤에게서 백치아의 교육을 위임받는다. 세갱은 그 경험을 다음의 책에서 상술한다. Édouard Seguin, *Essai sur l'éducation d'un enfant*, Paris: Porthman, 1839. 1840년 세갱은 생-마르탱 지역의 불치병자 시료원에서 자신의 방법을 실천하고 다음의 책을 출간한다. *Théorie pratique de l'éducation des enfants arriérés et idiots: Leçons aux jeunes idiots de l'Hospice des Incurables*, Paris: Germer-Baillière, 1842. 1842년 10월 국립요양원심의회는 비세트르 요양원의 어린이들을 펠릭스 부와쟁(Félix Voisin, 1794~1872) 박사가 담당하도록 결정하는데, 세갱은 의견 대립으로 1843년에 [비세트르를] 떠나게 된다. 1850년 미국으로 이주하기 전에 세갱은 자신의 경험을 다음의 책에 총괄하고 '생리학적 교육'에 대한 자신의 원칙을 정의한다. *Traitement moral, hygiène et éducation des idiots……*, op. cit. [앞의 각주 10번 참조.] 이사벨 생-티브의 박사 논문에서부터 엘렌 보셰느의 논문 사이에는 세갱을 다룬 출판물이 전혀 없다. Isabelle Saint-Yves, *Aperçus historiques sur les travaux concernant l'éducation médico-pédagogique: Itard, Bourneville*, Th. Méd. Lyon, Paris: Paul Lethielleux, 1914; Hélène Beauchesne, "Seguin, instituteur d'idiots à Bicêtre, ou la première équipe médico-pédagogique," *Perspectives psychiatriques*, vol.30, 1970, pp.11~14. 나중에 출판되는 다음의 문헌들도 참조하라. Yves Pelicier et Guy Thuillier, "Pour une histoire de l'éducation des enfants idiots en France (1830-1914)," *Revue historique*, vol.261, no.1, janvier 1979, pp.99~130; Édouard Seguin, *L'instituteur des idiots*, Paris: Éd. Economica, 1980; Alfred Brauner, éd., *Actes du colloque international: Cent ans après Édouard Seguin*, Saint-Mandé: Groupement de recherches pratiques pour l'enfance, 1981; Jean Guy G. Martin, *Une biographie française d'Onésime—Édouard Seguin (20 janvier 1812-28 octobre 1880): Premier thérapeute des enfants arriérés, d'après ses écrits et les documents historiques*, Th. Méd. Paris-Saint-Antoine, 1981.

세갱은 엄밀한 의미에서의 백치와 정신지체아를 구별합니다. "양자를 분리하는 …… 엄청난 차이를 처음 지적한 것이 바로 나이다. 백치는 표면적일지라도 생리적·심리적 발달을 멈춘다."[26] 즉 발달의 부재가 아니라 정지입니다. 정신지체아에 대해 말하자면, 세갱에게 정신지체아는 발달이 정지되어버린 자가 아닙니다. 이 점에서 정신지체아는 백치와 구별된다는 것인데요, 정신지체아는 그 발달이 정지된 자가 아니라 "또래의 다른 어린이들보다 더 느리게 발달하는" 자입니다. "정신지체아는 그 진보 전체가 지체되어 있다. 이 지체는 날이 갈수록 커져서 다른 어린이들과 비교해 매우 큰 차이, 넘어서기 어려운 격차가 생기게 된다."[27] 그리고 이것은 연속적으로 진행된 결과라는 것입니다.

⚜

백치를 발달 정지에 걸린 자로, 정신지체자를 그 발달이 연속적이지만 단지 지체됐을 뿐인 자로 정의하는 이 서로 밀접히 연관된 두 정의는 이론적으로 중요하다고 생각합니다. 실제로 그런 정의를 통해 어린이의 정신의학화 실천 자체에서 중요한 몇 가지 개념들이 나옵니다.

첫 번째로 세갱이 『백치의 도덕요법』에서 구상한 발달은 에스키롤이 생각하고 있던 발달과는 다릅니다. 그것은 이제 지적 능력이나 의지를 갖고 있거나 잃는 것과 마찬가지 방식으로 사람이 갖거나 잃는 것이 아닙니다. 발달은 기질적 삶과 심리적 삶에 모두 관계되는 어떤 절차이며, 신경 내지는 심리의 조직화, 기능, 행동양식, 습득 등이 거기에 배분되는 어떤 범위입니다.

---

26) Seguin, *Traitement moral, hygiène et éducation des idiots*……, p.72.

27) "사람들은 즐겨 말하길, 내가 백치아들을 단순한 정신지체 혹은 좀 뒤떨어지는 어린이들과 혼동하고 있다고 했다. 그리고 사람들이 그런 말을 한 것은 극도로 식별하기 어려운 차이를 내가 처음으로 지적했기 때문이다." Seguin, *Traitement moral, hygiène et éducation des idiots*……, p.72.

두 번째로 이 시간적 범위는 어떤 의미에서 모든 사람에게 공통적인 것이라고 할 수 있습니다. 그 누구도 거기서 벗어날 수 없지만 그 사이에서 정지될 수는 있습니다. 그런 한에서 발달은 일종의 가장 나은 상태와 같은 것, 이상적인 도달점을 가진 시간적 계기의 어떤 규칙과 같은 것으로서 모든 사람에게 공통적이 됩니다. 따라서 발달은 어떤 사람이 자신 안에 갖고 있는 잠재성이라기보다는 어떤 사람이 그것과 관련해 자신을 자리매김하는 일종의 규범인 것입니다.

세 번째로 그런 발달의 규범에는 두 개의 변수가 있다는 것을 알 수 있습니다. 먼저 시간적 범위를 통해 발달의 이러저러한 단계에서 지체될 수 있습니다. 그리고 백치란 바로 매우 이른 시기의 어느 단계에서 정지해버린 자인 것입니다. 다른 하나의 변수는 어느 단계에서 정지하느냐가 아니라 그 시간적 범위를 어떤 속도로 주파하느냐에 관련됩니다. 그리고 정신지체자란 바로 어느 단계에서 정지된 자가 아니라 속도가 더딘 자입니다. 그 결과 한쪽이 다른 쪽의 최종적 귀결로서 상호보완되는 두 개의 병리학이 생겨납니다. 요컨대 [경우에 따라서는] 최종 단계가 될 수 있는 정체에 대한 병리학과 완만함에 대한 병리학이 생겨나는 것입니다.

그리고 이 네 번째가 중요한데, 여기로부터 이중의 기준이 생겨나게 됩니다. 한편으로는 백치가 어떤 단계에서 정지한 자이기 때문에 백치의 정도는 성인의 규범성에 비추어 측정되게 됩니다. 즉 성인이, 현실적인 동시에 이상적인 발달의 종착점으로서 나타나게 된다는 것입니다. 따라서 우선 성인이 규범으로서 기능한다는 것. 그리고 다른 한편으로 완만함이라는 변수는 다른 어린이들에 의해 규정됩니다. 세갱의 텍스트가 그것을 분명하게 말하고 있습니다. 정신지체자는 타인에 비해 더 완만하게 발달하는 자를 일컫습니다. 이렇게 해서 평균적인 유년기에 의해 혹은 대다수의 어린이들에 의해 또 하나의 규범성이 설정되고 그것과의 관계에서 정신지체자의 위치가 설정됩니다. 따라서 정신박약의 이런 모든 현상이, 엄밀한 의미에서의 백치와 정신지체가, 발달의 최종 단계로서의 성인과 발달의 평균 속도를 규정하는 것으로서의 어린이라는 규범을 설정하는 두 심급과 연관되어 자리매김됩니다.

다섯 번째로 백치, 게다가 정신지체가 이제는 병으로 규정되지 않습니다. 이 정교화에서 중요한 마지막 점이 여기 있습니다. 에스키롤에게는 백치에 병이라는 지위를 인정해야 하는지 아니면 병이 아닌 지위를 인정해야 하는지와 관련해 여전히 애매함이 있었습니다. 결국 에스키롤에게 백치란 어떤 것의 부재였습니다. 그리고 그런 한에서 백치를 하나의 병으로서 특징지을 수 있었던 것입니다. 이에 반해 세갱에게 백치와 정신지체자는 병자가 아닙니다. 즉 그들에게 발달의 단계들이 결여되어 있다고는 말할 수 없다는 것, 그들은 거기[어떤 단계]에 아직 도달하지 못했거나 너무 늦게 도달했다는 것입니다. 세갱에게 백치 혹은 정신지체자는 결국 정상적인 상태를 벗어나지 않은 자, 혹은 오히려 규범 그 자체인 어떤 것의 내부에서, 즉 어린이의 발달 내부에서 더 하위 단계에 위치한 자입니다. 백치는 어린이의 일종이고 병자가 아니라는 것입니다. 백치, 그것은 정상적인 유년기 자체 내부에 침잠해 있는 자입니다. 백치는 유년기의 한 단계이며 더 나아가 유년기는 백치, 정신박약, 내지 정신지체의 단계들을 신속하게 횡단하는 시기인 것입니다. 따라서 설령 백치 내지 정신지체를 유발시킨 것이 결국 하나의 병 혹은 신체장애나 기질적 병변 같은 것이라 할지라도 백치나 정신지체를 정확하게 병적인 일탈로 간주할 수는 없다는 것입니다. 어린이의 규범에 적합한 발달의 내부에 다양한 시간, 다양한 단계가 있다는 것이죠. 일찍이 병에 귀속되어 있던 백치는 이제 유년기에 귀속됩니다.

여기로부터 몇 가지 결과가 발생하는데, 그 중 주된 것은 물론 다음과 같은 결과입니다. 백치 내지 정신지체자가 병의 영역 내에서가 아니라 유년기의 시간성 내의 한 단계에 침잠해 있는 자라면, 그런 자를 돌보는 것은 모든 어린이를 돌보는 것과 본성상 다르지 않다는 말이 됩니다. 즉 백치나 정신지체자를 치유하는 유일한 방법은 그저 그들을 교육하는 것이라는 말입니다. 물론 경우에 따라서 방법상의 몇 가지 변주나 특수화가 동반된다고는 하나, 해야 하는 것은 단지 그들에게 교육의 도식 그 자체를 부과하는 것뿐이라는 것입니다. 백치의 치료법은 교수법 그 자체인 것입니다. 그것은 모든 것에서 더 멀리 나아가려 하고 더 옛날로 거슬러 올라가려 하는 더 철저한 교육법이긴 하지만 역시 하나의 교수법이라는 것입니다.

마지막으로 제가 여기서 강조하려는 여섯 번째 점은 발달의 절차에서의 정지, 지연, 혹은 완만함이 세갱에게서는 병에 속하지 않는다는 점입니다.[28] 그것은 물론 몇 가지 현상이 나타나지 않음, 몇몇 조직화가 발견되지 않음, 어린이가 몇 가지 것들을 습득할 수 있는 능력이 없음으로 확인됩니다. 이것이 정신지체의 네거티브한 측면입니다. 그러나 거기서 포지티브한 현상도 발견됩니다. 즉 정상적인 발달에 의해 통제되거나 저지되거나 전체에 통합되어야 하는 몇몇 요소가 명백히 출현하며 전체에 통합되지 않게 되는 현상도 발견된다는 것입니다. 그리고 발달의 정지나 그 극단적 완만함을 통해 모습을 드러내는 그 어떤 것을 세갱은 '본능'이라 명명합니다. 본능은 유년기에 처음부터 주어지며 백치 내지 정신지체의 내부에서 전체에 통합되지 않은 야생의 상태로 나타나게 되는 것입니다. 세갱은 이렇게 말합니다. "백치란 신경계에 일어나는 장애이다. 이 장애를 통해 어린이의 기관들이나 능력들 전체 혹은 일부에 자신의 의지에 의한 규칙적인 작용이 미치지 못하게 되는 중대한 결과가 발생한다. 이렇게 해서 어린이는 그 여러 본능에 빠지게 되어 도덕적 세계로부터 분리되는 것이다."[29]

28) "발달이 늦은 어린이는 그 발달상에서 정지되어 있는 것이 아니라 …… 단순히 또래 아이들보다 느리게 발달한다." Seguin, *Traitement moral, hygiène et éducation des idiots*……, p.72.

그래서 결국 정신박약의 이런 분석을 통해 유년기 내부에 문자 그대로의 의미에서 병적인 것이 아니라 다른 아이들과 성인이라는 두 규범성과 관련해 일탈되어 있는 몇몇 조직화, 몇몇 상태, 몇몇 행동양식이 특수화되어 출현하게 됩니다. 여기서 발견되는 것은 바로 비정상성이라 할 수 있는 어떤 것입니다. 백치아 혹은 정신지체아는 병든 어린이가 아니라 비정상적인 어린이인 것입니다.

그리고 다음으로 규범과 관련한 거리나 일탈과는 별개로 비정상성의 실증적 현상이란 도대체 무엇일까요? 그런 비정상성이 해방하는 것은 도대체 무엇일까요? 그것은 본능입니다. 즉 그것은 징후가 아니라 자연적인 것임과 동시에 무정부상태이기도 한 듯한 여러 요소들이라는 것입니다. 결국 여러 징후와 병의 관계는 여러 본능과 비정상성의 관계와 동일한 것이 됩니다. 비정상성은 징후를 갖는다기보다는 오히려 본능을 갖습니다. 본능은 소위 비정상성의 자연 본래의 요소인 것입니다.* 비정상성의 실질적 내용인 본능, 바로 이것이 세갱이 정신지체와 백치에 대한 분석에서 묘사하는 바라고 저는 생각합니다. 단지 담론과 이론의 수준에서 병과 구별되는 비정상성이라는 근본적으로 새로운 범주의 확립과 관련해 말씀드릴 수 있는 것은 이상과 같습니다. 그리고 바로 그런 비정상성의 새로운 범주를 의학이 독점해 그것을 정신의학화한 것이 정신의학의 권력을 전파하는 원리가 된 것입니다.

실제로 제가 간략히 살펴본 이론적 영역이 구성되고 있던 바로 그 시대에 외관상으로는 그것과 모순되는 전혀 다른 절차가 있었습니다. 이 절차는 이론적 정교화와 관련해 후퇴되어 있거나 그 귀결이었던 것이

---

29) "그렇지 않다. 백치는 병이 아니다." Seguin, *Traitement moral, hygiène et éducation des idiots*……, p.26.

* 강의원고에서는 다음과 같이 말하고 있다. "병이 징후를 통해 특징지어지고 기능장애나 결함으로 표명되는 데 비해, 비정상성은 징후라기보다는 오히려 자연본성으로서 본능을 갖는다."

아니라 그런 정교화와 동시에 일어난 것으로, 사실 그 실질적 가능조건이었습니다. 한편으로 피넬이나 뒤뷔송부터 에스키롤을 거쳐 세갱까지, 광기와 관련해 백치가 특수화되고 백치와 정신질환이 서로 분리되는 일련의 절차를 볼 수 있습니다. 즉 백치는 이론적으로 그 의학적 위상의 수준에서 이미 병이 아니게 된다는 것입니다. 그러나 다른 한편으로 그와 동시에 역방향의 절차가 있었습니다. 이론이 아닌 제도화에 속하는 절차는 정신의학의 공간 내부에 백치를 위한 장을 마련하고 거기서 백치를 점유·지배하려 합니다. 이것은 매우 흥미로운 현상입니다.

실제로 18세기 말 피넬의 시대에는 여전히 감금 시설의 밑바닥에서 '치우'의 범주로 분류된 사람들이 발견됩니다. 그들 대부분은 성인인데, 적어도 그 일부는 훗날 '치매 환자'로 불리게 될 사람들이라 추측됩니다. 거기서는 10살 전후의 어린이들도 발견되죠.[30] 그런데 치우에 대한 물음이 실제로 제기되기 시작했을 때, 치우가 의학적 관점에서 제기되기 시작했을 때, 최초로 배려된 것이 바로 치우인 자들을 격리시키는 것, 어수선한 감금 공간과는 다른 장소로 이송하는 것이었습니다. 또한 치우인 자들은 농아 시설, 즉 몇몇 결함이나 무능력 혹은 신체장애에 일시적 처치를 하려는, 문자 그대로의 교육 시설에 입원하게 됐던 것입니다. 따라서 백치의 치료에 관한 최초의 실천적 조작은 18세기 말의 농아원에서, 정확히 말하면 장 마르크 가스파르 이타르에게서 발견되는 조작이고, 게다가 세갱은 애초에 이타르 밑에서 일을 배웠던 것입니다.[31]

---

30) Seguin, *Traitement moral, hygiène et éducation des idiots*……, p.107. 17세기 초 정신요양원에서는 성인과 아동이 때로 뒤섞인 상태로 수용된다. 그들은 거기서 1840년까지, 그리고 그 후에도 여전히 별로 의학적으로 구별되지 않는 '백치,' '치우,' '간질 환자' 집단으로 나뉜다. 이를테면 비세트르에서 정신이상자를 위한 병동의 제3부문은 1852년 당시 성인 및 아동 간질 환자와 백치를 포함하고 있다. 다음을 참조하라. Bourneville, *Assistance, Traitement et Éducation*……, p.4. 세부사항에 대해서는 다음을 참조하라. Davenne, *Rapport* …… *sur le service des aliénés du département de la Seine*, op. cit.

그리고 이번에는 치우인 자들이 차츰차츰 정신요양원의 공간 내부로 다시 들어가게 됩니다. 1834년 당시 저명한 정신과 의사 중 한 명이었던 펠릭스 부와쟁은 이씨에 '정신교정' 학교를 개설합니다. 이곳은 바로 정신에 결함이 있는 가난한 아이들을 치료하기 위해 만들어진 장소였습니다. 그러나 이 학교는 아직 전적으로 농아를 위한 교육과 엄밀한 의미에서의 정신의학적 장소의, 말하자면 중간에 위치하는 곳이었습니다.[32]

---

31) 외과의 교육을 받은 이타르[앞의 각주 25번 참조]는 1800년 12월 31일 로슈-앙브루아즈 시카르(Roch-Ambroise Cucurron Sicard, 1742~1822) 신부가 교장으로 있는 국립농아학교에 레지던트 의사로 임명된다. 여기서 이타르는 라콤므(아베롱 도)의 숲 속에서 1799년 말에 발견된 10세 전후의 한 어린이에게, 가정부였던 게랭 부인의 도움으로, 4년 넘게 '도덕요법'을 행한다. Jean Marc Gaspard Itard, *De l'éducation d'un homme sauvage, ou des premiers développements physiques et moraux du jeune sauvage de l'Aveyron*, Paris: Goujon, 1801; *Rapport fait à S. E. le Ministre de l'intérieur sur les nombreux développements et l'état actuel du sauvage de l'Aveyron(1806)*, Paris: Imprimerie impériale, 1807. 뒤의 책은 부르느빌에 의해 다음의 제목으로 재간행됐다. *Rapports et mémoires sur le sauvage de l'Aveyron, l'idiotie et la surdi-mutité*, t.II, Paris: Félix Alcan, 1814. 다음의 책에 재수록됐다. Lucien Malson, *Les Enfants sauvages, mythe et réalité, suivi de Mémoire et Rapport sur Victor de l'Aveyron*, Paris: Union générale d'édition, 1964.

32) 에스키롤의 제자인 부와쟁[앞의 각주 25번 참조]은 백치아의 치료라는 문제에 큰 관심을 갖고 1822년 7월, 장-피에르 팔레와 함께 방브에 요양원을 짓는다. Félix Voisin, *Établissement pour le traitement des aliénés des deux sexes, fondé en juillet 1822 à Vanves*, Paris: Auguste Belin, 1828. 1833년 부와쟁은 국립요양원심의회로부터, 세브르 거리의 불치병자 시료원에서 백치와 간질 환자를 다루는 부서를 조직하라는 임무를 위임받는다. 1834년 부와쟁은 이씨-레-물리노의 보지라르 거리 14번지에 백치아들을 위한 '정신교정 시설'을 만든다. 이 시설의 입원자와 시료원의 입원자는 모두 1836년에 비세트르로 옮겨지고, 1840년 부와쟁이 거기에 부임한다. 이 시설에 대해서는 샤를-크레티앵-앙리 마르크(1771~1840)가 유일한 자료를 남겨 놓고 있다. Charles-Chrétien-Henri Marc, "Rapport à M. le Conseiller d'État, Préfet de police, sur l'établissement orthophrénique de M. Félix Voisin," *Le Moniteur*, 24 octobre 1834. 이 글은 부와쟁의 책(아래의 두 번째 책[87~91쪽])에 부록으로 재수록됐다. Félix Voisin, *Applications de la physiologie du cerveau à l'étude des enfants qui nécessitent une éducation spéciale*, Paris: Éverat,

그 직후 수년간, 즉 1835~45년에 걸쳐 세갱이 백치를 정신질환이 아닌 것으로서 규정하는 바로 그 시대에 정비 내지 재정비된 지 얼마 안 된 거대한 정신요양원 내부에서 때때로 히스테리나 간질을 일으키는 정신박약아나 백치아들을 위한 병동이 설치됩니다. 이렇게 해서 장-피에르 팔레는 1831~41년 사이에 살페트리에르에 이 병동를 설립합니다.[33] 또 1833년에 기욤 페뤼는 비세트르에 백치아들을 위한 병동을 개설하게 합니다.[34] 1842년에는 세갱이 그 병동의 책임자가 되죠.[35]

19세기의 후반 전체를 통해 백치아들이 실제로 정신의학적 공간 내부에서 예속지배됩니다. 확실히 1873년 페레-보클뤼즈에 그런 어린이들을 위한 시설 하나가 개설되긴 했지만,[36] 그럼에도 불구하고 19세기

1830; *De l'idiotie chez les enfants, et les autres particularités d'intelligence ou de caractère qui nécessitent pour eux une instruction et une éducation spéciales de leur responsabilité morale*, Paris: J.-B. Baillière, 1843. 마찬가지로 다음의 책도 참조하라. Auguste Voisin, *Aperçu sur les règles de l'éducation et de l'instruction des idiots et des arriérés*, Paris: Doin, 1882.

33) 1831년 3월 30일 팔레는 살페트리에르의 백치 부문 의사로 임명되고, "80명의 백치와 치우를 하나의 학교"에 모아 그곳의 교장이 된다. 그리고 1841년 성인 여성 정신이상자 부문의 장에 임명될 때까지 팔레는 그곳에서 일한다.

34) 사실 기욤 페뤼가 백치아들을 위한 '일종의 학교'를 조직한 것은 (1826년에) 비세트르에서 의사장에 임명되고 2년 후인 1828년이다. Félix Voisin, "De l'idiotie," Mémoire lu à l'Académie de médecine le 24 janvier 1843; Désiré-Magloire Bourneville, *Recueil de mémoires, notes et observations sur l'idiotie*, t.I: De l'idiotie, Paris: Lecrosnier & Babé, 1891, p.268. 재수록. 1833년에 페뤼는 거기서 임상교육을 시작한다. Guillaume Ferrus, "De l'idiotie ou idiotisme (Cours sur les maladies mentales)," *Gazette des hôpitaux civils ou militaires*, t.XII, 1838, pp.327~397.

35) 세갱은 요양원 총감독관이던 페뤼에게 고용되어, 1842년 11월 불치병자 시료원에서 부와쟁이 있는 곳으로 옮겨진 백치와 간질성 어린이들을 위한 시설의 장을 맡게 된다. 앞의 각주 25번을 참조하라.

36) 1873년 11월 27일, 센 도회(都會)는 보클뤼즈 정신병원의 농장을 백치아를 위한 콜로니[취락]로 사용하도록 결정한다. 이 농장은 1876년 8월 5일 열리게 된다. Bourneville, "L'assistance des enfants idiots et épileptiques à Paris et dans la Seine:

말에 비세트르,[37] 살페트리에르,[38] 빌쥐프[39]에는 정신박약아를 위한 정신의학적 병동이 설치됩니다. 게다가 정신의학적 공간 내부에 그런 병동을 개설함으로써 예속지배가 [실행됐을] 뿐만 아니라, 1840년 내무장관이 내린 결정 역시 정신이상자의 감금에 관한 1838년의 법률이 백치에 대해서도 유효하다는 것을 분명하게 언급하고 있습니다. 이것은 그저 장관의 결정에 불과하지만 그것이 근거로 삼는 것은 백치가 여전히 정신이상의 한 범주라는 원칙인 것입니다.[40]

그 결과 이론적으로 정신이상과 백치가 분명하게 분할되는 그 시기에 그렇게 서로 구별되고 있었던 것을 동일시해버리는 일련의 제도나 행정적 조치가 있다는 것입니다. 이론적 구별과 동시대적으로 일어나는 이런 제도적 병합은 실제로는 무엇에 부응하고 있는 것일까요?

이 이론적 구별이 그저 당시의 초등교육 조직화가 야기한 효과에 불과하다고 생각하실지도 모르겠네요. 프랑수아 기조의 법률은 1833년에

---

1. Colonie de Vaucluse"(chap.IV), *Recueil de mémoires*……, pp.62~65. [이 콜로니에 대해서는 뒤의 각주 60번도 참조하라.]

37) 비세트르에서는 백치와 간질성 어린이 특별 병동을 1882년 말부터 준비하지만 1892년에야 겨우 개설된다. Bourneville, "Section des enfants idiots et épileptiques de Bicêtre"(chap.IV), *Recueil de mémoires*……, pp.69~78; *Histoire de la section des enfants de Bicêtre(1879-1899)*, Paris: Lecrosnier & Babé, 1889.

38) 1894년 당시 살페트리에르에 수용되어 있던 어린이들 135명 중 백치는 38명, 간질성 백치는 71명이었다. Bourneville, *Recueil de mémoires*……, pp.67~69.

39) 살페트리에르와 생-탄느에서 옮겨 온 정신지체, 백치, 간질성 소녀들을 수용하고 치료하기 위해 1888년 브리앙[Marcel Briand, 1854~1902] 박사의 지휘 아래에 빌쥐프 정신요양원 여성전용 구역의 한 병동이 할당된다. 1894년에는 백치와 간질성 소녀 75명이 그곳에 수용된다.

40) 1840년 8월 14일의 공문은 "1838년의 법률을 백치와 치우에게 적용할 수 있게 하는 내무장관의 결정이 내려졌기 때문에 어린이들은 더 이상 정신병원 이외의 다른 시설에 거주할 수 없게 됐다. 따라서 국립요양원심의회는 다른 시설에 있던 자들을 비세트르 정신요양원으로 이송토록 했던 것이다"라고 선언했다. Davenne, *Rapport …… sur le service des aliénés du département de la Seine*, p.62.

만들어집니다.[41] 도처에서 정교화되고 있는 초등교육에 의해서 정신지체나 정신박약이 여과되고 백치가 포착되어 학교 시설 내부에서 문제를 발생시키게 되어 서서히 정신요양원으로 내몰리게 된 것이라고 생각하실지도 모르겠습니다. 그건 확실히 그렇습니다. 하지만 그것은 제가 지금 말씀드리는 시대에 일어난 일이 아닙니다. 실제로 19세기 말에는 일반화된 초등교육이 여과장치로서의 역할을 하게 되고, 백치에 대한 대대적인 조사는 학교라는 장에서 전개됩니다. 다시 말해 조사의 정보들을 학교에 요구한다는 것입니다.[42] 그런 조사는 바로 학교 교사의 주변에서 행해지고 질문은 바로 학교 교육의 본성과 그 가능성에 관한 것이 됩니다. 이를테면 1892년부터 1893년까지 부슈-뒤-론 지역에서 정신박약에 관한 조사를 할 때 필립 레는 백치·치우·정신박약을 포착하기 위해 학교 교사에게 문의하는데, 학교에 적응하지 못하는 아이들은 어떤 아이들인지, 소란스러워서 눈에 띄는 아이들은 어떤 아이들인지, 학교에 다니는 것조차 불가능한 아이들은 어떤 아이들인지 등을 묻게 됩니다.[43] 그리고 여기로부터 출발해 거대한 패치워크가 확정되어갑니다.

---

41) 초등교육과정에 관한 1833년 6월 28일의 법률. Maurice Gontard, *L'Enseignement primaire en France de la Révolution à la loi Guizot: Des petites écoles de la monar-chie d'Ancien Régime aux écoles primaires de la monarchie bourgeoise*, Thèse de doctorat ès lettres, Lyon, 1955, Lyon: [Audin], 1959.

42) 1891년 정신지체아들을 위한 특수학급을 만들고자 부르느빌은 파리 5구 학무위원에게 정신지체아들에 관한 통계조사를 하자고 요청한다. 첫 조사는 1894년에 5구와 6구의 공립 학교에 대해 행해진다. Magloire-Désiré Bourneville, "Note à la Commission de surveillance des asiles d'aliénés de la Seine," le 2 mai 1896; *Création de classes spéciales pour les enfants arriérés*, Paris: Félix Alcan, 1898.

43) 마르세이유의 생-피에르 정신요양원 의사장이자 보클뤼즈 도회 의원이었던 필립 레는 "정신지체 혹은 이상한 어린이들을 모아 치료하기 위한 각 도 통일 정신요양원"을 만들기 위해 1892년에 부슈-뒤-론의 여러 도와 보클뤼즈 도의 학교 교사들의 도움을 얻어 조사에 착수한다. Bourneville, *Assistance, Traitement et Éducation*……, pp.45, 197~198.

이렇게 초등교육은 정신지체라는 현상의 여과기 및 준거로서 실제로 이용되는 것입니다.

그러나 제가 지금 말씀드리고 있는 시대, 즉 1830년부터 1840년에 걸친 시대에 작용하고 있던 것은 그런 것이 아닙니다. 달리 말하면 어린이들을 어디에 둬야 좋은가라는 문제가 제기되는 것은 어린이들에게 학교 교육을 실시하기 위함도 아니고 어린이들에게 학교 교육을 실시하는 것이 불가능하기 때문도 아니라는 것입니다. 어린이들을 어디에 둬야 좋은지를 묻는 문제는 어린이들에게 실시되어야 할 학교 교육이나 학교 교육을 받는 어린이들의 능력과 관련해 제기되는 것이 아닙니다. 그런 물음은 그들 부모의 직업과 관련해 제기됩니다. 즉 백치인 아이들에게 필요한 돌봄이 부모의 직업을 방해하지 않도록 하려면 어떻게 해야 하는지가 문제였던 것입니다. 게다가 이것은 초등학교에 관한 법률을 확정할 때의 정부의 배려에 정확히 호응하는 것입니다. 1830년경에 '보호원'이라고 불리는 탁아소나 보육원이 설립되고 어린이들에게 학교 교육이 실시되는데, 이것은 어린이들에게 장래의 직업을 위한 능력을 함양하게 만들기 위한 것이라기보다는 오히려 부모가 아이들의 치다꺼리를 하지 않아도 되게끔 하기 위한 것이었으며 그렇게 함으로써 그들이 자유롭게 일할 수 있도록 하기 위해서였습니다.[44] 부모들에게 어린

44) 파스토레 공작부인(Adélaïde Piscatory, marquise de Pastoret, 1766~1843)과 함께 '보호원'을 창시한 장-데니-마리 코생(1789~1841)은 이렇게 말한다. "'보호원'은 무료, 혹은 아주 적은 비용으로 사람들의 생활에 큰 편리를 가져다준다. 즉 이 시설은 노동할 자유를 주거나 어린이들을 돌보는 사람의 수를 줄여 각 부부의 부담을 경감하고 가장의 수입을 증가시킨다." Jean-Denys-Marie Cochin, *Manuel des fondateurs et des directeurs des preières écoles de l'enfance connues sous le nom de "sales d'asile"*(1833), 4e éd. avec une notice d'Augustin Cochin, Paris: Hachette, 1853, p.32. 이곳은 1831년 3월 28일의 명령에 의해 승인된다. 1833년 6월 28일의 초등교육 관련 법률에 이어진 1837년 12월 22일의 명령은 제1조에서 '보호원'의 지위를 다음과 같이 정하고 있다. "보호원 내지 유아용 보육소는 자선 시설이다. 아이들은 남녀를 불문하고 그곳에 수용되어, 여섯 살이 될 때까지 어머니가

이들의 돌봄을 면제하고, 부모들을 노동시장에 두기 위해 이 시대에 교육 시설의 조직화가 행해진 것입니다.

바로 이와 동일한 배려를 통해 이와 동일한 시기에 백치 전용 시설이 설립되게 됐습니다. 부와쟁이 세브르 거리에 '정신교정' 학교를 개설한 것은 유복하고 비용을 부담할 수 있는 사람들을 위해서가 전혀 아니라 가난한 사람들을 위해서였습니다. 그리고 이와 관련된 월터 엘모어 퍼날드의 한 텍스트를 소개하겠습니다. 이 텍스트가 씌어진 것은 시대적으로 좀 나중인데, 거기에는 지금 제가 말씀드린 배려가 정확하게 반영되어 있습니다. "집에서 백치를 돌보려면 한 명의 어린이에 한 사람의 시간과 에너지가 소비되는 데 비해 정신요양원에서는 다섯 명의 백치 아동에 한 명의 직원이 있을 뿐이다. 특히 몸이 부자유스러운 백치를 집에서 돌보려고 할 때 그로 인해 그 집안 사람들의 급료와 능력이 낭비되고 그 결과 가족 전체가 빈곤에 빠지게 된다. 인류애와 적절한 정책이 요구되는 이유는 그런 불행한 자들을 가족이 부담하지 않아도 되도록 하기 위함이다."[45]

그런 배려로부터 출발해 감금과 지원에 관한 법률을 피감금자와 가난한 백치아에게 동일하게 적용하게끔 결정됩니다. 백치와 광인이 제도상에서 동일시되는 것은 바로 부모가 자유롭게 일할 수 있도록 하기

돌보듯 돌봐지며, 그 나이에 필요한 최초의 교육을 받을 수 있다." Cochin, *Manuel*, p.231. 또한 다음의 자료들을 참조하라. Laurent Cerise(1807~1869), *Le Médecin de salle d'asile, ou Manuel d'hygiène et d'éducation physique de l'enfance*, Paris: Hachette, 1836; Augustin Cochin, *Notice sur la vie de J.-D.-M. Cochin, et sur l'ori-gine et les progrès des salles d'asile*, Paris: Duverger, 1852; Henri-Jean-Baptiste Davenne, *De l'organisation et du régime des secours publics en France*, t.I, Paris: Paul Dupont, 1865, pp.76~82.

45) Walter Elmore Fernald, *The History of the Treatment of the Feeble-Minded*, Boston, Mass.: G. H. Ellis, 1893; Bourneville, *Assistance, Traitement et Éducation ……*, p.143. 재인용.

위해서입니다. 그리고 마침내 이런 결론에 도달하게 됩니다. 요컨대 이것은 장-바티스트 파르샤프가 1853년에 『정신병원의 창설과 건설에서 따라야 할 원칙들』에서 보여준 결론입니다. "정신이상은 엄밀한 의미에서의 광기의 모든 형태와 그 모든 단계를 포함할 뿐만 아니라 …… 그와 더불어 선천적 결함이 원인인 백치와 후천적 병에 의해 발생한 치우를 포함한다. 따라서 정신병원은 모든 정신이상자, 즉 광인, 백치, 치우를 받아들이기 위해 창설되어야 한다."[46]

이렇게 광기와 백치가 확실히 구별되고 몇 해가 지나 이번에는 정신이상이라는 개념이 소위 한 단계 뒤로 후퇴함으로써 광기의 모든 형태와 백치 및 치우를 포함하게 됩니다. '정신이상'은 거기로부터 출발해 정신이 병든 자와 치우를 동일한 메커니즘으로 동일한 지원 시설에 수용할 필요성을 포괄하는 실천적 개념이 됩니다. 백치와 정신질환의 구별이 실천상에서 소거된 것이 일반적 방식으로 전체를 포괄하는 매우 기묘하고 매우 추상적인 개념인 '정신이상'을 결과시킵니다.

그런데 일단 백치아들이 정신요양원 공간 내부에 놓이게 되면, 그런 어린이들에게 행사되는 것은 바로 순수상태에 있는 정신의학의 권력입니다. 또 백치에 행사되는 이 권력은 전혀 정교화되지도 않고 거의 동일한 상태로 남아 있게 됩니다. 광인을 위한 정신요양원에서 일련의 절차를 통해 정신의학의 권력이 대단히 정교화되는 반면에, 백치를 위한 수용 시설에서는 역으로 종래의 권력이 도입되어 기능하기 시작하고 수년간 유지되게 됩니다. 어쨌든 『백치의 도덕요법』에서 정신질환과 백치의 구별을 매우 명확하게 규정한 세갱이 [실제로 비세트르에서 백치를 치유하고]* 정신박약자를 치료한 방식을 살펴보면 그가 정신의학 권력의 도

---

46) Jean-Baptiste Parchappe de Vinay, *Principes à suivre dans la fondation et la construction des asiles d'aliénés*, Paris: Masson, 1853, p.6.

* 녹음기에는 "그리고 그가 실제로 비세트르에서 정신박약자를 어떻게 다뤘는지 살펴보면"(et si vous voyez comment lui, de fait, à Bicêtre, traitait)이라고 기록되어 있다.

식 그 자체를 말하자면 비대화시키고 순화시켜 적용한 것을 알 수 있습니다. 그리고 백치의 교육방법을 완전히 규범적인 것으로 규정했던 그 실천의 내부에서 바로 정신의학 권력의 메커니즘이 발견됩니다. 백치와 비정상인의 교육은 순수상태에 있는 정신의학의 권력인 것입니다.

비세트르에서 1842년부터 1843년까지 세갱이 무엇을 행했는지를 살펴봅시다. 첫 번째로 세갱은 백치에 대한 교육을 프랑수아 뢰레의 용어를 사용해 '도덕요법'이라고 부르면서 두 의지의 대결로 여기고 있었습니다. "두 의지 사이의 다툼은 오래 지속될 수도 있고 금방 끝날 수도 있으며, 스승에게 유리하게 끝날 수도 있고 학생에게 유리하게 끝날 수도 있다."[47] 정신의학의 '도덕요법'에서 환자와 의사의 대결이 바로 권력을 위해 싸우는 두 의지의 대결이라는 것을 상기해주시기 바랍니다. 세갱에게서 그와 완전히 동일한 정식화와 완전히 동일한 실천을 발견할 수 있습니다. 무엇보다도 한 명의 성인과, 정신지체이거나 백치인 아동 한 명과의 관계를 문제시할 때, 과연 세갱은 그것을 두 의지의 대결로 말할 수 있을까라는 의문이 드실 수도 있을 것입니다. 세갱에 따르면 문제는 확실히 교사와 백치아의 두 의지이고 그 대결입니다. 왜냐하면 백치아는 의지를 갖고 있지 않은 것처럼 보이지만 실제로는 의지를 갖지 않으려는 의지를 갖고 있기 때문이며, 또 그것은 바로 본능을 특징짓는 것이기 때문입니다. '본능'이란 도대체 무엇일까요?

본능은 말하자면 무정부적 형태의 의지이며 타자의 의지에 결코 따르지 않으려는 의지입니다. 개인의 군주권적 의지의 양태 아래서 조직화되는 것을 거부하는 의지이며, 따라서 그 어떤 명령도 거부하고 체계 내부로의 그 어떤 통합도 거부하는 의지이죠. 본능은 "**바라**지 않기를 **바**

47) Seguin, *Traitement moral, hygiène et éducation des idiots*……, p.665. 또한 다음을 참조하라. Ivor Kraft, "Edward Seguin and 19th-Century Moral Treatment of Idiots," *Bulletin of the History of Medicine*, vol.35, no.5, 1961, pp.393~418.

라는"[48] 의지이며 철저히 자신을 성인의 의지로, 즉 복종 능력을 갖춘 의지라고 세갱이 특징짓는 성인의 의지로 구성되지 않으려는 의지입니다. 본능은 모든 타인의 의지와 대립하는 무수한 작은 거부인 것입니다.

여기서도 광기와의 대립이 발견됩니다. 백치란 집요하게 "아니"라고 답하는 자입니다. 이에 반해 광인은 "그래"라고 답하는 자, 자신의 광기에 찬 생각에 대해 오만하게 "그래"라고 답하는 자입니다. 광인은 의지가 고양되면 잘못된 사항에 대해서조차 "그래"라고 말하게 됩니다. 세갱에게 백치는 모든 것에 대해 무정부적이며 집요한 방식으로 "아니"라고 답하는 자입니다. 그리고 이런 이유로 교사의 역할은 광인을 대적하는 정신과 의사의 역할과 완전히 닮아 있다는 것입니다. 정신과 의사는 광인의 "그래"를 통제해 "아니"로 바꿔야 합니다. 백치와 대면하는 교사의 역할은 "아니"를 통제해 승낙의 "그래"로 바꾸는 것입니다.* 백치가 "팔짱을 끼거나 팔을 휘저으면서 혹은 불안해하면서 쉼 없이 반복하는 단호한 아니, 아니, 아니"[49]에 대항해야 하는 것은 "그를 지치게 하고 끊임없이 앞으로 나아가라고 명령하는 지배력이다. 그것을 그에게 충분히 큰 목소리로, 충분히 강력하게, 충분히 빠른 시간에, 그리고 충분이 오랫동안 명령함으로써 그를 전진케 하고 그래서 그가 인간이 그러해야 하는 단계에 도달할 수 있게 만드는 것, 이것이 교사의 역할이다."[50]

따라서 여기에 있는 것은 정신의학의 권력에서 발견되는 것과 동일한 유형의 대결, 즉 정신의학의 권력에서와 마찬가지로 결정적인 방식으로 교사 편에서 구성된 어떤 초권력의 형태 아래서 행해지는 대결입니다. 그리고 광인에게 정신과 의사의 신체가 관여하듯이 이 특수교육

48) Seguin, *Traitement moral, hygiène et éducation des idiots*……, p.665.

* 강의원고에는 이렇게 덧붙여져 있다. "특수교육은 이 '아니'에 맞서는 대결이다."

49) Seguin, *Traitement moral, hygiène et éducation des idiots*……, p.664.

50) Seguin, *Traitement moral, hygiène et éducation des idiots*……, p.666.

에는 교사의 신체가 관여해야 합니다. 세갱은 가시적인 신체 내에 있는 교사의 이런 지상권의 필요성을 강조하고 그것을 실천합니다.

우선 가정의 전권 찬탈, 교사가 어린이의 절대적 교사이자 주인이 되는 것입니다. "어린이가 '주인/교사'maître에게 맡겨지는 한"이라고 세갱은 위엄 있게 말합니다. "부모에게는 고뇌가, '주인/교사'에게는 권위가 부여된다. 자신의 방법을 적용하는 자인 '주인/교사,' 어린이의 '주인/교사,' 어린이와의 관계에서 가정의 '주인/교사,' 이렇게 마지스테르magister로서 세 번 '주인/교사'일 필요가 있다." 라틴어를 잘 모르는 것이 분명한 세갱은 이렇게 말합니다.[51] 교사는 그 신체 수준에서 교사이자 주인이어야 합니다. 즉 교사는 정신과 의사처럼 완벽한 모습을 갖고 있어야 한다는 것이죠. "답답하고 평범한 태도나 몸짓, 벌어져 있는 총기 없는 두 눈, 활기도 없고 표정도 없는 시선, 튀어나온 입매, 두툼하고 늘어진 입술, 부정확하고 불분명한 발음, 쉬었거나 콧소리가 섞였거나 억양 없는 목소리," 이 모든 것이 백치의 '주인/교사'가 되려는 자에게 절대적으로 금지됩니다.[52] '주인/교사'는 지배력을 갖는 동시에 낯선 자로 백치 앞에 완벽한 모습을 보여야 합니다. "'주인/교사'는 분명한 태도, 명료한 언어와 몸짓," 즉시 백치가 "무엇보다도 우선 주목하고 귀를 기울이며 눈길을 돌려 인지할 수 있게 만드는 태도를 보여줘야 한다."[53]

그리고 백치가 교육을 받기 위해서는 완벽하면서도 동시에 지상권을 갖는 교사의 신체에 접속될 필요가 있습니다. 그것은 신체적 접속이고, 바로 교육 내용의 현실 그 자체가 교사의 신체를 경유해야 합니다. 백치아와 교사의 지상권의 이런 격투를 세갱은 이론화하고 실천합니다. 이를테면 세갱은 자신이 어떻게 소란스러운 어린이에게 자신의 말을 경청하

51) Seguin, *Traitement moral, hygiène et éducation des idiots*……, p.662.

52) Seguin, *Traitement moral, hygiène et éducation des idiots*……, p.656.

53) Seguin, *Traitement moral, hygiène et éducation des idiots*……, p.659.

게 할 수 있었는지 말합니다. "A. H.는 혈기왕성하고 말을 듣지 않았다. 고양이처럼 기어오르고 쥐처럼 도망 다니는 그를 잠깐이라도 서 있게 하는 것은 불가능했다. 나는 그를 의자에 앉히고 그의 정면에 앉아 그의 두 발과 양 무릎을 나의 두 발과 양 무릎으로 단단히 눌렀다. 한 손으로는 그의 양손을 무릎 위에 고정시키고, 다른 한 손으로는 그의 움직이는 얼굴을 끊임없이 내 쪽으로 되돌렸다. 식사와 수면 시간을 제외하고 우리는 5주 내내 그렇게 하고 있었다."[54] 이렇게 신체를 전면적으로 포획하는 것이 신체의 예속화와 통제를 유효하게 한다는 것입니다.

시선과 관련해서도 마찬가지입니다. 백치 한 명에게 물건을 보는 법을 어떻게 가르쳐야 할까요? 우선 모든 사물을 어떻게 응시해야 하는지가 아니라, 교사를 어떻게 바라봐야 하는지를 가르칩니다. 백치에게 있어 세계의 현실에 대한 접근, 사물의 여러 차이에 기울이는 주의는 교사를 지각함으로써 시작됩니다. 백치아의 시선이 도주하거나 헤매고 있을 때, "당신이 가까이 다가가면 어린이는 날뛴다. 당신의 시선이 그의 시선을 찾아나서면 그는 그 시선을 피한다. 계속 쫓으면 그는 역시 도망친다. 당신이 그의 시선을 잡았다고 생각하면 그는 눈을 감는다. 여기서 주의 깊게 그의 시선을 붙잡을 준비를 하고, 그가 다시 눈 뜨기를 기다려 당신의 시선을 침투시킬 태세를 취한다. 만약 이런 노력에 힘입어 어린이가 교사를 처음으로 바라보는 그날, 그가 당신을 거부하거나 그의 가족이 그의 원래 상태를 잊게 하기 위해 사람들 앞에서 당신이 그를 끊임없이 돌봤다는 것을 왜곡한다면, 그때 당신은 아무개에 대한 사랑 때문이 아니라 이제껏 당신만이 그 비밀과 그것을 실행에 옮길 용기를 가졌던 학설의 승리를 위해 또 다시 불안하게 당신의 생애를 허비하게 될 것이다. 그렇게 나는 공허 속에서 4개월 동안 한 어린이의 잡기 힘든 시선을 쫓았다. 처음에 그의 시선과 내 시선이 마주쳤을 때, 그는 엄청난 비명

54) Seguin, *Traitement moral, hygiène et éducation des idiots*……, p.366.

을 지르며 도망쳤다."[55] 여기서 발견되는 것은 정신의학의 권력이 갖는 매우 명확한 특징입니다. 즉 여기서 정신과 의사의 신체를 중심으로, 신체를 출발점으로 삼아 모든 권력이 조직화되고 있는 것입니다.

다음에 세 번째로, 백치아들에 대한 이런 도덕요법에서 정신요양원에서와 마찬가지로 규율공간의 조직화가 발견됩니다. 이를테면 신체를 일렬로 세우거나 개별적인 위치를 정하거나 몸을 단련시키는, 요컨대 완전한 일과가 부과됩니다. 데지레-마글루아 부르느빌은 나중에 이렇게 말합니다. "어린이들은 일어나서부터 잠들 때까지 활동해야 한다. 그들의 활동은 끊임없는 변화로 가득 찬 것이어야 한다. …… 일어나자마자 몸을 씻고 옷을 갈아입고 옷에 솔질을 하고 구두를 닦고 침대를 정리할 것. 그러고 나서 …… 잠들 때까지 언제나 깨어 있는 상태를 유지할 것(공부, 작업, 체육, 노래, 휴식, 산보, 놀이 등), 그리고 잠들 때에는 어린이들에게 자신의 옷을 잘 정리해서 자기 의자 위에 두도록 가르쳐야 한다."[56] 이것은 완전한 일과이자 노동입니다.

1893년에 비세트르에는 약 2백 명의 어린이들이 있었습니다. 그 중 어떤 아이는 오전 8시부터 오전 11시까지, 어떤 아이는 13시부터 17시까지 브러시 제조, 구두 수선, 바구니 짜기 등을 하며 일하고 있었습니다.[57] 이것은 아주 훌륭하게 진행됩니다. 왜냐하면 그들의 노동을 통한 생산물을 매우 싼 가격으로, 즉 시장가격이 아닌 가격에 팔아서 "7천 프

55) Seguin, "Gymnastique et éducation du système nerveux et des appareils sensoriaux" (chap.XXXIX: §V. La vue), *Traitement moral, hygiène et éducation des idiots*……, pp.418~419.

56) Bourneville, "Considérations sommaires sur le traitement médico-pédagogique de l'idiotie," *Assistance, Traitement et Éducation*……, p.242.

57) "1893년 말, 어린이 2백 명이 작업장에서 일하고 있었으며 그 내역은 다음과 같다. 브러시 제조 14명, 구두 수선 52명, 인쇄 13명, 세공 19명, 열쇠 제조 14명, 재단 57명, 광주리 제조 23명, 등받이 의자 제조 및 짚 넣기 작업 9명." Bourneville, *Assistance, Traitement et Éducation*……, p.237.

량의 이익"을 올릴 수 있기 때문입니다.[58] 교사들의 급여와 작업에 든 경비가 지불되고, 건물을 세우기 위한 대출금을 갚고 나서 7천 프랑이 남았다는 것이고, 이것을 통해 백치들은 자신들이 사회에 도움이 된다는 의식을 갖게 될 것이라고 부르느빌은 생각합니다.[59]

마지막으로 정신요양원의 모든 메커니즘이 작동하고 있음을 보여주는 네 번째 점은 백치에게 행사되는 권력이 정신의학의 권력처럼 여러분께 설명드리려 했던 의미에서 동어반복적이라는 점입니다. 실제로 교사의 신체에 의해 완전히 한 방향으로 유도된 정신의학의 권력은 백치를 위해 무엇을 정신요양원 내부로 들여와 전파시켜야 하는 것일까요? 정신의학의 권력이 들여와야 하는 것은 다름 아닌 외부입니다. 이 외부는 결국 학교, 어린이들이 적응할 수 없었던 학교, 바로 그곳과의 관계를 통해 아이들이 백치로 지시될 수 있었던 그 학교입니다. 이 학교권력과 관련해 백치는 백치로서 규정되게 됩니다. 즉 여기서 기능하고 있는 정신의학의 권력은 학교권력을 일종의 절대적 현실로서 기능하게 만듭니다. 이렇게 학교권력을 현실로서 기능하게 만든 뒤 이 권력은 학교권력에 추가적 권력을 부여하고 학교라는 현실이 백치를 위한 일반적 치료의 규칙으로서 정신요양원 내부에서 영향력을 발휘할 수 있게 하는 것입니다. 그리고 백치의 정신의학적 치료가 바로 규율의 내용 자체를 증대시키고 규율화해 반복하는 것이 아니면 도대체 무엇이겠습니까?

가령 19세기 말 페레-보클뤼즈의 수업계획이 어떤 것이었는지 살펴보죠. 1895년에는 백치의 구획 내용에 네 개의 부문이 있었습니다. 네

58) Bourneville, *Assistance, Traitement et Éducation*……, p.238.

59) "어린이들도 자신들의 일이 생산적이라는 것, 그것이 실제로 성과로 나타난다는 것, 그리고 자신들의 활동이 자신들의 만족이나 교육, 자신들이 속한 부문의 유지에 공헌하고 있다는 것을 알고 기뻐하고 있다." *Compte rendu du service des épileptiques et des enfants idiots et arriérés de Bicêtre*, Paris: Publications du Progrès médical, 1900, p.xxxv.

번째 부문이 마지막으로 가장 낮은 수준에 할당됐는데, 거기서는 그저 단순히 시선을 통해, 나무로 만든 장난감으로 교육이 이뤄졌습니다. 부르느빌에 따르면 그것은 유아학습 수준이었습니다. 좀 더 상위 수준에 있는 것이 제3부문입니다. "실물 교육, 읽기, 암송, 계산, 쓰기 연습," 이것은 준비학급의 수준입니다. 제2부문에서는 문법, 역사, 그리고 좀 복잡한 계산을 배웁니다. 이것은 통상적인 수업의 수준입니다. 그리고 제1부문에서는 수료증서를 얻기 위한 준비가 행해집니다.[60)]

여기서 볼 수 있는 것은 학교 교육과 관련한 정신의학 권력의 동어반복입니다. 한편으로 학교권력은 정신의학의 권력과 관련해 현실로서 기능합니다. 즉 정신의학의 권력은 그런 현실과의 관계에서 정신지체인자를 포착하고 특수화할 수 있게 되는 것입니다. 그리고 다른 한편으로 정신의학의 권력은 이런 현실에 추가적 권력을 부여하면서 그것을 정신요양원 내부에서 기능시키는 것입니다.

⚜

따라서 백치의 이론적 특수화와 정신의학의 권력에 의한 백치의 실천적 병합이라는 두 절차가 있는 것입니다. 서로의 역방향으로 향하는 이 두 절차가 어떻게 의학적 의미 부여*의 계기가 될 수 있었을까요?

---

60) 1873년 11월 27일, 센 도회는 보클뤼즈 정신병원(센-에-우아즈 도)에서의 농장 건물을 백치아의 콜로니에 귀속시키기로 결정한다. 1876년 8월 5일에 문을 연 페레-보클뤼즈의 콜로니에는 네 부문이 있었다. "4반. 눈빛을 통한 교육, 실물 교육 …… 기억의 훈련. 인쇄된 알파벳이나 숫자, 나무로 만든 문자(비세트르의 모델). 3반. 가장 초보적인 지식을 몸에 익힌 어린이들. 실무 교육, 읽는 법, 암송, 계산, 쓰는 법의 훈련. 2반. 읽기쓰기와 생각하는 방법을 익힌 어린이들 …… 기초적인 문법과 계산, 프랑스의 역사와 지리 입문……. 1반. 수료증서를 위한 준비. 그들에 대한 교육은 초등학교에서의 교육과 크게 다르지 않다." Bourneville, *Assistance, Traitement et Éducation*……, pp.63~64.

* 강의원고에는 "정신의학적"이라고 명확하게 적혀 있다.

제 생각에 서로의 역방향으로 향하는 이 절차가 서로 결합된 것과 관련해서는 단순한 어떤 경제적 이유가 있었던 것 같습니다. 이 이유는 평범한 것 같지만 정신박약에 대한 정신의학적 의미 부여보다는 훨씬 더 정신의학 권력의 일반화의 기원에 가깝습니다. 1838년의 유명한 법률, 즉 감금의 여러 양식과 가난한 피감금자에 대한 지원의 조건들을 규정한 이 법률은 백치에 대해서도 적용될 예정이었습니다. 그런데 이 법률에 따르면 정신요양원에 감금된 자에 들어가는 비용은 도 혹은 출신 지방자치 단체가 지불하고 있었습니다. 즉 지방자치 단체는 피감금자들에 대한 재정상의 책임을 지고 있었다는 것입니다.[61] 이처럼 오랜 세월 동안, 그리고 1840년의 결정 이후에도 여전히 정신박약자의 정신요양원 감금이 주저됐던 것은 바로 그것이 지방자치 단체에 재정상 큰 부담이 되기 때문이었습니다.[62] 그리고 이것은 몇몇 텍스트 내에 분명하게 쓰여져 있습니다. 도의회, 도청, 시청이 백치 한 사람의 감금을 승낙하고 그를 지원하기 위해서는 의사가 당국에 대해 그저 백치가 확실히 백치이며, 자기 자신에게 드는 경비를 부담할 수 없다는 것을 보증하는 것만으로는 충분하지 않았습니다. 백치의 가족이 그에게 드는 경비를 부담할 수 없다는 것을 보여주더라도 말입니다. 지방자치 단체 내지 당국이 백치에 대한 지원을 승낙하게 만들려면 이와 더불어 백치가 위험하

61) 1838년 6월 30일 법률의 제3절에 확정된 정신이상자를 위한 지출 조치. 제28조가 정하는 바에 따르면 제27조에 언명된 재력이 없는 경우 "세출 예산을 통해 할당된 금액에 기초해 정신이상자가 속해 있는 도의 통상적인 경비가 조달된다. 이것은 정신이상자가 거주하는 시읍면의 원조와는 별개로 도의회에 의해 제안되고 지사의 동의 아래 정부에 의해 승인된 토대에 따르는 것이다." Robert Castel, *L'Ordre psychiatrique: L'âge d'or de l'aliénisme*, Paris: Minuit, 1976, p.321.

62) 1894년 6월의 보고서에서 부르느빌은 도 혹은 시읍면의 행정기관이 보여주는 저항에는 재정상의 이유가 있다는 것을 강조한다. 즉 도나 시읍면은 예산 절약을 강력히 원하면서 백치아들이 위험한 존재가 될 때까지, 그들에 대한 정신요양원 입원 허가를 늦췄다. Bourneville, *Assistance, Traitement et Éducation*……, p.84.

다는 사실, 즉 그가 방화나 살인 그리고 강간 등을 저지를 가능성이 있다는 사실을 반드시 보여줘야 했습니다. 그리고 이에 대해서는 1840년부터 1860년에 걸쳐 의사들이 분명히 언급하고 있습니다. 의사들은 이렇게 말합니다. [백치에 대한 지원]*를 얻어내기 위해서 우리는 가짜 보고서를 작성하고 상황을 과장해서 말하며 백치나 정신박약자를 위험한 자로 제시해야만 한다고 말입니다.

달리 말하면 지원이라는 사실을 보호라는 현상으로 바꾸고 그렇게 함으로써 지원 담당자들이 지원을 승낙하게 만들기 위해 위험이라는 개념이 필요해지는 것입니다. 위험은 감금과 지원의 절차를 개시할 수 있게 하기 위한 제3의 요소이며, 의사들은 실제로 이런 방향에서 진단서를 작성합니다. 그런데 흥미롭게도 비정상성에 드는 비용의 문제라고 하는, 정신의학의 역사 속에서 언제나 만나게 되는 문제를 제기할 뿐인 이런 종류의 사소한 상황에서 출발해 얼토당토않은 결과가 도출되는 것입니다. 왜냐하면 1840~50년에 의사들은 백치가 위험하다고 비난해야만 하는 것을 한탄했던 반면에 이후로는 조금씩 의학 문헌 속에서 백치가 위험하다는 사고방식이 진지하게 받아들여지게 되고, 소위 정신박약자에게 낙인이 찍히고 실제로 위험한 자로 간주되기 때문입니다.[63] 이렇게 해서 50년 후인 1894년 부르느빌이 『백치 및 퇴행에 걸린 어린이

---

* 녹음기에는 "백치에 대한 지원"(son assistance)이라고 기록되어 있다.

63) 이를테면 페뤼에 따르면 백치나 치우인 어린이들이 1838년 법률의 대상이 되는 것은 그들이 정신이상자와 마찬가지로 위험하다고 여겨질 수 있기 때문이다. "어느 하나의 상황에 놓이는 것만으로도 그들의 격렬한 본능은 과도하게 흥분하거나 공공의 안전이나 질서를 가장 위험하게 만드는 행위를 야기한다." Davenne, *Rapport …… sur le service des aliénés du département de la Seine*, Annexe, p.130. 쥘 팔레(1824~1902)도 "정신이상자와 마찬가지로 백치와 치우도 그들 자신과 사회를 모든 종류의 위험에 노출시킬 가능성이 있다"고 강조한다(1868년 7월 27일 의학-심리학협회에 제출한 보고서). Jules Falret, "Des aliénés dangereux"(§10. Idiots et imbéciles), *Les Aliénés et les Asiles d'aliénés: Assistance, législation et médecine légale*, Paris: J.-B. Baillière, 1890, p.241.

에 대한 지원, 치료, 교육』이라는 제목의 보고서를 쓸 무렵에는 백치아들은 실제로 위험한 존재가 되어버립니다.[64] 그리고 백치가 위험하다는 것을 증명하기 위해 몇몇 사례가 예로 들어집니다. 그들은 위험하다, 왜냐하면 그들은 사람들 앞에서 자위를 하고, 성범죄를 저지르며, 방화를 저지르기 때문이라고 말입니다. 부르느빌처럼 사려 깊은 인물조차 1895년**에 백치가 위험하다는 것을 증명하려고 이렇게 썼습니다. 우르 도에서 매춘을 하던 백치 소녀 한 명이 강간당했는데, 이렇게 해서 이 소녀는 "희생자가 된 바로 그 순간" 백치가 위험하다는 것을 증명한다고 말입니다.[65] 이밖에도 이런 종류의 정식화의 한 형식을 발견할 수 있을 것입니다. 저는 그것을 요약하고 있을 뿐입니다. 1895년***에 부르느빌은 "범죄인류학을 통해 명백해진 것은 범죄자, 상습 음주자, 매춘부 등 대다수가 실제로는 결코 회복시키거나 규율을 몸에 익히게 할 수 없는 태생적 치우라는 것이다"[66]라고 말합니다.

그리고 이렇게 해서 사회에 위험이 될 수 있는 자라는 거대한 범주가 재구성되게 됩니다. 부와쟁은 1830년에 이미 그런 자들을 가두려는 생각을 하기 시작했습니다. 부와쟁은 다음과 같은 특징을 갖는 어린이들, 요컨대 "다루기 힘든 성격, 생각을 마음 깊이 감추는 태도, 상식 밖의 자존심, 한없는 자만심, 강렬한 정념, 무시무시한 성향을 통해 …… 두드러지는" 어린이들 역시 보살필 필요가 있다고 말했던 것입니다.[67] 지원이

---

64) 부르느빌에 따르면 "백치나 치우 혹은 정신지체인 자들에 의해 일어나는 경범죄 내지 중범죄 사건이 신문지상을 채우지 않는 날이 없다." Bourneville, *Assistance, Traitement et Éducation*……, p.147.

** 정확히는 1894년이다. 1895년은 이 보고서가 공간된 해이다.

65) "통칭 마니(Many) …… 별명 라 발레 드 뢰르(La Vallée de l'Eure)는 1891년 [2월 4일]에 매춘하던 백치 소녀에게 강제로 외설죄를 범한다." Bourneville, *Assistance, Traitement et Éducation*……, p.147.

*** 앞의 각주를 참조하라.

66) Bourneville, *Assistance, Traitement et Éducation*……, p.148.

이뤄지기 위해 백치에게 낙인을 찍을 필요가 생기고, 그런 낙인을 찍음으로써 그런 어린이들 모두가 감금되기 시작합니다. 이렇게 해서 이상하기도 하고 위험하기도 한 어린이라는 거대한 현실이 분명하게 떠오르게 되는 것입니다. 이에 대해 부르느빌은 1895년의 텍스트에서 이렇게 말합니다. 요컨대 결국 백치와 함께, 백치를 통해, 백치의 주변에, 그리고 백치와 전적으로 연관되어, 본능의 도착에 해당하는 일련의 도착이 문제가 된다고 말입니다. 그리고 여기서 본능 개념이 세갱의 이론을 정신의학의 실천에 단단히 고정시키는 데 어떻게 도움을 주는지 이해하실 수 있을 것입니다. 구금해야 할 어린이들, 그들은 "지적 능력이라는 관점에서 볼 때 다소 정신박약인 듯한 어린이들, 하지만 본능적 도착에 걸려 있는 어린이들이다. 즉 도둑, 거짓말쟁이, 자위행위자, 남색가, 방화범, 파괴자, 살인자, 독살자 등이 있다"[68]는 것입니다.

바로 백치를 중심으로 재구성된 이런 일족을 통해 비정상적 유년기라는 것이 구성됩니다. 정신의학 영역에서 비정상성의 범주는, 19세기에는 성인과 전혀 관계 없이 어린이와 관련된 범주였습니다. 당분간 생리학이나 병리해부학의 문제는 전혀 다루지 않겠습니다. 달리 말하면 사태를 이렇게 요약할 수도 있습니다. 19세기에는 광기에 걸리는 것은 성인이라고 여겨졌고, 19세기 말에 이르기 전까지는 어린이가 실제로 광기에 걸릴 가능성이 있다고는 여겨지지 않았습니다. 게다가 광기에 걸린 어린이를 결국 발견했다고 믿게 된 것도 결국 회고적인 방식으로 성인의 광기가 어린이에 투영됐기 때문일 뿐입니다. 그렇게 해서 샤르코가 우선 광기에 걸린 어린이들을 제시하고, 이어서 지그문트 프로이트가 그것을 제시했던 것입니다. 하지만 근본적으로 19세기에 광기에 걸린 자는 성인이었습니다. 이와 반대로 비정상적인 자는 어린이였습니다. 어린

67) Voisin, *De l'idiotie chez les enfants*, p.83.

68) Bourneville, *Assistance, Traitement et Éducation*……, p.145.

이는 비정상성을 가진 자였던 것입니다. 그리고 백치를 중심으로, 요컨대 백치의 배제를 통해 제기되고 있던 실천적 문제들을 중심으로 해서 거짓말쟁이부터 독살자로, 남색가로부터 살인자로, 자위행위자로부터 방화범으로 이어지는 일족이 구성되게 됐습니다. 정신지체아, 정신박약아, 백치아가 그 핵심에 모습을 드러내는 비정상성의 일반적 영역이 구성됐다는 것입니다. 그리고 백치아를 통해 제기된 실천적 문제들을 통해 정신의학은 이미 광기를 관리하거나 교정하는 권력이 아니라, 그보다 훨씬 더 일반적이고 훨씬 더 위험한 것이 되어가고 있습니다. 정신의학은 비정상인에게 행사되는 권력, 요컨대 비정상이 무엇인지를 규정하고 그것을 관리하며 그것을 교정하는 권력이 되어가고 있는 것입니다.

광기에 행사되는 권력인 동시에 비정상성에 행사되는 권력인 정신의학의 이 이중적 기능은 광기에 사로잡힌 어린이와 관련된 실천과 비정상적인 어린이에 관련된 실천 사이에 존재하는 격차에 해당합니다. 광기에 걸린 어린이와 비정상적인 어린이 간의 분리는 19세기 정신의학의 권력이 행사될 때 아주 근본적인 특징 중 하나라고, 그리고 여기로부터 주요한 귀결을 쉽게 끌어낼 수 있다고 저는 생각합니다.

첫 번째 결과로서 다음과 같은 일이 일어납니다. 즉 정신의학이 비정상적인 것에 관한 과학임과 동시에 권력이기도 한 유일한 것으로서, 이제는 자신의 주위에 존재하는 규율의 체제 전체에 자신을 접속시킬 수 있게 됩니다. 학교, 군대, 가족 등의 규율과 관련한 비정상적인 모든 일탈, 모든 비정상성을 정신의학은 스스로 떠맡을 수 있게 됩니다. 우리 사회에 정신의학의 권력이 일반화되고, 전파되며, 확산된 것은 이렇게 비정상적인 어린이의 구분이라는 길을 통해 일어난 것입니다.

두 번째 결과로, 광기에 행사되는 권력이자 비정상성에 행사되는 권력인 정신의학에는 다음과 같은 종류의 내적 의무, 즉 비정상적인 어린이와 광기에 걸린 성인 간에 존재할 수 있는 관계의 규정이라는 내적 의무가 부과됩니다. 이번에는 정신의학의 전파에 외적인 귀결들이 아니라 내적인 귀결들이 문제인 것입니다. 그리고 바로 이런 이유 때문에, 특히 19세기 후반에 바로 이 접합들을 가능케 하는 두 개념, 즉 본능 개념과 퇴행 개념이 정교화되는 것입니다.

실제로 본능이 존재하는 것은 자연스러운 일이지만 그것이 무정부적으로 기능하는 것은 비정상적인 일이며, 그것이 통제되지 않고 억제되지 않는 것은 비정상적인 그런 요소입니다. 자연스러운 것임과 동시에 비정상적인 것인 본능, 자연과 비정상성의 요소이며 그 통일성인 것으로서의 본능, 정신의학은 점차적으로 이런 본능이 어떤 운명을 따르게 되는지를, 즉 유년기부터 성인의 나이에 이르기까지 본능이 어떤 운명을 따르게 되는지를 재구성하려고 시도하게 됩니다.[69] 정신의학은 어린이에서부터 성인에 이르기까지 본능의 운명을 밝힘으로써, 비정상적인 어린이와 광기에 걸린 성인이 접합되리라 기대하게 되는 것입니다.

---

69) 19세기 후반, 본능에 관한 정신과 의사들의 연구는 두 방향으로 발전하게 된다. 즉 자연에 관계된 것으로서의 뇌생리학적 연구, 그리고 문화와 관련되는 것으로서의 사교성과 도덕 간의 관계들에 대한 연구가 함께 발전하게 된 것이다. G. Bouchardeau, "La notion d'instinct dans la clinique psychiatrique au XIXe siècle," *Évolution psychiatrique*, t.XLIV, no.3, juillet-septembre 1979, pp.617~632.

이를테면 발랭탱 마냥(1835~1916)은 여러 다른 도착을 각각의 도착에 대응하는 뇌척수 구조의 흥분과 억제를 연관시키는 분류 속에서 퇴행자의 본능의 도착과 뇌척수계의 생리해부학적 장애의 관계를 확정한다. Valentin Magnan, "Étude clinique sur les impulsions et les actes des aliénés"(1861), *Recherches sur les centres nerveux*, t.II, Paris: Masson, 1893, pp.353~369. 또한 다음을 참조하라. Paul Sérieux(1864~1947), *Recherches cliniques sur les anomalies de l'instinct sexuel*, Th. Méd. Paris(1888), Paris: Lecrosnier & Babé, 1888~89; Charles Féré(1852~1907), *L'Instinct sexuel: Évolution et dissolution*, Paris: Félix Alcan, 1889. 푸코는 '비정상인들'에 관한 강의(5, 6, 10강[1975년 2월 5일, 2월 12일, 3월 12일])에서 이 문제를 다시 다루고 있다. Michel Foucault, *Les Anormaux: Cours au Collège de France, 1974-1975*, éd. s. dir. François Ewald et Alessandro Fontana, par Valerio Marchetti et Antonella Salomoni, Paris: Gallimard/Seuil, 1999, pp.120~125, 127~135, 260~271. [이재원 옮김, 『비정상인들: 콜레주드프랑스 강의 1974~75년』, 도서출판 난장, 근간, 5, 6, 10강(1975년 2월 5일, 2월 12일, 3월 12일).]

다른 한편으로 '본능' 개념과 마주보는 또 하나의 중요한 개념, 그것은 '퇴행'이라는 개념입니다. 본능 개념이 실제로 훨씬 긴 기간 동안 일정한 유효성을 지속적으로 가져왔던 반면에 퇴행 개념은 불행한 개념입니다. 하지만 퇴행 개념도 역시 매우 흥미로운 개념입니다. 왜냐하면 이 개념은 통상적으로 논의되는 것과는 달리, 생물학적 진화론이 정신의학에 투영된 것이 아니기 때문입니다. 생물학적 진화론은 정신의학에 개입하고 이 개념을 다시 취해 거기에 몇 가지 것들을 함축시키게 되지만 그것은 나중에 일어난 일입니다.[70]

베네딕트 오귀스탱 모렐에 의해 정의된 퇴행이 등장하는 것은 찰스 다윈 이전, 진화론 이전입니다.[71] 그렇다면 모렐의 시대에 퇴행은 도대

---

70) Jules Déjerine(1849~1917), *L'Hérédité dans les maladies du système nerveux*, Paris: Asselin et Houzeau, 1886. 이 저작에서는 찰스 다윈의 작업에 대한 매우 실증적인 조사가 행해지고 있다. 그렇지만 마냥은 베네딕트 오귀스탱 모렐의 이론을 정비해 진화의 개념과 퇴행 절차의 신경학적 국소화의 준거를 도입했다. Valentin Magnan, *Leçons cliniques sur les maladies mentales*, Paris: Battaille, 1893; Valentin Magnan et Paul-Maurice Legrain, *Les Dégénérés* (état mental et syndromes épisodiques), Paris: Rueff, 1895; Armand Zaloszyc, *Éléments d'une histoire de la théorie des dégénérescences dans la psychiatrie française*, Th. Méd. Strasbourg(Université Louis Pasteur), [s.l.: s.n.,] 1975.

71) 모렐이 퇴행에 관한 저작을 출간한 것은 다윈의 『종의 기원』이 출간되기 2년 전이다. Bénédict Augustin Morel, *Traité des dégénérescences physiques, intellectuelles et morales de l'espèce humaine, et des causes qui produisent ces variétés maladives*, Paris: J.-B. Baillière, 1857; Charles Darwin, *On the Origin of Species by means of Natural Selection, or the Préservation of Favoured Races in the Struggle for Life*, London: John Murray, 1859. [송철용 옮김, 『종의 기원』(옥스퍼드 컬러판), 동서문화동판, 2013.] 모렐은 거기서 퇴행을 다음과 같이 정의한다. "인류의 퇴행에 대해 우리가 만들어낼 수 있는 가장 명확한 관념을 얻기 위해서는 그것을 원초적 유형으로부터의 병적인 일탈로 표상하는 것이다. 이 일탈은 애초에 그것이 얼마나 단순하다고 상정되든지 간에 전달가능성의 요소들을 숨기고 있으며, 그럼으로써 그런 일탈의 맹아를 가진 자는 점차 인간으로서의 기능을 할 수 없게 되고, 본인에게서 이미 멈춰버린 지적 진보가 그 자손에게서도 역시 위협받기도 한다." Morel, ibid., p.5. 모렐로부터 결과된 정신의학이 진화론으로 전향하게 되는 것은 '완전함'

체 어떤 것일까요? 퇴행은 그것이 포기되기까지, 즉 20세기 초까지 근본적으로 어떤 것으로 존재했을까요?[72] '퇴행자'란 부모나 선조가 남긴 광기가 낙인 혹은 표식으로서 그의 위에 무겁게 짓누르고 있는 어린이입니다. 즉 퇴행은 소위 부모가 어린이에게 야기시킨 비정상성의 효과입니다. 동시에 퇴행된 어린이는 비정상적인 어린이이며, 그 비정상성은 몇몇 특정한 상황에서, 또 몇몇 우발적 사건 이후에 광기를 유발시킬 수 있는 위험이 있는 것으로 간주됩니다. 따라서 퇴행은 어린이가 어른이 되고 나서 광인이 되는 것을 가능케 하는 비정상성의 인자이며, 선조의 광기가 어린이에게 비정상성의 형태로 표출된 것을 일컫습니다.

이렇게 해서 이 퇴행 개념은 당분간 한데 뭉뚱그려져 엄밀한 규정 없이 포착된 가족 및 선조와 어린이를 분리하게 됩니다. 그리고 가족을 비

이라는 것을 '원초적' 형태에 대한 가능한 한 정확한 합치로 여기는 것이 아니라, 그런 형태에 대한 가능한 한 큰 격차로 여기게 될 때이다.

72) Ian Robert Dowbiggin, *Inheriting Madness: Professionalization and Psychiatric Knowledge in Nineteenth-Century France*, Berkeley: University of California Press, 1991. 퇴행론은 1890년대에 절정기를 맞은 이후 쇠퇴하기 시작한다. 프로이트는 1894년에 이미 '방어-신경정신병' 속에서 퇴행론을 비판했다. Sigmund Freud, "Die Abwehr-Neuropsychosen," *Neurologisches Zentralblatt*, vol.13, no.10-11, 1894, pp.362~364, 402~409; *Gesammelte Werke*, Bd.I, Frankfurt/Main: S. Fischer Verlag, 1952, pp.57~74; "Les psychonérvroses de défense," *Névrose, Psychose et Perversion*, trad. Jean Laplanche, Paris: PUF, 1973, pp.1~14. 또한 다음도 참조하라. Sigmund Freud, *Drei Abhandlungen zur Sexualtheorie*, Vienne: Deu-ticke, 1905; *Gesammelte Werke*, Bd.V, Frankfurt/Main: S. Fischer Verlag, 1942, pp.27~145; *Trois essais sur la théorie de la sexualité*, trad. Blanche Reverchon-Jouve, Paris: Gallmard, 1923. [김정일 옮김, 「성욕에 관한 세 편의 에세이」, 『성욕에 관한 세 편의 에세이』, 열린책들, 2003, 9~149쪽.] 1903년 질베르 발레(1853~1916)는 자신이 감수한 책에서 '퇴행'이라는 용어를 20세기 정신의학의 어휘에 포함시켜야 할 그 어떤 이점도 발견할 수 없다고 쓴다. Gilbert Ballet (dir.), *Traité de pathologie mentale*, Paris: Doin, 1903, pp.273~275. 또한 다음을 참조하라. Georges-Paul-Henri Génil-Perrin, *Histoire des origines et de l'évolution de l'idée de dégénérescence en medicine mentale*, Paris: Alfred Leclerc, 1913.

정상성과 광기라는 이중의 현상을 지탱하는 일종의 근간으로 만들어버립니다. 비정상성이 광기로 귀결되고, 광기가 비정상성을 발생시키는 이유는 우리가 이미 가족이라는 집단적 근간 내부에 있기 때문입니다.

그리고 마지막으로, 여기서 저는 세 번째 결과에 도달합니다. 정신의학의 일반화가 어떻게 시작되고 어떻게 기능했는지를 탐구함으로써 우리는 퇴행과 본능이라는 두 개념을 마주할 수 있게 됐습니다. 요컨대 매우 대략적으로 말하자면 장차 정신분석학의 영역이 될 것의 출현, 즉 본능의 가족적 운명의 출현을 목전에 두고 있다는 것입니다. 한 가족 안에서 본능은 어떤 것이 될까요? 선조와 자손, 어린이와 부모 사이에서 생겨나는 어떤 교환체계가 본능을 위태롭게 하는 것일까요? 이 두 개념을 다시 취해서 그것들을 함께 기능시켜보시면, 아무튼 간에 바로 거기서 정신분석학이 기능하기 시작하고 말하기 시작하는 것입니다.

따라서 정신의학의 일반화의 원리는 어른 쪽이 아닌 어린이 쪽에서 발견됩니다. 그것은 정신질환이라는 개념의 일반화된 사용 내에서가 아니라 역으로 비정상성의 영역의 실천적 분리 속에서 발견할 수 있는 것입니다. 그리고 바로 성인과 병으로부터 출발해 이뤄지는 것이 아니라 어린이와 비정상성으로부터 출발해 이뤄지는 그런 일반화 속에서 정신분석학의 대상이 되는 바가 형성되는 것을 볼 수 있습니다.

10강. 1974년 1월 23일

정신의학의 권력과 진실의 문제: 심문과 고백, 자기요법과 최면요법, 마약 | 진실의 역사를 위한 요소들: 1. 사건으로서의 진실과 그 형식들, 사법적 • 연금술적 • 의학적 실천 | 2. 논증적 진실테크놀로지로의 이행과 그 요소들: ① 조사의 절차, ② 인식 주체의 제도화, ③ 의학과 정신의학에서 고비의 배제와 그 토대들: 정신요양원의 규율적 공간, 병리해부학에의 의지, 광기와 범죄의 관계들 | 정신의학의 권력, 히스테리의 저항

저는 이제까지 정신의학의 권력이 그 안에서, 그것의 의해서 진실이 문제시되지 않는 권력으로서 드러나 보이는 수준을 분석해왔습니다. 적어도 일정한 수준에서, 즉 그것이 규율적으로 기능하는 수준에서 정신의학적 지식은 결코 치료의 실천을 진실 내에 기초하는 기능을 하는 것이 아니라 그보다는 훨씬 더 정신과 의사의 권력에 하나의 추가적 표식을 기입하는 기능, 부가하는 기능을 한다고 저는 생각합니다. 달리 말하면 정신의학적 지식은 규율장치가 광기 주위에 현실의 초권력을 조직할 때 이용하는 요소들 중 하나라는 것입니다.

하지만 이것은 제가 원시적 정신의학이라고 부르는 역사적 시기에 이미 발견되는 요소들, 즉 대략 1820년대부터 1860~70년대의 히스테리의 위기라고 부를 수 있을 시기까지 이미 발견되는 몇몇 요소들을 무시하는 것입니다. 제가 무시해온 것은 결국 별로 눈에 띄지 않고 분산되어 어떤 의미에서는 거의 드러나지 않은 요소들이며, 정신의학의 권력이 조직화되고 규율의 체제가 기능할 때에 거대한 표면을 뒤덮고 있었던 요소들도 결코 아닙니다. 그렇지만 제 생각에 정신의학 권력의 내적·외적 변화의 절차에 계기를 제공한 것이 바로 이 요소들입니다. 분산되고 수도 적으며 눈에 띄지 않는 이 요소들을 통해 진실의 문제가, 규율장치가 포괄적인 방식으로 기능했는데도 불구하고 광기에 대해 제기된 것입니다. 그런 요소로서 세 가지를 들 수 있습니다. 그게 전부라는 것은 아니지만요. 제 생각에 새로운 질서가 성립되기까지 광기에 대해 제기된 진실의 문제는 그 세 요소 속에 스며들어가 있었습니다.

우선 첫 번째 요소는 심문과 고백의 강요라는 실천 내지 의례입니다. 이것은 가장 중요하고 항상적으로 사용된 방법이며, 결국 정신의학의 실천 내부에서 크게 변하는 일은 결코 없었습니다. 두 번째 방법은, 반복되어 나타나고 때로 사라지기도 하지만 그것이 정신요양원의 규율 세계에 불러일으킨 재앙 때문에 역사적으로 매우 중요한 자기磁氣요법과 최면요법입니다. 마지막으로 매우 잘 알려진 것이면서도 그것에 대해 정신의학의 역사가 매우 의미 있는 침묵을 지켰던 제3의 요소가 있습니다. 그것은, 완전히 지속적이었다고 말할 수는 없지만 1840~45년경 이래로 매우 일반적이었던 마약의 사용입니다. 주로 에테르,[1] 클로로폼,[2]

---

1) 16세기에 발견된 에테르는 18세기가 되면 "마비를 일으키는" 특성으로 인해 신경증 치료를 위해 사용됐고, 또 병을 위장하는 것을 검사하기 위해 널리 사용되게 된다. 본서 8강(1974년 1월 9일)의 각주 18번을 참조하라.

2) 마취를 위한 클로로폼 사용법은 독일의 유스투스 폰 리비히(Justus von Liebig, 1803~1873)와 프랑스의 수베랑(Eugène Soubeiran, 1797~1858)이 1831년에 동시에 발견했다. 클로로폼이 처음 사용된 것은 1847년부터이다. Eugène Soubeiran, "Re-cherches sur quelques combinaisons de chlore," *Annales de chimie et de physique*, t.XLIII, octobre 1831, pp.113~157; Henri-Louis Bayard, "L'utilisation de l'éther et le diagnostic des maladies mentales," *Annales d'hygiène publique et médicale*, t.42, no.83, juillet 1849; Hippolyte Brochin, "Maladies nerveuses"(§Anesthésiques: Éther et chloroforme), *Dictionnaire encyclopédique des sciences médicales*, 2e série, t.XII, Paris: Masson/Asselin, 1877, pp.376~377; Lailler (pharmacien de l'asile des Quatre-Mares), "Les nouveaux hypnotiques et leur emploi en médecine mentale," *Annales médico-psychologiques*, 1re série, t.IV, juillet 1886, pp.64~90.

아편,[3] 아편팅크,[4] 하시시[5] 등이 수십 년 동안 19세기 정신요양원의 세계에서 일상적으로 사용됐죠. 정신의학의 역사를 말하는 사람들은 이것에 대해 이미 매우 신중히 침묵을 지켰습니다. 하지만 아마도 그것은 최면술이나 심문의 기술과 더불어 정신의학의 실천과 권력의 역사가 방향전환 내지 변화하게 되는 출발점이었을 것입니다.

물론 그 세 기술은 양의적입니다. 즉 어느 것이든 두 수준에서 기능한다는 것입니다. 한편으로 그 기술들은 실제로 규율의 수준에서 기능합니다. 이런 의미에서 당신은 누군가, 이름은 무엇인가, 부모님은 누구인가, 당신의 광기에 대한 어떤 에피소드가 있는가 같은 심문은 개인을 그 자신의 정체성의 규범에 고정시키는 일정한 방식이며, 개인을 그 자신의 사회적 정체성과 주위 사람들에 의해 지시된 광기에 동시에 확실히 고정시키기 위한 일정한 방식입니다. 심문은 규율의 한 방법이며, 바로 이 수준에서 실제로 규율의 효과들을 포착할 수 있습니다.

자기요법은 19세기 정신요양원에 매우 이른 시기에 도입됐습니다. 다시 말해 다른 의사들이 경험의학의 수준에 그것을 일반적으로 거부하고 있던 시기인 1820~25년경 정신요양원에 도입됐습니다. 이렇게 도입된 자기요법이 의사의 신체적인 권력의 보조물로서 사용됐다는 것은 너무나 분명합니다.[6] 정신요양원이 행한 의사 신체의 확장 속에서, 요컨대

3) 본서 7강(1973년 12월 19일)의 각주 1번을 참조하라.

4) 본서 7강(1973년 12월 19일)의 각주 2번을 참조하라.

5) 자크-조제프 모로 드 투르는 1837년부터 1840년에 걸쳐 동양을 방문했을 때 하시시의 효과를 발견한다. 하시시의 효과, 꿈, 망상 사이에 관계가 있다는 것을 해명하기 위한 실험의 가능성을 예견하면서 모로 드 투르는 이 문제에 대해 연구한다. Joseph-Jacques Moreau de Tours, *Du hachisch et de l'aliénation mentale: Études psychologiques*, Paris: Fortin, 1845.

6) 왕정복고 시대에 '동물자기'(magnétisme animal)가 의료 업무에서 실험 대상이 된다. 이를테면 파리 시립병원 의사장 앙리-마리 위송은 1820년 10월 20일 쥘 뒤포테 드 세느부와 남작에게 자신의 병원에서 동물자기 치료를 실연해달라고 의뢰한다.

정신과 의사의 신체가 정신요양원의 공간 자체와 일체가 되게 하기 위해서 정신요양원의 구조 그 자체를 정신과 의사의 신경계와 똑같게 만드는 그런 절차, 그런 작용 내에서 자기요법과 그것이 신체에 끼치는 모든 효과는 분명 규율메커니즘의 한 부분이었습니다. 마지막으로 마약에 대해, 주로 아편·클로로폼·에테르 등의 마약에 대해 말해보자면, 그것들은 물론 오늘날의 마약이 여전히 그런 것처럼 명백한 규율의 도구로서 질서와 평온, 그리고 침묵을 부과하기 위한 것이었습니다.

그리고 완벽하게 해석이 가능하고, 또 규율적 효과를 갖기 때문에 정신요양원 내에 삽입됐다는 것을 잘 알 수 있는 이 세 요소는 그와 동시에 그것들이 실제로 사용됨으로써 또 다른 어떤 효과를 야기시키게 됩니다. 다시 말해 이 세 요소는 아마도 결국 예상하지 못한 방식으로 일종의 진실의 문제를 이끌어내고 유도해냈던 것입니다. 아마도 심문당하고 자기요법과 최면요법을 적용당하며, 마약을 처방받은 광인 스스로가 진실의 문제를 제기했던 것 같습니다. 그리고 그런 범위 내에서 이 세 요소는 규율체계에 균열을 발생시키게 됐으며, 그것을 계기로 그때까

그밖에 조제프 레카미에(Joseph Récamier, 1774~1852), 알렉상드르 베르트랑(Alex-andre Bertrand, 1795~1831)이 지켜보는 가운데 18세 소녀 카트린 삼송(Catherine Samson)에게 동물자기 치료가 실시된다. [Jules] Dupotet de Sennevoy, *Exposé des expériences sur le magnétisme animal faites à l'Hôtel-Dieu de Paris pendant le cours des mois d'octobre, novembre et décembre 1820*, Paris: Béchet Jeune, 1821. 또한 살페트리에르에서 에티엔-장 조르제와 레옹 로스탕은 여성 환자들 중 몇 명을 피험자로 삼는다. 환자의 이름을 숨긴 채 조르제는 이 실험에 대해 상세하게 보고한다. Étienne-Jean Georget, *De la physiologie du système nerveux, et spécialement du cerveau*, t.I, Paris: J.-B. Baillière, 1821, p.404. [본서 2강(1973년 11월 14일)의 각주 14번 참조]; Léon Rostan, *Du magnétisme animal*, Paris: Iimpr. Rignoux, 1825. 또한 다음의 책도 참조하라. Aubin Gauthier, *Histoire du somnambulisme: Chez tous les peuples, sous les noms divers d'extases, songes, oracles, visions, etc.*, t.II, Paris: Félix Malteste, 1842, p.324. [본서 6강(1973년 12월 12일)의 각주 21번 참조.]. 본서 11강(1974년 1월 30일)의 각주 48번도 참조하라.

지는 아직 권력의 한 표식에 지나지 않던 의학적 지식이 이제는 단순한 권력의 관점에서가 아니라 진실의 관점에 입각해 논의되도록 요청받게 됐다고 저는 생각합니다.

⚜

여기로부터 조금 벗어나 진실 일반의 역사에 대해 이야기해보도록 합시다. 이렇게 말할 수도 있을 것 같습니다. 그러니까 우리가 과학적 지식이라고 부르고 있는 그런 지식은 결국, 언제 어디서나 어떤 진실이 있다는 것을 전제하는 듯한 지식이라고 말입니다. 더 정확하게 말하자면 다음과 같습니다. 물론 과학적 지식에는 진실이 훨씬 더 손쉽게 파악되는 시기가 있고, 진실을 훨씬 더 용이하게 혹은 훨씬 더 확실하게 식별하는 것을 가능케 하는 관점도 있다는 것이지요. 그리고 진실을 그것이 감춰져 있는 장소, 그것이 후퇴해 있는 장소, 묻혀 있거나 한 장소에서 발견하기 위한 도구도 있다는 것입니다. 그러나 아무튼 과학적 실천 일반에는 언제나 이러저러한 진실이 있다는 것입니다. 진실은 언제나 모든 사물 안에, 혹은 모든 사물 아래에 현전해 있고, 무엇이건 간에 모든 것에 대해 진실의 문제를 제기하는 것이 가능하다는 것입니다. 진실이 묻혀 있거나 진실에 도달하기 어려울 수는 있지만, 그런 모든 것은 우리에게 고유한 한계나 우리가 놓여 있는 상황 때문으로 여겨져야만 한다는 것입니다. 진실 그 자체는 세계 전체를 관통하고, 그것은 결코 가로막히지 않는다는 것이지요. 진실에는 블랙홀이 없다는 것, 다시 말해 과학적인 유형의 지식에는 진실의 문제에 속하지 않을 만큼 충분히 보잘것없는 것, 하찮은 것, 일시적인 것, 우연한 것은 결코 존재하지 않는다는 것이며, 당신이 실제로 "진실, 너는 도대체 무엇인가?"라는 문제를 제기할 수 없을 정도로 너무 멀리 있거나 너무 가까이 있는 것은 결코 존재하지 않는다는 것입니다. 진실은 모든 것 안에 거주하고 있으며, 플라톤이 말했던 그 깍은 손톱 부스러기에조차 깃들어 있다는 것입니다.[7] 이것은 진실이 어느 곳에나 깃들어 있고 매 [순간] 진실의 문제를 제기하는 것이 가능하다는 것을 의미할 뿐만 아니라 진실을 말하는 자격을 독점하는 자는 없음을 의미하기도 합니다. 그것은 또한 애초부터 진실을 말하는 자격을 박탈당한 자도 없음을 의미합니다. 즉 진실을 발견하기 위해 필요한 도구, 진실을 사유하기 위해 필요한 범주, 진실을 명제로서 정식화하는 데 적합한 언어를 갖고 있다면 누구나 진실에 가까이 갈 자격이 있다는 것입니다. 더 도식적으로 말하면 여기에는 보편적 권리로서의 진실의 구축 내지 인증을 위한 어떤 종류의 테크놀로지, 즉 논증의 테크놀로지와 연관된 진실을 지정하기 위한 철학적이며 과학적인 일정한 방식이 존재한다는 것입니다. 소위 과학적 실천과 결국 일체를 이루는 논증적 진실의 테크놀로지가 있다는 것입니다.

그런데 우리 문명에는 진실에 관한 이와는 전혀 다른 입장이 있었던 것 같네요. 그것은 아마도 방금 소개해드린 입장보다 오래된 것으로, 진실의 논증적 테크놀로지를 통해 차츰 배격됐고 사장되어버렸습니다. 진실에 대한 이 다른 입장은 제 생각에 바로 이와는 다른 입장에 의해 사장되고 식민화됐기 때문에 우리 문명의 역사 속에서 매우 중요합니다. 이 또 다른 입장의 진실은 바로 언제 어디서나 우리를 기다리고 있지는 않은 그런 진실, 도처에서 그것을 보고 파악할 임무를 우리에게 부과하지 않는 그런 진실입니다. 그것은 분산되고 불연속적이며 중단된 진실입니다. 때때로 그것은 그것이 바라는 장소에서, 어느 일정한 장소에서만 이야기되고 산출되는 그런 진실인 것입니다. 그것은 언제나 만인을 위해 산출되지는 않는 그런 진실일 것입니다. 우리를 기다리지 않고 자기가 원하는 순간, 자기가 편한 장소, 특권적 중개자나 담당자를 기다리는

7) 소크라테스와 파르메니데스의 "어떤 것에 대한 형상이 있는가?"에 관한 논의를 암시한다. Platon, "Parménide," *Œuvres complètes*, t.VIII, trad. Auguste Diès, Paris: Les Belles Lettres, 1950, p.60(1re partie, 130c-d).

그런 진실인 것입니다. 그것은 자신의 지리를 갖는 진실입니다. 델포이에서 진실을 말하는 신탁[8]은 그 진실을 다른 장소에서 표명하지 않고, 다른 장소의 신탁과 동일한 것을 말하지도 않습니다. 또한 항구 마을 에피다우로스[9]에서 치유를 가져다주는 신, 조언을 얻으러 온 사람들에게 그들의 병이 무엇이며 어떤 치료를 해야 하는지를 말하는 그 신은 다른 곳이 아니라 오직 에피다우로스에서만 치유를 가져다주고 병의 진실을 이야기합니다. 그것은 자신의 진실을 갖는 진실, 자신의 이력 혹은 자신에게 고유한 시간적 경과를 갖는 진실인 것입니다.

다른 예를 들어보겠습니다. 나중에 다시 검토할 예정이지만, 일찍이 고비의 의학, 즉 고대 그리스, 로마, 중세 의학에서는 언제나 병의 진실이 나타나는 시기가 있다고 여겨졌습니다. 고비라고 불리는 시기가 바로 그것인데, 이 시기에만 진실을 포착할 수 있다는 것입니다. 또한 연금술의 실천에서 진실은 포착되기를 기다리고 있는 것이 아니라 흘러가 버리는 것입니다. 진실은 번개처럼 지나가는 것이고, 어쨌든 기회와 연관되어 있습니다. 카이로스를 포착해야 한다는 것입니다.[10]

---

8) 파르나소스 산기슭에 있는 포키스 지방의 마을 델포이는 기원전 8세기 중반에 이미 아폴론이 무녀 퓌티아를 통해 신탁을 내리는 장소가 됐고, 이는 기원후 4세기 말까지 이어졌다. Marie Delcourt, *Les Grands Sanctuaires de la Grèce*, Paris: PUF, 1947, pp.76~92; *L'Oracle de Delphes*, Paris: Payot, 1955; Robert Flacelière, *Devins et Oracles grecs*, Paris: PUF, 1972, pp.49~83; Georges Roux, *Delphes, son oracle et ses dieux*, Paris: Les Belles Lettres, 1976.

9) 펠로폰네소스 반도의 동쪽 해안 아르고리스 지방의 항구. 아폴론의 아들인 의사 아스클레피오스에게 바쳐진 성역이 있고 거기서 해몽이 행해졌다. Delcourt, *Les Grands Sanctuaires de la Grèce*, pp.93~113; Flacelière, *Devins et Oracles grecs*, pp.36~37; Gregory Vlastos, "Religion and Medicine in the Cult of Asclepius: A Review Article," *Review of Religion*, vol.13, 1949, pp.269~290.

10) 카이로스(καιρός)라는 개념은 붙잡아야 할 기회, 호기(好機), 행동할 수 있는 시기를 정의한다. 히포크라테스(B.C. 460~377)는 『병에 대하여』 제1권에서 이 개념을 언급한다. Hippocrate, "Des Maladies," *Œuvres complètes*, t.VI, éd. Émile Littré, Paris: J.-B. Baillière, 1849, pp.148~151; Paul Joos, "Zufall, Kunst und Natur bei

그것은 자신의 진실과 이력을 갖는 진실일 뿐만 아니라 자신의 특권적이며 독점적인 전달자 내지 조작자를 갖는 진실이기도 합니다. 그런 산발적 진실을 조작하는 자는 장소나 시간의 비밀을 갖고 있는 자이며, 자격부여의 시련에 투신한 자이고, 요구되는 언어를 발화했거나 의례적인 몸짓을 행한 자이며, 진실이 공격하기 위해 선택한 자입니다. 요컨대 그것은 예언자, 점쟁이, 어린이, 맹인, 광인, 현자 등입니다. 이런 진실은 자신의 지리나 이력을 갖고 자신의 특권적 전달자 내지 조작자를 갖기 때문에, 보편적인 것이 아닙니다. 그것은 희귀한 진실이 아니라 분산된 진실, 하나의 사건으로서 산출되는 진실이라는 말이죠.

따라서 확증되는 진실, 논증되는 진실이 있고 사건으로서의 진실이 있습니다. 불연속적인 것으로서의 이 진실을 구름의 외관 아래서 보편적으로 현전하고 있는 하늘 같은 것으로서의 진실과 대비시켜 벼락으로서의 진실이라고 부를 수 있을 것입니다. 이렇게 해서 서구에서의 진실의 역사에는 두 계열이 있다는 것입니다. 우선 발견되는 진실, 항상적인 진실, 구성되는 진실, 논증되는 진실 같은 진실의 계열이 있습니다. 다음으로 존재하는 것의 차원에 속하는 것이 아니라 발생하는 것의 차원에 속하는 진실의 계열이 있습니다. 이것은 발견이라는 형태로 부여되는 것이 아니라 사건이라는 형태로 부여되는 진실이며, 증명되는 진실이 아니라 야기되고 추적되는 진실입니다. 명제라기보다는 오히려 산출과 관련된 진실인 것입니다. 도구의 매개를 통해 부여되는 것이 아니라 의례를 통해 발생하고, 책략을 통해 포착되며 기회를 통해 포착되는 그런 진실이죠. 따라서 이런 진실에서는 방법이 아닌 전략이 문제가 될 것입니다. 이런 사건으로서의 진실과, 이 진실에 의해 포착되는 자, 이 진실을 포착하

---

dem Hippokratikern," *Janus*, no.46, 1957, pp.238~252; Paul Kucharski, "Sur la no-tion pythagoricienne de kairos," *Revue philosophique de la France et de l'étranger*, t.CLII, 1963, no.2, pp.141~169; Pierre Chantraine, "Καιρός," *Dictionnaire étymo-logique de la langue grecque: Histoire des mots*, t.II, Paris: Klincksieck, 1970, p.480.

거나 그것을 통해 느닷없이 충격을 받는 자 사이에 존재하는 것은 대상과 주체 사이에 존재하는 그런 관계가 아닙니다. 따라서 그것은 인식의 관계가 아니라 오히려 공격의 관계이며 벼락 내지 번개의 차원에 속하는 관계입니다. 그것은 또한 사냥의 차원에 속하는 관계이고 어쨌든 위험하고 가역적이며 호전적인 관계입니다. 그것은 지배와 승리의 관계이며 따라서 인식의 관계가 아니라 권력의 관계인 것입니다.

진실의 역사를 '존재'의 망각이라는 관점에서 연구하는 데 익숙해져버린 사람들이 있습니다.[11] 이들은 진실의 역사의 기초적인 범주의 가

---

11) 마르틴 하이데거 식의 문제계를 암시한다. 줄리오 프레티와의 토론에서 푸코는 이것을 에드문트 후설의 문제계와 엮으며 "모든 분절화된 역사적 내용을 희생해 …… 원초적인 것으로부터 출발하면서 …… 우리의 인식과 그 모든 토대를" 재문제화하는 것을 비난하고 있다. Michel Foucault, "Les problèmes de la culture: Un débat Foucault-Preti," *Dits et Écrits*, t.2: 1970-1975, éd. Daniel Defert et François Ewald, avec collab. Jacques Lagrange, Paris: Gallimard, 1994, p.372; "Réponse à une question," *Dits et Écrits*, t.1: 1954-1969, ibid., p.675. 여기서 표적이 되고 있는 바는 역사에 관한 하이데거의 사유방식이다. 특히 다음을 참조하라. Martin Heidegger, *Sein und Zeit*, Halle: Nemeyer, 1927; *L'Être et le Temps*, trad. Rudolf Boehm et Alphonse de Waelhens, Paris: Gallimard, 1964, 1re partie, 1re section. [이기상 옮김, 『존재와 시간』, 까치, 1998, 66~79쪽]; *Vom Wesen des Grandes*, Halle: Nemeyer, 1929; "Ce qui fait l'essentiel d'un fondement," *Qu'est-ce que la métaphysique?*, trad. Henry Corbin, Paris: Gallimard, 1938, pp.47~111; *Questions*, t.1, Paris: Gallimard, 1968. 재수록; *Vom Wesen der Wahreit*, Frankfurt am Main: Klostermann, 1943; "De l'essence de la vérité," trad. Walter Biennel et Alphonse de Waelhens, *Questions*, t.1, ibid.; *Holzwege*, Frankfurt am Main: Klostermann, 1950; *Chemins qui ne mènent nulle part*, trad. Wolfgang Brokmeier, Paris: Gallimard, 1962. [신상희 옮김, 『숲길』, 나남, 2008]; *Vorträge und Aufsätze*, Pfullingen: Neske, 1954; *Essais et Conférences*, trad. André Préau, Paris: Gallimard, 1958. [신상희·이기상·박찬국 옮김, 『강연과 논문』, 이학사, 2008]; *Nietzsche*, Bd.2, Pfullingen: Neske, 1961; *Nietzsche*, t.II, trad. Pierre Klossowski, Paris: Gallimard, 1972. [박찬국 옮김, 『니체 II』, 길, 2012.] 푸코와 하이데거의 관계에 관해서는 다음을 참조하라. Michel Foucault, "L'Homme et ses doubles"(2e partie, chap.IX), *Les Mots et les Choses: Une archéologie des sciences humaines*, Paris: Gallimard, 1966, § IV, VI, pp.329~333, 339~346. [이규현 옮김, 「인간과 인간의 분

치를 망각에 부여함으로써 즉시 인식의 특권 안에 위치하게 됩니다. 즉 망각과 같은 것은, 결정적으로 인정되고 지정된 인식의 관계에 기초해서만 생겨나는 것입니다. 따라서 그들은 결국 제가 포착하려 했던 진실의 두 계열 중 한쪽의 역사만을 연구하고 있다고 생각합니다. 다시 말해 명제와 관련된 진실, 발견되는 것으로서의 진실, 인식되고 논증되는 것으로서의 진실의 계열 내부에 그들은 위치하고 있는 것입니다.

제가 연구하고자 하는 것, 지난 몇 년간 연구하려 했던 것은 진실의 역사를 또 다른 하나의 계열로부터 출발해 연구하는 것입니다.[12] 요컨

신들」(제2부 9장, §3과 6), 『말과 사물』(개정판), 민음사, 2012, 437~442, 450~459쪽]; "L'Homme est-il mort?"(Entretien avec Claude Bonnefoy, juin 1966), "Ariane s'est pendue"(avril 1969), *Dits et Écrits*, t.1: 1954-1969, ibid., pp.542, 768, 770; "Les problèmes de la culture," "Foucault, le philosophe, est en train de parler: Pensez"(29 mai 1973), "Prisons et asiles dans le mécanisme du pouvoir"(entretien avec Marco D'Eramo, mars 1974), *Dits et Écrits*, t.2: 1970-1975, ibid., pp.372, 424, 521; "Structuralisme et poststructuralisme"(entretien avec Gerard Raulet, printemps 1983), "Politique et éthique: Une Interview"(entretien avec Paul Rabinow, Richard Rorty, Leo Löwenthal, Martin Jay, et Charles Taylor, avril 1983)[정일준 옮김, 「정치와 윤리」, 『자유를 향한 참을 수 없는 열망: 푸코-하버마스 논쟁 재론』, 새물결, 1999], "Le retour de la morale"(entretien avec Gilles Barbedette et André Scala, 29 mai 1984)[정일준 옮김, 「도덕의 회귀」, 앞의 책], "Vérité, pouvoir et soi"(entretien avec Rux Martin, 25 octobre 1982)[이희원 옮김, 「진리, 권력, 자기: 미셸 푸코와의 대담」, 『자기의 테크놀로지』, 동문선, 1997], *Dits et Écrits*, t.4: 1980-1988, ibid., pp.455, 585[90~93쪽], 703[112~114쪽], 780[25~26쪽].

12) 1970~71년의 콜레주드프랑스 강의에서 푸코는 '인식에 대한 의지'의 역사에 '반론'을 제기하려 한다. 이 '인식에 대한 의지'의 역사에서는 진실이 재판 절차 바깥에서 "[하나의 사실을] 확인하기 위한 직접적이고 보편적이며 간결한 형식"을 갖는다. 이에 대해 푸코는 "진실과 체형의 관계의 역사"를 쓸 필요성을 주장한다. 다시 말해 "진실[이] 사실을 확인"하는 것이 아니라 맹세나 기원[푸코는 '저주'라고 썼다] 등의 형식 아래 "서약"되고, 시련 재판의 의식에 따르는 그런 진실과 체형의 관계의 역사를 써야 한다고 주장하는 것이다. 따라서 문제는 진실의 발언이 "빛, 그리고 사물에 대한 시선과 연결된 것이 아니라 미래의 불확실한 사건의 불투명함과 연결되어" 있는 체제에 관한 역사를 쓰는 것이다. Michel Foucault, *Leçons sur la volonté de savoir: Cours au Collège de France, 1970-1971*, éd. s. dir.

대 저는 오늘날에 들어와서 확실하게 배격되고 사장되고 배제되어버린 테크놀로지, 다시 말해 사건으로서의 진실, 의례로서의 진실, 권력관계로서의 진실에 관련된 테크놀로지에 특권을 부여하고, 바로 그 테크놀로지를 발견으로서의 진실, 방법으로서의 진실, 인식관계로서의 진실, 따라서 주체와 대상의 관계를 전제하고 그 내부에 자리잡는 그런 진실에 대치시키고자 하는 것입니다.

저는 하늘로서의 진실에 대비해 벼락으로서의 진실을 가치매김해보려 하는데, 우선 그 테크놀로지가 거의 과학적 실천과 동일시되고 있는 논증으로서의 진실, 즉 현재 그 확장·역량·권력을 결코 부정할 수 없는 이 진실이 실제로는 의례로서의 진실, 사건으로서의 진실, 전략으로서의 진실로부터 파생된 것임을 보여드리고자 합니다. 즉 제가 보여드리고 싶은 것은 인식으로서의 진실이 실제로는 사건으로서의 진실과 그런 진실에 관련된 테크놀로지의 일부에 불과하고 그 한 측면에 불과하다는 것, 널리 퍼져 방대한 차원을 갖고 있지만 역시 한 측면 내지 한 양상에 불과하다는 것입니다.

과학적 논증이 실제로는 하나의 의례에 불과하다는 것, 보편적이라고 상정된 인식 주체가 실제로는 상당수의 양식에 따라 역사적으로 자격을 부여받은 개인에 불과하다는 것, 진실의 발견이 실제로는 진실의 산출을 위한 한 양식이라는 것들을 보여주면서 확증적 진실 내지 논증적 진실로서 부여되는 것을 의례의 토대, 인식하는 개인에 대한 자격부

---

dir. François Ewald et Alessandro Fontana, par Daniel Defert, Paris: Gallimard/Seuil, 2011, leçons du 3 février 1971. [양창렬 옮김, 『지식의 의지에 관한 강의: 콜레주드프랑스 강의, 1970~71년』, 도서출판 난장, 2017, 124~127쪽.] 이 역사에 대해서는 1971~72년의 콜레주드프랑스 강의인 『형벌의 이론과 제도』(*Théories et Institutions Pénales*)에서도 논의된다(9강). 여기서는 10세기부터 13세기에 걸쳐 맹세, 시련 재판, 사법적 결투 같은 절차에서의 증거체계가 다뤄지고 있다. 푸코에게 착상을 준 것은 다음의 책이다. Marcel Detienne, *Les Maîtres de vérité dans la Grèce archaïque*, Paris: Maspero, 1967.

여의 토대로 환원하고, 사건으로서의 진실체계로 환원하는 것, 이것이 제가 지식의 고고학이라고 부르는 것의 역할입니다.13)

그리고 다음으로 한 가지 더 보여드려야 할 것 같습니다. 요컨대 우리의 역사와 우리의 문명 속에서 인식으로서의 진실이, 르네상스 이래로 점점 더 급속화된 방식으로, 오늘날 우리가 알고 있고 확인할 수 있는 그런 규모를 어떻게 해서 획득하게 됐는지 보여드려야 한다는 것입니다. 인식으로서의 진실이 사건으로서의 진실을 어떻게 예속지배하고, 어떻게 거기에 기생하게 된 것일까요? 인식으로서의 진실은 어떻게 해서 아마도 불가역적인 권력관계를, 당분간은 지배적이고 전제적인 권력관계를 다른 하나의 진실에 대해 행사하게 됐을까요? 논증적 진실의 테크놀로지는 사건이나 전략이나 사냥에 연결된 진실을 어떻게 실제로 예속지배하고, 오늘날 권력관계를 이 진실에 행사하고 있는 것일까요?

---

13) '고백, 시련'의 문제를 다룬 『형벌의 이론과 제도』 13강에서 푸코는 시련이나 조사 등 자신이 "법적·정치적 원형"이라고 부른 바를 통한 우회의 의미를 설명하며 분석의 세 수준을 구별한다. 즉 (a) '과학사' 같이 "여러 과학에 대한 역사적 서술," (b) 지식과 권력의 관계들을 고려에 넣는 "지식의 고고학," (c) 고고학을 통해 명백해지는 법적·정치적 원형을 토대로 "최대의 이익, 최대의 지식, 최대의 권력이 상호관련되는 수준"에 위치될 수 있을 "지식의 왕조(王朝/dynastique)"이다 (다니엘 드페르의 호의로 열람할 수 있었던 강의원고). '고고학'과 '왕조학'의 이런 구별을 푸코는 1972년 9월 하스미 시게히코(蓮実重彦, 1936~)와의 대담에서 다시 다루고 있다. Michel Foucault, "De l'archéologie à la dynastique," *Dits et Écrits*, t.2: 1970-1975, éd. Daniel Defert et François Ewald, avec collab. Jacques Lagrange, Paris: Gallimard, 1994, p.406. '고고학'에 대해서는 푸코가 제시하는 여러 정의들을 참조하라. "Michel Foucault, *Les Mots et les Choses*," "Sur les façons d'écrire l'histoire," "Réponse à une question," "Michel Foucault explique son dernier livre," *Dits et Écrits*, t.1: 1954-1969, ibid., pp.498~499, 595, 681, 771~772; "La volonté de savoir," "De l'archéologie à la dynastique," "La vérité et les formes juridiques," *Dits et Écrits*, t.2: 1970-1975, ibid., pp.242, 406, 643~644; "Cours du 7 janvier 1976", "Dialogue sur le pouvoir," *Dits et Écrits*, t.3: 1976-1979, ibid., pp.167, 468~469; "Entretien avec Michel Foucault," "Structuralisme et poststructuralisme," *Dits et Écrits*, t.4: 1980-1988, ibid., pp.57, 443.

이런 것들을 보여주는 것이 인식의 계보학이라고 부를 수 있는 것의 역할인 것입니다. 인식의 계보학은 지식의 고고학에 불가결한 역사적 이면이며, 저는 몇몇 관계 자료로부터 출발해 매우 도식적으로 그런 계보학이 애초에 어떤 것일 수 있는지를 보여드리고자 하는 것이 아니라 그것을 어떻게 대략적으로 묘사할 수 있는지를 보여드리고자 했던 것입니다. 사법적 실천의 관계 자료를 살펴봄으로써 저는 다음과 같은 것을 보여드리려고 시도했습니다. 즉 사법 실천을 통해 진실을 확정하기 위한 정치적이며 법적인 규칙들이 차츰차츰 형성되고, 정치적 권력의 어떤 종류의 유형이 도래함과 동시에 시련으로서의 진실의 테크놀로지가 배격되고 사라져, 그것을 대체해 확증적 진실, 증언을 통해 진정하다고 간주되는 진실과 관련된 테크놀로지가 어떻게 해서 설정되게 됐는지를 저는 보여드리려 했던 것입니다.

제가 지금 정신의학과 관련해 보여드리려는 것은 사건 유형의 진실이 어떻게 해서 19세기 동안 또 다른 진실의 테크놀로지에 의해 점차적으로 사장되어버렸는가 하는 것이고, 혹은 적어도 광기와 관련해 사건으로서의 진실의 테크놀로지를 논증적 진실 내지 확증적 진실의 일정한 테크놀로지가 사장시켜버리기 위한 시도가 어떻게 이뤄졌는가 하는 것입니다. 이런 연구를 교육의 문제나 유소년기의 문제와 관련해 해볼 수도 있겠죠. 저는 그것을 내년부터 해볼 작정입니다.[14)]

역사적 견지에서 저에 대해 이렇게 말씀하시는 분이 있을지도 모르겠네요. 당신 말이 맞긴 한데, 시련이나 사건으로서의 진실의 계열에 해

14) 실제로 푸코는 여기서 제시한 계획을 실행에 옮기지 않았다. 다만 정신의학의 지식과 권력의 일반화에서 유소년기의 역할에 대해서는 1974~75년 콜레주드프랑스 강의에서 고찰하게 된다. Michel Foucault, *Les Anormaux: Cours au Collège de France, 1974-1975*, éd. s. dir. François Ewald et Alessandro Fontana, par Valerio Marchetti et Antonella Salomoni, Paris: Gallimard/Seuil, 1999, leçon du 5, 12, et 19 mars 1975, pp.217~301. [이재원 옮김, 『비정상인들: 콜레주드프랑스 강의 1974~75년』, 도서출판 난장, 근간, 9~11강(1975년 3월 5, 12, 19일).]

당하는 것은 이미 우리 사회 내부에 거의 없지 않을까, 사건으로서의 진실의 테크놀로지를 낡은 실천, 즉 신탁·예언 등의 실천 내에서 찾는 것은 아마 가능하겠지만 이미 끝난 이야기이고, 그런 테크놀로지로 되돌아갈 필요는 없을 것이라고 말입니다. 하지만 제 생각에 사정은 그렇지가 않습니다. 실제로 우리 문명 내부에서 사건으로서의 진실, 벼락으로서의 진실의 테크놀로지는 오랫동안 존속되어왔고 역사적으로 매우 큰 중요성을 가져왔다고 생각합니다.

첫 번째로 제가 앞서 소개해드렸고 이제까지 몇 년에 걸쳐 말씀드려온 사법적 형태가 있습니다. 실제로 거기서 문제가 됐던 것은 매우 심층적이고 근본적인 변환이었습니다. 중세의 구식 재판, 대략적으로 말해서 12세기 이전의 재판에 대해 말씀드렸던 것을 상기해주시기 바랍니다. 중세에 범인을 적발하기 위해, 아니 오히려 한 개인이 유죄라는 것을 결정하기 위해 행해지는 절차, 대략적으로 '신명재판'[신의 심판]이라는 명칭 아래 포괄되는 그 절차는 결코 일어난 일을 실제로 발견하기 위한 방법이 아니었습니다. 문제는 결코 '신명재판' 내부에서, 범죄 행위의 수준에서 실제로 일어난 일의 유사물 내지 이미지 같은 것을 재현하는 것이 아니었습니다. 그런 것이 아니라 '신명재판' 내지 이와 동일한 유형의 시련은 분쟁 중에 있는 두 인물의 대결에서 승자를 결정하는 방식을 정하기 위한 절차였습니다.[15] 자백조차도 중세의 사법기술에서는

15) 재판이라는 의미의 고대 영어 'ordal'에서 파생된 '시련 재판'은 '불,' '달궈진 쇠,' '냉수 혹은 열탕,' '십자가' 등의 시련이 행해질 때에는 심판되어야 하는 소송 중에 신이 개입한다는 생각에 기초해 계쟁 중인 문제를 해결하려는 것이다. Louis Tanon, *Histoire des tribunaux de l'Inquisition en France*, Paris: L. Larose et Forcel, 1893. '불'의 형벌에 대해서는 464~479쪽을, '십자가'의 형벌에 대해서는 490~498쪽을 참조하라. 장-필립 레비가 강조하고 있듯이 이런 소송절차에서 "소송은 진실의 탐구를 목적으로 하지 않는다. …… 소송은 처음에는 싸움이며, 나중에는 신을 향한 호소가 된다. 진실을 분명하게 출현시키기 위한 배려는 신에게 맡겨지고, 재판관 자신은 진실을 탐구하려고 하지 않는다." Jean-Philippe Lévy,

유죄성을 분별하기 위한 표식 내지 방법이 아니었습니다.16) 중세의 종교재판관이 어떤 인물을 고문할 때, 그것은 오늘날이라면 행해질 법한 추론, 즉 만약 그 인물이 스스로를 범죄자로 인정한다면 그것은 목격자의 증언보다 확실한 최고의 증거가 될 것이라는 추론에 기초하는 것이 결코 아니었습니다. 따라서 중세의 고문은 그런 증거를 얻기 위한 것이

La Hiérarchie des preuves dans le droit savant du moyen-âge, depuis la renaissance du droit romain jusqu'à la fin du XIVe siècle, Paris: Librairie du Recueil Sirey, 1939, p.163.

푸코는 1970~71년 콜레주드프랑스 강의의 6강에서 시련 재판 문제를 언급하고 있다. 거기서 푸코는 광기를 맡은 치료법 중에 그런 진실의 시련 재판 같은 것이 발견된다는 사실을 지적한다. 탄핵주의적 형사절차와 증거의 체계를 다룬 1971~72년 콜레주드프랑스 강의의 9강에서도 이를 언급한다(앞의 각주 12번 참조). 또한 다음을 참조하라. Foucault, "La vérité et les formes juridiques," pp.572~577; Adhémar Esmein, *Histoire de la procédure criminelle en France, et spécialement de la procédure inquisitoire depuis le XIIIe siècle jusqu'à nos jours*, Paris: L. Larose et Forcel, 1882, pp.260~283; Elphège Vacandard, "L'Église et les ordalies," *Études de critique et d'histoire religieuse*, t.I, Paris: Victor Lecoffre, 1905, pp.189~214; Gustave Glotz, "L'ordalie"(chap.2), *Études sociales et juridiques sur l'antiquité grecque*, Paris: Hachette, 1906, pp.69~97; Albert Michel, "Ordalies," *Dictionnaire de théologie catholique*, t.XI, s. dir. Alfred Vacant, Paris: Letouzey et Ané, 1930; rééd. 1931, col.1139-1152; Yvonne Bongert, *Recherches sur les cours laïques du Xe au XIIIe siècle*, Paris: A. et J. Picard, 1949, pp.215~228; Hermann Nottarp, *Gottesurteil studien*, München: Kosel-Verlag, 1956; Jean Gaudemet, "Les ordalies au Moyen Âge: Doctrine, législation et pratique canonique," *Recueil de la Société Jean Bodin*, vol.XVII, t.2: La Preuve, Bruxelles, 1965.

16) 신을 증인으로 삼아 기소의 정당성 혹은 그 철회를 야기시키는 탄핵주의적 형사절차에서 고백은 판결을 내리기에 충분한 것으로 간주되지 않는다. Henry Charles Lea, *A History of the Inquisition of the Middle Ages*, vol.1, New York: Harper and Brothers, 1887, pp.407~408; *Histoire de l'Inquisition au Moyen Âge*, t.I, trad. Salomon Reinach, Paris: Société nouvelle de librairie et d'édition, 1900, pp.458~459; Esmein, *Histoire de la procédure criminelle*……, p.273; Lévy, *La Hiérarchie des preuves*……, pp.19~83. 고백에 관해서는 다음을 참조하라. Michel Foucault, *Surveiller et Punir: Naissance de la prison*, Paris: Gallimard, 1975, pp.42 ~45. [오생근 옮김, 『감시와 처벌』, 나남, 2003, 74~79쪽.]

결코 아니었습니다. 중세의 고문은 실제로는 재판관과 용의자 내지 혐의자 간의 명백한 신체적 싸움을 개시하는 것이었습니다. 이 싸움의 규칙은 물론 속임수는 아니지만, 완전히 불평등하고 어떤 상호성도 없는 것이었습니다. 그것은 혐의를 받는 자가 버티는지 아닌지를 알기 위한 신체적 싸움이었습니다. 그리고 그 자가 굴복할 경우, 그것은 그가 범죄자라는 것의 논증적 증거를 보여주는 것이 아니라 단지 그가 게임에서 졌다는 것, 그가 대결에서 졌다는 것, 그러므로 그에게 유죄판결을 내릴 수 있다는 것을 보여주는 것일 뿐이었습니다. 이런 모든 것이 나중에 소위 이차적인 방식으로 의미작용의 체계 속에 편입될 수도 있습니다. 이를테면 신이 그를 버렸다, 등으로 말입니다. 하지만 그것은 결코 그의 유죄성을 지상에서 보여주는 것이 아니었습니다. 그것은 대결의 최후의 국면, 그 최후의 에피소드, 그 결말이었습니다.17) 그리고 시련 속에서 진

---

17) 고문은 시련 재판 같은 최종적 입증수단(신에 의한 증언의 표현 그 자체)과는 다르며, 사법상의 자백을 만들어내려는 방법이다. 종교 재판[이단심문]의 절차가 교회법에 통합되는 것은 교황 그레고리우스 9세가 이단자를 추궁하고 처벌하기 위해 도미니크 수도회 수도사에게 종교재판소를 설립하게 한 1232년이다. 재판에서 고문에의 호소는 인노첸티우스 4세의 1252년 5월 15일 칙서(*Ad Extirpanda*), 이어서 알렉산데르 4세의 1256년 칙서(*Ut Negotium Fidei*)에 의해 승인된다. 푸코는 1970~71년 콜레주드프랑스 강의 6강에서 종교 재판의 문제를 언급하며, "관건은 진실이나 고백의 획득과는 전혀 다른 사항이다. …… 그것은 하나의 도전이고, 그리스도교의 사유와 실천 내용에서 시련 재판적 형태를 다시 취하는 것이다"라고 말한다[출판된 강의에는 이 구절이 없다]. 푸코의 다음 텍스트를 참조하라. Foucault, *Surveiller et Punir*, pp.43~47. [『감시와 처벌』, 76~82쪽.] 또한 다음을 참조하라. Lea, "La inquisitoriale"(chap.9), *Histoire de l'Inquisition au Moyen Âge*, t.I, pp.450~483(고문에 대해서는 470~478쪽); Tanon, "Procédure des tribunaux de l'in-quisition"(section III), *Histoire des tribunaux de l'Inquisition en France*, pp.326~440; Elphège Vacandard, *L'Inquisition: Étude historique et critique sur le pouvoir coercitif de l'Église*, 3e éd., Paris: Bloud et Gay, 1907, p.175; Henri Leclercq, "Torture," *Dictionnaire d'archéologie chrétienne et de liturgie*, t.XV, s. dir. Fernand Cabrol, Henri Leclercq, et Henri-Irénée Marrou, Paris: Letouzey et Ané, 1953, col. 2447-2459; Piero Fiorelli, *La Tortura giudiziaria nel diritto comune*, Milano: Giu-

실을 확정하는 그런 기술로부터 확증, 증언, 논증을 통해 진실을 확정하는 기술로 마침내 이행하기 위해서는 형사재판을 국가의 관리 아래 둘 필요가 있었습니다.18)

연금술에 대해서도 똑같이 말할 수 있을 것입니다. 본래 연금술은 결코 화학에 의해 반박되지 않았고, 과학사에서 과학적인 착오 내지 막다른 길의 형태를 취하지도 않습니다. 왜냐하면 연금술은 논증적 진실의 테크놀로지에 상응하는 것이 아니었고 실제로 결코 그랬던 적이 없기 때문입니다. 연금술은 처음부터 끝까지 사건으로서의 진실 내지 시련으로서의 진실의 테크놀로지에 상응했던 것입니다.

실제로 그 주요 특징을 대략 다시 들어본다면 연금술적 탐구란 어떤 것일까요? 그것이 함의하고 있는 것은 우선 한 개인에게 있어서의 통과의례, 즉 개인에 대한 도덕적 자격부여 혹은 금욕주의적 자격부여입니다. 개인은 몇 가지 지식을 축적함으로써가 아니라 요구된 의례를 확실하게 통과했다는 사실을 통해 진실의 시련에 대한 준비를 해야 한다는 것입니다.19) 게다가 연금술의 조작 그 자체에서 작품은 최종적으로 성과 하나를 획득하는 것이 아닙니다. 연금술적 작품은 몇몇 사건을 의례적 방식으로 무대에 올리는 것입니다. 그런 사건 중 하나로서 아마도 경

---

ffrè, 1953. 이단심문 일반에 대해서는 다음을 참조하라. Jean Guiraud, *Histoire de l'Inquisition au Moyen Âge*, 2 vol., Paris: A. Picard, 1935-38; Henri Maisonneuve, *Études sur les origines de l'Inquisition*, 2e éd. rev. et aug., Paris: J. Vrin, 1960.

18) 이 문제는 고백·조사·시련을 다룬 1971~72년 콜레주드프랑스 강의 『형벌의 이론과 제도』의 13강에서 고찰된다. Michel Foucault, "Théories et institutions pénales," *Dits et Écrits*, t.2: 1970-1975, éd. Daniel Defert et François Ewald, avec collab. Jacques Lagrange, Paris: Gallimard, 1994, pp.390~391.

19) "어떤 덕성이나 학식이 있어도 [연금술적] '변환'에 내포된 [존재론적] 단절 과정을 유일하게 수행할 수 있는 통과의례적 체험을 면하지는 못한다." "모든 통과의례는 신참자의 죽음과 부활을 상징하는 일련의 의례적 시련을 포함한다." Mircea Eliade, *Forgerons et Alchimistes* (1956), nouv. éd. rev. et aug., Paris: Flammarion, 1977, pp.136, 127. [이재실 옮김, 『대장장이와 연금술사』, 문학동네, 1999, 165, 154쪽.]

우에 따라서는 일종의 우연, 운, 천혜에 의해서 진실이 얻어질 수도 있겠죠. 이 진실은 의례적으로 정해진 순간에 포착해야 할 기회로서 그 모습을 드러내거나 통과할 것입니다. 언제나 수수께끼 같은 그 순간을 정확히 포착하고 이해해야 하는 것입니다.[20] 게다가 또 이것으로부터 연금술적 지식은 언제나 스스로를 잃어버리는 지식이며, 과학적인 유형의 지식과는 달리 축적의 규칙을 갖지 않는 지식이라는 것입니다. 요컨대 연금술적 지식은 언제나 영(0)으로부터 다시 시작해야 한다는 것, 각자가 통과의례의 모든 주기를 다시 거쳐야 한다는 것입니다. 연금술적 지식에서는 선인들의 어깨 위에 올라탈 일이 없는 것입니다.

그러나 때로 수수께끼 같은 비밀, 하찮다고 여겨지지만 실제로는 본질적인 것을 포함하고 있는 듯한 주술서가 누군가의 손에 넘겨집니다. 깊고 은밀한 것이기 때문에 의례적으로 전수받은 사람이나 준비된 자 혹은 운이 좋은 자 이외에는 그것이 비밀이라는 것조차 모르는 그런 비밀. 바로 이 비밀을 실마리 삼아 무엇인가가 발생하거나 발생하지 않게 됩니다. 그리고 그 비밀은 다시 소실되거나, 어쨌든 어떤 텍스트 내지 주술서 속에 묻혀서 하나의 기회 혹은 그리스적 카이로스를 통해 새로 누군가의 손에 우연히 들어가고, 그 자가 다시 그것을 식별하거나 하지 않거나 한다는 것입니다.[21]

---

20) 뤼시엥 브라운이 어느 발표에서 상기시킬 것처럼 "연금술사의 발걸음은 쉬지 않고 눈을 빛내는 연구자의 발걸음이어야 한다. …… 파라켈수스는 연금술의 절차 속에서 항상적 출산을 본다. 거기서는 직후의 순간이 그에 앞서는 순간에 대해 늘 놀라움을 야기한다." Lucien Braun, "Paracelse et l'alchimie," *Alchimie et Philosophie à la Renaissance (Actes du colloque international de Tours, 4-7 décembre 1991)*, s. dir. Jean-Claude Margolin et Sylvain Matton, Paris: J. Vrin, 1993, p.210. '연금술 작업'(opus alchymicum)의 여러 양상에 대해서는 다음을 참조하라. Eliade, *Forgerons et Alchimistes*, pp.126~129. [『대장장이와 연금술사』, 152~157쪽.]

21) Wilhelm Ganzenmüller, *Die Alchemie im Mittelalter*, Paderborn: Bonifacius, 1938; *L'Alchimie au Moyen-Âge*, trad. Georges Petit-Dutaillis, Paris: Aubier, 1940. 또한 다음의 책에 모아진 간첸뮐러의 연구들을 참조하라. *Beiträge zur Geschichte der*

물론 이 모든 것은 과학적 진실의 테크놀로지와는 전혀 관계 없는 진실의 테크놀로지에 속하는 것입니다. 바로 이런 의미에서 연금술은 과학사 속에 거친 묘사의 자격으로든 가능성의 자격으로든 결코 편입되지 않습니다. 하지만 의학에서, 즉 과학적 지식이라고는 아마 말할 수 없다 할지라도, 과학과 인접한 장소에 머물러 있었고, 18세기에 과학의 탄생을 가져왔던 지식의 내부에서 시련으로서의 진실 내지 사건으로서의 진실의 테크놀로지는 오랫동안 의학적 실천의 핵심에 있어왔습니다.

시련으로서의 진실의 테크놀로지는 몇 세기 동안, 즉 대략적으로 말해서 히포크라테스[22]로부터 시작해 토머스 시드넘,[23] 혹은 18세기 의

Technologie und der Alchemie, Weinheim: Verlag Chemie, 1956; Frank Sherwood Taylor, *The Alchemists: Founders of Modern Chemistry*, New York: H. Schuman, 1949; René Alleau, *Aspects de l'alchimie traditionnelle*, Paris: Minuit, 1953; Titus Burckhardt, *Alchemie: Sinn und Weltbild*, Olten: Walter-Verlag, 1960; Michel Caron et Serge Hutin, *Les Alchimistes*, 2e éd., Paris: Seuil, 1964; Herwig Buntz, Emil Ploss, Heinz Roosen-Runge, und Heinrich Schipperges, *Alchimia: Ideologie und Technologie*, München: Heinz Moos Verlag, 1970; Bernard Husson, *Anthologie de l'alchimie*, Paris: Belfond, 1971; Frances Amelia Yates, *Giordano Bruno and the Hermetic Tradition*, London: Routledge & Kegan Paul, 1964; *Giordano Bruno et la tradition hermétique*, trad. Marc Rolland, Paris: Dervy-Livres, 1988. 푸코는 1973년 5월 21~25일 리우데자네이루의 교황청립가톨릭대학교에서 강연한 적이 있는데, 세 번째 강연(5월 23일)에서 연금술의 문제를 다뤘다. Foucault, "La vérité et les formes juridiques,"pp.586~587. 다음도 참조하라. "La maison des fous"(1975), *Dits et Écrits*, t.2: 1970-1975, ibid., pp.693~694.

22) 기원전 460년 소아시아 도리스 지방의 코스 섬에서 태어난 히포크라테스는 기원전 375년경 테사리아 지방 라리싸에서 죽는다. 이오니아 지방의 학술언어로 쓰인 히포크라테스의 작품은 훗날 『히포크라테스 전집』으로 편찬될 바의 핵심을 이룬다. Hans Gossen, "Hippocrates," *Realencyclopädie der classischen Altertumswissenschaft*, Bd.VIII, hrsg. August Friedrich von Pauly und Georg Wissowa, Stuttgart: Metzler, 1901, col.1801-1852; Max Pohlenz, *Hippokrates und die Begründung der wissenschaftlichen Medizin*, Berlin: De Gruyter, 1938; Charles Lichtenthaeler, *La Médecine hippocratique* (série d'études en français et en allemand), 9 vol., Genève: Droz, 1948~63; Ludwig Edelstein, "Nachträge: Hippokrates," *Real-*

학에 이르기까지, 즉 22세기 동안이나 의학적 실천의 핵심부에 존속해

---

encyclopädie……, supplment VI, 1953, col.1290-1345; Robert Joly, *Le Niveau de la science hippocratique: Contribution à la psychologie de l'histoire des sciences*, Paris: Les Belles Lettres, 1966; Jacques Jouanna, *Hippocrate: Pour une archéologie de l'école de Cnide*, Paris: Les Belles Lettres, 1974. 히포크라테스 저작의 기본 문헌은 여전히 두 언어로 병기된 리트레 판본이다(앞의 각주 10번 참조).

23) Thomas Sydenham(1624~1689). 영국의 일반의로, 의학적 지식에 일으킨 변화로 유명하다. 푸코가 지적했듯이 시드넘은 병리학에 관한 지식을 새로운 규범에 따라 조직화한다. Michel Foucault, *Histoire de la folie à l'âge classique*, Paris: Gallimard, 1972, pp.205~207. [이규현 옮김, 『광기의 역사』, 나남, 2003, 325~328쪽.] 시드넘은 갈레누스의 학설이나 의료화학처럼 사변적 접근에 호소하는 의학체계에 대항해 환자에 의한 징후의 묘사를 고려하면서 관찰을 방법적으로 승격시키고(이로부터 '영국의 히포크라테스'라는 별명이 생긴다), 병의 '자연주의적' 서술을 정교화해 임상적 사례를 식물학자의 방식으로 정의된 병의 '종'으로 유도할 수 있는 가능성을 제공한다. 시드넘은 자신의 관찰 성과를 다음의 저작에서 발표했다. *Observationes medicae circa morborum acutorum historiam et curationem: Methodus curandi febres, propiis observationibus superstructa*, Londini: Kettilby, 1676. 또한 다음의 연구를 참조하라. Knud Faber, *Thomas Sydenham, der englische Hippokrates und die Krankheitsbegriffe der Renaissance*, München: Medizinische Wochenschrift, 1932, pp.29~33; Emanuel Berghoff, *Entwicklungsgeschichte des Krankheitsbegriffes*, Wien: Wilhelm Maudrich, 1947, pp.68~73; Lester S. King, "Empiricism and Rationalism in the Works of Thomas Sydenham," *Bulletin of the History of Medicine*, vol.44, no.1, 1970, pp.1~11.

푸코가 『광기의 역사』에서 말하고 있는 대로, 시드넘은 자궁이나 '독기'라는 체액 모델과 관계짓는 전통적 설명에 대해 히스테리를 신경의 생리적 장애로서 '동물정기'(esprits animaux)의 무질서와 연관짓는 설명을 우선시한 사람들 중 한 명이다. Foucault, *Histoire de la folie à l'âge classique*, pp.305~308. [『광기의 역사』, 466~470쪽.] "히스테리 질환은 …… 전적으로 동물정기의 무질서에서 유래하는 것이지, 몇몇 저자들이 말하는 것처럼 종자나 월경혈의 부패 때문에 악성 독기가 이런저런 장소로 옮겨가서 생겨나는 것이 아니다." Thomas Sydenham, *Dissertatio epistolaris ad …… G. Cole de observationibus nuperis circa curationem variolarum confluentium, necnon de affectione hysterica*, Londini: Kettilby, 1682; "Dissertation en forme de lettre à Guillaume Cole," *Œuvres de médecine pratique*, t.II, trad. Augustin-François Jault et Jean-Baptiste Théodore Baumes, Montpellier: J.-G. Tourel, 1816, pp.65~127. 또한 다음 글을 참조하라. Ilza Veith, "On Hysterical and

왔습니다.[24] 의학 안에는, 그런데 저는 의학 이론을 말하는 것도, 의학에서 해부학이나 생리학 같은 어떤 것을 소묘하기 시작했다는 것을 말하는 것도 아닙니다. 차라리 의학의 실천 안에는, 의사가 병과 설정한 관계 안에는 논증적 진실에 결코 속하지 않고 시련이라는 진실의 테크놀로지에 22세기 동안에 걸쳐 속해온 어떤 것이 있었습니다. '고비'라는 개념, 아니 이 개념을 중심으로 조직된 의학적 실천의 총체 말입니다.

실제로 히포크라테스 이래로 의학적 사유에서 고비는 어떤 것이었을까요? 이제부터 말씀드리는 것은 물론 매우 도식적입니다. 왜냐하면 저

Hypochondriacal Affections," *Bulletin of the History of Medicine*, vol.30, no.3, 1956, pp.233~240; *Hysteria: The History of a Disease*, Chicago: Chicago University Press, 1965; *Histoire de l'hystérie*, trad. Sylvie Dreyfus, Paris: Seghers, 1973, pp.138~146. 더 일반적으로는 다음을 참조. Charles Daremberg, "Sydenham, sa vie, ses doctrines, sa pratique, son influence"(chap.23), *Histoire des sciences médicales, comprenant l'anatomie, la physiologie, la médecine, la chirurgie et les doctrines de pathologie générale*, t.II, Paris: J.-B. Baillière, 1870, pp.706~734; Kenneth Dewhurst, *Dr. Thomas Sydenham (1624-1689): His Life and Original Writings*, London: Wellcome Historical Medical Library, 1966. 시드넘 저작의 영어판과 프랑스어판은 다음이 있다. *The Works of Thomas Sydenham*, 2 vol., trans. William A. Greenhill, with "Life of the Author" by Robert G. Latham, London: Sydenham Society, 1848~50; *Œuvres de médecine pratique*, ibid.

24) 푸코는 (강의원고에서 언급된) 존 바커의 저작에 의거하고 있다. "그[의사 — J. L.]에게서 고비 및 고비의 날짜에 대한 학설을 철저하게 배울 필요가 있으며 …… 체액의 배출기는 적합한지, 어느 때에 고비를 기다려야 하는지, 그 고비는 어떤 것이어야 하는지, 그것이 병을 완전히 날려보낼 것인지 아닌지 발견할 수 있어야만 한다." John Barker, *Essai sur la conformité de la médecine des anciens et des modernes, en comparaison entre la pratique d'Hippocrate, Galien, Sydenham et Boerhaave dans les maladies aiguës*, trad. Ralph Schomberg, Paris: Cavalier, 1749, pp.75~76. 다음도 참조하라. Jean-Baptiste Aymen, *Dissertation [sur] les jours critiques [……]*, Paris: Rault, 1752. 장-바티스트 르 롱 달랑베르와 드니 디드로의 『백과전서』에서, 저명한 의사 테오필 보르되(Théophile Bordeu, 1722~1776)가 작성한 '고비' 항목이 2절판 18쪽을 채우고 있다는 사실도 '고비' 개념의 중요성을 보여준다. *Encyclopédie Dictionnaire raisonné des sciences, des arts et des métiers*, t.IV, Lausanne: Société typographique, 1754.

는 급격한 동요, 이 개념의 표면상의 소실, 그 재출현 등 모든 변화를 고려하지 않고 22세기 동안을 일별할 생각이기 때문입니다.

병리해부학 이전의 의학적 실천에서 고비란 과연 어떤 것이었을까요? 아시다시피 고비는 병의 진행에서 전기가 될 수 있는 시기, 즉 사느냐 죽느냐, 혹은 만성적 상태로 이행하느냐 아니냐가 결정될 수 있는 시기입니다.[25] 그런데 고비가 병의 진행 내에 자리매김되는 시기냐 하면 또 정확히 그런 것은 아닙니다. 아주 정확히 말하면 고비는 투쟁의 시기, 싸움의 시기, 더 나아가서는 싸우는 동안에 바로 전기가 찾아오는 시기입니다. '자연'과 '병'의 싸움, 병원성 물질에 대한 신체의 투쟁,[26] 혹은 18세기의 의사가 말하듯이, 고체와 액체의 싸움[27] 같은 것입니다.

---

25) '고비'(κρίσις)는 병의 진행에서 결정적 변화가 생기는 시기를 가리킨다. "병이 심해지거나 약화되거나 다른 병으로 변하거나 끝나려 할 때, 거기에 고비가 있다"(§8). Hippocrate, "Affections," *Œuvres complètes*, t.VI, ibid., 1847, p.216. 또한 다음을 참조하라. Gilbert Hamelin, "Crise," *Dictionnaire encyclopédique des sciences médicales*, 1re série, t.XXIII, Paris: Masson, 1879, pp.258~319; Pierre Chantraine, "Κρίσις," *Dictionnaire étymologique de la langue grecque*, t.II, ibid., p.584; Louis Bourgey, *Observation et expérience chez les médecins de la Collection Hippocratique*, Paris: J. Vrin, 1953, pp.236~247. 그리스의 의학 용어들에 대해서는 다음을 참조하라. Nadia van Brock, *Recherches sur le vocabulaire médical du grec ancien: Soins et guérison*, Paris: Klincksieck, 1961. 또한 푸코의 다음 텍스트도 참조하라. Foucault, "La maison des fous," pp.693~694.

26) 이것은 거의 시드넘이 제안했다고 해도 좋은 정의이다. "병이란 환자의 목숨을 보존하기 위해 병원성 물질을 배출하려 애쓰는 자연의 노력에 다름 아니다"(section I, chap.1, §1). Sydenham, *Observationes medicae*; Daremberg, *Histoire des sciences médicales*, t.II, p.717. 재인용.

27) 푸코는 '동물정기'에서가 아니라 "몸의 액체 및 고체 요소에서 병의 비밀을 찾게" 됐을 때 18세기 의학에서 발생한 변환을 진작에 지적했다. Foucault, *Histoire de la folie à l'âge classique*, pp.245, 285. [『광기의 역사』, 379, 437~438쪽.] 헤르만 부르하버(1668~1738)는 물리학, 화학, 자연과학이 야기한 것들을 통합하면서 병을 고체와 액체의 평형의 이변으로 여긴다. Hermann Boerhaave, *Institutiones medicae, in usus annae exercitationis domesticos digestae*, Leyde: Van der Linden, 1708, p.10; *Institutions de médecine*, t.I, trad. Julien Offray de La Mettrie, Paris: Huart, 1740;

이 전투에는 일정한 날짜, 일정이 정해져 있는 시기가 있습니다. 하지만 고비의 날과 관련된 그런 규정은 양의적인 것입니다. 어떤 병에서 고비의 날은 실제로 바로 그 병에 특징적인 자연의 리듬 같은 것을 표출합니다. 다시 말해 각각의 병은 자기에게 고유한 가능한 고비의 리듬을 갖고 있으며, 각각의 환자는 고비가 시작될 수 있는 날짜를 갖고 있다는 것입니다. 이를테면 히포크라테스는 이미 열병을 짝숫날에 고비가 일어나는 열병과 홀숫날에 고비가 일어나는 열병으로 구별하고 있었습니다. 짝숫날 고비가 일어나는 열병에 대해 말하자면 그것이 일어날 수 있는 것은 나흘째, 엿새째, 여드레째, 열흘째, 열나흘째, 스무여드레째, 서른나흘째, 서른여드레 날째, 쉰날째, 여든날째였습니다.[28] 그리고 여기서부터 히

Daremberg, *Histoire des sciences médicales,* t.II, pp.897~903(chap.XXVI); Lester S. King, *The Background of Herman Boerhaave's Doctrines (Boerhaave Lecture Held on September 17th, 1964)*, Leiden: Universitaire Pers Leiden, 1965.

할레의 의사 프리드리히 호프만(1660~1742)은 신체의 고체·액체 부분과 그 기능의 이변을 병이라 여겼고, 자신의 기계론적 관점에 따라 섬유의 긴장과 혈류 메커니즘의 변용에 큰 역할을 부여했다. Friedrich Hoffmann, *Fundamenta medicinae ex principiis mechanicis et practicis in usum Philiatrorum succincte proposita [……] jam aucta et emendata, etc*., Halæ Magdeburgicæ: Renger, 1703; trad. Lester S. King, London/New York: Macdonald/American Elsevier, 1971, p.10; *Medicina rationalis systematica*, 2 vol., Halæ Magdeburgicæ: Renger, 1718~20; *La Médecine raisonnée de M. Fr. Hoffmann*, trad. Jean-Jacques Bruhier, Paris: Briasson, 1738. 다음도 참조하라. Daremberg, *Histoire des sciences médicales,* t.II, pp.905~952; Karl Rothschuh, "Studien zu Friedrich Hoffmann (1660-1742)," *Studhoffs Archiv für Geschichte der Medizin*, vol.60, 1976, pp.163~193, 235~270. 18세기의 의학에 대해서는 레스터 S. 킹의 업적을 참조하라. Lester S. King, The Medical World of the Eighteenth Century, Chicago: University of Chicago Press, 1958; "Medical Theory and Practice at the Beginning of the Eighteenth Century," *Bulletin of the History of Medicine*, vol.46, no.1, 1972, pp.1~15.

28) "짝숫날에 심해지는 병은 짝숫날[과 관련된 병으]로 판정되고, 홀숫날에 심해지는 병은 홀숫날[과 관련된 병으]로 판정된다. 짝숫날[과 관련된 병으]로 판정되는 질환의 첫 시기는 나흘째에 오고, 이어서 차례로 엿새째, 여드레째, 열흘째, 열나흘째, 스무날째, 서른날째, 마흔날째, 예순날째, 여든날째, 백날째에 온다. 홀숫날[과

포크라테스와 히포크라테스 같은 유형의 의학은 고비를 강요받는 날짜 내지 고비가 가능한 날짜에 입각해 병을 특징짓는 방식으로 병에 대한 기술記述을, 즉 징후학적 기술이라고는 말할 수 없는 그런 기술을 행하게 되는 것입니다. 따라서 고비는 병에 내재하는 하나의 특징입니다.

하지만 고비는 포착해야 할 기회이기도 합니다. 고비는 소위 그리스의 점술에서 적절한 날짜로 간주되던 것을 일컫습니다.29) 싸움을 개시해서는 안 되는 날짜가 있었던 것처럼 고비가 일어나서는 안 되는 날짜가 있었습니다. 그리고 적절한 날에 싸움을 개시하지 않는 쓸모없는 장군이 있었던 것처럼 적절하지 않은 날에 고비를 일으키는 병자 내지 병이 있었죠. 그 결과 나쁜 고비, 즉 필연적으로 병을 바람직하지 않은 방

관련된 병으로 판정되는 질환의 첫 주기는 사흘째에 오고, 이어서 차례로 닷새째, 이레째, 아흐레째, 열하루째, 열이레째, 스무하루째, 스무이레째, 서른하루째에 온다. 이 주기에서 벗어나 발생하는 고비는 이 질병의 재발을 가리킨다는 것, 심지어 어떤 경우에는 환자의 죽음을 가리킨다는 것을 명심해야 한다. 병의 이런 시기에 주의하고 기억해둬야 하는데, 왜냐하면 사느냐 죽느냐, 혹은 적어도 호전되거나 악화되는 데에 이 고비는 결정적으로 중요하기 때문이다"(I, 3e section, §12). Hippocrate, "Épidémies," *Œuvres complètes*, t.II, ibid., 1840, pp.679~681. [윤임중 옮김, 「유행성 질병(제1권)」, 『의학 이야기』, 서해문집, 1998, 144~145쪽.]

29) 신탁을 듣기에 적합한 날인지를 결정하는 것에 대해서는 다음을 참조하라. Pierre Amandry, "Fréquence des consultations"(chap.VII), *La Mantique apollinienne à Delphes: Essai sur le fonctionnement de l'oracle*, Paris: E. de Boccard, 1950, pp.81~85. 그리스어에서 '점술'이라는 단어는 "신탁을 말하다," "신탁에 따라 추측하다," "점쟁이(μάντις)로서 행동하다" 등의 의미를 갖는 동사 μαντεύεσθαι로부터 파생된 것이다. 이 '점술'에 관해서는 오래되기는 했지만 다음의 저작이 여전히 기본적인 문헌으로 간주되고 있다. Auguste Bouché-Leclercq, *Histoire de la divination dans l'Antiquité*, 4 vol., Paris: Leroux, 1879~82. 다음의 문헌들도 참조하라. William Reginald Halliday, *Greek Divination: A Study of Its Methods and Principles*, London: Macmillan, 1913; Jean Defradas, "La divination en Grèce," *La Divination*, t.I, dir. André Caquot et Marcel Leibovici, Paris: PUF, 1968, pp.157~195; Flacelière, *Devins et Oracles grecs*, pp.49~83; Jean-Pierre Vernant, éd., *Divination et Rationalité*, Paris: Seuil, 1974.

향으로 진행시키는 고비가 일어납니다. 바람직한 순간에 고비가 일어난다고 언제나 바람직한 결과가 야기된다고는 할 수 없지만, 일종의 추가적인 방식으로 병이 악화되는 것이죠. 이렇게 고비는 병에 내재하는 특징임과 동시에 포착해야 할 기회, 거기로 사건이 미끄러져 들어가야 할 의례적 리듬이기도 한 그런 것으로서 작용하는 것입니다.

그런데 고비가 일어날 때 병은 그 진실 속에서 모습을 드러냅니다. 즉 고비는 그저 불연속적인 시기인 것만이 아니라 바로 거기서 병이, 자신 안에 감춰진 진실을 '폭로'하는 것이 아니라 자신에게 고유한 진실, 자신에게 내재하는 진실인바 속에서 산출되는 시기이기도 하다는 것입니다. 고비가 일어나기 전까지 병은 이것일 수도 저것일 수도 있습니다. 솔직히 말해 그건 그냥 아무것도 아닙니다. 고비는 소위 진실로 생성되고 있는 병의 현실입니다. 그리고 바로 그때 의사가 개입해야 합니다.

실제로 고비의 기술에서 의사의 역할은 도대체 어떤 것일까요? 의사는 고비를 병에 대해서 자신의 영향력을 행사할 수 있기 위한 간접적 통로, 그것도 사실상 유일한 간접적 통로로 간주해야 합니다. 고비는 시간, 강도, 온화 등의 변수를 동반함으로써 의사가 개입해야 할 방식을 규정합니다.[30] 의사는 우선 고비를 예견하고 그것이 언제 일어날지를 포착해,[31] 그것이 어느 날에 일어날지 정확히 예상해야 합니다. 그런 연후에 의사는 병을 격파하기 위한 싸움,[32] 즉 자연이 병을 제압하기 위한 싸

30) 히포크라테스는 "고비의 날(des jours critiques)이 찾아오는 규칙을 관찰해 예후의 요소들을 끌어내는" 능력을, "의학 기법의 중요한 일부"로 여기는데, "그것을 앎으로써 어느 환자에게 언제 어떤 식생활을 취하게 해야 하는지도 알 수 있다"(III, 3e section, §16), Hippocrate, "Épidémies," *Œuvres complètes*, t.III, ibid., p.103.

31) "내가 보기에 최고의 의사는 미리 알 수 있는 자이다. …… 의사는 자신이 현재 상태의 도움으로 앞으로의 상태를 예견할 수 있는 질병을 더 잘 치료할 수 있을 것이다"(§1). Hippocrate, "Pronostic," *Œuvres complètes*, t.II, ibid., p.111.

32) 히포크라테스 자신의 용어에 따르면, 의사의 임무는 "그 기술을 통해 각각의 우발 징후에 맞서는(ανταγονισασθαί)" 것이다. Hippocrate, "Pronostic," p.111. 혹은

움을 시작하게 됩니다. 즉 어떤 의미에서는 자연의 활력을 강화하는 것이 의사의 역할이라는 것입니다. 하지만 자연의 활력을 강화하는 데는 주의가 필요합니다. 만약 병과 싸우는 자연의 활력을 지나치게 강화한다면 그때 그 결과로서 어떤 일이 일어날까요? 그때 병은 소위 기진맥진해져서 충분한 힘을 갖고 있지 않기 때문에 투쟁을 시작하지 않게 되고, 그 결과 고비가 일어나지 않게 된다는 것입니다. 그리고 만약 고비가 일어나지 않으면 유해한 상태가 오래 지속되게 된다는 것입니다. 따라서 충분한 균형이 유지되도록 해야 합니다. 또 만약 자연이 너무 강화되어서 자연이 너무 격하고 강력해지면 자연이 병을 추방하는 움직임이 지나치게 폭력적이게 될 것입니다. 그리고 바로 그런 폭력 속에서 환자는 자연이 병에 미치는 힘 그 자체 때문에 목숨을 잃을 우려가 있다는 것입니다. 따라서 병을 너무 약화시켜서도 안 된다는 것입니다. 왜냐하면 병이 말하자면 고비를 피해가게 되어버릴 수도 있으니까요. 또 자연을 너무 강화시켜서도 안 됩니다. 왜냐하면 그때에는 고비가 너무 폭력적이 되어버리기 때문이죠. 따라서 아시다시피 의사는 이런 고비의 테크놀로지에서 치료적 개입을 행하는 자라기보다는 고비의 관리인, 중재자로서 나타납니다.* 의사는 고비를 예견하고 눈앞에 있는 힘이 어떤 것인지를 알고, 고비에 어떤 결말이 있을 수 있을지를 상상해 고비가 적절한 날에 일어나도록 조정해야 합니다. 의사는 고비가 어떻게 그 전조를 보이는지, 그것이 어느 정도의 힘을 동반하는지 보고, 천칭의 각 저울판에 딱 필요한 만큼의 수정을 가하고, 고비가 알맞은 방식으로 전개되도록 해야 합니다.

"만약 병의 원인을 알고 있다면, 신체에 도움이 되는 것을 주고 병에 대항[ἐκ τοῦ ἐναντίου ἐπιστάμενος]할 수 있을 것이다." Hippocrate, "Des Vents, I," *Œuvres complètes*, t.IV, ibid., p.93. 번역은 J. L.이 수정했다.

* 강의원고에는 다음과 같이 덧붙여져 있다. "여러 현상들을 관찰하는 역할보다는 규칙을 준수하는 역할."

그리고 아시다시피 그리스 의학에서 고비의 기술은 그 일반적 형태에서 사법적 분쟁을 다루는 재판관이나 중재자의 기술과 다르지 않았습니다. 이런 시련의 기술에는 형사적 분쟁에도 의학적 실천에도 적용가능한 일종의 방법적이면서 정치적인 모델 내지 모형이 있습니다. 게다가 의학적 실천에는 사법적 실천에서도 역시 발견되는 일종의 추가적 복잡함이 있습니다. 그것은 다음과 같은 것입니다. 아시다시피 의사는 치유를 행하는 자라고 할 수도 없고 병과 직접 대결하는 자라고 말할 수조차 없습니다. 왜냐하면 병과 대결하는 것은 자연이기 때문입니다. 의사는 고비를 예견하고 눈앞의 힘을 측정하고 힘의 작용 혹은 힘의 관계를 약간 수정하려고 시도해 그것을 통해 자연이 성공한다면 자신도 성공하게 됩니다. 그리고 이런 조정자의 역할을 하는 자로서 이번에는 의사가 투쟁을 전담한 그 방식을 통해 심판받습니다. 고비라는 말이 애초에 '심판한다'[33]는 뜻을 갖는다는 사실을 근거로 삼아 말한다면, 병이 고비의 날에 심판받는 것처럼 말입니다. 이렇게 해서 의사는 병에 대한 승자 혹은 패자로서 그 역할을 끝마치게 되는 것입니다.

이런 의사의 투쟁은 자연과 병의 투쟁에 비해 이차적 투쟁입니다. 의사는 내적인 법과 관련해, 그러나 마찬가지로 다른 의사들과 관련해서도 승자 혹은 패자로서 투쟁을 마치게 됩니다. 여기서도 다시 사법적 모델로 돌아가보죠. 잘 아시다시피 재판관은 우선 심판을 잘못 내릴 경우 그 자격을 박탈당하고, 이번에는 자기 자신이 하나의 소송에 내몰려, 그

33) 사법 용어에서 차용된 'krisis'라는 말은 의학에서 "병이 죽음 혹은 삶으로 판정되는[κρινεταί]" 결정적 순간을 지시하기 이전의 '판단,' '결정'이라는 의미를 갖는다(21-220, 9). Hippocrate, "Des Affections internes," *Œuvres complètes*, t.VII, ibid., p.217. 더 나아가 『유행병』 제1권에는 "어떤 사람들에게 …… 병은 고비를 통해 판정됐다"(I, 2e section, §4)고 되어 있다. Hippocrate, "Épidémies," t.II, p.627. 의사의 경우에는 그의 개입이 시의적절한지 여부에 따라 판정된다(I, 5). Hippocrate, "Des Maladies," pp.147~151.

속에서 승자 혹은 패자가 될 수 있었습니다. 그리고 적대자들 사이에서, 투쟁의 법과 재판관 사이에서 행해지는 그런 종류의 대결은 소위 공적인 것이었습니다. 이 이중적 투쟁은 언제나 공개적인 성격을 갖고 있었다는 것입니다. 그런데 의사의 진찰은 히포크라테스로부터 몰리에르의 작품에 나오는 의사들에 이르기까지, 하지만 그 의미나 위상에 대해서는 다소간 고찰이 필요한 이 의사들에 이르기까지 언제나 복수의 의사들에 의해 행해지고 있었습니다.[34] 즉 거기서는 자연과 병의 대결, 병에 대항하는 자연의 투쟁에 관한 의사의 대결임과 동시에, 의사와 다른 의사들 간의 대결이기도 한 그런 대결이 행해진다는 것입니다.

의사들은 서로 마주보고 각자의 방식으로 고비가 언제 일어날지, 고비의 본성은 어떤 것인지, 그 결말은 어떨지 예측했습니다. 갈레누스가 어떻게 자신이 로마에서 성공했는지 설명하기 위해 말한 유명한 장면은, 그것이 얼마나 자기옹호적인 것이든지 간에, 의사의 지위를 확립하는 이런 종류의 방식이 어떤 것인지 매우 잘 보여주고 있다고 저는 생각합니다. 그것은 소아시아의 무명 의사로서 로마에 도착해 환자 한 명을 둘러싼 일종의 의학적 대결에 참가하는 젊은 갈레누스의 이야기입니다. 모든 의사가 이러쿵저러쿵 예측할 때 갈레누스는 병을 앓는 젊은이를 바라보며 이렇게 이야기합니다. 당신은 조만간 고비를 일으킬 것이다, 그 고비는 코피이고, 그 피는 오른쪽 콧구멍에서 흘러나올 것이다. 그런

34) 몰리에르(1622~1673)의 희곡에서 의학과 관련된 장면을 참조하라. (1) 1665년 9월 14일 초연된 『사랑이라는 의사』(*L'Amour médecin*) 중에서 의사 네 명이 등장하는 2막 2장, 이들이 진료를 하는 3~4장. (2) 1669년 10월 6일 초연된 『푸르소냑 씨』(*Monsieur de Pourceaugnac*) 중에서 의사 두 명과 약제사 한 명이 나오는 1막 7~8장. (3) 1673년 2월 10일 초연되고 몰리에르 사후인 1682년 출판된 『상상병 환자』(*Le Malade imaginaire*) 중에서 2막 5~6장과 3막 5장. Molière, *Œuvres complètes*, t.II, éd. Maurice Rat, Paris: Gallimard, 1947, pp.14~25, 141~120, 845~857, 871~873. 다음도 참조하라. François Millepierres, *La Vie quotidienne des médecins au temps de Molière*, Paris: Hachette, 1964.

데 그것이 실제로 일어나고, 갈레누스에 따르면 자기 주위에 있던 모든 의사들이 차례로 그 자리에서 사라졌다는 것입니다.[35] 이렇게 병을 둘러싼 승부는 의사들 사이의 승부이기도 했던 것입니다.

환자에 대한 의사의 전유, 가정의의 확증, 의사로부터 환자로의 일방적인 언어, 이것들은 의학의 경제적이고 사회학적이며 인식론적인 일련의 변환에 의해 야기된 효과입니다. 이에 비해 고비를 주요 요소로 삼았던 시련의 의학에서는 의사들 간의 대결이 자연과 병의 대결과 동일한 정도로 본질적이었죠. 반복하자면 의학은 연금술과 달리 자신과 인접하고 교차하며 뒤얽혀 있던 과학적 지식의 발달과 전혀 관계가 없었던 것은 아니지만, 그 실천 내에서는 여전히 오랫동안 시련으로서의 진실, 사건으로서의 진실의 테크놀로지가 발견된다는 것입니다.

이에 관해 하나만 더 말씀드리죠. 또 다른 계열의 테크놀로지, 즉 진실의 논증적 테크놀로지는 물론 의학의 예에서도 발견되는 것처럼, 일종의 포괄적 전환 같은 형태로 단번에 확장된 것이 아닙니다. 그런 확장이 천문학과 의학, 사법의 실천과 식물학에서와 같은 방식으로 일어난 것도 아닙니다. 하지만 대략적으로 이렇게 말할 수 있을 것 같네요. 요

---

35) 129년 페르가몬에서 태어나 169년부터 200년경에 사망하기까지 로마에 머무른 갈레누스가 162년 가을부터 166년 여름까지 로마에서 처음 체류했을 때의 일화이다. Galenus, "De Praecognitione"[178], *Opera Omnia*, t.XIV, éd. et trad. latine Carolus Gottlob Kühn, Lipsiae in officina C. Cnoblochii, 1827, pp.666~668 (§ 13). 이후 비비안 누턴이 이 저작을 편집·영역했다. *On Prognosis: Corpus Medicorum Graecorum*, V, 8, 1, ed. and trans. Vivian Nutton, Berlin: Akademie-Verlag, 1979, pp.135~137. 갈레누스와 로마 의학계의 관계에 대해서는 다음을 참조하라. Joseph Walsh, "Galen Clashes with the Medical Sects at Rome (163 AD)," *Medical Life*, vol.35, 1928, pp.408~444. 갈레누스의 의료 행위로는 다음의 글을 참조하라. Johannes Ilberg, "Aus Galens Praxis: Ein Kulturbild aus der römischen Kaiserzeit," *Neue Jahrbücher für das klassische Altertum*, vol.15, Leipzig: Teubner, 1905, pp.276~312; Vivian Nutton, "The Chronology of Galen's Early Career," *The Classical Quarterly*, vol.23, 1973, pp.158~171.

컨대 적어도 경험적 지식에 관한 한, 진실의 테크놀로지를 둘러싼 그런 변환에 두 절차가 그 지지대 역할을 했다고 말입니다.

제 생각에 사건으로서의 진실의 테크놀로지가 논증으로서의 진실로 이행한 것은 한편으로는 조사의 정치적 절차의 확장과 연관되어 있습니다. 조사, 보고, 여러 사람들의 증언, 정보의 대조, 권력의 중심에서 말단으로 향하고 다시 중심으로 되돌아오는 지식의 순환, 대조에 의한 검증, 이 모든 것이 서서히, 조금씩 일대 역사를 통해 산업 사회의 정치적·경제적 권력의 도구를 구성해왔습니다. 거기로부터 조사의 기술들이 일상적으로 적용되던 요소들 자체 내부에서 세련화되고 조밀하게 격자화되는 결과가 발생하게 됩니다. 대체로 그런 세련을 통해 일어난 일은, 중세에 본질적으로 징세적 유형을 취하던 조사로부터 경찰적 유형을 취하는 조사로의 이행입니다. 즉 필요한 것을 징발하기 위해 누가 무엇을 수확하고 무엇을 소유하고 있는지 알려고 했던 징세적 유형의 조사로부터 사람들의 행동양식, 생활방식, 사고방식, 성생활 방식 등과 관련된 경찰적 유형의 조사로 이행했다는 것입니다. 징세적 유형의 조사로부터 경찰적 유형의 조사로 이행한다는 것, 중세의 권력이 알고 있던 유일한 개인성인 징세적 유형의 개인성으로부터 출발해 경찰적 유형의 개인성이 구성된다는 것, 이 모든 것은 우리 사회와 같은 한 사회에서 조사의 기술이 긴밀화되는 것을 분명하게 보여주고 있습니다.[36)]

---

36) 이 구절은 '조사'에 관한 푸코의 많은 고찰에 호응한다. 우선 1971~72년 콜레주드프랑스 강의의 앞 부분은 중세에서의 조사와 그 발전을 다루고 있다. Foucault, "Théories et institutions pénales," pp.390~391. 또한 1972~73년 콜레주드프랑스 강의 『처벌사회』에서 푸코는 '조사의 지식'의 구성에 대해 재검토한다(1973년 3월 28일)[본서 4강(1973년 11월 28일)의 각주 14번 참조]. 더 나아가 교황청립가톨릭대학교에서의 세 번째 강의에서도 이 문제가 다뤄진다. Foucault, "La vérité et les formes juridiques,"pp.581~588. 1975년에 푸코는 사건의 형태로서 '시련으로서의 진실'이, 인식의 형태로서 '인증으로서의 진실'에 의해 예속지배되는 절차에 대해 다시 검토하게 된다. "La maison des fous," pp.696~697.

또 그냥 단순히 그 장에서의 긴밀화만이 있었던 것이 아니라 세계 전체로 확대되는 지구 규모의 확장이 있었습니다. 이중적인 예속지배가 있었습니다. 요컨대 개인의 몸짓, 신체, 사유에까지 침투해 기생하게 되는 심층적 예속지배와 영토와 표면 수준에서 일어나는 예속지배가 있었습니다. 중세 말 이래로 전지구상에 일반화된 조사가 행해지게 됐으며, 또 사물·신체·몸짓의 가장 세세한 부분에 이르기까지 조사가 전면화됐다고 말할 수 있을 것입니다. 요컨대 조사 절차의 대대적인 기생이 발생했다는 것입니다. 매 순간, 세계의 모든 장소에서, 모든 사물과 관련해 진실의 문제를 제기할 수 있고, 또 제기해야 한다는 것입니다. 도처에 진실이 있고 진실은 도처에서 우리를 기다리고 있으며, 항시 모든 장소에서 우리를 기다리고 있다는 것입니다. 아주 도식적이긴 하지만, 사건으로서의 진실의 테크놀로지가 확증으로서의 진실의 테크놀로지로 전환되게 만든 대대적인 절차는 이상과 같습니다.

또 하나의 절차는 일종의 역방향의 절차, 즉 항시 도처에 존재하는 것으로서의 진실을 희소하게 조정하는 것[……]*입니다. 하지만 이 희소화는 진실의 출현이나 산출에 관련된 것이 아니라, 진실을 발견할 수 있는 사람들에 관련된 것입니다. 보편적 진실, 언제 어느 곳에나 존재하는 진실, 모든 사항에 관해 어떤 조사를 통해서건 추적하고 발견할 수 있고 그렇게 해야만 하는 그런 진실은 확실히 어떤 의미에서 만인의 손이 미치는 곳에 있습니다. 하지만 항시 도처에 있는 그런 진실은 누구라도 접근가능한 그런 진실이긴 하지만, 그럼에도 불구하고 역시 그것을 얻기 위해서는 일정한 조건이 필요하다는 것입니다. 즉 진실이란, 어디에나 있지만 언제나 깊이 묻혀 있고 접근하기 어려운 것이기 때문에, 이런 진실에 접근하기 위해서는 언제나 사유의 형식과 기술을 획득해야 한다는 것입니다.

* 녹음기에는 "~이라고 부를 수 있는 것"(on pourrait l'appeler)이라고 기록되어 있다.

따라서 물론 그런 보편적 진실의 보편적 주체가 있게 됩니다. 하지만 그것은 추상적 주체입니다. 왜냐하면 구체적으로는 그런 진실을 파악할 수 있는 보편적 주체가 드물기 때문이죠. 교육이나 선발과 관련된 몇몇 절차를 통해 자격을 부여받은 주체여야 할 테니까요. 대학, 학회, 규범적 교육, 학파, 연구소, 전문화 장치나 자격부여 장치 같은 모든 것은 과학에 의해 보편적인 것으로 인정된 하나의 진실과 관련해 그것에 접근가능한 사람들의 희소성을 조정하는 하나의 방식인 것입니다. 보편적 주체라는 것은 모든 개인의 추상적 권리가 될 것입니다. 하지만 구체적인 의미에서 보편적 주체라는 것은 필연적으로 그런 주체로 기능해야 할 몇몇 희귀한 개인에 대한 자격부여를 함의하게 됩니다. 18세기 이래로 서구의 역사 속에서 철학자, 과학자, 지식인, 대학교수, 연구소 등이 나타난다는 것은 과학적 진실의 조정이 확장되는 것과 직접적인 상관관계를 갖고 있으며, 이제 항시 도처에 현전하고 있는 하나의 진실을 알 수 있는 자의 희소화와 정확히 상응하고 있습니다. 제가 말씀드리고 싶었던 것은 이상과 같은 것입니다. 그럼 이것이 광기와 어떻게 관계를 맺게 되는지의 문제에 대해 이제부터 고찰해보도록 하죠.

⚜

방금 전에 말씀드린 대로, 의학 일반에서 고비 개념은 18세기 말에 사라집니다. 이 개념은 프리드리히 호프만 이후[37] 개념으로서 사라질 뿐만 아니라 의학적 기술을 조직하는 지점으로서도 사라집니다. 이 개념은 왜 사라지는 것일까요? 제 생각에 그것은 일반적 도식의 형식으로 방금 보여드린 이유, 즉 다른 모든 사항과 마찬가지로 병과 관련해서도

37) 18세기 후반이라 할 수 있다. 왜냐하면 고비의 날이라는 개념과 관련해 유보적인 태도를 취했음에도 불구하고 고비 이론을 계속 믿었던 호프만이 1742년에 사망했기 때문이다. Daremberg, *Histoire des sciences médicales,* t.II, p.929.

조사 중심의 공간과 격자화가 조직됐기 때문입니다.[38] 그리고 인구집단에 대한 일반화된 감시가 확보되고, 원칙적으로 모든 개인에 대한 건강조사를 실시할 수 있게 된 것은 특히 18세기 유럽에서 병원과 의학이 정비됐기 때문입니다.[39] 병원은 또한 살아 있는 개인의 신체와 특히 그

---

38) 이런 격자화가 이뤄지게 되는 것은 유행병과 풍토병 관련 정보를 수집하기 위해 보건위생과 관련된 행정상의 연락이 지방관들 사이에서 조직화되고부터이다. 이런 격자화는 안-로베르-자크 튀르고의 주장에 따라 1776년 4월 29일에 '왕립의학연락협회'가 창설됨과 동시에 제도로서 확립된다. 이 '왕립의학연락협회'는 1778년 8월 28일에 '왕립의학협회'가 되고 1794년에 사라질 때까지 유행병과 동물유행병 연구를 담당하게 된다. Caroline Hannaway, "The Société Royale de Médecine and Epidemics in the Ancient Regime," *Bulletin of the History of Medicine*, vol.46, no.3, 1972, pp.257~273. 이 [단체가 행한] 연구에 대해서는 다음을 참조하라. Jean Meyer, "Une enquête de l'Académie de médecine sur les épidémies (1774-1794)," *Annales ESC*, 21e année, no.4, août 1966, pp.729~749; Henri Dupin et Louis Massé, "Une enquête épidémiologique à péripéties multiples: L'étude de la pellagre," *Revue d'épidémiologie, médecine sociale et santé publique*, vol.XIX, no.8, 1971, pp.743~760; Jean-Pierre Peter, "Une enquête de la Société Royale de Médecine: Malades et maladies à la fin du XVIIIe siècle," *Annales ESC*, 22e année, no.4, juillet-août 1967, pp.711~751; "Les mots et les objets de la mala-die: Remarques sur les épidémies et la médecine dans la société française de la fin du XVIIIe siècle," *Revue historique*, no.499, 1971, pp.13~38; Jean-Paul Desaive, Jacques-Philippe Goubert, et Emmanuel Le Roy Ladurie, *Médecins, climats et épidémies à la fin du XVIIIe siècle*, Paris: Mouton, 1972. 이 문제를 다루고 있는 푸코의 다음 책도 참조하라. Michel Foucault, "Une conscience politique"(chap.II), *Naissance de la clinique: Une archéologie du regard médical*, Paris: PUF, 1963, pp.21~36. [홍성민 옮김, 『임상의학의 탄생』, 이매진, 2006, 57~78쪽.]

39) 병원의 정비와 의학적 관리감독의 출현에 대해서는 다음을 참조하라. George Rosen, "Hospitals, Medical Care and Social Policy in the French Revolution," *Bulletin of the History of Medicine*, vol.30, no.1, 1956, pp.124~149; *From Medical Police to Social Medicine: Essays on the History of Health Care*, New York: Science History Publications, 1974, pp.220~245. 재수록; *A History of Public Health*, New York: MD. Publications, 1958; "Mercantilism and Health Policy in Eighteenth-Century French Thought," Medical History, vol.III, october 1959, pp.259~277; *From Medical Police to Social Medicine*, pp.201~219. 재수록;

시체를 병에 통합하는 것도 가능케 합니다.[40] 다시 말해 18세기 말에 인구 집단에 대한 일반화된 감시가 행해지게 된 것과 동일한 시기에, 병과 해부된 신체를 관계지을 수 있는 구체적 가능성이 획득된 것입니다. 병리해부학의 탄생과 동시에 통계학적 의학, 다수의 사람들을 대상으로 하는 의학의 출현[41]을 통해, 즉 병을 시체에 투사함으로써 명확한 인과관계가 지적됨과 동시에 인구 집단의 총체를 감시할 가능성이 획득됨으로써 19세기 의학의 두 거대한 인식론적 도구가 획득되는 것입니다. 그 이래로 확증과 논증의 테크놀로지가 획득되고, 그럼으로써 고비의 기술은 점차 불필요하게 됐음에 틀림없습니다.

Muriel Jeorger, "Les enquêtes hospitalières au XVIIIe siècle," *Bulletin de la Société française d'histoire des hôpitaux*, no.31, 1975, pp.51~60; "La structure hospitalière de la France sous l'Ancien Régime," *Annales ESC*, 32e année, no.5, septembre-octobre 1977, pp.1025~1051; Marie-José Imbault-Huart, "L'hôpital, centre d'une nouvelle médecine (1780-1820)," *Zusammentrang Festschrift für Marilene Putscher*, t.II. Köln: Wienand, 1984, pp.581~603. 푸코는 이 문제에 대해 여러 번 언급했다. Foucault, "La leçon des hôpitaux"(chap.V), *Naissance de la clinique*, ibid., pp.63~86. [『임상의학의 탄생』, 119~154쪽]; "La politique de la santé au XVIIIe siècle," *Les Machines à guérir: Aux origines de l'hôpital moderne: Dossiers et documents*, Paris: Institut de l'Environnement, 1976, pp.11~21; *Dits et Écrits*, t.3: 1976-1979, ibid., pp.13~27. 재수록. 푸코는 1974년 10월 리우데자네이루 국립대학교 사회의학연구소에서 의학의 역사에 대해 행한 첫 번째와 세 번째 강연에서 이 문제를 다시 다룬다. Michel Foucault, "Crise de la médecine ou crise de l'antimédecine," "L'incorporation de l'hôpital dans la technologie moderne," *Dits et Écrits*, t.3: 1976-1979, ibid., pp.50~54, 508~521.

40) Foucault, "Ouvrez quelques cadavres"(chap.VIII), *Naissance de la clinique*, ibid., pp.125~149. [『임상의학의 탄생』, 211~243쪽]; Erwin H. Ackerknecht, *La Médecine hospitalière à Paris (1794-1848)*, trad. Françoise Blateau, Paris: Payot, 1986, pp.209~214. [본서 8강(1974년 1월 9일)의 각주 38번 참조.]

41) 푸코는 이 점을 리우데자네이루국립대학교 사회의학연구소에서의 두 번째 강연에서 상술한다[앞의 각주 39번 참조]. Michel Foucault, "La naissance de la médecine sociale," *Dits et Écrits*, t.3: 1976-1979, ibid., pp.212~215. 또한 다음을 참조하라. George Rosen, "Problems in the Application of Statistical Knowledge Analysis to

그렇다면 정신의학에 도대체 무슨 일이 일어난 것일까요? 제 생각에 거기서는 아주 흥미로운 일이 일어나는데요, 우선 한편으로 정신병원은 일반 병원과 마찬가지로 고비를 없애버리는 쪽으로 나아갈 수밖에 없습니다. 정신병원은 다른 모든 병원과 마찬가지로 조사와 시찰의 공간이고 조사 중심의 장소이지 이와 같은 진실의 시련이 필요한 공간이 전혀 아닙니다. 진실의 시련이 필요하지 않을 뿐만 아니라 애초부터 진실이 전혀 필요하지 않다는 것, 즉 시련의 기술을 통해 획득되는 진실도, 논증의 기술을 통해 획득되는 진실도 전혀 필요하지 않은 공간이라는 것을 저는 보여드리려고 했습니다. 게다가 그 이상의 일이 있습니다. 솔직히 말해서 광기와 광인의 행동양식에서의 사건인 고비는 필요하지 않을 뿐만 아니라 배제되어버리기도 합니다. 왜 배제되는 것일까요? 주로 세 가지 이유에서인 것 같습니다.

첫째, 병원이 바로 규율체계로서 기능한다는 사실 때문에 고비가 배제됩니다. 즉 어떤 종류의 규칙에 따르고 어떤 종류의 질서를 예정하며 어떤 종류의 체제를 부과하는 그런 체계에서는, 자기 자신으로부터 출발해 맹위를 떨치는 것으로서의 광기의 고비가 배제된다는 것입니다. 게다가 정신요양원의 규율에서 주요한 명령, 주요한 기술은 다음과 같은 것이었습니다. 즉 광기를 생각하지 마시오 …… 광기를 생각하지 말고 다른 것을 생각하시오, 독서하고 일하고 밭으로 가되, 당신의 광기는 생각하지 마시오.[42] 자신의 정원을 가꾸는 대신에 원장의 정원을 가꾸

Questions of Health (1711-1880)," *Bulletin of the History of Medicine*, vol.29, no.1, 1955, pp.27~45; Major Greenwood, *Medical Statistics from Graunt to Farr*, Cambridge: Cambridge University Press, 1948.

42) 이를테면 조르제는 자신의 저서에서 "첫 번째 원칙은 정신이상자의 정신을 결코 망상으로 향하지 않도록 하는 것이다"라고 말한다. Étienne-Jean Georget, "Traite-ment de la folie"(chap.V), *De la folie: Considérations sur cette maladie*, Paris: Crevot, 1820, p.280. 또한 프랑수아 뢰레는 "환자를, 망상에 관해서는 침묵시키고 다른 일에 종사하도록 해야 한다"고 언명한다. François Leuret, *Du traitement*

시오. 소목장이 일을 해서 생활비를 벌되 당신의 병을 생각하지 마시오 등. 즉 정신요양원의 규율공간은 광기의 고비에 장소를 제공할 수 없다는 것입니다.

두 번째로 정신요양원의 실천에서 대략 1825년 무렵부터 행해지게 된 병리해부학에의 지속적인 의존이, 고비를 이론적으로 거절하는 역할을 했습니다.[43] 확실히 전신성 마비의 경우를 제외하고는 정신질환의

---

moral de la folie, Paris: J.-B. Baillière, 1840, p.120. 이런 '기분전환의 원칙'에 대해서는 본서 5강(1973년 12월 5일)의 각주 6번을 참조하라.

43) 이를테면 장-피에르 팔레는 자신의 저서에 부치는 서문(1853년 9월)에서 병리해부학적 탐구에 의지하도록 장려하고 있다. "우리 의사들의 교의에 반해 우리는, 다른 사람들처럼 해부학으로 향하는 흐름에 이르렀다. 당시 해부학은 의학의 진정한 토대라고 생각되고 있었던 것이다……. 정신이상자들에게서 관찰되는 현상들의 근본적 원인을 부여할 수 있는 것은 병리해부학뿐이라는 것을 우리는 곧 확신하기에 이르렀다." Jean-Pierre Falret, *Des maladies mentales et des asiles d'aliénés*, Paris: J.-B. Baillière, 1864, p.V. 샤랑통에서는 병리해부학적 탐구가 발달하고 그에 기초해 다음의 문헌들이 남겨지게 된다. Jean-Baptiste Delaye, *Considération sur une espèce de paralysie qui affecte particulièrement les aliénés*, Th. Méd. Paris, Paris: Didot, 1824. (이것은 장-에티엔 도미니크 에스키롤 밑에서 일하던 장-바티스트 들레[1789~1879]의 박사 논문으로서, 1824년 11월 20일에 심사를 통과했다); Louis-Florentin Calmeil, *De la paralysie considérée chez les aliénés: Recherches faites dans le service de feu M. Royer-Collard et de M. Esquirol*, Paris: J.-B. Baillière, 1826. (이것은 앙투안-아타나즈 루와이에-콜라르 밑에서 연수의로 일했고 1805년에 샤랑통의 의사장이 되는 카메이가 1825년 사망한 직후 출판된 저작이다); Antoine Laurent Jessé Bayle, *Recherches sur les maladies mentales: Recherches sur l'arachnitis chronique, la gastrite, la gastro-entérite et la goutte considérées comme causes de l'aliénation mentale*, Th. Méd. Paris, Paris: Didot, 1822. 앙투안 로랑 제스 벨르는 1817년 10월부터 루와이에-콜라르 밑에서 근무하고, 해부학적 탐구를 계속한 뒤 1822년에 이 저서를 집필했다. 1826년에는 다음의 저서를 집필했다. *Traité des maladies du cerveau et de ses membranes*, Paris: Gabon, 1826. 또한 다음을 참조하라. Jean-Étienne Dominique Esquirol, "Mémoire historique et statistique sur la Maison Royale de Charenton"(1835), *Des maladies mentales considérées sous les rapports médical, hygiène, et médico-légal*, t.II, Paris: J.-B. Baillière, 1838, pp.698~700(§Ouvertures de corps). 살페트리에르 관련 문헌은 다

신체적 원인을 상정하거나 지정할 수 있게 하는 것은 아무것도 없었습니다. 하지만 사체해부의 실천은 꽤 많은 병원에서 적어도 규칙적으로 행해지고 있었습니다. 제 생각에 이 실천은 결국 무엇보다도 다음과 같은 것을 말해주는 것이었습니다. 요컨대 만약 광기의 진실이 존재한다면, 그 진실은 결코 광인들이 말하는 것 내에 존재하는 것이 아니라, 그들의 신경과 그들의 뇌 속에 존재할 수밖에 없다고 말입니다. 그런 한에서 진실의 시기로서의 고비, 광기의 진실이 분명하게 드러나는 시기로서의 고비는 병리해부학에의 호소를 통해 인식론적으로 배제됩니다. 아니 오히려 제 생각에 병리해부학은 인식론적인 가면이었고, 이 가면의 배후에서 고비의 존재를 거부하거나 부정하거나 진압할 수 있게 된 것입니다. 너를 팔걸이 의자에 묶을 수도 있고, 네가 말하는 것을 듣지 않을 수도 있는데, 왜냐하면 네 광기의 진실을 우리는 네가 죽었을 때 병리해부학에게 물어볼 수 있기 때문이야, 라고 말이죠.

마지막으로 고비가 거부된 세 번째 이유는, 광기와 범죄 간의 관계 문제를 둘러싼, 제가 이제껏 언급하지 않았던 절차와 관련이 있습니다. 실제로 1820~25년 이래로 법정에서는 아주 흥미로운 절차가 발견됩니다. 그것은 요컨대 의사들이 검찰관 내지 재판장에게 의뢰받은 적이 결

음과 같다. 1823년 12월 6일 팔레는 의학원(Athénée de médecine)에서 자신의 연구 결과를 발표했다. Jean-Pierre Farlet, *Inductions tirées de l'ouverture des corps des aliénés pour servir au diagnostic et au traitement des maladies mentales*, Paris: Bibliothèque Médicale, 1824; Georget, "Recherches cadavériques: Études de l'anatomie pathologique"(chap.VI), *De la folie*, ibid., pp.423~431. 조르제는 여기서 살페트리에르 시료원에서 사망한 정신이상자들 약 3백 명의 해부 결과를 제시한다. 아쉴-루이 포빌르 역시 해부학적 탐구에 기초해 자신의 박사 논문을 집필했으며, 펠릭스 부와쟁도 자신의 저서를 위해 해부를 실시했다. Achille-Louis Foville, *Observations cliniques propres à éclairer certaines questions relatives à l'aliénation mentale*, Th. Méd. Paris, Paris: Didot Jeune, 1824; Félix Voisin, *Des causes morales et physiques des maladies mentales, et de quelques autres affections telles que l'hystérie, la nymphomanie et le satyriasis*, Paris: J.-B. Baillière, 1826.

코 없고 변호사에게 의뢰받은 적도 거의 없는데 어떤 범죄와 관련해 자신들의 의견을 개진하고, 소위 범죄 자체를 정신질환이라고 주장하려 했던 절차입니다.[44] 모든 범죄에 대해 정신과 의사들은 그것이 병의 징후가 아닌지 물었습니다. 그렇게 해서 정신과 의사들은 편집증이라는 아주 기묘한 개념을 만들어냈습니다. 편집증은 도식적으로 말하면 이런 의미였습니다. 아무런 존재 이유도 없고 자신의 이해관계 수준에서 결코 정당화가 불가능한 범죄를 저질렀을 경우, 이 범죄를 저지른다는 바로 그 사실이, 본질이 범죄 그 자체인 듯한 하나의 병의 징후가 되는 것은 아닐까? 그것은 소위 단일한 징후를 갖는 병, 즉 범죄라는 단 하나의 징후가 개인의 일생에 단 한 번 나타나는 병이 아닐까?[45]

---

44) 이를테면 셀레스타[알자스의 슐레트슈타트(Schlettstadt)]의 어떤 언론인의 아내가 일으킨 사건(1817년 7월, 15개월된 자신의 아이를 살해하고 오른쪽 허벅지를 잘라내 그 일부를 요리해 먹은 사건)에 관해 샤를-크레티앵-앙리 마르크는 프랑수아-다니엘 라이사이센 박사의 법의학 보고를 분석한다. François-Daniel Reisseisen, "Ungewöhnlicher Fall eines Kindermordes nebst gerichtlich-medizinischer *Untersuchung desselben," Jahrbuch der Staatsarzneikunde*, Bd.11, hrsg. Johann Heinrich Kopp, Frankfurt am Main: Johann Christian Hermann, 1819, pp.56~75; Charles-Chrétien-Henri Marc, "Examen d'un cas extraordinaire d'infanticide," *De la folie considérée dans ses rapports avec les questions médico-judiciaires*, t.II, Paris: J.-B. Baillière, 1840, pp.130~146. 조르제도 많은 형사 사건을 검토했다. Étienne-Jean Georget, *Examen médical des procès criminels des nommés Léger, Feldtmann, Lecouffe, Jean-Pierre et Papavoine, dans lesquels l'aliénation mentale a été alléguée comme moyen de défense, suivi de quelques considérations médico-légales sur la liberté morale*, Paris: Migneret, 1825; *Nouvelle discussion médico-légale sur la folie ou aliénation mentale, suivie de l'examen de plusieurs procès criminels dans lesquels cette maladie a été alléguée comme moyen de défense*, Paris: Migneret, 1826. 이 의학적 전략에 대해서는 다음도 참조할 수 있다. Robert Castel, "Les médecins et les juges," in Michel Foucault, *Moi, Pierre Rivière, ayant égorgé ma mère, ma sœur et mon frère: Un cas de parricide au XIXe siècle*, Paris: Gallimard, 1973, pp. 315~331. [심세광 옮김, 「의사와 재판관」, 『내 어머니와 누이와 남동생 …… 을 죽인 나, 피에르 리비에르』, 앨피, 2008, 459~484쪽.]; Pierre Devernoix, *Les Aliénés et l'expertise médico-légale: Du pouvoir discrétionnaire des juges en matière criminelle, et*

정신과 의사들이 범죄에 왜 그런 관심을 가졌는지, 왜 범죄와 정신질환 간에 귀속관계가 있을 수 있다고 그토록 강하게, 그리고 소위 그토록 격렬하게 주장했는지에 대한 물음이 제기되어왔습니다. 물론 거기에는 몇 가지 이유가 있겠지만 저는 그 중 하나로 다음과 같은 이유가 있을 것이라 생각합니다. 요컨대 모든 범죄자가 광인일 수 있다고 증명함으로써 오히려 모든 광인이 범죄자일 수 있다는 것을 증명하는 것이, 정신의학의 권력 입장에서는 훨씬 더 중대하고 중요했다는 것입니다. 그리고 광기와 범죄의 관계를 결정하고 하나의 범죄에 하나의 광기를 결정하고 결부시키는 것, 극단적인 경우에는 모든 범죄에 광기를 확실하게 결부시키는 것, 이것은 정신의학의 권력에 토대를 부여하기 위한 수단이었습니다. 이렇게 권력에 토대를 부여하는 것은 진실이라는 관점에 입각해 진행된 것이 아니라 위험이라는 관점에 입각해 수행된 것입니다. 왜냐하면 바로 여기서 문제가 되고 있는 것은 진실이 아니기 때문입니다. 이런 식이죠. 우리는 사회를 보호하기 위해 여기 있다, 왜냐

---

des inconvénients qui en résultent, Toulouse: Ch. Dirion, 1905. 푸코는 다음에서 이 사례를 재검토한다. Foucault, *Les Anormaux*, leçon du 29 janvier et le 5 février 1975, pp.94~100, 101~126. [『비정상인들』, 4~5강(1975년 1월 29일, 2월 5일).]

45) 범죄라는 단 하나의 징후를 갖는 병에 대해 에스키롤은 이렇게 정의한다. "살인 편집증이라고 부를 수 있을 병이 존재한다. 이 병에서는 그 어떤 지적·도덕적 무질서도 관찰되지 않는다. 저항할 수 없는 힘, 극복할 수 없는 이끌림, 맹목적 충동, 이해나 동기, 착란이 없는 경솔한 결정에 의해 살인자는, 그토록 끔찍한 행위로 이끌려 가는 것이다." Esquirol, *Des maladies mentales*……, t.II, p.804. 푸코는 다음에서 이 문제를 재검토한다. Foucault, *Les Anormaux*, leçon du 2 et 12 février 1975, pp.110~113, 132~137. [『비정상인들』, 5~6강(1975년 2월 5일, 12일).] 이 개념의 역사에 관해서는 다음을 참조하라. Raphaël Fontanille, *Aliénation mentale et Criminalité (Historique, expertise médico-légale, internement)*, Grenoble: Allier Frères, 1902; Paul Dubuisson et Auguste Vigouroux, *Responsabilité pénale et Fol-ie: Étude médico-légale*, Paris: Félix Alcan, 1911; Alessandro Fontana, "Les inter-mittences de la raison," in Foucault, *Moi, Pierre Rivière*……, op. cit., pp.333~350. [심세광 옮김, 「이성의 일시적 중단」, 『나, 피에르 리비에르』, 앞의 책, 459~484쪽.]

하면 모든 광기의 핵심에는 범죄의 가능성이 각인되어 있기 때문이다. 제 생각에, 하나의 범죄에 하나의 광기 같은 어떤 것을 확실하게 결부시키는 것에는 물론, [근대적] 개인이라는 것을 취소[철회]하려는 사회적 이유도 있지만, 그 일반적 수준에서는 자신의 실천의 토대를 마련하려는 정신과 의사의 의도가 있습니다. 그것을 진실 내에 기초할 수 없기 때문에 사회보호 같은 것 위에 기초하고자 하는 정신과 의사들의 의도가 거기서 발견되는 것입니다. 따라서 정신의학의 규율체계는 본질적으로 고비를 사라지게 하는 효과를 가지고 있다고 말할 수 있습니다. 고비는 필요하지 않을 뿐만 아니라 바람직하지 않은 것이기도 합니다. 왜냐하면 고비는 위험할 수 있고 광인의 고비는 죽음을 야기시킬 수도 있기 때문입니다. 고비는 필요하지 않습니다. 병리해부학이 고비를 면제해줍니다. 그리고 질서와 규율의 체제는 고비가 바람직하지 않다고 하는 결과를 낳습니다.

하지만 이런 일이 일어남과 동시에 그와 반대되는 경향도 일어나는 것이 발견됩니다. 이것은 두 가지 이유로 설명되고 정당화됩니다. 고비가 필요하다고 간주되는 이유는 우선, 결국 규율의 체제도, 광인들에게 의무로서 부과되는 정숙도, 더 나아가 병리해부학도 정신의학적 지식이 진실 내에 자신을 기초할 수 있게 해주지 못했기 때문입니다. 그 결과, 제가 보여드리려고 했던 대로, 추가적인 권력으로서 기능하고 있던 이 정신의학적 지식이 오랫동안 공전하면서 기능해왔던 것입니다. 그 지식은 당연히 당시의 의학적 테크놀로지, 즉 확증의 테크놀로지의 규범 자체에 따라 일정한 진실의 내용을 자신에게 부여해보려 하지 않을 수 없었습니다. 하지만 그것이 불가능했고 그래서 또 다른 하나의 이유로 인해, 요컨대 실증적 이유로 인해 고비에 호소하게 됐던 것입니다.

정신의학의 지식이 진정한 의미에서 행사되는 최초의 지점, 본질적인 지점은 병을 명확히 정의하거나 특징짓거나 설명할 수 있게 하는 그런 지점이 아닙니다. 달리 말하면 이렇습니다. 의사는 징후나 환자의 고통스런 목소리에 대해 명확한 설명이나 특징화 작업을 통해 대응하는 것을 자신의 본질적 임무, 자신의 의무로 삼고 있습니다. 그래서 감별진단이 19세기 이래로 중대한 의학적 활동이 되죠. 이에 비해 정신과 의사는 이런 지점에서, 즉 환자의 요구 안에서 환자의 징후에 위상이나 특징을 부여하거나 명확히 설명하기 위해 필요해지거나 요청되는 것이 아닙니다. 정신과 의사가 필요해지는 지점은 그보다 한 단계 이전 지점, 한 층 아래의 지점입니다. 요컨대 정신과 의사는 병이 있는지 없는지를 결정하는 것이 문제가 되는 지점에서 필요해지는 것입니다. 정신과 의사에게 관건은 이 개인이 미쳤는지 아닌지의 물음에 대답하는 것입니다. 이런 물음은 자발적 수용의 경우에는 가정에 의해, 행정적 수용의 경우에는 행정기관에 의해 정신과 의사에게 던져지게 됩니다. 다만 행정기관은 이 물음을 은밀히 제기할 뿐인데, 왜냐하면 행정기관은 정신과 의사가 말하는 것을 듣지 않을 권리가 있기 때문입니다. 아무튼 정신과 의사는 이와 같은 물음의 수준에 놓이게 됩니다.

의학의 [일반적] 지식이 병의 명확한 설명의 지점, 감별진단의 지점에서 기능하는 데 비해, 정신의학에서 의학적 지식이 기능하는 지점은 광기인지 아닌지를 결정하는 지점이며, 이렇게 말해도 좋다면, 현실인가 비현실인가를 결정하는 지점인 것입니다. 그것은, 그것이 어떤 이유로 인해 광인인 척하려는 환자에 의한 허구이든, 아니면 광기의 이미지를 창조하고 원하고 욕망하고 강제하는 주위 사람들에 의한 허구이든지 간에, 허구인지 아닌지를 결정하는 지점인 것입니다. 이 지점에서 정신과 의사의 지식이 기능하고 그의 권력이 기능합니다.[46]

46) 마르크는 이렇게 표명한다. "법의학자에게 부여될 수 있는 가장 중대하고 가장 섬세한 임무는 정신이상이 진짜인지 가짜인지를 구분하는 것이다." Chrétien-Henri Marc, "Matériaux pour l'histoire médico-légale de l'aliénation mentale." *Annales d'hygiène publique et de médecine légale*, t.II, 2e partie, Paris: Gabon, 1829, p.353.

그런데 현실이라는 관점에 입각해 광기를 결정하기 위해, 이 수준에서 기능하기 위해 정신과 의사는 어떤 도구를 운용할까요? 바로 이 지점에서 우리는 19세기 정신의학적 지식의 역설과 마주하게 됩니다. 한편으로 정신과 의사는 확실히 검증 의학 모델, 조사 및 논증 모델에 기초해 자신을 구축하려 시도했고 징후학적 유형의 지식을 자신을 위해 구축하려 시도했으며, 여러 다른 병의 묘사를 자신을 위해 구축했습니다. 하지만 솔직히 말해 이런 것들은 다른 곳에 위치하는 또 다른 활동을 위장하고 정당화하는 것일 뿐이었습니다. 그리고 이 활동은 바로 현실인지 허구인지, 현실인지 위장인지를 결정하는 활동이었습니다. 즉 정신과 의사의 활동은 위장의 지점, 허구의 지점에 위치하고 있는 것이지, 특징화의 지점에 위치하고 있는 것이 아니라는 말입니다.

제 생각에 여기로부터 몇몇 결과가 발생합니다. 첫 번째 결과는 이 문제를 해결하기 위해 정신병원이 완전히 새로운 의학적 고비를 발명했다는 것입니다. 그것은 18세기에 이용되던 의학적 고비를 특징짓고 있던, 병의 힘과 자연의 힘 사이에서 작용하는 진실의 고비가 아닙니다. 그것은 광인과 광인을 감금하는 권력, 즉 광인과 의사의 권력-지식 사이에서 작용하는 고비입니다. 이것을 저는 현실의 고비라고 부르고자 합니다. 요컨대 의사는 광기가 현실적인 것인지 현실적인 것이 아닌지 하는 물음에 중재자의 입장에 있어야 한다는 것입니다.

그 결과 정신병원은 일반 병원과는 완전히 다르게, 광기라는 '병'이 다른 병들과 비교해 갖는 특수하고 차별적인 특징 속에서 자신을 드러내 보이는 그런 장소가 되는 것을 그 기능으로 갖고 있는 것이 결코 아니라는 것을 아시겠죠. 정신병원은 훨씬 더 단순하고, 훨씬 더 기본적이며, 훨씬 더 근본적인 기능을 갖고 있습니다. 정신병원은 바로 광기에 현실성을 부여하고, 광기에 현실화의 공간을 여는 것을 그 기능으로 하고 있습니다. 일반 병원은 병이 어떤 것인지를 알고 그 병을 제거하는 것을 그 기능으로 하고 있는 데 반해서 정신병원은 광기를 현실적인 것으로 만들기 위해 존재하는 곳입니다. 정신병원은 광기의 현실성과 관련된 정신의학의 결정에 입각해, 광기를 현실로서 존재시키는 것을 그 기능으로 한다는 것입니다.

그리고 이 지점에서 정신병원 제도에 대한 비판, 요컨대 정신병원은 치유를 해보겠다고 주장하면서 광인을 만들어낸다는 비난에 직면합니다. 제도에 대한 이런 비판은 이를 통해 다음과 같은 물음을 던집니다. 광인들을 치료함과 동시에 광인들이 병 속에 침잠하지 못하게 할 수 있는 제도는 어떤 것일까? 어떻게 하면 그 제도가 다른 모든 병원과 마찬가지로 기능할 수 있을까?[47] 하지만 저는 이런 비판이 결국 상당히 불충분하다고 생각합니다. 왜냐하면 여기서 본질적인 것이 간과되고 있기 때문입니다. 요컨대 정신의학 권력의 배치에 대해 분석해보면 정신병원

---

47) 푸코는 여기서 제도적 비판 운동들을 암시하고 있다. 제2차 세계대전 직후 전개된 이 운동은 구빈원의 '대감호'를 의학적으로 물려받은 것처럼 보이는 정신요양원이라는 제도를, 병을 만들어내는 생활조건을 환자들에게 부과한다고 고발했다. 다음의 보고서를 참조하라. Lucien Bonnafé, Louis Le Guillant et Henri Mignont, "Problèmes posés par la chronicité sur le plan des institutions psychiatriques," *XIIe congrès de Psychiatrie et de Neurologie de langue française (Marseille, 7-12 septembre 1964)*, Paris: Masson, 1964. 제도에 대한 이런 비판에서 문제는 "제도를 통해 추구되는 목표가 …… 정말로 정신의학적 치료라 부를 만한 가치가 있는 목표에 합당한지" 아는 것이며, "또 관건은 병원이라는 환경 자체를 치료를 베풀고 사회복귀를 도와주는 곳으로서 사용하는 것"을 장려하는 것이었다. Lucien Bonnafé, "Le milieu hospitalier vu du point de vue thérapeutique, ou théorie et pratique de l'hôpital psychiatrique," *La Raison*, no.17, 1958, pp.26, 8. 이런 문제에 관해 상세한 문헌들을 포함하는 논고들이 있다. Georges Daumezon, Philippe Paumelle, et François Tosquellès, "Organisation thérapeutique de l'hôpital psychiatrique. I: Le fonctionnement thérapeutique," *Encyclopédie médico-chirurgicale: Psychiatrie*, t.1, février 1955, 37-930, A-10, pp.1~8; Georges Daumezon et Lucien Bonnafé, "Perspectives de réforme psychiatrique en France depuis la Libération," *XLIVe congrès des Médecins aliénistes et neurologistes de France et des pays de langue française (Genève, 22-27 juillet 1946)*, Paris: Masson, 1946, pp.584~590. 또한 본서의 「강의정황」(특히 504쪽 이하)을 참조하라.

이 광기의 현실화의 장소가 된 것이 제도상의 우발적 사건이나 일탈에 의한 것이 아니라는 것을 알 수 있다는 것입니다. 자신 앞에, 그리고 환자를 위해, 그리고 극단적인 경우에는 병원 내에서든 아니든 관계 없이 병을 현실화하는 공간을 갖는 것, 이것은 정신의학 권력의 기능 그 자체인 것입니다. 따라서 정신의학의 권력은 광기를 현실화한다고 말할 수 있을 것입니다. 요컨대 정신의학의 권력은 하나의 제도에서, 즉 광기의 모든 격렬함, 모든 고비, 극단적인 경우에는 모든 징후를 사라지게 하는 것을 바로 그 기능으로 하는 규율제도 내에서 광기를 현실화한다고 말입니다. 정신요양원 제도 자체는 실제로 광기의 소거를 그 기능과 효과로 갖는 것이 아닙니다. 이 점에서 저의 분석은 제도에 관한 분석과 일치하지 않습니다. 정신요양원 제도 자체는 오히려 광기의 징후의 소거를 그 기능과 그 효과로서 갖게 됩니다. 하지만 그와 동시에 정신요양원 내부에서 행사되고 개인을 정신요양원에 붙잡아두는 정신의학의 권력은 광기를 현실화하는 것을 그 기능으로 갖고 있기도 합니다.

한편으로 광기를 현실화하는 정신의학의 권력과, 다른 한편으로 광기에 귀 기울이기를 거절하고 광기의 징후들을 획일화해 모든 광기의 표명을 평준화하는 규율적 제도가, 이렇게 이중의 방식으로 기능하려면 하나의 이상이 필요합니다. 그것은 치매라는 이상입니다. 치매 환자는 도대체 어떤 사람일까요? 치매 환자는 자신의 광기의 현실 이외의 그 무엇도 아닌 사람입니다. 치매 환자는 징후가 너무 많거나 거꾸로 너무 획일적이서 더 이상 그 사람을 특징짓는 징후를 명확히 설명할 수 없는 사람입니다. 치매 환자는 따라서 정신요양원 제도의 기능에 정확하게 상응하는 사람입니다. 왜냐하면 치매 환자의 모든 특수한 징후는 규율을 통해 평준화되어, 치매 환자에게는 이제 더 이상 표명도, 외면화도, 고비도 없기 때문입니다. 그리고 동시에 치매 환자는 정신의학의 권력이 원하는 것에 부응하는 사람이기도 합니다. 왜냐하면 치매 환자는 실제로 광기를 정신요양원 내부에서의 개인적 현실로서 현실화하기 때문입니다.

19세기의 정신의학자들이 광기에서 자연 본래의 현상으로서 관찰할 수 있다고 믿었던 그 유명한 치매의 진행 절차는 실제로는 표명과 징후를 평준화하는 정신요양원의 규율에 의해 야기된 일련의 교착된 효과들에 다름 아닙니다. 그리고 의학적 권력에 의한 광인의 지정, 광기의 현실화에 다름 아닙니다. 치매 환자는 틀림없이 그런 권력과 그런 규율의 이중적 작용을 통해 만들어진 것입니다.

히스테리 환자, 그 유명하고 친애하는 히스테리 환자에 대해 말해보자면, 그들은 바로 정신의학의 권력과 정신요양원의 규율이라는 이중의 작용에 함의되어 있던 치매로 향하는 경향에 대한 저항의 전선이었다고 저는 생각합니다. 히스테리 환자가 저항의 전선이었다는 것은 이런 의미입니다. 애초에 히스테리 환자는 도대체 어떤 사람일까요? 히스테리 환자는 가장 훌륭하게 특정화되고 가장 훌륭하게 명확화된 징후, 바로 기질적 병들이 그에게 제시하는 징후의 존재에 의해 그의 마음이 너무나도 강하게 현혹된 나머지 그것을 자신이 반복하는 자입니다. 히스테리 환자는 자기 자신을 진정한 병의 문장紋章으로서 구성하고, 진정한 징후를 위한 장소와 신체로서 자신을 조형적으로 구성합니다. 징후를 치매로서 지정하는 것, 그 치매로 향하는 경향, 그 치매를 향한 하강에 대항해 히스테리 환자는 가장 명시적이고 가장 잘 한정된 징후를 격화시킴으로써 응수합니다. 그때 히스테리 환자는 그것을, 그 병을 현실로서 지정하는 것을 불가능하게 만드는 하나의 작용을 통해 행합니다. 즉 히스테리 환자는 자신의 징후가 하나의 기질적 기체基體로 환원될 것 같을 때 그런 기체 따위가 없다는 것을 보여주고, 이로써 가장 사람들의 시선을 끄는 징후를 표명할 경우에조차도 그 병을 현실적인 수준에서 지정될 수 없게 만듭니다. 히스테리는 치매로부터 자신을 보호하기 위한 효과적인 방식이었습니다. 19세기 병원에서 치매 환자가 되지 않을 수 있는 유일한 방법은 히스테리 환자가 되는 것, 요컨대 징후를 소멸시키고 소거하던 압력에 대항해 징후의 한 형식을 구성하고, 그것을 가시적이고 조형적인 방식으로 건립하며, 광기를 현실로 지목하는 것에 대해 위장을 통해 저항하는 것이었습니다. 히스테리 환자는 훌륭한 징후를 갖고 있지만 그와 동시에 자신의 병의 현실을 교묘하게 피해간다는 것, 히스테리 환자는 정신요양원의 작동에 거역한다는 것, 이런 의미에서 히스테리 환자를 반정신의학의 진정한 투사로 칭하도록 합시다.48)

48) '반정신의학의 투사'라는 호칭은 「광기의 역사와 반정신의학」이라는 푸코의 발표에서 유래한다. 이것은 1973년 5월 9일, 몬트리올에서 앙리-프레데릭 엘랑베르제(Henri-Frédéric Ellenberger, 1905~1993)가 주최한 학술대회 "정신과 의사를 감금해야 하는가?"(Faut-il interner les psychiatres?)에서 발표됐다. "나는 일찍이 병원 공간에서 병의 진실을 산출하는 임무를 갖고 있던 정신과 의사의 역할을 다시 물음에 붙이는 모든 것을 반정신의학이라 부른다." 히스테리 환자가 그런 반정신의학의 '투사'인 것은, 그들이 요구대로 발작을 일으킴으로써, "광기를 출현시키거나 상실시켰던 위대한 광기의 거장, 즉 장-마르탱 샤르코가 병의 진실을 산출한 것이 아니라 가짜 병을 만들어낸 것은 아닌지 하는 의심"을 생겨나도록 했기 때문이다(타자로 친 원고, 12~13쪽). Michel Foucault, "Histoire de la folie et antipsychiatrie," *Cité*, hors série, Voyages inédits dans la pensée contemporaine, 2010, pp.118, 116. 재수록. 또한 본서의 「강의요지」(특히 477쪽 이하)를 참조하라 [이 논문은 따로 출간되기 전에 수정되어 여기에 포함됐다]. 이 문제에 관해 푸코는 샤르코에 관한 토머스 사스의 분석에서 착상을 얻는다. Thomas Szasz, *The Myth of Mental Illness: Foundations of a Theory of Personal Conduct*, New York: Harper & Row, 1974; "Charcot et le problème de l'hystérie"(chap.I), *Le Mythe de la maladie mentale*, trad. Denise Berger, Paris: Payot, 1975, pp.41~52. 이것은 이 텍스트를 둘러싸고 행해졌던 한 대담을 통해 확인할 수 있다. "사스의 책에는 이 점에 대한 좋은 예라고 생각되는 장이 하나 있습니다. 거기서는 히스테리가 정신의학 권력의 산물일 뿐만 아니라 그에 대한 반격이며 이 권력이 걸리는 덫이기도 하다는 것이 해명되어 있습니다." 푸코는 "19세기 후반의 정신병원에서 드러난 히스테리의 폭발적 증가 속에서 …… 정신의학의 권력의 행사 자체의 반향"을 보고 있다. Michel Foucault, "Sorcellerie et folie," "Les rapports de pouvoir passent à l'intérieur des corps," *Dits et Écrits*, t.3: 1976-1979, ibid., pp.91, 231.

11강. 1974년 1월 30일

의학과 정신의학에서의 진단 문제 | 정신의학적 질병분류학에서의 신체의 위치: 전신성 마비 모델 | 의학과 정신의학에서 고비 개념이 처한 운명 | 정신의학에서 현실성의 시련과 그 형태들: 1. 심문과 고백, 임상 제시의 의례, '병리적 유전'과 퇴행에 관한 주석 | 2. 마약, 모로 드 투르와 하시시, 광기와 꿈 | 3. 자기요법과 최면, '신경학적 신체'의 발견

저는 의학에서 이론적 개념인 동시에 특히 실천적 도구였던 의학적 고비가 18세기 말, 특히 19세기 초에 왜 어떻게 사라졌는지를 보여드리려고 했습니다. 고비가 사라지게 된 원인, 그것은 병리해부학의 출현이었습니다. 실제로 병리해부학은 우선 병의 현실성 그 자체를 유기체 내부로 국소화시키고 신체 속에서 포착될 수 있는 하나의 병변에서 명확히 할 수 있는 가능성을 부여했습니다. 그리고 이 동일한 병리해부학은 다른 한편으로 병을 개별화한 그 여러 다른 병변으로부터 출발해, 병의 감별진단을 확정하는 출발점으로서의 일련의 징후를 구성할 가능성을 부여하게 되기도 했습니다. 병변이 기질적으로 지정되고 감별진단이 가능하게 되는 이런 조건 아래서 병에 고유한 진실을 산출하는 시련으로서의 고비는 이제 불필요한 것이 됐다는 것입니다. 이에 비해 정신의학에서는 두 가지 이유 때문에 상황이 완전히 다릅니다.

첫 번째 이유는 정신의학에서의 문제가 실은 감별진단의 문제가 아니라는 것, 그런 문제가 전혀 아니라고까지 말할 수 있다는 것입니다. 물론 정신의학의 실천, 그 진단은 일견 어느 일정 수준에서 하나의 병과 다른 병을 분별하기 위한 감별진단으로서 전개됩니다. 이를테면 편집증인지 아니면 우울증인지, 히스테리인지 아니면 정신분열증인지 등과 같이 말입니다. 하지만 제 생각에 솔직히 말해 이 모든 것은 광기에 관한 모든 진단에서 제기되는 진정한 물음과 관련해 표면적이고 부차적인 활동일 뿐입니다. 진정한 물음은 "이것은 어떤 형태의 광기인가?"가 아니라 "이것은 광기인가 아닌가?"입니다. 그리고 이 점에서 정신의학의 입장은 일반 의학의 입장과는 역시 매우 다르다고 저는 생각합니다. 여러분께서는 이렇게 말씀하실지도 모르겠네요. 병이 있는지 없는지를 사전에 물어야 하는 것은 일반 의학에서도 마찬가지가 아니냐고 말입니다. 하지만 솔직히 의학에서 그것은 비교적 간단한 물음인 동시에 결국 지엽적인 물음입니다. "병인가 아닌가"라는 문제가 실제로 진지한 방식으로 제기되는 것은 은폐 혹은 심기증적 망상의 경우 정도입니다. 이에 비해 정신질환의 영역에서 역으로 제기되는 유일한 진짜 물음은 긍정이나 부정의 형태로 답해야 할 물음입니다. 요컨대 그 내부에서 광기의 진단이 행해지는 감별적 영역은, 여러 질병학적 종들을 통해 구성되는 것이 아니라 그냥 단순히 광기인 것과 광기가 아닌 것의 구분을 통해 구성된다는 것입니다. 이항대립적인 이런 영역, 문자 그대로 이원적인 이런 영역에서 비로소 광기의 진단이 행해지는 것입니다. 따라서 정신의학의 활동에서는, 이차적이거나 소위 잉여적인 정당화를 제외하고는, 감별진단이 필요하지 않다고 말할 수 있을 것입니다. 정신의학의 진단에서 행해지는 것은 감별진단이 아니라 말하자면 결정이고, 더 힘주어 말하면 절대진단입니다. 즉 정신의학은 감별진단의 모델이 아니라 절대진단의 모델에 따라 작동합니다.

두 번째로 정신의학은 말할 것도 없이 신체가 부재하는 의학입니다. 이 점에서도 19세기에 구성되고 있던 정신의학은 일반 의학과 대립합니다. 하지만 여기서도 오해가 없어야 합니다. 왜냐하면 한편으로 19세기 정신의학의 발달 초기부터 이미 광기와 같은 유형의 병에서 문제가 될 수 있는 기질적 상관물, 병변의 영역, 기관의 유형이 탐구됐다는 것은 틀림없는 사실이기 때문입니다. 그리고 몇몇 사례에서는 그것들이 발견됐습니다. 예를 들면 1822~26년에 앙투안 로랑 제스 벨르가 전신성 마비를 정의하고, 매독의 후유증으로서 수막의 병변이 발견됐습니다.[1] 이것은 확실한 사실이며 이 점에서 신체는 일반 의학에서보다 정신의학에서 훨씬 더 부재한 것은 아니었다고 말할 수 있을 것입니다. 하지만 하나의 본질적인 차이가 있었습니다. 그것은 말하자면 이러저러한 행동양식, 이러저러한 언행 방식, 이러저러한 암시의 유형, 이러저러한 유형의 환각이 병변의 일정한 형태와 연관이 있는지를 아는 것이 정신의학의 활동에서 해결해야 할 일차적 문제는 아니었다는 것입니다. 정신의학에서의 문제는 이러저러한 것을 말하거나, 이러저러한 방식으로 행동하거나, 이러저러한 목소리를 듣거나 하는 것 등이 광기에 속하는지 아닌지를 아는 것이었습니다. 그리고 거기에 근본적인 문제가 있었다는 것을 보여주는 가장 좋은 증거로서 바로 전신성 마비를 둘러싼 복잡한 정황이 있습니다. 정신질환과 인체의 관계가 지정될 수 있다고 생각됐던 거대한 형태 중 하나로서의 전신성 마비 내에서 벨르는 1826년에 세 가

1) 사실 전신성 마비는 1879년에야 알프레드 푸르니에(1832~1914)에 의해 제3기 매독에 빈번히 동반되는 것으로 밝혀졌다. Alfred Fournier, *Syphilis du cerveau*, Paris: Masson, 1879. 전신성 마비와 매독의 관계는 그것이 인정되기 전에 1879년 4~6월과 1898년 2~11월에 걸쳐 의학심리학회에서 수없이 논의됐다. 1893년 3월 27일에 귀스타프 르 필리아트르는 「전신성 마비 환자에게서의 매독성 선행 현상」이라는 제목의 보고서에서 매독을 "큰 영향력을 갖는 원인"으로 제시하는데, 거기에 찬동하는 사람이 아무도 없었다. Gustave Le Filliatre, "Des antécédents syphilitiques chez quelques paralytiques généraux," *Annales médico-psychologiques*, 7e série, t.XVII, juillet 1893, p.436. 의학심리학회 총무이사가 지적한 것처럼 "1893년 당시에는 전신성 마비에 고유한 원인이 있다고 주장하는 사람이 아직 너무 적었다." Antoine Ritti, "Histoire des travaux de la Société médico-psychologique (1852-1902)," *Annales médico-psychologiques*, 8e série, t.XVI, juillet 1902, p.58. 전신성 마비에 고유한 병인이 있음은 1913년 노구치 히데요(野口英世, 1876~1928)와 조지프 무어(Joseph W. Moore, 1879~1957)가 전신성 마비 환자의 뇌에서 [매독의 병원체인] 트레포네마 팔리둠(Treponema pallidum)를 발견하고서야 인정받게 된다.

지 유형의 큰 증후군이 있다는 것을 인정했습니다. 첫 번째로 점진적 마비라는 운동성 증후군, 두 번째로 광기의 정신의학적 증후군, 세 번째로 치매라는 최종 상태[2]가 그것입니다. 그런데 40년 뒤에 쥘 바이야르제는 이렇게 말했습니다. 벨르가 말한 것은 모두 혹은 거의 옳다. 하지만 거기에는 근본적인 오류가 있다. 즉 전신성 마비에는 광기가 전혀 존재하지 않고 마비와 치매의 착종만이 존재할 뿐이다.[3]

---

2) "이 질환에 동반되는 많은 증상들 중 이 병을 본질적으로 특징짓는 것을 두 가지 들 수 있다……. 1. 지적 능력의 장애, 혹은 망상, 2. 불완전한 마비. 1. 망상: 처음에는 부분적인 것으로서 능력 저하를 동반하는 일종의 편집증이던 정신이상이 …… 총체적인 것이 되며, 흥분(exaltation)을 동반한 편집증이 된다……. 이어서 그 정신이상은 치매상태에 빠진다……. 2. 마비: 망상과 결합되어 만성 수막염 진단을 확증시켜주는 마비는 처음에는 매우 경미하고 단지 하나의 기관에 한정된 쇠약이지만, 이것이 점차 커지게 되고 더 많은 부분으로 퍼져 운동체계 전체를 공격하게 된다. 이 병에 가장 어울리는 듯한 명칭은 …… **일반적이며 불완전한 마비**라는 명칭이다." Antoine Laurent Jess Bayle, *Traité des maladies du cerveau et de ses membranes*, Paris: Gabon, 1826, pp.536~537. 또한 다음을 참조하라. Jules Christian et Antoine Ritti, "Paralysie générale," *Dictionnaire encyclopédique des sciences médicales*, 2e série, t.XX, Paris: Masson/Asselin, 1884.

3) 쥘 바이야르제는 빌헬름 그리징거(1817~1868)가 쓴 『정신질환의 병리학과 치료』[본서 8강(1974년 1월 9일)의 각주 18번 참조]의 프랑스어판(증보2판[1861년]의 번역]에 부록(589~736쪽)으로 수록된 텍스트에서 이렇게 말한다. "벨르처럼 광기를 전신성 마비의 항상적이고 본질적인 증상으로 보는 것은 불가능하다. 따라서 전신성 마비를 특징짓으려면 두 종류의 본질적 징후만을 받아들여야 한다. 치매와 마비의 징후가 그것이다." Wilhelm Griesinger, *Traité des maladies mentales: Pathologie et thérapeutique*, trad. Paul-Arthur Doumic, Paris: Adrien Delahaye, 1865, p.612. 부록으로 실린 바이야르제의 텍스트는 정신질환의 분류, 주해, 전신성 마비를 다룬 『전신성 마비의 징후들 및 이 질병과 광기의 관계』(*Des symptômes de la paralysie générale et des rapports de cette maladie avec la folie*)이다. 바이야르제는 이 문제를 여러 번 재검토한다. Jules Baillarger, "Des rapports de la paralysie générale et de la folie"(살페트리에르 시료원 강의), *Annales médico-psychologiques*, 2e série, t.V, janvier 1853, pp.158~166; "De la folie avec prédominance du délire des grandeurs dans ses rapports avec la paralysie générale," ibid., 4e série, t. VIII, juillet 1866, pp.1~20; "De la folie paralytique et de la démence paralytique considérées comme deux

그러므로 이렇게 말할 수 있을 것 같네요. 요컨대 의학이 병리해부학에 힘입어 의학적 고비를 청산할 수 있었던 반면 정신의학의 영역에서는 절대진단과 신체의 부재로 인해 그런 청산이 불가능했다고 말입니다.* 그리고 정신의학의 문제는 바로 절대진단의 요청에 답할 수 있는 어떤 시련 내지 일련의 시련을 구성하고 설정하는 것이 됩니다. 즉 현실성 혹은 비현실성을 부여하기 위한 시련, 광기라고 상정되는 것을 현실의 영역에 편입시키거나 비현실로서 가치를 박탈하기 위한 시련을 구성하고 설정하는 것이 정신의학의 문제가 되는 것입니다.

달리 말하면, 의학에서의 고전적 고비 개념, 2000년 이상 계속된 의학적 고비의 고전적 실천은 결국 19세기에 두 후예를 남기게 됐습니다. 한편으로는 병리해부학에 의해 확증과 논증이라는 형태의 검증절차가 고전적인 의학적 고비와 그 시련을 대체하게 됐습니다. 이것은 일반 의학적 후예입니다. 다른 한편으로 이것과는 다른 것으로서 고전적 고비의 정신의학적 후예가 있었습니다. 그 내부에는 진실의 확증이 가능할 수 있는 영역이 없었기 때문에 정신의학의 문제는 오래된 고전적 고비처럼 하나의 시련 같은 것, 하지만 진실의 시련이 아니라 현실성의 시련 같은 것을 설정하고, 그것으로 오래된 고전적 의학적 고비를 대체하는 것이었습니다. 달리 말하면 진실의 시련이 두 개로 분해된다는 것입니다. 한편으로는 진실을 확정하는 기술, 이것은 통상적인 의학입니다. [다른 한편으로] 현실성의 시련, 이것이 정신의학에서 생겨난 것입니다.

그런 현실성의 시련의 체계, 그 작용, 그 장비의 한 형식을 연구하기 시작하면서 이상을 요약하자면 다음과 같이 말할 수 있을 것 같습니다.

---

maladies distinctes," ibid., 6e série, t.IX, janvier 1883. 전신성 마비 이론에 관한 이 논문에서 바이야르제는 "'전신성 마비'는 **광기로부터 완전히 분리되어야 하며**, 독립된 특별한 병으로 여겨져야 한다"(28쪽)고 말한다. 강조는 바이야르제의 것이다.

* 강의원고에는 다음과 같이 명확하게 서술되어 있다. "따라서 이것은 병을 확정하는 전적으로 특수한 절차를 함의한다."

요컨대 정신의학에서 이제까지 여러분께 말씀드려온 규율권력의 영역을 구분하고 조직화하며, 또 동시에 이 규율권력의 영역을 배치하는 본질적 계기, 그것은 이 현실성의 시련인 것입니다. 그리고 사실 이 현실성의 시련에는 이중의 의미가 있습니다.

한편으로 감금 혹은 정신의학에 의한 어떤 개입을 위한 동기를, 병으로서 혹은 경우에 따라서는 병이 아닌 것으로서 존재하게 만드는 것이 문제가 됩니다. 정신의학적 시련은 따라서 행정적인 것과 의학적인 것을 합친 것이라고 말할 수 있을 것입니다. 행정적 요구에 동기를 부여한 것을 징후와 병으로 바꿔 쓸 수 있을 것인가 하는 문제 말입니다. 행정적 요구를 병으로 바꿔 쓰는 것, 요구의 동기를 병의 징후로서 존재하게 만드는 것, 이것이 정신의학적인 시련의 첫 번째 기능입니다.

두 번째 기능은 첫 번째 기능과 상관적이며 어떤 의미에서는 훨씬 더 중요한 것입니다. 그것은 이 시련에서 정신과 의사가 개입할 수 있는 권력과 그의 규율권력을 의학적 앎으로서 존재시키는 기능입니다. 제가 보여드렸듯이 이 권력은 물론 의학적으로 표현되어있기는 하지만 현실적으로 의학적 내용을 갖고 있지 않은 규율의 영역 내부에서 기능하고 있었습니다. 이 규율권력을 이번에는 의학적 권력으로서 기능시켜야 합니다. 따라서 정신의학적 시련은 한편으로는 감금의 요청을 병으로서 구성하는 시련이며, 다른 한편으로는 감금의 결정을 내리는 권력을 갖는 자를 의사로서 기능시키는 시련인 것입니다.

기질적 의학에서 의사는 넌지시 요구합니다. 네 징후를 내게 보여달라, 그러면 네가 어떤 병에 걸렸는지 말해주겠다. 그런데 정신의학적 시련에서 정신과 의사의 요구는 훨씬 더 무겁고 훨씬 더 과합니다. 지금의 너인 바, 너의 삶, 네 주체에 불만스러운 바, [……]* 네가 행하는 바, 네가 말하는 바를 통해 내게 징후를 제공하라. 단 그것은 네가 어떤 병

* 녹음기에서는 "네가 그런 것에 의해"(avec ce que tu es)라는 말이 반복되고 있다.

에 걸려 있는지를 내가 알기 위해서가 아니라, 내가 네 앞에서 의사가 될 수 있기 위해서이다.

요컨대 정신의학적 시련은 위상 확립을 위한 이중의 시련이라는 것입니다. 이 시련은 개인의 삶을 병리적 징후의 동기로서 확립하지만, 그것은 또한 끊임없이 정신과 의사를 의사로서, 혹은 규율에서의 최상위 심급을 의학적 심급으로서 확립합니다. 따라서 정신의학적 시련은 병원에 들어가기 위한 끊임없는 시련이라고 말할 수 있습니다. 왜 정신요양원에서 바깥으로 나올 수 없는 것일까요? 정신요양원에서 바깥으로 나올 수 없는 것은 출구가 멀기 때문이 아니라 입구가 너무 가깝기 때문입니다. 사람들은 끊임없이 정신요양원에 들어갑니다. 그리고 의사와 환자의 매번의 만남, 매번의 대결이 광기를 현실로서 실존하게 만들고 정신과 의사를 의사로서 실존하게 만드는 창설적 행위, 최초의 행위를 끝없이 재개하고 반복하는 것입니다.

그리고 그 결과 아주 흥미롭고 아주 복잡한 작용 하나를 발견하실 텐데, 19세기의 정신요양원, 19세기의 정신의학과 광기의 역사와 관련된 모든 현실적 작용이 한꺼번에 그곳으로 향하게 되는 그 작용은 다음과 같은 것입니다. 요컨대 한편으로 만약 여러분께서 제가 이제까지의 강의들을 통해 분석해온 규율이 기능하는 수준에서, [즉] 규율체계의 수준에서 사물을 포착하신다면 거기에는 의학의 엄청난 초권력이 있습니다. 왜냐하면 결국 의사가 규율체계와 일체를 이루고 있기 때문입니다. 병원 그 자체가 의사의 신체인 것입니다. 그러나 다른 한편으로 환자의 굉장한 초권력이 있습니다. 왜냐하면 환자가 정신의학적 시련을 받는 방식을 통해, 그 시련을 끝내는 방식을 통해 정신과 의사를 의사로서 비로소 확립시키거나 확립시키지 않기 때문이며, 환자가 정신과 의사를 그의 순전히 규율적인 역할로 환원시켜버리거나, 거꾸로 의사의 역할을 수행하게 만들기 때문입니다. 그것이 어떤 길을 통해 행해지는지는 여러분께서도 잘 이해하시리라 생각합니다.

히스테리 현상, 장-마르탱 샤르코와 히스테리 환자 간의 작용에 관한 다음번 강의에서 제가 설명드리고자 하는 현상이 어떻게 단숨에 그곳으로 향해가게 되는지 이해하시겠죠? 히스테리 환자는 바로 이렇게 말하는 사람입니다. 내 덕분에, 단지 내 덕분에 당신이 내게 행하고 있는 것, 즉 나를 가두거나 내게 마약을 처방하는 등의 것이 실제로 의학적 행위가 되는 것이다. 그리고 내가 의사로서의 당신의 지위를 확립시켜주는 이유는, 내가 당신에게 징후를 제공하기 때문이다. 이렇듯 의사의 초권력의 근저에는 환자의 초권력이 있는 것입니다.

⚜

이렇게 말해도 괜찮다면, 이상이 정신의학적 시련의 일반적 배치입니다. 지난번에 말씀드렸던 대로 정신의학적 시련은 19세기 초반의 60년 동안 세 가지 주요 형태를 취했던 것 같습니다. 병을 현실화하는 시련이 정신과 의사에게 의사로서의 지위를 확립시키고, 행정적 요청을 징후로서 기능시킬 때 이용되는 세 개의 기술은 우선 심문, 다음으로 마약, 그리고 세 번째로 최면입니다.

우선 심문, 과거의 상기, 고백 등, 넓은 의미에서 심문과 관련되는 기술이 있습니다. 이 심문은 무엇에 부응할까요? 그것은 정확히 어떻게 실천될까요? 저는 이미 이런 심문의 규율적 측면에 대해 지적한 바 있습니다. 즉 심문에는 개인을 그의 정체성에 확실하게 고정시키는 측면, 개인으로 하여금 그의 과거, 그의 삶의 몇몇 사건 속에서 자신의 모습을 인정하도록 강요하는 측면이 있다는 것입니다.[4] 하지만 이것은 심문의 피상적이고 사소한 기능에 불과합니다. 심문은 이밖에 광기를 현실화하는 기능을 갖고 있다고 저는 생각합니다. 그리고 제 생각에 심문은 네 가지 방식 내지 네 가지 절차를 통해 광기를 현실화합니다.

---

4) 본서 7강(1973년 12월 19일), 특히 233~241쪽을 참조하라.

첫 번째로 고전적인 정신의학적 심문, 요컨대 1820~30년 이래로 기능하는 정신의학적 심문은 언제나 병에 앞서는 선행 현상의 탐구라고 불리는 것을 포함합니다. 병에 앞서는 선행 현상을 탐구한다는 것은 어떤 것일까요? 그것은 환자에게 그의 선조 내지 친족이 어떤 병에 걸렸었을 수 있는지 묻는 것입니다. 한편으로 이것은 매우 역설적인 탐구입니다. 왜냐하면 그것은 적어도 19세기 말까지는 선조나 친족에게서 병이었을지도 모르는 모든 것을, 그것이 나타날 때까지 조사하는 완전히 무정부상태의 탐구이기 때문입니다. 다른 한편으로, 이런 연구가 지금 제가 다루는 1830~40년경의 시대에 나타난다는 것도 기묘한 일입니다. 왜냐하면 당시에 병리적 유전 개념은 존재하지 않았고,[5] 퇴행이라

5) 사실 유전은 이미 광기의 원인 중 하나로 언급되고 있었다. 필립 피넬은 『정신이상에 관한 의학적-철학적 논설』의 2판에서 "모든 곳에서 특정 가족이 역대로 편집증에 걸렸었다는 것에 주목할 때, 편집증의 유전을 인정하지 않는" 것은 곤란하다고 말한다. Philippe Pinel, *Traité médico-philosophique sur l'aliénation mentale, ou la Manie*, 2e éd., Paris: Richard, Caille et Ravier, 1809. 장-에티엔 도미니크 에스키롤은 "유전은 가장 흔해 빠진 광기의 원인"이라고 말한다. Jean-Étienne Dominique Esquirol, "De la folie"(1816), *Des maladies mentales considérées sous les rapports médical, hygiène, et médico-légal*, t.I, Paris: J.-B. Baillière, 1838, p.64. 그러나 이 문제가 완전한 방식으로 주제화되는 것을 보려면 클로드-프랑수아 미셰아의 저서와 쥘 바이야르제의 텍스트를 기다려야 한다. Claude-François Michéa, *De l'influence de l'hérédité dans la production des maladies nerveuses* (1843년 12월 20일 의학아카데미에서 상을 받은 저서); Jules Baillarger, "Recherches statistiques sur l'hérédité de la folie," *Annales médico-psychologiques*, t.III, mai 1844, pp.328~339. 바이야르제는 1844년 4월 2일 의학아카데미에서 읽은 이 문서에서 애초부터 "광기의 발생에 유전이 영향을 미치고 있다는 것은 모두가 인정한다"(328쪽)라고 말한다. '병리적 유전'이라는 개념은 1850년부터 1860년 사이에 자크-조제프 모로 드 투르의 작업으로 명확화된다. 모로 드 투르의 작업을 통해 다양한 형태의 '병리적인 것의 계승/전달(transmission)'이라는 관념 혹은 '다형적 유전'(hérédité dissimilaire/polymorphous inheritance)이라는 관념이 도입되고, 정신이상의 여러 형태들 대부분을 유전이라는 틀 속에 넣을 수 있는 가능성이 열리게 된다. Jacques-Joseph Moreau de Tours, "De la prédisposition héréditaire aux affections cérébrales"(1851년 12월 15일 과학아카데미에서의 보고), *Annales médico-psychologiques*, 2e série, t.IV, jan-

는 개념도 훨씬 나중이 되어, 즉 1855년부터 1860년경에 걸쳐 정식화되기 때문입니다.[6)]

요컨대 모든 선조, 모든 친족이 걸렸을 가능성이 있는 모든 종류의 병에 대해 대대적인 탐구가 이뤄진다는 것에 놀랄 필요가 있고, 또 동시에 그것이 이른 시기에 나타난다는 것, 그리고 오늘날에도 여전히 집요하게 존속하고 있다는 것에도 놀랄 필요가 있다는 것입니다. 정신질환을 앓는 사람에게 그 가족이 어떤 병에 걸렸었는지를 물을 때, 그리고 그의 아버지가 뇌졸중으로 작고했는지 어떤지, 그의 어머니가 류머티즘을 앓았었는지 어떤지, 그 숙부에게 백치인 자식이 있었는지 어떤지를 꼼꼼히 적어내려갈 때, 결국 무엇이 문제가 되고 있는 것일까요? 몇 가지 징후나 전구증상前驅症狀 등의 탐구를 다수의 개인에게로 확장시키는 것이 문제가 되고 있다는 것은 말할 것도 없습니다. 하지만 제 생각에 특히 무엇보다 먼저 문제가 되고 있는 것은 여러분께 말씀드린 대로, 병리해부학을 대체하는 것을 만들어내는 것, 신체의 부재 내지 신체의 간극을

---

vier 1852, pp.119~129; juillet 1852, pp.447~455; *La Psychologie morbide dans ses rapports avec la philosophie de l'histoire, ou De l'influence des névropathies sur le dynamisme intellectuel*, Paris: Masson, 1859. 유전주의의 문제가 전성기를 맞이하는 것은 1885~86년 의학심리학회에서 유전성 광기의 징후를 둘러싼 논의가 일어날 때이다(뒤의 각주 7번 참조). Jules Déjerine, *L'Hérédité dans les maladies du système nerveux*, Paris: Asselin et Houzeau, 1886; Auguste Voisin, "Hérédité," *Nou-veau Dictionnaire de médecine et de chirurgie pratiques*, t.XVII, Paris: J.-B. Baill-ière, 1873, pp.446~488. 푸코는 이 문제를 다음에서 재검토한다. Michel Foucault, *Les Anormaux: Cours au Collège de France, 1974-1975*, éd. s. dir. François Ewald et Alessandro Fontana, par Valerio Marchetti et Antonella Salomoni, Paris: Gallimard /Seuil, 1999, leçon du 19 mars 1975, pp.296~300. [이재원 옮김, 『비정상인들: 콜레주드프랑스 강의 1974~75년』, 도서출판 난장, 근간, 11강(1975년 3월 19일).]

6) 본서 9강(1974년 1월 16일)의 각주 71번을 참조하라. 다음의 강의 역시 참조하라. Foucault, *Les Anormaux*, leçon du 5 février et 19 mars 1975, pp.110, 297~300. [『비정상인들』, 9~11강(1975년 3월 5, 12, 19일).]

메우는 것입니다. 환자 안에서 병의 기질적 기체를 발견할 수 없기 때문에 문제는 환자의 가족 수준에서 상당수의 병리적 사건을 찾아내 그런 사건이 어떤 것인지와는 무관하게 그것을 어느 병리적인 물질적 기체의 전달/전염과, 따라서 그것의 존재에 연관시키는 것입니다. 유전, 그것은 병을 개인의 신체 수준에 위치시킬 수 없는 바로 그 시점에, 병에 신체를 부여하기 위한 일정한 방식입니다. 이렇게 해서 거대한 환상의 신체, 수많은 병에 걸린 가족의 신체가 발명되고 명확한 윤곽을 드러내게 됩니다. 기질성 병이든 기질성이 아닌 병이든, 체질성의 병이든 우발성의 병이든, 어쨌든 그런 병이 유전되기 때문에 그것들에는 물질적 토대가 있다고 간주되고, 그렇게 해서 물질적 토대에 이르기 때문에 광기에는 병리해부학의 개별적 기체와는 다른 하나의 기질적 기체가 있다고 간주되는 것입니다. 일종의 메타기질적인 이 기체는 병의 진정한 신체를 구성합니다. 광기에 대한 심문에서의 병든 신체, 촉진되고 타진되고 청진되는 병든 신체는 실제로는 가족 전체의 신체입니다. 더 나아가 그것은 가족과 가족적 유전에 의해 구성되는 신체입니다. 유전을 탐구하는 것은 그러므로 병리해부학적 신체를 다른 신체, 어떤 종류의 물질적 상관물로 대체하는 것이며, 의사가 다루고 있는 인체의 메타개인적 대체물을 구성하는 것입니다. 제 생각에 병에 앞서는 선행 현상의 탐구인 의학적 심문의 최초 측면과 관련해서는 이상과 같습니다.

두 번째로 개인의 전구증상, 자질의 표식, 병에 앞서는 선행 현상에 대한 탐구가 있습니다. 광기는 현실에 광기로서 존재하기 이전에 어떤 에피소드를 통해 그 전조를 보였던 것일까요? 이것은 정신의학적 심문에서 발견되는 또 하나의 매우 변함없는 측면입니다. 당신의 유년기 추억을 내게 말하세요. 무슨 일이 있었는지를 이야기하세요. 당신의 삶에 대해 내게 알려주세요. 당신은 언제 병에 걸렸습니까? 당신에게 무슨 일이 일어났습니까? 이런 심문이 상정하고 있는 것은 돌발성이 강한 그런 병이 문제가 되는 경우에조차도 병으로서의 광기에는 언제나 그것에 선행하는 현상이 있다는 것입니다. 이런 경우에조차도 병에 앞서는 요소들을 발견해내야 한다는 것입니다.

개인의 병에 앞서는 병의 전조가 되는 상황을 발견하는 것, 이것은 일반 의학에서는 병의 이러저러한 유형을 구별하거나, 그 병이 진행성 병인지 아닌지, 만성인지 아닌지 등을 파악하기 위해 행해지는 일입니다. 반면에 정신의학의 영역에서 병에 앞서는 선행 현상이 탐구되는 경우에는 전혀 다른 일이 문제가 됩니다. 개인에게서 병에 앞서는 현상을 탐구하는 것, 이것은 결국 광기가 병으로서 구성되기 전부터 존재해왔던 것을 밝혀내려는 것임과 동시에 그런 징후가 아직 광기 그 자체가 아니라 광기의 가능 조건이었음을 밝혀내는 일입니다. 따라서 다음과 같은 징후를 발견해낼 필요가 있게 됩니다. 우선 한편으로 문자 그대로의 의미에서는 병리적이지 않은 징후를 발견해낼 필요가 있습니다. 왜냐하면 만약 그 징후가 병리적인 것이라면 그것은 병의 징후, 병의 실제 요소가 되는 것이지 단순한 전구증상이 되지 않기 때문입니다. 따라서 그것은 병의 내적인 징후와는 다른 것이어야 합니다. 하지만 다른 한편으로 그 징후는 그것을 전구증상으로서, 예고적인 징후로서, 병의 자질의 표식으로서, 병에 내재함과 동시에 외재하는 것으로서 부여될 수 있는 어떤 종류의 관계를 병과 맺고 있어야 합니다.[7] 요컨대 광기를 비정상

7) 광기의 예후적 징후라는 문제에 관해서는 앞의 각주 5번에서 든 모로 드 투르의 보고("De la prédisposition héréditaire aux affections cérébrales")와 1851년 4월 22일 의학아카데미에서의 발표("Mémoire sur les prodromes de la folie")를 참조하라. 베네딕트 오귀스탱 모렐의 연수생 조르주 두트르방트는 "정신이상의 소질을 갖거나 그것에 걸려 있는 개인에게서 유전에 의해 병적 영향을 진단할 수 있게 하는 도덕, 신체, 지성에 관련된 여러 징후"(107쪽)에 관한 논문으로 에스키롤 상을 수상한다. Georges Doutrebente, "Étude généalogique sur les aliénés héréditaires"(1868), *Annales médico-psychologiques*, 5e série, t.II, septembre 1869, pp.197~237. 의학심리학회는 "유전성 광기의 신체, 지성, 도덕에 관련된 징후들"의 문제를 놓고 1년 이상(1885년 3월 30일~1886년 7월 26일)에 걸쳐 10번의 회의를 연다.

성이라고 부를 수 있는 것의 개별적인 맥락 속에 다시 자리매김할 수 있어야 한다는 것입니다.[8)]

비정상성, 그것은 광기의 개별적인 가능 조건입니다. 비정상성은 치료하고 있는 것, 상대하고 있는 것, 광기의 징후로서 밝혀보고자 하는 것이 실제로 병리적인 것임을 입증하기 위해 확립해야 하는 것입니다. 감금 요청의 목적이나 동기를 구성하는 여러 가지 상이한 요소를 병리적인 징후로 변환시키기 위한 조건, 그것은 그런 요소들을 비정상성이라는 일반적인 직물 내에 다시 자리매김하는 것입니다.

상세한 것들에 관해서는 이를테면 피에르 리비에르의 서류를 한 건 살펴보셨으면 좋겠습니다.[9)] 의사들은 리비에르의 정신이 병들었는지 아닌지를, 감히 '살인 편집증'이라고는 이름 붙일 수 없었던 어떤 병에 리비에르가 걸려 있는지 아닌지를 결정하려고 했습니다. 살인 편집증이란 갑작스럽게 발생하는 병, 요컨대 돌발적인 병, 범죄적 행위의 갑작스러운 출현을 그 주요 징후로 갖는 병으로서, 당시 장-에티엔 도미니크 에스키롤이 정의했던 것이었습니다.[10)] 그렇다면 리비에르의 범죄적 행동이 광기에 토대를 둔 행동이었다는 것은 과연 어떻게 증명할 수 있을까요? 그 점을 증명하기 위해서는 리비에르의 그런 행동을 비정상성의 영역 속에 재설정할 필요가 있었습니다. 그리고 이 비정상성의 영역이 몇몇 요소를 통해 구성됩니다. 예를 들어 리비에르는 유년기에 자신이 군대의 대장이고 적을 절멸시키려 하는 중이라고 상상하면서 양배추를

---

8) 비정상성이라는 개념의 형성에 관해서는 다음의 강의를 참조하라. Foucault, *Les Anormaux*, leçon du 22 janvier et 19 mars 1975, pp.53~56, 293~298. [『비정상인들』, 3, 11강(1975년 1월 22일, 3월 19일).]

9) Michel Foucault, *Moi, Pierre Rivière, ayant égorgé ma mère, ma sœur et mon frère: Un cas de parricide au XIX*e *siècle*, Paris: Gallimard, 1973. [심세광 옮김, 『내 어머니와 누이와 남동생 …… 을 죽인 나, 피에르 리비에르』, 앨피, 2008.]

10) '살인 편집증'의 개념은 본서 10강(1974년 1월 23일)의 각주 45번을 참조하라.

자르거나 개구리를 찔러 죽였습니다.[11] 바로 이런 모든 사실을 통해 비정상성의 한 지평이 구성되며, 이 지평 내부에서 문제의 행동을 광기로서 현실화하는 것이 가능해지는 것입니다. 심문의 두 번째 조작은 따라서 비정상성의 지평을 구성하는 것입니다.

심문의 세 번째 역할은 책임과 주체성의 교차 내지 교착어법이라고 부를 수 있는 것의 조직입니다. 모든 정신의학적 심문의 근저에는 언제나 다음과 같은 형태를 갖는 일종의 거래가 있다고 저는 생각합니다. 정신과 의사는 자기 앞에 있는 사람에게 이렇게 말하겠죠. 자, 너는 여기 있다. 스스로 찾아왔던지 누군가에게 끌려왔던지 간에 어쨌든 너는 여기 와 있다. 그것은 네 주변에 너에 대한 불만이나 불안이 있기 때문이다. 너는 이러저러한 것을 말하고, 이러저러한 것을 행했으며, 이러저러한 방식으로 행동한다. 그것이 사실인지 아닌지 물을 생각은 전혀 없다. 나는 네가 정말로 비난받고 있는지, 혹은 정말로 불안을 느끼고 있는지조차도 단정하고 싶지 않다. 나는 예심판사가 아니기 때문이지. 하지만 나는 네가 한 일, 네게 일어난 일, 네가 느끼는 감정에 대한 법률적이거나 도덕적인 책임을 네가 벗을 수 있게 해줄 준비가 되어 있다. 단 거기엔 한 가지 조건이 있다. 그 조건은 네가 이 모든 것의 현실성을 주체적으로 받아들이고, 네가 이상의 모든 사실을 너의 실존, 네 의식의 주체적 징후로서 내게 복원해주는 것이다. 나는 그런 요소를, 다소간 변형된 형태여도 전혀 상관없으니, 네 이야기나 네 고백 속에 있는 고통의 요소로서, 괴물적 욕망의 힘으로서, 억제하기 어려운 움직임의 표식으로서, 요컨대 징후로서 다시 발견하고 싶은 것이다. 나는 네가 여기에 있는 동기가 더 이상 네게 법률적이거나 도덕적 책임을 지우지 않기를 바라고

11) Pierre Rivière, "Détail et explication de l'événement arrivé le 3 juin à Aunay, village de la Fauctrie écrite par l'auteur de cette action." in Foucault, *Moi, Pierre Rivière* ……, pp.124, 127. [「수기: 라 폭트리의 오네 마을에서 6월 3일 발생한 사건에 대해 사건 범인이 쓴 상세한 설명」, 『나, 피에르 리비에르』, 178, 185쪽.]

있다. 단 내가 그런 책임을 면제하고 네 머리에서 그런 동기를 소거시켜 줄 수 있는 것은 바로 네가 나에게 그 동기를 어떤 형태로든 징후로서 제공해준다는 조건 아래서뿐이다. 징후를 내게 내놓아라. 그러면 죄를 면하게 해주겠다. 이렇게 말입니다.

그리고 제 생각에 정신의학적 심문의 근저에서 작용하는 바로 이런 종류의 거래로 인해 정신의학적 심문은 실제로 언제나 개인이 정신과 의사 앞에 있게 되는 그 동기에 본질적인 방식으로 관련됩니다. 개인이 정신과 의사의 목전에 있게 되는 이유를 문제화하는 것, 거기에 있어야 하는 이유를 징후로 변환시키는 것, 바로 이것이 정신의학적 심문이 행해야 하는 것입니다. 그 이유가 의지적인 행동에 연결되어 있는 것인지 아니면 거꾸로 타자들로 인한 것인지는 그리 중요하지 않습니다.

정신의학적 심문의 네 번째 기능은 중심적 고백의 정비라고 부를 수 있는 어떤 것입니다. 결국 정신의학적 심문은 항상 일종의 최종 목표를 갖고 있고, 항시 어떤 지점에서 실제로 중단됩니다. 정신의학적 심문의 이 최종 목표, 이 한계점은 광기의 핵심·중핵 같은 것으로, 광기의 차원에서 기질적 병변에 해당하는 것이라고 여겨집니다.* 그리고 심문이 현실화하고 실현하려는 그런 광기의 중심, 그것은 광기의 극단적 형태, 의심의 여지가 없는 광기의 형태입니다. 문제는 심문받는 주체로 하여금 그저 단순히 그런 망상의 중심의 존재를 인정케 하는 것뿐만이 아니라 심문의 내용에서 그것을 실제로 현동화시키는 것입니다.

그리고 그런 현동화는 두 가지 방식으로 얻어집니다. 한편으로 바로 심문의 내부에서 얻어지는 의례적인 고백이라는 형태가 있습니다. "네, 저는 목소리가 들립니다! 네, 제게는 환각이 있습니다!,"[12] "네, 저는 제

---

* 강의원고에는 이렇게 덧붙여져 있다. "그것은 가족이 광기에서 신체적 기체를 대신하는 것과 약간 닮아 있다."

12) 42세의 A라는 인물에 대한 심문을 암시한다. 이 인물은 환청과 환시, 성애와 야심과 관련된 관념들 때문에 1839년 6월 18일 비세트르에 입원했다. François Leuret,

가 나폴레옹이라고 생각하고 있습니다!,"[13] "네, 저는 망상을 품고 있습니다!" 정신의학적 심문은 바로 이런 방향을 향해 가야 합니다. 또 다른 한편으로 만약 그런 현동화가 고백 속에서 징후가 1인칭으로 확실하게 고정되는 방식을 통해 이뤄지지 않는 경우에는 심문 속에서 발작 자체의 현동화를 얻어내야 한다는 것, 즉 환각을 불러일으키고 히스테리 발작을 야기시킬 필요가 있게 됩니다. 요컨대 고백의 형태 아래에서건 중심적 징후의 현동화의 형태 아래에서건, 주체를 일종의 질식 내지 위축의 극점에 두고 주체가 "나는 광인이다"라고 말하지 않을 수 없게 만들고, 실제로 자신의 광기를 연기하지 않을 수 없게 만들 필요가 있다는 것입니다. 이때 심문의 최종 지점으로 내몰린 주체는 더 이상 자기 고유의 징후로부터 벗어날 수도 없고 빠져나갈 수도 없게 됩니다. 그는 이렇게 말할 수밖에 없습니다. 확실히 바로 나 같은 사람을 위해서 정신병원이 설립된 것이고, 바로 나 같은 사람을 위해서 의사가 필요한 것이라고 말입니다. 나는 아프다. 그리고 내가 아프기 때문에 나를 감금하는 것을 주된 역할로 삼고 있는 당신은 확실히 의사다. 이렇게 말이죠. 그리고 바로 여기에 환자로서 감금되는 자와 의사와 정신과 의사로서 감금하는 자의 이중적 지위 확립의 본질적 계기가 있습니다.

이런 최종적 고백은, 만약 광기를 말한다면 광기에서 벗어날 수 있다는 그런 주제를 토대로 하고 또 그런 단언에 입각해 탈취되는 것입니다. 바로 이 지점에서 정신의학적 심문기술 내에서의 종교적 고백과 의학적 고비의 이중적 유비가 작동합니다. 요컨대 정신의학적 심문에서 최종적 고백이 광기를 내쫓는 것은 종교에서 고백이 죄를 사하는 것과 마찬가지이고, 의학적 고비에서 가래를 뱉거나 배설하는 행위가 병원성 물질을

"Chap.3, 1. Hallucinés"(Observation 1), *Du traitement moral de la folie*, Paris: J.-B. Baillière, 1840, pp.199~200.

13) 뒤프레씨의 치료를 암시한다. Leuret, *Du traitement moral de la folie*, pp.441~442. 본서 8강(1974년 1월 9일)도 참조하라.

배출하는 것과 마찬가지입니다. 죄를 사해주는 고백과 병을 내쫓는 가래 뱉기의 수렴 지점에서, 혹은 이렇게 말해도 좋다면 그것들 간의 요동 속에서 광기의 최종적 고백은 당시의 정신과 의사, 그리고 아마도 현재의 정신과 의사도 여전히 보증하는 바, 결국 개인이 자신의 광기에서 해방될 수 있기 위한 출발점인 것입니다. "나는 네가 나에게 네 광기를 고백한다는 조건 아래서 너를 광기로부터 해방시킨다"는 것은 요컨대 이런 의미입니다. "너를 가둘 이유를 나에게 내놓거라. 네 자유를 빼앗을 이유를 실제로 나에게 내놓거라. 그러면 그때 나는 너를 광기로부터 해방시켜주겠노라. 네가 광기로부터 치유되는 그 운동을 통해 내가 하고 있는 일이 확실히 의학적 행위라는 것이 보증될 것이다." 의사의 권력과 환자로부터 탈취되는 고백의 착종은 이상과 같고, 바로 이것이 정신의학적 심문기술의 절대적 중심 지점이라고 저는 생각합니다.

제가 여러분께 그 주요 계기를 보여드리려고 시도했던 이런 심문은 세 가지 수준에서 해독될 수 있을 것 같네요. 첫 번째 수준, 즉 제가 이미 말씀드린 규율의 수준은 놔두도록 합시다.[14] 본질적이라고 생각되는 나머지 두 수준이 있습니다. 한편으로 정신의학적 심문에서 문제는 의학적 미메시스, 즉 병리해부학이 부여한 의학적 도식의 아날로곤을 구성하는 것입니다. 요컨대 정신의학적 심문은 첫 번째로 유전을 지정하는 체계를 통해 하나의 신체를 구축하고 신체를 갖고 있지 않았던 하나의 병에 신체를 부여합니다. 두 번째로 그런 병을 중심으로, 또 그런 병을 병으로서 포착할 수 있도록 하기 위해 정신의학적 심문은 비정상의 한 영역을 구성합니다. 세 번째로 정신의학적 심문은 하나의 요청에 입각해 여러 징후를 만들어냅니다. 그리고 네 번째로 정신의학적 심문은 고백 속에서, 혹은 중핵적 징후의 현실화 속에서 나타나고 현동화되는 병리적 중심을 따로 떼어내 그 윤곽을 묘사하고 규정합니다.

---

14) 본서 7강(1973년 12월 19일), 특히 237~240쪽을 참조하라.

그러므로 심문은 기질적 의학에서의 감별진단 활동을 특징짓는 요소들을 19세기 정신의학 안에서 정확하게 재구성하기 위한 일정한 방식입니다. 심문은 기질적 의학 곁에서 그것과 평행해 그것과 같은 방식으로 기능하는 어떤 것을 재구성하는 방법, 하지만 그것을 미메시스와 아날로곤의 차원에서 재구성하는 방법인 것입니다. 심문의 또 다른 한 층, 그것은 정신과 의사와 환자 간의 기술, 교환, 약속, 증여와 대항증여 등의 작용을 통해 실제로는 삼중의 현실화가 일어나는 수준인 것을 알 수 있습니다. 요컨대 심문은 먼저 하나의 행위가 광기로서 현실화되고, 다음으로 광기가 병으로서 현실화되며, 마지막으로 광인의 관리인이 의사로서 현실화되는 수준입니다.

따라서 이런 종류의 구성적 심문이 철저하게 쇄신된 절대진단의 의례라는 것을 아시겠지요? 19세기형 병원에서 정신과 의사의 활동은 어떤 것이었을까요? 아시다시피, 그가 행하는 것은 두 활동이며, 또 그 두 가지뿐입니다. 우선 회진을 하고 다음으로 심문을 합니다. 회진은 의사가 매일 아침 규율을 치료로 변환시키기 위해 자기 병원의 여러 부서를 두루 돌아보며 살피는 활동입니다. 나는 정신요양원의 모든 구조를 두루 돌아보고 규율체계의 모든 메커니즘을 점검해, 이 메커니즘을 오로지 내 현전을 통해 치료기구로 변화시킬 것이다. 이런 식으로 말입니다.[15)]

두 번째 활동, 요컨대 심문은 바로 다음과 같은 것입니다. 나에게 징후를 내놓아라, 내 앞에서 네 삶을 징후로 만들어라, 그러면 너는 나를 의사로 만들 것이다.

두 가지 의례, 즉 회진과 심문은 틀림없이 그것들을 통해 제가 말씀드렸던 규율의 영역을 기능시키기 위한 두 요소입니다. 그리고 또 이런 심문의 거대한 의례에 왜 때때로 새로운 활력이 필요했는지도 이해하시

---

15) 회진에 대해서는 팔레를 참조하라. Jean-Pierre Falret, *De l'enseignement clinique des maladies mentales*, Paris: Impr. de Martinet, 1850, pp.105~109.

겠죠? 요컨대 독송 미사 곁에 장엄 미사가 있는 것과 좀 비슷하게 의사에 의한 환자의 사적인 심문 곁에는 학생들 앞에서의 임상 제시가 있는 것입니다. 그렇다면 왜 학생들 앞에서의 환자의 임상 제시라는, 정신의학에서의 장엄 미사가 필요하다고 여겨졌을까요? 왜 정신의학은 이토록 일찍이, 이토록 신속하게 환자를 거의 대중 앞에 제시하는 의례, 어쨌든 학생에게 제시하는 의례로 향했던 것일까요? 이에 대해 저는 이미 말씀드린 바 있지만,[16] 이번에 여러분은 이런 임상 제시가 기능하는 또 하나의 수준을 파악할 가능성을 발견하시게 될 것입니다.

실제로 신체와 치유의 부재라는 정신의학의 실천을 특징짓는 이 이중의 부재 속에서 만약 정신요양원의 일상적 기능에 더해, 심문에서 일어나는 일을 장엄한 방식으로 각인하는 그런 의례가 없다면, 어떻게 의사가 실제로 의사로서의 자신의 지위를 확보할 수 있을까요? 또 그런 의례가 없다면 어떻게 해서 제가 말씀드린 조작, 즉 요청을 징후로 변환시키고, 생활 속에서의 사건들을 비정상으로 변환시키며, 유전을 신체 등으로 변환시키는 일이 가능할 수 있을까요? 바로 자기 주위에 청중과 관객으로서의 학생이 있다는 단지 그 사실 하나만으로 초기 정신과 의사가 의사로서 각인되는 하나의 공간이 조직되게 됩니다. 초기 정신과 의사의 역할이 의학적인 것이 되는 것은 따라서 치유가 성공하거나 진정한 병인이 발견됐기 때문이 결코 아닙니다. 왜냐하면 그것이 문제가 아니었기 때문입니다. 초기 정신과 의사의 역할이 의학적인 것이 되고, 여러분께 말씀드린 변환의 조작이 가능하게 되는 것은, 의사 주변에 학생들로 이뤄진 합창단이 형성되기 때문입니다. 환자의 신체가 결여되어 있기 때문에 교사 주위에서 환자의 응답에 귀를 기울이는 학생들의 원 같은 그런 종류의 제도적 신체성이 필요한 것입니다. 이런 청취가, 교사이자 의학적 지식의 주인인 자로서의 정신과 의사가 말하는 것을 학생

16) 본서 8강(1974년 1월 9일), 특히 183~185쪽을 참조하라.

들이 청취하는 식으로 코드화되고 제도화되는 순간부터, 제가 말씀드린 모든 조작은 그 강도와 활력을 새로이 하면서 광기를 병으로 변환하거나 요청을 징후로 변환하는 방향으로 원활히 작동하게 되는 것입니다.

달리 말하면 제 생각에 의사가 위엄 있는 말을 발화하는 경우, 그 위엄은 소위 단순히 부가적인 것에 불과한데, 의사의 위신을 높이며 의사가 말하고 있는 것에 좀 더 진정성을 부가하기 위한 일종의 방식에 불과합니다. 이에 비해 정신과 의사에게 말의 위엄은 훨씬 더 본질적이고 훨씬 더 본래적인 것입니다. 요컨대 정신과 의사가 발화하는 말은, 여러분께 말씀드린 의학적 변환을 실제로 야기시키기 위해서는, 적어도 때때로 학생에게 환자를 임상적으로 제시하는 의례를 통해 그런 말을 의례적이고 제도적인 방식으로 강조해야 할 필요가 있습니다.

심문에 대해 말씀드리고 싶었던 것은 이상입니다. 물론 심문 형태의 변화를 생각한다면 더 정교한 분석이 필요하겠죠. 프랑수아 뢰레 같은 사람에게서 심문은 훨씬 더 정교한 형태를 갖습니다. 뢰레는 이를테면 침묵을 통한 심문을 발명했습니다. 그것은 환자에게 아무것도 말하지 않고 그가 입을 열기를 기다려서 그로 하여금 말하고 싶은 것을 말하게 내버려두는 것입니다. 왜냐하면 뢰레에 따르면 그것이 광기의 중심적 고백에 정확히 도달하는, 유일하다고까지 말할 수는 없지만 어쨌든 가장 좋은 방법이기 때문입니다.[17] 뢰레는 또한 징후의 배후에는 실

17) 침묵을 통한 심문의 예를 보여주기 위해 강의원고에서는 그리징거의 44번째 사례가 참조되고 있다. "그녀는 듣고 있었는지도 모른다……. 나는 아무 말도 하지 않고 그녀에게 주의를 기울이지 않는 척하면서 몇 걸음 걸었다……. 나는 다시 멈춰 서서 …… 표정에 변화 없이 또 그녀에 대한 호기심조차 그녀가 알아채지 못하도록 하면서 그녀를 주시했다……. 그렇게 30분 가까이 시선을 교환하자 그녀는 이해할 수 없는 말을 몇 마디 중얼거렸다. 나는 그녀에게 노트를 건네고 거기에 쓰게 했다." Griesinger, *Traité des maladies mentales*, p.392. 또한 다음을 참조하라. "정신이상자가 자신을 귀찮게 하는 권위를 피하기 위한 책략을 부리도록 자극하는 대신에 …… 내버려두고, 그의 정신으로부터 그의 사유 속으로 들어가고자 하는

제로는 하나의 요구가 있다고 간주하면서 그 요구를 심문을 통해 분석하려고도 했습니다. 하지만 결국 이 모든 것은 심문의 의례라는 중심적 의례와 비교해볼 때 보충적인 것에 불과합니다.

그리고 심문 옆에, 광기에 의학적 의미를 부여하고 광기를 병으로서 현실화하는 두 요소가 더 있습니다. 솔직히 말해서 역시 부차적인 것이기는 해도 제가 말씀드린 뢰레의 기술보다 훨씬 더 중요한 역사적 운명을 갖는 이 두 요소는 마약과 최면입니다.

우선 마약에 대해 말해보죠. 이것에 대해서도 저는 이미 아편팅크[18]나 아편제[19] 등 몇몇 마약이 18세기 이래로 규율적 용도로 사용되어왔음을 지적했습니다. 18세기 말 한 이탈리아 의사는 한 사람의 주체가 실제로 정신적으로 아픈지의 여부를 결정하기 위해, 광기와 위장된 광기를 구별하는 데 대량의 아편을 사용하려고 생각했던 것입니다.[20]

욕망을 멀리 떨어뜨려 놓아라. 그러면 정신이상자는 당신이 자신의 전부를 통제하려 하지 않는다고 보고 의심 없이 자신을 그대로 보여주게 될 것이고, 당신은 더 쉽게 그를 연구하고 더 쉽게 연구 성과를 얻어낼 수 있을 것이다." Jean-Pierre Falret, *Leçons cliniques de médecine mentale faites à l'hospice de la Salpêtrière*, Paris: J.-B. Baillière, 1854, p.222.

18) 본서 7강(1973년 12월 19일)의 각주 2번을 참조하라.

19) 본서 7강(1973년 12월 19일)의 각주 1번을 참조하라.

20) 밀라노 감옥의 외과의 조반니 바티스타 몬테지아는 광기를 위장하고 있다고 생각되는 어느 범죄자에게 대량의 아편을 반복적으로 투여한다. 그 결과 그 범죄자는 "아편의 작용에 의해" 매우 지쳐서 "죽음을 두려워하며 속임수를 계속해도 소용없다는 것을 깨달았다"(375쪽). Giovanni Battista Monteggia, "Folie soupçonnée d'être feinte, observée par le professeur Monteggia," trad. Charles-Chrétien-Henri Marc in "Matériaux pour l'histoire médico-légale de l'aliénation mentale," *Annales d'hygiène publique et de médecine légale*, t.II, 2e partie, 1829, pp.367~376. 또한 다음의 저작들도 참조하라. Chrétien-Henri Marc, *De la folie considérée dans ses rapports avec les questions médico-judiciaires*, t.I, Paris: J.-B. Baillière, 1840, p.498; Armand Laurent, *Étude médico-légale sur la simulation de la folie: Considérations cliniques et pratiques à l'usage des médecins experts, des magistrats et des juriscon-sultes*, Paris: Masson, 1866, p.239.

이것을 출발점으로 해서 19세기 초부터 약 80년간 정신병원 내부에서는 마약이 대규모로 사용되게 됩니다. 주로 아편, 아질산아밀,[21] 클로로폼,[22] 에테르[23]가 사용됐죠. 정신병원에서 환자에게 행한 에테르 마취에 관해서는 1864년 『의학자료집』에 게재된 베네딕트 오귀스탱 모렐의 중요한 텍스트를 참조해주세요.[24] 하지만 제 생각에 그 모든 것에 관한 [주요] 에피소드로서 거론되는 것은 말할 것도 없이 자크-조제프 모로 드 투르의 책과 그의 실천입니다. 이 책은 1845년의 『하시시와 정신이상에 대하여』입니다.[25] 역사적으로 매우 큰 중요성을 갖는다고 생각되는 하시시에 대한 이 책 속에서 모로 드 투르는 '스스로' 하시시를 시험했고, 제법 많은 양의 하시시를 잼 상태로 만들어 복용한 뒤 하시시에 중독된 상태에서 다음과 같은 몇몇 국면을 포착할 수 있었다고 말합니다. 이 '스스로'라는 말의 [가치]*에 대해서는 앞으로 보시게 될 것입니다. 첫 번째로 '행복감.' 두 번째로는 '흥분, 관념들의 해체.' 세 번째로는 '시간과 공간에 관련된 착오.' 네 번째로 '시각적 측면과 청각적 측면에서 감성의 발달. 음악을 들을 때의 감각 과민.' 다섯 번째로 '고정관념, 망상적 확신.' 여섯 번째로 감정이변, 혹은 그가 말하는 것처럼 '감정의

21) 협심증 치료를 위해 앙투안 제롬 발라르(Antoine Jérôme Balard, 1802~1876)가 1844년에 발견한 아질산아밀은 간질과 히스테리의 정신의학적 치료에 실험적으로 사용된다. Amédée Dechambre, "Nitrite d'amyle," *Dictionnaire encyclopédique des sciences médicales*, 2e série, t.XIII, Paris: Masson/Asselin, 1879, pp.262~269.

22) 본서 10강(1974년 1월 23일)의 각주 2번을 참조하라.

23) 본서 8강(1974년 1월 9일)의 각주 18번을 참조하라.

24) 모렐은 에테르 마취의 사용을 "진실의 인증에 도달하기 위한 가장 무해하고 신속한 수단"으로서 장려하고 있다. Bénédict Auguste Morel, "De l'éthérisation dans la folie du point de vue du diagnostic et de la médecine légale," *Archives générales de médecine*, V^e série, t.3, vol.1, février 1854, p.135.

25) Joseph-Jacques Moreau de Tours, *Du hachisch et de l'aliénation mentale: Études psychologiques*, Paris: Fortin, 1845.

* 녹음기에는 "중요성"(l'importance)이라고 기록되어 있다.

병변,' 즉 극단적인 공포, 흥분, 열렬한 사랑 등. 일곱 번째로 '불가항력적 충동.' 그리고 여덟 번째로 마지막 국면으로서 '착각, 환각.'26) 모로 드 투르가 한 경험과 그가 그 경험을 활용한 것은 [검토해야 합니다.]** 거기에는 일련의 이유가 있습니다.

이것에 대해서 저는 설명도 못하겠고 분석조차 못하겠는데, 우선 여러분께서도 아시다시피 그런 경험 속에서 처음부터 즉시 마약의 효과가 모로 드 투르에 의해 정신질환의 절차로 [……]*** 환원됐다는 사실이 있습니다.† 이해하시리라 생각하는데요, 제가 여러분께 소개해드린 여러 국면을 모로 드 투르가 서술할 때 행복감을 맛본 첫 번째 국면 이후, 신속히 두 번째 국면부터 이미 관념의 해체, 시간과 공간에 관한 착오 등 정신질환과 관련된 것이 문제시되고 있습니다. 그리고 행복감의 계기 역시 나중에 회수되죠. 제 생각에 정신질환의 체계 내부에서 마약의 효과를 이렇게 정신의학적으로 탈취한 것은 중요한 문제를 제기합니다. 하지만 솔직히 이것은 정신질환의 역사보다는 오히려 마약의 역사 내부에서 분석해야 할 필요가 있습니다. 어쨌든 정신질환의 역사에 대해 말하자면 마약의 이런 사용, 마약의 효과와 정신질환 징후의 이런 동일시는, 모로 드 투르에 의하면, 광기를 재현할 수 있는 가능성을 의사에게 부여합니다. 거기서 가능해지는 것은 한편으로는 인위적 재현입니다. 왜냐하면 그런 현상들이 생겨나려면 중독이 필요했기 때문입니다. 하지만 다른 한편으로 그 재현은 자연스러운 것이기도 합니다. 왜냐하면 모로

26) 여기서 언급된 항목은 각각 『하시시와 정신이상에 대하여』의 제1장 「심리적 현상」(phénomènes psychologiques)의 2~8절 제목에 상응하고 있다. Moreau de Tours, *Du hachisch et de l'aliénation mentale*, pp.51~181.

** 녹음기에는 "중요합니다"(importants)라고 기록되어 있다.

*** 녹음기에는 "즉시"(immédiatement)가 반복적으로 기록되어 있다.

† 강의원고에서는 여기에 다음과 같은 표제가 붙어 있다. "하시시의 복용에서 유래하는 현상이 광기의 현상과 동일하다는 사고방식."

드 투르가 열거하는 그 어떤 징후도, 그 내용에서뿐만 아니라 그 계기적 연쇄에서도 자발적이고 자연스러운 병으로서의 광기의 전개와 무관하지 않기 때문입니다. 요컨대 인위적으로 야기된 것임과 동시에 진정한 것이기도 한 광기의 재현이 가능해진다는 것입니다. 이것은 1845년의 일입니다. 이 시기는 일련의 실험생리학 작업이 행해지는 바로 그 무렵입니다. 모로 드 투르는 광기 분야에서의 클로드 베르나르입니다. 요컨대 모로 드 투르는 [글리코겐에서 글루코스를 형성하는] 간의 당 형성 기능을 광기의 문제 내로 이렇게 옮겨 놓은 것입니다.[27)]

중요한 것이 또 하나 있습니다. 요컨대 거기에는 그냥 단순히 광기에 관한 의도적이고 용의주도하게 준비된 실험의 구상, 즉 도구만이 있는 것이 아니라, 하시시 중독을 특징짓는 여러 현상들이 자연스럽고 필연적인 연결, 자연발생적인 하나의 연쇄, 동질적인 한 계열을 구성한다는 관념 또한 있다는 것입니다. 즉 그런 현상이 광기의 현상과 동질적인 것이기 때문에 질병학자에 의해 이러저러한 방식으로 배치되거나 이러저러한 병의 형태로 귀속될 수 있는 광기의 이러저러한 징후가 결국 모든 동일한 계열로 귀속된다는 관념에 이르게 되는 것입니다. 필립 피넬 같은 유형의 정신과 의사, 특히 에스키롤 같은 유형의 정신과 의사가 이러저러한 정신질환에서 병변화된 능력이 무엇인지를 보려고 했던 반면에,[28)] [이제는] 본래 오직 하나의 광기만이 존재한다는 관념이 나타나게 됩니다. 광기는 개인의 일생을 통해 진행되고, 물론 하시시 중독의 경우

27) 클로드 베르나르(1813~1878)의 연구를 암시한다. 1843년에 시작된 연구를 통해 글리코겐에서 글루코스를 형성하는 간의 기능을 발견한 베르나르는 1853년 3월 17일에 자연과학박사를 취득한다. Claude Bernard, *Recherches sur une nouvelle fonction du foie, considéré comme organe producteur de matière sucrée chez l'homme et les animaux*, Paris: J.-B. Baillière, 1853. 이 발견이 어떤 단계를 거쳤는가에 대해서는 다음을 참조하라. Claude Bernard, *Introduction à l'étude de la médecine expérimentale*, Paris: J.-B. Baillière, 1865. pp.286~289, 318~320.

28) 본서 5강(1973년 12월 5일)의 각주 12번을 참조하라.

처럼 어떤 국면에서 정지하거나 방해되거나 고정되기도 하지만 어쨌든 동일한 광기가 모든 곳에서 그 진행 전반에 걸쳐 발견된다는 관념이 출현하게 된 것입니다. 따라서 정신과 의사가 매우 오랫동안 탐구해온 것, 요컨대 바로 그곳에서 출발해 광기의 모든 징후가 전개될 수 있는 유일한 '토대' 같은 것이 하시시를 통해 발견될 수 있게 됩니다. 이 병의 중심, 병리해부학자들이 운 좋게도 신체의 한 지점에서 파악하고 고정시킬 수 있었던 그 병의 중심이 하시시를 이용한 실험을 통해 얻어지게 됩니다. 요컨대 거기서 출발해 모든 광기가 전개되는 중핵을 얻을 수 있게 된 것입니다. 그리고 모로 드 투르가 발견했다고 생각했던 이 근본적인 중핵은 그가 1845년에 '최초의 지적 변형'[29]이라고 불렀던 것으로, 나중에 1869년의 텍스트에서 '본원적 변형'[30]이라고 부르게 되는 것입니다. 이 최초의 변형을 모로 드 투르는 이렇게 서술합니다. "망상 내지 본래적 의미에서 광기의 모든 형태, 모든 우발적 사건, 즉 고정관념, 환각, 충동의 억제불가능성[아시다시피 이 모든 것은 하시시에 의한 중독 속에서 만나게 되는 징후입니다 — M. F.]은 그 기원이 최초의 지적 변형에 있다. 이 최초의 변형은 언제나 그 동일성을 유지하고 있고, 명백하게 광기의 형태나 우발적 사건이 존재하기 위한 본질적 조건이다. 그것은 조광증적 흥분이다."[31] 이 표현은 그리 정확하지 않습니다. 더 정확하게 말하면 그것은 "관념들이 막연하고 불확실하며 흔들리고 바뀌기 쉽다고 하는, 단순하면서도 복잡한 상태 전체이며, 때때로 매우 일관성을 결여한 방식으로 나타나는 것이다. 그것은 정신적 능력이라고 명명되는 지적 합성물의 붕괴이며, 그것의 명백한 해체이다."[32]

---

29) Moreau de Tours, *Du hachisch et de l'aliénation mentale*, p.36.

30) Joseph-Jacques Moreau de Tours, *Traité pratique de la folie névropathique (vulgo hystérique)*, Paris: J.-B. Baillière, 1869, pp.ix, xiv, xvii, xix.

31) Moreau de Tours, *Du hachisch et de l'aliénation mentale*, pp.35~36.

32) Moreau de Tours, *Du hachisch et de l'aliénation mentale*, p.36.

이렇게 광기의 주요 징후, 아니 오히려 그곳으로부터 출발해 광기의 여러 징후가 전개되는 광기의 중심 그 자체가 하시시 덕분에 포착됩니다. 즉 하시시를 통해 모든 광기의 그런 본질적 '토대'를 재현하고 포착하며 재구성하고 현동화할 수 있다는 것입니다. 하지만 중요한 것은 광기의 이 본질적 '토대'가 하시시를 통해 재현될 때 그것이 도대체 누구에게서 재현되느냐 하는 것입니다. 그것은 모든 사람에게서, 경우에 따라서는 의사에게서 재현됩니다. 즉 하시시에 대한 경험은 가시적인 징후에 관한 외적인 관찰과는 다른 수단을 통해 의사에게 광기와 직접적으로 소통할 수 있는 가능성을 부여하게 된다는 것입니다. 하시시 중독이 야기하는 효과를 의사가 주체적으로 경험함으로써 광기와 소통하는 것이 가능하게 됐다는 것입니다. 병리해부학자들에게는 있었으나 초기 정신과 의사들에게는 부재했던 그 기질적 신체, 요컨대 정신과 의사가 결여하고 있었던 그 신체, 그 명증성의 지반, 실험을 통한 검증을 위한 그 심급을 정신과 의사는 자신의 경험으로 대체할 수 있게 됩니다. 여기서 정신과 의사의 경험을 광인의 경험에 확실하게 고정시킬 수 있는 가능성, 결과적으로 도덕심리학과 병리심리학 간의 제로 지점 같은 어떤 것에 접근할 수 있는 가능성이 생겨납니다. 그리고 특히 정신과 의사가 자신의 정상성의 이름으로, 또 정상이지만 중독상태에 있는 정신과 의사로서 자신이 겪을 수 있는 경험의 이름으로 광기를 보거나 광기를 말하거나 광기에 법을 부과할 가능성이 생기는 것입니다.

물론 모로 드 투르의 경험 이전에도 광기에 법을 부과하고 있었던 것은 정상적인 개인으로서의 정신과 의사였습니다. 하지만 그것은 배제의 형태로 부과되고 있었습니다. 요컨대 네가 광인인 것은 네가 나처럼 생각하지 않기 때문이고, 내가 너를 광인이라고 판별하는 이유는 나는 네가 하는 일에 타당한 이유가 있다고 생각하지 않기 때문이다. 이런 식으로 말입니다. 이런 배제, 이런 양자택일의 형태 아래서 정상인 개인으로서의 정신과 의사가 광인에게 법을 부과하고 있었던 것입니다. 하지만 이제는 하시시의 경험에 입각해 정신과 의사는 다음과 같이 말할 수 있게 됩니다. 나는 네 광기의 법칙이 어떤 것인지를 알고 있다. 나는 너의 광기를 식별한다. 왜냐하면 나는 바로 너의 광기를 내 자신 안에서 재구성할 수 있기 때문이다. 나는 하시시 중독 같은 조건 아래서 너의 광기를 특징짓는 사건이나 절차의 이치 전체를 내 자신 안에서 추적할 수 있고, 또 그것을 재구성할 수 있다. 나는 무슨 일이 일어나고 있는지를 이해할 수 있다. 나는 네 광기의 진정하고 자율적인 움직임을 파악하고 그것을 재구성할 수 있다. 따라서 나는 광기를 내부로부터 파악할 수 있다. 이런 식으로 말입니다.

이렇게 해서 정신과 의사에 의한 이해라는 형태를 취하는 광기의 완전히 새로운 포착법이 기초됩니다. 하시시를 통해 확정하는 내적인 관계로 인해 정신과 의사는 이렇게 말할 수 있게 됩니다. 이것은 광기에 속하는데, 왜냐하면 정상적인 개인인 나는 이 현상을 발생시킨 동인을 이해할 수 있기 때문이다. 정상적인 정신과 의사가 광기의 동인 자체에 부과하는 법으로서의 이해는 여기서 그 최초의 원리를 발견합니다. 그리고 그때까지 광기는 정상적인 사유가 재구성할 수 없었던 것이었던 데 비해 이제 광기는 역으로 정신과 의사의 이해를 통해, 또 그것에 입각해 재구성될 수 있어야 하는 것이 됩니다. 따라서 그런 내적인 포획에 의해 추가적 권력이 부여되는 것입니다.

하지만 정신과 의사가 하시시를 매개로 삼아서 재구성할 수 있는 이 본원적 '토대'란 도대체 어떤 것일까요? [달리 말해서] 광기가 아닌 하시시를 매개로 삼기 때문에 광기는 아니지만, 광기의 순수하고 자발적인 상태 속에서 발견되는 것이기 때문에 광기이기도 한 이 본원적 '토대'란 도대체 어떤 것일까요? 광기와 동질적이라고는 하나 광기에 속하지 않는 것으로서의* 이 본원적 토대, 정신과 의사와 광인에게서 발견하게 될

* 강의원고에는 이렇게 덧붙여져 있다. "광기의 토대인 동시에 모델인 것으로서의."

이 본원적 토대란 도대체 어떤 것일까요? 이 요소에 대해 모로 드 투르는 물론 이름을 부여합니다. 여러분께서도 이미 그 이름을 알고 계십니다. 바로 꿈입니다. 정상적인 개인 안에서 발견할 수 있고, 바로 광기의 이해가능성의 원리 역할을 하는 메커니즘으로서의 꿈, 바로 이것이 하시시의 경험을 통해 열리는 것입니다. "따라서 정신생활의 두 양태, 두 삶이 인간에게 나뉘어 주어져 있는 것 같다. 그 두 생활 중 첫 번째 생활은 외부 세계, 즉 우주라고 이름 붙여진 거대한 전체와 우리가 맺는 관계로부터 유래한다. 이 생활은 우리와 유사한 모든 존재에게 공통된 것이다. 두 번째 생활은 첫 번째 생활의 반영일 뿐이고, 소위 그것에 의해 제공되는 재료를 받아들일 뿐이지만, 그것과는 완전히 구별된다. 수면은 그 두 생활 사이에 설치된 장벽 같은 것이며, 외적 삶이 끝나고 내적인 삶이 시작되는 생리학적 지점이다."[33]

그렇다면 광기는 정확하게 어떤 것일까요? 광기는 하시시에 의한 중독과 마찬가지로 우리 신경계의 특수한 상태라고 간주됩니다. 즉 광기는 수면의 장벽 혹은 각성의 장벽이 파괴되거나 그 몇몇 장소에 구멍이 뚫린 상태라는 것입니다. 그도 아니라면 수면과 각성으로 구성되는 이중의 장벽이 파괴되거나 그 몇몇 장소에 구멍이 뚫린 상태라는 것입니다. 그리고 각성 속으로 꿈의 메커니즘이 침입하는 것, 바로 이것이 그 메커니즘이 소위 내인성인 경우에는 광기를 불러일으키고, 이질적인 물질의 섭취를 통해 단절이 야기되는 경우에는 중독 환자에게 환각의 경험을 야기하게 됩니다. 따라서 꿈은 정상적인 삶과 병리적 삶에 공통되는 법으로서 확정됩니다. 이 꿈을 출발점으로 해서 정신과 의사의 이해는 광기의 현상에 자신의 법을 부과할 수 있게 되는 것입니다.

---

33) Moreau de Tours, *Du hachisch et de l'aliénation mentale*, pp.41~42. 또한 다음을 참조하라. Joseph-Jacques Moreau de Tours, "De l'identité de l'état de rêve et de la folie," *Annales médico-psychologiques*, 3e série, t.I, juillet 1855, pp.361~408.

물론 "광인은 눈을 뜨고 꿈을 보는 사람이다"34)라는 정식화는 새로운 것이 아닙니다. 이 정식화는 이미 에스키롤35)에게서 분명하게 [언표되어 있는 것이]* 발견되고, 결국 그것은 정신의학의 일대 전통 전체 속에서 발견되는 것입니다.36) 그러나 모로 드 투르와 하시시에 관한 그의

34) 푸코의 지적처럼 꿈과 광기 산출의 메커니즘이 유사하다는 생각은 17세기에 발전한다. Michel Foucault, "La transcendance du délire"(IIe partie), *Histoire de la folie à l'âge classique*, Paris: Gallimard, 1972, pp.256~261. [이규현 옮김, 『광기의 역사』, 나남, 2003, 395~403쪽.] 푸코가 참조한 텍스트 외에도 스피노자가 보낸 편지에는 신체와 체액의 운동에 의거하는, 망상에서 만나는 것과 유사한 유형의 꿈에 대한 지적이 있다. Baruch Spinoza, "Lettre à Pierre Balling, 20 juillet 1664," *Œuvres*, t.IV, trad. Charles Appuhn, Paris: Garnier-Flammarion, 1966, p.172. "정신이상자는 눈을 뜨고도 꿈꾸는 자이다"라는 임마누엘 칸트의 유명한 정식도 있다. Immanuel Kant, "Essai sur les maladies de la tête," trad. Jean-Pierre Lefevre, *Évolution psychiatrique*, Toulouse: Privat, 1971, p.222. 칸트의 『인간학』에도 이런 구절이 있다. "[공통 감각에 어긋나게] 생각의 유희에 몸을 맡긴 …… 사람은 다른 사람들과 공유하는 세계에서가 아니라 (꿈 속에서처럼) 자신의 세계에서 자신을 보고 처신하며 판단한다." *Anthropologie in pragmatischer Hinsicht abgefaßt von Immanuel Kant*, Königsberg: Friedrich Nicolovius, 1798; *Anthropologie du point de vue pragmatique*, trad. Michel Foucault, Paris: J. Vrin, 1964, p.85. [이남원 옮김, 『실용적 관점에서 본 인간학』, 울산대학교출판부, 1998, 146쪽.]

35) "망상은 마치 몽상처럼, 건강한 상태에서 눈을 뜨고 있는 동안 자기 감각에 나타나는 대상을 둘러싸고 전개된다. …… 각성상태에서는 거기서 멀어지거나 가까워지는 것이 가능했다. 그러나 잠이나 망상에서는 그런 능력이 향유되지 않는다." Jean-Étienne Dominique Esquirol, "Délire," *Dictionnaire des sciences médicales*, t.VIII, Paris: C.-L.-F. Panckoucke, 1814, p.252; *Des maladies mentales*……, op. cit., t.I. 재수록. "망상을 품는 자, 꿈꾸는 자는 …… 자신의 환각이나 꿈에 몰두한 상태로 남아 있다. 그런 자는 눈을 뜨고 있으면서도 꿈꾸고 있는 것이다. "Hallucinations," *Dictionnaire des sciences médicales*, t.XX, Paris: C.-L.-F. Panckoucke, 1817, p.67; *Des maladies mentales*……, op. cit., t.I, p.292. 재수록. 에스키롤은 "환각에 사로잡힌 자는 눈을 뜬 채 꿈꾸는 자이다"라고도 말한다. "Des illusions chez les aliénés (Erreurs des sens)," *Des maladies mentales*……, op. cit., t.I. 재수록.

* 녹음기에는 "정식화되어 있는 것이"(formulée)라고 기록되어 있다.

36) 광기와 꿈을 연관짓는 정신의학 전통에 대해서는 다음을 참조하라. Alfred Maury, "Nouvelles observations sur les analogies des phénomènes du rêve et de l'aliénation

책에서 발견되는 완전히 새로운 것, 그리고 제 생각에 대단히 중요한 것은 거기서 제시되고 있는 것이 단순한 광기와 꿈의 비교가 아니라 하나의 분석 원리라는 것입니다.[37] 더 나아가 그 이상의 것이 있습니다. 에

---

mentale," *Annales médico-psychologiques*, 2e série, t.V, juillet 1853, pp.404~421 (1952년 10월 25일 의학심리학회에서 발표된 논문). 모리는 정신의학의 전통에서 "꿈에 지배된 인간은 바로 정신이상에 걸린 인간을 표현하고 있다"라고 주장한다 (168쪽). "De certains faits observés dans les rêves et dans l'état intermédiaire entre le sommeil et la veille," *Annales médico-psychologiques*, 3e série, t.III. avril 1857, pp.157~176. 특히 다음을 참조하라. Alfred Maury, "Des analogies de l'hallucination et du rêve"(chap.V), "Des analogies du rêve et de l'aliénation mentale"(chap. VI), *Le Sommeil et les Rêves: Études psychologiques sur ces phénomènes et les divers états qui s'y attachent*, Paris: Didier, 1861, pp.80~100, 101~148. Sigmund Freud, "Die Traumdeutung"(1901), *Gesammelte Werke*, Bd.II-III, Frankfurt/Main: S. Fischer Verlag, 1942. 특히 1장(「꿈 문제에 관한 학문적 문헌」["Die wissenschaftliche Literatur der Traumprobleme"], 1~99쪽)과 8장(「참고문헌」["Literatur. Verzeichnis"], 627~642쪽) 참조; *L'Interprétation des rêves*, trad. Denise Berger, Paris: PUF, 1967, pp.11~89, 529~551. [김인순 옮김, 『꿈의 해석』, 21~132, 759~782쪽]; Henri Ey, "Brèves remarques historiques sur les rapports des états psychopathiques avec le rêve et les états intermédiaires au sommeil et à la veille," *Annales médico-psychologiques*, 14e série, t.II, juin 1934; "Le 'rêve, fait primordial' de la psychopa-thologie: Historique et position du problème"(IIe partie), "Bibliographie," *Études psychiatriques*, vol.I. Historique, Méthodologie, Psychopathologie générale, 2e éd. rev. et aug., Paris: Desclée de Brouwer, 1862, pp.218~228, 282; "La dissolution de la conscience dans le sommeil et le rêve et ses rapports avec la psychopathologie," *Évolution psychiatrique*, t.XXXV, no.1, 1970, pp.1~37. 푸코가 『광기의 역사』에서 이 문제를 다룬 부분도 참조하라. Foucault, *Histoire de la folie à l'âge classique*, pp.256~261. [『광기의 역사』, 395~403쪽.]

37) 장-바티스트-에두아르 부스케(Jean-Baptiste-Édouard Bousquet, 1794~1872) 박사가 모로 드 투르의 저작에 대해 쓴 서평을 둘러싸고 논의가 일어났을 때 바이야르제가 이 점을 지적했다. Jules Baillarger, "Du délire au point de vue pathologique et anatomo-pathologique"(1855년 5월 8일 의학아카데미에서 발표된 논문), *Annales médico-psychologiques*, 3e série, t.I, juillet 1855, pp.448~455. 부스케의 비판에 대해 바이야르제는 "인정되어야 하는 바는, 두 사례의 기질적 상태의 동일성이 아니라 단지 심리학적 견지에서 잠의 상태와 광기의 상태에서 발견되는 극단적인 비유와, 그것들을 비교연구함으로써 획득할 수 있는 귀중한 가르침뿐이다"(465쪽)

스키롤, 그리고 그와 동시대 내지 그 이전부터 "광인이란 꿈꾸는 사람이다"라고 말했던 모든 정신과 의사들은 광기의 현상과 꿈의 현상 간에 유비관계를 설정하고 있었습니다. 반면에 모로 드 투르는 꿈의 현상, 정상적인 각성의 현상, 그리고 광기의 현상 간에 관계를 설정합니다.38) 각성과 광기 사이에 꿈을 위치시키는 것, 바로 이것이 모로 드 투르가 지적해 확정한 것이고, 또 바로 이 점에서 그는 정신의학의 역사와 정신분석학의 역사에서 절대적 창시자의 위치에 있습니다. 다르게 이야기해보겠습니다. 꿈이 광기를 넘어서고 광기를 포함한다고 말한 것은 르네 데카르트가 아닙니다.39) 모로 드 투르가 꿈을 광기와의 관계에서 자리매김했기 때문에 바로 꿈은 광기를 에워싸고 광기를 포함하며 광기를 이해할 수 있게 해주는 것입니다. 그리고 바로 모로 드 투르에 입각해 정신과 의사는 다음과 같이 말하고, 정신분석가는 그것을 끊임없이 되풀이하게 됩니다. 나는 꿈꿀 수 있기 때문에 광기가 어떤 것인지를 충분히 이해할 수 있다. 나의 꿈으로부터 출발해, 또 내가 내 꿈에서 파악할 수 있는 것으로부터 출발해 나는 광기에 걸린 자에게 무슨 일이 일어나는

라고 명확히 한다. 모로 드 투르는 잠의 "기질적 조건들"과 "망상의 근본적 현상들"을 환기하면서 이렇게 주장한다. "지성의 무질서 같은 복잡한 현상의 총체를 파악하고 연구하며 이해하기 위해서는 …… 그런 현상을 그것이 보여주는 여러 유비나 친근성에 의거해 집단화할 필요가 있다." Moreau de Tours, *Du hachisch et de l'aliénation mentale*, p.44.

38) Moreau de Tours, "Généralités physiologiques"(IIe partie, §1), *Du hachisch et de l'alié-nation mentale*, pp.32~47.

39) 르네 데카르트가 제1성찰에서 광기보다 꿈에 특권을 부여했다고 주장하는 자크 데리다의 견해를 암시한다. René Descartes, "Des choses que l'on peut révoquer en doute," *Œuvres et Lettres*, éd. André Bridoux, Paris: Gallimard, 1952, pp.268~269. [이현복 옮김, 『성찰/자연의 빛에 의한 진리탐구/프로그램에 대한 주석』, 문예출판사, 1997, 35~36쪽.] 데카르트와 데리다에 대한 푸코의 논평으로는 각각 다음을 참조하라. Foucault, "Le grand renfermement"(Ire partie, chap.II), "Mon corps, ce papier, ce feu"(Apppendice II), *Histoire de la folie à l'âge classique*, pp.56~59, 583~603. [『광기의 역사』, 113~117쪽.]

지를 결국 이해할 수 있게 될 것이다. 이렇게 말입니다. 이런 것이 모로 드 투르와 하시시에 관한 그의 책에서 제시되고 있는 것입니다.

따라서 마약이란 각성 속으로 주입된 꿈이며, 소위 꿈에 의해 중독된 각성입니다. 그것은 광기의 실현 그 자체입니다. 그 결과 이미 앓고 있는 환자에게 하시시를 복용시키면 그 광기는 단순히 격해질 뿐이라는 사고방식이 생겨납니다. 요컨대 정상적인 개인이 하시시를 복용하면 그 개인은 광인이 되지만, 환자가 하시시를 복용하면 그 광기가 더 가시적이 되고 광기의 경과가 빨라지리라는 것입니다. 이렇게 모로 드 투르는 자신의 부서에서 하시시를 이용한 치료를 하나 창시했던 것입니다. 그리고 모로 드 투르는 그 자신이 말하고 있는 것처럼 우선 실수를 하나 범했습니다. 그것은 우울증 환자에게 하시시를 복용시키는 실수입니다. 모로 드 투르는 '조광증적 흥분,' 즉 광기의 본원적 사실임과 동시에 꿈의 특징이기도 한 이런 종류의 동요가, 우울증 환자의 어두운 면, 경직된 면, 부동적인 면을 벌충하리라고 생각한 것입니다. 우울증의 부동성을 하시시에 의한 조광증적 동요를 통해 벌충하는 것, 이것이 모로 드 투르의 머릿속에 있던 생각이었습니다.[40] 모로 드 투르는 즉시 그것이 제대로 작동하지 않는다는 것을 간파했고, 그래서 바로 의학적 고비와 관련된 과거의 기술을 다시 현동화시키려고 생각했던 것입니다.

모로 드 투르는 생각했습니다. 조광증이란 일종의 흥분이니까, 그리고 피넬에게서도 여전히 발견되는 고전적 의학의 전통에서 고비는 바로 병의 현상이 그 속도와 강도를 더해가는 시기를 일컫기 때문에 조광증 환자들을 좀 더 조광증 환자로 만들자.[41] 그들에게 하시시를 복용케

---

40) "하시시에 의해 야기되는 효과들 중 나를 가장 놀라게 한 것은 …… 즐거움과 행복의 감정을 동반하는 조광증적 흥분이다……. 나는 여기서 우울증 환자의 고정관념에 효과적으로 맞설 하나의 수단을 보았다……. 내 생각이 틀렸던 것일까? 나는 그것을 믿고 싶다." Moreau de Tours, "Thérapeutique"(IIIe partie), *Du hachisch et de l'aliénation mentale*, p.402.

하자, 그렇게 함으로써 그들을 치유시킬 수 있을 것이다. 이렇게 말입니다.[42] 그리고 당시의 진료기록서에서는 치유된 예들이 다수 발견됩니다. 물론 재발한 경우에 대한 분석은 되어 있지 않습니다. 왜냐하면 일단 치유된다면, 설령 그것이 며칠쯤 후에 의심스러운 것이 됐다 하더라도, 그것은 역시 치유라고 이해되고 있었기 때문입니다.

그러므로 아시다시피 여기서는 소위 심문 속에서 작용하고 있던 바로 그 메커니즘이 심문과 병행해, 하지만 심문과는 이질적인 형태로 재구성되고 있습니다. 하시시는 일종의 자동적 심문입니다. 그리고 마약을 사용함으로써 의사가 자신의 권력을 어느 정도 잃는다 할지라도 환자는 마약이 야기시키는 자동성에 사로잡혀 있기 때문에 자신의 권력을 의사의 권력에 대항시킬 수 없습니다. 그리고 의사는 잃어버릴 수도 있는 자신이 권력을, 광기의 내면 그 자체에 대한 이해를 수중에 넣음으로써 되찾는 것입니다.

---

41) "피넬과 함께 정신이상자를 담당한 의사들은 모두 동요가 폭발함에 따라 정신이상이 스스로를 심판하는 것을 보았다." Moreau de Tours, *Du hachisch et de l'aliéna-tion mentale*, p.405. 이것은 피넬이 보고하는 '심각한 폭발' 이후에 얻어진 치유 이야기를 암시한다. Philippe Pinel, *Traité médico-philosophique sur l'aliénation mentale, ou la Manie*, Paris: Richard, Caille et Ravier, 1800, pp.37~41. 제1절(「주기적 혹은 간헐적 조광증」["Manie périodique ou intermittente"]), 13항("조광증의 분출 대부분을 치료에 이롭고 긍정적인 반응의 결과로 보도록 이끄는 이유"[Motifs qui portent à regarder la plupart des accès de manie comme l'effet d'une réaction salutaire et favorable à la guérison]). 살페트리에르에서 피넬을 보좌했던 오귀스탱 자콥 랑드레-보베(1772~1840)의 '고비'에 대한 서술도 참조하라. Augustin Jacob Landré-Beauvais, "Crise," *Dictionnaire des sciences médicales*, t.VII, Paris: C.-L.-F. Panckoucke, 1813, pp.370~392.

42) "우리는 다음과 같이 정식화할 수 있는 명확한 지시를 얻게 됐다. 다시 말해 만성적 상태로 향하는 망상에서 그 최초의 격렬함을 유지시키는 것, 혹은 그런 격렬함을 떠올리게 하고 그것이 사라지려 할 때 다시 활성화하는 것. 인도 대마의 엑기스는 기존의 모든 약들 중에서 그런 지시를 만족시키기에 가장 적합한 것이었다." Moreau de Tours, *Du hachisch et de l'aliénation mentale*, p.405.

19세기의 2/3분기에 정신의학에서 실천되던 세 번째 시련체계는 자기요법과 최면요법입니다. 애초에 자기요법은 실은 주로 고비의 위치를 이동시키기 위한 것으로 사용됐습니다. 18세기 말의 자기요법 실천에서 자기치료사는 주로 자기요법의 적용 대상자에게 자신의 의지를 부과하던 사람이었습니다. 따라서 1820~25년 이래로 정신과 의사가 자기요법을 정신병원, [즉] 살페트리에르 내에서 사용하려 생각했던 것은 바로 의사가 자기 것으로 삼기를 바라던 권력 효과를 한층 강화하기 위해서였죠.[43] 하지만 그 이상의 일이 있었습니다. 18세기 말과 19세기 초에 기능하는 자기요법에서는 한편으로 의사가 환자에 대한 영향력을 행사하게 되는 효과, 그것도 전면적이고 절대적 영향력을 행사하게 되는 효과가 발생됩니다. 하지만 그것은 다른 한편으로 환자가 부가적인 온전한 의식상태, 즉 메스머리즘[동물자기설]mesmérisme 신봉자들이 '직관력'이라고 불렀던 것을 갖게 되는 효과도 발생시킵니다. 그런 추가적 '직관력' 덕분에 주체는 자신의 신체, 자신의 병, 경우에 따라서는 타인들의 병도 인식할 수 있게 된다는 것입니다.[44] 18세기 말의 자기요법은 결국 고전적인 고비에서 의사의 임무였던 것을 환자 자신에게 맡기기 위한 한 방법이었습니다. 고전적인 고비에서 의사는 병이 어떤 것인지를 예

43) 본서 6강(1973년 12월 12일)의 각주 21번을 참조하라.

44) "깊은 잠에 떨어지면 자기요법을 시술받는 사람들은 새로운 생명 현상을 드러내 보인다……. 의식의 영역은 확장되고, 초기의 자기치료사가 '직관력' 혹은 '통찰력'이라 부른 대단히 귀중한 능력이 이미 표명된다……. 자기요법을 통해 몽유병 환자들은 …… 자신들이 걸려 있는 질병, 그 질병의 직접적이거나 간접적인 원인, 그 질병의 중추, 그 질병의 예후와 적절한 치료법을 인지한다……. 손을 모르는 사람의 두부, 흉부, 복부에 차례차례 얹음으로써 몽유병 환자들은 자신의 질병, 그 질병이 야기하는 고통과 변화도 발견한다. 게다가 그들은 치유가 가능한지, 쉬운지 어려운지, 치유가 임박했는지 아직 멀었는지, 성과를 얻기 위해 사용되어야 할 수단이 무엇인지 등을 알려준다." Pierre Foissac, *Mémoire sur le magnétisme animal, adressé à messieurs les membres de l'Académie des sciences et de l'Académie royale de médecine*, Paris: Didot Jeune, 1825, p.6.

메스머리즘과 최면 독일의 외과의 프란츠 안톤 메스머(Franz Anton Mesmer, 1734~1815)는 1774년경 생물체 안에는 자연이 선사한 생체 에너지(동물자기)가 흐르는데 이 에너지를 다른 생물체에게 전달하는 것이 가능하며, 이를 통해 질병을 치료할 수도 있다고 주장했다. 인간은 자기 몸 안의 자기가 균형을 잃을 때 질병에 걸리는 것이니 자기치료사의 도움을 받아 환자가 자신의 몸에 흐르는 자기의 균형·평형을 회복시키면 질병이 치료된다는 것이었다. 이 치료방법이 메스머의 이름을 따 메스머리즘이라고 불리게 되는데, 메스머리즘을 통한 치료과정에서 흔히 환자가 최면상태에 빠진다는 것이 알려지게 됨으로써, 훗날 메스머리즘은 최면의 동의어로 쓰이게 됐다(위 도판은 영국의 판화가 다니엘 도드[Daniel Dodd, 1761~1816?]가 1802년에 그린 삽화이다).

견하고, 병이 무엇으로 이뤄졌는지를 간파하며, 고비 도중에 병을 조정해야 하는 사람이었습니다.[45] 이제 정통파 메스머리즘 신봉자가 실천하는 자기요법의 내부에서 [문제는]* 환자 자신을 자신의 병의 본성이나 절차가 어떤 것인지, 그것이 언제까지 지속되는지를 실제로 인식할 수 있는 상태에 놓이게 만드는 것이 됩니다.[46]

그리고 이렇게 해서 1820년부터 1825년에 이르는 동안 살페트리에르에서 행해진 경험 속에서, 이런 자기요법 유형의 최초 시도가 발견됩니다. 남성 혹은 여성 환자를 잠들게 하고 그들에게 자신이 어떤 병에 언제부터 어떤 이유 때문에 걸렸는지를, 그리고 그 병으로부터 빠져나오기 위해서는 어떻게 해야 하는지를 묻는 일이 행해졌습니다. 그리고 이것에 관해서는 일련의 증언이 남아 있습니다.

---

45) 본서 10강(1974년 1월 23일)의 각주 28번과 33번을 참조하라.

* 녹음기에는 "그것은"(c'est)이라고 기록되어 있다.

46) 이를테면 퓌이세귀르 후작 아르망-마르크-자크 드 샤스트네(1751~1825)가 자신의 영지 뷔장시(수아소네 지방)의 빅토르 라스(Victor Race)라는 23세의 농부에게 실시한 자기치료가 있다. 잠에 빠진 이 농부는 질문에 답해 자신의 상태에 대한 의견을 말하고 치료의 방향을 지시했으며 언제 건강이 회복될지 예상했는데 그대로 된다. 자기치료를 통해 잠에 빠진 14세의 샤를 프랑수아 아메(Charles François Amé) 또한 이제부터 자신에게 일어날 고비의 길이와 강도를 예고한다. Armand-Marc-Jacques de Chastenet, marquis de Puységur, *Mémoires pour servir à l'histoire et à l'établissement du magnétisme animal*, vol.I, Paris: [s.n.,] 1784, pp.199~211, 96~97; Détail des cures opérées à Buzancy, près de Soissons, par le magnétisme animal, Soissons: [s.n.,] 1784(퓌이세귀르 후작이 이름을 밝히지 않고 발행한 소책자). 자기치료를 옹호한 뒤에 에베르라는 젊은이의 치료에 대해 설명하고 있는 다음의 책도 참조하라. *Appel aux savans observateurs du dix-neuvième siècle de la décision portée par leurs prédécesseurs contre le magnétisme animal, et fin du traitement du jeune Hébert*, Paris: Dentu, 1813. 자기치료의 역사에 대해서는 다음의 책을 참조하라. Simon Mialle, *Exposé par ordre alphabétique des cures opérées en France par le magnétisme animal depuis Mesmer jusqu'à nos jours (1774-1826)*, Paris: Dentu, 1826; Henri Frédérique Ellenberger, "Mesmer and Puységur: From Magnetism to Hypnotism," *Psychoanalytic Review*, vol.52, no.2, 1965.

이제 1825년부터 1826년경에 걸쳐 행해진 메스머리즘적 실천 하나를 소개하겠습니다. 한 여성 환자에게 자기치료사가 묻습니다. "누가 당신을 잠들게 했습니까? — 당신입니다. — 어제 왜 토했나요? — 차가운 수프를 받았기 때문입니다. — 토한 것은 몇 시입니까? — 4시요. — 그 뒤에 뭔가를 먹었습니까? — 네, 그리고 나는 먹은 것을 토하지 않았습니다. — 당신은 무엇 때문에 처음 병에 걸렸습니까? — 추웠기 때문입니다. — 오래 전 일입니까? — 1년도 더 된 일입니다. — 당신은 쓰러지지 않았습니까? — 쓰러졌습니다. — 그때 배를 부딪히지는 않았습니까? — 아니오, 나는 뒤로 넘어졌습니다."[47] 이렇게 의학적 진단은 소위 자기요법의 실천이 열어 놓은 장소에서 행해지고 있었습니다.

이렇게 당시 가장 사려 깊은 초기 정신과 의사 중 한 사람이던 에티엔-장 조르제는 '페트론뉴'와 '브라겟트'라 불리던 두 여성 환자에게 자기요법을 실시했습니다.[48] 자기요법 아래서 조르제의 질문을 받은 페트론뉴는 "내가 병에 걸린 것은 물에 빠졌기 때문입니다. 나를 낫게 해주려거든 이번에는 당신이 나를 물에 빠뜨려야 합니다"[49]라고 답했습니

47) 1820년 11월 2일 파리 시립병원 의사장 앙리-마리 위송 박사 밑에서 쥘 뒤포테 드 세느부와 남작이 18세의 카트린 삼송에게 실시했던 여덟 번째 치료. [Jules] Dupotet de Sennevoy, *Exposé des expériences publiques sur le magnétisme animal faites à l'Hôtel-Dieu de Paris pendant le cours des mois d'octobre, novembre et décembre 1820*, 3e éd., Paris: Béchet Jeune, 1826, p.24.

48) 1816년 살페트리에르의 에스키롤 밑에서 근무하게 된 에티엔-장 조르제는 『광기의 원인들에 관한 소론』(*Dissertation sur les causes de la folie*)이라는 제목의 논문으로 1820년 2월 8일에 박사학위를 취득한다. 훗날 조르제의 명성을 결정짓는 것은 1820년의 저작이다. Étienne-Jean Georget, *De la folie: Considérations sur cette maladie*……, Paris: Crevot, 1820. 1821년 레옹 로스탕과 함께 조르제는 두 여성 환자, 즉 페트론뉴와 브라겟트라고 불리던 마누리[브루이야르 미망인]를 피험자로 이용한다. 본서 6강(1973년 12월 12일)의 각주 21번을 참조하라.

49) "페트론뉴는 조르제에게 …… 생리할 때 자신을 물 속에 던져 넣어달라고 부탁한다." Claude Burdin et Frédéric Dubois dit Dubois d'Amiens, *Histoire académique du magnétisme animal*, Paris: J.-B. Baillière, 1841, p.262.

다. 조르제는 그렇게 했지만 치유는 일어나지 않았습니다. 왜냐하면 이 환자는 실제로 자기가 우르크 강의 운하에 빠졌었다고 확실히 말했는데도 조르제는 그냥 연못에 그녀를 빠뜨렸기 때문입니다.[50] 페트론뉴가 실제로 요구한 것은 외상의 반복이었던 것입니다. 이렇게 해서 페트론뉴는 위장 환자로 간주되고, 조르제는 페트론뉴의 술책에 당한 죄 없는 순진한 희생자로 간주됐던 것입니다. 하지만 이것은 그리 중요하지 않습니다. 제가 이것을 강조하려 한 것은 여러분께 당시, 즉 1825년경에도 여전히 자기요법이 고전적 고비의 추가분 내지 그 연장으로서 기능하고 있다는 것, 요컨대 병의 진실을 인식하기 위해, 그것에 시련을 부과하기 위해 기능하고 있다는 것을 보여드리기 위해서였습니다.

솔직히 말해 정신의학의 실천에 자기요법과 최면요법이 진정한 의미에서 삽입되는 것은 명백히 한참 이후부터입니다. 그것은 제임스 브레이드 이후, 요컨대 1843년의 『신경최면학』이라는 제목의 논설 이후부터이며,[51] 특히 1858년부터 1859년에 걸친 시기에 브레이드의 실천이 주로 폴 브로카에 의해 프랑스에 도입된 이후부터입니다.[52]

---

50) "정확히 페트론뉴의 지시대로 됐던 것은 아니다. 페트론뉴는 우르크 강 운하에 자신을 가라앉혀 달라고 말했다. 왜냐하면 자신이 바로 그 운하에 떨어졌고 병에 걸렸기 때문이다. 같은 것으로 같은 것을(similia similibus) [고칠 수 있다.] 이 이야기의 결말은 사실 그렇게 됐어야만 했다." Burdin et Dubois, *Histoire académique du magnétisme animal*, pp.262~263.

51) 스코틀랜드의 외과의 제임스 브레이드(1795~1860)는 퓌이세귀르 후작의 제자 샤를 라퐁텐(Charles Lafontaine, 1803~1892)이 1841년 맨체스터에서 행한 '메스머리즘' 시범 이후 자기치료사로 전향해 자신의 실천을 '최면술'이라는 용어로 일반에 보급한다. James Braid, *Neurypnology or the Rationale of Nervous Sleep Considered in Relation with Animal Magnetism: Illustrated by Numerous Cases of Its Successful Application in the Relief and Cure of Disease*, London: J. Churchill, 1843; *Neurypnologie ou Traité du sommeil nerveux considéré dans ses rapports avec le magnétisme animal, et relatant de nombreux succès dans ses applications au traitement des maladies*, trad. Jules Simon, préface de Charles-Édouard Brown-Séquard, Paris: Adrien Delahaye, 1883.

낡은 메스머리즘은 1830년 즈음에 폐기됐는데도 왜 브레이드의 설이 받아들여졌을까요?[53] 낡은 메스머리즘이 폐기된 것은 바로 그 제도가 기능하기 위해, 의사에게 귀속시킬 수밖에 없는 의학적 권력과 의학적 지식을 자기치료사들이 소박한 방식으로 환자들과 환자들의 '온전한 정신'에 맡기려 했기 때문입니다. 의학아카데미와 의사들이 초기의 최면 실천에 반대했거든요. 이와 달리 브레이드의 설은 1860년경부터 정신요양원과 정신의학의 실천 내에 쉽게 수용되고, 거기에 침투하게 됩니다. 왜 그랬을까요? 우선은 물론 브레이드의 설, 혹은 말하자면 최면요법 그 자체가 자기요법의 물질적 근간에 관한 낡은 이론을 버리기 때문입니다.[54] 요컨대 브레이드가 규정한 최면은 최면의 모든 효과를 오

---

52) 아래의 각주 55번을 참조하라.

53) 왕정복고 시대에 자기치료 세력의 증대는 제도 의학에 대한 위협으로 지각됐고, 이에 따라 공식 위원회가 설치된다. 1826년 2월 28일 발족한 최초의 위원회는 1827년 1월 협의를 시작하고 1831년 6월 28일 결론을 내린다. 의학아카데미는 이 결과가 자기치료에 지나치게 호의적이라고 판단해 발표하지 않는다. 두 번째 결론은 자기치료에 호의적이지 않은 것으로, 이것이 1837년 9월 5일 채택된다. 1842년 6월 15일 자기치료의 종언이 채택되고 이에 종사해서는 안 된다는 것을 의학아카데미가 결정한다. Louis Peisse, "Des sciences occultes au XIXe siècle: Le magnétisme animal," *Revue des deux mondes*, t.I, mars 1842, pp.693~723.

54) 메스머리즘은 "천체가 지구에 작용하며, 인간의 신체도 동일한 역학적 작용 아래 있음을 증명"하려는 것이다. Franz Anton Mesmer, *Dissertatio physico-medica de planetarum influxu*, Vindobonae: Typis Ghelenianis, [s.d.]; Vienna: Chelem, 1766, p.32. 자기치료사의 작업은 그런 신비적 힘을 환자에게로 유도한다. 이에 비해 브레이드는 뇌의 생리학에 토대를 둔 주체적 행동을 원용한다. James Braid, *The Power of the Mind over the Body: An Experimental Enquiry into the Nature and Cause of the Phenomena Attributed by Baron Reichenbach and Others to a New Imponderable*, London: John Churchill, 1846. 이것 때문에 특히 에드가 베리용 박사는 브레이드를 칭송했다. "브레이드야말로 잠에 대한 연구를 과학의 영역에 결정적인 방식으로 도입"했으며, "자신의 한 연구의 총체에 최면술이라는 총체를 부여하며 과학에 지대한 공헌"을 했다고 말이다. Edgar Bérillon, *Histoire de l'hypnotisme expérimental*, Paris: Delahaye, 1902, p.5.

직 의사의 의지 속에 자리매김하기 때문입니다. 이것은 요컨대 오로지 의사의 단언과 의사의 위엄을 통해, 즉 의사가 환자에게 어떤 매개도, 어떤 물질적 지지도, 어떤 유체의 통과도 없이 직접 행사하는 권력을 통해서만 최면에 고유한 효과가 발생하게 된다는 것입니다.

브레이드의 설이 받아들여진 두 번째 이유는 이 설이 1825년 내지 1830년에는 여전히 환자에게 요구되고 있던 의학적 진실의 산출 능력을 환자로부터 빼앗는 것이기 때문입니다. 브레이드의 설에서 최면은 그 내부에서 의학적 앎이 전개될 수 있게 되는 영역을 구성합니다. 의사들이 왜 매혹됐는지, 왜 1830년에는 자기들이 거부했던 것을 받아들이게 됐는지 말해보자면, 그것은 브레이드의 기술 덕분에 소위 환자의 의지를 전면적으로 무력화시키고 순전히 의사의 의지에 절대적으로 열려진 영역을 남겨두는 것이 가능하게 됐기 때문입니다. 프랑스에서 최면의 지위를 다시 확립한 것은 브로카에 의한 수술이었습니다. 그것은 브로카가 최면상태에 있는 사람에게 외과수술을 했을 때의 일입니다.[55] 그때 실제로 최면은 의학의 권력-지식이 환자 쪽으로 향하고, 환자를 포착할 가능성을 여는 것으로서 출현한 것입니다.

최면을 통해 환자가 이렇게 무력화된다는 것, 최면에 걸린 환자에게, 이제는, 자신의 병을 알도록 요구하지 않고, 거꾸로 의사의 의지가 각인되는 무력한 표면과 같은 것이 되는 임무를 부여하는 것, 이 사실은 큰 중요성을 갖게 됩니다. 왜냐하면 이것들에 입각해 최면 작용을 규정할

---

55) (보르도의 외과의 외젠 아잠[Eugène Azam, 1822~1899]을 통해 브레이드의 작업을 알게 된) 브로카(Paul Broca, 1824~1880)가 외젠 폴랭(Eugène Follin, 1823~1867)과 함께 1859년 12월 4일 네케르 병원에서 40세 여성에게 실시한 수술을 말한다. 1859년 12월 7일 과학아카데미에서 알프레드-아르망-루이-마리 벨포가 이 수술을 보고한다. Alfred-Armand-Louis-Marie Velpeau, "Note sur une nouvelle méthode anesthésique," *Comptes rendus hebdomadaires des séances de l'Académie des sciences*, t.XLIX, Paris: Mallet-Buchelier, 1859, pp.902~911.

수 있게 되기 때문입니다. 그리고 그것이 브레이드가 했던 일이고, 특히 브레이드 이후에 프랑스에서 필립스라는 이름으로 저작을 남긴 인물이 했던 일입니다. 뒤랑 드 그로가 본명인 이 인물은 1852년에 다른 나라로 이주하는데, 수년 후에 프랑스로 돌아와 필립스라는 이름으로 생활하며 저서를 출간했습니다. 이 필립스는 1860~64년경에 최면 작용의 절차와 그 여러 에피소드를 규정했습니다.[56] 그리고 최면이 얼마나 중요한지를 보여줍니다. 최면이 중요한 이유는 우선 규율의 효과를 발휘하기 때문입니다. 최면이 심문이나 마약과 전적으로 동일하게 진정시키는 역할을 한다는 것에 대해서는 반복하지 않겠습니다. 하지만 특히 최면에 걸린 그 순간부터 주체가 놓이는 상태로서의 최면상태,[57] 필립스가 '이포탁시크한 상태'라고 불렀던 상태는 의사에게 환자를 자기 마음대로 할 수 있는 가능성을 부여하게 됩니다. 우선 행동양식을 마음대로 조정할 수 있는데, 요컨대 의사는 환자에게 명령을 내림으로써 환자가 이러저러한 방식으로 행동하는 것을 막거나 역으로 그런 행동을 강제할 수 있게 된다는 것입니다. 따라서 뒤랑 드 그로가 '교정학'이라고 부른 것이 가능하게 됩니다. "브레이드의 설은 우리에게 지성과 정신에 관련

---

56) Joseph-Pierre Durand(1826~1900). 통칭 뒤랑 드 그로(Durand de Gros)는 잉글랜드로 망명했을 때 브레이드의 설을 발견하고 미국을 거쳐 고국에 돌아온 후 조제프 필립스(Joseph Philips)라는 이름으로 다음의 책을 출판한다. *Électrodynamisme vital, ou les Relations physiologiques de l'esprit et de la matière, démontrées par des expériences entièrement nouvelles*, Paris: J.-B. Baillière, 1855. 그 뒤에는 다음의 책을 출판한다. *Cours théorique et pratique de braidisme, ou Hypnotisme nerveux considéré dans ses rapports avec la psychologie, la physiologie et la pathologie, et dans ses applications à la médecine, à la chirurgie, à la physiologie expérimentale, à la médecine légale et à l'éducation*, Paris: J.-B. Baillière, 1860.

57) 뒤랑 드 그로는 '이포탁시크한(hypotaxique) 상태'를 이렇게 정의한다. "생명력의 준비적 변형, 즉 거의 모든 경우에 잠재적인 것에 그치며 유기조직에 대해 거기에 이후에 야기될 결정적이고 특수한 작용을 받아들일 준비를 시키는 것만이 그 효과인 변형." Durand, *Cours théorique et pratique*……, p.29.

된 교정학의 토대를 제공해준다. 그 교정학은 틀림없이 언젠가 교육 시설이나 형무소에서 창시될 것이다."[58] 따라서 행동양식의 재단과 훈육이 최면에 의해 가능하게 된다는 것입니다.

최면은 징후를 소거해버릴 수도 있습니다. 최면을 통해 징후의 출현을 방지할 수 있어야 합니다. 뒤랑 드 그로는 환자에게 명령함으로써 무도병의 경련을 완전히 사라지게 할 수 있다고 주장하고 있습니다.[59]

마지막 세 번째 점으로서 최면치료사는 기능들의 분석과 변형의 수준 그 자체에서 환자의 신체에 영향력을 행사할 수 있습니다. 최면치료사는 근육의 연축 내지 마비를 불러일으킬 수 있고, 신체 표면의 감각을 자극하거나 사라지게 할 수 있으며, 지성과 정신의 능력을 약화시키거나 활기를 불어 넣을 수 있습니다. 최면치료사는 혈액 순환이나 호흡 등 기계적인 기능조차 변형시킬 수 있습니다.[60]

따라서 아시다시피 이제 이렇게 수용된 최면 속에서 정신의학적 실천이 그때까지 결여하고 있던 환자의 신체가 규정됩니다. 아니 오히려 출현합니다. 최면을 통해 단순히 명백한 행동양식에 관련된 규율의 수준에서뿐만 아니라 근육이나 신경, 기본적 기능의 수준에서도 신체에 개입하는 것이 실제로 가능해집니다. 따라서 최면은 정신과 의사가 실제로 환자의 신체에 영향력을 행사하기 위한, 심문보다도 훨씬 더 완벽도가 높고 훨씬 더 진전된 새로운 방식입니다. 아니 오히려 환자의 신체가 소위 그 기능적 세부 상에서 마침내 정신과 의사의 손이 미치는 곳에서 발견되는 것은 이때가 처음입니다. 정신의학의 권력은 병리해부학을 통

58) Durand, *Cours théorique et pratique*……, p.112.

59) 무도병은 무의지적이고 광범위하며 무질서한 운동으로 특징지어지며, 과도한 몸짓을 하는 신경성 질환이다. Durand, *Cours théorique et pratique*……, p.112.

60) "브레이드의 설은 인간에게서의 생리적 변형을, 의학적 내지 외과적 치료의 어떤 종류의 지시에 대응하는 것, 요컨대 생물학의 실험적 연구를 용이하게 만드는 것으로서 명확화하려 한다." Durand, *Cours théorique et pratique*……, p.87.

해서는 광기가 기능하는 방식과 그 메커니즘을 결코 설명할 수 없다는 것을 알게 된 이래로 그 권력으로부터 빠져나갔던 환자의 신체에 드디어 영향력을 끼칠 수 있게 되는 것입니다.*

이상과 같이 병을 현실화하기 위한 여러 도구와 기술은 19세기의 정신의학, 그리고 광기의 역사에서 큰 중심 에피소드가 전개되는 출발점이 된다고 생각합니다. 심문, 최면, 마약은 병을 현실화하기 위한 세 가지 도구입니다. 그런데 심문, 최면, 마약은 확실히 병을 실제로 현실화하는 세 가지 방식인데요, 하지만 심문에서 병의 현실화는 물론 언어에서만 이뤄집니다. 그리고 특히 심문에는 이중의 결여가 있습니다. 첫 번째로는 질문과 응답으로 이뤄진 작용 이외의 방식으로 정신과 의사와 광기메커니즘의 내적 소통을 확정할 수 없다는 것입니다. 그리고 두 번째로 심문은 환자의 신체 세부에 영향력을 행사할 수 없다는 것입니다.

이와 대조적으로 마약은 광기를 내적으로 포착할 수 있게 하고, 광기의 현상을 이해할 수 있다고 생각하고 상상함으로써 정신과 의사에게 부여되는 추가적인 권력 같은 것을 가능하게 합니다. 결과적으로 광기가 내적으로 포착된다는 것입니다. 그리고 최면에 대해 말하자면, 이 도구를 통해 정신과 의사는 환자의 신체가 기능하는 방식 그 자체에 영향력을 행사하게 됩니다.

아시다시피 이상과 같은 요소들로부터 출발해 다음의 것이 구성됩니다……. 아니 오히려 그 요소들은 정돈되고 1860년부터 1880년에 걸쳐 갑자기 큰 중요성과 강도를 획득하게 됩니다. 그 시기는 바로 고전적인

---

* 강의원고에는 이렇게 덧붙여져 있다. "따라서 최면은 병에 대한 시험의 한 유형이다. 규율의 효과와 병리학적 현실의 재현이라는 효과 때문에 마약과 유사한 시험.
— 그러나 최면은 마약과 구별되고 어떤 의미에서는 마약보다 특권화된다.
— 왜냐하면 최면은 환자를 자기 생각대로 하려는 의사의 의지에 전면적으로 적합하기 때문이다.
— 최면이 징후를 하나씩 순서대로 없애줄 것이라고 기대되기 때문이 아니라, 그것이 신체의 직접적 포획을 가능케 하기 때문이다."

기질적 의학의 내부 자체로부터 신체에 대한 새로운 규정, 아니 오히려 신체의 새로운 현실이 출현할 즈음, 요컨대 단순히 기관과 조직으로 이뤄진 신체가 아니라 기능, 수행 능력, 행동양식으로 이뤄진 신체가 발견될 즈음입니다. 요컨대 그것은 1850~60년경에 주로 뒤센느 드 불로뉴의 주도로 신경학적 신체가 발견됐을 때의 일입니다.[61]

바로 이 순간에 의학, 최면, 마약의 기술에 의해 발견된 지 얼마 안 되는 이 새로운 신체를 작동시킴으로써 드디어 광기의 메커니즘을 감별적 인식체계, 요컨대 본질적으로 병리해부학 내지 병리생리학에 기초한 의학 안으로 편입시키려 시도할 수 있는 가능성이 생기게 됩니다. 광기를 일반 의학의 징후학에 편입시키려는 이 시도, 신체의 부재나 감별진단의 부재로 인해 그때까지 계속 주변부에 위치해온 이 시도가 대대적으

61) Guillaume-Benjamin-Amand Duchenne(1806~1875). 통칭 뒤센느 드 불로뉴[불로뉴의 뒤센느](Duchenne de Boulogne)는 1850년부터 1860년에 걸쳐 운동성 기능장애에 관한 질병분류학을 재정의하고 두 가지 새로운 질병군을 추가하는데, 그 중 하나는 1847년에 연구된 '점진적 근위축'(atrophie musculaire progressive)과 1853년에 연구된 '근장애성 근위축'(atrophies musculaires d'origine myopathique)이다. *La Paralysie atrophique graisseuse de l'enfance*, Paris: J.-B. Baillière, 1855. 다른 하나는 그때까지 '척수로'(tabès dorsalis)라는 이름으로 알려져 있던 '점진적 보행성 운동실조'(atrophie locomotrice progressive)이다. "De l'ataxie locomotrice progressive: Recherches sur une maladie caractérisée spécialement par des troubles généraux de coordination des mouvements," *Archives générales de médecine*, V[e] série, t.XII, décembre 1858, pp.641~652; t.XIII, janvier 1859, pp.5~23; février 1859, pp.158~164; avril 1859, pp.417~132; *De l'ataxie locomotrice progressive*, Paris: Impr. Rignoux, 1859. 재수록. 1860년에는 '혀-입술-후두 마비'(paralysie glosso-labio-laryngée)에 대해 서술했다. *Archives générales de médecine*, V[e] série, t.XVI, 1860, pp.283~296, 431~445. 뒤센느 드 불로뉴와 관련해서는 다음을 참조하라. Paul Guilly, *Duchenne de Boulogne*, Paris: J.-B. Baillière, 1936. 신경학 분야의 구성에 대해서는 다음의 책을 참조하라. Walther Riese, *A History of Neurology*, New York, M.D. Publications, 1959; Fielding Hudson Garrison, *History of Neurology*, ed. rev. & enl. Laurence McHenry, with a foreword by Derek E. Denny-Brown, Springfield, III.: Thomas, 1969.

로 일어나게 됩니다. 그러나 샤르코의 시도가 실패하고 신경학적 신체가 병리해부학적 신체처럼 정신과 의사에게서 도망가버림으로써 정신의학의 권력에는 19세기 전반부에 확립된 세 가지 권력의 도구만이 남게 됩니다. 요컨대 신경학의 거대한 희망이 사라져버린 뒤에는 이제 심문, 즉 언어, 최면, 마약이라는 세 요소만이 발견되는 것입니다. 정신요양원의 공간에서든 정신요양원 바깥의 공간에서든 정신의학의 권력은 오늘날에도 여전히 이 세 요소와 함께 기능하고 있는 것입니다.

12강. 1974년 2월 6일

신경학적 신체의 출현: 폴 브로카와 뒤셴느 드 불로뉴 | 감별진단을 위한 병과 절대진단 | '전신성 마비' 모델과 신경증 | 히스테리의 전투: 1. '징후학적 시나리오'의 조직화 | 2. '기능적 마리오네트'의 술책과 최면요법, 위장의 문제 | 3. 신경증과 외상, 성적 신체의 난입

저는 지난번 강의에서 정신의학 권력이 정리통합되는 역사에서 중요했던 사건 가운데 하나로 '신경학적 신체'라고 제가 부르는 것의 출현이 있다고 말씀드렸습니다. '신경학적 신체'*란 도대체 어떤 것일까요? 오늘은 이 문제로부터 시작해보고자 합니다.

물론 신경학적 신체는 여전히 병리해부학적으로 자리매김된 신체입니다. 신경학적 신체는 병리해부학적 신체와 대립하지 않습니다. 전자는 후자의 일부이고, 이렇게 말해도 괜찮다면 후자의 파생물·확장입니다. 그 가장 좋은 증거로 장-마르탱 샤르코는 1879년의 한 강의에서 이렇게 말했습니다. 신경학이 구축되고 진보하며 심지어 자신이 보기에도 완성에 이른 듯하다는 것, 이것은 '[병을] 위치결정하는 정신'[1]의 승리

* 강의원고에는 이렇게 덧붙여져 있다. "1850~70년에 걸친 새로운 신체의 출현."

1) "만약 내가 중추신경계의 병리해부에 관한 작업을 충분히 확실하게 위치시킬 수 있었다면 당신들은 그 모든 작업에서 눈에 띄는 주요 경향을 분명 인정했을 텐데 말이다. 어떤 의미에서 모든 것은 위치결정의 정신이라고 부를 수 있는 것에 의해 지배당하고 있는 것 같다. 이 정신은 결국 분석 정신의 발견에 다름 아니다. Jean-Martin Charcot, "Faculté de Médecine de Paris: Anatomo-pathologie du système nerveux," *Progrès médical*, 7e année, no.14, 5 avril 1879, p.161.

라고 말입니다. 단지 제가 중요하다고 생각하는 것은 해부학적 위치결정과 임상적 관찰을 서로 조응시키기 위한 절차가 신경학의 경우와 통상적 일반 의학의 경우에서 결코 동일하지 않다는 것입니다. 그리고 신경학 내지 신경학적 임상은 의학적 실천 영역에서 완전히 다른 신체의 확립을 함의하고 있다고 저는 생각합니다. 저는 신경학과 일반 의학에서 환자의 신체와 의사의 신체는 완전히 이질적인 배치에 따라 마주보고 있다고 생각합니다. 그리고 그런 새로운 장치의 확립이야말로 중요한 에피소드라고 저는 생각하고, 그렇기 때문에 저는 신경병리학 내지 신경학적 임상의학의 구축으로 인해, 또 구축을 통해 확립되는 이 새로운 장치가 어떤 것인지를 파악해보고자 하는 것입니다.

실제로 이 장치는 도대체 어떤 것일까요? 그것은 어떤 것으로 이뤄진 것일까요? 신경학적 임상에서 병든 신체*는 어떤 방식으로 포착되는 것일까요? 이것은 제 생각에 마리-프랑수아-자비에 비샤[2]와 르네-테오필 라에넥[3] 사이에서 병리해부학이 형성될 때에 행해진 방식과는 매우 다릅니다. 서둘러 한 텍스트를 예로 들어보겠습니다. 살페트리에르에서의 샤르코 관련 문헌에서 발견되는 이 텍스트는, 샤르코 자신이 아니라 아마도 그의 학생 중 한 명이 쓴 것 같습니다. 물론 어느 학생인지

---

* 강의원고에는 이렇게 명확히 서술되어 있다. "그 표면이 조형적 가치를 갖는 신체."

2) 마리-프랑수아-자비에 비샤에 관해서는 본서 8강(1974년 1월 9일)의 각주 38번을 참조하라.

3) 르네-테오필 라에넥에 관해서는 본서 8강(1974년 1월 9일)의 각주 38번을 참조하라. 1803년부터 개인적으로 병리해부학에 대해 강의했던 라에넥은 병리해부학이 정규 교과목이 되기를 바라고 있었다. 라에넥은 비샤의 분류로부터 파생된 기질적 질환의 병리해부학적 분류를 더 완벽한 형태로 제안한다. René-Théophile Laënnec, "Anatomie pathologique," *Dictionnaire des sciences médicales*, t.II, Paris: C.-L.-F. Panckoucke, 1812, pp.46~61. 병리해부학에 대한 푸코의 언급도 참조하라. Michel Foucault, "L'invisible visible"(chap.IX), *Naissance de la clinique: Une archéologie du regard médical*, Paris: PUF, 1963, pp.151~176. [홍성민 옮김, 『임상의학의 탄생』, 이매진, 2006, 245~278쪽.]

는 모르겠지만 말입니다. 이 텍스트는 한 여성 환자에 대한 관찰 기록입니다. 이제 그 환자에 대한 서술을 소개해보죠. 환자가 보여주고 있었던 것은 왼쪽 눈꺼풀이 내려가는 매우 단순한 징후이며, 안검하수라고 불리는 것이었습니다. 샤르코의 학생은 샤르코를 위해, 요컨대 샤르코가 수업에서 사용할 수 있도록 다음과 같은 노트를 작성합니다. 환자의 얼굴 일부에 대한 서술만을 소개합니다.

"두 눈을 뜨라고 지시하면 그녀는 보통 오른쪽 눈을 뜬다. 반면 왼쪽 눈꺼풀과 눈썹은, 확연한 방식으로는 움직이지 않는다. 따라서 눈썹의 비대칭성이 더 두드러진다. 이 움직임에서 …… 오른쪽 이마의 피부에는 가로로 잔주름이 지는데 비해 왼쪽에는 거의 주름이 지지 않는다. 정지상태에서는 오른쪽에도 왼쪽에도 이마의 피부에 잔주름이 지지 않는다. …… 두 가지 점을 더 지적할 필요가 있다. 왼쪽 눈썹 위 8mm, 이마의 중앙선에서 왼쪽으로 약 2cm 되는 곳에 빛의 변화에 따라 매우 눈에 띄는 조그맣게 패인 곳이 있다는 것과 패인 곳 안쪽에 눈썹 부근 근육의 수축에 기인한다고 추측되는 작은 돌출부가 있다는 것. 이 두 가지 점이 오른쪽의 정상상태와 비교해 매우 현저하다."[4]

이런 유형의 서술은 병리해부학의 절차나 병리해부학의 시선에서 발견되는 것과는 매우 다르다고 생각됩니다.[5] 어떤 의미에서 거기서 발견되는 것은 일종의 표면적 시선, 유사인상주의적 시선으로의 회귀입니다. 그런 시선은 18세기의 의학에서 이미 발견되고 있었죠. 당시 환자

---

4) 1891년 2월 18일 진찰받은 좌안검하수를 앓는 18세 I. N.에 대한 관찰 기록. Jean-Martin Charcot, *Clinique des maladies du système nerveux (1889-1891)*, t.I, s. dir. Georges Guinon, Paris: Aux bureaux du Progrès médical/Vve Babé, 1892, p.332. 이 부분은 [장-마르탱 샤르코 생전에 그의 마지막 레지던트로 일한] 아쉴 수크(Achille Souques, 1860~1944)가 녹음한 1891년 2월 24일 강의이다.

5) '임상해부학적 시선'에 대해서는 다음을 참조하라. Foucault, "Ouvrez quelques cadavres"(chap.VIII), "L'invisible visible"(chap.IX), *Naissance de la clinique*, pp.136~142, 164~172. [『임상의학의 탄생』, 227~233, 260~272쪽.]

의 안색, 혈색, 볼이 빨간 정도, 눈의 충혈 등은 임상진단에서 중요한 요소였습니다.[6] 병리해부학, 이렇게 말해도 좋다면 비샤나 라에넥은 표면에 대한 그런 인상주의적 서술을 한없이 축소하고, 마침내 매우 한정된 수의 표면적 징후를 코드화하게 됐습니다. 이렇게 제한된 표면적 징후는 임상의학의 코드라고 하는 잘 설정된 코드에 따라 바로 병변부위라고 하는 본질적인 것을 포착하는 데 사용됩니다. 그리고 이 병변부위는 외과수술이나 사체해부를 통해, 지금 여러분께 소개해드린 서술 이상으로, 아니 그렇게까지 말할 수는 없더라도, 그것과 같은 정도로 상세하게 서술됐던 것입니다. 달리 말하면 병리해부학이 세세하게 서술한 것은 본질적으로 심층에서 병변을 입은 기관이었고, 표면에 대해서는 결국 한정된 단순한 징후의 격자화를 통해서만 물음이 던져졌습니다.

이에 비해 제가 소개드린 텍스트에서는 의학적 담론 및 지식의 내부에서, 표면의 가치가 다시 분명하게 출현하고 있습니다. 표면에서의 모든 패임과 모든 튀어나옴이, 사실상 표면을 향한 시선으로만 답파되어야 한다는 것입니다. 하지만 실은 표면의 유사인상주의적 가치에 대한 임상적 재평가보다도 아마 더 중요하고, 제 생각에는 결정적인 것이 있습니다. 신경학에서 환자가 새로운 방식으로 임상적으로 포획되고 그런 시선 및 그런 포획장치와 상관적으로 신경학적 신체가 구성될 때 중요하다고 생각되는 것, 그것은 신경학적 검사에서 무엇보다 우선적으로 추구되고 있는 것이 '반응'이라는 것입니다.

제가 말하고자 하는 것은 이렇습니다. 비샤와 라에넥의 병리해부학에서 징후는 물론 처음에 한 번 보고 즉시 포착할 수 있는 것인데, 그것은 또 다른 자극의 결과로서 얻어지는 것, 이를테면 두드리거나 귀를 기울임으로써 얻어지는 것이기도 합니다. 요컨대 결국 고전적 병리해부학

6) Foucault, "Des signes et des cas"(chap.VI), *Naissance de la clinique*, pp.90~95. [『임상의학의 탄생』, 175~179쪽.]

에서 탐구되고 있는 것은 자극과 효과로 이뤄진 체계라는 것입니다. 흉부를 타진해 소리를 듣는다거나[7] 기침을 하게 해 그 소리의 날카로움을 듣는다거나, 촉진해 열이 있는지를 확인하는 등, 요컨대 자극과 효과로 이뤄진 체계입니다.

반면에 19세기 중반에 구축되고 있던 신경학적 검사에서 징후의 본질을 이루는 것, 요컨대 징후를 징후로서 성립시키는 것은 고전적 병리해부학에서 타진에 이어 소리가 결과되는 것과 같은 방식으로 징후가 다소간 기계적인 효과[로서 해독되는] 것이 아닙니다. 그런 것이 아니라 거기서는 한 징후가 반응으로서 [해독]됨으로써 징후가 징후로서 성립됩니다. 자극과 효과로 이뤄진 도식을 자극과 반응으로 이뤄진 도식이 대체하고, 자극과 반응으로 이뤄진 쌍이 확립된다는 것, 바로 이것이 굉장히 중요한 것이라고 저는 생각합니다.

자극과 반응으로 이뤄진 쌍이 실제로 이용되고 있는 예가 다수 있습니다. 매우 초보적인 수준에서 신경병리학의 토대가 되는 발견, 뒤셴느 드 불로뉴에 의한 발견이 있었습니다. 뒤셴느 드 불로뉴는 '국소감응통전법'이라고 자신이 부른 것에 관한 탐구에서 두 개의 젖은 전극으로 피부 표면에 전기요법을 행하면서 근육에 의한 유일한 반응, 아니 오히려 유일한 근육에 의한 반응을 얻기에 이릅니다. 피부 표면을 적심으로써

7) 푸코가 참조하는 것은 장-니콜라 코르비자르(Jean-Nicolas Corvisart, 1755~1821)가 퍼트린 '타진'에 의한 임상검사 방식이다. 코르비자르는 비엔나 사람 레오폴트 아우엔브루거(1722~1809)의 책을 번역하고 주석을 달았다. Leopold Auenbrugger, *Inventum novum ex percussione thoracis humani ut signo abstrusos interni pectoris morbos detegendi*, Vindobonae: Joannis Thomas Trattner, 1761; *Nouvelle méthode pour reconnaître les maladies internes de la poitrine par la percussion de cette cavité*, Paris: Migneret, 1808. 라에넥이 네케르 병원에서 청진기를 개발했던 것은 1816년 9월이다. René-Théophile Laënnec, *De l'auscultation médiate, ou Traité du diagnostic des maladies des poumons et du cœur, fondé principalement sur ce nouveau moyen d'exploration*, 2 vol., Paris: Brosson et Chaudé, 1819.

국소감응통전법을 통한 인간의 안면근육 변화 연구 뒤셴느 드 불로뉴의 『인간의 얼굴표정 메커니즘 혹은 감정의 표출에 대한 전기생리학적 분석』(1862)에 들어 있는 도판 4.

전기요법의 효과를 제한하고, 단지 하나의 근육에 의한 특이한 반응을 얻는 데 성공했다는 것입니다. 이것이 모든 것의 토대가 되는 발견이었습니다.[8] 다음으로는 그 발견에 입각해 반사에 대한 연구, 그러고 나서는 특히 다양한 자동성의 연쇄나 이전의 학습을 함의하는 복잡한 행동양식에 대한 연구가 이뤄졌습니다. 그리고 이런 연구를 통해 신경학적 포획장치를 그 속에서 완전히 확립하게 된 두 거대한 연구 영역이 발견됩니다. 하나는 폴 브로카의 실어증 연구[9]입니다. 그리고 다른 하나는

---

8) 1826년에 전기자극을 이용해 신경의 흥분과 근육의 수축 메커니즘을 연구한 생리학자 프랑수아 마장디(François Magendie, 1783~1855)의 작업으로 대표되는 수많은 작업 뒤에 뒤셴느 드 불로뉴는 근육과 신경의 흥분성을 탐구하고 그것에서 질환에 대한 진단과 치료법을 확정하기 위해 '감응통전법'(faradisation/感應通電法)을 사용한다. 뒤셴느 드 불로뉴는 그 성과를 1847년 과학아카데미에 제출한 최초의 보고서에 기록한다. Guillaume-Benjamin-Amand Duchenne, "De l'art de limiter l'action électrique dans les organes, nouvelle méthode d'électrisation appelée 'électrisa-tion localisée'"; *Archives générales de médecine*, juillet-août 1850; février-mars 1851. 뒤셴느 드 불로뉴는 1850년 제2보고서에서 '직류통전'이라는 방법을 발표한다. 이것은 직류전류를 사용해 근육의 기능들을 연구하고 "마비에 관한 감별진단"를 위한 절차를 제공하려는 목적으로 행해진다. *Application de la galvanisation localisée à V étude des fonctions musculaires*, Paris: J.-B. Baillière, 1851. 뒤셴느 드 불로뉴의 모든 작업은 다음의 저작에 모아져 있다. *De l'électrisation localisée et de son application à la physiologie, à la pathologie et à la thérapeutique*, Paris: J.-B. Baillière, 1855. 본서 11강(1974년 1월 30일)의 각주 61번과 다음의 글도 참조하라. Raymond Adams, "A. Duchenne," *The Founders of Neurology*, vol.2, ed. Webb Haymaker and Francis Schiller, Springfield, III.: C. C. Thomas, 1970, pp.430~435.

9) 비세트르 시료원의 외과의 폴 브로카는 1861년 4월 18일 파리 인류학회에서 「분절언어 능력의 중추에 관한 지적과 언어중추의 장애로 인한 실어증 관찰 기록」을 제출한다. 이것은 비세트르에 21년째 입원해 있던 르보르뉴(Leborgne)라는 환자가 얼마 전부터 '탕'(tan)이라는 음절을 두 번 반복하는 것 외에는 말을 할 수 없게 된 것에 관한 관찰이었다. 1861년 4월 11일 브로카가 있는 곳으로 옮겨진 이 환자는 4월 17일에 사망한다. 사체를 해부하니 왼쪽 대뇌의 세 번째 왼쪽 전두회 하부에서 연화(軟化)가 발견됐고 브로카는 이것을 분절언어의 상실과 관련짓는다. Paul Broca, "Remarques sur le siège de la faculté du langage articulé, suivies d'une obser vation d'aphémie (perte de la parole)," *Bulletin de la Société d'Anthropologie de Paris*, 1re

뒤셴느 드 불로뉴에 의한 보행 연구, 특히 매독성 척수로에 걸린 환자의 보행에 대한 연구입니다.[10)]

후자의 예를 조금 상세히 살펴보도록 합시다. 뒤셴느 드 불로뉴는 척수로 환자의 보행에 대해 바로 자극과 반응이라는 관점에서, 아니 오히려 행동양식이라는 관점에서, 보행행위가 구성하는 여러 에피소드와 행동양식의 연쇄라는 관점에서 기술합니다. 뒤셴느 드 불로뉴의 문제는 다음을 구별하는 것이었습니다. 척수로, 요컨대 전신성 마비의 특정한 단계에서 특정한 형태로 발견되는 평형감각 장애를, 알코올 중독이나 어떤 종류의 소뇌장애에서 발견될 수 있는 현기증과 구별하는 것입니다. 1864년의 매우 중요한 논문에서 뒤셴느 드 불로뉴는 마침내 척수로의 걸음걸이와 현기증에 의한 동요를 감별적으로 서술하기에 이릅니다.[11)] 현기증의 경우 환자의 동요는 완만하고 환자 자신은 그 흔들림에 몸을 맡기는데 반해 척수로에 걸린 사람의 경우 동요는 "짧고," "갑작스럽다"는 것입니다. 뒤셴느 드 불로뉴에 따르면 환자의 자세는 평행봉이 없어서 조심스럽게 한 발씩 내디뎌 평형을 되찾으려 시도하는 줄타기 광대를 떠올리게 합니다.[12)] 현기증의 경우에는 근육의 수축이 없고, 역으로

série, t.II, août 1861, pp.330~357; Henry Hécaen et Jean Dubois, *La Naissance de la neuropsychologie du langage (1825-1865)*, Paris: Flammarion, 1969, pp.61~91. 재수록. 1861~65년 브로카는 다른 관찰을 통해 세 번째 왼쪽 전두회의 역할을 확인한다. Paul Broca, "Localisation des fonctions cérébrales: Siège du langage articulé," *Bulletin de la Société d'Anthropologie de Paris*, 1re série, t.IV, 1863, pp. 200~204; "Sur le siège de la faculté du langage articulé," ibid., t.VI, 1865, pp.377~393; Hécaen et Dubois, ibid., pp.108~123. 재수록.

10) 뒤셴느 드 불로뉴는 매독이 원인인 반사 능력의 상실과 격렬한 감각을 동반한 운동불능으로 특징지어지는 것으로서의 '점진적 보행성 운동실조' 혹은 척수로에 대해 서술한다. 본서 11강(1974년 1월 30일)의 각주 61번을 참조하라.

11) Guillaume-Benjamin-Amand Duchenne, *Diagnostic différentiel des affections céré-belleuses et de l'ataxie locomotrice progressive* (extrait de *La Gazette hebdomadaire de médecine et de chirurgie*, 1864), Paris: Impr. Martinet, 1864.

근육 조직과 근육 긴장이 전반적으로 느슨해집니다. 이에 반해 [……]* 척수로 환자는 언제나 균형을 잡으려 합니다. 척수로 환자의 부은 정강이와 다리를 관찰해보면 환자가 균형을 잃기 전에, 균형을 잃고 있다는 것을 환자가 자각하기 전부터 이미 두 다리의 근육 조직이 일관되게 일으키는 작고 짧은 연축을 볼 수 있다는 것입니다. 이어서 그 연축은 조금씩 커져, 균형을 잃어가고 있음을 환자가 자각할 때에는 의지적인 것이 되어버린다는 것이죠.[13] 따라서 이것은 현기증의 경우와는 전혀 다르다는 것입니다. 현기증의 경우 환자는 지그재그로 걷습니다. 요컨대 환자는 한 지점에서 다른 지점으로 직선을 따라 걸을 수 없습니다. 이에 비해 척수로 환자의 경우에는 완벽한 방식으로 앞으로 곧바로 나아가며, 단지 그 신체만이 그 직선 위에서 흔들린다는 것입니다.[14] 마지막으로 술에 취했을 때는 내적인 현기증의 감각이 있는 데 반해 척수로 환자는 자신의 신체에 균형이 완전히 결여되어 있다고 생각하는 것이 아니라, 요컨대 자신이 일종의 무거운 평형장애에 걸렸다고 생각하는 것

---

12) "알코올에 의한 취기의 효과를 느끼기 시작하자마자 인간의 신체는 서 있을 때 사방으로 흔들린다……. 보행성 운동실조에 걸린 환자가 서 있을 때 신체의 흔들림은 그것과 매우 다른 특징을 갖는다. 명정에서는 흔들림이 일종의 진자운동 같은 것인 데 비해 보행성 운동실조의 흔들림은 갑작스럽게 일어난다. 그 흔들림은 더 짧고 더 빠르다. 나는 이전에 운동실조 환자가 서 있는 모습을, 평행봉을 잡지 않고 균형을 잡으려는 줄타기 광대에 비유한 적이 있다." Duchenne, *Diagnostic différentiel des affections cérébelleuses*, p.5. 또한 다음을 참조하라. "환자는, 어느 정도까지는, 팽팽하게 맨 밧줄 위에서 평행봉 없이 균형을 잡으려 애쓰는 자에 비유할 수 있다." Guillaume-Benjamin-Amand Duchenne, *De l'ataxie locomotrice progressive*, Paris: Impr. Rignoux, 1859. p.78.

* 강의원고에는 이렇게 명확히 쓰여 있다. "그 표면이 조형적 가치를 갖는 신체."

13) Duchenne, *Diagnostic différentiel des affections cérébelleuses*, pp.5~6.

14) "취한 사람은 …… 오른쪽 왼쪽으로 교대로 곡선을 그리며 걷거나 지그재그로 걸어서 앞으로 곧장 갈 수 없다……. 운동실조 환자는 …… 통상 후들거리면서 앞으로 걷지만 취한 사람과는 다르며, 곡선을 그리지도 않고 지그재그로 나아가지도 않는다." Duchenne, *Diagnostic différentiel des affections cérébelleuses*, p.6.

이 아니라, 그저 단순히 자신의 양다리에만 소위 국소적으로 평형이 결여되어 있다고 생각합니다.[15] 이상이 뒤셴느 드 불로뉴가 행한 척수로의 걸음걸이 분석에서 주요한 주제들입니다.

그런데 거의 동일한 시대, 즉 1859~65년에 걸쳐 브로카가 행한 실어증 분석에 대해서도 동일한 것을 말할 수 있을 텐데, 이런 분석에서는 한 지점에서의 병변의 현전을 나타내는 것으로서의 효과에 관련되는 것이 아니라, 기능부전을 나타내는 것으로서의 반응에 관련되는 듯한 징후의 체계를 탐구함으로써 무엇을 얻게 되는 것일까요? 물론 그런 분석을 통해 우선 신경과 의사들이 일찍이 공조작용이라 불렀고 지금도 여전히 그렇게 부르고 있는 것, 요컨대 이러저러한 근육 간에 존재하는 여러 상관관계를 구별할 수 있게 됩니다. 이러저러한 반응을 얻기 위해 어떤 근육이 사용되고 있을까요? 바로 그 근육 중 하나가 작동하지 않게 될 때 어떤 일이 일어날까요? [앞서 말한 분석은 바로] 그 공조작용의 연구인 것입니다.

두 번째로, 저는 이것이 매우 중요하다고 생각하는데, 분석해야 할 현상들을 의지적인 것과 자동적인 것의 축에 따라 단계적으로 분할할 수 있게 됩니다. 요컨대 소개해드린 것과 같은 행동양식의 분석으로부터 출발해, 즉 여러 자극에 대한 응답의 분석으로부터 출발해 단순히 반사에 의한 행동양식[과] 자동적인 행동양식 간에, 자발적이고 의지적인 행동양식과 외부로부터 오는 명령에 의해 행해지는 의지적인 행동양식 간에 어떤 기능상의 차이가 있는지, 신경이나 근육의 활용상에서 어떤 차이가 있는지를 파악할 수 있게 된다는 것입니다. 의지적인 것과 의지적이지 않은 것, 자동적인 것과 자발적인 것, 명령에 의해 요구되는 것

15) "나는 그들에게 서 있거나 걷고 있을 때에 …… 포도주나 리쾨르[독주]를 좀 많이 마셨을 때처럼 머리가 무겁거나 도는 것처럼 느껴지는지 물었다. 그러자 그들은 머리는 완전히 자유로운데 **양다리만이 균형을 잡지 못하고 있을 뿐**이라고 답했다"(강조는 원문). Duchenne, *Diagnostic différentiel des affections cérébelleuses*, p.~7.

과 하나의 행동양식 내부에서 자발적으로 연쇄되는 것 등, 신체에서 나타나는 위계적 전체를 통해 개인의 의도에 기초하는 태도를 임상적 관점에서, 신체적 지정이라는 관점에서 분석할 수 있게 됩니다. 본질적인 점은 바로 여기에 있습니다.

따라서 주체의 태도, 주체의 의식이나 의지를 소위 그의 신체 내부 그 자체에서 포획할 수 있게 된다는 것입니다. 신체 속에서 공격당하고 포위되는 의지, 자극에 대한 반응의 조직화 그 자체 속에서 읽어낼 수 있는 의지의 효과 내지 의지의 정도, 바로 이런 것들을 신경병리학은 보여줬던 것입니다. 여러분께서도 아시는 대로 브로카는 실어증 환자의 수행 능력의 여러 수준에 대한 분석을 시작했습니다. 단순한 웅얼거림, 자동적으로 튀어나오는 욕지거리, 어떤 종류의 상황에서 무의식적으로 튀어나오는 말, 어떤 종류의 명령이나 어떤 종류의 지시에 따라 반복되는 말[16] 같은 수준이 그것입니다. 행동양식의 여러 수준 사이에서 발견되는 이런 수행 능력의 모든 임상적 차이에 따라 개인에 대한 임상분석을 개인의 의도 수준에서 행하는 것이 가능하게 됩니다. 즉 정신의학의 권력에서 규율의 거대한 상관물이었다는 것을 제가 여러분께 보여드리려고 했던 그 의지의 수준에서, 개인에 관한 임상분석을 행하는 것이 가능하게 됐다는 말입니다. 규율권력에서 의지는 그 규율권력이 적용되어야 할 대상 그 자체였습니다. 규율권력은 바로 이 의지에 대항하고 있었습니다. 하지만 결국 보상과 처벌로 이뤄진 체계에 의해서만 거기에 접근이 가능했죠. 그것에 이제는 신경병리학에 의해 임상적 도구가 부여되고 개인을 그 의지의 수준 그 자체에서 포획하는 것이 가능해진다고 생각하게 된 것입니다.

16) '말을 분절하는 능력'의 상실을 지시하기 위해 '아페미'(aphémie)라는 말을 제안한 1861년의 논문에서 브로카가 제시한 분석을 암시한다(앞의 각주 9번 참조). Broca, "Remarques sur le siège de la faculté du langage articulé……," Hécaen et Dubois, *La Naissance de la neuropsychologie du langage*, p.63. 재수록.

다른 방식으로 조금 더 정확하게 사태를 파악해보도록 합시다. 이렇게 말할 수 있지 않을까 싶습니다. 한편으로 의사는 신경학적 검사와 함께 고전적인 병리해부학과 관련해 자신의 권력을 일부 잃게 됩니다. 라에넥이나 비샤 등에 의해 구성된 병리해부학에서는 결국 개인에게 아주 사소한 것밖에는 요구되고 있지 않았습니다. 눕기, 다리 구부리기, 기침하기, 숨 크게 쉬기 등이 요구되기 때문에, 의사는 최소한의 지시를 내리고, 환자의 의지에 최소한으로만 의존하고 있었습니다. 반면에 신경병리학과 더불어 의사는 환자의 의지를 경유해야 하고 아무튼 환자의 협력 내지 이해를 경유해야 됩니다. 의사는 환자에 대해 단지 "누우세요! 기침하세요!"라고 말하는 것이 아니라 "걸으세요! 다리를 뻗으세요! 손을 내미세요! 말하세요! 이걸 읽어보세요! 다른 걸 써 보세요!"라고 말해야 하게 됩니다. 요컨대 이제는 명령이나 지시에 기초한 검사의 기술이 필요해진다는 것입니다. 따라서 명령이나 지시가 필연적으로 환자의 의지를 경유하기 때문에 환자의 이 의지가 검사의 핵심 그 자체 내에서 발견됩니다. 그리고 이런 한에서 의사의 권위는 어떤 의미에서는 이 신경학적 장치의 핵심부에 위치하게 됩니다. 의사는 명령하고 자신의 의지를 부과하려 하는데, 결국 환자는 언제나 이 명령에 따를 수 없는 척하면서 이 명령에 따르지 않으려고 할 수 있습니다. 다시 말해 환자의 의지에 의존하게 된다는 것입니다. 하지만 다른 한편으로 앞서 여러분께 말씀드린 대로 행동양식이 의지적인지 아닌지, 자동적인지 자발적인지 등의 파악이 임상적으로 가능해지고, 의지의 수준에서 행동양식의 임상적 해독이 가능해집니다. 의사는 명령을 내릴 때에 잃는 권력을 여기서 되찾게 되는데, 아무튼 그럼으로써 의사는 환자가 요구된 바대로 잘 대답하는지 아닌지, 환자가 하는 대답의 질과 속성은 어떤 것인지, 환자의 대답이 거기서 개입하는 의지에 의해 어느 정도까지 변조되어 있는지를 알 수 있게 됩니다. 이를테면 신경과 의사는 브로카 이래로 의지적인 침묵과 구어장애형 실어증을 완벽하게 구별할 수 있습니다. 구어장애의 경우 말을 할 수 없게 될 때에는 언제나 말하려는 시도와 더불어 깊은 곳에서 소리가 울리거나 자동작용이 생겨납니다. 구어장애에는 또한 그것과 상관적인 운동신경 장애 및 몸짓이나 글쓰기에서의 표현의 결함도 언제나 동반됩니다.17) 이에 비해 말하기를 거절하는 사람, 더 나아가 말하지 않는 히스테리 환자는 말하지 않지만 몸짓으로 표현하고 쓸 수 있으며 이해하는 사람으로, 구어장애를 특징짓는 부차적인 장애를 전혀 동반하지 않는 사람입니다.

따라서 개인의 현실적 행동양식 수준에서, 아니 오히려 개인의 행동양식의 임상적 관찰 수준에서 그 의지를 포획할 수 있다는 것입니다. 이렇게 해서 신경학적 검사에 특징적인 명령의 작용으로 인해 검사의 가능성이 어느 정도까지 환자의 의지에 의존하게 된 것이 사실이지만, 이제 운용이 가능한 임상적 관찰 내지 임상적 해독으로 인해 [의사는] 환자를 우회하고 무시할 수 있게 된 것입니다.

이상을 요약해 이렇게 말하도록 하겠습니다. 즉 하나의 새로운 임상의학적 장치가 그 본성과 기제, 그리고 그 효과 면에서 비샤 내지 라에넥적이라고 부를 수 있을 만한 임상적 장치와도 다르고 정신의학적 장치와도 다른 것으로서 확립된다고 말입니다. 기질적 의학에서는 환자에게 "누우세요! 기침하세요!" 등 최소한의 지시가 내려지고 있었습니다. 그리고 그밖의 것은 전적으로 의사의 검진에 맡겨지고 자극과 효과로 이뤄진 작용 아래 놓이게 됩니다. 또한 정신의학에서는 심문만이 포획을 위한 본질적 부품이고 이것은 기질적 의학에서 발견되는 검진의 기술을 대체한다는 것을 저는 보여드리려고 했습니다. 이 심문은 물론

17) 구어장애는 우위반구의 세 번째 전두회 후부에 위치한 브로카 중추의 손상과 연관된 운동성 실어증이다. 피에르 마리(1853~1940)는 발음기관의 병변을 수반하지 않는 언어분절 장애로 특징지어지는 이 구어장애에 관해 서술했다. Pierre Marie, "De l'aphasie (cécité verbale, surdité verbale, aphasie motrice, agraphie)," *Revue de médecine*, vol.III, 1883, pp.693~702.

주체의 의미에 의존하는 것이고, 거기서 얻어지는 응답은 정신과 의사에게 진실의 시험 내지 병의 감별적 해독을 행할 수 있는 가능성을 구성하는 것이 아니라 그저 단순히 현실의 시련을 구성할 뿐입니다. 심문을 통해 얻어지는 것은 단지 "그는 광인인가 아닌가?"라는 물음에 대한 대답일 뿐입니다.

이에 비해 신경학은 병리해부학적 의미에서의 검사도 아니고 심문도 아닙니다. 신경학은 심문을 명령으로 대체하고 그 명령을 통해 반응을 얻으려 하는 새로운 장치입니다. 하지만 이 반응은 심문에서와 같이 주체의 언어적 반응이 아니라 주체의 신체적 반응입니다. 그것은 신체의 수준에서 임상적으로 해독가능한 반응이며, 따라서 반응하는 주체에게 속아 넘어갈 염려 없이 감별적 검사에 첨부할 수 있는 반응입니다. 이제는 말하고 싶어 하지 않는 사람과 실어증 환자 간의 차이를 발견할 수 있습니다. 요컨대 그 당시까지 절대진단에 맡길 수밖에 없었던 행동양식, 절대진단이라는 관점을 통해서만 질문되어온 행동양식의 내부에서 이제는 감별진단을 설정할 수 있게 됐다는 것입니다. 현실의 시련은 이제 필요하지 않습니다. 요컨대 신경학적 임상은 적어도 일정 영역에서는 기질적 의학과 마찬가지로, 하지만 전혀 다른 장치로부터 출발해 감별진단을 행할 가능성을 부여받게 됩니다. 대략적으로 신경학은 다음과 같이 이야기합니다. 내 명령에 따르고 입을 다문다면 네 신체가 너를 위해 반응할 것이고 그 반응에 대해서는 의사인 나만이 진실이라는 관점에서 그것을 해독하고 분석할 수 있을 것이다.

"내 명령에 따르고 입을 다문다면 네 신체가 반응하리라." 바로 이것 안으로 아주 자연스럽게 히스테리 발작이 빠져들게 됩니다. 이 장치 안으로 히스테리가 들어가게 됩니다. 히스테리가 출현하게 된다고 말하지는 않을 것입니다. 이것은 제 생각에는 히스테리의 역사적 존재라는 관점에 입각해 제기해봐야 무용한 문제이기 때문입니다. 즉 제가 말하고자 하는 것은 정신의학이 아닌 신경학을 그 기원으로 하는 새로운 임상적 장치가 확립되고 새로운 덫이 장치된 그때 처음으로 의학적 영역에서 히스테리가 출현하고, 히스테리가 하나의 병이 되며, 히스테리를 의학적 방식으로 취급할 수 있게 됐다는 것입니다.

"내 명령에 따르고 입을 다문다면 네 신체가 응답하리라." 과연 당신은 내 신체가 말하는 것을 원하는 듯하군요! 내 신체는 말하겠죠. 그리고 장담하건대, 그런 신체의 반응 속에는 당신의 상상을 뛰어넘는 진실이 있을 것입니다. 물론 내 신체가 당신보다 더 진실을 잘 안다는 것은 아니에요. 하지만 당신의 명령 속에는 당신이 말로 표현하지는 않지만 내게는 들리는 것, 내 신체가 반응하게 될 어떤 무언의 명령이 있죠.* 그리고 당신의 무언의 명령에 따라 야기되는 효과가 바로 당신이 "본성상태의 히스테리"라고 부르는 것입니다. 대략적으로 말해서 이것이 방금 소개해드린 덫 안으로 단숨에 떨어지는 히스테리 환자의 담론입니다.

자, 그러면 이 덫, 이 새로운 포획장치가 확립되는데, 어떤 방식으로 그런 일이 발생하게 되는 것일까요?

대략적으로 말해 신경학과 신경학에 고유한 임상적 장치가 존재하게 되기까지 의학에는 병의 두 거대한 영역이 존재했던 것 같습니다. 즉 한편에는 정신질환이 있고 다른 한편에는 여타의 병, 즉 진정한 병이 있었던 것입니다. 저는 정신질환과 여타의 질환이 정신의 병과 신체의 병이 대립하는 방식으로 대립하고 있었다고 말하는 것만으로는 충분하지 않다고 생각합니다. 그렇게 말하는 것이 정확하지 않다고 생각되는 이유는 우선 1820년부터 1870~80년에 걸쳐 많은 정신과 의사들에게 정신의 병은 단순히 심적인 징후 내지 증후군을 동반하는 특징을 가진 신

* 강의원고에는 이렇게 덧붙여져 있다. "나는 당신이 말하고 있지 않은 것을 들을 것이다. 그리고 나는 그것에 따라 당신에게 징후를 제공할 것이다. 이 징후에 대해 당신은, 그 진실을 인정하지 않을 수 없을 것이다. 왜냐하면 그 징후는 당신이 모르는 곳에서, 말해지지 않은 당신의 명령에 응답하는 것이기 때문이다."

체의 병을 가리켰기 때문입니다. 또 그 시대, 즉 간질과 여타의 병 사이에 의학적·임상적으로 유효한 차이가 있다 여겨지지 않았던[18] 그 시대에는 경련성 질환이라 불리는 병이 정신의 병이라는 것 역시 완벽하게 용인되고 있었습니다. 따라서 병의 기질적 토대에 관한 이론상의 논의가 어떤 것이었든지 간에, 아니 바로 그런 이론상의 논의 때문에 신체와 정신의 대립, 기질적 병과 심적 병의 대립은 1820년부터 1880년 사이의 의학을 분할한 진정한 구별이 아니었다고 저는 생각합니다.[19] 유일

---

18) '히스테리 간질'이라는 용어가 경련성 발작을 특징으로 하는 혼합된 형태(히스테리와 경련의 혼합)를 지시하기 위해 사용됐다는 것이 이를 보여준다. 이를테면 장-바티스트 로도이스 브리포는 이렇게 쓴다. "히스테리가 간질성이 되고 그것이 그대로 머무를 때, 히스테리 간질이 구성된다. 혹은 간질이 점차 우세해지고 초기의 히스테리가 사라지기도 한다." Jean-Baptiste Lodoïs Briffaut, *Rapports de l'hystérie et de l'épilepsie*, Th. Méd. Paris, Paris: [s.n.,] 1851, p.24. 에티엔-장 조르제에 따르면 히스테리란 경련성 신경의 장애이며, 간질과 연속체를 형성하는 것이다. Étienne-Jean Georget, "Hystérie," *Dictionnaire de médecine*, vol.11, Paris: Béchet Jeune, 1824, pp.526~551. 간질과 다른 '경련성 질환'의 혼동에 대해서는 다음의 저작을 참조하라. Owsei Temkin, *The Falling Sickness: A Story of Epilepsy from the Greeks to the Beginnings of Modern Neurology* (1945), 2nd ed. rev. Baltimore: The Johns Hopkins Press, 1971, pp.351~359.

19) 푸코는 1820년과 1880년을 두 기준으로 삼는다.

(a) 1820년은 조르제의 박사 논문 심사를 계기로 광기의 원인에 대한 논의가 시작되는 해이다. Étienne-Jean Georget, *Dissertation sur les causes de la folie*, Th. Méd. Paris, Paris: Didot Jeune, 1820. 1843년 1월에는 쥘 바이야르제, 로랑 세리즈, 프랑수아 롱제가 『의학·심리학 연보』를 간행한다. Jules Baillaiger, Laurent Cerise et François Longet, *Annales médico-psychologiques: Journal de l'anatomie, de la physiologie et de la pathologie du système nerveux*, Paris: Fortin et Masson, 1843. 여기서는 전적으로 신체와 정신의 관계를 다루는 과학, 정신병리학, 정신이상자에 관한 법의학, 신경증에 관한 임상 등과 관련된 문헌이 수집되고 거의 언제나 광기의 기질적이고 정신적인 원인에 대한 논의가 교환된다. 이런 논의가 특히 활발했던 1840년대에는 기질병설의 지지자들과 '이원론자'를 자칭하는 심리학파 사람들 간에 대립이 일어난다. 전자에 속하는 사람들은 이를테면 레옹 로스탕, 아쉴-루이 포빌르, 기욤 페뤼, 루이-플로랑탱 칼메이, 모로 드 투르이며, 후자에 속하

하고 진정한 차이는 사실상 제가 지난 강의에서 말씀드린 차이라고 생각합니다. 즉 한편에는 감별진단이라는 관점에서 판단될 수 있는 몇몇 병, 요컨대 진정한 의사, 확실한 의사가 관여하는 좋은 병, 확고한 병이 있고, 다른 한편에는 현실의 시련을 통해서만 의사가 손댈 수 있고 식별할 수 있을 것 같은 몇몇 병이 있었던 것입니다. 정신질환이라고 불리는 병, "그는 실제로 광인이다" 혹은 "그는 광인이 아니다"의 이항대립에 의해서만 다룰 수 있었던 병이 바로 그것이었습니다.

제 생각에 19세기의 2/3분기에 의학적 시련과 의학적 지식을 둘러싼 진정한 분할은 감별진단에 통합되는 병과 절대진단에만 귀속되는 병 사이의 분할에서 발생합니다. 그리고 병의 이 두 범주 사이에는 물론 몇

는 사람들은 피에르-니콜라 제르디(Pierre-Nicolas Gerdy, 1797~1856), 프레데릭 뒤부아 다미엥(Frédéric Dubois d'Amiens, 1799~1873), 클로드-프랑수아 미셰아, 루이-프랑수아-에밀 르노댕(Louis-François-Émile Renaudin, 1808~1865), 장-바티스트 파르샤프, 루이-프랑수아 레뤼 등이다. 이와 관련해서는 다음을 참조하라. Leon Rostan, *Exposition des principes de l'organicisme, précédée de réflexions sur l'incrédulité en matière de médecine*, Paris: Asselin, 1846; Achille-Louis Foville et Jean-Baptiste Delaye, "Sur les causes de la folie et leur mode d'action, suivies de recherches sur la nature et le siège spécial de cette maladie," *Nouveau Journal de médecine*, t.XII, octobre 1821, p.110. 이하; Jacques-Joseph Moreau de Tours, *De l'influence du physique, relativement au désordre des facultés intellectuelles, et en particulier dans cette variété de délire désignée par M. Esquirol sous le nom de Monomanie*, Th. Méd. Paris, Paris: Didot, 1830(1830년 6월 9일에 심사를 통과하는 이 박사 논문에서 모로 드 투르는 '기질병주의,' '기질병주의자'라는 말을 기치로 삼는다); Jean-Baptiste Parchappe de Vinay, "De la prédominance des causes morales dans la génération de la folie," *Annales médico-psychologiques*, t.II, novembre 1843, pp.358~371; Louis François Lélut, *Inductions sur la valeur des altérations de l'encéphale dans le délire aigu et dans la folie*, Paris: Trinquait, 1836 (레뤼는 여기서 정신의학에서의 병리해부학 사용을 비판한다).

(b) 1880년은 발랭탱 마냥 및 샤르코의 작업과 함께 기질병설의 세 번째 파도가 밀려오는 해이다. 그들은 뇌에 관한 병태생리학에 통달했다고 생각하면서 결정적인 결론을 내릴 때가 왔다고 믿었던 것이다.

가지 중간항이 있었습니다. 그 중에서도 특히 중요한 것이 두 가지 있습니다. 우선 좋은 중간항, 좋은 병이 있는데 그것은 물론 전신성 마비였습니다. 전신성 마비는 인식론적으로 좋은 병이고, 도덕적으로도 좋은 병이었습니다. 한편으로 이 병은 앙투안 로랑 제스 벨르에 따르면 망상,[20] 바이야르제에 따르면 치매[21]인 심리학적 증후군과 혀의 떨림이나 근육의 점진적인 마비 같은 운동성 증후군을 동시에 수반하는 것이었습니다. 그리고 이 두 증후군은 모두 병리해부학의 관점에서 뇌의 한 병변으로 회부됩니다. 따라서 정신질환이라고 불리고 현실의 시련에 맡겨져 있던 병과 병리해부학을 준거로 감별적으로 지정되어 있던 병 사이에서 정확한 중간항을 이루는 전신성 마비는 좋은 병이었습니다.[22] 그리고 다른

20) 전신성 마비와 관련한 앙투안 로랑 제스 벨르의 생각에 대해서는 본서 6강(1973년 12월 12일)의 각주 17번과 11강(1974년 1월 30일)의 각주 2번을 참조하라.

21) "광기, 치매, 마비에 속하는 세 종류의 본질적 징후"를 인정했던 벨르에 반대해 바이야르제는 이렇게 주장한다. "이 병의 본질적 징후, 즉 그것 없이는 이 병이 결코 존재하지 않는 그런 징후로서는 마비 현상으로 구성된 것과 치매 현상으로 구성된 것 두 종류가 있다." 그리고 바이야르제에 따르면 망상이 존재하더라도 그것은 "완전히 부수적인 징후"일 뿐이다. Jules Baillarger, "Des symptômes de la paralysie générale et des rapports de cette maladie avec la folie"(Appendice) in Wilhelm Grie-singer, *Traité des maladies mentales: Pathologie et thérapeutique*, trad. Paul-Arthur Doumic, Paris: Adrien Delahaye, 1865, pp.614, 612.

22) '좋은 병'(bonne maladie), 혹은 푸코가 말한 것처럼 '좋은 형태'(bonne forme). "광기의 지각 전체를 통제하는 거대한 구조가 신경성 매독의 정신의학적 징후에 대한 분석에서 정확히 드러나고 있다." Michel Foucault, *Histoire de la folie à l'âge classique*, Paris: Gallimard, 1972, p.542. [이규현 옮김, 『광기의 역사』, 나남, 2003, 794쪽.] 1955년에 이미 앙리 에는 전신성 마비가 하나의 '원형'으로서 "정신과 의사들로서는 반박하기 힘든 매혹적인 힘"을 발휘했음을 파악하고 있었다. Henri Ey, "Histoire de la psychiatrie," *Encyclopédie médico-chirurgicale: Psychiatrie*, t.I. 1955, p.7. 전신성 마비가 그런 힘을 발휘했던 것은 해부학적 임상의학이 구성되는 바로 그때, 벨르가 정신의학에서 의학적 모델에 답하는 하나의 실체를 분리해낸 데서 유래한다(본서 6강[1973년 12월 12일]의 각주 17번 참조). 즉 병리해부학적 관점에서 규정할 수 있는 하나의 원리를 가지며, 종별적 징후를 제시하고, 신체의 불수와 치매로 향하는 세 시기로 규정되는 방식으로 진행하는 그런 실체를,

한편으로 그것은 매독으로부터 비롯된다는 것이 아직 알려져 있지 않았기 때문에 한층 더 '좋은' 병, 충실한 병, 모든 것의 토대가 되는 병이었습니다.[23] 그래서 인식론적으로 이로운 측면은 모두 있었지만, 도덕적으로 부정적인 측면은 하나도 없었던 것입니다.

이에 반해 역시 감별진단에 맡겨지는 병과 절대진단에 맡겨지는 병 사이의 중간항으로 완전히 별개의 영역, 나쁜 영역이자 혐오해야 할 영역이 있었으니, 당시 '신경증'[24]이라 불리던 영역입니다. 1840년경 '신

벨르는 분리해낸 것이다. 이 문제의 연혁에 관해서는 다음의 글을 참조하라. Jules Baillarger, "De la découverte de la paralysie générale et des doctrines émises par les premiers auteurs," *Annales médico-psychologiques*, 3e série, t.V, octobre 1859, Ire partie, pp.509~526; 3e série, t.VI, janvier 1860, IIe partie, pp.1~14.

23) 본서 11강(1974년 1월 30일)의 각주 1번을 참조하라.

24) 1840년대에는 신경증의 근본적 정의가 거의 변하지 않았다. 신경증이라는 용어는 스코틀랜드 의사 윌리엄 컬린이 자신의 1777년 저작과 함께 부각시키기 전에 1769년 저작(*Apparatus ad nosologiam methodicam, seu Synopsis nosologiae methodicae in usum studiosorum*, Edinburgh: William Creech, 1769)에서 도입한 것이다. "내가 신경증 혹은 신경의 병이라는 용어로 이해하도록 제안하고 있는 것은 피렉시(pyrexie)[열병(fièvre)— J. L.]가 초발성 병의 일부를 이루고 있지 않은 감정이나 운동과 관련된 모든 질환이며, 기관들의 국부적 질환에 의존하는 것이 아니라 특히 감정과 운동이 의존하는 장소로서의 신경계와 그 잠재력의 더 일반적인 질환에 의존하는 모든 질환이다." William Cullen, *First Lines of the Practice of Physic*, vol.3, Edinburgh: C. Elliot, 1777, p.122, *Éléments de médecine pratique*, t.II, trad. avec des notes par Édouard-François-Marie Bosquillon, Paris: Barois et Méquignon, 1785, p.185(프랑스어판은 영어판의 제4판을 번역한 것이다). 이를테면 1843년 『의학·심리학연보』에 붙인 서문의 '신경증'이라는 항에는 이렇게 쓰여 있다. "신경증에는 정신이상의 여러 형태에서 발견되는 것들과 마찬가지로 관계와 관련된 기능들의 장애가 발견된다. 이 장애는 심기증, 히스테리, 강경증, 간질, 몽유병, 신경병 등에서 수많은 방식으로 표명된다……. 영양장애와 신경질환의 중간물 같은 것으로서의 신경증은 두 자연본성을 갖는 것 같은데, 한편으로는 기질적 생명의 기능장애로 인해, 다른 한편으로는 지성의 장애로 인해 발작이 일어난다." *Annales médico-psychologiques*, t.I, janvier 1843, pp.xxiii~xxiv. 또한 다음을 참조하라. Achille-Louis Foville, "Névroses," *Dictionnaire de médecine et de chirurgie pratiques*, vol.XII, Paris: Gabon, 1834, pp.55~57; Édouard Monneret et

경증'이라는 말의 의미는 무엇이었을까요? 이 말이 지시하고 있던 것은 '관계기능의 장애'라 불리는, 운동 내지 감각의 장애를 가지면서도 병인의 결정을 가능케 하는 병리해부학적 변형이 없는 여러 병이었습니다. 물론 '관계기능의 장애'를 갖지만 지정이 가능한 해부학적 상관관계를 동반하지 않는 병은 경련, 히스테리, 심기증 등이었습니다.

그런데 이 병들은 두 이유 때문에 나쁜 병이었습니다. 이 병들은 우선 인식론적으로 나쁜 병이었습니다. 왜냐하면 이 병들 속에는 징후의 일종의 혼동, 불규칙성이 있었기 때문입니다. 이를테면 경련의 영역에서 여러 다른 유형을 구별하는 것은 불가능했습니다. 왜냐하면 바로 당시에는 아직 신경병리학적 장치가 행동양식의 명확한 분석을 가능케 하지 않았기 때문입니다. 경련을 마주했을 때에는 그저 단순히 "그것은 경련이다"라고 언표되고 있었습니다. 앞서 여러분께 말씀드린 것과 같은 신체에 대한 세세한 해독은 불가능했고, 따라서 혼동과 불규칙성의 '권력'이 있었던 것입니다. 1843년에 간행된 『의학·심리학 연보』 제1호에서 편집자들은 이렇게 말하고 있습니다. 광기도 다뤄야 하고 신경증도 다뤄야 하겠지만 그것은 어려운 일이라고 말입니다 "이 병들은 순식간에 일어나고, 다양하며 변화무쌍하고, 예외적이며, 분석하거나 이해하기 어렵기 때문에 관찰로부터 추방해야 한다. 이 병들은 불행한 추억으로부터 기억을 멀리 떨어지게 하는 것과 마찬가지 방식으로, 관찰로부터 멀리해야 한다"[25]는 것이었습니다.

Louis Fleury, "Névroses," *Compendium de médecine pratique*, vol.VI, Paris: Béchet, 1845, p.209. "신경증: 그 자리가 신경계에 있다고 상정되고 여러 부분들로 이뤄진 구조 중 감각할 수 있는 병변도 없고 그것을 만들어내는 물질적 동인도 없는 기능장애의 총칭." Émile Littré et Charles-Philippe Robin, *Dictionnaire de médecine, de chirurgie, de pharmacie, des sciences accessoires et de l'art vétérinaire*, Paris: J.-B. Baillière, 1855. 다음도 참조하라. Jean-Marie Bruttin, *Différentes Théo-ries sur l'hystérie dans la première moitié du XIXe siècle,* Zurich: Juris, 1969.

25) "Introduction," *Annales médico-psychologiques*, t.I, janvier 1843, p.xxv.

인식론적으로 나쁜 것이었던 이런 장애는 도덕적으로도 나쁜 것이었습니다. 왜냐하면 위장하기가 너무 쉬운데다가 거기에 성적인 행동양식이 끊임없이 포함되어 있었기 때문입니다. 이를테면 쥘 팔레는 1890년에 자신의 『임상연구』에 재수록된 논문에서 이렇게 말했습니다. "히스테리 환자들의 삶은 끊임없는 거짓말에 불과하다. 그녀들은 슬픔과 깊은 헌신을 가장하고, 자신이 성녀라고 생각케 한다. 그런데 그녀들은 남몰래 가장 수치스러운 행동에 몰두하고 있고, 집 안에서 남편이나 아이들에게 더없이 끔찍한 소란을 일으키며 천박한 말을 하거나 때로는 외설스러운 말을 하기도 한다."[26]

신경학적 신체의 출현, 아니 오히려 신경학의 임상적 포획기구와 그 상관물인 신경학적 신체로 구성된 체계의 출현으로 인해 바로 1870년경까지 신경증에 대해 행해지고 있던 인식론적이며 도덕적인 이중의 가치 박탈을 취소할 수 있게 됩니다. 왜냐하면 '신경증'이라고 불리는 병, 즉 감각과 운동을 구성성분으로 하는 그 병을 그 원인을 통해서라기보다는 무엇보다 그 형태를 통해, 엄밀한 의미에서의 신경학적 병의 영역 안이 아니라 바로 그 옆에 자리매김하는 것이 마침내 가능하게 되기 때문입니다. 다시 말해 이제는 신경학의 임상적 장치 덕분에, 이를테면 소뇌의 종양으로부터 기인하는 장애 같은 신경학적 병과, 경련이나 히스테리성 전율 사이에 감별진단의 절단면을 넣을 수 있게 된 것입니다. 결

26) "히스테리 환자를 본질적으로 특징짓는 또 하나의 주된 사실은 이중적이고 거짓말하는 성향이다. 히스테리 환자는 …… 자신과 관계맺고 있는 사람들을 속이고 그들로 하여금 과오를 범하게 하는 것에서 가장 큰 쾌락을 발견한다. 히스테리 환자는 …… 경련의 움직임을 과장하고(때때로 그런 움직임의 일부는 위장된 것이다), 자기 영혼의 모든 움직임을 왜곡하고 과장한다. 한마디로 말해 히스테리 환자의 삶은 끊임없는 거짓말에 불과하다……." Jules Falret, "La folie raisonnante ou folie morale"(1866년 1월 8일 의학-심리학협회에서 발표된 논문), *Annales médico-psychologiques*, 4e série, t.VII, mai 1866, p.406; *Études cliniques sur les maladies mentales et nerveuses*, Paris: J.-B. Baillière, 1889, p.502(Étude XII). 재수록.

코 광기에 적용시킬 수 없었고 진정한 의미에서의 정신질환을 파고들 수 없었던 그 감별진단, 광기가 우선적이고 본질적으로 절대진단의 소관이었던 까닭에 통상의 병과 광기 사이에 들어가게 할 수 없었던 그 감별진단을, 제가 서술하려 한 기구를 통해 해부학적으로 지정가능한 병변을 동반하는 신경학적 장애와 '신경증'이라고 불리는 장애 사이에 들어가게 하는 것이 이제 가능하게 되는 것입니다. 따라서 정신질환의 영역에서 도덕적·인식론적으로 최악의 범주였던 신경증이, 신경학적 분석과 신경학적 임상이라는 새로운 도구에 의해 갑작스럽게 진정한 병, 확실한 병에 가장 가까운 곳으로 그 지위를 향상시키게 됩니다. 즉 감별진단의 사용을 통해 일찍이 그 가치를 박탈당했던 그 지대, 신경증이라는 지대가 병리학적으로 확립되는 것입니다.

조르주 길랭이라는 이름의 현대 신경과 의사는 자신의 선구자 샤르코에게, 별로 좋은 책은 아니지만 한 권의 책을 바쳤는데, 거기서 환희에 찬 모습으로 이렇게 말합니다. "어쨌든 샤르코는 히스테리를 정신과 의사들로부터 빼앗았다." 즉 샤르코는 히스테리를 실제로 유일한 의학인 감별진단 의학의 영역에 집어 넣었다는 것이죠.[27] 샤르코를 필립 피넬과 비교할 때 결국 지그문트 프로이트도 이와 동일한 것을 생각했으리라고 저는 생각합니다. 프로이트는 이렇게 말했죠. 피넬은 광인들을 그

---

27) 이렇게 말한 것은 1911년 3월 31일의 쥘 데저린느이다. "히스테리에 관한 연구를 통해 샤르코는 정신과 의사로부터 한 영역을 빼앗는다. 정신과 의사는 그것을 되돌리기 위해 노력하지만 허사이다. 확실히 히스테리에 관한 샤르코의 학설이 온전히 남아 있는 것은 아니다. 그러나 샤르코는 어떤 종류의 심적 장애로 인해 제기되는 문제가 물질적 병변과는 별개로 의사의 활동에 광대한 영역을 제공한다는 것을 이해시켰다. 이와 관련해 샤르코에게 감사해야 한다." Jules Déjerine, "Leçon inaugurale à la clinique des maladies du système nerveux," *La Presse médicale*, 1er avril 1911, pp.253~258. 이 구절이 길랭의 책에 인용됐다. Georges Guillain, *J.-M. Charcot (1825-1833): Sa vie, son œuvre*, Paris: Masson, 1955, p.143. 신경과 의사에 의한 히스테리 탈취를 예증하는 것으로, 의학사전이나 사전에서 '히스테리' 항목의 집필권이 신경과 의사에게 위임됐다는 사실이 있다.

족쇄에서 해방시켰다. 즉 피넬은 광인들을 병자로서 인정한 것이다. 샤르코 또한 히스테리 환자를 병자로서 인정받게 만들었다. 샤르코는 히스테리 환자에 대해 병리학적 의미를 부여한 것이다.[28)]

⚜

샤르코의 술책을 이렇게 자리매김해본다면 제가 "히스테리를 둘러싼 거대한 술책"이라 부르고자 하는 것이 어떻게 전개됐고 …… 어떻게 구성됐는지 이해하실 수 있을 것입니다. 이것에 대해서 저는 히스테리 환자의 역사라는 관점에 입각해 분석하거나 히스테리 환자에 관해 획득된 정신의학적 인식의 관점에 입각해 분석해보려는 것이 아닙니다. 오히려 저는 의사와 히스테리 환자 간의 싸움, 대결, 상호포위, 대칭적인 덫의 배치, 포위와 대항포위, 제어의 시도라는 관점에 입각해* 분석을 시도해보고자 합니다. 히스테리가 유행했다고 말하는 것은 정확하지 않다고 생각합니다. 제 생각에 히스테리는 정신요양원과 정신요양원 바깥에서, 신경학적 임상이라는 새로운 의학적 장치를 중심으로 벌어진 투쟁 현상의 총체였습니다. 그리고 그런 투쟁의 소용돌이야말로 히스테리 징후 주위에 사람들을 실제로 불러모으고, 히스테리에 실제로 몰두하게 만들었던 것입니다. 그것은 유행이라기보다는 오히려 정신의학의 권력과 그 규율체계 내부에서 발생한 어떤 소용돌이, 히스테리적 양상을 보여주는 일종의 부름이었습니다. 그렇다면 그런 작용이 어떻게 해서 일어난 것

28) 푸코가 참조한 것은 1893년 8월 프로이트가 쓴 추도문이다. "샤르코가 강의하던 강의실에는 살페트리에르의 가련한 광인들을 사슬에서 해방시키고 있는 '동지' 피넬의 그림이 걸려 있었다." Sigmund Freud, *Wiener medizinische Wochenschrift*, vol.43, no.37, 1893, pp.1513~1520; "Charcot," *Gesammelte Werke*, Bd.I, Frankfurt/Main: S. Fischer Verlag, 1952, p.28; "Charcot," *Résultats, Idées, Problèmes*, t.I. 1890-1920, trad. Janine Altounian, André et Odile Bourguignon, Gunther Goran, Jean Laplanche, et Alain Rauzy, Paris,: PUF, 1984, p.68.

* 강의원고에는 이렇게 덧붙여져 있다. "거래, 암묵적 계약 등의 관점에서도."

일까요? 신경과 의사와 히스테리 환자 간의 그런 투쟁 속에서 몇 가지 술책을 발견할 수 있을 것입니다.

첫 번째 술책은 징후학적 시나리오라고 부를 수 있을 만한 것입니다. 사태를 다음과 같은 방식으로 도식화할 수 있을 것이라 생각합니다. 요컨대 히스테리가 기질적 병과 동일한 평면에 놓여지기 위해서는, 히스테리가 감별진단의 소관인 진정한 병이기 위해서는, 즉 의사가 진정한 의사이기 위해서는 히스테리 환자가 안정된 징후의 총체를 제시해야 합니다. 따라서 의사가 정신과 의사로서가 아니라 신경과 의사로서 공인된다는 것은 필연적으로 환자에게 다음과 같은 명령, 이미 정신과 의사에 의해 지시되고 있었던 명령이 은밀하게 지시된다는 것을 함의하고 있습니다. 즉 "나에게 징후를 내놓아라. 하지만 안정되고 코드화되고 규칙적인 징후를 내놓아라"라는 명령 말입니다. 그리고 징후의 그런 규칙성, 안정성은 두 형태를 취할 필요가 있었습니다. 우선 징후의 항상성의 형태를 취할 필요가 있습니다. 요컨대 징후는 신경학적 검사가 행해질 때 언제나 환자에게서 반드시 해독가능한 것이어야 합니다. 다음과 같은 식으로 말입니다. 나타나거나 사라지거나 하는 병, 징후로서 하나의 섬광 같은 제스처를 취한다거나 발작의 재발만을 갖는 병은 더 이상 필요하지 않다. 우리는 안정된 징후를 원한다. 이렇게 해서 우리는 그런 징후를 우리가 그것을 요구할 때마다 발견하게 될 것이다 등. 이렇게 해서 샤르코와 그 후계자들에 의해 히스테리의 '스티그마트'라고 불렸던 것이 정의된 것입니다. '스티그마트'란 모든 히스테리 환자에게서 발견할 수 있는 현상을 일컫습니다. 설령 그 히스테리 환자가 발작 중이 아니더라도 말입니다.[29] 시야의 협착,[30] 단순 반신마비 혹은 이중 반신마

29) '스티그마트'란 "히스테리 환자에게서 경련성 발작의 간격이 다소간 항상적인 방식으로 지속되고, 대부분의 경우 그것이 보여주는 특징을 통해 경련이 부재할 때에도 …… 거기서 신경증을 인식할 수 있는, 대부분의 우발 징후"이며, 이를테면 "반신마비, 마비, 연축, 신체의 여러 부분들에 자리하는 고통" 등이 이에 해당된다.

비,[31] 인두지각마비, 관절 주위가 둥글게 뭉쳐서 야기되는 연축[32] 등. 게다가 샤르코는 다음과 같이 말하고 있습니다. 이 모든 스티그마트가 히스테리를 특징짓는데, 그것들은 히스테리에서 항상적인 것이지만 그렇다고 해서 그 모든 것이 언제나 발견되는 것은 아니고, 아무것도 발견되지 않는 경우도 있다는 것을 인정해야만 한다고 말입니다.[33] 하지만 거기에는 인식론적 요청이 있고 명령이 있습니다. 그리고 그런 모든 스티그마트가, 말할 것도 없이, 몇몇 명령에 대한 반응이었다는 것, 즉 신체를 움직이도록, 신체 위에서 마찰이나 접촉을 느끼도록 하는 명령에 대한 반응이었다는 것을 저는 지적해두고자 합니다.

그리고 두 번째로, 발작 그 자체가 정연하고 규칙적인 것이어야 했습니다. 따라서 어떤 전형적인 시나리오에 따라 발작이 전개되어야 하는데, 즉 실제로 감별진단의 선을 넣을 수 있을 정도로 기존의 신경학

Jean-Martin Charcot, "De l'hyperesthésie ovarienne"(Leçon XI), *Leçons sur les mal-adies du système nerveux*, t.I, Paris: Lecrosnier et Babé, 1890, pp.320~345.

30) Jean-Martin Charcot, "Des troubles de la vision chez les hystériques: Clinique méd-icale de l'hospice de la Salpêtrière," *Progrès médical*, VIe année, no.3, 10 janvier 1878, pp.37~39; "Des troubles de la vision chez les hystériques"(Appendice V), *Leçons sur les maladies du système nerveux*, t.I, pp.427~434.

31) Jean-Martin Charcot, "De l'hémianesthésie hystérique"(Leçon X), *Leçons sur les mal-adies du système nerveux*, t.I, pp.300~319.

32) Jean-Martin Charcot, "De la contracture hystérique"(Leçon XII), *Leçons sur les mal-adies du système nerveux*, t.I, pp.347~366; "Deux cas de contracture hystérique d'origine traumatique"(Leçon VII-VIII), *Leçons sur les maladies du système nerveux*, t.III, Paris: Lecrosnier et Babé, 1890, pp.97~107, 108~123.

33) 이를테면 1888년 2월 21일의 임상강의에서 샤르코는 "매우 흥미롭게도 눈에 띄게 정신적인 형태에서는 스티그마트가 나타나지 않는다"는 것을 인정한다. "모든 스티그마트는 …… 히스테리에서 항상적으로 나타난다. 그러나 그 항상성에도 불구하고 그 모든 것이 발견되지 않거나, 극단적인 경우에는 아무것도 발견되지 않는 일도 때로 있다는 것을 인정해야 한다." Jean-Martin Charcot, "L'Hystérie chez les jeunes garçons," *Leçons du mardi à la Salpêtrière: Policlinique 1887-1888*, t.I, Paris: Lecrosnier et Babé, 1889, p.208.

적 병에 충분히 가까우면서도, 그런 감별진단이 행해지기 위해서는 역시 그와는 다른 어떤 시나리오에 따라 전개될 필요가 있었습니다. 그 결과 히스테리 발작이 간질을 모델로 코드화되게 됐던 것입니다.[34] 샤르코 이전에는 '히스테리 간질,' '경련' 등으로 불리고 있던 거대한 영역이 다음과 같이 두 개로 분할됩니다.[35] 한편으로는 경직성 국면, 간헐성 국

34) 히스테리 발작의 코드화는 1872년에 이미 『신경학 강의』에서 소묘되고 1878년에는 "매우 단순한 정식"으로 환원된다. Jean-Martin Charcot, "De l'hystéro-épilepsie"(Leçon XIII), "Description de la grande attaque hystérique"(Appendice VI), *Leçons sur les maladies du système nerveux*, t.I, pp.373~374, 435~448. "얼핏 보면 매우 무질서하고 변화무쌍해 보이는 이 모든 현상은 …… 하나의 규칙에 따라 전개되고 있다. 발작 전체는 네 단계로 이뤄진다. 1. 간질을 떠올리게 하는 단계. 이 단계는 진짜 간질 발작과 유사할 수 있고 실제로 때때로 유사하다……. 이 단계는 다시 세 개의 국면으로 분할된다. (a) 경직성 국면……, (b) 간헐성 국면……, 사지와 신체 전체에, 그리고 최종적으로는 큰 동요로 바뀐다. …… 짧고 빠른 동요가 생겨난다……. (c) 연화의 국면……. 2. 곡예적 몸짓과 큰 움직임의 단계. 3. 정열적 태도의 단계. 이 세 번째 단계에서는 명백하게 환각이 지배적이 된다. 환자는 스스로 무대에 서서 풍부하고 생생한 몸짓으로 …… 자기가 존재하고 있고 또 자주 주인공을 연기한다고 믿는 극의 모든 줄거리를 쉬이 따라갈 수 있다……. 4. 마지막 단계. 드디어 환자는 현실 세계로 돌아간다." Jean-Martin Charcot, "Description de la grande attaque hystérique: Hospice de la Salpêtrière"(폴 리쉐[Paul Richer, 1849~1933]가 녹음), *Progrès médical*, 7e année, no.2, 11 janvier 1879, pp.17~18.

35) '히스테리 간질'이라는 용어는[앞의 각주 18번 참조] 샤르코의 지적처럼 일찍이 "혼합적 형태, 히스테리와 간질의 일종의 혼합"을 구성하는 것으로서 "경우에 따라 각각의 분량이 변하는 두 신경증의 혼합물"을 지시했다. Jean-Martin Charcot, *Leçons sur les maladies du système nerveux*, t.I, 3e éd., 1877; 5e éd., Paris: V. Adrien Delahaye & Cie, 1884, p.368. 이에 반해 샤르코는 간질과 히스테리 간질을, 서로 결합되어 '혼성적' 병을 형성할 수 없는 각각의 병리학적 실체로 구별하려 한다. 이로써 샤르코는 "명확히 구별되는 발작을 동반하는 히스테리 간질"과 "혼합적 발작을 동반하는 히스테리"를 구별한다. 전자에서 간질은 히스테리가 그것과 접목되는 초발성 병으로 간주되고, 후자에서 간질의 형태를 취하는 경련은 '부수적 요소'로서만 나타난다고 간주된다. "이것은 간질이라는 외관으로 덮인 히스테리일 뿐이다." Charcot, "De l'hystéro-épilepsie"(1872년 6월 1일), pp.368~369. '히스테리 간질'이라는 용어는 이후 그 극한에 달한 히스테리의 마지막 단계

면, 마비기 등 간질 발작의 주지의 요소를 동반하는 병이 있습니다. 그리고 다른 한편으로는 간질과 동일한 경직성 국면이나 간헐성 국면을, 몇몇 부수적 징후나 국면들의 몇몇 차이를 동반하며 가질 뿐만 아니라 절대적으로 히스테리 고유의 몇몇 요소도 동반한다고 여겨지는 병이 있었습니다. 히스테리에 고유한 것으로 여겨졌던 것은 다음과 같은 요소입니다. 우선 비논리적인 움직임의 국면, 즉 무질서한 움직임의 국면, 다음으로 열정적 태도의 국면, 다시 말해 표현이 풍부한 움직임, 무엇인가를 말하고자 하는 움직임의 국면이 그것입니다. 이 국면은 음란이나 공포 등의 몇몇 감정을 재현하고 표현하고 있었기 때문에 '조형적' 국면이라고도 불리고 있었습니다. 그리고 마지막으로 간질 안에서도 역시 발견됐던 망상의 국면이 그것입니다. 이상이 히스테리와 간질의 대립의 두 거대한 고전적 분류표입니다.36)

아시다시피 이 술책에는 이중의 작용이 있습니다. 우선 한편으로 의사는 히스테리의 항상적 스티그마트와 규칙적 발작에 호소하면서, 바로

혹은 대히스테리(hysteria major)만을 지시하게 된다. 그리고 나중에 샤르코는 이 용어 자체도 파기하게 된다. "전통에 대한 존중으로, 일찍이 나는 히스테리 간질이라는 명칭을 유지해왔다. 그러나 고백하자면 이 명칭을 나는 매우 부자연스럽다고 생각한다. 왜냐하면 그것은 무의미하기 때문이다. 간질과 히스테리 간질 간에는 혼성적 발작에서조차도 아무 관계가 없다." Charcot, "Leçon XVIII"(1889년 3월 19일), *Leçons du mardi à la Salpêtrière*, t.I, pp.424~425. 푸코는 이 문제를 다음의 강의에서 재검토한다. Michel Foucault, *Les Anormaux: Cours au Collège de France, 1974-1975*, éd. s. dir. François Ewald et Alessandro Fontana, par Valerio Marchetti et Antonella Salomoni, Paris: Gallimard/Seuil, 1999, leçon du 26 février 1975, p.167. [이재원 옮김, 『비정상인들: 콜레주드프랑스 강의 1974~75년』, 도서출판 난장, 근간, 8강(1975년 2월 26일).] 또한 샤를 페레의 텍스트도 참조하라. Charles Féré, "Notes pour servir à l'histoire de l'hystéro-épilepsie," *Archives de neurologie*, vol.III, 1882, pp.160~175, 281~309.

36) 이 감별적 분류표에 대해서는 샤르코의 강의를 참조하라. "Caractères différentiels entre l'épilepsie et l'hystéro-épilepsie"(요약본), *Progrès médical*, 2e année, no.2, 10 janvier 1874, pp.18~19; Charcot, "De l'hystéro-épilepsie," pp.374~385.

그것을 통해 자기 자신의 오명을 지워버립니다. 다시 말해 그것을 통해 자신이 정신과 의사에 불과하다는 사실, 심문을 할 때마다 "너는 광인이냐? 너의 광기를 내게 보여다오. 너의 광기를 현동화하라"고 요구해야 한다는 사실을 의사는 소거해버린다는 것입니다. 히스테리 환자의 스티그마트와 발작의 규칙성에 호소하면서 의사는 감별진단이라는 엄밀하게 의학적인 행위를 행할 수 있는 가능성을 자기 자신에게 부여해달라고 히스테리 환자에게 요구하고 있는 것입니다. 그러나 다른 한편으로, 여기에 히스테리 환자 측의 이익이 있고, 바로 그렇기 때문에 히스테리 환자는 정신과 의사의 요구에 적극적으로 반응하게 되는데, 히스테리 환자는 그것을 통해 의학의 관할 밖에 놓이지 않게 되거나, 더 간단히 말하자면 정신요양원의 관할로부터 벗어나게 됩니다. 즉 감별진단을 할 수 있을 것 같은 항상적이며 규칙적인 징후를 신경과 의사에게 실제로 제공할 수 있게 되는 그 순간부터 히스테리 환자는 이미 정신요양원 내부의 광인이 아니게 됩니다. 히스테리 환자는 그 이름값을 하는 병원 내부에서, 즉 이제는 더 이상 단순한 정신요양원이 아닌 병원 내부에서 시민권을 획득하게 됩니다. 자신의 징후의 항상성과 규칙성으로 인해 히스테리 환자는 광인이 아닌 환자일 권리를 획득하는 것입니다.

그런데 히스테리 환자가 획득하는 이 권리는 도대체 무엇에 의거할까요? 이 권리는 히스테리 환자와 관련한 의사의 최종적 의존관계에 의거합니다. 왜냐하면 가령 히스테리 환자가 자신의 징후를 내놓기를 거절하기라도 한다면 그로 말미암아 의사는 이미 그 환자를 향해 신경과 의사일 수 없게 되어버리고 정신과 의사의 지위로 되돌려져 절대진단에 종사해야 하고, "그 환자는 광인인가 아닌가?"라는 불미스러운 질문에 어쩔 수 없이 답해야 하는 것입니다. 그러므로 의사가 신경과 의사의 기능을 수행할 수 있는지의 여부는 히스테리 환자가 실제로 자신의 규칙적인 징후를 의사에게 제공해주는지의 여부에 달려 있습니다. 그리고 그런 한에서 정신과 의사에게 제시되는 것은 신경과 의사로서의 지위를 보증할 뿐만 아니라 의사에 대한 환자의 영향력을 보증하기도 합니다. 자신의 징후를 제공함으로써 환자는 의사보다 우위에 서고, 의사를 정신과 의사가 아닌 의사로서 공인하는 것입니다.

아시다시피 히스테리 환자에게 규칙적인 징후가 요구될 때 부여되는 이런 추가적 권력 속으로 히스테리 환자의 모든 쾌락이 신속히 돌진하게 됩니다. 그리고 히스테리 환자가 왜 요구되는 대로의 징후, 더 나아가 요구되는 것보다 훨씬 더 많은 징후를 전혀 주저하지 않고 제공했는지도 이것을 통해 이해할 수 있습니다. 즉 그 이유는 히스테리 환자가 징후를 제공하면 할수록 의사에 대한 히스테리 환자의 초권력이 긍정됐기 때문입니다. 히스테리 환자가 징후를 대량으로 제공했다는 사실에는 증거가 있습니다. 다음은 여러 가지 예들 중 하나에 불과한데, 샤르코의 환자들 중 한 여성은 살페트리에르에 34년간 머무르며 15년간 규칙적으로 '좌측 완전 반신마비'라는 동일한 스티그마트를 제공했습니다.[37] 즉 지속성과 관련해 요구되고 있었던 것이 획득됐다는 것입니다. 또한 양과 관련해 요구되고 있던 것 역시 획득됐습니다. 샤르코의 [또 다른] 한 여성 환자는 13일간 4,506회의 발작을 일으켰고 그것에 만족하지 않고 수개월 뒤에는 14일간 17,083회의 발작을 일으켰던 것입니다.[38]

---

37) 62세의 오렐(Aurel)이라는 이 여성 환자는 1861년 이래로 '좌측 반신마비'를 보였고, 그것이 "오늘도 여전히, 즉 34년이라는 긴 시간이 지나고서도 다시 발견된다! 이 환자는 15년 동안 우리 앞에 있었지만 문제의 좌측 반신마비는 나타나기를 그치지 않았던 것이다"(조르주 귀농[Georges Guinon, 1859~1932]의 기록). Jean-Martin Charcot, "À propos de six cas d'hystérie chez l'homme"(Leçon XVIII), *Leçons sur les maladies du système nerveux*, t.III, pp.260~261.

38) 아빌(Habill)이라는 이 환자는 "1885년 12월 두 번에 걸쳐 발작을 일으켰다. 첫 번째는 13일간 계속됐고 4,506회 발작을 일으켰다. 두 번째는 14일간 계속됐고 17,083회 발작이 일어났다." Jean-Martin Charcot, "Leçon IV: Attaque de sommeil hystérique"(1888년 11월 13일의 임상강의), *Leçons du mardi à la Salpêtrière: Policlinique 1888-1889*, t.II, Paris: Lecrosnier et Babé, 1889, p.68.

신경과 의사와 히스테리 환자 간의 싸움 안에서 발견되는 두 번째 술책은 제가 '기능적 마리오네트'의 술책이라고 부르고자 하는 것입니다.[39] 이 술책은 첫 번째 술책으로부터 출발해 일어나게 됩니다. 왜냐하면 스스로 원한 징후의 증식 속에서, 자신의 지위와 권력이 그런 증식에 의존하기 때문에, 의사는 확고한 지위를 얻는 동시에 패자가 되기 때문입니다. 실제로 그런 과잉, 14일간 일으킨 17,083회의 발작은 당연히 의사가 점검할 수 있는 범위를 훨씬 넘어서고, 그 신경학적 임상의 변변찮은 기구가 기록할 수 있는 범위를 훨씬 넘어서고 있습니다. 따라서 의사에게 필요한 것은 물론 그런 히스테리의 과잉적인 징후를 점검할 수 있는 능력을 갖추는 것이 아닙니다. 그런 것이 아니라 소위 "전기자극을 한 근육에만 작용시키려면 그것을 어떻게 제한해야 좋은지"가 문제였던 뒤센느 드 불로뉴처럼 의사는 적은 시간 동안 그토록 엄청나게 많은 수의 발작이 일어나지 않도록 하면서 히스테리의 전형적이고 특징적인 현상이 일어나게 하기 위한 하나의 도구를 손에 넣어야 합니다.

원하는 때에, 딱 좋은 때에 그런 현상을 불러일으켜서, 그것이 병리적이며 자연적인 것임을 보여줄 것. 이 목표에 부응하기 위해, 히스테리 환자에 의한 과장과 너그러움의 술책 같은 것을 회피하기 위해, 그런 과잉을 회피하기 위해, 두 가지 기술이 확립됐습니다.

우선은 최면과 암시의 기술이 있습니다. 한 근육의 마비, 말하는 것의 불가능성, 전율 등, 다른 것과 완전히 구별되는 히스테리의 징후를

39) 최면상태에서 히스테리의 표면화를 인위적으로 재현하는 것을 암시한다. 이것에 대해 샤르코는 이렇게 말했다. "우리가 보고 있는 것은 바로 그 지극히 단순한 형태로 [쥘리앙 장 오프레] 드 라 메트리[1709~1751]가 꿈꿨던 인간기계이다." Jean-Martin Charcot, "Sur deux cas de monoplégie brachiale hystérique, de cause traumatique, chez l'homme"(Leçon XX), *Leçons sur les maladies du système nerveux*, t.III, p.337. 또한 다음을 참조하라. Julien Offray de La Mettrie, *L'Homme machine*, Paris: [s.n.,] 1747; Leyde: Luzac, 1748.

명확한 명령에 기초해 주체로부터 얻어내기 위해 주체를 어떤 상황 속에 두는 기술, 요컨대 환자를 어떤 상황에 두어서 그 결과 의사가 정확하게 원하는 징후만을 원하는 때에 얻어내는 기술. 최면이란 바로 이런 기술입니다. 샤르코에게 최면은 히스테리 현상을 증가시키기 위한 것이 아니었습니다. 그런 것이 아니라 샤르코에게 최면은 뒤셴느 드 불로뉴에게 국소감전법이 그랬던 것과 마찬가지로 히스테리 현상을 제한하고 그것을 완전히 원하는 대로 일어나게 할 수 있게 하기 위한 방식이었습니다.[40] 그런데 최면이라는 간접적인 방법을 통해 히스테리의 한 징후, 그것도 단 하나의 징후를 마음대로 일어나게 만드는 그 순간부터 곤란에 직면하게 되지는 않았을까요? 제가 그 징후를 유발시켰다면, 즉 제가 최면에 걸린 사람에게 "당신은 걸을 수 없다"고 말했기 때문에 그 사람이 마비 환자가 됐다면, 또 제가 "당신은 말할 수 없다"고 말했기 때문에 그 사람이 실어증 환자가 됐다고 한다면 …… 거기서 생겨나는 것은 과연 정말로 병인 것일까요? 그것은 그저 단순히 환자에게 강요된 것이 환자의 신체에 나타나게 되는 그런 이면에 불과한 것은 아닐까요? 따라서 히스테리 현상을 분명하게 눈에 띄게 하기 위한 좋은 기술이라 할지라도 최면은 위험한 기술입니다. 왜냐하면 최면은 하나의 명령이 부과됨으로써 야기된 효과에 불과할지도 모르기 때문입니다. 즉 반응이 아니라 효과일 뿐일지도 모른다는 것입니다.

---

40) "이 마비를 …… 우리는 일정한 상황에서 인위적으로 재현할 수 있을 것이다. 이것은 감탄할 만한 일이고 병리생리학의 이상이다. 병리적 상태를 재현할 수 있다는 것, 이것은 완벽성에 도달한다는 것이다. 왜냐하면 병적 현상을 재현하는 수단을 수중에 넣었을 때 논리를 얻을 수 있는 가능성이 있기 때문이다." Jean-Martin Charcot, "Paralysies hystéro-traumatiques développées par suggestion"(1888년 1월 24일의 임상강의), *Leçons du mardi à la Salpêtrière*, t.I, pp.135~136. 또한 1888년 5월 1일의 임상강의 역시 참조하라. "Production artificielle de paralysie dans l'état hypnotique: Procédés de guérison de ces paralysies expérimentales"(chez une hystéro-épileptique hypnotisable), ibid., pp.373~385.

따라서 최면을 이용하는 바로 그 순간, 그리고 그런 한에서 의사는 그렇게 야기된 현상이 자연스러운 것임을 보증해주는 일종의 상관물을 최면기술 외부에 보유하고 있어야 합니다. 입원 환자에게 최면상태에서 요구함으로써 관찰할 수 있는 장애를 정신요양원의 모든 작위의 바깥, 모든 의학적 권력의 바깥, 그러므로 모든 최면과 암시의 바깥에서 정확하게 보여주는 그런 환자를 발견해야 합니다. 달리 말한다면 병원에 의한 것도, 의사에 의한 것도, 최면에 의한 것도 아닌 자연스러운 히스테리가 필요하다는 것입니다. 사실 샤르코는 그런 환자, 요컨대 말하자면 최면의 개입에 의한 효과를 순화해서 보여주는 것을 그 역할로 하는 환자를 마침 수중에 넣게 됐던 것입니다.

그런 환자가 샤르코의 수중에 있었다는 것과 관련해서는 히스테리와는 전혀 다른 역사에 대한 간단한 언급을 할 필요가 있습니다. 이 역사는 매우 흥미롭게도 히스테리의 역사에 접속되고 중요한 역사적 결과를 야기하게 됩니다. 샤르코는 1872년에 히스테리 간질에 관여하게 되고,[41] 1878년에 최면을 개시했는데,[42] 이 시대는 노동재해나 철도사고

---

41) 루이 들라지오브(Louis Delasiauve, 1804~1893)의 책임 아래 정신이상자, 간질 환자, 히스테리 환자를 수용하던 생트-로르 병동이 1870년에 개축됨에 따라 정신이상자 및 정신이상자로 간주되던 간질 환자가 바이야르제의 관리 아래 놓이게 된다. 다른 간질 환자와 히스테리 환자를 위해서는 "간질만 앓는 환자를 위한 병동"이 개설되고, 이것이 1872년에 샤르코에게 맡겨진다. 신경체계 질병 진료소에서의 강좌 개회사를 참조하라. Jean-Martin Charcot, "Leçon d'ouverture," *Leçons sur les maladies du système nerveux*, t.III, pp.2~3.

42) "살페트리에르 시료원에서 샤르코가 기획한 최면에 대한 연구는 그의 지휘 아래 학생들 몇 명에 의해 1878년에 개시된다." Jean-Martin Charcot, "Métallothérapie et hypnotisme: Électrothérapie," *Œuvres complètes*, t.IX, Paris: Lecrosnier & Babé, 1890, p.297. 샤르코는 첫 성과를 「히스테리 환자의 최면에 대한 강의」(Leçon sur le grand hypnotisme chez les hystériques)에서 발표한다. 1882년 2월 13일 샤르코는 과학아카데미의 보고에서 신경학적 용어를 통한 서술을 제안하고 최면에 과학적 지위를 부여하려 한다. "Physiologie pathologique: Sur les divers états nerveux déterminés par l'hypnotisation chez les hystériques," *Comptes rendus hebdomadaires*

의 시대, 사고나 병에 보험체계가 도입되는 시대입니다.[43] 노동재해가 이 시대에 시작된다는 것은 아닙니다. 그것이 아니라 이 시기에는 의학적 실천의 내부에서 병자의 완전히 새로운 범주가 나타난다는 것, 아쉽게도 의학사 연구자들이 언급하는 일은 거의 없지만, 요컨대 의료비를 지불하지도 않고 구호를 받지도 않는 병자가 나타나고 있다는 것입니다. 다르게 말해보죠. 18~19세기 초 의학에서는 의료비를 지불하는 병자와 병원에서 구호를 받는 병자라는 두 범주의 병자만이 존재했습니다. 반면에 이제는 완전히 의료비를 지불할 필요는 없지만 완전히 구호를 받는 것도 아닌 병자라는 새로운 범주가 출현합니다. 그것이 보험에 가입한 환자입니다.[44] 그리고 서로 전혀 다른 요소들에 입각해, 보험에 가입한 병자와 신경학적 신체가 나타난다고 하는 이 이중의 출현이야말로 아마도 히스테리의 역사에서 중요한 현상 중 하나일 것입니다. 실제

des séances de l'Académie des sciences, vol.94, no.1, 13 février 1882, Paris: Gauthier-Villars, 1882, pp.403~405. 다음도 참조하라. Alan Owen, *Hysteria, Hypno-sis and Healing: The Work of J.-M. Charcot*, London: Dennis Dobson, 1971.

43) 1860년대에는 노동재해 내지 철도사고의 결과와 연결된 문제들, 다시 말해 감정, 보상금, 노동불능 결정 등의 문제들이 확장된다. 노동재해에 관해서는 상공은행의 지지 아래 일반 보험(La Sécurité Générale)이 확립된다. 1880년 5월에는 마르탱 나도(Martin Nadaud, 1815~1898)가 "노동자가 그 노동에서 희생된 사고의 책임"에 관한 법안을 제출한다. 마침내 1898년 4월 9일 노동재해에 관한 법률이 채택된다. Georges Hamon, *Histoire générale de l'assurance en France et à l'étranger*, Paris: A. Giard et F. Brière, 1897; V. Sénés, *Les Origines des compagnies d'assurances* [……], Paris: L. Dulac, 1900; Pierre-Joseph Richard, *Histoire des institutions d'assurance en France*, Paris: Argus, 1956; Henri Hatzfeld, *Du paupérisme à la Sécurité sociale (1850-1940)*, Paris: Armand Colin, 1971. 1974년 10월에 푸코는 이 문제를 재검토한다. Michel Foucault, "Crise de la médecine ou crise de l'anti-médecine?," *Dits et Écrits*, t.3: 1976-1979, éd. Daniel Defert et François Ewald, avec collab. Jacques Lagrange, Paris: Gallimard, 1994, p.54.

44) 1867년 1월과 2월 앙리 르그랑 뒤 솔르(1830~1886)는 일련의 강의에서 이 문제를 다룬다. 이 강의는 다음 저작에 수록되어 있다. Henri Legrand du Saulle, *Étude médico-légale sur les assurances sur la vie*, Paris: Savy, 1868.

로 이런 일이 일어났습니다. 즉 사회는 최대한의 건강에서 이익을 이끌어내기 위해 18세기 말 이래로 조금씩 병과 사고에 대해 감시, 격자화, 보장, 보험 등 일련의 기술을 만들어내게 됐던 것입니다.

하지만 신체에서 최대의 이익을 끌어내기 위해 사회가 격자화를 행하고 건강을 감시하고 사고와 병에 대한 보험을 확보해야 했던 바로 그 이유 때문에, 그리고 그런 기술이 확정된 바로 그 순간에 병은, 앓는 자에게 이익을 가져다주는 어떤 것이 됐습니다. 18세기에 구호를 받는 병자가 자신의 병에서 이끌어낼 수 있었던 유일한 이익은 자신의 병으로 인해 병원 안에서 조금 더 오래 머무를 수 있다는 것이었습니다. 18세기 병원제도의 역사에는 매우 빈번하게 이런 작은 문제가 발견됩니다. 반면에 19세기가 되어 격자화가 행해지고 의학과 보험에 의해 병 현상에 대한 일반적 보장이 행해지게 되자 이후로는 병이 그 자체로서 이익의 원천이 되고, 그런 일반적 보장체계로부터 이익을 끌어낼 수 있는 일정한 방식이 될 수 있는 가능성이 생겨납니다.

병이 사회의 이익의 일반적 수준에서 문제를 발생시키는 바로 그 순간에 병은 이익을 발생시킬 수 있는 것이 된다는 것입니다. 따라서 병은 이익과 관련된 경제적 문제 전체와 뒤얽히게 됩니다.

그 결과 새로운 병자가 출현하게 됩니다. 그것은 지정가능한 해부학적 토대가 없는 마비나 감각상실, 연축, 고통, 경련 등, 외상성 장애라고 불리는 여러 장애를 보여주는 보험에 가입된 병자입니다. 이때 항시 이익이라는 관점에 입각해, 문제는 그런 사람들이 병자로 여겨져야 하는지, 실제로 보험에 의해 보장되어야 하는지, 아니면 반대로 병을 위장하고 있다고 간주되어야 하는지를 아는 것입니다.[45] 양이 좀 적고 더 나중

45) 예컨대 클로드 기유모는 위장의 적발이라는 문제에 착수한다. Claude Guillemaud, *Des accidents de chemin de fer et de leurs conséquences médico-judiciaires*, Paris: [s.n.,] 1851, pp.40~41; rééd., Lyon: A. Storck, 1891. 수크의 박사 논문은 병을 위장하는 문제에 할애됐다. Achille Souques, *Contribution à l'étude des syndromes*

인 19세기 말 무렵에 나타나는 노동장애 관련 문헌도 마찬가지이지만, 철도 사고의 귀결에 관한 문헌 역시 방대한 양에 이르는데, 거기서는 어떻게 보면 신경학적 기술의 고안이나 제가 말씀드린 검사기술의 고안 기저에 있는 거대한 문제가 다뤄지고 있습니다.[46]

---

hystériques "simulateurs" des maladies organiques de la moelle épinière, Th. Méd. Paris, Paris: Lecrosnier & Babé, 1891. 또한 본서 6강(1973년 12월 12일)의 각주 20번과 11강(1974년 1월 30일)의 각주 20번을 참조하라.

46) 본서 8강(1974년 1월 9일)의 269쪽 이하와 10강(1974년 1월 23일)의 330쪽 이하 참조. 19세기 후반 철도 사고에 의한 장애 관련 문헌이 다수 나타난다. 영어권 문헌들에서는 장애의 원인으로서 골수의 염증('Railway Spine') 혹은 뇌의 염증('Railway Brain')이 언급된다. John Eric Erichsen, *On Railway and Other Injuries of the Nervous System*, Philadelphia: Henry C. Lea, 1867; *On Concussion of the Spine, Nervous Shock, and Other Obscure Injuries of the Nervous System*, New York: William Wood, 1875; Herbert William Page, *Injuries of the Spine and Spinal Cord without Apparent Mechanical Lesion and Nervous Shock in Their Surgical and Medico-legal Aspects*, London: J. & A. Churchill, 1883; *Railway Injuries with Special Reference to Those of the Back and Nervous System in Their Medico-legal and Clinical Aspects*, London: Griffin & Co., 1891(샤르코에게 헌정된 저작). 독일어권 문헌들에서는 철도 사고에 의한 장애가 특수한 '외상 신경증'을 구성한다고 여겨졌다. Hermann Oppenheim und Robert Thomsen, "Über das Vorkommen und die Bedeutung der sensorischen Anästhesie bei Erkrankungen des zentralen Nerven-systems," *Archiv für Psychiatrie*, vol.15, Berlin, 1884, pp.559~583, 663~680; Hermann Oppenheim, *Die traumatischen Neurosen [……]*, Berlin: Hirschwald, 1889. 샤르코는 이미 1877년에 이 문제에 관한 강의를 했다. Jean-Martin Charcot, "De l'influence des lésions traumatiques sur le développe-ment des phénomènes d'hystérie locale," *Progrès médical*, 6e année, no.18, 4 mai 1878, pp.335~338(1877년 12월 살페트리에르 시료원에서 행해진 강의). 특정한 임상적 실체의 존재를 인정하지 않고, 외상성 마비와 유사한 마비를 최면 중에 재현 가능하다고 주장하면서 샤르코는 '외상 히스테리'(hystérie traumatique)라는 히스테리의 변종을 규정한다. 1878년부터 1893년에 걸쳐 샤르코는 노동장애 혹은 철도 사고로 생긴 마비에 대해 20여 개 사례를 발표한다. Charcot, "À propos de six cas d'hystérie chez l'homme," p.258(독일적 사고방식을 비판하는 글); "Sur deux cas de monoplégie brachiale hystérique chez l'homme," "Sur deux cas de coxalgie hystérique chez l'homme"(Leçon XXIII), *Leçons sur les maladies du système ner-*

그리고 보험에 가입해 신경학적 신체와 서로 통하게 되는 병자, 신경병리학의 임상적 장치에 의해 포착될 수 있는 신경학적 신체를 갖는 병자, 바로 이것이 히스테리 환자에 대치되는 또 한 사람의 등장인물로서 탐구되는 인물입니다. 이렇게 해서 양자가 상대를 위해 서로에게 이용되는 것입니다. 한편으로는 아직 병원에 들어가지 않았고 아직 의학적 의미를 부여받지 못한 자들, 따라서 최면이나 의학적 권력의 지배 아래 있지 않은 자들, 자극을 받지 않아도 몇몇 자연스러운 현상을 보여주는 자들, 그리고 다른 한편으로는 병원체계의 내부에서 의학적 권력의 지배 아래 있으면서 최면이라는 수단을 통해 인위적인 병을 부과받은 히스테리 환자들이 있습니다. 이때 히스테리 환자와 외상성 장애를 대조함으로써 우선 외상성 장애자가 과연 위장하는 자인지 아닌지를 구분하는 것이 가능해집니다. 실제로 둘 중 하나입니다. 만약 외상성 장애자가, 물론 제가 말씀드리고 있는 것은 어떤 병변의 흔적도 갖지 않는 외상성 장애자의 경우인데, 그런 외상성 장애자가 히스테리 환자와 동일한 징후를 보여준다면 그것을 통해 "그는 히스테리 환자와 동일한 병을 갖는

---

veux, t.III, pp.354~356, 370~385. (또한 영국인의 '신경성 쇼크'[nervous shock]와 암시에 의한 최면상태 간의 유비를 확립시키는 24강[386~398쪽]과 부록 1[458~462쪽]도 참조); "Leçon VII"(1888년 12월 4일의 임상강의), "Hystérie et névrose traum-atique: Collision de trains et hystérie consécutive"(Appendice I), *Leçons du mardi à la Salpêtrière*, t.II, pp.131~139, 527~535; "Leçon III"(1889년 11월 13일), *Clin-ique des maladies du système nerveux*, t.I, pp.61~64; Jean-Martin Charcot and Pierre Marie, "Hysteria, Mainly Hystero-Epilepsy," *A Dictionary of Psychological Medicine*, vol.I, ed. Daniel Hack Tuke, London: J. & A. Churchill, 1892, pp.639~640(특수한 '외상 신경증'이라는 독일적 사고방식에 대립하는 글). 다음도 참조하라. Charles Vibert, *La Névrose traumatique: Étude médico-légale sur les blessures produites par les accidents de chemin de fer et les traumatismes analogues*, Paris: J.-B. Baillière, 1893; Esther Fischer-Homberger, "Railway-Spine und traumatische Neurose: Seele und Rückenmark," *Gesnerus*, vol.27, 1970, pp.96~111. 그 뒤 에스터 피셔-홈베르거는 다음의 저작을 발표했다. *Die Traumatische Neurose: Vom somatischen zum sozialen Leiden*, Berne: Hans Huber, 1975.

다"고 말할 수 있습니다. 왜냐하면 첫 번째 술책에 따라 히스테리 환자는 병자라는 것이 드러났기 때문입니다. 따라서 히스테리 환자를 통해 외상성 장애자의 병이 진정한 것으로서 인정됩니다. 혹은 만약 외상성 장애자가 히스테리 환자와 동일한 병을 갖지 않고 동일한 징후를 보이지 않는다면 이를 통해 이 사람은 병리학의 영역 바깥으로 떨어지게 되고, 위장자로서 지정될 수 있게 됩니다.

역으로 히스테리 쪽에서는 외상성 장애와의 대조를 통해 다음과 같은 결과가 야기됩니다. 즉 만약 히스테리 환자에게 최면을 걸어 얻어지는 징후와 유사한 몇몇 자연스러운 징후를, 최면에 걸려 있지 않은 사람에게서도 발견할 수 있다면, 그것을 통해 히스테리 환자에게서 얻어진 최면 현상이 자연스러운 현상이라는 것이 밝혀진다는 것입니다. 한편으로는 외상성 장애자에 의해 히스테리가 자연스러운 것으로 여겨지고, 다른 한편으로는 외상성 장애자 덕분에 위장의 가능성이 히스테리에 의해 고발되는 것입니다.

샤르코가 행한 거대한 무대 상연은 여기로부터 결과되는 것입니다. 샤르코의 무대 상연에 대해 때때로 다음과 같이 말해져왔습니다. 요컨대 그것은 히스테리 여성 환자 한 사람을 불러들여서 "그녀가 어떤 병에 걸려 있는지를 보세요"라고 자신의 학생들에게 말하면서, 소위 환자에게 징후를 강요하는 것이라고 말입니다. 이것은 분명한 사실이고, 제가 소개해드린 첫 번째 술책에 상응하고 있습니다. 하지만 샤르코의 위대한 술책, 그리고 제 생각에 샤르코의 술책 중 가장 정교하고 가장 도착적인 것은 바로 지금 소개해드린 두 등장인물을 함께 보여주는 술책이었습니다. 외상성 장애를 앓는 사람들, 요컨대 이런저런 사고에 희생되어 가시적인 병변의 흔적 없이 마비, 고관절 통증, 감각상실을 앓는 사람들이 샤르코에게 진찰받기 위해서 외래 환자로 찾아왔습니다. 그러자 샤르코는 한 히스테리 환자인 여성을 불러서 최면을 걸고, "당신은 이제 걸을 수 없다"고 말했습니다. 그리고 히스테리 환자의 마비가 외상성 장애자의 마비와 확실히 유사한지 아닌지를 살펴봤던 것입니다. 이를테면 어느 철도청 직원의 외상성 고관절통증이라는 유명한 예가 있었습니다. 이 고관절통에 대해 샤르코는 그것이 기원으로서의 병변을 갖지 않는다는 것을 거의 확신하고 있었습니다. 하지만 샤르코는 그것이 순수한 위장은 아니라는 인상을 갖고 있었습니다. 샤르코는 두 히스테리 환자 여성을 불러서 최면을 걸고 그녀들에게 몇몇 명령을 내렸습니다. 그 명령을 통해 샤르코는 일종의 기능적 마리오네트가 된 히스테리 환자에게 철도청 직원의 고관절통증을 재현시킬 수 있게 됐고, 그 결과 그 철도청 직원은 히스테리를 앓고 있다고 간주됐던 것입니다.[47)]

이렇게 해서 모든 사람에게 최대의 이익이 돌아갔습니다. 우선은 물론 보험회사, 그리고 지불의무가 있었던 사람들에게 더할 나위 없는 이익을 가져다줬습니다. 그리고 또한 어느 정도까지는 병자의 이익이기도 했습니다. 왜냐하면 위장이 아닌 것이 되자 샤르코는 이렇게 말했기 때문입니다. 진정한 병변을 갖는 경우와 동일하지는 않더라도 이 병자가 아프다는 것을 인정할 수밖에 없다고 말입니다. 따라서 득실은 반반이었던 셈입니다. 하지만 물론 이것은 중요한 문제가 아닙니다. 거기에는 더 나아가 의사의 이익도 있었습니다. 즉 히스테리 환자를 기능적 마리오네트로서 이용함으로써 의사는 위장을 하는 자에 대한 감별진단을 행할 수 있게 됐다는 것입니다. 19세기 전반의 의사들에게는 위장하는 자를 둘러싼 거대한 강박관념이 달라붙어 있었습니다. 그런 강박관념을 진정시키는 것이 이제는 가능해집니다. 왜냐하면 소위 자기 자신의 거

47) 1883년 5월에 작업 중 사고를 당한 제재공[원목을 세로로 켜 건축용 목재를 만드는 사람] C가 기질적 병변을 동반하지 않는 히스테리성 고관절통증을 앓고 있다는 것을 증명하기 위해 샤르코는 '최면상태'에 놓인 두 여성 환자에게 이 병을 재현케 한다(피에르 마리의 기록). Jean-Martin Charcot, "Sur un cas de coxalgie hystérique de cause traumatique chez l'homme"(Leçon XXIV), *Leçons sur les maladies du système nerveux*, t.III, pp.391~392.

짓에 등을 돌리고 타인의 거짓을 고발할 수 있게 하는 히스테리 환자를 얻을 수 있게 됐기 때문입니다. 이렇게 해서 의사는 이윽고 위장에 대해 우위에 설 수 있게 됐습니다.[48]

마지막으로 물론 히스테리 환자의 이익이 있습니다. 실제로 만약 히스테리 환자가 그렇게 기능적 마리오네트로서 병변을 동반하지 않는 병, 기능상의 병, 당시의 말로 하면 '역동적인' 병을 진정한 병으로 인정케 하는 데 기여한다면 히스테리 환자 자신은 필연적으로 여러 위장의 혐의를 피해갑니다. 왜냐하면 히스테리 환자는 다른 사람들의 위장을 고발하기 위한 출발점 같은 것이기 때문입니다. 따라서 의사가 자신의 권력을 확보할 수 있는 것은 여기서도 역시, 하지만 새로운 방식으로, 히스테리 환자 덕분인 것입니다. 즉 의사가 위장자의 덫을 벗어난다면 그것은 기질적인 병과 역동적인 병을 구별함과 동시에 역동적인 병과 위장을 구별하는 이중의 감별진단이 히스테리 환자 덕분에 가능해지기 때문입니다. 따라서 히스테리 환자는 다시 한번 의사보다 우위에 섭니다. 왜냐하면 최면 속에서 의사에 의해 부여되는 명령에 정확히 따르면서 히스테리 환자는 소위 병과 거짓을 구별하기 위한 검증의 심급, 진실의 심급이 되기 때문입니다. 히스테리 환자가 다시 승리하는 것입니다. 아시다

---

48) 위장에 대해서는 앞의 각주 45번을 참조하라. 다음의 문헌들에 이 문제에 관한 언급이 있다. Armand Laurent, *Étude médico-légale sur la simulation de la folie: Considérations cliniques et pratiques à l'usage des médecins experts, des magistrats et des jurisconsultes*, Paris: Masson, 1866; Edmond Boisseau, "Maladies simulées," *Dictionnaire encyclopédique des sciences médicales*, 2e série, t.II, Paris: Masson/Asselin, 1876, pp.266~281; Gabriel Tourdès, "Simulation," ibid., pp.681~715. 샤르코는 이 문제를 수차례 다시 다룬다. Jean-Martin Charcot, "Ataxie locomotrice, forme anormale"(1888년 3월 20일의 임상강의), *Leçons du mardi à la Salpêtrière*, t.I, pp.281~284; "§Simulation"(1873)[Leçon IX: De l'ischurie hystérique], *Leçons sur les maladies dusystème nerveux*, t.I, 5e éd., pp.281~283; "Leçon d'ouverture"(§VII. Simulation), "Cas du mutisme hystérique chez l'homme: Les Simulation"(Leçon XXVI), *Leçons sur les maladies du système nerveux*, t.III, pp.17~22, 432~433.

시피 여기서도 히스테리 환자는 최면상태에서 요구되는 고관절통이나 감각상실 등을 요구받는 그대로 주저 없이 재현했던 것입니다.

여기로부터 세 번째 술책이 생겨납니다. 그것은 외상을 중심으로 한 재배치입니다. 방금 말씀드린 대로 의사는 두 번째 술책 끝에 다시 한번 새로이 히스테리 환자에 의존하게 됩니다. 히스테리 환자가 명령에 따르고 이처럼 너그럽게, 이처럼 과잉적으로, 이처럼 순종적임과 동시에 이처럼 권력을 욕망하면서, 그 장애를 재현한다고 한다면, 이것은 역시 이폴리트 베른하임이 이미 지적하기 시작하고 있었던 것처럼, 그 모든 것이 날조된 것이라는 증거가 아닐까요?[49] 살페트리에르에서 출현한 히스테리의 거대한 징후 전체는 결국 병원 내부에서 행사되고 있던 의학적 권력의 총체로부터 기인하고 있었던 것은 아닐까요?

따라서 의사는 날조된 듯한 히스테리 환자의 행동양식에 전적으로 의존하지 않고 현상의 총체에 대해 행사할 수 있는 자신의 권력을 새로

49) 낭시 의대 교수이자 의학회 회장인 이폴리트 베른하임(1840~1919)은 1880년대부터 샤르코의 시도를 비판한다. Hippolyte Bernheim, *De la suggestion dans l'état hypnotique et dans l'état de veille*, Paris: Doin, 1884. 베른하임의 1891년 저작에 이런 비판이 명확히 쓰여 있다. "신경경 환자와 히스테리 환자에게 얼마나 많은 무의식적 암시가 가해지고 있을까? 신경통이나 히스테리의 부위를 만들어내거나 …… 환자에게 자신의 생각을 표현하거나 선입견에 입각해 관찰하는 등의 일이 이뤄지고 있는 것이다." *Hypnotisme, Suggestion, Psychologie*, Paris: Doin, 1891, p.172. 이미 1891년 논문에서 베른하임은 이렇게 말한다. "살페트리에르에서 분명한 국면을 따라 전개되는 표준적 히스테리 발작으로서 제시되는 것을 나는 날조된 히스테리라고 생각한다." *Le Temps*, 29 janvier 1891. 더 나아가 최면상태를 병리적 상태의 하나로 여기기를 거절하면서 베른하임은 이렇게 말한다. "최면상태라 불리고 있는 것은 뇌의 정상적 속성으로서의 피암시성이 작동하고 있는 상태, 즉 받아들인 관념의 영향을 받아 그것을 실현시키려 하는 능력이 작동하고 있는 상태에 불과하다." 샤르코와 베른하임의 논쟁에 대해서는 다음 텍스트를 참조하라. Robert Hillman, "A Scientific Study of Mystery: The Role of the Medical and Popular Press in the Nancy-Salpêtrière Controversy on Hypnotism," *Bulletin of the History of Medicine*, vol.39, no.2, 1965, pp.163~182.

확보하며 그 모든 것을 다시 자신이 관리통제하기 위해, 최면에 걸릴 수 있는 사람이 있다는 사실을, 최면상태에서 병리적 유형의 현상들이 재현된다는 사실을 하나의 엄밀한 병리학적 도식 내부에 편입시킴과 동시에 샤르코가 히스테리 현상과 얼마나 가까운 현상인가를 보여준 그 유명한 기능장애 역시도 그런 병리학적 틀 내부에 위치시킬 수 있어야 합니다. 최면과 최면의 내부에서 생겨나는 히스테리의 징후를 포괄함과 동시에 최면에 걸리지 않은 병자에게 기능장애를 일으키게 하는 사건도 포괄하는 병리학적 틀이 필요하게 된 것입니다. 이렇게 해서 샤르코는 그런 병리학적 틀을 지정하는 쪽으로 나아가게 됩니다. 왜냐하면 여기서 신체는 말을 할 수 없고 여기서는 병변이 없기 때문입니다. 따라서 그런 모든 현상을 원인의 수준에 확실하게 고정시키기 위해, 그런 현상을 엄밀한 병리학 내부에서 지정하기 위해 뭔가를 발견해내야 합니다. 요컨대 하나의 사건 같은 어떤 것을 발견해내야만 한다는 것입니다.

바로 이렇게 샤르코는 외상에 대한 생각을 고안했던 것입니다.[50]

샤르코에게 외상이란 과연 어떤 것일까요? 그것은 강렬함을 동반하는 사건, 재난, 전락, 공포, 정경 같은 것으로서, 그로 인해 눈에 띄지 않고 국소적이지만 때로는 오래 지속될 수도 있는 일종의 최면상태를 야기시키는 무엇입니다. 따라서 그런 외상의 결과로서 어떤 종류의 관념

50) 히스테리성 우발 징후를 일으킬 가능성이 있는 '기계적 작용'으로서 우선 이해된 '외상'이라는 개념은 1877년부터 필요불가결한 것이 된다. Jean-Martin Charcot, "De l'influence des lésions traumatiques sur le développement des phénomènes d'hystérie locale"(Appendice VII)[1877년 12월], *Leçons sur les maladies du système nerveux*, t.I, pp.446~457. 1885년부터 이 개념은 '외상성 암시'의 메커니즘을 고려하는 방향으로 심화 연구된다. "Sur deux cas de monoplégie brachiale hystérique chez l'homme," "Sur deux cas……"(Leçon XXI/20강에서 계속); "Sur deux cas……"(Leçon XXII/마지막), *Leçons sur les maladies du système nerveux*, t.III, pp.299~314, 315~343, 344~369. 22강에는 "최면과 신경성 쇼크"(Hypnotisme et choc nerveux)를 다룬 단락이 있다(354~356쪽).

이 개인의 머릿속에 들어가 그 대뇌피질에 각인되어 일종의 항상적 명령으로서 작용하게 된다는 것입니다.

외상의 예를 들어봅시다. 한 어린이가 마차에 치여 기절합니다. 기절하기 직전에 그 어린이는 바퀴가 자신의 몸을 짓밟는 것처럼 느낍니다. 하지만 실제로는 치였을 뿐이고 바퀴는 그 어린이의 몸을 짓밟지 않았습니다. 그 어린이는 의식을 찾고 얼마 뒤, 자신이 마비상태에 있다는 것을 깨닫습니다. 그 어린이가 그런 상태인 이유는 바퀴가 자신의 몸을 짓밟았다고 그 어린이가 믿고 있기 때문이라는 것입니다.[51] 그런데 이런 믿음은 일련의 미세한 최면상태에 편입되고, 그 사건에 국한된 일련의 최면상태에 편입되어 거기서 기능하고 지속됩니다. 소위 최면적인 명령 같은 것이 된 이 관념이 바로 양 다리의 마비를 불러일으켰다는 것입니다.[52] 이렇게 해서 여기서는 앞으로 중요해질 외상이라는 개념이 확립됨과 동시에, 이 [외상이라는] 개념과 망상이라는 오래된 개념 사이에 존재하는 어떤 관계가 발견됩니다. 그 어린이가 마비상태에 있는 이유가 바퀴가 자신을 짓밟았다고 그 어린이가 믿고 있기 때문이라는 설명은 사실 아시다시피 광기가 언제나 하나의 망상을 포함한다는 오래

51) 1885년 10월 21일 마차에 치인 29세의 사환 르 로제(Le Logeais)의 사례. 보종 병원과 파리시민병원에 두 차례 입원한 뒤, 그는 손발에 마비와 지각마비를 보이고 1886년 3월 21일 샤르코의 시설에 입원한다. Jean-Martin Charcot, "Cas de paralysie hystéro-traumatique survenue à la suite d'un accident de voiture"(Appendice I), *Leçons sur les maladies du système nerveux*, t.III, pp.441~459(폴 베르베즈[Paul Berbèz, 1859~1922?]가 기록한 관찰). 사고로 "르 로제의 머리에는, 그의 말을 빌자면, 자신을 친 마차의 바퀴가 자신의 '몸을 깔고 지나갔다'는 확신이 생긴다. 그의 꿈에까지 들러붙는 이 확신은 그러나 완전한 착각이다"(555쪽).

52) "국부적 충격 속에서, 그리고 특히 바로 그것에 관계된 감각적이고 운동적인 현상 속에서 암시의 출발점을 찾아야 한다……. 손발의 운동불능이라는 생각은 …… 특히 암시에 걸리기 쉬운 최면 중의 정신상태 때문에 일종의 잠복기 후에 크게 확대되고 결국에는 객관적으로 완전한 마비의 형태 아래서 실현될 가능성이 있다." Charcot, "Cas de paralysie hystéro-traumatique ……," pp.553~554.

된 사고방식과 강하게 연결되어 있습니다.[53] 따라서 외상은 한 지점에만 국한된 항상적 최면상태를 야기한다는 것입니다.

그러면 최면술이란 무엇일까요? 그것 역시 하나의 외상이지만, 순식간에 완전한 충격이라는 형태를 취하는 것입니다. 그것은 의사의 의지에 의해서만 중단되지만 개인의 일반적인 행동양식을 포함하는 외상입니다. 그래서 일반화된 일시적 외상 같은 것으로서의 그런 최면상태 내부에서 의사의 의지, 의사의 말이 주체에게 몇몇 관념이나 이미지를 주입시킬 수 있게 됩니다. 요컨대 최면에 의하지 않은 자연스러운 외상에도 여러분께 말씀드린 [것과] 동일한 기능, 동일한 명령 효과를 발휘하는 몇몇 관념이나 이미지를 주입시킬 수 있게 된다는 것입니다. 이렇게 해서 최면의 내부에서 생겨나는 히스테리 현상과, 한 사건 이후에 발생하는 히스테리 현상 사이에서, 외상이라는 근본적 개념으로 나아가는 수렴 현상이 발견됩니다. 외상은 최면을 불러일으키는 것이고, 최면은 의사의 의지에 의한 외상의 일반적 재활성화 같은 것입니다.

바로 그렇기 때문에 거기서부터 출발해, 즉 샤르코의 실천 속에서 외상 자체의 탐구를 시작할 필요가 있습니다.

달리 말해서 히스테리 환자가 확실히 히스테리를 앓고 있고, 히스테리 환자가 최면상태에서건 최면상태가 아닌 상태에서건 관계 없이 보여주는 모든 징후가 확실하게 병리적이라는 것을 확신하려면 병인을 발견해내야 할 필요가 있습니다. 즉 가시적이지 않고 병리적인 병변 같은 것

53) 장-에티엔 도미니크 에스키롤, 에티엔-장 조르제, 프랑수아-엠마뉘엘 포데레의 발언이 이런 사고방식을 예증한다. "정신이상자가 몰두하고 있는 행위는 언제나 망상의 귀결이다." Jean-Étienne Dominique Esquirol, "Manie," Dictionnaire des sciences médicales, t.XXX, Paris: C.-L.-F. Panckoucke, 1818, p.454. "망상 없는 광기는 없다." Étienne-Jean Georget, *De la folie: Considérations sur cette maladie*, Paris: Crevot, 1820, p.75. 다음도 참조하라. François Emmanuel Fodéré, *Traité de médecine légale et d'hygiène publique*, vol.I, Paris: Mame, 1813, p.184.

으로서의 외상을 발견해냈어야 합니다. 그렇게 함으로써 모든 것이 완전하게 병에 속하는 것이 된다는 것입니다.* 여기서부터 최면상태에 있는 환자와 관련해서도 그렇지 않은 환자와 관련해서도, 그의 유년기나 그의 삶을 말해야 할 필요성이 생겨나고, 근본적이고 본질적인 사건 같은 것을 발견해낼 필요성이 생기게 됩니다. 즉 히스테리 증후군 속에 존속하는 사건, 히스테리의 증후군에 의해서 말하자면 끊임없이 현동화되는 사건을 발견해낼 필요성이 생기는 것입니다.[54]**

그러나, 바로 여기서 히스테리 환자에 의한 대항적 술책이 새롭게 발견되는데, 징후 속에 존속하는 외상을 발견해내라는 명령을 내릴 때, 환자들은 도대체 무엇을 하게 되는 것일까요? 환자들은 그런 지시를 통해 열린 틈 속으로 자신들의 실제적인 삶, 일상생활, 즉 자신들의 성생활을 몰아 넣게 됩니다. 히스테리 환자들은 바로 이 성생활을 이야기하게 되고, 실제로 병원과 이 성생활을 연결시키고 거기서 성생활을 끊임없이 재현동화하게 되는 것입니다. 그리고 외상의 탐구에 의한 포위공격에 대한 대항책으로서 그렇게 성생활이 토로된다는 것과 관련해 여러분께 그 증거를 보여드리기 위해서는 불행하게도 샤르코의 텍스트에 의지할 수는 없습니다. 왜냐하면 샤르코는 그것에 대해 말하고 있지 않기 때문입니다. 반면에 샤르코의 학생들이 적어 놓은 관찰 기록을 살펴보면 과거의 상기를 통해 무엇이 문제가 되고 있었는지, 무엇이 말해지고 있었는

* 강의원고에는 이렇게 명확히 쓰여 있다. "여기로부터 이중의 탐구가 생겨난다. (a) 외상을 가능케 하는 신경적 소질에 대한 탐구, 유전에 대한 탐구. (b) 다음으로 외상 그 자체에 대한 탐구."

54) 유년기를 말하는 것에 대해서는 [루이즈] 오귀스틴느([Louise] Augustine)의 사례를 참조하라(뒤의 각주 55번도 참조). Paul Regnard et Désiré-Magloire Bourneville, *Iconographie photographique de la Salpêtrière*, t.II, Paris: Delahaye, 1878, p.167.

** 강의원고에는 이렇게 덧붙여져 있다. "이로부터 베른하임에 대한 격한 대립이 생겨난다. 즉 모두가 최면에 걸릴 수 있다면 체계가 붕괴하고 말리라는 것이다."

지 알 수 있고, 또 그 유명한 유사간질 발작에서 실제로 무엇이 문제가 되고 있었는지도 알 수 있습니다. 그런 관찰 기록 중 하나만 예로 들어보겠습니다. 그것은 데지레-마글루아 부르느빌이 기록한 사례입니다.

여성 환자가 이야기한 것은 다음과 같은 삶이었습니다. 그녀는 6세부터 13세까지 수도원에 들어가 있었습니다. 그곳은 "라 페르테 수 쥬아르였다. 이 마을에서 그녀는 그럭저럭 자유를 향유하고 근처를 걸어 다니며 눈깔사탕을 얻기 위해 기꺼이 키스를 받아들였다." 이것은 샤르코의 학생 중 한 명이 이 여성 환자 자신의 이야기를 토대로 해서 만든 진료기록입니다. "그녀는 때때로 쥘이라는 도장공의 아내를 방문했다. 쥘은 주정뱅이여서 그가 취해 있을 때에는 격렬한 부부싸움이 일어났다. 쥘은 아내를 때리거나 끌고 다니거나 머리카락으로 묶어 놓았다. 루이즈[여성 환자의 이름입니다 — M. F.]는 때때로 이 부부싸움을 목격했다. 어느 날 쥘은 그녀에게 키스하려 했고 더 나아가 강간까지 하려고 했던 듯한데, 이것은 그녀에게 큰 공포를 불러일으켰다. 방학 동안에[6세부터 13세 사이에 — M. F.] 그녀는 파리에 와서 한 살 아래인 남동생 안토니오와 지냈다. 이 동생은 아주 되바라졌던 모양으로, 알지 못했어야 했던 많은 것을 그녀에게 가르쳐줬다. 동생은 설명한 것을 그대로 받아들이는 그녀의 순진함을 놀리며, 특히 어떻게 해서 아이가 생기는지에 대해서 설명했다. 역시 방학 동안에 그녀는 부모가 일하던 집에서 어머니의 애인인 남성 C[집주인입니다 — M. F.]와 만날 기회가 있었다. 어머니는 루이즈에게 이 남성에게 키스를 허용하고 그를 아빠라 부르도록 했다. 파리로 완전히 돌아오자 루이즈[그 기숙생활 이후니까 루이즈가 13세 때입니다 — M. F.]는 노래와 재봉 등을 공부한다는 구실로 C가 있는 곳에 가게 됐다. 그녀는 외딴 작은 방에 자리를 잡았다. 아내와는 완전히 식어버린 상태였던 C는 아내가 없는 틈을 타 당시 13세 반이었던 루이즈와 관계를 갖고자 했다. 처음에는 실패했다. C는 그녀를 자기 옆에서 자도록 했다. 두 번째는 그녀가 저항했기 때문에 불완전한 결합으로 끝났다. 세 번째에 C는 그녀에게 온갖 약속을 남발하거나 예쁜 드레스를 보낸 뒤에 그런데도 그녀가 몸을 맡기려 하지 않는 것을 보고 그녀를 면도칼로 위협했다. 그녀가 공포에 질려 있었던 덕분에 C는 그녀에게 술을 마시게 하고 옷을 벗겨 침대에 눕히고 완전한 관계를 맺었던 것이다. 다음날 루이즈는 고뇌했다, 등등."[55]

그리고 샤르코의 환자들이 말하는 히스테리 환자의 삶은 모두 실제로 때때로 이런 종류의 것이고 이런 수준에 속하는 것입니다. 그렇다면 전술한 발작과 관련해서는 어떨까요? 기묘하게도 간질 발작과 유사하며 훌륭한 신경과 의사가 아니라면 간질 발작과 구별하기가 매우 곤란하기까지 하다고 샤르코가 말했던 전술한 발작 속에서는 실제로 무슨 일이 일어났던 것일까요? 이것에 대해서도 샤르코의 학생들이 샤르코를 위해 적어 놓은 관찰 기록을 살펴보도록 합시다.

루이즈의 발언은 이랬습니다. "내게 그걸 말해! …… 그 말을 내게 하고 싶잖아! …… 개새끼! 넌 역겨운 새끼야. 넌 나보다 그놈 말을 더 믿는다는 거지……. 맹세하지만 그놈은 나한테 손도 대지 않았어……. 나는 그가 애무해도 상대하지 않았고 우리는 들판에 있었어……. 단언컨대, 나는 그런 걸 하고 싶진 않았어……. 그놈들 오라고 해(명령하는 표정으로). 어때? (그녀는 갑자기 오른쪽을 응시한다) …… 하지만 당신이 그에게 이야기한 건 그런 게 아니잖아요! …… 안토니오, 그 사람이 너한테 뭐라고 말했는지 이야기해보렴……. 그 사람이 나를 만지고……. 하지만 난 원치 않았어. 안토니오, 넌 거짓말쟁이야! …… 확실히 그 사람은 팬티에 뱀을 한 마리 가지고 있었고 그걸 내 뱃속에 넣으려고 했지만 그 사람은 내 옷을 벗기려고도 하지 않았어……. 이제 그만하죠…….

---

55) 여기서 언급되는 사람은 15세 반일 때 샤르코의 시설에 입원한 루이즈 오귀스틴느이다. Jean-Martin Charcot, "Hystéro-épilepsie: Observation 2"(2e partie), *Leçons sur les maladies du système nerveux*, t.I, pp.125~126.

격정적 태도(Attitudes Passionnelles): 황홀경의 오귀스틴느 데지레-마글루아 부르느빌과 폴 르냐르의 『살페트리에르의 사진 도판들』(1878)에 들어 있는 루이즈 오귀스틴느의 사진(도판 23).

우리는 긴 의자에 앉아서……. 당신은 나한테 몇 번이나 키스해주셨지 만 나는 당신에게 키스하지 않았습니다. 나는 변덕쟁이니까……. 안토니오, 너 웃고 있구나…….”[56)]

이런 식의 발언은 망상기라 불리는 시기, 샤르코의 분석에서 마지막 시기에 생겨나는 것으로 자리매김되어 있었습니다. 그 이전의 '열정적 태도'의 '조형적' 국면이라고 불리는 시기에 관해서는 다음과 같은 태도가 다른 여성 환자에게서 발견됩니다. “슬리나 M은 주의를 집중해 누군가를 발견하고 자기에게 오도록 머리로 신호를 보낸 뒤 마치 상상 속의 존재를 껴안는 것처럼 양팔을 움직인다. 표정은 우선 불만, 실망을 나타내고 이어서 갑작스런 변화로 기쁨을 나타낸다. 이때 복부의 움직임이 관찰된다. 두 다리가 구부러지고 M은 침대에 쓰려져 다시 한번 간헐적인 움직임이 일어난다. 신속한 동작으로 그녀는 몸을 침대 오른편에 붙이고 머리를 베개 위에 올린다. 얼굴이 달아오르고 신체 일부가 구부러지며 오른쪽 뺨이 베개에 달라붙는다. 침대 오른편으로 얼굴을 향하고 환자는 다리를 구부리며 둔부를 높이 내민다. 좀 지나 그 음란한 자세를 유지하며 M은 엉덩이를 움직인다. 그리고 그녀는 얼굴을 찡그리고 눈물을 흘리며 초조한 모습을 보인다. 그녀는 다시 앉아서 왼쪽을 보고 머리와 오른손으로 신호를 보낸다. 그 표정으로 판단하는 한, 그녀는 변화로 가득 찬 정경에 있고, 기분 좋은 감각과 고통스러운 감각을 교차해 맛보고 있는 것처럼 보인다. 갑자기 그녀는 침대 중앙에 다시 누워 몸을 조금 일으키고 오른손을 들어 '내 탓이오, 내 탓이오. 내 큰 탓이로소이다' 하는 몸짓을 하다가 과장된 몸짓이나 표정이 이어진다. 그러고 날카로운 비명을 지른다. '어쩜 이럴까!' 미소, 음란한 표정으로 바라보며 앉아서 에르네스트가 눈앞에 있는 것처럼 말한다. '어서와요! 어서와!'”[57)]

56) 이것은 오귀스틴느가 남동생 앞에 남자친구인 에밀(Émile)을 불러 놓고, 남동생의 비난에 대해 결백을 밝히게 하는 장면이다. Charcot, “Hystéro-épilepsie,” p.149.

샤르코의 학생들이 환자들에 대해 실시한 일상적 관찰 수준에서, 이상이 발작의 실제 내용입니다.

그런데 제 생각에 히스테리 환자는 여기서 세 번째로 정신과 의사에 대한 지배력을 손에 넣게 됩니다. 왜냐하면 샤르코는 간질과 비슷하지 않은 '유사간질' 내지 '히스테리 발작'이라는 용어로 환자의 발언이나 정경, 자세를 코드화했는데, 일상적 관찰 속에서 나타나는 그런 현실의 모든 내용을 샤르코는 사실 인정할 수 없었기 때문입니다. 왜 그랬을까요? 그것은 도덕상의 이유도 아니고 정숙한 티를 내는 태도 때문도 아닙니다. 샤르코는 그냥 단순히 그것을 인정할 수 없었던 것입니다. 그것은 이런 이유 때문입니다. 기억하시나요? 저는 여러분께 1840년대 즈음에 실존했으나 그 가치를 박탈당하고 있었던 신경증, 샤르코의 시대에도 여전히 팔레에 의해 그 가치를 박탈당하고 있었던 신경증에 대해 말씀드린 바 있습니다. 신경증은 왜 그렇게 가치를 박탈당했을까요?[58] 그것은 신경증이 위장이라고 여겨지고 있었기 때문입니다. 샤르코는 신경증이 위장이라는 비난을 배격하려고 했죠. 그리고 그와 동시에 신경증이 성적이었기 때문이고, 음란한 몇몇 요소를 포함하고 있었기 때문입니다. 만약 히스테리가 실제로 하나의 병이라는 것을 논증하고 싶다면, 만약 히스테리를 감별진단의 체계 내부에서 완전하게 기능시키길 원한다면, 만약 히스테리의 병으로서의 지위에 대해 이의제기가 없기를 바란다면, 히스테리로부터는 위장과 동일한 가치박탈을 야기하는 유해

57) 1870년 샤르코의 시설에 입원한 슬리나(Celina)의 사례(1877년 2월 9일의 관찰 5). Charcot, *Leçons sur les maladies du système nerveux*, t.I, 3e éd., 1877, p.132.

58) 앞의 각주 26번을 참조하라. 쥘 팔레는 이렇게 쓴다. "때때로 그녀들은 자신들에게 특이한 표식을 새겨 넣어 히스테리라는 총칭으로 지시되는, 다소 확실한 특징의 장애를 보여준다. 그녀들은 제멋대로이고 거짓말과 날조를 좋아한다. 그녀들은 몽상을 좋아하고 지배를 좋아하며 변덕스럽다." Jules Falret, "Responsabilité légale des aliénés"(§ Hystérie[1876]), *Les Aliénés et les Asiles d'aliénés: Assistance, législation et médecine légale*, Paris: J.-B. Baillière, 1890, p.189.

한 요소, 즉 음란 내지 성현상의 요소가 완전히 제거될 필요가 있었습니다.* 따라서 그런 요소가 발생하지 않거나, 그런 요소가 토로되지 않아야 할 필요가 있었습니다.

그런데 샤르코는 그런 일이 발생하지 않게 할 수는 없었습니다. 왜냐하면 징후나 발작을 요구한 것은 바로 샤르코 자신이었기 때문입니다. 실제로 환자들이 제공한 발작의 징후학적 표면이나 일반적 시나리오는 샤르코가 만들어낸 규칙들에 따르고 있었습니다. 하지만 소위 그런 시나리오를 구실삼아 환자들은 자신의 개인적 삶 전체, 자신의 성현상 전체, 자신의 추억 전체를 마구 끌어내고 있었습니다. 환자들은 자신의 성현상을, 병원 내부 그 자체에서 연수의나 의사를 상대로 재현동화하고 있었던 것입니다. 따라서 그것을 발생하지 못하게 할 수 없는 이상, 샤르코가 할 일은 하나밖에 없었습니다. 즉 그것을 말하지 않거나 정반대로 말하는 것입니다. 실제로 샤르코의 다음과 같은 한 구절이 있습니다. 샤르코가 어떤 관찰을 근거로 하고 있었는지 아는 사람들에게 그것은 역설적인 구절입니다. 샤르코는 거기서 이렇게 이야기합니다. "나로서는 히스테리에서 음란이 언제나 작용하고 있다고는 전혀 생각하지 않는다. 나는 사실 그 반대라는 것을 확신하고 있기까지 하다."59)

여러분께서는 다음의 에피소드를 기억하실 것입니다. 1885~86년 겨울에 프로이트는 샤르코에게서 연수를 받고 어느 날 밤 샤르코의 집에 초대되어 샤르코가 누군가에게 나즈막이 속삭이는 것을 듣고 경악했습니다. "그래, 히스테리에서 성현상이 문제라는 것은 누구라도 알고

---

* 강의원고에는 이렇게 덧붙여져 있다. "만약 그가 그것[성현상]을 재도입해뒀다면, 히스테리 환자와의 경합 속에서 구축된 병리학의 체계는 붕괴되고 말았을 것이다."

59) 이 구절은 샤르코가 다음의 책을 참조해 말한 것이다. Paul Briquet, *Traité clinique et thérapeutique de l'hystérie*, Paris: J.-B. Baillière, 1859. 또한 다음의 글도 참조하라. Jean-Martin Charcot, "De l'hémi-anesthésie hystérique"(Leçon X), *Leçons sur les maladies du système nerveux*, t.I, p.301(1872년 부르느빌의 기록).

있지." 그리고 프로이트는 이에 주석을 덧붙입니다. "그 말을 들었을 때 나는 아무튼 깜짝 놀랐다. 그리고 생각했다. '그런데 그는 그것을 알고 있으면서도 왜 말하지 않는 것일까?'."[60] 샤르코가 그것을 말하지 않았던 이유는 제가 방금 전에 말씀드린 이유 때문일 것입니다. 단순히 다음과 같이 묻게 될지도 모르겠습니다. 요컨대 그 자신도 살페트리에르에서 6개월을 보냈고, 따라서 여러분께 그 예를 두 가지 소개해드린 정경에 매일 참여했으면서도 살페트리에르에서의 이 체제가 문제가 될 때에 프로이트 역시 그것을 이야기하지 않는 이유는 무엇 때문일까? 그리고 몇 년이 지나서 처음으로 히스테리에서의 성현상을 프로이트가 분명한 방식으로 발견하게 된 것은 도대체 무엇 때문일까?[61] 어쨌든 샤

60) 어떤 만찬에서 프로이트는 샤르코와 법의학 교수 폴 브루아르델(Paul Brouardel, 1837~1906)의 논의를 듣게 된다. 샤르코는 한 여성 환자에 대해 이야기한다. "'그러나 이런 종류의 환자에게서는 늘 성기가 문제입니다. 언제나요.' …… 나는 잠시 동안 놀라움에 거의 마비되어 혼자 이렇게 말했던 것을 기억한다. '좋아, 하지만 그것을 알고 있다면 왜 그는 그것을 전혀 말하지 않을까?'." Sigmund Freud, "Zur Geschichte der psychoanalytischen Bewegung"(1914), *Gesammelte Werke*, Bd.X, Frankfurt/Main: S. Fischer Verlag, 1946, p.51. [박성수 옮김, 「정신분석 운동의 역사」, 『정신분석학 개요』, 열린책들, 2003, 58쪽.]

61) 프로이트는 장학금을 얻어 1885년 10월 30일부터 1886년 2월 28일까지 샤르코의 곁에 머문다. Sigmund Freud, "Bericht über meine mit Universitäts-Jubiläums Reisestipendium unternommene Studienreise nach Paris und Berlin"(1886), *Sigmund Freuds akademische Laufbahn im Lichte der Dokumente*, Hrsg. Josef und Renée Gicklhorn, Wien: Urban & Schwarzenberg, 1960, pp.82~89; "Rapport sur mon voyage à Paris et à Berlin grâce à la bourse de voyage du fonds jubilaire de l'Uni-versité (octobre 1885-mars 1886)," *Revue française de psychanalyse*, vol.XX, no.3, trad. Anne Berman, 1956, pp.299~306. 신경증의 성적 병인에 대해 고찰하는 프로이트 최초의 텍스트는 신경쇠약과 불안신경증을 다뤘다. Sigmund Freud, "Manu-scrit A, fin 1892," "Manuscrit B, 8 février 1893," *La Naissance de la psychanalyse*, trad. Anne Berman, Paris: PUF, 1956, p.59~60. 61~65. 1894년에 프로이트는 이 가설을 정신신경증으로까지 넓히게 된다. Sigmund Freud, "Die Abwehr-Neuro-psychosen," *Neurologisches Zentralblatt*, vol.13, no.10-11, 1894, pp.362~364, 402~409; *Gesammelte Werke*, Bd.I, Frankfurt/Main: S. Fischer Verlag, 1952, pp.57

르코가 할 수 있었던 것은 바로 보지 않는 것과 말하지 않는 것뿐이었던 것입니다.

재미 삼아 제가 샤르코의 관계자료 속에서 발견한 소소한 에피소드들을 소개해드리도록 하겠습니다. 그것은 한 학생의 메모인데 거기에는 어떤 빈정거림도 들어 있지 않습니다. "샤르코 선생은 히스테리성 연축을 앓는 주느비에브를 부른다. 그녀는 들것에 실려 온다. 연수의나 진료소장 등이 그녀에게 미리 최면을 걸어 놓았다. 그녀는 히스테리 발작을 일으킨다. 샤르코는 자신의 기술을 사용해 최면이 어떻게 해서 히스테리 현상을 일으킬 수 있는지, 그리고 그뿐만 아니라 어떻게 그런 현상을 막을 수 있는지를 보여준다. 샤르코는 자신의 지팡이를 들어 환자의 복부, 정확히 난소의 위치를 누른다. 그러자 발작은 시나리오대로 실제로 중단된다. 샤르코가 지팡이를 떼자 발작이 다시 시작된다. 경직기, 간헐기, 망상. 그리고 망상의 순간에 주느비에브는 이렇게 소리 지른다. '까미유! 까미유! 내게 키스해줘! 네 페니스를 줘!' 샤르코 교수는 망상이 계속되는 주느비에브를 퇴장시킨다."[62)]

~74; "Les psychonérvroses de défense," *Névrose, Psychose et Perversion*, trad. Jean Laplanche, Paris: PUF, 1973, pp.1~14. 이 문제를 재검토한 것으로 다음의 논문들도 있다. Sigmund Freud, "Die Sexualität in der Ätiologie der Neurosen"(1898), *Gesammelte Werke*, Bd.I, pp.489~516; "La sexualité dans l'étiologie des névroses," *Résultats, Idées, Problèmes*, t.I, pp.75~97.

62) 1843년 1월 2일 루됭에서 태어나 1872년에 '간질 환자'로 샤르코의 시설에 입원한 주느비에브(Geneviève)의 '성적 망상기'에 관한 이야기이다. "이런 장면에 익숙하지 않은 관찰자들은 그녀의 망측하게 찡그린 얼굴이나 심하게 음란한 표현에 아연실색한다……. 그녀는 조수 중 하나에게 다가가 갑자기 몸을 기울이며 이렇게 말한다. '껴안아줘……! 나에게……. 줘……'." Regnard et Bourneville, "Période du délire érotique," *Iconographie photographique de la Salpêtrière*, t.I, Paris: Delahaye, 1876, p.70. 푸코는 이 관찰기를 다음에서 재인용한다. Michel Foucault, *Histoire de la sexualité, t.1: La volonté de savoir*, Paris: Gallimard, 1976, p.75, n.1. [이규현 옮김, 『성의 역사 1: 지식의 의지』(제3판), 나남, 2010, 77쪽. 각주 7번.]

저는 이런 종류의 대소동이나 성적인 신체 표현이 히스테리 증후군의 아직 해독되지 않은 잔여라고 생각하지 않습니다. 저는 이런 성적인 대소동을 외상의 지정에 대한 히스테리 환자의 대항적 술책으로 볼 필요가 있다고 생각합니다. 요컨대 너는 내 징후에 병리학적 의미를 부여하고 네 자신이 의사로서 기능할 수 있게 되기 위해서 내 징후의 원인을 찾아내려 한다. 너는 그런 외상을 원하고 있다. 그러려면 내 삶 전체를 받아들여라. 그러면 너는 내가 내 자신의 삶을 이야기하는 걸 듣지 않을 수 없을 테고, 내가 새롭게 내 자신의 삶을 몸짓으로 표현함과 동시에 그것을 발작의 내용으로 부단히 재현동화하는 것을 보지 않을 수 없을 것이다. 이런 식이라고 말입니다.

따라서 성현상은 해독불가능한 잔여가 아닙니다. 성현상은 히스테리 환자의 승리의 외침이며, 히스테리 환자가 신경과 의사를 최종적으로 제압하고 신경과 의사의 입을 다물게 하기 위한 최후의 술책입니다. 요컨대 만약 네가 징후나 기능상의 장애를 원한다면, 만약 네가 네 최면을 자연스러운 것으로 만들고 싶고, 네가 내게 내리는 각각의 명령이 징후를 야기해서 네가 이 징후를 자연스러운 것으로 여길 수 있기를 원한다면, 더 나아가 만약 네가 위장자를 고발하기 위해 나를 이용하고 싶다면, 너는 내가 말하고 싶은 것과 하고 싶은 것을 보고 듣지 않으면 안 될 것이다. 이런 식입니다. 그리고 샤르코는 한 마약 환자의 얼굴에 아주 작은 패임이나 아주 작은 혹에 이르기까지 모든 것을 사선으로 비추는 햇빛 아래서 응시하고 있었지만,[63] 히스테리 환자가 이야기할 때에는 그 탁월한 시선을 거기로부터 돌리지 않으면 안 됐던 것입니다.

신경병리학의 임상적 장치를 중심으로 한 신경과 의사와 히스테리 환자의 그런 종류의 싸움 끝에 포획된 것처럼 보이는 이 신경학적 신체,* 신경과 의사가 진실 속에서 포획했기를 기대하고 그렇게 믿었던 이

---

63) 앞의 각주 4번을 참조하라.

신경학적 신체 밑에서 이제 새로운 신체가 출현하게 됩니다. 이 신체는 이제 더 이상 신경학적 신체가 아닙니다. 이 신체는 성적 신체입니다. 히스테리 환자는 신경과 의사나 의사에게 이 새로운 등장인물을 부과한 것입니다. 이 신체는 이제 라에넥이나 비샤의 병리해부학적 신체도 아니고, 정신과 의사의 규율적 신체도 아니며, 뒤센느 드 불로뉴의 신경학적 신체도 아닌 성적 신체입니다. 그리고 이 신체와 대면했을 때 취해야 할 태도는 이제 다음의 두 가지밖에는 없게 됩니다.

한편으로는 샤르코의 후계자 조제프 프랑수아 펠릭스 바뱅스키의 태도가 있습니다. 즉 다시 한번 히스테리로부터 가치를 박탈하려는 태도입니다.64) 성적 함의를 갖고 있기 때문에 히스테리는 병이 아니라는 것

---

* 강의원고에는 다음과 같이 조금 다르게 쓰여 있다. "그리고 그것을 통해 광기를 판단하고 진실 내에서 광기에 물음을 던지려 한, 그 신경학적 신체……."

64) Joseph François Félix Babinski(1857~1932). 1885~87년 샤르코 곁에서 임상의 장을 지낸 뒤 샤르코 사후에 샤르코적 사고방식과 거리를 두게 되는 바뱅스키는 1901년 11월 7일 파리 신경학회 보고에서 암시를 통해 생겨나고 암시를 통해 치유가능한 병적 현상을 지시하기 위해 '히스테리'라는 용어 대신 ('설득하다'라는 의미의 그리스어 πείθειν에서 유래한) '암시증'[피티아티즘](pithiatisme)이라는 용어를 사용할 것을 제안하고 히스테리와 최면을 분리한다. "그리스어 πειθώ는 '설득,' ἰάτος는 '치유가능'을 의미한다. 암시증이라는 신조어는 설득을 통해 치유가능한 장애로 표면화되는 심적 상태를 지시하기에 가장 적절하며, '히스테리'라는 용어 대신에 사용할 만큼의 이점이 있을 것이다." Joseph François Félix Babinski, "Définition de l'hystérie," *Revue neurologique*, no.9, 1901, p.1090; "Hystérie-Pithiatisme"(IXe partie), *Œuvres scientifiques*, Paris: Masson, 1934, p.464. 재수록. 바뱅스키는 1906년부터 1909년 사이에 자기 생각을 발전시킨다. "Ma conception de l'hystérie et de l'hypnotisme (Pithiatisme)"(1906년 6월 28일의 파리 인턴학회 강연), *Œuvres scientifiques*, pp.465~486; "Démemebrement de l'hystérie traditionnelle: Pithiatisme," *La Semaine médicale*, 7 janvier 1909, pp.66~67. 여기서 바뱅스키는 이렇게 단언한다. "이제 그 네 시기를 동반하는 발작, 그리고 혼수상태, 강경증, 몽유병 등으로 특징지어지는 최면상태가 발견되는 일은 없다. 최근의 저작 속에서 그런 장애에 대한 서술을 읽는 학생들이나 젊은 의사들은 그것이 화석 같은 병리학이라는 인상을 받는다." *Œuvres scientifiques*, p.500. 재수록.

입니다. 그리고 다른 한편으로는 히스테리에 의한 포위로부터 벗어나기 위해 의사가 만들어낸 신경학적 신체를 중심으로 도처에서 출현한 새로운 골칫덩어리를, 의학을 통해 다시 포위공격하기 위한 새로운 시도가 있습니다. 이런 새로운 포위공격이 행해진다는 것은 의학, 정신의학, 정신분석학이 성현상을 떠맡게 된다는 것을 의미합니다.

정신요양원의 문을 열어 젖히고 광인이기를 중단하고 병자가 됨으로써, 마침내 진짜 의사, 즉 신경과 의사에게 가서 진정한 기능상의 징후를 제공함으로써 히스테리 환자는 최대의 쾌락을 얻어냄과 동시에 아마도 우리에게 최대의 불행을 안겨주게 됐던 것 같습니다. 요컨대 그렇게 함으로써 히스테리 환자는 의학에 성현상을 다룰 수 있는 실마리를 제공해주게 됐던 것입니다.

강의요지*

의학, 정신의학, 형사재판, 범죄학은 오랫동안 그리고 오늘날에도 여전히 상당 부분 인식의 규범 내에서 진실을 현현하는 것, 시련의 형태 내에서 진실을 생산해내는 것의 경계선 상에 머물러 오고 있다. 후자는 언제나 전자 밑에 몸을 숨기고, 전자를 통해 자신을 정당화하려 해왔다. 이 '학문분과들'이 현재 겪고 있는 위기는 그 분과들의 경계나 불확실성만을 인식의 영역에서 문제 삼는 것이 아니라 인식, 인식의 형식, '주체-객체'의 규범도 문제화하고 있다. 이 위기는 우리 사회의 경제적이고 정치적인 구조와 인식(그 내용 상에서 진실/거짓인 인식이 아니라, 권력-지식의 기능 상에서의 인식) 간의 관계들을 다시 문제화하고 있는 것이다. 결과적으로 그것은 역사적이고 정치적인 위기이다.

우선 의학의 예를 그것과 밀접하게 연결된 병원이라는 공간과 함께 살펴보도록 하자. 꽤 최근까지 병원은 양의적인 장소로 머물러 있었다. 다시 말해 병원은 숨겨진 진실과 관련해서는 확증의 장이고 동시에 생산해야 할 진실과 관련해서는 시련의 장소이기도 했다.

* 이 텍스트는 다음과 같은 제목으로 먼저 출판된 바 있다. "Le pouvoir psychiatrique," *Annuaire du Collège de France, 74e année. Histoire des systèmes de pensée*, *année 1973-1974*, Paris: Collège de France, 1974, pp.293~300; Michel Foucault, *Dits et Écrits*, t.2: 1970-1975, éd. Daniel Defert et François Ewald, avec collab. Jacques Lagrange, Paris: Gallimard, 1994, pp.676~687.

병에 가해지는 직접적인 작용은 병이 의사의 눈앞에 자신의 진실을 드러내게 할 뿐만 아니라 이 진실을 생산하게 하기도 한다. 병원은 진정한 병이 개화하는 장소라는 것이다. 실제로 자유로운 상태에 놓인 병자는 (그의 '환경,' 그의 가족, 그와 가까운 사람들 가운데서 그의 식생활, 그의 습관, 그의 선입관, 그의 착각과 더불어) 반드시 복합적이고 혼란스러우며 착종된 병에 걸릴 수밖에 없다고 생각되고 있었다. 그런 병자는 여러 병의 혼합물임과 동시에 진짜 병이 그 진정한 본성 속에서 모습을 드러내 보이는 것을 막는 병, 요컨대 일종의 반자연적 병에 걸리고 만다고 생각되고 있었던 것이다. 따라서 병원의 역할은 그런 기생적 식생, 그런 비정상적 형태를 배격하며 병을 있는 그대로의 모습대로 보여주는 것, 더 나아가 최종적으로는 그때까지 갇혀 속박받아왔던 그 진실 속에서 병이 모습을 드러낼 수 있게 하는 것이었다. 병 고유의 본성, 그것의 본질적 특징, 그것의 특수한 전개가 병원에 수용하는 효과를 통해 마침내 현실이 될 수 있다고 여겨졌던 것이다.

18세기의 병원은 병의 진실이 분명한 모습을 드러낼 수 있는 조건을 만들어내는 곳으로 간주됐다. 따라서 병원은 관찰과 증명의 장소일 뿐만 아니라 정화와 시련의 장소이기도 했다. 병원은 병을 출현시킬 필요가 있는 동시에 병을 실제로 만들어낼 필요가 있는 일종의 복합적 기구를 구성했던 것이다. 병원은 종들을 성찰하기 위한 식물학적 장소임과 동시에 병리학적 실체를 만들어내기 위한 연금술적 장소이기도 했다.

19세기에 설립된 병원의 거대한 구조가 오랫동안 여전히 담당해온 것은 바로 이런 이중적 기능이다. 그리고 한 세기 동안(1760~1860년) 병원에 수용하는 것과 관련된 실천과 이론은, 그리고 일반적으로 병에 대한 관념은 다음의 애매함에 의해 지배됐다. 병을 받아들이는 구조로서의 병원은 인식의 장소여야 하는가, 시련의 장소여야 하는가?

여기로부터 의사들의 사유와 실천을 가로지르는 일련의 문제가 생겨나게 된다. 그 중 몇 가지 문제를 다음과 같이 들어보도록 하자.

1) 치료는 병을 제거하고 병의 존재를 없애려는 것이다. 그러나 그 치료를 합리적인 것으로서 진실 내에 기초하기 위해서는 병이 그 자체로 전개되도록 내버려둬야 할 필요가 있는 것은 아닐까? 언제 어떤 방향에서 개입해야 할까? 꼭 개입해야 하는 것일까? 병이 전개되도록 작용을 가해야 할까? 아니면 병이 멈추도록 작용을 가해야 할까? 병을 완화시켜야 할까? 아니면 병을 그 끝으로 안내해야 할까?

2) 병들과 그 변화들이 존재한다. 즉 순수한 병과 불순한 병, 단순한 병과 복합적인 병이 존재한다. 결국 유일한 병이 존재하고, 다른 모든 병은 그로부터 파생되어 다소간 거기서 멀어진 형태가 아닐까? 아니면 환원불가능한 여러 범주를 인정해야 하는 것일까? (염증이라는 개념을 둘러싼 프랑수아 브루세와 그 반대자들 간의 논의. 본질적 열병의 문제.)

3) 정상적인 병은 어떤 것일까? 순조롭게 진행되는 병은 어떤 것일까? 그것은 진행이 완료됐을 때 죽음에 이르는 병일까, 아니면 저절로 낫는 병일까? 바로 이런 식으로 마리-프랑수아-자비에 비샤는 삶과 죽음 사이에서 병의 위치와 관련된 물음을 던졌던 것이다.

알려진 대로 루이 파스퇴르의 생물학은 이 모든 문제에 놀라운 단순화를 가져왔다. 병의 원인을 결정하고 그것을 단일 조직체로 확정함으로써 파스퇴르의 생물학은 병원이 관찰, 진단, 임상적이고 실험적인 포착의 장소가 될 뿐만 아니라 직접적인 개입의 장소, 미생물의 침입에 대한 반격의 장소가 되는 것도 가능케 한 것이다.

시련의 기능에 대해 말하면, 이 기능은 사라질 수도 있다는 것을 알 수 있다. 병이 생산되는 것은 실험실, 시험관 등의 장소에서이다. 단 거기서 병은 고비에서 실현되는 것이 아니다. 병의 절차는 과장된 메커니즘으로 환원된다. 병은 검증과 억제가 가능한 현상으로 귀착된다. 병원 환경은 이제 병과 관련해 결정적인 사건에 적합한 장소일 필요는 없다. 병원은 단지 환원, 전이, 과장, 인증을 가능케 할 뿐이다. 실험실의 기술적 구조와 의사의 표상 속에서 시련은 입증으로 변형된다.

의학적 인물에 대한 '민족학적 인식론'을 연구하기를 원한다면 파스퇴르의 혁명은 의학적 인물이 병의 의례적 생산과 병의 시련에서 천 년간 담당해온 역할을 빼앗아가버렸다고 말하지 않을 수 없을 것이다. 그리고 그런 역할의 상실이 특히 강조되어온 것은 아마도 파스퇴르가 그저 단순히 의사가 병을 "그 진실 속에서" 만들어내는 자일 필요가 없다는 것을 보여줬을 뿐만 아니라 그와 더불어 진실에 대한 무지 때문에 의사는 수없이 병을 전염시키고 재생산해왔다는 것을 보여주었기 때문이다. 침대에서 침대로 돌아다니는 병원의 의사는 주요 감염원 중 하나였다는 것이다. 파스퇴르는 의사들의 나르시즘에 큰 상처를 주었으며, 그러므로 의사들은 파스퇴르를 오랫동안 용서하지 않았던 것이다. 병자의 신체를 답파하고 그것을 촉진하고 그것을 검사해야 하는 의사의 손, 병을 발견하고 그것을 백일하에 만들어내어 그것을 보여줘야 할 의사의 손, 이것을 파스퇴르는 병을 옮기는 것으로서 지시했던 것이다. 병원의 공간과 의사의 지식은 그때까지 '고비'와 관련된 진실을 만들어내는 것을 그 역할로 하고 있었다. 이후로 의사의 신체와 병원에 연금하는 것이 병의 진실을 산출하는 것으로 출현하게 된다.

의사와 병원이 무균화되자 거기에는 새로운 순결이 부여된다. 그로부터 의사와 병원은 새로운 권력을 끌어내고 인간의 상상력 속에서 새로운 지위를 끌어내게 됐다. 그러나 이것은 또 다른 이야기이다.

⚜

이상의 몇 가지 지적은 정신요양원의 공간 내부에서 광인과 정신과 의사의 위치를 이해하는 데 도움이 될 수 있을 것이다.

다음의 두 가지 사실, 즉 18세기 이전에 광기는 체계적으로 감금되지 않았다는 사실과 광기는 본질적으로 착오 내지 착각의 한 형태로 여겨지고 있었다는 사실 간에는 아마도 역사적 상관관계가 있는 것 같다. 고전주의 시대 초기에도 여전히 광기는 세계의 키메라[괴상함]에 속하는 것으로 지각됐다. 광기는 그렇게 괴상한 것들 가운데 살 수 있었고, 극단적이거나 위험한 형태를 취할 때에만 거기서 떨어져나온다고 여겨졌던 것이다. 조건이 이런 이상 광기가 그 진실 속에서 분명하게 모습을 드러낼 수 있는 장소, 또 모습을 드러내야 하는 특권적 장소는 병원이라는 인위적 공간일 수 없었다는 것을 이해할 수 있다. 치료의 장소로서 인지되고 있었던 것은 우선 자연이었다. 왜냐하면 자연은 진실의 가시적 형태였기 때문이다. 자연은 자신 안에서 착오를 일소시키는 힘, 괴상함을 사라지게 하는 힘을 갖고 있다고 여겨졌던 것이다. 의사들이 부과하는 처방은 대체로 여행, 휴식, 산보, 은둔, 도시의 인위적이고 공허한 세계와의 단절 같은 것이었다. 장-에티엔 도미니크 에스키롤은 여전히 그 점을 유념하고 있고 정신병원 건설계획을 세울 때 어느 마당에서도 정원이 잘 보이도록 제안하게 될 것이다. 치료를 위해 이용되던 또 하나의 장소는 전도된 자연으로서의 극장이었다. 병자에게 병자의 광기로 연극을 하고, 광기가 무대에 올려지며, 아주 잠깐 동안 그것에 허구의 현실성이 부여되고, 무대장치나 변장을 사용해 그것이 진짜인 것처럼 가장한다. 단 그것은 착오를 이 덫에 걸리게 함으로써 착오에 의해 희생된 당사자의 눈에 착오가 확실히 보이도록 하기 위한 것이다. 이런 기술 역시 19세기가 되어서도 완전히 사라지지 않았다. 이를테면 에스키롤은 우울증 환자들의 활력을 자극하고 싸우고자 하는 의지를 자극하기 위해 소송을 하라고 그들에게 권했던 것이다.

19세기 초의 감금 실천은 광기가 착오와 관련해서라기보다는 오히려 규칙적이고 정상적인 행동과 관련해 지각되는 것과 시기를 같이 한다. 이 시기에 광기는 이제 혼란스러운 판단이 아니라 행동하거나 욕망하거나 정념을 품거나 결심하거나 자유롭거나 한 방식에서 생겨나는 장애로서 출현한다. 요컨대 이 시기는 광기가 이제 진실과 착오와 의식으로 이뤄진 축이 아니라 정념과 의지와 자유로 이뤄진 축에 편입되는 시기, 즉 요한 크리스토프 호프바우어와 에스키롤의 시대이다. "망상이 거의 보이지 않는 정신이상자는 있다. 그러나 정념이나 도덕적 감정이 질서를 상실하지 않거나 도착적이 되어 있지 않거나 소멸되어 있지 않은 정신이상자는 없다……. 망상의 감소가 치유의 확실한 특징으로 생각될 수 있는 것은 정신이상자가 당초의 감정으로 되돌아갈 때에 한해서이다."* 실제로 치유의 절차는 어떤 것일까? 그것은 착오가 해소되고 진실이 새로 나타나는 운동일까? 아니다. 그것은 "적절한 도덕적 감정을 회복시키는 것, 즉 자신의 친구나 자녀와 다시 만나고 싶다는 욕망을 회복하고 감수성의 눈물, 심정을 토로하거나 가족에게 둘러싸이거나 습성을 되돌리고 싶다는 욕구를 회복하는 것"이다.**

그렇게 되면 규칙적 행동을 회복시키는 이 활동에서 정신요양원의 역할은 도대체 어떤 것일 수 있을까? 물론 그것은 우선 18세기 말에 병원에 부여된 기능을 갖게 된다. 즉 정신질환의 진실을 발견할 수 있게 하는 기능, 병자의 환경에서 그런 진실을 덮어버리거나 뒤섞거나 그것에 비상식적 형태를 부여할 가능성이 있는 모든 것을 배격하는 기능, 그런 진실을 유지하고 재활성화하는 기능이 그것이다. 그러나 에스키롤이 모델로서 부여하는 것은 진실이 폭로되는 장소로서라기보다는 대결의 장소로서의 병원이다. 혼란스러운 의지, 도착적인 정념으로서의 광기는 병원에서 올바른 의지와 합당한 정념과 만나야만 한다는 것이다. 이런 대면, 솔직히 말해 바람직한 이런 불가피한 충돌에서 두 가지 효과가 발생하게 된다. 한편으로는 어떤 망상 속에서도 표현되고 있지 않기 때문에 절대 파악할 수 없는 채 머물러 있던 병자의 의지가, 의사의 올바른 의지에 대한 저항을 통해 그 병을 백일하에 만들어내게 된다. 다른 한편 거기로부터 생겨나는 싸움은 만약 그것이 제대로 진행된다면, 올바른 의지의

* Jean-Étienne Dominique Esquirol, "De la folie"(1816), *Des maladies mentales con-sidérées sous les rapports médical, hygiène, et médico-légal*, t.I, Paris: J.-B. Baillière, 1838, p.16; rééd. Paris: Frénésie, 1989.

** Esquirol, "De la folie," p.16.

승리, 혼란스러운 의지의 제압, 단념으로 귀결될 것이다. 따라서 이것은 대립, 싸움, 지배의 절차이다. "교란이라는 방법을 적용해 경련을 통해 경련을 격파해야 한다……. 어떤 종류의 병자에게는 그 성격 전체를 굴복시키고 그 자만을 거꾸러뜨리고 그 격앙을 길들이며 그 오만을 제압해야 한다. 반면에 여타의 병자들은 고무하고 격려해야 한다."***

이렇게 해서 19세기의 정신병원에 매우 기묘한 기능이 확립된다. 정신병원은 우선 진단과 분류의 장소이며, 텃밭처럼 배치된 안뜰에 병이 종류대로 배분되어 있는 식물원이다. 또한 대결을 위해 닫힌 공간, 결투의 공간, 승리와 복종이 문제시되는 제도적 장이기도 하다. 정신요양원의 위대한 의사는 (프랑수아 뢰레이든 장-마르탱 샤르코이든 에밀 크레펠린이든) 광기에 관해 자신이 소유한 지식으로 병의 진실을 말할 수 있는 자이자 자신의 의지가 병자 자신에게 행사하는 권력을 통해 병을 그 진실 속에서 만들어내고 현실 내에서 제압할 수 있는 자인 것이다. 19세기의 정신요양원에서 이용된 모든 기술이나 절차(격리, 사적이거나 공적인 심문, 샤워요법 같은 처벌로서의 치료, 격려 혹은 질책 같은 도덕적 대화, 엄격한 규율, 의무적 노동, 보수, 의사와 특정 환자 간의 특혜적 관계, 환자와 의사 간의 주종·소유·조련관계, 때로는 예속관계 등)은 의학적 인물을 '광기를 제압하는 주인'으로 만드는 것을 그 기능으로 하고 있었다. 즉 그 모든 것을 통해 의사는 광기를 (그것이 숨어 있을 때, 매장된 채 침묵하고 있을 때) 그 진실에서 출현시키는 자임과 동시에 광기를 교묘하게 유발시킨 뒤에 그것을 지배하고 진정시키며 소거하는 자가 된 것이다.

따라서 도식적으로 이렇게 말해보도록 하자. 파스퇴르적인 병원에서 병의 "진실을 만들어내는" 기능은 점차 약화되어갔다. 진실을 만들어내는 자로서의 의사가 인식의 구조에서 사라지게 되는 것이다. 역으로 에

*** Jean-Étienne Dominique Esquirol, "Traitement de la folie"(§V), *Des maladies mentales*……, op. cit., t.I, pp.132~133.

스키롤적 내지 샤르코적 병원에서 '진실의 생산'이라는 기능은 의사라는 인물을 중심으로 비대해지고 강화되어간다. 그리고 이런 작용에서 문제시되고 있는 바는 의사의 초권력이다. 히스테리의 마술사인 샤르코는 틀림없이 이런 유형의 기능을 담당하는 가장 상징적인 인물이다.

그런데 '진실의 생산'이라는 기능의 이런 강화는 의학권력이 인식의 특권 내에서 그 보증과 정당성을 발견하는 시대에 생겨난다. 의사는 전문 지식을 갖고 있다는 것이다. 의사는 병과 병자를 숙지하고 있고, 의사는 화학자나 생물학자의 지식과 같은 유형의 과학적 지식을 보유하고 있다는 것이다. 이런 것들이 이제 의사의 개입과 결정의 토대를 부여한다. 그러므로 정신요양원 안에서 정신과 의사에게 주어지는 권력은 의학적 과학에 통합될 수 있는 현상들을 산출함으로써 자신을 정당화해야 하게 된다(그리고 이와 동시에 초권력이라는 원래의 모습은 감춰야 한다). 이렇게 해서 최면과 암시의 기술, 위장의 문제, 기질적 병과 심리적 병의 감별진단 같은 것이 왜 이토록 오랜 세월 동안(적어도 1860년부터 1890년 사이에) 정신의학의 실천과 이론의 중심에 있었는지 이해할 수 있다. 그리고 그것이 완성 지점, 너무나도 기적적인 완성 지점에 도달한 것은 샤르코의 환자들이 간질이라는 규범에 기초한 징후, 즉 기질적 병으로 해독되고 인식되며 재인식될 수 있는 징후를 의학적 권력-지식의 요구에 따라 재현하기 시작했을 때였다.

이 결정적 에피소드에서 정신요양원의 두 기능(하나는 진실의 시련과 산출, 다른 하나는 현상들의 검증과 인식)이 재배치되고 서로 정확히 겹치게 된다. 의사는 자신의 권력을 통해 이제 인식이 전면적으로 접근가능한 현상들의 재현을 그 특성으로 하는 정신질환의 현실을 산출할 수 있게 된다. 히스테리 환자는 완벽한 병자였다. 왜냐하면 히스테리 환자는 인식해야 할 것을 제공했기 때문이다. 히스테리 환자는 과학적으로 받아들일 수 있는 하나의 담론에 따라 의학권력의 효과들을 의사가 기술할 수 있는 형태로 스스로 다시 베껴 썼기 때문이다. 이런 조작 전체를 가능케 한 권력관계에 대해 말하면 그 결정적 역할이 간파되는 일은 없었다. 왜냐하면 (이것이 히스테리의 최고의 덕, 전례 없는 온순함, 진실한 인식론적 신성함이라 할 수 있는데) 병자들은 그 권력관계를 스스로 떠맡고, 그 책임을 받아들였기 때문이다. 권력관계는 징후 속에 병적인 피암시성으로 나타났다. 그 이후로 모든 것은 모든 권력으로부터 정화된 인식의 청정함 속에서 인식하는 주체와 인식되는 객체 간에 전개된 것이다.

⚜

다음은 가설이다. 위기가 시작됐고 이제껏 윤곽이 확실하지 않았던 반정신의학의 시대가 시작된다. 그것은 샤르코가 서술한 히스테리 발작이 실은 그 자신이 만들어낸 것은 아닌지 의심받고, 그리고 곧 그것이 확신이 됐을 때의 일이다. 여기서 우리는 의사가 자신이 상대하는 대상이라 여겼던 병을 사실은 자신이 전염시키고 있었다고 하는, 파스퇴르가 발견했던 것의 등가물을 볼 수도 있을 것이다.

어쨌든 19세기 말 이래로 정신의학을 엄습한 거대한 모든 동요에 의해 문제화되는 것은 무엇보다도 우선 의사의 권력이 아니었을까 생각한다. 의사의 지식이나 의사가 병자에 대해 말했던 진실보다는 오히려 의사의 권력과 의사가 병자에게 발생시키는 효과가 문제화됐다는 것이다. 더 정확히 말해보자. 이폴리트 베른하임으로부터 로널드 랭 혹은 프랑코 바잘리아에 이르기까지, 문제시됐던 것은 의사가 말한 것의 진실 속에 의사의 권력이 어떻게 함의되어 있었는지였다. 그리고 역으로 그런 진실이 의사의 권력에 의해 어떻게 만들어지고 위태로워졌는지였다. 데이비드 쿠퍼는 이렇게 말했다. "우리 문제의 핵심에 있는 것은 폭력이다."*

* David Cooper, "Violence and Psychiatry," *Psychiatry and Anti-psychiatry*, London: Tavistosk Publications, 1967; "Violence et psychiatrie"(chap.I), *Psychiatrie et anti-psychiatrie*, trad. Michel Braudeau, Paris: Seuil, 1970, p.33.

또 바잘리아는 말했다. "이 제도들(학교, 공장, 병원)의 특징은 권력을 가진 자와 그것을 갖지 못한 자 간의 명확한 분리이다."* 정신의학적 실천 및 정신의학적 사유를 둘러싼 거대한 모든 개혁은 이 권력관계를 중심으로 설정된다. 이 개혁은 권력관계를 바꾸고 은폐하며 제거하고 없애버리려는 시도를 구성하고 있는 것이다. 결국 반정신의학이 근대 정신의학의 총체를 관통하고 있다고 말할 수 있을 것이다. 만약 반정신의학을 과거 병원의 공간에서 병의 진실의 생산을 임무로 하던 정신의학의 역할을 다시 문제화하는 모든 것이라고 이해한다면 말이다.

따라서 근대 정신의학의 역사를 관통해온 반정신의학에 대해 말할 수 있을 것이다. 그러나 아마도 역사적, 인식론적, 정치적 관점으로 봤을 때 전혀 다른 두 절차를 신중하게 구별해야 할 듯하다.

우선 '탈정신의학화' 운동이 있었다. 이 운동은 샤르코 이후 신속히 등장한 것이다. 그리고 이 운동은 의사의 권력을 제거하려는 것이라기보다는 오히려 더 정확한 지식의 이름으로 의사의 권력을 변화시키고, 그것에 별도의 적용 지점, 새로운 방책을 부여하려는 것이다. 샤르코의 경솔함(혹은 무지)으로 의해 병을 과도하게 산출하는 방향으로 나아간 의학적 권력을 그 정당한 효력 내에서 부활시키기 위해 정신에 대한 의학을 탈정신의학화하자는 것이다.

1) 탈정신의학화의 첫 번째 형태는 그 결정적 영웅인 조제프 프랑수아 펠릭스 바뱅스키와 함께 시작된다. 병의 진실을 연극적으로 만들어내려 하기보다는 그것을 엄밀한 현실로, 즉 아마도 때때로 [쉽게] 연극화될 여지가 있는 소질로 국한하는 것이 낫다는 것이다. 암시증으로. 이후

---

* *L'Istituzione negata: Rapporto da un ospedale psichiatrico*, a cura di Franco Basaglia, Torino: Enaudi, 1968; Franco Basaglia, "Les institutions de la violence," *L'Institution en négation: Rapport sur l'hôpital psychiatrique de Gorizia*, trad. Louis Bonalumi et Aurélien Blanchard, Paris: Seuil, 1970.

로 병자에 대한 의사의 지배관계는 전혀 엄밀함을 상실하지 않을 뿐만 아니라 그런 엄밀함과 함께 병은 그 최소한으로까지 환원된다. 병이 정신질환으로서 진단될 수 있도록 하기 위해 필요충분한 징후, 또 그런 병의 현현을 제거하기 위해 필수불가결한 기술만이 남게 되는 것이다.

문제는 소위 정신병원을 파스퇴르화하는 것, 즉 파스퇴르가 병원에 부여했던 단순화의 똑같은 효과를 정신요양원에서 얻는 것이었다. 진단과 치료를, 병의 자연본성에 대한 인식과 출현한 병의 제거를 직접적으로 결합시키는 것 말이다. 시련의 계기, 병이 그 진실 속에서 모습을 드러내고 그 완성에 이르는 이 계기는 이제 의학적 절차 안에서 등장할 필요가 없게 된다. 병원은 광기 자체와 만나거나 대결할 필요 없이 의학권력의 형식이 가장 엄밀한 형태로 유지되는 조용한 장소가 될 수 있게 된다. 탈정신의학화의 이런 '무균적'이고 '무징후적'인 형태를 '생산 제로의 정신의학'이라고 부르도록 하자. 정신외과학과 약리학적 정신의학이 그 가장 유력한 두 형식이다.

2) 탈정신의학화의 두 번째 형태는 첫 번째 형태를 정확히 역전시킨 것이다. 여기서 문제는 진실 속에서 광기가 생산되는 것을 가능한 한 강화하는 것, 하지만 의사와 병자의 권력관계가 그 속에서 정확히 충당될 수 있게 하고 이 권력관계가 계속 광기를 생산하는 데 적합하게 하고, 그것을 권력관계의 틀을 넘어서지 않게 하고 제어가능한 채 유지하면서 광기의 생산을 강화하는 것이다. 이렇게 '탈정신의학화된' 의학권력의 유지를 위한 첫 번째 조건은 정신요양원 공간에 고유한 모든 효과를 회로의 바깥에 두는 것이다. 무엇보다 먼저 샤르코의 마술이 빠졌던 함정을 피해야 한다. 병원에서의 복종이 의학적 권위를 조롱하지 못하게 막을 것. 그리고 집단에 의한 그런 공범관계와 애매한 지식의 장소에서 의사의 지고한 과학이, 그것이 의도하지 않고 만들어낸 여러 메커니즘 속에 말려들지 않도록 할 것. 그러므로 그것은 대면의 규칙이고, 그러므로 의사와 병자 간의 자유로운 계약의 규칙이며, 그러므로 관계의 모든 효

과를 담론의 수준으로만 제한하는 규칙이다("나는 당신에게 한 가지만을 요구한다. 그것은 말하는 것이다. 단지 당신의 머릿속에 떠오른 모든 것을 실제로 이야기하는 것이다"). 그러므로 그것은 담론의 자유라는 규칙이고("당신은 이제 의사를 속이고 있다고 자부할 수 없다. 왜냐하면 이제는 당신이 질문에 답하는 것이 아니기 때문이다. 당신은 당신 머리에 떠오른 것을 말하고, 내가 그것을 어떻게 생각하는지 내게 물어볼 필요조차 없다. 그리고 만약 당신이 이 규칙을 지키기 않고 나를 속이려 해도 내가 진짜 속는 일은 없다. 그때는 당신 자신이 덫에 걸리고 말 것이다. 왜냐하면 당신은 진실 산출을 방해하고 몇 번의 진찰료를 내게 쓸데없이 지불해야 할 것이기 때문이다"). 그러므로 그것은 안락의자의 규칙이고, 그러므로 의사의 권력(침묵과 비가시성 안에 전면적으로 숨어 있기 때문에 어떤 역전의 효과 내에서도 포착될 수 없는 의사의 권력)이 행사되는 이 특권적 장소에서, 특이한 시간 동안에 산출된 효과들에만 현실성을 부여하는 규칙이다.

정신분석학을 샤르코의 외상이 야기한 탈정신의학화의 또 다른 거대한 형태로 해독할 수 있다. 요컨대 그것은 정신의학의 초권력의 역설적 효과들을 제거하기 위해 정신요양원 공간 바깥으로 후퇴하는 것임과 동시에 진실의 생산이 언제나 의학권력에 계속해서 적응할 수 있기 위해 마련된 공간 내에서 의료권력을 재구성하고 진실을 산출하는 행위라는 것이다. 치유의 핵심적인 절차인 전이 개념은 그런 적응을 인식의 내부에서 개념적으로 사유하기 위한 한 방식이다. 전이에 대한 대가인 금전의 지불은 그런 적응을 현실에서 보증하는 한 방식이다. 요컨대 그것은 진실의 산출이 하나의 대항권력이 되어 의사의 권력을 함정에 빠뜨리고, 무효화시키며 전복시키는 것을 막기 위한 한 방식인 것이다.

탈정신의학화의 이 두 거대한 형태는 양자 모두 권력을 보존하려고 한다. 왜냐하면 전자는 진실의 생산을 무효화하고, 후자는 진실의 생산과 의학권력을 서로 적응시키려고 하기 때문이다. 반정신의학은 이런 두 형태와 대립한다.

정신요양원의 공간 밖으로 후퇴하기보다는 내적인 작업을 통해 정신요양원을 체계적으로 파괴하는 것이 관건이라는 것, 그리고 자신들의 광기와 그 진실을 만들어내는 병자의 권력을 제로로 환원시키려 하기보다는 그 권력을 병자 자신에게 전이시키는 것이 관건이라는 것, 바로 이것들에 입각해 내 생각에 반정신의학에서 관건이 되는 것이 무엇인지를, 그리고 그것이 (진단의 정확성이나 치료의 효율성 같은) 인식의 관점에서 정신의학의 진실 가치가 결코 아니라는 것을 알 수 있다.

반정신의학의 핵심에는 제도에 의한, 제도 내에서의, 제도에 반하는 투쟁이 존재한다. 정신요양원의 거대한 구조가 19세기 초에 설정됐을 때 정신요양원은 광인들의 무질서로부터 보호가 요구되는 사회의 질서와 병자들의 격리를 요구하는 치료의 필요 사이에 찬탄할 만한 조화가 이뤄짐으로써 정당화됐다. 광인의 격리를 정당화하려고 하며 에스키롤은 다섯 가지 이유를 들고 있다. (1) 광인의 안전과 그 가족의 안전을 보장하기 위해, (2) 광인이 외적인 영향을 받지 않게 하기 위해, (3) 광인의 개별적인 저항을 제압하기 위해, (4) 광인을 의학적 체제에 복종시키기 위해, (5) 광인에게 새로운 지적·도덕적 관습을 부과하기 위해. 여기서 볼 수 있듯이 모든 것이 권력과 연관된 문제이다. 광인의 권력을 제압하고, 광인에게 행사될 수 있는 외적인 권력을 무력화하며, 광인에 대한 치료적·조련적·교정적 권력을 확립하는 것이 문제인 것이다. 그런데 반정신의학이 공격하는 것은 이런 여러 권력의 장소, 그 배치형태, 그 메커니즘으로서의 제도이다. 정화된 한 장소에 존재하는 것을 확증할 수 있게 해주고 적절한 시기에 적절한 장소에서 적절한 방식으로 개입을 가능케 해준다는 감금의 정당화 밑에 제도적인 관계에 고유한 지배관계가 있다는 것을 반정신의학은 명확히 보여줬다. 20세기에 에스키롤의 처방 효과를 확증하면서 바잘리아는 "의사의 권력은 환자의 권력이 감소되는 만큼 터무니없이 강해진다. 환자는 감금됐다는 단순한 사실로 인해 권리 없는 시민이 되고, 자신을 마음대로 다루는 의사와 간호사의 전횡에 내맡겨지고 도움을 요청할 가능성조차 갖지 못한다"*고 말한다. 반정신의학의 다양한 형태를 이런 제도적 권력의 작용과 관련한 전략에 따라 위치시킬 수 있을 것이다. 제도적 권력의 작용으로부터 벗어나 두 사람이 자유롭게 동의한 계약의 형태로 향하는 것(토머스 사스). 제도적 권력의 작용이 재구성되는 경우에도 그것이 중단되거나 추방되어야만 하는 특권적 장소를 마련하는 것(킹슬리 홀). 제도적 권력의 작용을 하나하나 포착해 고전적인 유형의 제도 내에서 점진적으로 파괴하는 것(21호 병동의 쿠퍼**). 어떤 개인을 이미 정신병자로서 차별하게 만드는 정신요양원 밖의 다른 권력관계와 제도적 권력의 작용을 결부시키는 것(고리치아***). 권력관계는 정신의학 실천의 아프리오리를 구성한다. 요컨대 권력관계는 정신요양원 제도가 기능하는 방식을 조건화하고, 개인들 간의 관계를 배치하며, 의학적 개입의 형태를 규제하고 있었던 것이다. 반정신의학에 고유한 역전은 권력관계를 문제를 내포한 영역의 중심에 놓고 무엇보다도 먼저 그것에 대해 물음을 던지는 데 있었다.

하지만 그런 권력관계에 우선적으로 내포되어 있는 것은 광기에 대한 비광기의 절대적 권리였다. 그것은 무지에 대해 행사되는 전문 지식, 착오(착각, 환각, 환상)을 수정하는 (현실에 접근하기 위한) 양식, 무질서

* Basaglia, "Les institutions de la violence," p.111.

*** 1962년 1월부터 데이비드 쿠퍼가 런던 북서쪽에 있는 정신병원[셴리 병원(Shenley Hospital)]의 21호 병동에서 실시한 실험을 말한다. 이 실험은 일련의 반정신의학 공동체 실험의 개시를 알렸는데, 그 중 가장 잘 알려진 것이 킹슬리 홀에서의 실험이었다. 1966년까지 21호 병동의 소장이었던 쿠퍼는 『정신의학과 반정신의학』(본서 485쪽의 각주 참조)에서 당시의 경험을 설명하고 있다. — Eng.

*** 이탈리아의 도시 트리에스테 북쪽에 있는 공립 정신병원. 1963년 프랑코 바잘리아와 그의 의료진은 이곳을 제도적으로 변형시키는 작업에 착수했다. 『제도적 거부』(본서 486쪽의 각주 참조)에서 바잘리아는 하나의 본보기가 된 이곳에서의 반제도적 투쟁을 설명하고 있다. 바잘리아는 트리에스테에서 자신의 실험을 계속하기 위해 1968년에 고리치아의 소장직을 포기했다. — Eng.

와 일탈에 대해 부과되는 정상성이라는 세 관점에 입각한 권리였다. 광기를 하나의 의학적 과학을 위해 가능한 인식 대상으로 구성시킨 것은 이 삼중의 권력이다. 바로 이 삼중의 권력이 병에 걸린 '주체'가 광인으로서 그 자격을 박탈당하는 그 순간에(요컨대 '주체'가 자신의 병에 관한 모든 권력과 모든 지식을 박탈당하게 되는 바로 그 순간에) 광기를 병으로 구성했던 것이다. "너의 고통과 너의 특이성을 우리는 알고 있고(너는 그것을 의심하지 마라), 그러므로 우리는 그것을 병으로 인정하고 있다. 하지만 그 병이라는 것을 숙지하고 있는 우리는 네가 그것과 관련해, 그리고 그것에 대해 어떤 권리도 행사할 수 없다는 것도 알고 있다. 너의 광기에 대해 우리의 과학은 우리가 그것을 병이라 부르는 것을 허가한다. 그리고 그 때문에 우리 의사들은 개입을 행한다. 네 안에서 하나의 광기를 진단하는 자격을 부여받은 것이다. 그 광기가 네가 다른 병자와 동일한 병자이지 못하게 만든다. 요컨대 너는 정신병을 앓고 있는 병자이다." 하나의 권력이 하나의 인식을 발생시키고 그 인식이 이번에는 그 권력을 기초하는 권력관계의 이런 작용이 '고전적' 정신의학을 특징짓는다. 이 원환을 반정신의학은 다음과 같은 방법으로 절단하려고 한다. 먼저 개인에게 하나의 경험, 즉 다른 사람들이 자신들의 이성 혹은 정상성을 통해 유지하는 권력의 이름으로 부여할 수 있는 것이 아닌 하나의 경험 속에서 자신의 광기를 끝까지 영위할 임무와 권리를 부여함으로써이다. 다음으로는 행동, 고통, 욕망을 그들에게 부여된 의학적 지위로부터 분리시켜 단지 분류상의 가치만을 가지는 것이 아니라 결정과 명령의 가치도 갖고 있는 진단과 징후학으로부터 그들을 해방시킴으로써, 그리고 최종적으로 17세기에 도식화되어 20세기에 완성된 광기를 정신병 내에 대대적으로 옮겨 적어온 것을 무효화함으로써이다.

광기의 탈의학화는 반정신의학의 실천에서 무엇보다 먼저 권력이 문제화된 것과 상관관계에 있다. 이렇게 해서 반정신의학이 탈정신의학과 어떻게 대립되는가가 이해된다. 즉 '탈정신의학'으로 특징지을 수 있다고 생각되는 정신분석학과 정신약리학은 양자 모두 광기의 초의학화를 행했던 것이다. 그리고 여기로부터 지식-권력에 입각해 성립되는 인식이라는 특이한 형식과 관련해 광기가 어떻게 해방될 수 있을까 하는 문제가 열리게 된다. 광기의 진실 생산이 인식관계 이외의 형식에서 행해질 수 있을까? 그것은 가공의 문제라고 말할 수 있을지 모른다. 유토피아에서나 그 장을 가질 수 있는 문제라고 말이다. 하지만 실제로 이 문제는 탈정신의학화의 기획 내에서 의사의 역할(인식 주체의 지위를 가진 자의 역할)과 관련해 나날이 구체적으로 제기되고 있는 문제인 것이다.

⚜

세미나는 두 주제를 교대로 다뤘다. 18세기의 병원제도와 병원의 건축에 관한 역사, 그리고 1820년 이래 정신의학 분야 내에서의 법의학 감정서에 관한 연구가 그것들이었다.

강의정황

1973년 11월 7일부터 1974년 2월 6일까지 '정신의학의 권력'에 할애된 강의들은 이전의 연구들과 역설적 관계를 유지하고 있다. 여기에는 우선 연속성의 관계가 있다. 왜냐하면 미셸 푸코 자신이 지적하듯이 이 강의들은 예전에 "『광기의 역사』에서 시도했던 작업의 도달 지점이거나 그 중단 지점"에 기입되기 때문이다(1강[1973년 11월 7일]). 사실 『광기의 역사』는 "에스키롤과 브루세에서부터 자네, 블로이러, 프로이트에 이르기까지 개념의 발전을 가능하게 만든 구성적이지만 역사적으로 유동적인 토대"를 복원해야 할 미래의 연구에 돌파구를 마련해줬다.[1] 1978년 4월 3일 콜린 고든 및 폴 패튼과 행한 미간행 인터뷰는 이 점을 확증해준다. "『광기의 역사』를 쓸 때 저는 그것을 현재까지 지속될 한 연구의 제1장 혹은 서두로서 생각하고 있었습니다."

하지만 거기에는 불연속적인 관계도 있다. 이것은 문제의 전환을 보여주려고 하는 배려로 충만한 몇몇 발언, 그리고 "다른 관점에 입각해 더 명확한 불빛 아래서 과거의 연구를 바라보려는"[2] 푸코 자신의 말을 통해 증명되고 있다. 초기 저작들[3]이 관심을 기울인 것은 '정신의학'이라

1) Michel Foucault, *Histoire de la folie à l'âge classique*, Paris: Gallimard, 1972, p.541. [이규현 옮김, 『광기의 역사』, 나남, 2003, 793쪽.]

2) Michel Foucault, "Usage des plaisirs et techniques de soi"(1983), *Dits et Écrits*, t.4: 1980-1988, éd. Daniel Defert et François Ewald, avec collab. Jacques Lagrange, Paris: Gallimard, 1994, p.761. [이하 '*DÉ*, 권수, 쪽수'만 표기.]

기보다는 '정신병'이었다. 그리고 『광기의 역사』의 초판 서문은 "정신의학의 역사가 아니라 지식에 의해 포획되기 이전에 생생한 상태에 있는 광기 그 자체의 역사"[4]로서 스스로를 소개한다. 또 『정신의학의 권력』은 『광기의 역사』가 끝나는 지점에서 분석을 재개하지만, 그 쟁점을 이동시키고 분석이 전개되는 지형과 그것이 사용하는 개념적 도구도 변형시키게 된다. 이로부터 다음과 같은 질문이 나온다. 이런 문제의 전환을 가능케 하고 그것을 필연적인 것으로 만든 것은 무엇일까? 이런 문제에는 다음과 같은 것이 함의되어 있다. 즉 권력과 그 여러 장치에 중요한 전략적 자리를 부여하도록 유도한 개념적 역동성 속에서 이 강의의 탄생을 이해하려고 해야 할 뿐만 아니라 정신의학이 1970년대에 맞닥뜨려야만 했던 문제들, 정신의학의 권력의 문제를 무대의 전면에 출현시킨 여러 문제의 영역 내에서도 그것을 이해해야 할 것이다.

1. 강의의 쟁점

첫 번째 강의에서 논의되고 있는 것은 "정신요양원 제도가 기능하는 방식을 조건화하고, 개인들 간의 관계를 배치하며, 의학적 개입의 형태를 규제하고 있었던 …… 권력관계"[5]를 중심으로 해 여러 문제들이 재편성됐는데 이런 정신의학의 현상황을 반정신의학이 거기에 한 기여에 비추어 다뤄보겠다는 계획, 그리고 이로부터 출발해 그런 권력장치의 역사적 형성에 대해 회고적인 분석을 해보겠다는 계획이었다. 이것으로부터 정신의학의 역사[6]를 쓰는 그런 방식이 그 특수성을 획득한다. 개념

---

3) Michel Foucault, *Maladie mentale et personnalité*, Paris: PUF, 1954; *Maladie mentale et Psychologie*, Paris: PUF, 1962. [박혜영 옮김, 『정신병과 심리학』, 문학동네, 2002.]

4) Michel Foucault, "Préface," *Folie et Déraison: Histoire de la folie à l'âge classique*, Paris: Plon, 1961, p.vii; *DÉ*, t.1: 1954-1969, p.164.

5) Michel Foucault, "Le pouvoir psychiatrique"(1974), *DÉ*, t.2: 1970-1975, p.685; 본서의 「강의요지」, 490쪽.

들과 학설들의 변화를 복원한다거나 정신의학에 효과를 발생시키는 것으로서의 제도의 작동방식을 분석하는 것이 아니라 정신의학 장치의 역사를 연구하는 이런 방식은 장치의 강력한 선이나 허약한 선, 가능한 저항 지점들과 공격 지점들을 폭로하려고 한다. 그래서 문제는 초기 글들에서처럼 정신병리학이 병리학적 추상화와 인과론적 사유방식 아래서 정신병의 진정한 조건을 은폐했다고 고발당한 정신의학에 대해 소송을 하는 것이 더 이상 아니었다.[7] 또 『광기의 역사』에서와 같이 우리가 광인들과 맺는 관계의 역사의 어떤 시점에서 왜 광인들이 소위 그들을 치료한다고 하는 어떤 특수한 시설에 놓이게 됐는지를 이해하는 것도 더 이상 아니다. 이제 문제가 되는 것은 투쟁의 목표를 끌어내기 위해 이런 권력체계와 연관된 과거의 토대에 현재의 장치를 연결시키고 있는 막연한 연속성의 관계를 명확히 해명하는 데 역사를 이용하는 것이다. 1973년에 푸코는 이렇게 선언했다. "정신의학의 영역에서 정신의학의 지식, 정신의학의 제도가 19세기 초에 어떻게 성립됐는지 파악하는 것은 흥미로운 일이라고 생각된다……. 우리가 오늘날 모든 정상화의 심급에 대항해 싸우기를 원한다면 말이다."[8] 이 강의의 혁신성은 여기로부터 나오는 것이다. 왜냐하면 권위와 지배의 형태로[9] 현시되는 힘관계

6) 정신의학의 역사에 관한 강의 이전 혹은 이후의 연구와 관련된 특수성. 특히 다음의 저작을 참조하라. Erwin Heinz Ackerknecht, *A Short History of Psychiatry*, New York: Hafner, 1968.

7) 예를 들어 푸코는 루트비히 빈스방거의 『꿈과 실존』에 부치는 서문에서 "병을 '객관적 절차'로 보거나 병자를 그런 절차가 전개되는 부동하는 장으로 간주하는" 정신의학의 경향을 고발한다. Michel Foucault, "Introduction," in Ludwig Binswanger, *Le Rêve et l'Existence*, trad. Jacqueline Verdeaux, Paris: Desclée de Brouwer, 1954, p.104; *DÉ*, t.1: 1954-1969, p.109.

8) Michel Foucault, "La vérité et les formes juridiques"(1974), *DÉ*, t.2: 1970-1975, p.644. 1976년 10월 8일 라디오-프랑스에서 행한 인터뷰 "처벌이냐 치료냐"(Punir ou guérir)도 참조하라. "우리가 맞서 싸우고 있는 바를 정확히 위치시킬 필요가 있기 때문에 저는 이 역사적 분석이 정치적으로 중요하다고 생각합니다."

의 그늘이 의학적 진실의 빛을 가리고 있다는 의심이 이따금씩 표명된다 해도 이 의심은 정신요양원을 구성하는 놀랄 만큼 세밀하고 교묘하게 위계화된 이 권력에 대한 분석을 시작하는 수준에까지는 이르지 못한다. 권력과 관련해 푸코는 결국 다음과 같이 인정한다. "저는 전혀 이 말을 사용하지 않았다는 것, 그리고 이 분석 영역을 제 수중에 갖고 있지 않았다는 것을 확실히 자각하고 있지 못했죠."[10]

정신의학의 권력이라는 문제를 무대의 전면에 놓이게 한 것은 틀림없이 두 요소의 결합과 연관되어 있다. 첫 번째로 푸코의 연구에서 개념적 역동성에 고유한 요소, 두 번째로 1970년대의 사회정세에 속하는 요소, 이렇게 이 두 요소의 결합과 관련이 있는 것이다.

푸코는 제도의 '폭력'과 '지배'의 양태에 준거하다가 1971~72년 콜레주드프랑스 강의 『형벌의 이론과 제도』에서 자신이 "'지식-권력'의 근본적 형태"[11]라 부르는 것으로 문제를 전환하게 된다. 이런 재편성은 아마도 법의학 감정에 가지는 관심에 결부되어 있는 듯하다. 이 해의 세미나에서 고찰의 대상이 됐던 이 법의학 감정을 통해 푸코는 과학적인 것이라고 주장하는 하나의 의심스러운 담론이 어떻게, 왜 형벌의 실천과 관련해 이처럼 큰 권력 효과를 야기시키는 것일까 사유해야 할 필요성에 직면했던 것이다. 1955년의 드니즈 라베 사건과 자크 알가롱 사건 혹은 1960년의 조르주 라팽 사건 같이 폭넓은 반향을 불러일으킨 사건들에 의해 법의학 감정에 대한 관심은 유지되고 있었다(이 사건들은 『비

9) "의학적 인물이 광기를 포위할 수 있는 것은 그가 광기를 인식하기 때문이 아니라 그가 광기를 제어하기 때문이다. 그래서 실증주의에서 객관성의 형상을 띠는 것은 그런 지배의 다른 측면 혹은 그 여파에 지나지 않는다." Foucault, *Histoire de la folie à l'âge classique*, p.525. [『광기의 역사』, 770쪽.]

10) Michel Foucault, "Entretien avec Michel Foucault"[Alessandro Fontana et Pasquale Pasquino](1976), *DÉ*, t.3: 1976-1979, p.146.

11) Michel Foucault, "Théories et institutions pénales"(1972), *DÉ*, t.2: 1970-1975, p.390.

정상인들』[12]의 1강[1975년 1월 8일]에서 언급된다). 하지만 감옥의 문제에 기울인 관심으로 인해 푸코는 테크놀로지, 전략, 전술을 통해 권력의 문제에 접근해야 할 필요가 있다는 것을 깨닫게 된다.[13] 하지만 그와 동시에 푸코가 상기하듯이 "제기됐던 가장 중대한 문제들 가운데 하나가 과학의 정치적 위상과 과학이 수반할 수 있었던 이데올로기적 기능과 관련된 문제였던"[14] 1950년대에 그랬던 것처럼 정신의학에 관한 문제가 이론적 정당화의 관점에서 더 이상 제기되지 않고 이제 단번에 권력이라는 강고한 근본적 요소를 출현시키는 상황이 조성될 필요가 있었다. 누가 권력을 쥐고 있는가? 누구에게 권력이 행사되는가? 무엇과 관련해 권력이 행사되는가? 권력은 어떻게 작동하는가? 그 권력은 어디에 쓰이는가? 다른 권력들 중 그 권력이 차지하는 위치는 어디인가?[15]

확실히 전후 정신의학의 위기에 대한 최초의 답변은 적어도 의학적이자 정치적인 것이었다. 이를테면 공산주의자였던 정신과 의사 뤼시엥 보나페에 의해 시작된 '탈정신의학' 운동이 있는데, 이 운동은 '초기 정신의학'의 도움을 받아, "장애물을 배제하려고 하는 사회질서의 원리를 기반으로 해 구성된, 소외시키는 것과 소외되는 것의 총체에 대한 시선을 해방하는 것"[16]을 목표로 삼았다.

---

12) Michel Foucault, *Les Anormaux: Cours au Collège de France, 1974-1975*, éd. s. dir. François Ewald et Alessandro Fontana, par Valerio Marchetti et Antonella Salomoni, Paris: Gallimard/Seuil, 1999, pp.35, 16~20, 143~144. [이재원 옮김, 『비정상인들: 콜레주드프랑스 강의 1974~75년』, 도서출판 난장, 근간.]

13) Michel Foucault, "Les rapports de pouvoir passent à l'intérieur dés corps"(1977), *DÉ*, t.3: 1976-1979, p.229.

14) Foucault, "Entretien avec Michel Foucault"(1976), p.140.

15) 본서의 「강의요지」를 참조하라.

16) Lucien Bonnafé, "Désaliénisme? Désaliéner. Verbe actif (inédit)," *Désaliéner?: Folie(s) et Société(s)*, Toulouse: Presses universitaires du Mirail/Privat, 1991, p.321. [위에서 '탈정신의학'으로 옮긴 'désaliéniste'는 '정신이상학'(정신이상의 과학/aliénisme)에서 벗어난 상태, 혹은 그런 상태에 있는 사람을 지칭하기도 한다.]

하지만 초기 정신의학을 차별의 절차 및 배제행위와 공범관계에 있다고 고발함으로써 정신의학의 '권력' 문제가 정식화되지는 못한다. 여기에는 여러 이유가 있다.

첫째로 전쟁의 유산이 정신의학의 권력이라는 문제보다 '정신의학의 비참'[17]이라는 문제를 제기하는 방향으로 유도됐기 때문이다. 다음으로 푸코가 지적하고 있듯이 "프랑스에서 정치적 선택의 이유로 정신의학의 기제에 대해 문제를 제기할 수 있는 상태에 있었던 정신과 의사들은 하나의 정치적 상황으로 인해 옴짝달싹할 수가 없었다. 요컨대 소련에서 일어나고 있던 일 때문에 이 문제제기가 결코 바람직하지 않게 됐던 것"[18]이다. 결국 정신의학적 실천이 운용하는 수단들을 당연히 문제 삼으며 또 정신의학 제도가 행한다고 주장하는 것과 실제로 행하고 있는 것 간의 모순을 고발하는 비판은 가능하다. 하지만 이런 비판은 제도상의 계획이나 그 계획 자체에 의해 설정된 여러 기준들에 따라서만 행해진다. 그래서 더 유연하고 '의학적'인 모델로부터 훨씬 더 멀어진 새로운 개입방식이 제안된다거나, 보나페 혹은 토니 레네[19]의 용어를 사용

17) "Misère de la psychiatrie: La vie asilaire. Attitudes de la société (Textes de malades, de médecins, d'un infirmier, dénonçant la vie asilaire chronicisante, la surpopulation, le rè-glement modèle de 1838)," *Esprit*, 20e année, décembre 1952. 푸코는 다음의 책에서 "『에스프리』의 이 주목할 만한 호"를 언급한다. Foucault, *Maladie mentale et personnalité*, p.109, n.1.

18) 전제적 감금을 암시한다. 그 가운데서 가장 유명한 것은 표트르 그리고렌코 장군 사건과 블라디미르 보리소프 사건이다. 그리고렌코 장군은 반소비에트 활동 혐의로 기소되어 모스크바의 세르브스키 연구소에 감금됐다. 보리소프는 레닌그라드 특수정신병원에 감금된다. 보리소프를 석방시키려고 빅토르 파인베르그를 선두로 캠페인이 벌어지고 데이비드 쿠퍼와 푸코를 비롯한 지식인들이 이 캠페인을 지지했다. Michel Foucault, "Enfermement, psychiatrie, prison" (1977), *DÉ*, t.3: 1976-1979, pp.332~360. 1971년 가을에는 반체제 인사인 블라디미르 부코프스키의 감금 사건이 있었다. Wladimir Boukovski, *Une nouvelle maladie mentale en URSS: L'opposition*, Paris: Seuil, 1971.

한다면 '다른 정신의학'에 호소할 뿐이다. 그리고 정신의학의 실천에 대한 이런 문제제기가 '정신의학의 권력'의 문제로 나아가지 못했다면 그 이유는 아마도 시작된 투쟁이 푸코가 강조하고 있듯이 정신의학의 동업조합주의와 정신병원의사협회의 방어라는 범주를 넘어서지 못했기 때문이다. 요컨대 "대부분이 공무원인 정신과 의사들의 신분 때문에 많은 의사들이 노조의 방어라는 관점에서 정신의학에 문제를 제기하게 된다. 그래서 많은 것들과 관련한 그들의 역량, 관심, 개방성을 통해 정신의학에 대한 문제를 제기할 수도 있었던 이들은 막다른 골목에 봉착하게 됐다."[20] 그래서 권력의 문제는 정신병원의사협회의 노동조합적 투쟁이라는 파생적 방식으로 그 표현형식을 발견할 수 밖에 없었다. 푸코가 지적하고 있듯이 정신과 의사들은 "의학이나 행정당국에 대립할 수는 있었지만 그것들로부터 해방될 수는 없었던 것이다."[21]

따라서 정신의학의 권력에 문제를 제기하기 위해서는 외부로부터 사건들에 개입할 필요가 있었던 것이다. 이것이 바로 1968년 5월 이후 한 의사가 한 개인의 정신상태를 결정하는 데 보유하고 있는 권력에 문제를 제기하고 정신의학의 구조와 이데올로기로부터 해방되어 새롭게 광기를 받아들이려고 하는 새로운 정치적 행동주의였다. 그래서 분산되고 지역적인 부문별 투쟁들이 전개되는 것을 볼 수 있는데 푸코는 이 투쟁에서 '예속된 지식들의 봉기,' 다시 말해 이론적으로 잘못 고안되고 위계적으로 하위에 있는 지식이라고 간주되어 가치를 박탈당한 여러 지식

19) Tony Lainé, "Une psychiatrie différente pour le malaise à vivre," *La Nouvelle Critique*, no.59, décembre 1972. 이 논문은 다음의 책에 재수록됐다. *Éditions de la Nouvelle Critique*, avril 1973, pp.23~36.

20) Michel Foucault, "Entretien avec Michel Foucault"(1978)[Duccio Trombadori], *DÉ*, t.4: 1980-1988, p.61.

21) Michel Foucault, "Michel Foucault: Les réponses du philosophe"(1975)[entretien avec Cláudio Bojunga et Reinaldo Lobo], *DÉ*, t.2: 1970-1975, p.813.

들의 봉기를 목격한다. 가령 젊은 정신과 의사들의 봉기가 있었다. 좀 더 미묘한 차이를 포함하고 있고, 좀 더 정치적인 입장에 기초한 동업자조합주의적 관심을 가지고 있었던 그들은 전제적 감금이라는 스캔들을 고발하기 위해 1972년에 감옥정보단체Groupe Information Prisons를 모델로 해 정신병원정보단체Groupe Information Asiles를 창설했고, 이 단체는 곧 '정신의학화된 사람들'에 의해 계승된다. 이렇게 해서 생겨난 '정신의학화된 사람들'과의 새로운 동맹으로부터 『투쟁하는 정신의학화된 사람들』이라는 제목의 기관지가 탄생하고 정신건강에 종사하는 사람들과 병자들이 거기서 발언하게 된다.[22] "정신의학에서 간호사의 양성과 역할"이라는 주제 아래 정신의학-신경학 회의(1974년 9월, 옥세르)가 개최된 것을 계기로 간호사들에 의한 일련의 운동이 일어나기도 했다. 그들은 자신들의 실천과 지식을 은폐하는 것으로서의 의학적 감시로부터 자유롭게 되는 것, 그리고 정신의학적인 '시설'에 의해 주변부화된 여러 사회적·정치적 구성요소를 자신들의 작업에 재통합시키는 것을 갈구했다. 그래서 '정신의학 제도에 대한 연구와 백서 작성을 위한 협의회'Association pour l'étude et la réalisation du Livre Blanc des institutions psychiatriques가 탄생하고 그 대항학회의 보고서 『정신의학 간호사들은 말한다』[23]가 발표된다. '전문 지식'에 준거하는 것은 정신의학의 '권력'에 사회적 정당성을 부여하는 것이

22) 1970년 4월에 이미 '계급의 정신의학'과 맞서 싸우려고 하던 극좌파 기관지 『카이예 푸르 라 폴리』(*Cahier pour la folie*)가 발간되고 1973년 6월 특집호는 빌쥐프 정신병원의 곤란한 환자들에 대한 안전조치를 다뤘다. 잡지 『마루쥬』(*Marge*)는 1970년 4~5월호에서 '정신의학의 부패'라는 문제를 다뤘다. 1973년 11월 『정신의학, 공포의 역전』(*Psychiatrie: La peur change de camp*)이라는 제목의 소책자가 출간됐고, 같은 해 12월에는 『정신의학과 계급투쟁』 제0호가 "노동계급의 투쟁과 연결된 '사회'복지사들의 혁명적 자각을 위한 표어를 만들어'내어야만 하는' 이론적 연마의 장소"가 되는 것을 목표로 해 발간된다. *Psychiatrie et Lutte de classe*, no.0, décembre 1973, p.1. '젊은 정신과 의사들'이 담당한 역할에 대해서는 다음을 참조할 것. Foucault, "Entretien avec Michel Foucault"(1978), p.60.

23) *Des infirmiers psychiatriques prennent la parole*, Paris: Capédith, 1974.

라고 보면서 모든 '반정신의학적'인 조류는 병자의 상황의 복잡함을 전문 지식을 갖춘 사람들이 언급해야 할 기술적 문제로 환원하는 것을 철저히 거부하려고 했다. 『정신의학은 만인에 의해 만들어지고 해체되어야 한다』[24]라는 로제 장티스의 책 제목이 이 점을 잘 보여준다.

이런 운동으로부터 교훈을 끌어내며 푸코는 1973년 6월 다음과 같이 주장한다. "반정신의학의 중요성은 한 개인의 정신건강 상태에 대해 결정을 내리는 의사의 권력을 문제화하는 데 있다."[25]

2. 강의의 특성

'투쟁의 전략'을 규정하기 위해, 정신의학적 지식과 실천의 형성 조건에 대한 분석을 내포하고 있는 '역사-정치적' 쟁점을 정하는 것은 문제화의 지점을 이동시키는 것을 필요로 한다. 실제로 구성적 '토대'에 준거함으로써 혹은 『정신병과 심리학』에서처럼 '진정한 인간'[26]의 시원적 경험에 준거함으로써 역사적 정황이 상대적이라는 것이 드러나는데도 불구하고 이런 분석을 시도하는 것은 어려운 일이다. 그래서 『광기의 역사』가 "합리적 사유를 이끌어 광기를 정신병으로 분석하도록 하는 올바른 엄정성"[27]을 "수직적 차원에서" 재해석하려고 의도한 반면에 『정신의학의 권력』은 그런 상상적 깊이를 포기하고 표면효과의 현실에 천착한다. 『정신의학의 권력』은 정신의학의 담론적 실천을 그것이 형성되는 지점에서 파악해보려고 시도한다. 요컨대 치료법, 행정적 조치와 법률, 규칙의 배치와 건축의 정비[28] 같은 이질적 요소들이 서로 결합되는 권

---

24) Roger Gentis, *La psychiatrie doit être faite/défaite par tous*, Paris: Maspero, 1973.

25) Michel Foucault, "Le monde est un grand asile"(1973), *DÉ*, t.2: 1970-1975, p.433.

26) Foucault, *Maladie mentale et Psychologie*, p.2. [『정신병과 심리학』, 9쪽.]

27) Foucault, *Histoire de la folie à l'âge classique*, p.40. [『광기의 역사』, 86쪽.]

28) Michel Foucault, "Le jeu de Michel Foucault"(1977), *DÉ*, t.3: 1976-1979, p.299. (이 글 「강의정황」 맨 앞에서 언급한) 1978년 4월 3일 콜린 고든 및 폴 패튼과 행한

력 '장치'를 파악하려고 시도한다. 그러므로 이것은 '토대설정'의 문제가 아니라 '인접관계'의 문제이다. 여기로부터 '분산'의 원리에 따르는 분석의 유형이 생겨난다. 그것은 지식과 실천으로부터 구성성분들을 추출해내고 그것들이 서로 결합된 공간을 복원하며, 모인 대량의 자료들에 '형상'을 부여하는 연관관계를 수립하려고 한다.

3. 개념적 도구

그래서 『광기의 역사』를 통해 시작된 작업을 새로이 재개하려면 이 저작이 사용하던 개념적 도구를 변화시키는 것이 필요하다. 먼저 푸코 자신의 고백에 따르면 『광기의 역사』가 머물러 있었던 여러 형태의 '표상'에 대한 참조를 '권력장치'에 대한 참조로 대체하는 것이 필요하다. 그래서 "표상들의 핵,"[29] 다시 말해 광기에 대해 사람들이 만들어내던 이미지, 광기가 불러일으키던 고정관념, "이미 거기에 와 있는 죽음"[30]을 형상화하던 광기를 중심에 위치시키던 분석의 양식을 『정신의학의 권력』은 어떤 주어진 시기에 지배적인 전략적 기능을 가지고 있는 '권력장치'에 대한 참조로 대체한다.

두 번째로 『광기의 역사』 2~3장에서 제시된 치료방식에 대한 분석의 근간이 되는 '폭력' 개념에 호소하는 것을 포기하는 것이 필요하다. 실제로 이 폭력 개념이 수반하는 함의들로 인해 『광기의 역사』는 정신의학의 실천을 조직하는 권력관계와 전술을 분석하는 데 대단히 부적절했다. 즉각적인 강제 관념과 불규칙하고 숙고되지 않은 권력행사를 암시하기 때문에 폭력 개념은 정신요양원에서 행해지는 세심하게 계측된 권력행사('폭력'은 이런 권력행사의 제한된 한 형태에 불과하다)를 복원할

미간행 인터뷰에서 푸코는 "제가 연구하고 있는 것은 건축입니다"라고 말했다.

29) 본서의 1강(1973년 11월 7일), 특히 33쪽을 참조하라.

30) Foucault, *Histoire de la folie à l'âge classique*, p.26. [『광기의 역사』, 64쪽.]

수 없다. 게다가 이 폭력 개념은 권력을 배제, 억압, 금지 같은 단순히 부정적 효과만을 가진 심급으로 만들어버림으로써 정신의학의 권력이 가지고 있는 생산성을 고려하는 데 실패한다. 정신의학의 권력은 분명히 담론을 생산하고 지식을 형성시키며 쾌락 등을 결과시킨다. 마지막으로 타자를 그가 강압에 의해 해야 하는 것 이외의 그 어떤 것도 할 수 없는 불가능성의 상태에 위치시키는 불균형한 힘의 관계라는 관념을 수반하기 때문에 폭력 개념은 살페트리에르의 히스테리 환자들이 의학권력에 대항해 펼치는 '대대적인 술책'에서 드러나는 것과 같은 권력 작용의 복잡성을 복원하는 데 적합하지 않다.31)

결국 정신요양원 '제도'를 본질적인 참조물로 더 이상 제시하지 않고 그 '외부'로 나아가 그 제도의 구축과 기능방식을 사회를 특징짓는 권력테크놀로지 내에 재설정하는 것이 필요하다. 『광기의 역사』와 관련한

---

31) 본서 12강(1974년 2월 6일)을 참조하라. 여기서 푸코의 문제계와 영미권·이탈리아 반정신의학 운동의 문제계 간의 차이가 드러난다. 후자의 문제계에서는 사회 일반과 특히 정신의학에 의해 행사되는 '폭력'이 표적이 되고, '정신분열증 환자'의 범례적 형상이 정해진다. 요컨대 정신분열증 환자는 소외되고 사회적 요청에 예속된 '그릇된 자아'의 구축을 거부하며, 일상적 폭력의 가면을 파열시키고, 로널드 랭의 말처럼 그 덕분에 "우리의 폐쇄된 정신의 균열을 통해 빛이 생겨나기 시작"하게 된다. Ronanld Raing, *The Politics of Expérience and the Bird of Paradise*, London: Tavistock Publications, 1967; *La Politique de l'expérience: Essai sur l'aliénation et l'Oiseau de Paradis*, trad. Claude Elsen. Paris: Stock. 1969. p.89. 데이비드 쿠퍼의 저작도 참조하라. David Cooper, *Psychiatry and Anti-psychiatry*, London: Tavistosk Publications, 1967; *Psychiatrie et anti-psychiatrie*, trad. Michel Braudeau, Paris: Seuil, 1970; David Cooper and Ronanld Raing, *Reason and Violence*: A Decade of Sartre's Philosophy, 1950-1960 London: Tavistosk Publications, 1964; *Raison et Violence: Dix ans de la philosophie de Sartre (1950-1960)*, trad. Jean-Pierre Cottereau, avant-propos de Jean-Paul Sartre, Paris: Payot, 1972. 또한 다음도 참조하라. Franco Basaglia, et. al., *L'Istituzione negata: Rapporto da un ospedale psichiatrico*, Torino: Enaudi, 1968; Franco Basaglia, "Les institutions de la violence," *L'Institution en négation: Rapport sur l'hôpital psychiatrique de Gorizia*, trad. Louis Bonalumi et Aurélien Blanchard, Paris: Seuil, 1970.

거리두기는 바로 여기로부터 결과된다. 푸코 자신의 말에 따르면 『광기의 역사』는 '정신의학 제도의 역사'이기를 원했고, 또 정신의학의 지식의 형성을 정신의학의 제도화 절차에 결부시켰다는 것이다.[32]

이것이 다른 모든 비판적 동향과 관련해 이 강의에 독창성을 부여한다. 제2차 세계대전 이후의 비판적 동향은 모두가 정신요양원 '제도'를 표적으로 삼아 그것을 개혁한다거나 그것을 승화한다거나 그 정당성을 부정한다거나 하려고 했던 것이다.

1) 정신요양원 제도의 개혁

그때까지 정신요양원 제도는 치료의 장인 동시에 격리의 공간인 것으로 사유되어왔다. 이에 비해 전후에 곧 생겨난 것은 차별의 절차와 배제행위와의 공모관계를 갖는다고 초기 정신의학을 고발하고 정신요양원 구조의 불순물과 '부패'로부터 정신의학적 개입을 해방시키며 그것을 "전적으로 치료적 관점에 의해 관리되는 활동"[33]으로 만들려는 운동이다. 그래서 보나페가 선조로부터 물려받은 격리의 장을 진정한 치료를 위한 도구로 변화시키려는 배려를 표명하면서 자신의 비판을 '포스트 에스키롤주의'라고 명명했다. 요컨대 보나페는 "'정신이상자를 위한 시설은 숙련된 의사의 수중에 있는 치료 도구이고, 정신병의 가장 강력한 치료수단이다'라는 1822년에 에스키롤이 명확히 정식화한 치료제도의 근본 관념 상에서 일어난 변화"[34]를 준거로 삼고 있다.

---

32) Michel Foucault, "Pouvoir et savoir"(1977), *DÉ*, t.3: 1976-1979, p.414.

33) Lucien Bonnafé, "Le milieu hospitalier au point de vue psychothérapique, ou Théo-rie et pratique de l'hôpital psychiatrique," *La Raison*, no.17, 1958, p.7.

34) Lucien Bonnafé, "De la doctrine post-esquirolienne, I: Problèmes généraux," *Infor-mation psychiatrique*, t.1, no.4, avril 1960, p.423. 다음의 에스키롤의 책을 참조했다. Jean-Étienne Dominique Esquirol, "Mémoires, statistiques et hygiéniques sur la folie: Préambule," *Des maladies mentales, considérées sous les rapports médical, hygiénique et médico-légal*, t.I, Paris: J.-B. Baillière, 1838, p.398.

그렇지만 동시에 "예방책, 예방법, 치료, 치료 후 조치의 통일성과 분리불가능성"[35]을 주장하면서 이 운동은 1838년 6월 30일 법률 이후 정신의학적 개입의 거의 절대적인 장으로서의 정신요양원 제도를 공동체와 직접적으로 연결된 장치[36]를 구성하는 한 요소에 지나지 않는 것으로 간주하고 점진적으로 그것과 거리를 두게 된다. 하지만 그런 쇄신은 정신의학의 쟁점을 파기하지는 않는다. 즉 '병리적'이라고 규정된 사회적 행동을 의학적 개입의 대상으로 구성하는 것, 치료활동을 전개하기 위해 여러 장치를 조립한다는 쟁점이 거기서 여전히 유지되어온 것이다. 그래서 이 운동은 정신의학 제도가 행한다고 주장하는 것과 정신의학 제도가 실제로 현실화하고 있는 것 간의 모순을 포착할 수는 있었지만, 제도적 계획과 그것이 제시하는 기준에 입각해 비판을 행했기 때문에 정신의학의 '권력' 문제를 정식화하는 단계에 이르지는 못한다.

2) 정신의학 제도의 승화

'제도적 심리치료'의 제1방식을 지지하는 사람들은 자신들에게 할당된 시설의 존재를 받아들였던 반면에, '제도적 심리치료' 시설을 기껏해야 치료적인 면에서 사용하는 제2방식을 지지한 사람들은 정신의학과 정신분석학 사이에 존재한다고 가정되는 불연속성에 입각해 치료제도의 철저한 변형을 시작한다. 요컨대 완전히 다른 무대에서 전개되고, 환자와 치료자 사이의 완전히 다른 유형의 관계를 전제로 하며, 담론의 다른 형성·분배 방식을 조직해내면서 정신분석학은 정신요양원 생활이 제기

35) Lucien Bonnafé, "Conclusions des journées psychiatriques de mars 1945." *Infor-mation psychiatrique*, 22e année, no.2, octobre 1945, p.19.

36) "업무의 기축은 이제 정신요양원이 아니라 국토의 중심에 있는 도시이며, 거기서 정신과 의사의 역할은 정신건강의 보호로까지 확장된다." Lucien Bonnafé. "De la doctrine post-esquirolienne, II: Exemples appliqués," *Information psychiatrique*, t.1, no.5, mai 1960, p.580.

하는 문제에 대처하는 부단한 대책으로서 출현하고 치료의 구조를 재정비할 수 있게 한다. 이때 제도는 분석적 개념의 일종의 집단화를 통해 내부로부터 이른바 '승화'된다. 즉 전이가 '제도적인 것'[37]이 되고, 환상이 '집단적인 것'이 된다. 이때 무의식의 논리라는 이름으로 정신의학에 대한 '정치적' 비판이 행해지고 제도의 위계적 구조, 치료하는 자와 치료받는 자가 갇혀 있는 정신병의 사회-문화적 표상이 욕망의 진실에 대한 저항의 발원지로 고발된다. 그리고 생-탈방 병원(로제르)이 최초의 '제도적 심리치료'의 준거점이었던 것과 마찬가지로 1953년 4월에 장 우리와 펠릭스 가타리가 개원한 쿠르-슈베르니(루아르-에-셰르)의 라 보르드 진료소는 분석적인 '제도적 심리치료'의 모범적 실현이었고, 그 보급의 중요한 중심지였다.[38]

하지만 '내재하는' 제도적인 것을 중심으로 하는 관점에서는 제도 밖에서 그 조직화와 역할을 결정하는 것을 거슬러 추적하기가 쉽지 않다. 그런 관점에서는 법률의 편성에 의해 정신의학이 공적 영역과 연동되는 차원, 공적 권한을 행사하는 한 정신과 의사가 맡아야 하는 일종의 임무를 수행하는 차원이 담론과 상상적인 것의 영역 내에서 소거되기 때문이다. 그래서 프랑수아 토스켈레는 "치료에 종사하는 집단 내에서 작용하는 것으로서의 권력의 문제계는, 그때 언어 영역의 어딘가에서 그 자

37) Horace Torrubia, "Analyse et interprétation du transfert en thérapeutique institutionnelle," *Revue de psychothérapie institutionnelle*, vol.1, 1965, pp.83~90; Jean Oury, "Dialectique du fantasme, du transfert et du passage à l'acte dans la psychothérapie institutionnelle"(24 janvier), *Cercle d'études psychiatriques*, no.2, 1968, Paris: Laboratoire Specia; "Psychothérapie institutionnelle: Transfert et espace du dire," *Information psychiatrique*, t.59, no.3. mars 1983, pp.413~423; Jean Ayme, Philippe Rappard, et Horace Torrubia, "Thérapeutique institutionnelle," *Encyclopédie médico-psychiatrique: Psychiatrie*, t.III, octobre 1964. col.37-930, G.10, pp.1~12.

38) 라 보르드 진료소에 대해서는 다음을 참조하라. "Histoires de La Borde: Dix ans de psychothérapie institutionnelle à la clinique de Cour-Cheverny"(Complément), *Recherches*, no.21 mars-avril 1976, numéro spécial, p.19.

체가 대개의 경우 문제되는 이 치료에 종사하는 집단 내에서 조성된 집단적 담론 내에서의 상상적 투영으로서 표현된다"[39]라고 주장했다.

(프랑코 바잘리아[1924~1980]는 그 명칭을 거부하지만[40]) 이탈리아의 '반정신의학'은 정치적 관점에 입각해 정신요양원 장치가 자본주의 사회의 여러 모순을 보여주는 특권적 장소라고 비판한다. 이탈리아의 조류는 정신병자들을 구호하는 책임을 경찰과 사법관에게 부여한 1904년 2월 14일 법률의 특수한 맥락과 1961년 바잘리아가 트리에스테 근처의 고리치아 정신병원을 운영할 때 체험한 정신병자들의 참담한 수용 실태를 단서 삼아 탄생했으며 철저히 혁명적인 관점에 위치한다.[41] 정신요양원을 '부문화' 혹은 '치료공동체'의 형태로 재전환해 사회관리의 낡은 장치를 관용하는 방식으로 지속시키려는 생각에 등을 돌리며[42] 이탈리

39) François Tosquellès, "La problématique du pouvoir dans les collectifs de soins psychiatriques," *La Nef*, 28e année, no.42. L'Antipsychiatrie, janvier-mai 1971, p.98.

40) 바질리아는 1971년 2월 5일 벵센느 대학에서 발표하며 "개인적으로 나는 반정신의학이라는 명칭을 받아들일 수 없다"고 분명히 말했다 — J. L.

41) 이탈리아의 운동에 대해서는 다음을 참조하라. Franco Basaglia, cura di, *Che cosè la psichiatria*. Torino: Einaudi, 19731; *Qu'est-ce que la psychiatrie?*, trad. Robert Maggiori, Paris: PUF, 1977; *L'Istituzione negata*; *L'Institution en négation* [앞의 각주 31번 참조]; "Le rapport de Trieste," *Pratiques de la folie: Pratiques et folie*, Paris: Solin, 1981, pp.5~70. 이 조류에 대해서는 다음도 참조하라. Giovanni Jervis, "Il Mito dell'Antipsychiatria," *Quaderni Piacentini*, no.60-61, octobre 1976; *Le Mythe de l'antipsychiatrie*, trad. Bernard de Fréminville, Paris: Solin, 1977; Robert Castel, "La ville natale de 'Marco Cavallo,' emblème de l'antipsychiatrie," *Critique*, no.435-436, août-septembre 1983, pp.628~636. 더 일반적으로 유럽에서의 반정신의학 운동에 대해서는 다음의 책을 참조하라. Mony Elkaïm, *Réseau Alternative à la psychiatrie: Collectif international*, Paris: Union générale d'Édition, 1977.

42) "관용적인 제도는 폭력적인 제도의 이면이고 그 원초적인 기능을 계속 충족시키고 있다. 그 전략적이고 구조적인 의미나 그것이 토대를 두고 있는 권력의 작용도 변화하지는 않으면서 말이다." Franco Basaglia, "L'assistance psychiatrique comme problème anti-institutionnel: Une expérience italienne," *Information psychiatrique*, vol.47, no.2, février 1971.

아의 이 조류는 정신의학과 관계를 맺었던 모든 사람의 사회적 삶으로부터의 격리와 유폐를 계속 재생산해내는 모든 제도적 메커니즘과의 단절에 기초한 실천에 투신한다. 바잘리아는 다음과 같이 주장한다. "우리의 행동은 부정적인 차원에서만 수행될 수 있다. 부정적인 차원은 요컨대 그 자체가 파괴적인 차원, 정신의학 제도의 강제적이고 교도소적인 체계를 넘어서서 …… 사회적이고 정치적인 체제에 고유한 폭력과 배제의 지대로 나아가는 차원이다."[43] 환자들의 담당을 탈제도화하기 위해 이탈리아의 이 운동은 비전문가에게 문호가 열리고 좌파의 정치적이고 노동조합적인 힘과 연대하는 방향으로 나아가는 카드를 선택했고 이로 인해 1974년에 민주주의정신의학이 설립된다.

그러나 프랑스에서 가장 큰 반향을 일으킨 것은 데이비드 쿠퍼(1931~1989), 아론 에스터슨(1923~1999), 로널드 랭(1927~1989)에 의해 수행된 정신분열증 환자들과 그 가족에 관한 연구로부터 탄생한 영국의 조류이다.[44] 쿠퍼로부터 '반정신의학'[45]이라는 명칭을 받은 이 운동은 1960년대에 정신의학과 그것이 동반하는 제도적·상징적 폭력에 대한

---

43) Basaglia, "Les institutions de la violence," p.137.

44) 영국의 반정신의학에 관한 저작이 프랑스에 번역되어 보급되기 시작한 것은 제도연구단체연합(Fédération des groupes d'Études et de Recherches institutionnelles)이 주최한 학술대회가 1967년 가을에 개최되고 거기에 쿠퍼와 랭이 초대된 이후의 일이다. Robert Castel, "I. § Grandeurs et servitudes contestataires," *La Gestion des risques: De l'antipsychiatrie à l'après-psychanalyse*, Paris: Minuit, 1981. pp.19~33; Jacques Postel and David F. Allen, "History and Anti-Psychiatry in France ," *Discovering the History of Psychiatry*, ed. Mark S. Micale and Roy Porter, Oxford: Oxford University Press, 1994, pp.384~414. 또한 쿠퍼와 랭의 논문이 수록된 다음의 잡지도 참조하라. David Cooper, "Aliénation mentale et aliénation sociale"; Ronald Laing, "Metanoia: Some Experiences at Kingsley Hall," *Recherches*, numéro spécial. Enfance aliénée, t.II, décembre, 1968, pp.48~50, 51~57.

45) "더 철저한 질문을 통해 우리 가운데 몇몇 사람은 전통적인 개념 및 절차와 완전히 대립된다고 생각되는 개념과 절차를 제안하게 됐다. 그리고 실제로 이것이 반정신의학의 맹아였다고 생각된다." Cooper, *Psychiatrie et Anti-psychiatrie*, p.9.

철저한 비판을 전개한다. 여기서 폭력은 단순히 신체적인 폭력이나 감금의 강제만이 아니라 억압에 대해 주체가 대응하는 방식을 정신병으로 취급하는 분석적 합리성의 폭력이기도 하다. 요컨대 주체가 태어날 때부터 그 희생양이 되어왔던 억압이 사회에 의해 권한을 위임받은 가정·학교·노동 등과 같은 제도를 통해 가해지고, 주체가 그런 억압에 대해 대응하는 방식을 질병분류학적 범주화를 통해 '정신병'으로 통용시키고, 전문 지식과 보호감독 아래에 두는 분석적 합리성의 폭력이 문제가 된 것이다. 정신의학 제도는 주체가 그 최후의 한계에 이르기까지 수행해 그 결과 '변화되어' 귀환하는 것을 목표로 하는 '경험'(랭이 메타노이아metanoia, 즉 '회심'을 의미하는 복음서의 어휘를 차용해 표현하고 있는 절차)에 대해 '폭력'을 휘두르기 때문에, 정신의학 제도의 공간을 탈의학화해 거기서 전개되는 권력관계를 와해시킬 필요가 있다는 것이었다. "수리공장 같은 것으로서의 정신병원을 대신해 우리는 정신과 의사보다 멀리까지 여행을 한 사람들과 정신이 건강하다고 인정된 사람들이 그 내적인 시간과 공간 내에서 더 멀리까지 나아가고 그곳으로부터 다시 돌아올 수 있는 장소가 필요하다."[46] 이런 주장에 입각해 쿠퍼, 에스터슨, 랭은 1965년 4월에 "정신병으로 인해 고통받은 적이 있고 또 현재 고통받고 있는 사람들을 받아들일 수 있는 장소를 조직"해 "'정신건강'과 '정신병'이라는 현실을 고찰하는 방식을 변화시키기" 위해 필라델피아협회를 설립한다.[47]

---

46) Laing, *La Politique de l'expérience*, p.88.

47) 필라델피아협회(1965~67년)의 활동에 대한 보고서. Guy Bâillon, "Introduction à l'antipsychiatrie," *La Nef*, 28e année, no.42. L'Antipsychiatrie, janvier-mai 1971, p.23. 이렇게 해서 푸코는 1973년 5월 9일 몬트리올에서 앙리-프레데릭 엘랑베르제가 조직한 학술대회 "정신과 의사를 감금해야 하는가?"(Fault-il interner les psychiatres?)에 참가해 「광기의 역사와 반정신의학」이라는 논문을 발표하며 이렇게 말한다. "랭과 쿠퍼가 실천하고 있던 형태의 반정신의학에서 문제가 되는 것은 광기가 산출되는 공간의 탈의학화이다. 따라서 이런 반정신의학에서는 권력관계

⚜

하지만 전후의 이런 비판적 조류가 문제화의 지점을 정신의학 제도로 고착시킨 반면에 푸코의 강의는 "제도들을 다루기 이전에 제도들을 가로지르는 전술적 배치에서 어떤 힘의 관계가 작동하고 있는지를 다뤄야 한다"[48]는 것을 원리로 삼는다. 사실 제도라는 개념에는 몇 가지 불충분한 점과 '위험'이 있고, 푸코는 이 점을 누차 지적한 바 있다. 우선 제도 개념을 통해 정신의학의 문제에 접근하면 집단과 그 기능적 규칙성, 집단의 구성원인 개인 같은 여러 대상들과 관련해 그것들이 권력의 배치와 그것이 포함하는 개별화 과정의 수준에서 구성되는 절차를 분석하는 것이 아니라 그것들을 이미 완전히 구성된 대상들로 다루게 된다. 다음으로 제도적인 소우주에 집중함으로써 이 소우주를 그것이 위치해 효력을 발휘하게 되는 전략과 단절시킬 위험이 있고, 또 푸코가 강의에서 말하듯이 "모든 심리학적이거나 사회학적인 담론을" 이 소우주로 몰아 넣을 위험이 있다. 예컨대 『정신의학의 권력』의 문제계를 (푸코가 누차 경의를 표한 바 있는) 어빙 고프먼의 『정신병원』의 문제계와 비교해 보자.[49] 확실히 이 책의 장점 중 하나는 개인들을 감시하고 개인들의 생

가 제로로 환원된다. 이 탈의학화가 단순히 정신의학시설의 제도적 재편성만을 함의하는 것은 아니다. 확실히 이 탈의학화는 단순한 인식론적 단절 이상의 것이고, 또 아마도 정치적 혁명 이상의 것이기도 하다. 민족학적 단절이라는 관점에 입각해 문제를 제기할 필요가 있을 것이다. 아마도 문제는 단순히 우리의 경제체제나 합리주의의 현재적 형태뿐만이 아니라 그리스 이래 역사적으로 구축되어온 우리의 거대한 사회적 합리성 전체가 오늘날 다음의 사실을 인정하지 않으려는 데 있을 것이다. 요컨대 의학권력의 통제가 개입하지 않는 진실의 시련 같은 것으로서의 광기의 경험이, 우리 사회의 핵심 그 자체에 있다는 사실을 말이다"(타자로 친 원고, 19쪽). Michel Foucault, "Histoire de la folie et antipsychiatrie," *Cité*, hors série, Voyages inédits dans la pensée contemporaine, 2010, pp.121~122. 푸코는 다음 글에서 이 학술대회를 언급한다. Michel Foucault, "Une interview de Michel Foucault par Stephen Riggins"(1982), *DÉ*, t.4: 1980-1988, pp.536~537.

48) 본서 1강(1973년 11월 7일), 특히 37쪽을 참조하라.

활방식을 통제하는 특수시설을 특징짓는 전체주의적 제도total institution라는 개념을 통해 정신의학 제도를 학교·감옥 등과 같은 일련의 다른 구조 내에 재위치시킴으로써, 다시 말하면 정신의학을 '탈특수화'함으로써 의학적 합리화로부터 벗어나게 해준다는 것이다. 하지만 정신요양원 제도에 대한 거의 민족학적인 이런 접근방식은 한계를 드러낸다. 사실 정신요양원 제도를 독자적인 '총체'로 여기며 그것을 단지 일련의 다른 제도에 재위치시킴으로써, 이 접근법은 변화하고 있는 역사적 문제계에 대한 하나의 대응으로 정신요양원이 등장했다는 것을 보여주기에는 부족한 점이 있다. 그 결과 정신요양원이라는 장소를 구성하는 단절의 본성이 안/밖, 구금/탈출 등과 같은 이항대립, 즉 전체주의적 제도가 "외부와의 사회적 교류를 막는" 장벽, "종종 잠긴 문, 높은 벽 등과 같은 물리적 장애물로 구현되고 있는"[50] 장벽을 특징짓는 그런 이항대립을 통해 정적인 양태로 사유된 채 남아 있었던 것이다. 이 '구금하는' 공간의 이미지가 "대결을 위해 닫힌 공간, 결투의 공간, 승리와 복종이 문제시되는 제도적 장"[51]이라는 관념으로 대체된다면, 정신요양원의 단절은 새로운 차원을 획득하게 된다. 이 '폐쇄된' 환경이 실제 모습 그대로 출현하는 것이다. 적극적으로 단절된 장으로서, 즉 가족과의 관계에서보다는

49) Erving Goffman, *Asylums: Essays on the Social Situation of Mental Patients and Other Inmates*, New York: Doubleday, 1961; *Asiles: Études sur la condition sociales des malades mentaux et autres reclus*, trad. Liliane et Claude Laîné, préface de Robert Castel, Paris: Minuit, 1968. 푸코의 텍스트들도 참조하라. Michel Foucault, "La vérité et les formes juridiques"(1974), *DÉ*, t.2: 1970-1975, pp.611~612; "Foucault étudie la raison d'État"[entretien avec Michael Dillon](1979), *DÉ*, t.3: 1976-1979, pp.802~803; "Foucault étudie la raison d'État"(1980)[앞 논문을 수정해 『쓰리페니리뷰』(*The Three Penny Review*)에 수록된 1980년 판본], "Espace, savoir et pouvoir"[entretien avec Paul Rabinow](1982), *DÉ*, t.4: 1980-1988, pp.38, 277.

50) Goffman, *Asiles*, p.46.

51) Foucault, "Le pouvoir psychiatrique," p.679; 본서의 「강의요지」, 483쪽.

오히려 기술적-행정적 영역 내에서 타자와 구별되는 자로서 광인을 출현시키는 역사적 절차를 통해 부양의 낡은 형태로부터 쟁취된 그런 장으로서 말이다. 바로 이것이 본서의 5강(1973년도 12월 5일)이 강조하고 있는 바이다. 즉 "광인은 이제 더 이상 가정의 권리나 부나 특권을 위험에 빠뜨리는 개인으로서가 아니라 …… 사회의 위험으로서 나타납니다." 이와 동시에 고프먼이 강조하고 있는 정신과 의사의 중심적 위치는 다른 차원을 갖게 된다. 즉 이제 정신과 의사는 그가 자유롭다는 사실에 의해서 광인과 구분되는 것이 아니다. 오히려 정신과 의사를 특징짓는 것은 그가 사회의 규범을 부과하는 임무를 담당하는 외부 세계의 대사로 정신요양원 내부에 개입한다는 사실이다. 정신과 의사는 "현실적인 것에 강제력을 부여함으로써 현실적인 것이 광기를 제압하고 광기를 완전히 관통해 광기를 광기로서 소멸시킬 수 있게 하는 자"[52]이다.

고프먼이 골몰하는 문제는 제도 자체와 그것이 기능하는 방식이 제기하는 문제인 반면에 푸코의 강의가 몰두하고 있는 문제는 사회적이고 정치적인 구조와 연관된 일정한 권력의 기술이 어떻게 "개인에 대한 관리의 합리화"[53]를 가능하게 만드느냐의 문제이다.

여기로부터 정신의학 제도에 대한 고고학의 특수한 양식이 결과된다. 이 양식은, 조지 3세에서 시작해 장-마르탱 샤르코에 이르기까지, 권력의 이런 '미시물리학'을 구성하는 조작과 절차를 출현시키고 정신요양원 제도가 갖고 있던 육중함을 해체시키는 놀랄 정도로 일망감시적인 '무대'를 배가시킨다. 본서 2강(1973년 11월 14일)의 강의원고에 명시된 이 '무대'라는 말을 "연극적 에피소드가 아니라 의례, 전략, 싸움"으로 이해할 필요가 있다. 요컨대 이 무대는 분석 작업에 거울 파편처럼 삽입됨으로 거기서 전개되는 이론적 귀결을 한번에 집약하고 있다.

---

52) 본서 6강(1973년 12월 12일)을 참조하라.

53) Foucault, "Foucault étudie la raison d'État"(1980), p.38.

이렇게 권력메커니즘에 준거해 정신의학 장치에 접근함으로써 정신의학이 그 이론적·실천적 정복을 전개해온 출발 지점, 즉 특수성의 요청이 불안정해진다. '특수한 시설,' 알리에니스트aliéniste라 불린 '특수한' 의사[초기 정신과 의사], 1838년 6월 30일의 '특수한' 법률과 함께 '특수한 의학'으로 구축된 이래 제2차 세계대전 직후 그 제도적 구조를 변형시키려는 시도까지 정신의학의 '특수성'이라는 관념은 실제로 이 직업의 본질적인 것이 집결하는 힘의 선을 구축하고 있다고 말할 수 있다.[54]

4. 문제화의 지점

정신의학의 장치에 대한 이런 분석은 세 가지의 축을 중심으로 분절된다. 먼저 타자에게 작용을 가하는 주체로 정신과 의사를 확립하는 권력의 축이 있다. 다음으로 정신병자를 지식의 대상으로 구성하는 진실의 축이 있다. 그리고 마지막으로 주체가 자신에게 부과되는 규범을 자신의 것으로 만드는 주체화의 축이 있다.

1) 권력

지식-권력의 문제계와 함께 1970년대에 규정된 이 축은 이전에 제기된 문제들을 변화시킨다. 본래 초기의 텍스트는 실제로 정신의학에 이렇게 질문했다. "당신이 말하는 것은 진실입니까? 당신의 진실이 어떤 자격을 갖는지 내게 보여주시오." 하지만 이제 질문은 다음과 같다. "당신의 권력이 어떤 자격을 갖는지 내게 보여주시오. 당신은 어떤 권리로 권력을 행사하는 것입니까? 어떤 이름으로, 어떤 이익을 위해 권력을 행사하는 것입니까?" 그러므로 이전의 작업과는 달리 이제 '폭력'이 아니라 '권력'

---

54) 정신분석학과 대면해, 또 생물학적이거나 사회정치적인 유혹에 대항해 정신의학의 '특수성'을 유지하려고 한 앙리 에(1900~1977)의 투쟁, 또 명확하게 『정신의학의 특수성』이라는 제목을 단 논문집의 출간이 이 점을 증명해준다. Henri Ey, *Spécificité de la psychiatrie*, éd. François Caroli, Paris: Masson, 1980.

이 문제된다. 그 결과 영미권의 '반정신의학 주창자들'에 의한 비판이 따르고 있던 범례적 형상에 변화가 일어나게 된다. 사회 일반, 특히 정신의학에 의해 행사되는 '폭력'[55]의 문제를 그 중심에 위치시키면서 그들이 범례적 형상으로 정했던 것은 정신분열증 환자였다.[56]

하지만 권력을 조직하는 메커니즘에 준거해 정신의학의 장치에 접근할 경우 정신의학 권력의 전투적 이면을 범례적으로 형상화하는 자는 히스테리 환자이다. 히스테리 환자는 샤르코처럼 최고 수준의 의학적 지식을 갖춘 인물에게 거짓의 '덫'을 놓는다.[57] 이런 이유로 히스테리 환자는 본서의 10강(1974년 1월 23일)에서 기술되듯이 푸코가 보기에 최초의 '반정신의학 투사'의 자격을 받을 만하다. 왜냐하면 히스테리 환자는 "병원의 공간에서 병의 진실의 생산을 임무로 하던"[58] 의사의 역할을 자신의 '술책'을 통해 문제화하기 때문이다. 그래서 1973년 5월 앙리-프레데릭 엘랑베르제가 조직한 학술대회에서 푸코는 이렇게 명확히 발표할 수 있었다. "반정신의학의 시대가 시작된 것은 광기를 출현시키거나 상실시켰던 위대한 광기의 거장, 즉 샤르코가 병의 진실을 산출했던 것이 아니라 가짜 병을 만들어낸 것은 아닌지 하는 의심을 받고 곧 그 의심이 확실한 것으로 변했을 때인 것이다."[59]

하지만 강의가 다루고 있는 권력은 이중의 특징을 보인다. 한편으로 그것은 신체를 그 최종적인 적용 지점으로 하는 권력이다. 정신요양원

55) "정신의학이 정상적인 인간의 이해관계를 대변하거나 그런 이해관계를 대변하고 있다고 자칭하는 한, 우리는 정신의학 내에서 행사되는 폭력이 실제로 무엇보다도 먼저 정신의학 자체의 폭력이라는 것을 확인할 수 있다." Cooper, *Psychiatrie et Anti-psychiatrie*, p.33.

56) 앞의 각주 31번을 참조하라.

57) 본서 12강(1974년 2월 6일)을 참조하라.

58) Foucault, "Le pouvoir psychiatrique," p.681; 본서의 「강의요지」, 486쪽.

59) Foucault, "Histoire de la folie et antipsychiatrie," p.116. [타자본으로는 12쪽.]

공간 내의 신체 배분 신체의 처신방식, 신체의 욕구, 신체의 쾌락을 문제시하는 권력, 요컨대 "신체와 관련된 일종의 미시물리학의 여러 배치에 따르는" 권력이다. 다른 한편으로 정신과 의사와 환자 간에 설정되는 권력관계는 본질적으로 불안정하고, 항시 저항의 지점이 현전하는 싸움과 대결에 의해 구축된다. 이렇게 탄생한 것이 히스테리 환자들에 의한 '대항적 술책'이다. 요컨대 그런 술책을 통해 히스테리 환자들은 샤르코가 자신들에게 부과하려고 했던 범주화를 벗어나고, 푸코가 지적하고 있듯이 이런 저항으로부터 출발해 의학적 권력-지식의 장치를 결국 "반정신의학으로 귀결되게 되는 어떤 위기"[60]가 시작되는 지점까지 밀어부쳐 샤르코의 권력에 손상을 입혔던 것이다.

2) 지식과 진실

이렇게 본서의 5강(1973년 12월 5일)이 환기하고 있듯이 "규율체계로서의 정신요양원은 일정 유형의 진실담론이 형성되는 장소"이다. 여기로부터 결과되는 것이 권력장치와 진실의 작용이 연결되는 방식의 분석이다. 그래서 의사가 현실과 진실의 양의적 주인임을 자처하는 '시련'의 체제 아래서 착란적 확신을 중심으로 해 하나의 작용이 일거에 조직되는 장으로서의 '원시적 정신의학'에 관한 분석이 있다. 혹은 반대로 진실의 문제가 의학적인 과학으로 설정된 정신의학의 권력 내부 그 자체에서 더 이상 제기되지 않기 때문에 의사와 환자의 대립 내에서 진실의 문제가 출현하지 않는 작용에 대한 분석이 있다. 이런 분석양태에서 진실은 언표에 고유한 속성의 자격으로 소환되기보다는 오히려 그 기능성의 관점에 입각해, 정신의학의 권력이 행사되는 출발 지점으로서의 담론과 실천에 진실이 부여하는 입법의 지평을 통해, 그리고 진실이 가능케 하는 배제의 양태를 통해 소환되는 것이다.

60) Foucault, "Histoire de la folie et antipsychiatrie," p.117. [타자본으로는 12쪽.]

3) 예속화

치료의는 치료해야 할 개인에게 외부로부터 접근하고 그 개인의 주체성 내부를 끌어내기 위한 절차(심문, 과거의 상기 같은 절차)에 호소하면서 주체를 자신이 그 주체에게 부과하는 명령이나 규범을 내면화시켜야 하는 위치에 놓는다. 그래서 본서의 3강(1973년 11월 21일)에서는 주체를 진실체제와 담론 실천의 복잡하고 가변적인 '기능'으로 출현시키는 예속화 방식의 관점에서 이 문제에 접근한다.

하지만 새로운 토대 위에서 『광기의 역사』의 속편을 쓰려는 이 강의의 기획은 실현되지 않은 채 남게 된다. 왜냐하면 푸코가 말하고 있듯이 이 시기의 상황이 '책의 집필'보다는 실제적인 행동에 참여하는 것을 선호했기 때문이다. 그래서 1972년부터 푸코는 "오늘날 현대까지 연장되는 『광기의 역사』의 속편을 쓰는 것은 내 관심 밖이다. 반대로 수감자들을 위한 구체적인 정치적 행동은 내게 의미를 갖는다"[61]라고 인정했다. 하지만 이와 동시에 푸코는 『감시와 처벌』을 준비하고 있었다.

자크 라그랑주

---

61) Michel Foucault, "Le grand enfermement"[entretien avec Niklas Meienberg](1972), *DÉ*, t.2: 1970-1975, p.301.

옮긴이 해제

미셸 푸코의 정신의학 비판은 크게 두 부분으로 나눌 수 있다. 먼저 루트비히 빈스방거의 『꿈과 실존』의 프랑스어 번역판에 단 「서문」(1954), 루이 알튀세르의 권유로 출간한 『정신병과 인격』(1954), 자신의 박사학위 논문이자 최초의 대작인 『광기의 역사』(1961)에서 전개한 일련의 비판이 있고, 다음으로 『정신병과 인격』을 출간한 지 20년이 지난 1973년에서 1975년에 걸쳐 『정신의학의 권력』과 『비정상인들』이라는 제목으로 콜레주드프랑스 강의에서 전개한 일련의 비판이 있다. 이런 정신의학 비판의 중심이 되는 푸코의 텍스트들을 검토하면서 광기, 정신병, 정신의학, 심리학, 정신분석학 그리고 심리과학이 행사하는 권력에 대한 푸코 사유의 전개와 흐름 그리고 그 변화를 살펴보자.

1. 푸코와 심리학

파리 고등사범학교에서 철학을 전공한 푸코는 어떻게 해서 심리학과 정신의학 그리고 광기의 문제에 접근하게 된 것일까? 그 이유는 한편으로는 당대의 지적 환경의 영향과 관련이 있고 다른 한편으로는 푸코의 실존적 문제와 밀접한 관련이 있다. 먼저 1940년대 말과 1950년대 초에는 모리스 메를로-퐁티와 그의 저서 『지각의 현상학』(1945)이 프랑스 지성의 무대 중심부에 위치하고 있었고, 많은 학생들이 전통적인 강단 철학에서 벗어나 심리학과 정신분석학 쪽으로 관심을 돌리는 시기였다. 다른 한편으로 정신의학에 대한 푸코의 관심은 의심할 여지 없이 그의 실존 문제와 연관이 있다. 푸코는 젊은 시설 자신의 성적인 취향과 가족과 사회가 요구하는 것 간의 간극으로 인해 발생한 갈등으로 심각한 고뇌에 빠졌다. 푸코는 수차례 자살을 시도할 정도로 동성애자로서의 자신의 성적인 욕망과 그것을 꺼림칙하게 생각하는 의식 간의 갈등으로 번뇌했고 정신적으로 대단히 허약한 상태에 있었다. 푸코는 욕망에 사로잡혀 밤거리를 돌아다니다가 자신의 방으로 되돌아와 수치심에 몇 시간이나 초췌하고 병약하며 의기소침한 채로 있었다고 한다. 그래서 푸코의 아버지는 그를 당시 생-탄느 정신병원의 유명한 정신과 의사 장 들레 교수에게 데려가 치료를 받게 했다고도 한다.

이런 연유로 고등사범학교 재학 시절 초기부터 푸코는 심리학에 지대한 관심을 가졌고, 자신의 첫 번째 저작도 심리학에 할애했다. 소르본 대학교에서 철학 학사학위를 받고 1949년에는 같은 대학교 심리학 학사과정에 등록해 당시 프랑스 심리학계에서 정평이 나 있던 다니엘 라가슈 교수의 지도를 받으며 심리학에 몰두해 학위를 취득한 푸코는 1951년부터는 고등사범학교의 심리학 복습강사를 역임하고 몇 년 전에 자신을 치료한 적이 있던 들레 교수가 지휘하고 있던 생-탄느 정신병원에서 심리학 연수의로 일한다. "1950년대에 저는 정신병원에서 일했습니다. 철학을 공부하고 나서 저는 광기가 무엇인지 알고 싶었습니다. 저는 이성을 공부하기에는 너무 미쳐 있었고, 광기를 공부하기에는 충분히 합리적이었으니까요."[1)]

당시 병원에서 심리학자의 위상은 명확히 규정되어 있지 않았다. 그래서 푸코는 자유롭게 활동할 수가 있었고 그 결과 치료 스태프와 환자

---

1) Michel Foucault, "Vérité, pouvoir, et soi"(1988), *Dits et Écrits*, t.4: 1980-1988, éd. Daniel Defert et François Ewald, avec collab. Jacques Lagrange, Paris: Gallimard, 1994, p.779. [이희원 옮김, 「진리, 권력, 자기」, 『자기의 테크놀로지』, 동문선, 1997, 22~23쪽.] 이하 '*DÉ*, 권수, 쪽수'만 표기.

들을 매개하는 중간 역할을 담당할 수가 있었다. 푸코는 생-탄느 정신병원에서 특히 뇌파검사 스태프와 일하면서 신경생리학과 감수성에 관한 연구를 수행했고 거짓말 탐지기 작업에도 참여했다. 뿐만 아니라 심리학 실험기술에 관심이 많았던 푸코는 로르샤흐 테스트, 요컨대 다양한 방식으로 배열된 잉크 자국에 피험자가 최대한 자유롭게 반응하는 것을 시험하는 테스트를 수행하는 방법도 습득한다. 이와 병행해 푸코는 프렌느 교도소 수감자들의 의학-심리학 검진도 담당했다. 이것을 계기로 푸코는 광기의 경험과 수감의 경험을 처음으로 접할 수 있는 기회를 갖게 된다. 1952년 푸코는 파리의 심리학 연구소에서 정신병리학 학사학위를 취득한다. 그리고 푸코는 이 시기에 정신분석을 받기 시작했지만 몇 달 만에 그만 두고 그 이유로 정신분석 절차가 "너무나 고루했기" 때문이라고 고백한 바 있다.

1950년대 초반에 푸코는 철학보다도 심리학에 더 많은 관심과 노력을 경주했다. 하지만 (국내에 비교적 일찍 소개된 바 있는) 허버트 L. 드레이퓌스와 폴 라비노우의 『미셸 푸코: 구조주의와 해석학을 넘어서』를 비롯해 많은 푸코 주석서나 비평서는 『광기의 역사』 이전의 푸코의 글들을 전혀 언급하고 있지 않은 경우가 많다. 그런데 실은 1962년에 『정신병과 심리학』으로 개작된 첫 번째 저작 『정신병과 인격』, 『말과 글』의 1권에 실린 『꿈과 실존』의 「서문」, 그리고 1957년 심리학에 대해 쓴 여러 논고들과 같은 초기의 글들도 심리학에 대한 푸코의 지대한 관심을 잘 보여주고 있고, 또 푸코가 정신의학의 길을 가려고 결심했었다는 사실을 여실히 보여주고 있다. 그러므로 이 초기 글들을 검토하는 것은 대단히 중요하다고 생각된다. 그렇게 함으로써 『광기의 역사』와 같이 그 후에 출간될 저서를 명확히 이해할 수 있고, 또 『정신의학의 권력』이나 『비정상인들』과 같은 1970년대의 콜레주드프랑스 강의에서 광기, 정신병, 정신병원을 과거와 비교해 달리 사유하기에 이르는 절차를 파악하는 데 결정적인 도움이 될 것이다.

2. 『꿈과 실존』 서문

빈스방거의 『꿈과 실존』에 붙인 서문은 사실 너무 오랫동안 알려지지 않은 채 남아 있었다. 하지만 이 글은 1950년대 중반 푸코 사유의 핵심을 보여주는 중요한 텍스트이다. 스위스 정신과 의사인 빈스방거는 취리히 대학교에서 정신의학과 철학을 동시에 연구했다. 지그문트 프로이트의 글에 매료되어 시종 프로이트의 이론에 충실했지만 빈스방거는 자신의 고유한 치료법인 현존재 분석Daseinanalyse 혹은 실존적 분석을 발전시킨다. 이 방법론은 프로이트의 정신분석학과 에드문트 후설의 현상학을 접목시킨 치료법이다. 장-폴 사르트르처럼 푸코는 빈스방거의 논지에 매료되어 동료 자클린 베르도가 번역한 『꿈과 실존』의 서문 집필을 청탁받았을 때 망설이지 않고 승낙한다. "빈스방거가 '실존적 분석' 또는 '현상학적 정신의학'이라 불렀던 것에 대한 독서가 제게 매우 중요한 것이 됐다는 것은 두말할 나위가 없습니다. …… 저는 실존적 분석이 학술적인 정신분석학의 어떤 무겁고도 숨 막히는 부분을 명확히 한정하고 파악하는 데 도움이 됐다고 생각합니다."[2] 이 서문은 정확히 같은 시기에 출간된 『정신병과 인격』과 스타일 및 대상의 측면에서 완전히 다르다. 푸코 특유의 논지들의 거점 역할을 할 뿐만 아니라 특히 정신의학 제도에 대한 그의 최초의 비판이기도 한 이 서문은 푸코가 정신분석학과 맺는 파란만장한 관계의 시작을 알리고 정신분석학이 결여하고 있는 바를 지적할 수 있는 계기가 된 중요한 텍스트라 할 수 있다.

『꿈과 실존』 서문에서 푸코가 주목하는 또 다른 주제는 바로 꿈의 위상이다. 프로이트에 대한 비판을 통해 푸코는 꿈을 대상으로서만 다룰 것이 아니라 인식의 수단으로 다룰 것을 제안한다. 프로이트는 『꿈의

2) Michel Foucault, "Entretien avec Michel Foucault"(1978)[Duccio Trombadori], *Dits et Écrits*, t.4: 1980-1988, éd. Daniel Defert et François Ewald, avec collab. Jacques Lagrange, Paris: Gallimard, 1994, p.58. [이하 '*DÉ*, 권수, 쪽수'만 표기.]

해석』(1900)을 통해 "인간의 의미작용에 꿈을 도입했다."[3] 프로이트 이전에 사람들은 꿈이 의미를 결여하고 있다고 생각했다. 프로이트는 꿈의 세계가 의미를 갖고 있다는 것을 보여줬지만 단지 꿈의 상징적 차원만을 설명하는 데 그쳤다. 프로이트가 꿈으로부터 의미론적 차원을 끌어낸 것은 사실이지만 꿈의 통사론적이고 형태론적 구조에는 접근하지 못했다는 것이다. "정신분석학은 파롤의 위상만을 부여했다. 정신분석학은 꿈을 언어의 현실 속에서 이해하지는 못했다"[4]는 것이 푸코의 입장이다. 푸코는 정신분석학이 꿈에 부여한 단순한 차원을 넘어서는 복잡한 인간학적 차원의 분석이 필요하다는 것을 예감하게 된다. 이미지는 꿈의 근간이 아니라 의식이 꿈으로부터 끌어낸 것, 혹은 꿈에 입각해 재구성한 것이고, 상상행위는 시원의 차원에서 개인의 구성이 이뤄지는 실존의 최초의 순간으로 향한다는 것이다. 모든 분할이 있기 전에 꿈은 주체와 객체, 개인과 우주가 미분화된 채로 함께 탄생하는, 낭만주의적 영혼에서 발견될 수 있는 그런 순간이다.

푸코는 『꿈과 실존』에 단 이 장문의 서문에서 우선 인간의 자유라는 관점에 입각해 심리학을 분석한다. 이 서문에서 푸코는 빈스방거의 실존적 분석은 "그 원리 자체와 방법이 최초부터 그 분석의 대상인 인간이라기보다는 인간 존재의 전례 없는 특권을 통해서만 규정되는" 것이고 하나의 '인간학'을 전제로 하고 있다고 높이 평가한다.[5] 빈스방거의 방법은 인간의 정신질환을 자연과학적인 방법으로 치료할 수 있다고 생각하는 방식에 반대해 정신질환은 신체적인 결함에서 기인한다기보다는 세계에 대한 환자의 태도로 인해 발생한다고 생각한다. 빈스방거는 환

3) Michel Foucault, "Introduction," in Ludwig Binswanger, *Le Rêve et l'Existence*, trad. Jacqueline Verdeaux, Paris: Desclée de Brouwer, 1954; *DÉ*, t.1: 1954-1969, p.69.

4) Foucault, "Introduction," p.70.

5) Foucault, "Introduction," p.66.

자가 어떤 이유로 사람들 가운데서 자기를 표현할 수 없게 되면 그것이 병으로서 표현된다고 생각한다는 것이다. 질병은 하나의 표현이고 환자의 고뇌의 호소라는 말이다. 환자는 자신의 망상에 매달리려고 하지만 그것이 '병'이라는 것을 어렴풋이 지각하게 되고 그것을 감추려고 한다는 것이다. 그것은 시지프스의 공허한 노력과 같은 것이 되고 이 상태를 방치하면 언젠가 파탄에 이르고 만다는 것이다. 이 파탄은 자살일 수도 있고 망상의 세계에 완전히 함몰되는 것일 수도 있다.

여기서 빈스방거의 치료법은 질환으로서 표현된 환자의 호소를 단초로 환자를 그 자신의 사적인 은밀한 세계에서 공통의 세계로 끌어내려고 목표한다. 정신과 의사는 환자가 갇혀 있는 자기 고유의 세계와 공통의 세계 사이의 중재자가 되어 환자를 꿈으로부터 각성시켜 공통의 세계로 끌어내는 길라잡이 역할을 해야 한다는 것이다. 그러기 위해 의사는 환자의 사적인 은밀한 세계가 가장 극단적으로 표현된 망상을 분석해 환자가 느끼는 불안을 명확히 밝혀내려고 노력해야 한다. 그 단초가 되는 것이 '꿈'이다. '꿈'은 망상과 다르고 자기도피의 욕망을 있는 그대로 보여주지도 않는다. 꿈 속에서 환자는 사적인 은밀한 세계와는 다른 공동의 세계가 존재한다는 것을 얼핏 본다. 환자는 자신의 은밀한 세계에 갇혀서는 안 된다는 것을 꿈을 통해 알게 된다는 것이다. 이렇게 꿈은 '정신적인 각성'으로서의 의미를 갖는 것으로 간주됐다.

푸코는 빈스방거의 이 현존재 분석에 입각해 정신질환의 문제를 주체의 자유의 문제로서 다시 고찰하려고 했다. 푸코는 꿈에서 사적인 은밀한 세계의 근원적 비밀이 명백히 밝혀진다고 생각한다. 꿈을 통해 주체는 공통의 세계의 객관성과 한 번 단절되지만 이 단절을 통해 "인간 주체는 그 근원적인 자유"[6]를 회복한다는 것이다. 주체가 세계 내에서 윤리 주체로서의 책임을 깨닫는지, 아니면 자기를 망각하고 세계의 인

6) Foucault, "Introduction," p.90.

과관계 속에 빠지게 방치하는지가 꿈 속에서 드러난다는 것이다. 이런 꿈 가운데서도 세계에 대한 주체의 태도가 가장 현저히 드러나는 꿈이 죽음의 꿈이다. 죽음의 불안에 사로잡힌 꿈에서 인간의 자유로운 실존과 세계의 필연성 간의 모순이 갑작스럽게 빛을 발한다고 푸코는 생각한다. 인간은 자기 꿈의 가장 깊은 곳에서 자신의 죽음과 만나게 된다는 것이다. 푸코는 마르틴 하이데거의 본래성과 비본래성 개념에 기초해 인간의 본래적 죽음과 비본래적 죽음을 구분한다. '비본래적 죽음'은 생이 갑자기 참혹한 형태로 끝나버리는 비극적인 죽음이다. 이 비본래적 죽음에서 인간은 자기의 자유를 운명이라 생각하고 부정할 수밖에 없다. 다른 한편으로 '본래적' 죽음은 인간의 실존이 완성되는 죽음이고 세계와의 화해이기도 하다. 본래적 죽음은 자유와 세계가 대립한다거나 실존과 필연성이 대립하는 것이 아니라 양자가 근원적으로 통일되는 실존의 완성으로서의 죽음이다. 푸코의 서문은 이 본래적 죽음의 꿈에 입각해 어떻게 환자를 치유로 이끌 것인가를 문제삼는 글은 아니다. 그렇지만 푸코가 여기서 강조하는 것은 이 비본래적 죽음의 꿈과 사적인 은밀한 세계에 폐쇄되어 있는 환자의 존재방식이 일치하고 있다는 사실이다.

푸코는 비본래적 존재방식을 만들어내는 환자는 자기의 망상에 함몰되어버리고 "그의 근원적인 자유가 완전히 소외되어버리는 객관적 결정론"[7]에 자신을 방치해버린다고 생각한다. 푸코의 이런 결론은 빈스방거의 치료법과 미묘하게 어긋난다. 빈스방거는 환자를 사적인 은밀한 세계로부터 끌어내는 것을 의사가 목표로 설정해야 한다고 생각했다. 하지만 푸코는 환자가 자신의 근원적인 자유와 상상력을 포기함으로써 질병이라는 '객관적 절차'에 굴복하게 된다고 생각한다. 푸코에게는 정신치료의 목적이 환자의 눈을 공통의 세계 쪽으로 열리게 하는 것이라기보다 "이미지 안에 폐쇄되어 있는 상상적인 것을 해방하는 것"이고 '표현' 쪽

7) Foucault, "Introduction," p.109.

으로 나아가게 만드는 것이다.[8] 푸코는 꿈에서 인간의 실존을 주체적인 측면에 입각해 해석하기 위한 거점을 확보했다. 본래적 죽음의 꿈에서는 인간의 근본적 자유가 표현될 가능성이 있다고 생각한다. 하지만 인간이 비본래적 꿈에 사로잡혀 정신질환에 걸리는 이유와 조건은 이 빈스방거의 현상학적 현존재 분석으로는 명확화될 수 없다. 이 정신질환의 비본래적 측면을 분석한 것이 『정신병과 인격』 제2부이다.

3. 『정신병과 인격』: 소외와 정신병

『정신병과 인격』 제2부에서는 광인이 광기라는 폐쇄된 세계, 자신의 은밀한 병적 세계로 추락하게 되는 현실적 조건이 탐구된다. 빈스방거는 환자가 자신의 은밀한 세계로 추락하는 이유가 정신질환이 있기 때문이라고 생각하고 이 세계로부터 해방되는 방법을 모색했다. 하지만 이런 분석에서는 정신질환 그 자체가 발생하게 된 조건을 분석할 수 있는 길이 방법론적으로 닫혀 있다. 확실히 현상학적 분석은 환자의 세계를 이해하고 환자에게 이 폐쇄된 세계로부터 해방되는 방법을 제시한다는 임상적 측면에서의 효과는 있지만 정신병의 조건 그 자체를 탐구할 수는 없다는 것이다. 광기를 분석하기 위해서는 광기의 사회적·역사적 조건에 물음을 던져야만 한다. 바로 이 문제에 직면해 푸코는 현상학적 분석과 단절하고 사회적·역사적 분석으로 방향을 돌린다. 이것은 정신의학의 토대와 사회적 역할에 대한 문제화이기 때문에 정신의학에게는 위험한 물음이 아닐 수 없다. 정신의학은 환자의 '치료'를 그 목적으로 하지만 '어떤 방식'으로 치료할 것인가의 문제는 별개의 문제이다.

정신의학의 목적이 환자가 사회에 복귀할 수 있게 하는 것이라고 한다면, 환자가 복귀하는 사회는 얼마나 '건전한' 것일까, 환자는 어떤 식으로 '정상'이 되면 사회로 복귀할 수 있다고 판단되는 것일까, 라고 푸

8) Foucault, "Introduction," pp.116~118.

코는 문제를 제기한다. 이 지점에서 정신의학의 치료는 즉각 정치적인 의미를 갖게 된다. 정신의학은 어떤 의미에서 그 사회의 정치적 실천인 것이다. 정상과 비정상의 판단 자체가 '비정상'을 배제하고 사회질서를 확보하려는 실천과 결부되어 있기 때문이다. 빈스방거의 실존적 분석의 한계는 인간의 자유가 발휘되는 구체적인 사회 그 자체를 고려할 수가 없다는 데 있다는 것이다. 푸코는 『정신병과 인격』에서 인간이 실제적으로 정신병에 걸릴 수 있는 두 조건을 제시한다. 심리적 갈등의 원인이 되는 사회적·역사적 조건과 이 갈등이 병리적 반응으로 전환되는 심리적 조건이 그것이다. 푸코는 역사적 조건을 검토한 심리학자로 맑스주의적 심리학자인 이반 파블로프를 거명했다. 푸코는 파블로프의 자극-반응 모델에 기초해 정신질환과 신체병리학 간의 대립을 극복할 수 있는 "진정한 의미의 유물론적" 심리학을 구상했다.[9] 이 진정한 심리학의 목적은 인간의 소외를 극복하고 자유를 실현하는 데 있었다.

여기서 푸코가 구상한 '진정한 심리학'은 인간학적인 논리에 기초해 인간의 해방을 목표로 설정했다고 할 수 있다. 푸코가 『꿈과 실존』의 서문과 『정신병과 인격』에서 제시한 심리학의 기획은 인간의 실존과 자유를 중요시하는 실존주의적인 심리학을 구축함과 동시에 사회에서 생겨나는 인간의 소외를 극복할 수 있는 방법을 모색하는 데 있었다. 푸코는 현상학적 분석이 환자의 주관적인 소외로부터 자유를 회복할 수 있게 해주고, 맑스주의 심리학은 환자의 객관적인 소외, 즉 사회 내에서의 사물화로부터 자유를 회복시켜준다고 생각했다. 그래서 푸코는 이 두 자유를 일거에 회복시키려고 기획했던 것이다.

하지만 푸코는 이 인간학적 기획에 의문을 품게 된다. 푸코는 훗날 이 시기에 대해 '젊은 혈기'라고 말하고 『정신병과 인격』을 자신의 업

9) Didier Eribon, *Michel Foucault*, Paris: Flammarion, 1989, pp.91~92. [박정자 옮김, 『미셸 푸코, 1926~1984』, 그린비, 2012, 125~127쪽.]

적에서 소거시켜버리려고 생각한다. 그렇다면 푸코가 왜 '진정한 심리학'의 기획을 포기한 것일까? 이것은 추측에 불과하지만 그 후에 푸코가 행한 '인간학' 비판을 통해 살펴보면 이런 변화의 비밀을 푸는 열쇠는 정신의학이 은밀하게 전제하고 있는 '정상성' 개념과 인간학의 기본적인 전제인 '인간성' 개념에서 찾을 수 있지 않을까?

이 '인간성' 개념은 인간에게는 어떤 자연적·본질적 특성이 있어 그것에 따르는 것이 '정상'이고 그 특성을 실현하는 것이 인간의 '목적'이라는 사고방식을 내포한다. 푸코가 '진정한 심리학'에서 원용하는 두 이론, 요컨대 실존적 분석에 입각한 심리학과 맑스주의 심리학에는 이 인간의 자연적 '본질' 개념을 공통적으로 전제하는 문제가 있었다. 이것이 의미하는 바는 인간은 어떤 본질적인 것을 애초에 소유하고 있고 그것이 어떤 이유로 인해 지위가 하락된 것으로 전락했다가 다시 회복된다고 상정하는 형이상학적 사유에서 유래하는 전제이다. 플라톤은 철학의 목적이 이 세계에서 생활하기 이전에 본 '이데아'의 토대로 복귀하는 것이라고 생각했다. 아리스토텔레스는 인간의 본질은 뒤나미스(잠재태)로서 주어지고 그것이 에네르게이아(현실태)로서 실현되는 것이 '목적'이라고 생각했다. 하이데거의 존재론은 이 아리스토텔레스적 목적론으로부터 해방됐지만, 빈스방거의 실존적 분석이나 사르트르의 실존 철학은 결단, 각오, 각성을 통해 인간적인 본질로 복귀한다는 사유가 잠재되어 있다. 예를 들면 실존적 분석에서는 환자가 자기만의 고독한 '극장'으로부터 각성해 공통의 장으로 되돌아가는 것이 '치유'라고 간주된다. 이것은 빈스방거의 사유이다. 하지만 이 치유를 통해 환자가 진정한 보편성에 도달한다는 보장은 없다. 후에 푸코가 『광기의 역사』에서 지적하듯이 이 공통의 장은 서구의 부르주아적인 도덕 규범에 따르는 '정상성'에 지나지 않거나 '민족'이라는 공통적 환상의 장일지 모른다는 것이다.

푸코가 또 하나의 축으로 삼고 있던, 인간의 객관적 측면의 분석인 맑스주의 심리학에도 동일한 인간학의 문제가 도사리고 있었다. 맑스주의는 노동자가 노동에서 소외되고 부르주아지가 노동자를 착취함으로써 발생한 소외상태가 정신질환을 발생시킨다고 생각한다, 이 소외를 극복하지 않으면 정신질환을 극복하는 것은 불가능하다는 것이다. 그리고 이 지배와 예속의 관계를 극복할 수 있게 해주는 것은 오직 프롤레타리아 혁명밖에 없다는 것이다. 하지만 맑스주의가 '소외된 인간' 상 내에서 고찰하고 있는 것은 서양의 형이상학이 암묵적으로 전제하던 '인간의 본질'이라는 상은 아닐까? 푸코는 후에 맑스주의의 소외된 인간상은 부르주아적 인간상이라고 비판한다. 푸코가 진정한 심리학을 위해 기대하고 있었던 이 두 방법에 공통되는 이 인간학적 전제가 인간을 해방시키는 것이 아니라 실제로는 인간의 억압을 강화시킬 가능성이 있기 때문에 푸코의 심리학 기획은 방법론적으로 붕괴된다.

푸코는 2년간의 정신병원 근무에서 참을 수 없음을 느끼고 프랑스를 떠나 스웨덴으로 간다. 그리고 그곳의 웁살라 대학교에서 『광기의 역사』의 집필에 착수하는 데, 스웨덴의 경험이 확실히 이것을 가르쳐줬다. 푸코는 어떤 대담에서 '자유의 나라' 스웨덴에서 경험한 억압에 대해 다음과 같이 말하고 있다. "제가 프랑스를 떠날 무렵에는 개인적인 생활에 관련된 자유가 프랑스에서는 몹시 제약을 받고 있었습니다. 그 당시 스웨덴은 훨씬 자유로운 국가라고 생각됐습니다. 하지만 저는 스웨덴에서 어떤 종류의 자유는 직접적으로 제약을 가하는 사회와 동일하지는 않다 할지라도 그에 못지 않게 예속적인 효과를 발생시키는 것을 경험했습니다. 이것은 저에게 대단히 중요한 경험이었습니다."[10] 당시 프랑스는 동성애자에게 대단히 살기 어려운 곳이었지만, '자유의 나라'임에 틀림없는 스웨덴에는 더 투명한 억압이 존재했다.[11] 이것은 인간성의 개

---

10) Stephen Riggins, "Michel Foucault: An Interview," *Ethos*, vol.1, no.2, Autumn 1983; "Une interview de Michel Foucault"(1983), *DÉ*, t.4: 1980-1988, p.526.

11) Eribon, *Michel Foucault*, pp.96~97. [『미셸 푸코, 1926~1984』, 135~136쪽.]

방이라는 진정한 심리학 기획의 과제가 역으로 억압을 강화한다는 역설적 결과를 발생시킬 수 있는 가능성이 있음을 보여주는 것이었다. 바로 이런 경험이 푸코에게 이 기획의 의미와 그 전제가 되는 인간학에 의문을 제기하는 효과를 발생시켰던 것이다.

푸코는 후에 임마누엘 칸트의 『실용적 관점에서 본 인간학』을 번역하고 거기에 상세한 주석을 달았지만 칸트는 『윤리형이상학』에서 동성애의 '반자연성'과 관련해 이렇게 말하고 있다. "성 공동체는 교호적으로 한 사람이 다른 사람의 성기와 성 능력을 사용하는 것으로, 그것은 자연적 사용이거나 비자연적 사용인데, 비자연적 사용은 동성의 어떤 인격에 대한 것이거나 인간 종과는 다른 어떤 동물에 대한 것인바, 법칙들의 이런 위반, 뭐라고 명명할 수도 없는 비자연적인 패악은 우리 자신의 인격 안의 인간성에 대한 침해로서 어떤 제한이나 예외로써도 결코 전면적인 단죄를 면할 수가 없다."[12]

그 위대함과는 별개로, 칸트 철학에는 인간 욕망의 한 형태를 '반자연적인 것'이고, '인간성의 침해'로 단죄하는 사상이 있었다는 것은 확실하다. 이 단언의 배경에 있는 것은 인간에게 자연스러운 것은 인간에게 무엇인가 '정상'인 것이 사전에 결정되어 있고 그것이 인간의 '본질'이라는 사고방식이다. 이런 형이상학을 전제로 하는 한 동성애적인 성적 취향을 가진 인간은 자신의 욕망과 실존에 대한 부정을 강요받게 되는 것이다. 그것은 외부로부터의 억압이나 제한으로서 경험된다기보다는 자기를 비정상적인 존재, 반자연적인 존재라고 인정하는 것을 강제하는 힘으로서 작동한다. 그리고 이 자기인식은 투명한 감옥처럼 인간을 내부로부터 지배한다. 이처럼 외적인 억압으로부터의 해방이라는 외관 아래서 실은 내적인 지배와 예속의 강화가 진행되는 경우가 있다는 것은 푸코의 『광기의 역사』의 중요한 테마 가운데 하나가 된다.

---

12) 임마누엘 칸트, 백종현 옮김, 『윤리형이상학』, 아카넷, 2012, 215~216쪽.

이후 푸코의 사유는 이 인간학에서 전형적으로 드러나는 서구 형이상학의 함정으로부터 벗어나려는 시도로 특징지어질 수 있을 것이다. 칸트가 시도한 것은 인간 이성의 한계를 명확히 하는 것이었지만 푸코에게는 이성의 정해진 한계를 '침범'하는 것이 중요한 과제가 된다. "인간은 정상이다=비정상은 인간이 아니다"라는 규범적 사고방식을 수용하도록 강제하는 것을 폭로하고 인간의 '본질'이라고 말하는 사유 그 자체를 침범하려고 시도하는 것, 바로 이것이 이후 푸코 사유의 윤리가 된다. 그리고 이것은 푸코의 '초기 사유'의 종말을 고한다. 인간학과 실존주의적인 심리학을 통해 인간의 자유를 회복하려는 시도와 맑스주의를 통해 인간의 소외로부터 해방을 실현하려 하는 푸코의 '진정한 심리학' 기획은 내부로부터 일격에 파괴됐던 것이다.

4. 메타병리학 비판

심리학과 광기에 할애된 푸코의 초기 텍스트는 그의 스승인 조르주 캉길렘의 영향을 많이 받았다. 푸코의 연구 주제가 규범성과 긴밀히 연관된 주제이기 때문이고, 또 이 규범성은 신체적 규범과 결부된 것이 아니라는 점에서 캉길렘의 영향을 명확히 확인할 수 있다. 정상적인 것은 사회적·정치적·제도적인 것이다. 그러므로 정상성은 사회적 규범의 총체로 환원되고 이 사회적 규범에 따라 병리현상이 평가되는 것이다.

당시 프랑스 심리학계는 유사과학성이 지배적이었다. 1953년경에 썼던 「과학적 연구와 심리학」이라는 논고에서 비꼬며 푸코가 묘사한 바에 따르면, 푸코가 실험심리학을 전공했을 때 처음 받은 질문은 "자네는 [지능검사를 고안한 알프레드] 비네와 같은 과학적 심리학을 하고 싶은가 아니면 메를로-퐁티 같은 심리학을 하고 싶은가"[13]였다고 한다.

---

13) Michel Foucault, "La recherche scientifique et la psychologie"(1957), *DÉ*, t.1: 1954-1969, p.138; Eribon, *Michel Foucault*, p.62. [『미셸 푸코, 1926~1984』, 80쪽.]

그러나 "측정하고 수치화하며 계산하는" 과학적 심리학이 진정한 심리학이고 "사유하고 반성하며 차츰 철학에 눈뜨는" 철학적 심리학이 가짜 심리학이라는 식의 구별에는 어떤 근거가 있는 것일까?[14] 푸코는 이 논문에서 심리학이 "50년 전까지만 해도" 철학의 일부였다는 점을 지적하면서 인간의 마음을 대상으로 하는 학문이 인간에 대한 성찰인 철학과 분리되어 버린 것에 대해 유감을 표명한다. 심리학은 철학이어야 하지 않을까? 심리학이 과학을 자임하는 것은 오류가 아닐까?

푸코는 생물학 전문가가 진짜 생물학 외에 철학적 생물학의 존재를 인정하진 않는다는 점을 지적하면서 전문 심리학자가 진짜 심리학과 진짜가 아닌 심리학이 병존할 수 있다고 생각하는 점에 대해 "혼란과 근본적 회의"를 표명한다. 푸코는 이 혼란 속에 심리학이라는 학문의 출생의 비밀이 숨어 있는 것은 아닌지 생각해본다.

푸코는 당시 프랑스의 '과학적' 심리학에는 어떤 방법론적 난점이 있고 그렇기 때문에 과학으로서는 성립될 수 없다고 생각하게 된다. 이 방법론적 난점이란 마음의 의학과 정신의학이, 마음의 병과 신체의 병이라는 이질적인 현상에 근거 없이 동일한 범주를 적용하고 있다는 점이었다. 당시의 정신의학은 이 두 가지 의학을 통일하는 병리학이 존재한다는 전제 위에 성립한 것이다.

이것은 정신병리학과 인체병리학, 심리학과 생물학의 저편에 있으면서 이 두 학문을 통일할 수 있는 추상적이고 일반적인 병리학이 존재한다는 사고방식이며, 푸코는 이것을 '메타병리학'의 전제라 부른다. 이 메타병리학은, 인간이 정신과 신체의 통일체라는 사실을 고려하는 척하면서 실은 인간의 정신병과 인체의 병에 동일한 방법론과 동일한 개념을 적용할 수 있다고 소박하게 믿었던 것이다. "정신의 병도 신체의 병도, 특정한 증상에 따라 밝혀지는 자연의 본질처럼 간주"된 것이다.

---

14) Foucault, "La recherche scientifique et la psychologie," p.138.

이 '과학적 심리학'에 대한 푸코의 의문을 잘 보여주는 인상적인 에피소드가 하나 있다. 당시 생-탄느 병원에서 연수 중이던 25세의 푸코는 자신의 아버지처럼 의사가 되는 것을 목표로 하고 있었다. 의사의 아들로서 열의와 이상으로 불타고 있었다고 푸코는 반어법적으로 당시의 자기 모습을 회고한다. 그 무렵 푸코는 22세의 한 젊은 환자와 친해지게 된다. 로제라는 이름의 이 환자는 자기파괴적인 경향이 있어서 부모가 입원시킨 환자로 약물치료를 받고 있었다. 하지만 치료의 효과는 전혀 없었고 로제는 평생 정신병원을 나갈 수 없을 것이라는 공포와 고민에 사로잡혀 있었다. 평상시에는 지적이고 사물에 대한 통찰력과 이해력이 탁월한 환자이지만 난폭해지면 손을 쓸 방도가 없었다고 한다. 차츰 정신상태가 악화되고 의사들은 어떤 조치를 하지 않으면 이 환자가 자살하고 말 것이라고 결론내린다. 그래서 "이 지적이고 탁월한 젊은이, 하지만 억제할 수 없는 젊은이에 대한 전두엽 로보토미 시술"이 행해졌다. 이는 영화 『뻐꾸기 둥지 위로 날아간 새』를 떠올리게 하는 결말이고 푸코는 "아무리 시간이 지나도 그 고뇌에 찬 얼굴을 잊을 수가 없었다"고 비통한 어조로 회상하고 있다.[15]

이 로보토미 환자의 일화는 메타병리학의 한 귀결을 보여준다. 메타병리학은 병에 대한 자연사적 전제에 기초해 정신질환도 인체질환도 동일한 방법으로 '치료'할 수 있다고 믿는다. 그리고 이 병리학은 정신과 신체를 통일하는 척하면서 현실의 인간이 신체와 정신의 살아 있는 전체성이라는 것을 간과해버린다. 정신의 병을 뇌수술로 '치료'할 수 있다는 신념을 야만적 형태로 실행한 로보토미는 이 점을 극명하게 보여준다. 푸코는 인체와 정신의 통일성을 회복시키기 위해서는 정신병리학을 이 "추상적인 '메타병리학'의 모든 전제로부터 해방시킬"[16] 필요가 있

---

15) Michel Foucault, "Conversation sans complexes avec le philosophe qui analyse les 'structures du pouvoir'"(1978), *DÉ*, t.3: 1976-1979, pp.671~672.

다고 생각한다. 그것은 정신병에, 기질적 병으로부터 독립된 지위를 부여하려는 것이다. 그래서 푸코는 세 가지 관점을 제시한다.

첫 번째 관점은 환자의 주관성 분석의 관점에서 정신병을 고찰하려는 것인데, 병은 환자가 더 잘 살기 위한 모색의 표현이며 환자 실존의 표현이라고 생각하는 것이다. 정신병을 환자가 실존하면서 겪는 고뇌의 표현이라 보는 이 관점은 정신분석과 실존적 분석을 연결시킨 빈스방거의 접근법과 유사하다. 또 푸코의 삶의 기획으로 거슬러 올라가 생각해 보면 이 관점은 자신의 실존과 자유에 대한 강한 집념을 보여주는 『쾌락의 활용』과 『자기 배려』에서 기술된 '실존의 미학'과 호응한다.

두 번째 관점은 정신병을 환자가 속한 사회와 민족의 역사적 존재방식에 입각해 고찰하려는 관점이다. 이것은 문화인류학적 광기의 고찰과 역사적 광기의 고찰을 포함하는데, 환자의 병을 문화의 표현으로 간주한다. 이것은 질 들뢰즈의 『안티-오이디푸스』에 앞서는 관점이며 정신병이 역사적으로 문화적 산물이라는 점을 강조하는 『광기의 역사』는 이 관점을 잘 보여준다.

세 번째 관점은 정신병을 사회에서의 소외방식을 표현한 것으로 간주하고 광기로부터의 해방을 사회적 개혁의 과제와 암묵적으로 연결시키는 것이다. 이것은 "현대 사회에서는 누구나 정신분열증 상태에 있다"라고 갈파한 『안티-오이디푸스』에 가까운 사고방식이다. 더 나아가 사회나 문화 그 자체가 개인에게 야기하는 억압에 주목한다는 의미에서는 『감시와 처벌』에 나오는 규율권력을 분석하는 시선으로 이어진다.

『정신병과 인격』 제1장에서 푸코는 정신병리학과 인체병리학 간의 유사성에 기초한 일반 병리학, 요컨대 '메타병리학'을 비판한다. 심리학 영역과 질병이라는 말을 동일시하는 자체가 당연한 것이 아니라는 사실을 증명하는 것이 여기서 중요하다. 푸코는 언어의 문제를 제기한다. 정

16) Michel Foucault, *Maladie mentale et personnalité*, Paris: PUF, 1954, p.16.

신병과 인체의 병에 징후, 질병 등 동일한 어휘를 사용할 수 있을까? 푸코는 정신병리의 영역에는 특수한 무엇인가가 있다는 사실을 보여주고자 한다. 아무튼 푸코는 질병학 측면에서 정신병리학과 인체병리학 모두가 동일한 개념들을 토대로 삼고 있음을 확인한다. 요컨대 정신병은 다른 모든 질병처럼 "정신병을 출현시키는 징후들을 통해 포착할 수 있는 실체적 본질"[17]로 간주된다. 하지만 푸코가 보기에 이런 상이한 질병의 통일성은 인위적이고 조작된 것이다. 이것은 환자와 그가 앓는 질병의 특수성을 고려하지 않고 개인의 총체적인 상태를 그저 기술한 것에 불과하다. 총체성 개념은 이런 문제들을 고려하지 않고, 진정한 엄밀함을 배려하지 않고 '개념적 도취'의 분위기를 병리 현상에 부여한다. 총체성 개념은 하나의 유토피아에 지나지 않는다는 것이다. 이와는 반대로 푸코는 정신병을 다른 방식으로 분석해야 한다는 점과 이 총체성 개념이 사실에 기초하기보다는 언어의 편의성에 기초하고 있다는 점을 보여주고자 한다. 세 가지 것들이 구분을 가능케 해준다.

먼저 인체의학에서는 병리 현상의 추출이 가능하지만 정신의학에서는 불가능하다. 인체의 질병에서는 어떤 신체의 기관에서 장애를 발생시키는 요소를 따로 떼어내는 일은 쉬운 일이지만 정신병에서 그렇게 하기란 대단히 어려운 일이다. 정상적인 것과 병리적인 것의 구분은 인체의학에서는 유효하지만 정신의학에서는 유효하지 않다. 왜냐하면 정신질환에서 핵심인 인격이라는 개념은 인체의학에서 핵심인 인체 개념과 다르기 때문이다. 더 정확히 말해서 푸코는 비정상적인 것과 병리적인 것을 동일시하는 태도를 비판한다. 푸코에 따르면 병리적인 것은 이미 정상적인 것 안에 내포되어 있다. 왜냐하면 병리적인 것은 유기체의 생명 안에 존재하는 하나의 가능성이기 때문이라는 것이다. 푸코는 『정상적인 것과 병리적인 것』에서 질병 자체가 이미 건강을 되찾으려 하는

17) Foucault, *Maladie mentale et personnalité*, p.7.

투쟁이라고 정의하는 캉길렘의 사유에 입각해 "치유가능성이 병의 절차 내부에 기술되어 있다"[18]라고까지 주장한다.

환경의 역할도 서로 다르다. 인체의학에서 환자는 개별화된다. 병든 주체는 자신의 병리 내에 고립된다. 반면에 정신의학에서 환자는 환자의 환경, 예를 들면 감금과 같은 환경에서 유효한 실천에 입각해 사유된다. 정신병과 인체의 병에 동일한 개념을 적용할 수 없고 이들로부터 동일한 것을 연역해낼 수 없다는 것을 단언하고 증명한 다음에 푸코는 정신병을 더 구체적으로 분석한다.

『정신병과 인격』 제1부에서 푸코는 정신병을 심리학적 차원에서 정의하려고 시도한다. 푸코는 우선 정신병이 설명보다는 기술해야 하는 대상임을 확인한다. 그래서 푸코는 존 헐링스 잭슨, 프로이트, 칼 야스퍼스 등이 발전시킨 '발달'심리학을 비판한다. 발달심리학은 퇴행, 다시 말해 소위 '복잡한' 기능들이 파괴되어 단순하고 초보적인 태도가 다시 출현하는 현상을 기술記述의 원리로 삼아야 하지만 그렇게 하지 않고 설명의 원리로 삼았다는 것이다. 푸코는 이것이 그릇된 것이라고 비판한다. 푸코는 심리적 '발달론'과 심리적 '실체'라는 개념이라는 두 신화가 심리를 퇴화가 가능한 것으로 간주하고 정신병자를 원시인이나 어린아이로 간주하는 오류를 범했다고 비판한다. 푸코는 정신병자의 인격이 과거의 인격으로 되돌아가는 것이 아니라 소거되는 것이라고 생각한다. 그러므로 정신병자의 인격을 다른 인격과 비교하는 것은 불가능하다는 것이다. 정신병자를 원시인 혹은 어린이와 동일시하는 것은 기술적 가치를 갖는 것이지 설명적 가치를 가지는 것은 아니라는 말이다. 그렇다면 정신병에 관한 과학을 설립하는 것이 가능한 것일까? "정신병리학은 병든 인격에 대한 학일 수밖에 없다."[19] 질병이라는 추상성을 버리고 병자라

18) Foucault, *Maladie mentale et personnalité*, p.13.

19) Foucault, *Maladie mentale et personnalité*, p.34.

는 구체성을 취해야 하며 환자를 개별화해야 한다고 푸코는 주장한다. 요컨대 "어떤 특정한 인간이 병에 걸린다는 것, 그것도 특정한 시기에 특정한 병에 걸린다는 것"[20]에 주목할 필요가 있다는 것이다. 프로이트의 정신분석학을 참조하면서 푸코는 정신병의 '원인'을 추적하기 위해서는 개인의 역사를 먼저 파악해야 한다고 주장한다. 푸코는 프로이트가 인간의 정신 현상에 역사를 도입했다고 올바르게 평가한다. 푸코는 정신분석학을 통해 정신병의 개인사적 차원을 발견하려고 한다. 다양한 예를 통해 푸코는 정신분석학에서 본질적이라고 간주되는 관념이라 할 수 있는 심리적 방어 개념을 상술한다. 정신분석학은 현재 공포의 거부로서 퇴행 현상을 분석한다. 환자는 과거의 불안을 상기시키는 과거의 상황으로 피신함으로써 현재의 공포를 피하려 한다는 것이다. 이렇게 환자는 하나의 동일한 품행을 형성시키게 될, 대립되는 두 행동의 접목을 통해 자신의 내적인 모순에 맞서 자신을 방어하려 한다는 것이다. 하지만 병은 내적인 모순을 완화시키기보다 오히려 악화시킨다.

푸코에 따르면 불안은 우리의 내적인 모순의 대표적인 현시이다. 불안은 "양의성의 표현," "내적 모순의 정서적 차원"이라는 것이다. 불안을 통해 "심리학적 의미화의 핵심"을 발견해내야 한다. 요컨대 개인의 실존만이 아니라 실존의 근본적인 경험을 발견해내야 한다. 불안은 "개인사의 원리이자 토대"[21]라는 것이다. 푸코는 이 근본적인 경험의 수수께끼를 풀고 정신병의 본질을 이해하려고 시도한다. 그래서 푸코의 모든 절차는 현상학을 지향하게 된다. 푸코는 이 점을 부인하지 않고 이렇게 말한다 "병적인 의식을 이해하는 것, 그리고 그 병리학적인 우주를 재구성하는 것, 정신질환의 현상학은 이 두 과제를 목표로 한다."[22] 시간

20) Foucault, *Maladie mentale et personnalité*, p.34.

21) Foucault, *Maladie mentale et personnalité*, p.52.

22) Foucault, *Maladie mentale et personnalité*, p.56.

과 공간 내에서 현상 전체를 연구하는 것, 병적인 의식을 면밀히 조사하는 것이 관건이라는 의미에서 현상학인 것이다. 예를 들어 문제는 병자 스스로에 의한 자기 질병의 자기 이해가 중요하다는 것이다. 세 가지 가능성이 존재한다. 먼저 병자가 자기 자신과 병 간에 일정한 거리를 두는 경우, 다음으로 병자가 자신의 병을 현실 세계가 아닌 다른 세계에 속하는 것으로 받아들이는 경우, 마지막으로 병자가 자신의 병에 완전히 함몰되는 경우. "여기서 병에 대한 의식은 세계를 앞에 둔 거대한 도덕적 고뇌로서 나타나게 될 뿐이다. 그리고 이 세계는 이제 접근불가능하게 된 현실과의 암묵적인 관계를 통해서만 인식될 수 있다."[23)]

병든 의식에 대한 면밀한 조사의 또 다른 수준이 있다. 그것은 병리적 '우주,' 즉 병리에 고유한 시간과 공간 내에서 그 구조를 분석하는 것이다. '병적인 세계'라고 푸코가 부른 세계를 구축하는 다른 시간과 공간이 환자에게 있다는 것이다. 정신병의 근간이 되는 이 병적인 세계라는 개념은 정신병을 둘러싼 모든 의미작용을 서로 연결한다. 병적인 세계는 환자에게 고유한 세계, 외부 세계와 관련한 거리두기와 일치하는 내적인 세계이다. 이 세계는 대단히 풍요롭고 다채로운 세계이다. 푸코는 이 세계가 수수께끼와 모호함을 간직하고 있기 때문에 존중한다. "정신병자의 주관성이 세계를 소환하는 것임과 동시에 세계에 함몰되는 것이기도 하다면 이 신비로 가득 찬 주관성의 비밀은 세계 그 자체에게 물어봐야 하는 것이 아닐까?"[24)] 푸코는 객관성을 보증하는 외부 세계가 정신병을 설명하는 가장 탁월한 능력을 갖고 있는 것이 아닌가 자문해본다.

5. 『정신병과 심리학』

『정신병과 인격』 후반부의 핵심 주제를 파악하려면 1962년의 『정신병

23) Foucault, *Maladie mentale et personnalité*, p.60.

24) Foucault, *Maladie mentale et personnalité*, p.60.

과 심리학』이 『정신병과 인격』에 많은 수정을 가했다는 사실을 숙지할 필요가 있다. 『정신병과 인격』이 『정신병과 심리학』으로 개작되면서 변한 것은 제2부의 내용이다. 1954년 판본에서 푸코는 정신병의 심리적 차원을 "병의 실제적 조건"이라는 주제 아래 다루는 반면에 1962년 판본에서는 이것을 "문명의 산물로서의 정신병리학"에 대한 성찰로 대체한다. 서구의 일정한 시기의 일정한 문화가 일정한 정신병을 만들어낸다는 생각이 여기에 깔려 있다. 수정된 제2부는 8년 전에 쓰여진 『정신병과 인격』 제1부보다는 오히려 『광기의 역사』와 더 긴밀하게 연관되어 있다고 말할 수 있다. 제5장은 "정신이상의 역사적 의미"에서 "정신병의 역사적 구성"으로, 제6장은 "갈등의 심리학"에서 "광기, 총체적 구조"로 바뀌게 된다. 1954년에 푸코는 '실제적 조건,' '역사적 의미,' '소외' 같은 용어들이 보여주듯이 정신병을 둘러싼 역사적이고 유물론적인 해석에 몰두했다. 푸코는 고대부터 17세기에 이르기까지 광인은 항시 인간의 역사에서 자신의 자리가 있었다는 사실을 환기시킨다. 요컨대 비인간적인 것이 인간의 실존 속에 난입해 차츰 인간의 세계 속에 포함되어가는 정신이상의 역사적 의미를 파악하는 것이 가능해진다. 푸코는 18~19세기에는 작업이 이와 정반대 방향에서 진행된다고 지적한다. 이때의 작업은 정신병의 인간적 의미를 복원하지만 정신병자를 인간의 세계로부터 추방하는 식으로 진행된다는 것이다.

정신병자의 감금을 조장함으로써 프랑스 대혁명은 인권선언을 통해 인정된 자유의 형식적 특성을 신성화했다. 필립 피넬이 정신병자들을 사슬에서 해방시키면서 그들을 새로운 강압체계인 의사의 결정에 예속시킨다. 광인은 자신의 권리를 박탈당했기 때문에 소외된다기보다는 그가 받는 대우가 자기 자신의 이방인이 되게 하기 때문에 소외되는 것이다. 오랫동안 사람들이 정신분열증의 징후를 정신병 환자나 신경증 환자에게서 확인했다고 확신했다면 그것은 단지 "사회가 그들을 괄호에 넣으면서 그들에게 낙인을 찍었고 그 가운데서 정신과 의사가 정신분열의 징후를 읽어냈기" 때문이다.[25] 자본주의 사회는 비생산적인 사람들을 감금할 뿐만 아니라 자본주의 사회를 관통하고 있는 계급 모순으로 인해 병리적인 '양식들'을 발생시킨다. 예를 들어 프로이트가 전쟁 신경증 환자들에 대해 성찰하며 생의 본능과 죽음의 본능을 대립시켰다면 그는 여기서 근본적인 심리학적 무대를 확인했다기보다는 20세기 초 유럽 사회에 고유한 모순을 확인했다고 할 수 있다. 프로이트주의는 자본주의에 대한 무의식적 이론화의 최고의 단계라고 할 수 있다는 것이다. 요컨대 "프로이트가 원했던 것은 전쟁을 설명하는 것이었다. 그러나 역으로 전쟁이 프로이트 사상의 이런 전환을 설명하고 있다."[26] 『정신병과 인격』에서 푸코는 정신병이 개인 발달의 실제적 조건, 다시 말해 개인에게 고유한 내적 조건뿐만 아니라 개인의 환경과 같은 외적 조건으로 환원되어야 한다고 주장한다. 정신병은 뇌의 자극 기능과 억제 기능의 불균형에서 결과된다는 것이다. "이렇게 정신병리학의 유물론에서는 다음과 같은 두 오류를 피할 필요가 있다. 먼저 정신의 병적인 갈등을 주변 환경의 역사적인 모순과 동일한 것으로 생각하고 그로 인해 사회적인 소외와 정신적인 착란을 혼동하는 오류를 피해야 한다. 그리고 다른 한편으로는 모든 질환을 신경 기능의 교란으로 환원하려고 한다든가 그 메커니즘이 아직 미지의 것인데도 이론적으로는 순전히 생리학적인 관점에 입각해 분석할 수 있다고 생각하는 오류를 피해야 한다."[27]

파블로프의 심리학 이론과 파블로프의 자극-반응 이론에 영향받은 소련 심리학의 동향을 설명하는 『정신병과 인격』의 마지막 장에서 푸코는 환경과 개인의 모순이 참을 수 없는 것이 되면 그 순간에 심리적 장애가 출현한다고 주장한다. 푸코는 이런 생각과 관점을 이미 1953년의 한

---

25) Foucault, *Maladie mentale et personnalité*, pp.82~83.

26) Foucault, *Maladie mentale et personnalité*, p.87.

27) Foucault, *Maladie mentale et personnalité*, p.106.

강연에서 개진했다. 소련의 과학자 트로핌 리센코 사건을 계기로 정치와 과학의 관계에 대단히 민감한 반응을 보이던 학생들이 대다수 청중이었던 이 강연에서 푸코는 스탈린과 알코올 중독에 걸려 자신의 아내를 구타하는 구두공의 이야기를 인용하며 정신질환은 가난과 착취의 산물이며 이 질환을 치료하려면 인간 실존의 조건을 철저히 변혁시키는 수밖에 없다고 결론내린다. 삯 노동을 해 가까스로 생활비를 충당하는 구두공은 이 모순된 노동 상황이 유발하는 심리적 긴장을 해소하려고 알코올에 의존하게 된다. 현실의 억압을 받으며 그는 병적인 세계로 피신해 그곳에서 이 동일한 억압을 다시 발견하게 되지만 그 사실을 인식하지 못한다. 푸코에 따르면 "개인이 반응의 수준에서 환경의 모순을 제어할 수 없는 경우, 개인의 심적인 변증법이 실존 조건의 변증법에 합치될 수 없는 경우 병이 출현하는 것이다."[28] 이제 의학적 인류학은 건강한 인간과 병든 인간의 대립과 연결되는 것이 아니라 자기 자신을 치료하고 혁명주의자가 되어가는 착취당하는 노동자의 변증법과 관련된다. "만약 심리학이 다른 모든 인간에 대한 학문과 마찬가지로 인간의 소외/착란을 극복하는 것을 목표로 삼는 것이라면"[29] 진정한 심리학은 이런 과업을 완수하는 데 전념해야 한다는 것이다. 이런 이행이 어떻게 발생하게 됐는지를 이해하기 위해서는 정치적인 요소를 고려할 필요가 있다. 요컨대 푸코는 1950년에서 1953년까지 프랑스공산당 당원이었다. 이런 참여는 당시 프랑스에서 정치의 심볼이었던 파블로프에 할애된 장에서 찾아볼 수 있다. 당시 대부분의 공산주의 지식인들은 파블로프의 '유물론적인 심리학'과 정신분석학을 이렇게 대립시키려고 했었다.

1962년에 푸코는 완전히 관점을 바꾼다. 요컨대 푸코는 파블로프의 자극-반응 이론과 결별한다. 『정신병과 인격』은 총 110쪽이었으나 개작

---

28) Foucault, *Maladie mentale et personnalité*, p.102.

29) Foucault, *Maladie mentale et personnalité*, p.110.

한 『정신병과 심리학』은 104쪽으로 준다. 그리고 푸코는 『정신병과 인격』 제2부 전체를 수정해 『정신병과 심리학』으로 재출간하고 1954년의 사유와 단절한다. 이 두 저작 사이에 푸코는 대작 『광기의 역사』를 완성한다. 『정신병과 심리학』 제2부 「광기와 문화」는 『광기의 역사』의 요약이라고 할 수 있다. 웁살라 대학교 도서관의 방대한 의학 사료를 바탕으로 푸코는 정신의학이 역사적으로 어떻게 형성됐는지, 그 절차를 맑스주의로부터 완전히 벗어난 관점에 입각해 설명하고 있다. 광기는 이제 더 이상 자본주의 사회의 계급 모순이 개인의 심리적인 차원에서 표출된 것이 아니라 그보다 훨씬 심층적인 차원인 문화와 역사가 만들어낸 것이 된다. 푸코는 이와 같은 광기의 문화적이고 역사적인 차원을 섬세하게 추적한다. 광기는 역사적 조건, 더 나아가 특수한 문화적 맥락에 속하는 것이 된다. 이런 광기의 역사는 우선적으로 분할의 역사, 배제의 역사이다. 중세와 르네상스 시대에 광기가 신의 권능의 표현으로 간주되고 에라스무스의 『광기 예찬』에서 볼 수 있듯이 이성보다 상위에 있는 형식으로 인정됐던 반면에 고전주의 시대는 광기를 범죄, 방랑, 동냥, 방탕 등과 같은 다른 모든 형태의 일탈과 혼동해 광기 특유의 의미를 상실케 했다는 것이다. 광기는 나태의 한 형태가 됐고 구빈원은 광기를 교정하는 임무를 담당하게 된다. 이 시대가 그 유명한 '대감호'의 시대인 것이다. 19세기 초 정신요양원의 탄생으로 인해 광기에 대한 지각이 더 섬세해졌고 그와 동시에 이성과 광기의 분할은 더욱 첨예화된다. 이제 정신이상자들은 범죄자들이나 가난한 자들과는 다른 방식으로 다뤄지게 됐다. 그러나 피넬의 인본주의라고 가정되는 광인에 대한 대우의 변화에 속아넘어가서는 안 된다는 것이 푸코의 입장이다. 쇠사슬로부터 해방됐다고는 하나 광인들은 아마도 쇠사슬 못지 않은 엄청난 도덕적 감금을 당하게 됐다는 것이다. 이런 맥락에서 이제 결코 이해할 수 없는 언어가 되어버린 광기가 가지고 있던 그 계시의 힘은 의학적 지식의 벽 사이에 갇히게 된다. 이렇게 제압된 광기로부터 심리학이 탄생했다는 것이다.

푸코에게 심리학은 탈이성의 목소리를 듣기를 거부하는 이성의 독백이고 그럼에도 불구하고 광기의 진실을 말할 수 있다고 믿는 담론이다. 이것은 프리드리히 횔덜린, 제라르 드 네르발, 레이몽 루셀, 앙토냉 아르토의 작품에 현전하고 가시적인 자신의 절대적 타자와의 대면을 거부하는 한 담론의 공허한 야심에 불과하다는 것이다. 그리고 이 타자는 인간이 언젠가 모든 심리학으로부터 벗어나 다시 광기와 대대적인 비극적 대면을 하게 되는 날이 올 가능성이 있다는 것을 약속한다. 『정신병과 심리학』의 독창성은 이 저작의 기반이 되는 두 관점에서 찾을 수 있다. 즉 정신병을 역사적이고 존재론적으로 접근하는 데 이 저서의 독창성이 있다. 요컨대 광기가 심리학을 넘어서서 인간과 근원적 관계를 맺고 있다는 관점이 그 독창적인 측면이라 할 수 있다.

6. 『광기의 역사』: 정신병원의 탄생

푸코는 『광기의 역사』 집필을 1955년에 시작해 스웨덴 웁살라 대학교에 외교부 소속 교육부 파견 프랑스 문화원장 및 프랑스어 교수를 역임하며 체류하던 1958년 즈음에 거의 끝마쳤다. 스웨덴 체류 기간 동안 푸코는 직업적인 측면에서 많은 공식 활동을 했고 그와 동시에 박사학위 논문 집필에 몰두하기도 했다. 『정신병과 인격』에서 푸코는 정신이상을 정신의학적 관점에서 파악하려 했고 또 정신의학에 대한 그의 비판의 관점은 맑스주의에 경도되어 있었다. 푸코가 정신병원에서 연수를 할 때 많은 의사들은 그에게 정신과 의사의 역사에 대해 써보라고 권유했다. 하지만 푸코가 관심을 갖고 있었던 것은 의사들이기보다는 오히려 광인들이었고 정신의학 자체라기보다는 정신의학이 대상으로 삼는 것이었다. 다시 말해 근대에 환자와 의사의 관계로 해석되던, 이성과 광기가 맺는 관계에 더 관심이 있었다. 푸코는 『광기의 역사』를 집필하는 데 토대가 되는 수많은 육필 서신과 의학 사료들을, 방대한 장서와 자료를 소장하고 있던 웁살라 대학교 도서관에서 수집했다. 한때 푸코는 웁살라 대학교에서 박사학위 심사를 받으려고 생각했다. 하지만 웁살라 대학교의 과학사 교수는 푸코의 논문이 지나치게 '기교적'이라고 평하며 논문 심사를 거부한다. 하지만 푸코가 『광기의 역사』를 스웨덴에서만 집필한 것은 아니다. 푸코는 파리 생-탄느 정신병원 도서관과 파리 국립도서관에서도 많은 작업을 했다. 아무튼 푸코는 연구적 관점에서 논문은 이미 끝마쳤지만 집필의 차원에서는 가다듬고 수정할 것들이 많이 남아 논문 심사를 위해 몇 년을 기다려야 했다. 푸코는 1960년에 프랑스로 돌아왔다. 이 시기에 푸코는 논문 집필을 끝마치고 최종 제목을 『광기와 탈이성: 고전주의 시대의 광기의 역사』라고 정했지만 애초에 푸코가 정하려 했던 제목은 『또 다른 양태의 광기』였다. 이 저작에 사용된 자료와 사료는 박사학위 논문 심사 보고 책임자였던 캉길렘이 인정하듯이 한마디로 대단했다. "참고자료로 말할 것 같으면 미셸 푸코는 엄청난 양의 사료를 읽고 또 읽었다." 『정상적인 것과 병적인 것』의 저자인 캉길렘은 이후로 있을 푸코 논문의 출판과 그 효과에 지대한 영향력을 끼쳤다. 푸코가 이 저작을 만들어내는 모든 과정에 캉길렘은 늘 함께 있었다고 해도 과언은 아닐 것이다. 캉길렘은 『광기의 역사』를 의학계와 철학계에 보급해 주목을 받게 하는 데 중요한 역할을 하게 된다.

『광기의 역사』 초판 서문에서 푸코는 철학적·비판적 야심을 잘 표현했지만 1972년 판본부터 완전히 삭제해버린다. 이 초판 서문은 푸코 계획의 대계를 가장 명확하게 보여준다. 서문은 블레즈 파스칼의 인용문으로 시작된다. "인간들이란 필연적으로 미치광이여서 미친 것이 아니라도 광기의 다른 주기를 통해 미치광이가 될 것이다." 이런 '광기의 다른 주기'의 역사, 서구의 사유에서 인간이 '지고한 이성'의 언어 속에서 자기 자신을 발견하는 시대의 역사를 기술해야 한다는 것이다. 달리 말하면 서구 사회에서 광기에 대한 지각이 변하는 바로 그 시대의 역사를 기술해야 한다는 것이다. 합리성과 철학 편에 있는 것으로 간주되는 푸코가 광기에 대한 이런 책을 쓴다는 의미에서 그의 절차는 대단히 흥미롭다. "그 결탁이 진실의 지배하에서 결정적으로 성립되기 이전에 혹은 항의의 서정에 생기를 다시 불어넣기 이전에 결탁의 순간을 여기서 재발견해야 한다." 이렇게 푸코는 실증적 지식이 가져다주는 광기의 진실을 축소함으로써 광기의 최초의 경험으로 되돌아갈 것을 제안한다. "최종적 진실의 편리함을 포기할 필요가 있다"는 것이다.[30]

원초적 경험을 더욱 잘 파악하기 위해서는 자기가 위치한 시대의 정신병리학 개념 창고를 이용해서는 안 된다는 것이다. 원초적 경험은 광기 그 자체의 경험이 아니라 이성과 비이성의 분할이 설정될 동요의 순간이다. 바로 이 지점으로부터 시작해 광기에 대한 실증적 진실들이 구축됐으며 정신병으로서의 광기가 구축된 것이다. 푸코가 다시 파악하려는 이 분기점 위에서 정신의학의 실증적 담론들이 조직됐던 것이다. 이 원초적 의미를 재발견하기 위해서는 광기를 감금한 모든 의학적 범주들로부터 벗어날 필요가 있다. 실증적 규정들의 벽에 갇힌 광인은 이성적 인간과 이제 더 이상 소통할 수 없게 됐다는 것이다. "공통의 언어는 거기에 없다. 아니 이제 더 이상 존재하지 않는다. 정신질환으로서의 광기의 성립은 대화의 결렬을 확인시켜주는 것이다." 여기서 언어는 일방적으로 오직 이성의 편에만 존재할 뿐이지 다른 방식으로 광기의 편에도 존재하는 것이 아니다. 광기는 늘 침묵하고 있었던 것은 아니었지만 이제 이성에 의해 침묵을 강요받게 된다. "광기에 대한 이성의 독백인 정신의학의 언어는 그런 침묵 위에서만 구축될 수 있었던 것이다."[31]

이런 침묵의 고고학을 하는 것은 다수의 단서들을 수집하고 서구 문명의 이 분명한 전환점을 발견하기 위해 서구 문화 전반의 사료들을 파헤치는 작업이다. 유럽의 인간은 아득한 중세 이래로 그가 막연히 광기,

---

30) Michel Foucault, "Préface," *Folie et Déraison: Histoire de la folie à l'âge classique*, Paris: Plon, 1961; *DÉ*, t.1: 1954-1969, p.159.

31) Foucault, "Préface," *DÉ*, t.1: 1954-1969, p.160.

치매, 탈이성이라 부르는 것과 관계를 맺어왔다. 푸코는 이런 특이하고 새로운 문화적 맥락에서 이성과 광기의 철저한 이타성을 소묘하고 분석한다. 푸코는 마치 순수한 광기의 상태와 같은 어떤 것, 이 다양한 형태의 문화가 은폐하고 사장시키려고 했던 어떤 것이 존재한다고 생각하는 듯하다. 뿐만 아니라 광기의 역사는 한계들의 역사, 요컨대 "그것을 통해 하나의 문화가 자기 것이 아닌 것을 배제하는 어두운 몸짓의 역사"[32] 이기도 하다. 푸코는 대다수의 의학사들과 마찬가지로 피넬이나 새무얼 튜크 같은 수많은 정신의학 분야의 중심인물들의 초상을 나열하는 방식으로 정신의학사를 쓸 수도 있었을 것이다. 하지만 푸코가 관심을 갖는 것은 정신의학을 창설하는 일련의 사건들에 대한 기술이 아니라 그 사건들의 출현 조건이다. 그래서 한 시대가 광기에 대해 일반적인 지각체계가 아니라 그 시대에만 유효할 수 있는 특수한 지각체계를 만들어내는 조건을 추적한다. 결국 중요한 것은 다양한 형태의 단서들의 배치를 연구하고 심성 변화의 토대가 되는 것을 복원하는 것이다. 푸코의 방법론은 사실들의 총체에 기초하고 있기 때문에, 또 수평적이고 선적인 변화를 추적하지만 또 다른 수준에서는 이성과 탈이성의 분할의 시행을 복원하는 것이기 때문에, 요컨대 한 사회가 자기 자신이 아닌 것과 직면해 취하는 태도와 선택을 포착하려 한다는 의미에서 수직적 방식으로 복원하는 것이기도 하기 때문에 역사적이다.

『광기의 역사』에서 푸코가 제기하는 문제들 가운데 중요한 하나는 서구에서 근대에 광기는 정신질환으로 간주되어 의학적 치료의 대상이 됐고 그와 동시에 광인들은 그들을 치료하기 위한 특별한 시설에 격리되고 수감됐는데 이것이 어떻게 가능했는지를 아는 문제이다. 이렇게 물음을 던지면서 푸코는 서구인이 역사를 통해 '광기'를 일관되게 동일한 것으로서 경험해오지 않았다는 사실을 간파한다. 『광기의 역사』는 르네

32) Foucault, "Préface," *DÉ*, t.1: 1954-1969, p.161.

상스, 고전주의, 근대라는 세 시대가 각기 경험했던 '광기'를 비교해 고찰했다. 여기서 각 시대의 '광기' 경험을 해독하기 위한 격자로 사용되고 있는 것이 '광기'를 지각하는 네 개의 의식양태, 즉 (1) 광기를 어떤 매개도 거치지 않고 이성에 대한 가역적인 대립으로 지적하는 비판적-위기 의식, (2) 광인을 사회적 규범을 침해한 자로 지시하는 실천적 의식, (3) 이성적 주체가 자신은 광인이 아니라는 견고한 자각에 기초해 현전하는 광인을 지적할 때의 언표행위적 의식, 그리고 마지막으로 (4) 이론적 이성이 광기의 여러 종류와 메커니즘을 객관적 표면에 기입할 때의 분석적 의식이라는 네 개의 패러다임이다.

먼저 르네상스 시대의 패러다임이 있다. 이 시대는 광기에 관한, 니체적인 의미에서의 비극적 의식이 작렬하는 시기이다. 즉 이성과 광기는 아직 분할되기 이전에 있고 여려 형태의 상상적인 것들을 차용하면서 요컨대 변증법적인 논쟁, 즉 서로 부정하고 초극하는 논쟁을 전개하고 있다. 실제로 광기는 광기일 수도 있지만 보편적인 이성이 파악할 수 없는 심오한 우주적 진실의 계시일 수도 있다. 그래서 비판적-위기 의식이 광기에 낙인을 찍고 배제의 구조를 설치하게 된다. 이성에 의한 광기의 병합으로 향하는 분할의 시기, 즉 변증법이 한계에 봉착하는 시기이다. 다음으로 고전주의 시대(17~18세기)의 패러다임이 있다. 광인을 타자로서 이해하는 비판적 의식이 지배적이고, 또 그와 병행해 분석적 의식에 의해 균형을 잡는 언표행위적 의식에 의거한 실천적인 의식이 정착되는 시기이다 이것은 광인의 감금으로 구체화된다. 르네상스 시대의 이성과 광기의 비극적·변증법적 논쟁이 망각되고 이성/광기라는 배제적 분할이 일어나는 시기이다. 광인은 순수한 타자, 이방인이 된다. 마지막으로 근대(19~20세기)의 패러다임이 있다. 분석적 의식이 자신만이 광기의 총체적인 진실을 부여할 수 있다고 자처하는 시기이다. 이성과 광기의 분할 자체가 망각된다. 광기는 이제 타자가 아니라 실증적인 정신의학의 과학적인 시선으로 남김없이 파악된 순수한 객체에 불과하다.

『광기의 역사』는 '광기'에 관한 인식의 진보가 존재하는 것이 아니라 단지 '광기'를 경험하는 의식 패러다임의 변형만이 존재한다는 것을 보여준다. 확실히 이 변형은 정향적이다. 광기는 역사가 진행됨에 따라 점차적으로 이성으로부터 분리되어 이성의 타자가 되고 이어서 순수한 객체의 위치로 베제되어간다. 광기가 이런 식으로 대상화되는 절차는 동시에 '광기'를 인식하는 이성적 주체가 성립되어가는 절차이기도 하다. 이 이중의 절차 끝에 18세기 말~19세기 초에 이르면 광기에 대한 '근대적인' 분석적 의식, 요컨대 실증적 정신의학이 출현하고, 광기에 대해 '알고 있는' 자로서 정신과 의사는 광기의 파악과 관련해 절대적 권리를 선포하고 광기를 독점적으로 인수하게 됐다고 우선 말할 수 있다. 그러나 정신의학의 출현이 르네상스 시대부터 근대에 이르는 '광기'의 역사의 필연적인 도달점이라고는 말할 수 없으며, 이렇게 탄생한 정신의학이 마침내 실증적인 지식을 통해 '광기'의 진실을 명확히 밝혀냈다고는 말할 수 없다는 것이 푸코의 입장이다. 한편으로 이 이중의 절차는 정향적이지만 그렇다고 해서 연속적·필연적인 것은 아니며, 내부에 단절과 변형을 수반하며 성립된 것이다. 또 다른 한편으로 이 단절과 변형은 각기 그것을 둘러싼 더 큰 역사적·사회적·정치적·경제적 조건에 의해 규정된다. 요컨대 이 단절과 변형이 고유한 역사적·사회적·정치적·경제적 요청에 부합하는 형태로 생겨났다는 것이다. 따라서 근대 초기에 '광기'가 전적으로 실증적 정신의학 내에서 사유되기 시작했다는 사실에서 주목해야 할 바는, 연속적인 역사의 필연적 도달점이 아니라, 오히려 근대 고유의 요청에 부응하는 근대 고유의 '광기' 의식의 형태가 출현했다는 사실이다. 즉 정신의학이 주장하는 광기의 실증적·객관적·과학적 진실은 이 근대의 광기 의식이 암묵적으로 시대의 일정한 요청에 부응하고 있었음을 정식화한 것에 불과하다. 그러므로 『광기의 역사』가 제기하는 문제는 광기를 정신질환으로 여기게 됨으로써 근대의 광기 의식은 그 시대의 어떤 요청에 부응하고 있는지를 아는 문제라고 할 수 있다.

18세기 말에 감금은 큰 스캔들이 된다. 구걸이나 매춘 이외에는 생계의 방법이 없었기 때문에, 무분별이나 방탕 때문에, 품행이 나빴기 때문에, 파산했기 때문에, 신앙심이 없었거나 모독적인 언사를 행했기 때문에, 범죄를 저질렀기 때문에 수감된 사람들이 광폭한 개인들과 함께 섞여 수용을 강제당하는, 감금의 치욕적인 현상은 전제정치의 악을 상징한다고 생각하며 사람들은 분노하게 된다. 그러나 이것 외에도 감금은 경제적으로도 비판의 대상이 됐다. 감금당한 대부분의 사람들은 석방되면 값싼 노동력의 공급원이 될 수 있고, 그 결과 생산원가를 절감시켜 생산과 산업의 발전과 국력의 증대를 약속하는 잠재적인 부가 될 수 있는데, 감금은 그들을 공공시설에 수용해 무위도식케 하고, 또 이를 위해 공공예산을 낭비하고 있다는 것이다. "이치에 합당한 유일한 해결책은 이렇다. 즉 인구 전체를 생산의 순환 가운데 위치시켜 노동력이 가장 부족한 곳에 인구를 배분하는 것이다. 모든 종류의 망명자·이주자를 포함해 걸인, 부랑자를 활용하는 것이 국가들 간의 경쟁에서 번영을 획득하는 비결 중 하나이다."[33] 그래서 감금 시설은 개방된다. 사람들이 출소하게 된다. 하지만 그래도 해방되지 않은 사람들이 있었는데 그들이 바로 범죄자와 광인이다. 그들이 수용 시설에 남게 된 이유는 노동을 할 수 없기 때문이 아니라 위험하기 때문이었다. 그렇지만 광인은 고민거리가 된다. 위험하다고는 하나, 그들의 상태는 그들 자신에게는 책임이 없다는 점에서 범죄자들과는 다르기 때문이다. 여기서 히포크라테스 이래로 존속해왔지만 결코 그 어떤 시대에도 서양의 광기 경험의 주류가 되지 못했던 질환으로서의 광기, 치료의 대상으로서의 광기라는 사고방식이 새롭게 조명받게 된다. 프랑스 대혁명 시대 광인의 처우는 감금이냐 구제냐, 요컨대 광인은 범죄자와 동일하게 취급되어야 하느냐 아니면 환자

33) Michel Foucault, *Histoire de la folie à l'âge classique*, Paris: Gallimard, 1972, p.430. [이규현 옮김, 『광기의 역사』, 나남, 2003, 639쪽.]

와 동일하게 다뤄져야 하느냐, 라는 양극단의 문제로 계속해서 동요되어왔다. 사회 전체가 광기의 새로운 정의를 모색하기 시작한다. "전면적으로 구조화되어 개조된 사회의 공간 내부에 광기는 새롭게 하나의 위치를 발견해야만 했다."[34] 위험과 질환, 공포와 연민, 감금해야 할 광기와 치료해야 할 광기라고 하는 양극단 사이에서 동요하던 서구는 결국 장벽 내에서의 구제, 요컨대 광인으로부터 사회를 보호하는 배제 기능과 질환으로부터 광인을 보호하는 치료 기능을 겸비한 새로운 감금 공간의 창설이라는 절충적 형식을 발견한다. 하지만 이 새로운 감금형식이 절충적인 것을 중단하고 진정으로 새로운 형식이 되는 것은 감금에 긍정적이고 능동적인 새로운 치료적 의미가 부여됐을 때, 즉 "수감하는 것이 본질적인 의료행위가 되고 광인을 배제하는 부정적인 행위가 확실히 배제한다는 그 의미만으로도 배제가 갖는 내재적인 힘으로 인해 치료의 긍정적인 세계로 열리게 될"[35] 때이다. 정신병원이 탄생한 것이다. "광인을 소외시키는 방법은 망각되어버리고, 이제 정신이상의 본질이 되어 나타난다."[36] 이렇게 해서 '광기'는 정신질환이 된 것이다.

하지만 구빈원으로부터 정신병원으로, 광기로부터 정신질환으로 이런 근본적인 변화가 발생한 원인은 "의학이 점차적으로 [구빈원에] 도입됐기 때문이 아니라 이 공간이 내적으로 재구조화됐기 때문이다. 수감의 사회적 의미가 이후에 변질되고 억압이 정치적으로 비판되며 빈민구호가 경제적으로 비판됐고 광기가 수감의 전 영역을 독점하게 되어 그 결과, 수감은 광기에 이중적으로 특권적인 장, 즉 광기의 진실이 드러나는 장소임과 동시에 광기가 폐기되는 장이 됐던 것이다."[37] 달리 말하

34) Foucault, *Histoire de la folie à l'âge classique*, p.448. [『광기의 역사』, 664쪽.]
35) Foucault, *Histoire de la folie à l'âge classique*, p.455. [『광기의 역사』, 673쪽.]
36) Foucault, *Histoire de la folie à l'âge classique*, p.458. [『광기의 역사』, 678쪽.]
37) Foucault, *Histoire de la folie à l'âge classique*, p.457. [『광기의 역사』, 676~677쪽.]

면 광기를 객체로서 응시하고 그 진실된 모습을 노정함과 동시에 그것을 제압하는 공간이 가능하게 됐다는 말이다. "수감의 공간에 이렇게 완전히 새로운 가치들이 정착되고, 또 수감이 그때까지 알지 못했던 새로운 활동 전체가 정착됐을 때, 바로 그때 정신의학은 정신병원 전체를 소유할 수 있게 됐고 광기의 모든 경험을 전유할 수 있었다. 수감을 폐지한 것은 의학적 사유가 아니다. 오늘날 정신과 의사가 정신병원을 지배하고 있지만 그것은 그들의 박애의 힘이나 과학적 객관성의 배려에 속하는 정복의 권리 때문이 아니라 수감 그 자체가 점차적으로 치료적인 가치를 가지게 됐기 때문"[38]이라는 것이다. 그러나 여기서 주목해야 할 것은 정신병원이라는 '광기' 전용 수용 시설에 내재하는 역설, 또 그 공간을 지배하는 정신의학에 본질적으로 내재하는 역설이다. 정신병원은 '광기'가 그 진정한 모습을 명백히 현시하는 곳임과 동시에 광기가 소거되는 곳이며, 정신의학은 이 공간에서 광기에게 자신의 진실을 명확히 현시하라고 명령하고 또 그와 동시에 자신을 소거해버리라고 명령을 내린다. 이후 늘 정신의학을 따라다니게 되는 이 역설이 정신의학을 '광기'와의 격렬한 투쟁으로 내몰고 최종적으로는 패배하게 만든다.

그러나 이런 역설에도 불구하고 광기가 정신질환이 되고 구빈원이 정신병원이 된 것은 시대의 경제적 요구, 또 문화적 자기애가 요청하는 바에 부응했기 때문이다. 먼저 경제적 요구와 관련해 환자가 가난할 경우에는 그 비용을 정부가 부담할 수밖에 없다. 이 원칙은 프랑스 대혁명기에 이미 출현했으며 이후 정신병자에 관한 법률, 1838년 6월 30일 법률에도 명기되어 있다. 그러나 질환은 치유될 수 있고 정신병원은 이제 이전의 구빈원과 같이 시체가 되지 않는 한 나갈 수 없는 장소가 아니다. 치유와 퇴원이 무엇을 의미하는가는 장-에티엔 도미니크 에스키롤의 말에 명확히 드러나 있다. 치유됐다는 것은 "도덕 감정이 그 정당한

38) Foucault, *Histoire de la folie à l'âge classique*, p.457. [『광기의 역사』, 677쪽.]

한계 내로 되돌아와 친구나 자식과 재회하고 싶은 욕구가 생기는 것," 요컨대 규칙적이고 규범적인 행동과 감정의 활동이 몸에 배는 것이다. 달리 말하면 다시 노동시장에 참여할 수 있는 상태가 되는 것이다.

이어서 문화적 자기애의 요청이 있다. 광인을 둘러싼 상황의 이와 같은 변화에 당시의 광기 의식은 명확하게 사회보호의 수단과 동시에 문명의 발달, 과학의 진보, 인류애의 발로를 보인다. 1838년 6월 30일 법률은 제1조에 "각 지역은 정신병자의 입원과 간호를 전문으로 하는 공립 시설을 갖추거나 이 목적을 위해 해당 지역이나 다른 지역의 공립 또는 사립 시설과 계약을 체결한다"는 것을 의무로 부과하고 있는데 이 법률의 주해는 이 의무의 근거를 이렇게 설명하고 있다. 먼저 정신병자의 격리는 공적인 보안장치이고 동시에 치유의 수단이다. 사회는 정신병원을 창설하고 이 이중적 목적의 달성을 임무로 해야 한다. 즉 광인은 사회에 위험하므로 격리시켜야 하는 존재이고, 공포와 배제의 대상이긴 하지만 그와 동시에 박애와 연민의 대상이기도 하며, 구원의 손길을 필요로 하는 존재이기도 하다. 그래서 그들은 결정적으로 배제되어서는 안 되는 존재, 규범화시키고 규범화되면 다시 사회에 복귀시켜야 하는 존재라는 것이다. 그리고 그들을 격리하는 시설이 광인 전용 시설이야 하는 이유는 문명론과 인류애의 관점에 입각해 다음과 같이 주장된다. "현재 문명의 상태에서 이제 더 이상 교정 및 억제의 시설이 정신병자를 수용할 수는 없다. 그들이 범죄자와 동일시된다거나 더 장기간에 걸쳐 어떤 장소에 범죄자의 혹독한 상황을 함께 감수케 할 수는 없다." 다시 말해 자신의 상태에 책임이 없는 광인을 자신의 상태에 책임이 있는 범죄자와 동등하게 취급하는 야만을 '오늘날의 문명'의 상태는 이제 더 이상 허용할 수 없다는 말이다. 그러나 신체질환을 다루는 일반병원도 역시 정신병자를 수용하기에는 적합하지는 않다. 왜냐하면 모든 인간의 비참에 대해 열려 있는 구빈원은 정신병자에게 필요한 공간, 노동, 다수의 간호인이나 그들의 상태에 적합한 특수한 분류를 할 수 없기 때문이다. 뿐만 아니라 정신병자는 거기서 다른 병자에게 부적절하다. 요컨대 다른 병자들을 광인과 동거시키는 것은 그들에게 모욕이고 위험하다. 이렇게 해서 광인 전용 시설은 필수적이 된다. 전문적인 구빈원은 많은 스태프와 규율을 통해 반대로 그것만으로도 유익한 공포를 불어 넣는다. 힘과 억압을 수단으로 사용하는 것이 거기서는 전혀 필요하지 않게 된다. 견고하기도 한 기민한 손으로 현명하게 배분되는 가벼운 형벌과 포상이 거기에서는 가장 행복한 성과를 발생시킨다. 그래서 이 새로운 광인 전용 시설에서는 옛 구빈원의 가시적이고 신체적인 폭력이 대부분 폐지된다. 대신 출현하는 것이 '규율,' '가벼운 형벌과 포상,' 이것들을 배분하는 '많은 스태프,' 즉 감시인이나 간호사 그리고 이런 것에 방치된 정신병자의 내면에 일어나는 '유익한 공포'이다. 그러니까 힘에 의한 광기의 제압과 예속화라는 수감의 본질은 비가시적으로 되는 만큼 더욱 더 교묘하게 심적 수준에서 행사되고 주입된다. 구빈원에서 사슬에 묶이고 난폭한 발작에 신체를 내맡기는 광인은 광기로 도피해 치유하지 않음으로 인해 자유로울 수가 있었지만 이제 '전문 구빈원'인 정신병원에 격리되어 간호 스태프의 감시의 눈길에 포로가 되고 형벌과 포상 시스템 가운데 놓이게 된 정신병자는 내면의 공포로 인해 광기로부터 규율로 강제적으로 이행하게 된다. 이것이 '최고의 행복한 성과'라 불리는 것이다. 하지만 이 성과는 현실에서는 의사와 환자의 일정한 힘의 관계를 통해 탄생됐던 것이다.

7. 규범화=정상화 장치로서의 정신의학

1975년 1~3월에 행해진 콜레주드프랑스 강의 『비정상인들』에서 푸코는 역사적 방식으로 자신이 『광기의 역사』에서 방치했던 문제를 재검토한다. 푸코는 정신의학 자체 내에서 피넬, 에스키롤에 의해 대표되고 '알리에니즘'이라 불리는 19세기 초에 출현한 원시 정신의학과 19세기 중엽에 출현한 '새로운 정신의학' 사이에 발생한 하나의 단절을 발견한다.

이런 변환은 우선 본능 개념을 통해 이뤄졌다. 본능은 원시 정신의학자들에 따르면 치매와 망상의 가시적 징후에 불과하다. 하지만 1850년에 출현한 새로운 정신의학에 따르면 망상과 치매가 보여주는 외관의 배면에서 본능의 오류, 본능적 행동의 결함을 복원하는 것이 관건이다. 세 개의 요소가 이 새로운 정신의학의 토대가 된다고 푸코는 주장한다.

첫째로 1838년의 법률이 그것이다. 이 법률은 정신병원에 정신이상자를 체계적으로 입원시키는 것을 의미한다, 이렇게 해서 정신의학은 의학으로, 다시 말해 일정 유형의 질병을 치료하는 학(문)으로 구축된다. 1838년의 법률이 발효되기 시작한 순간부터 사회질서를 어지럽힐 수도 있고 공공의 안녕을 위협할 수도 있는 개인이 존재하게 된다. 푸코에 따르면 그 결과 정신병이 단지 개인적인 문제에 그치는 것이 것이 아니라 사회질서 전반을 위태롭게 하는 위험으로 간주됐다는 것이다. 둘째로 가정의 요구에 일어난 변화가 그것이다. 1838년의 법률에 따르면 가정은 광인이 친족에게 가할 수 있는 위험의 잠재성이 증명된 경우에만 감금을 요구할 수 있었다. 1838년의 법률이 발효된 이후 사회적인 차원에서 정신의학은 누가 정상인이고 누가 비정상인인지를 말해야 하게 됐다. 이렇게 건강한 것과 병약한 것, 정상적인 것과 비정상적인 것, 위험한 것과 위험하지 않은 것의 분할이 발생한다.

새로운 정신의학은 이런 방식으로 사회적으로 중요한 역할을 담당하게 된다. 권력이 되기 위해 정신의학은 자신의 지식을 변형하고 개혁해야 했다. 이제 규율 개념이 의학적 부양과 결합된다. 이제 사회질서는 자신을 위협하는 위험을 무력화하는 기계로서 정신의학을 이용하게 된다. 푸코는 근대 사회를 '규범화=정상화 사회'로 규정한다. 규율은 장차 규칙의 담론이 될 담론을 수반하지만 그것은 주권에서 파생한 법률적 규칙이 아니라 규범의 담론인 것이다. 규율은 법률 코드가 아니라 규범화 코드를 정의한다. 그리고 사법체계가 아니라 인간과학의 영역이 될 이론적 지평에 필연적으로 준거하게 된다. 이런 규범화 개념 내에서 정신의학은 분명한 역할을 담당하고 있다. 이 새로운 정신의학은 감옥처럼 인간 행동의 규범화와 사회의 규범화의 한 양태를 잘 보여준다는 것이다. 따라서 정신의학은 19세기 초반보다 더 많은 권력을 행사하게 됐다. 푸코에 따르면 모든 행동은 정신의학에 의해 지각된 그런 규범에 따라 설정될 수 있어야 하는 것이 된다. 심지어 푸코는 정신의학을 "비정상적인 것에 대한 기술, 비정상적인 개인에 대한 기술, 비정상적인 행동에 대한 기술"[39]로 정의하기까지 한다. '새로운 정신의학'은 모든 의학적 준거를 방기한다. 이제 중요한 것은 사회에 위험할 수 있는 개인들을 포착하고 구별하며 분류하는 일이 된다. 정신의학은 정신병 치료라는 엄격한 굴레를 벗어나 영역을 확대해간다. 정신의학은 인간의 신체에 대한 의학으로서보다도 사회적 신체에 대한 의학으로 유효해야 한다. "정신의학은 망상, 정신이상, 진실에 대한 참조, 그리고 병에 대한 참조를 동시에 포기해버렸다. 이제 정신의학이 고려하는 것은 행동, 행동의 일탈, 행동의 비정상이다."[40] 뿐만 아니라 초기 알리에니즘 정신의학이 정신병의 진행 절차로부터 유년기를 배제했던 반면에 새로운 정신의학은 유년기에 본질적인 역할을 부여한다. 유년기에서 퇴행적이고 일탈적인 성인의 행동의 전조를 찾아내는 것이다. 유년기는 한 개인이 정상성의 이쪽 혹은 저쪽으로 가게 만드는 원인이 된다. 따라서 이제 유년기부터 성년에 이르기까지 개인의 전 생애가 통제되거나 적어도 감시당하게 된 것이다. 정신의학은 인간의 실존에 관한 일반학이 됐고 그 권력은 역설적으로 정신의학이 점차적으로 탈의학화 되어 방대한 사회적 영역과 만나게 됨으로써 생겨나 강화되기 시작한다. 이제 "정신의학은 이제 더

39) Michel Foucault, *Les Anormaux: Cours au Collège de France, 1974-1975*, éd. s. dir. François Ewald et Alessandro Fontana, par Valerio Marchetti et Antonella Salo-moni, Paris: Gallimard/Seuil, 1999, p.151. [이재원 옮김, 『비정상인들: 콜레주드프랑스 강의 1974~75년』, 도서출판 난장, 근간, 6강(1975년 2월 12일).]

40) Foucault, *Les Anormaux*, p.291. [『비정상인들』, 11강(1975년 3월 19일).]

이상 치유를 추구하지 않거나, 본질적으로 치유만을 추구하지 않는다. 정신의학은 …… [사회가] 비정상적인 상태에 있는 사람들의 희생양이 될 수도 있는 결정적 위험으로부터 사회를 보호하는 기능을 할 수도 있다."[41] 푸코에 따르면 정신의학은 자신이 위험하다고 판정한 개인들로부터 사회를 보호하고 통제하는 과학적 심급이 됐던 것이다.

"과학은 자신의 과거가 자신을 빈축하지 않게 될 때에야 비로소 존재할 수 있다. …… 그러므로 자신의 역사를 지나치게 신경 쓰며 조작하는 학문을 경계할 필요가 있다. 정신의학은 이런 조작의 열정을 아주 멀리까지 밀고 나갔다. 요컨대 정신의학은 건망증만을 용인했던 것이다."[42] 이것은 푸코가 1977년의 논고 「무제한적인 정신병원」에서 "광인을 가둔 작은 우리의 심연에서" 탄생한 정신의학의 왜곡된 역사에 대해 한 비판적 단언이다. 푸코에 따르면 정신의학은 '정신병원'에서 탄생한 것이 아니고, 애초부터 총체적인 사회 계획 내부에서 탄생한 것이다. 그래서 『광기의 역사』에서 푸코가 보여주고 있듯이, 정신의학은 규범화=정상화, 구호, 그리고 비행자, 빈자, 노동자의 감시라는 일련의 전략에 통합됐던 것이다. 이렇게 정신의학은 의학의 중심적 형상이 되고 차츰 더욱 더 명시적으로 사회적 신체에 관한 일반적 테크놀로지를 대표하게 된다. 『광기의 역사』는 수세기에 걸친 광인의 위치결정과 이동의 역사로 간주될 수 있다. 푸코는 「광기는 오직 사회 안에서만 존재한다」에서 『광기의 역사』의 핵심 내용을 몇 문장으로 간략하게 요약한 바 있다. "광기는 야생의 상태로 존재할 수 없습니다. 광기는 사회 안에서만 존재하는 것입니다. 광기는 광기를 고립시키는 여러 형태의 감수성과 광기를 배제하거나 포획하는 여러 형태의 혐오감 너머에 존재하는 것이 아닙니다."[43] 광기는 역사적·사회적·문화적으로 구축된 것이라는

41) Foucault, *Les Anormaux*, p.298. [『비정상인들』, 11강(1975년 3월 19일).]

42) Michel Foucault, "L'asile illimité"(1977), *DÉ*, t.3: 1976-1979, pp.271~272.

점, 이것이 『광기의 역사』가 보여주려는 바이다. 1954~61년 사이에, 즉 『정신병과 인격』으로부터 『광기의 역사』에 이르는 시기에 푸코는 광기가 정신병으로 규정된 것과 관련된 자신의 입장을 바꿨다. 『정신병과 인격』에서 푸코는 근대적 형태의 정신이상의 형성과정을 그리스의 열광적인 사람énergumène, 로마의 어떤 것에 사로잡힌 자captivé, 기독교의 신들린 자démoniaque 같은 옛 형태들로부터 출발해 파악할 수 있음을 보여줬다. 정신병은 고대부터 시작된 광기에 대한 시선의 최종적인 도달 지점으로 간주됐다. 그래서 1954년 『정신병과 인격』에서 푸코는 역사를 통해 정신이상이 항상 존재해왔다는 것을 전제했다. 하지만 1961년 『광기의 역사』에서 푸코는 이런 진화주의를 포기하고 광기의 배제에 기초한 이성과 광기의 분할 개념을 특권화한다. 이 분할은 '어떤 시기에' 일어났고, 그것은 '어떤 시기에' 이 분할을 가능케 한 역사적·사회적·정치적 사실들의 우연적 일치로 발생한 분할이라는 것이다. 따라서 푸코는 『광기의 역사』를 통해 정신의학의 탄생 절차가 『정신병과 인격』에서처럼 단순하지 않다는 점을 환기시킨다. 정신의학의 형성은 서로 협력해 광기와 의학적이고 객관적인 관계를 만들어낸 일련의 문화적인 결정, 조작·선택과 깊은 연관관계에 있다. 게다가 『광기의 역사』에서 의사와 환자의 관계는 변증법적이다. 하지만 이 변증법적 관계는 1970년대에 규율적 질서와 정신병원 기계로 대체된다. 1972년부터 푸코는 권력에 대한 성찰의 토대를 제시했다. 18세기 말의 구빈원 조직 개편과 사회적임과 동시에 개별적인 의학의 출현을 확인함으로써 푸코는 담론의 분석으로부터 점차적으로 벗어나 자신이 '권력의 미시물리학'이라고 명명한 것, 요컨대 우리를 일상적으로 지배하는 사소한 다수의 권력의 총체에 대한 연구로 옮겨간다. 정신의학은 이 미시권력의 원형이라 할 수 있다.

43) Michel Foucault, "La folie n'existe que dans une société"(1961), *DÉ*, t.1: 1954-1969, p.169.

8. '침묵'의 고고학으로부터 정신의학 권력의 계보학으로

『광기의 역사』는 수많은 반응을 일으켰다. 푸코가 고전적인 정신의학의 역사들과는 상이한 관점을 갖고 있었기 때문에 이 광기의 역사는 그 어떤 다른 역사와도 유사한 점이 없었다. 정신과 의사, 심리학자, 의학사가의 비판은 한편으로는 격렬했고 다른 한편으로는 양의적이었다.

『정신의학의 권력』에서 푸코는 "『광기의 역사』에서 시도했던 작업의 도달 지점이거나 그 중단 지점,"[44] 그때까지 방치하고 있었던 작업의 재개가 문제라고 지적한다. 왜냐하면 이 강의는 『광기의 역사』에 대한 두 번째 독서, 다시 말해 표상의 역사를 중심으로 하고 탈이성으로서의 광기가 구체화하고 있는 표상가능한 것의 동요를 중심으로 하는 낭만적 독서가 아니라 알리에니즘이라는 '규율적 질서'의 뿌리를 파헤치는 활동가적인 독서이기 때문이다. 이 규율적 질서의 형식은 특이한 유형의 권력으로서 사회생활 전체에 확산됐고 정신의학의 모델에 그치지 않고 학교, 공장, 병영, 사법 등으로 '심리학적인 것의 기능'을 확대시켜갔다. 사실 1961~73년 사이에 푸코는 정신의학에 대한 글을 거의 쓰지 않고 『말과 사물』(1966), 『지식의 고고학』(1969), 『담론의 질서』(1971) 같은 인간과학의 고고학이라는 작업에 전념했다. 하지만 『정신의학의 권력』을 『광기의 역사』의 속편으로 단순히 환원시키는 것은 지나친 속단이 아닐 수 없다. 푸코의 작업은 정신병보다는 정신의학의 관점에서 주제에 접근하고 있기 때문이다. 푸코가 광기라는 대상이나 지식보다는 정신의학이라는 제도적인 틀에 관심을 더 집중하고 있다는 점에서 이는 엄청난 차이가 아닐 수 없다. 그러므로 이 강의에서 중요한 것은 정신의학을 제도이자 권력이라는 새로운 스펙트럼을 통해 보는 것이다. 푸코는 이 주제를 이미 초기 저작들에서 다뤘지만 이제 지식의 고

44) 미셸 푸코, 오트르망 옮김, 『정신의학의 권력: 콜레주드프랑스 강의 1973~74년』, 도서출판 난장, 2014, 33쪽. 이하 이 책(본서)에서의 인용은 본문에 쪽수만 표시.

고학과는 다른 관점에서 다루고 있다. 푸코는 『광기의 역사』 초판 서문에서 정신의학의 역사가 문제시되는 것이 아니라 비시간적 대상이 문제라고 분명히 밝힌 바 있다. 그러므로 정신의학에 할애된 푸코의 강의는 이보다 앞서 그가 했던 작업과 단절적인 관계에 있다고 말할 수 있을 것이다. "다른 관점에 입각해 더 명확한 불빛 아래서 과거의 연구를 바라볼"(493쪽) 필요가 있다는 것이다. 아무튼 이 시기의 강의는 정신의학과 관련한 개념적 변화를 모색한다. 정신의학을 다소 직접적으로 거론하는 『정신의학의 권력』에서 푸코는 『정신병과 인격』과 『광기의 역사』에서 보여줬던 것처럼 정신병의 진실에 접근할 수 있는 가능성을 배제하고 있다. 푸코는 이 강의에서 상당수의 진실을 만들어내는 권력관계의 분석의 문제를 제기한다.

『정신병과 인격』에서 정신의학은 지식의 형태로 이해되지 권력관계의 관점에서 이해되지는 않는다. 하지만 푸코는 처녀작부터 정신의학에 대한 비판을 시도했다. 요컨대 정신의학의 토대는 인체의학과 정신의학에 동일한 방법과 개념을 적용시키는 사례에 근거해서는 안 된다는 사실을 증명하는 것을 목표로 설정한다. 푸코는 정신병에 대한 실존론적 분석과 역사-문화적 접근방식에 기초해 인간 자체에 대한 성찰로 나아갈 것을 제안한다. 그래서 병자는 자신의 정신병으로 인해 소외되는 것보다도 오히려 자신의 역사-문화적 맥락에 의해 소외된다. 푸코에 따르면 정신의학은 자신이 무엇보다도 우선적으로 '문화적 주제의 투영'이라는 것을 보려고 하지 않는다는 것이다. 푸코가 『정신병과 인격』의 초반부에서 목표로 했던 것은 우선 정신의학이 다른 과학과 마찬가지라고 주장한다든가 실천을 전개하기 위해 다른 과학과 동일한 방법에 의거할 수 있다는 주장에 이의를 제기하는 것이었다. 정신의학이 과학적 엄밀성을 주장하기 위해서는 일정한 가설로부터 해방될 필요가 있다는 것이다. 『정신병과 인격』을 개정한 『정신병과 심리학』에서는 주장이 다소 다르다. 『정신병과 인격』에서 푸코는 정신병을 환자의 구체적인 사회 환경에 입각해 고찰했지만 『정신병과 심리학』에서는 역사적 실천의 맥락을 분석하는 것이 관건이다. 역사적 실천의 맥락 내에서 정신의학을 사유해야 한다는 것이다. 1962년에는 역사적 차원이 총괄적 구조로서의 광기에 대한 연구보다 우세하게 된 것이다.

『광기의 역사』는 엄밀하게 말해서 정신의학을 다룬 것이 아니라 정신병으로 광기가 형성되는 절차의 역사를 다루고 있다. 그것은 문화사 혹은 문화적 선택의 역사이다. 따라서 중요한 것은 정신의학의 역사를 기술하는 것이 아니라 정신의학이 광기에 관한 실증적 지식으로 정착되는 것, 요컨대 과거의 권위적이고 소외를 발생시키고 징벌을 행하는 구조의 재출현으로서 정착되는 것을 가능케 해 정신의학을 거의 신뢰할 수 없는 의심스러운 지식으로 만든 것에 관한 역사이다. 하지만 정신의학이 소환됐다 해도 그것은 『정신의학의 권력』에서 소환되는 것과 같은 방식으로 소환되지는 않는다. 『광기의 역사』에서는 아직 정신의학이 권력 효과로서 다뤄지고 있지는 않다는 말이다. 『정신의학의 권력』에서 확인할 수 있는 개념적 변화는 권력에 대한 푸코의 지속적인 문제제기, 이미 의학과 권력의 착종이라 할 수 있는 법의학 감정에 대한 푸코의 점증하는 관심, 그리고 1968년 5월 이후부터 1970년대 초반에 걸치는 시대의 지적인 맥락에 의해 유발됐다. 이런 지적인 맥락 속에서 푸코는 정신의학이라는 학문에 심층적으로 문제를 제기함과 동시에 자신이 가지고 있던 개념들에 큰 변화를 가한다. 왜 이런 문제들은 이전에 제기되지 않았던 것일까? 그리고 특히 왜 정신과 의사들은 이 문제들을 제기하지 않는 것일까? 1930~40년대에 뤼시엥 보나페와 같은 의사들과 탈정신의학 운동에 의해 시도가 있었던 것은 사실이다. 하지만 이들의 문제제기는 그들의 직업 범주를 벗어나지 못했고, 또 정신의학과 권력과의 관계의 진정한 토대에 대한 문제제기로 나아가지 못했다. 따라서 밖으로부터 여러 운동과 사건이 정신의학과 정신의학이 소유하고 있다고 하는 권력과 관련된 문제제기를 하는 것이 필요했다. 그것은 바로 1970년대 초에 권력으로서의 정신의학을 비판하는 임무를 담당했던 대단히 정치화된 외부에서 시작된 운동인 '반정신의학' 운동이다. 게다가 푸코는 이 운동이 자신의 작업에 지대한 영향을 미친 것을 인정한다. "반정신의학의 중요성은 한 개인의 정신건강 상태에 대해 결정을 내리는 의사의 권력을 문제화하는 데 있다"(501쪽).

새로운 분석을 시도한다는 것은 방법의 변환을 전제로 한다. 푸코가 『임상의학의 탄생』(1963)이나 『말과 사물』에 적용한 고고학적 방법론은 이제 여기서 사용되지 않는다. 『정신의학의 권력』에서 중요한 것은 어떤 지식의 가능조건을 분석한다든가, 침묵하고 있는 어떤 것을 폭로한다든가, 담론의 '주름'을 펴는 것이 아니다. 또 『광기의 역사』에서 행해진 문학, 예술, 철학에 대한 풍부한 참조도 사라진다. 이제 푸코가 관심을 갖는 것은 광기의 표상, 다시 말해 사람들이 만들어낸 이미지가 아니라 '권력장치'이다. 푸코는 이렇게 『정신의학의 권력』에서 다른 분석을 시도한다. 푸코는 표면에 분석의 초점을 맞춘다. 요컨대 푸코는 정신의학의 담론이 형성되는 바로 그 시기, 정신의학의 담론이 규율적 조치, 법률, 제도, 특정 건물들의 건축 등이 뒤섞인 '권력장치'에 의도적으로 편입되는 시기에 분석의 초점을 맞춘다. 이제 담론은 분석의 근간임을 중단하고 극히 불투명한 여러 영역들과 구조들의 총체로 이뤄진 권력작용과 뒤섞이게 된다. 이 모든 것들은 오직 정신의학을 가능케 한 장치와 구조를 통해서만 이해할 수 있다는 것이다. '실증적 진리'나 '지식'이 결코 문제시되는 것이 아니라는 말이다. 이제 정신의학은 광기에 대한 더 진화한 인식으로부터 탄생하는 것이 아니라 규율장치로부터 탄생하는 것이다. 이 규율장치 내에서 정신의학은 병자와 직접적인 관계를 맺고 조직되는 것이다. '정신의학 제도'의 역사를 지향했던 『광기의 역사』 후반부처럼 정신병의 제도화가 문제시되는 것이 아니라 정신의학 제도를 더 방대한 권력의 장인 사회 전체 속으로 이동시키는 것이 관건이다. 이런 점에서 새로운 개념이 인식론적으로 유효성을 갖게 된다. 푸코는 '권력의 미시물리학'을 논하기 시작하고 이것을 "우리에게 부과되어 우리의 신체, 언어, 습관을 예속화하는 미세한 권력들"로 정의한다. 이제 필요하게 된 것은 제도화 이전에 존재하는 권력관계를 드러내 기술하는 작업이다. 푸코는 이런 고고학적 방법론의 수정을 『정신의학의 권력』의 서두에서 분명히 선언한다. 푸코는 자신이 표상과 지각의 관점에서 광기를 연구했다는 것을 자각한다. 하지만 『정신의학의 권력』에서 푸코는 완전히 다른 방식으로 광기를 분석할 수 있는 가능성을 타진한다. 다시 말해 광기의 진실을 생산해내고 발화하는 심급으로서의 권력장치를 분석하려고 시도한다. 푸코는 『광기의 역사』와 비교해 『정신의학의 권력』에서 방법론적으로나 개념적으로나 분석 도구의 측면에서나 큰 변형을 가한다. 우선 푸코는 지나치게 경멸적인 함의를 수반하며 물리적으로 강압적인 권력, '나쁜 권력'을 암시한다고 생각한 '폭력' 개념을 버린다. 실제로 정신병원의 권력은 이와는 정반대로 세심하게 계측된 전술적 성격을 지니고 있다는 것이다. 다음으로 푸코는 개별화의 절차를 의미하는 제도=시설 개념보다는 중계, 권력망 개념을 전면에 내세운다. 마지막으로 푸코는 『광기의 역사』에서 정신병원이 가정의 모델을 모방해 작동한다고 주장했으나 이를 철회하고 '의사=가부장' 모델은 정신병원의 탄생 시기부터 유효한 것이 아니라 20세기에 들어와서야 유효하게 된 모델이라고 자신의 입장을 수정한다. 이처럼 푸코는 첫 강의부터 자신이 초기 광기 연구에 사용했던 방법론과 도구 가운데 현재의 광기 연구를 수행하는 데 불필요하고 유효하지 않다고 판단한 것들을 과감하게 제거하려는 의지를 표명한다. 『정신의학의 권력』에서 푸코는 자비로운 인본주의자의 배려를 상징하는 정신과 의사의 가면을 다시 한번 더 벗겨내고 정신과 의사의 치료행위가 '권력의 전술'이라는 사실을 폭로하게 된다. 『광기의 역사』가 의사와 환자의 관계를 이들을 무대에 등장시키는 변증법적 작용으로 전면에 내세워 설명하고 있다면, 『정신의학의 권력』은 이것을 정신의학을 창설하는 무대, 즉 규율적 질서에 대한 연구로 대체해버린다. 또한 푸코는 예를 들어 병원 시설의 건축적 효과 같은 구체적 장치에 관심을 집중시키기도 한다.

9. 정신병원 공간=규율권력의 공간

원시 정신병원의 공간은 질서가 지배하는 공간이었다. "단순히 하나의 질서가 지배합니다. 그것은 시간, 활동, 몸짓 등의 항구적이고 항상적인 규제라는 단순한 의미에서의 질서입니다. 그것은 신체를 포위하고 신체에 침투하며 신체를 작동시키는 질서, 신체의 표면에 적용될 뿐만 아니라 신경 속에까지, 그리고 어떤 사람이 '뇌의 말랑말랑한 섬유'라고 부른 것 안에까지 각인되는 질서입니다. 그러므로 이 질서에서 신체는 가로질러야 할 평면, 가공해야 할 입체일 뿐입니다"(18쪽).

질서는 두 가지 이유 때문에 필요하다. 첫째로 정신의학의 지식을 구성하기 위해서이다. 왜냐하면 이 지식의 유효성을 보증하는 객관성은 시간, 공간, 개인의 질서 있는 배분이 정확한 관찰을 가능케 할 때 비로소 얻어질 수 있기 때문이다. 둘째로 질서는 치료의 항구적인 조건이다. 치료는 질서를 통해서만 획득될 수 있다. 그러므로 "대상과 맺는 관계의 조건, 의학적 인식의 객관성의 조건과 치료적 조작의 조건은 동일합니다"(19~20쪽). 질서가 객관적 인식과 치료를 지배하고 있다.

그러나 유지되기 위해서 이 질서에 힘의 비대칭이 관통할 필요가 있었다. 물론 거기서 압도적으로 우월한 것은 이 질서 전체를 만들어낸 정신의학의 심급이다. 그리고 이 심급을 지배하고 있는 것은 정신과 의사 한 사람만은 아니다. 분명 정신과 의사는 이 심급의 정점에 있지만 그의 주변에는 연수의나 감시인부터 말단의 직원에 이르기까지 그의 권력을 중계하는 인적 네트워크가 존재한다. 예를 들면 감시인의 역할은 환자에 관한 정보를 의사에게 전달하고 의사의 지식을 지탱하는 객관적 시선이 행사되는 시각적 회로의 역할을 한다. 그들이 행하는 환자에 관한 관찰이나 보고가 정신의학의 지식을 구성할 수 있게 한다는 말이다. 그러나 또 감시인의 시선은 말단의 스태프에게도 맡겨진다. 이 스태프들의 역할은 환자의 여러 요구에 응하고 환자를 돌보는 것이지만, 또 보살피는 척하면서 환자의 행동을 배후에서 관찰하고 필요한 것을 감시인에게 보고하며 환자의 요구가 들어줘서는 안 되는 것일 경우에는, 규칙이나 의사의 의지에 의거해 그것을 거절할 수도 있다. 그러므로 정신병원의 의학적 심급은 계층적으로 배치된 권력체제로서 구조화되어 있다. 거기에서는 다양한 개인이 위계 속에서 특정한 위치를 점유하고 고유하고 명확한 역할을 부여받고 있다. 각기 일정량의 권력이 "분산, 중계, 망, 상호지지, 잠재력의 차이, 격차 등"(22쪽)에 따라 전술적으로 배치되어 있다. 그런데 왜 이런 배치가 필요했던 것일까? 이 배치가 탄생된 이유는 원시 정신의학이 보고 있는 '광기'의 새로운 양상 때문이었다.

> 제 생각에 "너는 왕이 아니다"라는 명제는 …… 이 원시 정신의학의 중심에 있습니다. 만약 여기서, 자신을 왕으로 착각하는 광인들을 문제삼는 르네 데카르트의 글들을 참조하신다면, 데카르트가 전하는 광기에 대한 두 가지 예를 발견하시게 될 것입니다. 그 중 하나는 "자신을 왕으로 착각하기"이며, 다른 하나는 "유리로 된 몸을 갖기"입니다. 실제로 데카르트, 그리고 일반적으로 [……] 18세기 말까지 광기에 대해 이야기했던 모든 사람에게 "자신을 왕으로 착각하기"와 자신이 "유리로 된 몸"을 갖고 있다고 믿는 것은 정확히 동일한 것이었습니다. 즉 이것들은 완전히 동등한 두 유형의 오류였습니다. 이 오류들은 감각의 가장 기본적인 소여들을 직접적으로 부정하고 있습니다. "자신을 왕으로 착각하기"와 "자신이 유리로 된 몸을 갖고 있다고 믿기," 이 두 말은 그야말로 오류로서의 광기의 전형이었던 것이죠.
>
> 이후로 원시 정신의학의 실천에서, 그리고 결과적으로 그것에 접속되는 모든 진실된 담론에서 "자신이 왕이라고 믿는 것"이 광기의 진정한 비밀이라고 여겨집니다. …… 당대의 정신과 의사들이 보기에는 그런 믿

음을 다른 사람들에게 강요하는 것, 모든 증거에 대립시키는 것, 의학적 지식에 반해 주장하는 것, 의사에게까지 강요하려는 것, 결국에는 정신요양원 전체에 강요하려는 것, 요컨대 그렇게 자신의 믿음에 의거해 다른 모든 확실함이나 지식을 거부하는 것이 바로 자신을 왕이라고 믿는 것입니다. …… 이런 확신을 일종의 전제적인 방식으로 여러분 주변의 모든 사람들에게 강요하려고 하는 것, 결국 이것이 "자신이 왕이라고 믿는 것"입니다. 그리고 그렇기 때문에 모든 광기는 자신이 세계의 왕이라는 사실에 뿌리를 둔 믿음 같은 것이라고 말할 수 있습니다(54~55쪽).

요컨대 18세기 말까지 '광기'는 착오의 수준에 위치하고 있었다. "자신을 왕으로 생각하는" 자는 착오에 빠져 망상에 사로잡혀 있기 때문에 광인이었다. 그러나 19세기 원시 정신의학에서는 이제 "자신을 왕이라고 생각하는 것"은 착오이기 때문에 광기인 것이 아니라, 시종일관 그렇다고 주장하고야 마는 집요한 의지가 이 주장 내에 있기 때문에 '광기'인 것이다. 그렇기 때문에 여기서 정신병원의 의학적 심급은 특정한 전술적 배치에 따르는 권력체계로 구조화되어야 했다. 정신의학의 권력은 '광기'의 이런 제어할 수 없는 힘, 완고한 의지를 압도하고 굴복시켜 제압하기 위해 불가결했다. "나는 왕이다"라고 주장하는 광인의 의지에 대해 "너는 왕이 아니다"라고 반박하고 이 반론을 인정하게 만들어 최종적으로 "나는 왕이 아니다"라는 고백을 얻어내야 한다. 그때 비로소 치유는 가능해질 수 있다는 것이다. 그러므로 이와 같은 힘의 비대칭이 관통하고 있는 정신병원의 질서는 '광기'의 권력과 정신의학의 권력의 대결, 광인의 의지와 의료 스태프의 의지의 대결, 그리고 후자의 승리와 전자의 굴복을 이끌어내기 위한 전술적 장치이다. 엄격한 질서의 이면에 실제로는 두 힘의 초조한 대결이 전개되고 있는 것이다.

1788년 영국의 왕 조지 3세가 조광증에 걸려서 외딴 왕궁의 어떤 방에 유폐됐다. 당시 링컨셔 주에 정신병자를 위한 시설을 가지고 있던 프랜시스 윌리스가 의회로부터 왕의 치료를 위탁받는다. 윌리스는 왕에게 "당신은 더 이상 군주가 아니므로 이제부터는 온순하고 순종적이 되어야 한다고 선언했다"(43쪽). 시종 출신의 다부진 두 젊은이가 왕의 주변에서 왕을 돌봤다. 어느 날 왕이 착란상태에 빠져서 자신을 방문한 주치의에게 쓰레기와 배설물을 던지며 날뛴다. "그러자 곧 몸종 중 한 명이 말 없이 방에 들어와 그 자신 역시 끔찍하게 더럽혀져 있던 미친 왕의 허리를 잡아 제압하고는 힘껏 매트리스 더미에 넘어뜨리고 옷을 벗겨 바지로 닦아내고 옷을 갈아 입혔다. 그리고 위엄 있게 그를 바라보면서 곧 방을 나가 자기 자리로 돌아가는 것이었다"(43~44쪽).

여기서 의학적 심급은 말단에서만 나타나고 있다. 조지 3세의 주치의인 윌리스의 모습은 보이지조차 않는다. 그러나 윌리스의 의지를 실행하는 아랫사람들이 있다. 그리고 그것만으로도 충분하며, 그 자체로는 부재하는 의사의 의학적 권력은 그들을 통해 광인의 신체에 충분히 행사되고 있다. 그러나 유념해야 하는 것은, 여기에 일방적인 권력행사만이 존재하는 것이 아니라는 사실이다. 광기에 빠져서 이제는 군주의 권리를 행사할 수 없는 조지 3세는 군주의 신분에서 자기의 신체 이외에는 아무것도 소유할 수 없는 자로 전락했지만, 그럼에도 불구하고 쓰레기와 배설물이라는 자신의 유일한 무기를 사용해 자신에게 행사되는 정신의학의 권력에 반항하고 저항한다. 하지만 정신의학적 금지라는 장치가 정신의학적 권력의 행사를 통해 이 반항과 저항을 봉쇄시킬 수 있다. 똥투성이의 미친 왕은 매트리스 위에서 굴려지고, 알몸이 되며, 씻겨지고, 청결한 의복으로 갈아입혀진다. 그러므로 이 장면은 명백하게 정신의학의 권력과 '광기'의 대결을, 또한 정신의학의 권력에 의한 '광기'의 제압을 상연하는 연극과 유사하다. 그리고 거기서 가장 확실하게 드러나는 것은 시종이 나감과 동시에 예전에는 왕이었던 자를 "위엄 있게 바라보는" 그 무언의 시선이다. 모멸에 가득 찬 이 위엄 있는 눈초리는 다음과 같이 말한다. "너는 왕이 아니다." 확실히 이것은 일시적인 제압이다. 그러나 이런 저항과 제압의 쉼 없는 반복이, 미친 왕의 신체에 서서히 정신의학의 권력을 각인시켜가는 것이다. 실제로 조지 3세의 '광기'는 수개월 후, 진정됐다. 그러나 그 후 두 차례 그의 '광기'는 재발하고 그는 만년의 9년 3개월을 '광기'에 빠져 보냈다. 전투는 사실은 끝나지 않았던 것이다. 그러나 아직 정신병원이 탄생하기 전에 생겨난 이 장면은 결코 특이하고 일회적인 것이 아니라는 것이 푸코의 입장이다.

푸코는 7강(1973년 12월 19일)에서 프랑수아 뢰레의 『광기에 대한 도덕요법에 관하여』(1840)에서 보고된 뒤프레씨라는 환자의 치료 사례를 분석하는데, 조지 3세의 치료 사례와 완전히 똑같은 장면이 더 정교한 권력장치 아래서 재현되고 있는 것을 발견할 수 있다. 우선 샤랑통 요양원에, 이어서 루앙의 생-용 요양원에 입원하고 마지막에는 비세트르 요양원의 뢰레 밑으로 보내진 뒤프레씨는 15년간 광인이었는데, 지상에서 가장 고귀하며 특별한 일족인 아르퀴오네 가문의 수장이며 "동시에 나폴레옹, 들라비뉴, 피카르, 오드리유, 데투슈, 베르나르댕 드 생-피에르"라고 자칭하고 있었다(210쪽). 아르퀴오네 사람인 뒤프레씨는 사랑의 쾌락을 맛보는 능력에서 탁월하며, 이 능력을 과도하게 향유한 나머지 만성질환 상태에 빠졌으므로, 이를 치료하기 위해 상담자를 통해 생-모르의 성에서 생-용으로, 다시 비세트르로 보내진 것이다. 비세트르에서 보이는 파리의 거리는, 뒤프레씨에 따르면 파리가 아니라, 그를 속이기 위해 진짜와 똑같이 만들어진 랑그르 시의 거리이다. 이 병원에서는 자신만이 남자이며, 다른 사람들은 모두 잘 만들어진 가면을 쓰고 가짜 구레나룻 수염을 기른 여성들뿐이고, 자신의 주치의는 예전에 자신의 요리사였던 여자이다. 뒤프레씨는 신문을 읽지 않는다. 나폴레옹인 자신을 화제로 삼고 있지 않은 신문은 가짜이기 때문이다. 뒤프레씨는 돈을 경멸한다. 자신이 주조 명령을 낸 기억이 없는 화폐는 가짜임에 틀림없기 때문이다. 그래서 뒤프레씨는 노동도 하지 않는다. 위조화폐를 쥐어줄 뿐이기 때문이다. 뢰레는 뒤프레씨를 어떻게 치료한 것일까?

당시 뢰레는 비세트르의 주임의사이며, '도덕요법'이라 불리는, 의약품이나 환자의 신체 구속 도구를 사용하지 않고, 의사-환자관계를 이용한 치료법의 1인자 중 한 사람이었다. 이 요법은 18세기 말 영국에서는 존 헤이슬럼이 그 원리를 주창하고 윌리엄 튜크의 은퇴 시설에서 채용되고 있었으며, 프랑스에서는 피넬이 주창해 에스키롤의 제자 에티엔-장 조르제가 그 방법을 체계화했다. 그러나 사실은 뢰레가 "정신이상자의 지성과 정념에 직접적으로 작용하는 모든 수단을 합리적으로 사용하는 것"(221쪽)이라고 정의하고 있는 '도덕요법'은 "그 토대를 정신질환의 병인론에서도, 신경계의 생리학에서도, 광기의 심리학 일반에서도 찾고 있지" 않다(211쪽). 즉 도덕요법은 어떤 학문적 지식에도 기초해 있지 않으며, 그저 몇 가지 역학관계의 조작으로 이뤄져 있다.

첫째로 힘을 불균형하게 하는 조작이 사용된다. 즉 힘의 기울어짐을 만들어내 "정상에는 의사가, 아래에는 환자가 위치하는" 상황을 가능한 한 신속히 만들어내는 것이다. 첫 대면에서부터 뢰레는 뒤프레 씨에 대해 엄격하게 도도한 태도를 취한다. "나는 그의 언동과 그의 몸짓에 불만을 갖고 있는 척했고, 그의 태만·허영심·거짓을 비난했으며, 내 앞에서 모자를 벗고 서 있으라고 그에게 요구했다"(212쪽).

둘째로 이 조작을 관통하는 것은, 이질적인 의지의 원칙, 즉 환자의 의지를 '타자의 의지,' 요컨대 정신과 의사의 의지로 대체하는 원칙이다. 거기에는 두 가지 목표가 있다. 첫째로 "치료에 필요한 일종의 순종적 상태를 확립하는 것"인데, 왜냐하면 "의사의 처방을 환자가 받아들이게 할 필요"가 있기 때문이다. 그러나 둘째로 이것보다 중요한 것은 "광기 속에 존재하는 지상권의 주장에 타격을 가하는 것"(213쪽)이다. '광기의 지상권'은 단순히 뒤프레씨의 경우처럼 과대망상으로서만 나타나는 것이 아니다. 어떤 망상이든 그것을 고집하고 모든 논의, 추론, 증거를 거부하는 것 자체가 "일종의 지상권의 주장이다." 즉 "망상에 빠져 있음으로 인해 자신의 지상권을 망상 속에서 행사하는 것, 이것이 모든 광기의 특징"(214쪽)이다. 그러므로 "문제는 더 강력하고 우월한 권력을 갖춘 다른 의지의 표명을 통해 광기의 지상권에 타격을 가하는 것, 광기의 지상권을 굴복시키는 것"(215쪽)이다. "나는 왕이다"라고 말하는 '광기'에 대해, "너는 왕이 아니다"라는 것을 자각하게 만들어야 하는 것이다. 뢰레는 어떻게 이 목표를 달성한 것일까? 병원에서는 자기 혼자만 남자라고 생각하고 있는 뒤프레씨는, 뢰레가 남자라는 것을 결코 인정하려 하지 않는다. 뢰레는 샤워요법을 시도한다. 목구멍 안쪽까지 샤워를 맞은 뒤프레씨는, 질식할 것 같은 고통에 날뛰면서 마침내 뢰레의 남성성을 인정한다. 또 언어의 재습득이라고 부를 수 있는 일련의 치료법이 있다. 자신을 "동시에 나폴레옹, 들라비뉴, 피카르, 오드리유, 데투슈, 베르나르댕 드 생-피에르"라고 생각하고 있는 뒤프레씨로 하여금, 주치의인 뢰레를 시작으로 그의 제자 의사들, 감시인, 간호사들의 이름을 외워서 제대로 복창할 수 있게 될 때까지 반복시킨다. 이것은 단순히 한 사람에게는 이름이 하나밖에 없다는 것을 가르쳐서 뒤프레씨의 '다형적 명명' 망상을 정정하기 위해서만 행해진 것은 아니었다. 이와 동시에 의학적 심급의 각 계층으로 배분되어 있는 사람들의 이름을 복원함으로써, 그 계층체계 전체를 수용케 하기 위함이었다. 또 어떤 때에 뒤프레씨는, 샤워요법 뒤에 욕조를 비우도록 명령받는다. 명령에 따르는 습관이 없었던 뒤프레씨는, 강요 때문에 투덜거리며 따른다. 그러나 욕조는 계속해서 여러 차례 다시 채워지고 명령은 끝없이 반복된다. 명령과 복종의 메커니즘이 각인될 때까지 뒤프레씨는 이 일을 반복해야 한다. 따라서 뒤프레씨가 재습득해야 하는 언어는 자신의 '광기'의 진실에 도달하기 위해 변증법적으로 전개되는 논의의 언어가 전혀 아니다. 뒤프레씨가 배우고 몸에 익혀야 하는 것은 "권력의 한 체계를 준거로 해 그 권력에 따르는 언어," 명령과 질서의 언어, 주인의 언어이다(220쪽). 뒤프레씨는 이 언어를 재습득함으로써 자기의 '광기'의 진실에 이르게 되는 것이 아니라, 자신에게 부과된 질서와 권력의 현실에 이르게 되는 것이다.

셋째로 욕구의 창출, 유지, 갱신이라는 절차가 사용된다. 뢰레는 노동과 금전을 경시하고 있는 뒤프레씨에게 노동을 강요하고, 그 보수를 강제로 받게 한다. 그러나 받기를 거부한 뒤프레씨는 그 벌로 그날 저녁과 다음날 하루 동안 음식물을 받지 못한다. 그곳에 뢰레의 뜻을 받드는 간호사가 와서 먹을 것을 몰래 가져다 줄 수도 있다고 말한다. "제게 몇 푼이라도 주신다면 위험을 무릅쓸 생각도 있는데요"(223쪽). 뒤프레씨는 지급받은 8수의 봉급에서 3수를 지불한다. 그 음식에는 설사약이 처방되어 있었기 때문에 뒤프레씨는 밤새도록 화장실을 들락거린다. 그래서 또 지불해야 한다. 이렇게 해서 의학적 권력을 통해 욕구-노동-금전이라는 회로가 형성된다. 물론 이 회로는 뢰레가 독자적으로 개발한 것은 아니다. 당시 정신병원 식사에는 당연히 술이 포함되어 있지 않았고, 식사 역시 각 사람의 식욕에 따라 준비된 것이 아니라, 일률적으로 평균을 가볍게 밑도는 양이 지급되고 있었다. 또한 초기의 정신병원에서 발견되는 신체 구속 도구의 부분적 폐지 이후에는 식사를 박탈하는 일이 비일비재한 처벌의 수단으로 사용되고 있었다. 다른 한편으로 환자의 노동은 질서 유지의 목적이나 치료의 가치를 위해 1830년대 정신병원에서 의무화되고 있었지만, 노동의 장점은 무엇보다도 거기에 보수체계를 삽입할 수 있다는 점에 있었다. 보수는 실제 사회에서 지급되는 평균보다는 훨씬 낮았지만, 정신병원이 만들어내는 결핍과 욕구를 충족시키기에는 유용한 금전일 필요가 있었다. 그렇게 하면 지급되는 음식의 부족을 보충하거나 담배나 디저트를 사면서 만족감을 채울 수 있기 때문이다. 그러므로 뒤프레씨에게 무리하게 적용한 전술은 몇 가지 효과가 있었다. 첫 번째로, 욕구가 생기면 욕구되고 있는 것의 현실이 지각되는 효과이다. 두 번째로 욕구하는 것, 바꿔 말하면 결여를 자각함으로써 광기의 지상권이 부정하려 했던 바깥 세상의 현실이 지각되는 효과가 있다. 이 바깥 세상은 결여가 없는 바람직한 현실이고 또 광기 속에 거주하는 동안에는 접근할 수 없는 현실이지만, 치유하면 들어갈 수 있는 세계로서 지각된다. 세 번째로 이런 정신병원이 만들어낸 결여상태가 자신이 광인이기 때문에 발생한 것을 깨닫게 되면, 자신의 광기의 현실이 지각되는 효과이다. 마지막 네 번째로 욕구-결여의 존재로 인해 광기는 대가를 치러야 하지만, 치유는 구입할 수 있는 것, 즉 광기를 고집하는 한 욕구-결여의 회피는 불가능하지만, 권력·규칙·명령에 순종하고 노동의 의무를 준수하면 욕구를 채울 수 있고 더 이상 결여가 없는 상태를 획득할 수 있다는 것을 자각하게 만드는 효과가 있다는 것이다.

넷째로 진실된 언표를 획득하는 절차가 사용된다, 다시 말해 환자에게 진실을 말하게 하는 절차가 사용된다. 뒤프레씨는 병원에서 보이는 파리의 거리가 파리로 위장된 랑그르라는 도시라고 생각하고 있다. 뢰레는 인턴을 붙여서 뒤프레씨로 하여금 파리를 산책하게 한다. 뒤프레씨는 인턴을 분명히 방돔 광장까지 안내할 수 있었지만, 그래도 파리라고는 인정하지 않는다. 그래서 샤워요법을 통해, 머리로부터 냉수를 뒤집어 쓰게 된 뒤프레씨는 마침내 무엇이든 인정한다. 물에서 나오면 원래대로 돌아가고 그래서 또 샤워를 당하게 되고, 세 번째 샤워를 당하며 뒤프레씨는 결국 포기한다. 그러나 뢰레는 이에 속지 않는다. 아니나 다를까, 다음날이 되면 뒤프레씨는 원상태로 돌아가 있다. 또 샤워의 위협을 받게 되면, 뒤프레씨는 포기하고 자신이 광인이라는 것을 인정한다. 하지만 뢰레는 납득하지 않는데, 왜냐하면 뒤프레씨는 정신병원에 있었던 기간을 적게 산정하고 있기 때문이다. 뢰레는 뒤프레씨가 지금 "광기와 이성 사이에서 불확정의 상태에 있다"고 생각한다. 그래서 뢰레는 뒤프레씨에게 몇 번이나 샤워를 당하게 하고, 자신의 과거의 역사를 쓰도록 강요한다. 그날 오후와 다음날을 할애해, 뒤프레씨는 "자신이 공부한 기숙학교나 고등학교의 이름, 선생님과 친구들의 이름을 많이 열거"한 자서전을 쓴다. "그의 이야기 전체에서 잘못된 사유나 무례한 언어는 전혀 없었다"(232쪽). 그러나 이렇게 얻어진 '진실'이란 결국 무엇일까? 첫째로 그것은 지각적 수준의 진실이 아니다. 뒤프레씨가 파리를 무엇으로 지각하는가는 문제가 아니다. 중요한 것은 뒤프레씨가 파리를 파리라고 말하는 것이다. 여기서는 진실을 이야기하는 것 자체가 치료의 가치를 갖고 있다. 설령 강제된 것이라도 진실을 이야기하는 것은 수행적 의미를 가진다, 즉 이야기하는 것을 통해 이야기된 진실은 환자의 '진실'이 되는 것이다. 둘째로 뢰레가 '진실'이라 간주하고 뒤프레씨에게 1인칭으로 이야기하게 하는 것은 무엇일까? 어떤 자기동일성(정체성)이다. '진실'은 환자가 몇 가지 에피소드를 통해 구성된 어떤 자기동일성 가운데서 자기 자신을 인지할 때 얻어지는 것이다. 셋째로 이 '진실'로서의 자기동일성은 의사도 알고 있는 몇 가지 사건이나 이름, 가족, 호적, 경력, 의학적 관찰을 통해 환자의 외부에서 확립된, 표층적이며 전기적인 규칙으로 구성되는 사회적인 지위와 신분이다. 환자가 그것을 자기 자신의 정체성으로서 받아들이고, 자기의 '진실'로서 고백하며 이 전기에 자기를 동일화시킬 때, 치유는 시작된다는 것이다.

이 '진실'을 획득하고 난 후 뢰레는 뒤프레씨를 퇴원시켰다. 그러나 그것은 치유를 확신했기 때문이 아니라 퇴원시켜서 현실 세계에 그를 위치시킴으로써, 외부 현실이 환자를 더 확고하게 지배할 수 있게 만들기 위해서이다. 그러나 뢰레가 뒤프레씨를 퇴원시킨 또 하나의 이유는, 뒤프레씨로부터 '광기'의 쾌락을 박탈하는 데에 있었다. 뢰레는 입원 초기부터 뒤프레씨에게 샤워요법, 구속복, 강제적 절식, 병든 두피를 태워 없애는 등의 가혹한 치료를 시행해왔다. 그것은 광기의 지상권보다 의사의 권력이 우월하다는 것을 각인시키기 위한 것이기도 했지만, 또한 치료가 발생시키는 불쾌함을 통해 광기의 쾌락을 무력화하기 위한 것이기도 했다. 그러나 뒤프레씨는 어떤 가혹한 취급에도, 그것이 치료라면 견딜 수 있다는 순교자적 태도를 보인다. 가혹한 치료는 도리어 광기의 쾌락을 공급해주는 것이다. 게다가 정신병원은 '광기'를 위해 더할 나위 없이 쾌적한 환경을 구성하고 있고, 그곳에서라면 원하는 만큼 망상을 할 수 있다. 어떤 치료도 망상에 들어갈 수 있고, 어떤 처벌도 망상에 봉사할 수 있다는 것을 눈치챘을 때 뢰레는 '광기'의 쾌락을 빼앗을 절대적 필요를 통감하고 뒤프레씨를 해방했던 것이다. 뢰레는 뒤프레씨를 위해 인쇄소의 교정 일을 보게 해줬는데, 학교가 가르치는 합법적인 철자법, 즉 질서의 언어를 더욱 강도 있게 습득시키기 위해서였다. 그러나 뒤프레씨는 철자법을 계속해서 틀렸다. 아르퀴오네이며 나폴레옹인 그에게는, 철자법을 간소화할 권한이 있기 때문이다. 그래서 뢰레는 사람을 시켜, 뒤프레씨에게 더욱 돈벌이가 좋은 일을 맡긴다. 뒤프레씨는 기뻐하며 동의하는 답장을 보냈고, 이에 뢰레가 회답을 하는데 그는 다음과 같이 적고 있다. "만약 심각하게 철자를 틀리지만 않았더라면, 당신을 고용했을 텐데요"(241쪽). 이렇게 해서 '광기'는 타파되고 뒤프레씨는 1839년 봄에 완전히 치유됐다고 판정받았다. 그러나 뢰레는 곧 이듬해 1840년의 부활절에 이 환자가 새로운 질환에 걸렸다는 것을 보여주는 징후가 있음을 간파한다. 여기서도 전투는 끝나지 않았다.

정신병원의 이런 치료는, 어떤 메커니즘에 따르고 있는 것일까? 푸코는 그것을 간결하게 세 가지로 요약해 설명한다.

첫째로, 압도적인 힘의 불균형으로 지탱되는 규율화의 메커니즘이다. 환자는, 한편으로 욕구-노동-금전의 회로에 투입되고, 또 다른 한편으로는 표층적인 사회적 지위와 신분 내에서 자기를 인지하고, 이 자기동일성을 자기의 진실로서 언표하도록 요구된다. 그렇지만 이 '진실'은 "광기가 자신의 이름으로 말하는 진실"이 아니라 환자가 "정신요양원의 권력에 의해 구성된 행정상·의학상의 어떤 종류의 현실 속에서 자신을 1인칭으로 인정하는 것을 수용하면서 언표하는 진실"(236쪽)일 뿐이다. '진실'은 환자가 자신의 존재를 제도적 담론이 이야기하는 사회적인 지위와 신분으로서의 자기동일성에 적합화시킬 때 발생한다. 그러므로 이 '진실'을 이야기하는 언어는 결코 의사와 환자의 상호작용으로 발생되어온 것이 아니다. 의사가 사전에 소유하고 있고 일방적으로 환자에게 부과하고 있는 언어인 것이다.

둘째로, 정신병원=현실의 동어반복적 관계의 메커니즘이다. 욕구-노동-금전의 회로와 자기동일성으로서의 '진실'을 통해 환자에게 부과되고 있는 것은 현실이다. 실제로 치유가 의미하는 것은, 광기의 지상권을 단념하고, 광기의 쾌락을 포기하며, 순종적이 되고, 노동을 통해 생계를 유지하게 되며, 주어진 사회적 지위와 신분을 자신의 자기동일성으로 받아들이고, 거기서 자기를 인지하는 것이다. "나는 왕이 아니다"라는 것을 광기가 인정하는 것, 요컨대 현실의 불가항력적인 힘을 승인하는 것이다. 그렇게 하도록 만들기 위해 정신병원이라는 치료장치와 그 다양한 구성물, 즉 건축(벽, 독방, 큰 방), 도구(샤워나 구속복 같은 다양한 치료적·처벌적 용구), 구성원(의사, 간호사, 감시인, 직원)은 현실이 "광기에 영향력을 행사하고 광기를 정복해 결국 광기를 관리하고 통치할 수 있게" 현실에 '추가적 권력'을 부과한다(243쪽). 이 '추가적 권력'이 정신병원에서의 질서, 규율, 힘의 비대칭, 욕구의 창출과 유지, 갱신, 명령, 사회적 지위와 신분으로서의 자기동일성, '광기'의 쾌락의 찬탈이다. 그러나 확실히 이것들은 정신병원이라는 치료장치가 만들어낸 것이긴 하지만, 애초에 현실이 이미 현실로 소유하고 있는 것에 불과하다. 그러므로 이 '추가적 권력'은 실제로는 정신병원을 "의학적으로 강화된 현실"로 만들 뿐이다. 정신병원은, 그 속에서 "현실 그 자체를 …… 재생산"하고(244쪽), "현실을 권력으로서 작동시키는" 동시에 정신의학의 권력이 "현실 그 자체의 권력으로도 유효함을 인정"하게끔 만든다(250쪽). 거기에는 "현실의 체계가 정신요양원 내부에서 복제"되고 있을 뿐이다(251쪽). 정신병원은 치유를 행하게 될 때, 철두철미한 현실의 앞잡이로서 기능하고 있다. 현실 속에서 더 강화된 현실로서, 현실이 '광기'에 뻗치는 촉수, 그것이 치료장치로서의 정신병원이다.

셋째로 정신의학의 지식과 실천은 단절되어 있다. 앞서 기술했듯이, 정신병원은 정확한 관찰에 기초해 객관적인 정신의학적 지식을 생산하는 장이었다. 실제로 살아 있는 환자의 관찰은, 다양한 질병분류학의 시도를 발생시켰고, 또한 환자의 사체를 자유롭게 처리할 수 있었기 때문에, 부검을 통한 관찰은 정신질환의 병리해부학도 발생시키고 있었다. 그러나 뢰레의 질병사례 보고는 정신병원이 생산해낸 이런 지식들을 그의 치료가 조금도 적용하고 있지 않았다는 사실을 명확히 보여준다. 반대로 뢰레의 보고는 치유의 진정한 이론도, 치유를 설명하려는 시도조차도 포함하고 있지 않다는 것을 푸코는 지적하고 있다. 환자에게 어떤 행동이나 반응을 유발시키기 위해 사용해야 할 방법과 연관된 전술적 조작의 일람표만이 있을 뿐이다. 정신병원의 치료장치는, 정신병원이 발생시키는 의학적 지식과 단절되어 있으며, 다른 한편으로는 동시에 자기의 치료 실천을 이론적 지식으로서도 조직하고 있지 않다. 치료는 지식의 생산과는 무관한 곳에서 진행되고 있는 것이다.

여기서 두 가지 의문이 생겨난다. 첫째로 현실의 꼭두각시이면서 강화된 현실이기도 한 정신병원을 지배하고 있는 권력메커니즘은 어떤 것일까라는 문제가 생겨난다. 둘째로 정신병원에서 이 권력이 발생시키는 '의학적 지식'이 치료의 실천과 하등의 관계가 없는데도 왜 이 의학적 지식과 이 정신병원이 행사하는 권력과 연결되어 있는지의 문제, 요컨대 치료장치로서의 정신병원은 왜 동시에 의학적 공간이어야 할 필요가 있었는지의 문제가 생겨난다.

우선 정신병원을 지배하고 있는 권력은 규율권력이다. 푸코는 3~4강(1973년 11월 21일, 28일)에서 '규율권력'에 대한 일반적인 설명을 하고 있다. 푸코에 따르면 '규율권력'은 12~13세기에 시토 수도회, 도미니크 수도회, 베네딕트 수도회 등과 같은 종교 공동체 내부에서 봉건 사회의 '규율적 소군도'로서 탄생했다. 이어서 14~15세기가 되면 공동생활 형제회 등과 같은 다수의 세속 공동체에 변형되어 이식됐고, 그 후 16~17세기에는 식민지, 군대, 학교, 공장, 대규모 작업장 등의 형태를 취하며 사회에 광범위하게 확산됐으며, 19세기에는 정치권력과 신체가 체계적으로 접촉하는 거대한 일반 형식이 됐다.

1791년에 출간된 제러미 벤담의 『판옵티콘』은 규율권력의 가장 일반화된 정치적·기술적 형식을 보여준다. 푸코가 3강에서 제시하고 있는 분석에 입각해 이 권력의 특성을 살펴보면, 첫째로 규율권력은 생산물, 시간, 용역 등의 부분적인 탈취로 특징지을 수 있는 주권권력과 달리 "개인의 신체, 몸짓, 시간, 품행을 총체적으로 포획"(80쪽)한다. 그리고 군대의 계급, 학교의 연령별 학급, 또 학급 내에서 각 개인의 위치가 예컨대 성적에 기초해 정해지듯이, 규율장치 내에서 개인의 위치는 고립되어 고정되어 있다. 이렇게 공간 속에 배분되고 난 후에 개인들은 지속적인 통제를 받게 된다. 규율장치 공간 한 지점에 핀처럼 고정된 개인은 '항구적으로' 보여진다. 규율권력은 그 '최적의 상태,' 즉 "홀로 기능하고 또 감시가 잠재적일 수밖에 없게 되며, 결과적으로 규율이 습관이 되어버리는 그런 순간"을 지향하고, "규율이 시작되는 영점으로서 부여되는 한 지점에서 출발해 규율이 독자적으로 기능하게 되기 위해 무엇인가가 전개되어야 하게 만드는 발생론적 절차를 내포"하고 있는 것이다. 그것을 보증하는 것이 "점진적이고 단계적인 훈련"(82쪽)이다. 그리고 규율권력의 원활한 행사를 위해서는 문서기록의 활용이 중요하다. 문서기록은 한편으로 개인의 언동을 기제하고 기록해 개인에 관한 지식을 구축한다. 그래서 아래로부터 위로 정보를 전달하고 또 이 정보에 항시 접근할 수 있게 만듦으로써 '편재적인 가시성의 원리'를 확보한다. 이렇게 보증된 연속적·항구적 가시성으로 인해 규율권력은 "매우 신속하게 반응"할 수 있게 된다. 규율권력은 중단 없이 개입할 수 있고 "잠재성이 현실이 되고 있는 순간에 개입"할 수 있다. 이것이 가능한 이유는 "사법 심급 아래에 위치하고 있는 감시, 보상, 처벌, 압력"(87쪽) 때문이다. 규율장치는 '동위체적'이다. 그래서 여러 규율적 장치들 간에는 "충돌이나 양립불가능성"이 발생하지 않는다. 요컨대 여러 규율적 장치들은 서로 연동될 수 있다"(90쪽). 예컨대 학교의 학급 구분은 여러 교정을 시행하면 성인에게서 발견되는 사회적·기술적 계층성에 투영된다.

그런데 규율체계는 "필연적으로 잔재와 같은 것을 내포"하고 있다. 즉 "'분류불가능한 것'이 늘 존재"(90쪽)한다. 이 분류될 수 없고 환원될 수 없고 동화될 수 없는 잔재의 존재는 "보충적 규율체계의 출현을 야기"한다. 그리고 거기서도 잔재가 발생하는데 그것을 회수하기 위해 새로운 보충체계가 탄생하며 이것은 한없이 계속된다. 예를 들어 학교는 학업적으로 진도를 따라갈 수 없는 경미한 정신박약자를 만들어내는데 이 지진아를 위한 학교가 있을 수 있지만 거기서도 따라갈 수 없는 자를 위한 또 다른 학교가 생겨난다. 그래서 규율권력은 질서화하지만 동시에 규율화될 수 없는 자들을 만들어낸다는 점에서는 무질서를 만들어낸다. 그리고 이 무질서를 회수해 질서화하기 위해 새로운 규율화를 수행한다. "무질서 속에서 부단히 규범을 작동시키는 작업"(92쪽)이 행해지는 것이다. 규율체계는 스스로 작동하는데 그 책임자는 "더 큰 체계의 내부에 포획되며, 이 체계 안에서 감시당하는 것은 그의 차례가 되고, 그 내부에서 그는 규율화의 대상이" 된다(93쪽). 그러므로 규율권력은 얼굴 없는 익명의 권력이다.

푸코는 이런 규율장치가 19세기에 일반화된 이유가 전적으로 경제적인 이유 때문이라고 설명하고 있다. 이 규율체계를 채택함으로써 '인간의 축적'이 가능해지고, 또 그 결과 "모든 신체적 단일성 내에 현존하는 노동력"의 합리적 배분이 가능하게 되는 장점이 있기 때문이라는 것이다(114쪽). 인간의 축적과 노동력의 합리적 배분은 세 가지 형태로 획득된다. 첫째로 규율화를 통해 개인을 활용할 수 있는 가능성을 극대화할 수 있다는 것, 즉 모든 개인을 활용할 수 있게 되는 것이다. 그렇지만 실제로 모든 개인을 노동력으로서 이용하지는 않는다. 오히려 반대로 모든 개인을 이용할 수 있게 하려면 현실적으로는 모두를 이용할 필요 없이 잉여자(실업자)를 남겨 놓고 고용함으로써 임금을 최소화하는 고용 상황을 만들어낼 필요가 있다. 둘째로 다수 개인들의 노동력을 적절히 배분하면 "여러 단일한 노동력의 총합과 적어도 같거나, 가능한 한 상회하게 만드는" 성과가 획득된다(114~115쪽). 셋째로 규율화는 "노동시간, 습득을 위한 시간, 향상을 위한 시간, 지식과 적성의 획득을 위한 시간"의 누적을 가능케 한다(115쪽). 요컨대 규율체계의 확립은 "공간적으로 [개인이라는] 단일성들을 분배하고, 시간의 축적을 가능케 하는 방법"을 통해 "생산활동의 수준에서 극대화된 효율성을 확보하게 해줄 수 있는"(116쪽) 산업자본주의의 전략인 것이다.

푸코의 분석에 의하면 정신병원의 치료장치는 이 규율체계를 전면적으로 수용했다. 요컨대 정신병원에서 치료와 규율은 항시 연동되어 있고 치료는 전적으로 규율을 거쳐 행해진다는 것이다.

정신병원은 엄격한 규율이 관통하는 공간이다. 장-피에르 팔레는 환자를 시간의 분할에 따르게 하는 이유는 각 환자에게 "일반적인 법에 따르면서 무질서로 향하는 자신의 경향에 저항하도록 강요"하는 치료의 가치가 있기 때문이라고 지적하고 있다. 마찬가지로 피넬은 환자의 노동이 갖는 치료의 가치와 규율의 가치를 인정하며 이렇게 말하고 있다. "꾸준한 노동은 관념들의 악순환을 변화시키고 오성을 훈련시킴으로써 분별력을 확고하게 하며, 정신이상자들이 모이게 될 경우 독자적으로 질서를 유지할 수 있게 해주고, 세밀하고 또 종종 무용하기까지 한 수많은 규칙들 없이도 내부 질서를 유지할 수 있게끔 해준다"(207쪽).

광인은 항시 감시되어야 하는 자이지만 또 자신이 "언제나 자신이 감시받고 있다는" 사실이 "치료의 가치를 갖는" 자이다. 왜냐하면 "자신이 보이고 있다는 사실을 스스로 알 때 …… 광인은 자신의 광기를 보여주지 않으려 하기 때문"(154쪽)이다. 19세기의 정신병원이 입원, 즉 환자를 가정으로부터 격리시켜 정신병원에 수감하는 것이 절대적으로 필요하다고 생각한 이유 중의 하나가 거기에 있다. 정신병원 장치는 이 가능성을 먼저 건축을 통해 확보한다. 정신병원의 건축은 벤담이 고안한 판옵티콘 구조를 채용하고 있다. 게다가 가시성은 또한 건축과는 다른 체계를 통해 보증되는데 이것은 의학적 심급의 각 단계에 위치하는 스태프들이 환자에게 가하는 항구적인 감시이다. 이와 동시에 이들은 감시해 획득한 정보를 이 심급의 정점에 위치하는 관리권력과 의학적 권력을 장악하고 있는 병원의 유일한 책임자인 원장에게 전달한다.

치료의 가치를 갖는 또 하나의 원칙은 고립의 원칙이다. 개인을 공간 내의 한 점에 핀으로 고정하듯이 고립시키는 기술은 결국 건축을 통해, 즉 벤담의 판옵티콘 독방을 재현한 에스키롤의 독방을 통해 확보된다. 그러나 고립은 푸코가 "광기를 둘러싼 삼각 구조의 지각"(155쪽)이라 부르는 것, 즉 각 환자를 어떤 집단적인 효과로부터 격리시켜, 환자 자신에 핀으로 고정시키는 전술을 통해서도 획득된다. 실제로 광인은 자신의 광기에 결부되어 있으나 타자의 광기에는 결부되어 있지 않다. 그래서 의사가 각 환자에게 주변의 사람들이 실제로 광인이라는 것을 보여준다면 환자는 타자의 광기를 지각함으로써 '광기'라는 것이 무엇인가를 마침내 이해하게 된다. 자신이 왕이라고 생각하는 광인이 마찬가지로 자신이 왕이라고 생각하는 다른 광인의 가련한 모습을 보게 되고 의사가 그 광인을 어떻게 판단하고 있는가를 알게 되면 그는 결국 자기의 '광기'에 대해 의사와 동일한 의식을 갖게 된다는 식이다.

뒤프레씨의 치료 사례가 보여주듯이 처벌도 치료의 가치를 지닌다. 정신병원은 부단한 처벌의 장소이다. 처벌은 부단히 환자를 감시하는 의학적 심급의 각 스태프에 의해 확보되지만 또 일련의 기구를 통해 확보되기도 한다. 푸코는 그것들을 신체를 교정하고 훈육하는 '정형외과적 기구'라고 불렀다. 예를 들어 벽에 고정하고 환자를 묶어놓는 고정의자, 환자가 흥분하면 그에 맞춰 흔들리게 해서 현기증을 불러일으키게 하는 회전의자, 수갑, 구속복 등 이 모두는 일정한 효과를 발생시킨다. 그것은 최적의 상태를, 규율의 습관적·자동적 작용을 최종적 효과로 얻어내기 위한 기구들이다. 또 하나의 특징은 그것이 '호메오스타시스적'(생체항상적) 기구라는 데 있다. 바꿔 말하면 "저항하지 않으면 느낄 수 없고, 거꾸로 그것에서 도망치려고 하면 할수록 그 때문에 괴로워지는" 것이

이들 기구이다(163쪽). 징이 박힌 목걸이는 고개를 숙이지 않으면 고통이 없고, 구속복은 난폭하면 할수록 그만큼 더 조여온다.

요컨대 정신병원은 병영, 학교, 작업장, 대농장 등의 다른 규율체계와 동형적이다. 정신병원이 행하는 치료는 환자의 신체에 규율의 습관화를 부과하는 점증적인 훈련, 훈육에 지나지 않는다. 그리고 치료는 규율에 순종하는 신체, 적합화된 규율로 각인된 신체를 만들어내는 기술이다. 이 신체를 갖게 된 환자, 그러므로 치유된 환자는 정신병원으로부터 해방되어 현실로 복귀한다. 현실에서 그를 기다리고 있는 것은 병영, 학교, 공장과 같은 다른 규율체계이다. 거기에 동화되지 못하면 다시 정신병원으로 보내진다. 바꿔 말하면 정신병원은 동시대의 거대한 규율장치가 필연적으로 만들어내는 '잔재'를 다시 규율화하는 장치이며 사회 전체를 포위하고 있는 규율장치의 한 부분이라는 것이다.

10. 정신의학의 '지식'과 정신병원의 치료적 '실천'

정신병원은 사회 전체에 퍼져 있는 규율장치의 일부에 지나지 않지만, 다른 규율체계와 비교해 결정적으로 다른 요소를 가지고 있다. 즉 정신병원은 의학적 공간으로 간주되고, 또 의학적으로 표식되어 있는 공간이이다. 그러므로 문제는 이것이다. 정신병원이라는 규율적 조련의 공간에서 결국 의학은 무엇과 관계되어 있었던 것일까? 왜 의학이 필요했던 것일까? 19세기 초부터 광인을 수감하는 장소가 단순한 규율적 공간을 넘어서 더욱 의학적인 공간이 되어야만 했던 이유는 무엇일까?

정신병원은 '광기'에 관한 의학적 지식과 담론이 생산되는 공간이었다. 19세기 초 피넬과 에스키롤의 정신의학은 임상의학의 담론을 모델로 질병분류학적 담론을 생산해냈다. 각각의 정신질환을 고유한 징후와 진전을 보여주는 진단이나 예측이 가능한 특정한 요소를 제시하는 질병으로서 분류하고 기술하려는 시도가 행해졌다. 예를 들어 에스키롤은 감성·지능·의지의 무질서를 특징으로 하고 발열을 동반하지 않는, 통상

만성적인 뇌의 장애가 광기라고 정의했고, 심리적 능력의 이런 분할에 의해 획정된 이 영역 내에서 능력을 손상시키는 무질서의 성질, 무질서의 확장, 환자를 손상시키는 기질의 특질에 의해 상호적으로 차이화되는 임상적 다양성을 구분했다. 이렇게 해서 능력을 손상시키는 무질서의 성질로 조광증과 만성우울증을 구별할 수 있다는 것이다. 예를 들면 조광증의 특징은 감성·지능·의지의 혼란과 흥분인데, 만성우울증의 경우에 "감성은 극심하게 자극되거나 침해된다. 지능과 의지는 비통하고 압박된 정념에 의해 변한다"(259쪽). 마찬가지로 무질서의 확장 정도가 조광증과 편집증을 구분할 수 있게 해준다. 조광증과 편집증의 구별의 기준은 무질서의 확장에 있다. 즉 전반적 확장인가 아니면 부분적 확장, 즉 어떤 능력(지능 편집증, 본능 편집증), 어떤 대상(호색증) 혹은 어떤 주제(종교 편집증, 살인 편집증)에 국한된 것인가에 달려 있다. 이를테면 조광증의 특징은 망상이 전반적으로 오성의 모든 능력을 발양하며 역전시키는 데 있는 반면, 편집증에서 망상은 부분적이고 소수의 관념과 정서에 국한되어 있다는 것이다. 마지막으로 환자를 손상시키는 기질의 특질이 조광증과 치매를 구별할 수 있게 해준다. 능력의 발양을 특징으로 하는 조광증과는 반대로, 치매 집단은 '급성,' '만성,' '노인성' 같은 종류가 있고 부정적 양상으로 특징화된다. 치매는, 보통 발열이 없는 만성적인 뇌의 장애로, 감성·지능·의지의 약화를 특징으로 한다는 것이다. 다른 한편 에스키롤의 제자 세대는 환자의 부검에 기초해 정신질환의 '위치'에 관한 연구를 속속 발표했다. 예를 들어 1820년 에스키롤의 제자 조르제는 『광기의 원인에 관한 논고』, 아쉴-루이 포빌르와 장-바티스트 들레는 1821년 『광기와 그 활동양식의 원인에 관한 논고, 또 이 질환의 특정한 자리와 성질에 관한 연구』를 발표한다. 1822년에는 팔레가 『심기증과 자살: 이 질환들의 원인·위치·치료에 관한, 그 진행을 멈추고 전개를 예방하는 수단에 관한 고찰』을 출간하고, 마지막으로 신경매독을 연구한 앙투안 로랑 제스 벨르는 살페트리에르 정신병원의 앙투안-아타나즈 루와이에-콜라르 밑에서 수집한 여섯 가지 관찰 사례와 뒤이운 부검에 따라 1822년 마비와 망상을 주된 증상으로 하는 '만성적 거미막염'의 존재를 확인했고, 같은 해 공개 심사를 받은 논문의 제1부에서 이 질환을 다룬다. 정신질환의 병리해부학적 병인론의 기획이다. 그러므로 1838년의 법률이 '시설의 의사'라는 표현을 통해, 정신병자 시설에 의사가 상주하는 것을 명기했다는 것은, 법적·행정적 권력이 이 담론들에 의학적 '지식'과 '진실' 그리고 치료의 가치를 인정했다는 것을 의미한다. 요컨대 정신의학은 '광기'에 대해 '알고 있는 것'으로 간주된 것이다. 그러나 이 정신의학의 지식은 치료에서는 전혀 활용되지 않았다. 그런데 왜 이런 의학적 '지식'이 정신병원에 필요했던 것일까?

푸코는 이렇게 설명한다. "정신요양원이 필연적으로 의학적 장소로 표식되어야 한다고 생각됐던 이유는, 지식의 내용 때문이 아니라 지식의 표식이 합법적으로 부여하는 보충적 권력 효과 때문인 것 같습니다. 달리 말하면 의사의 내부에 지식이 존재하고 있다는 것을 보여주는 표식을 통해 …… 그 지식의 실질적 내용이 어떤 것이든 간에 상관없이, 정신요양원 내부에서 필연적으로 의학적 권력으로서 기능하게 된다는 것입니다"(268쪽). 그러므로 정신의학의 '지식'은 권력과의 관계 속에서 검토되어야 한다. 그렇다면 의사가 몸에 두른 '지식의 표식'은 정신병원에서 어떻게 기능하고 있었던 것일까?

첫째로 심문기술 내에서 의사의 지식이 사용된다. 의사는 찾아온 환자를 심문한다. 그러나 그 전에 환자의 가족이나 주위 사람들로부터 환자에 대한 사전 정보를 입수해둬야 한다. 그렇게 하면 환자를 심문할 때, 환자가 생각하고 있는 것 이상으로 상세하게 알고 있다는 것을 과시할 수 있고, 그래서 환자가 진실되지 않은 말을 해도, 그것이 거짓이고 망상이라는 것을 지적함으로써 그를 제압할 수 있기 때문이다. 마찬가지로 심문을 통해 필요한 정보를 환자로부터 추출해내는 경우에도 결코 이 정보들과 관련해 그에게 의존하고 있다는 사실을 환자가 눈치채게 해서는 안 된다. 요컨대 심문은 어디까지나 의사의 물음에 답하게 하기 위한 형식을 유지해야만 한다. 환자가 자신이 말하고 싶은 바를 자유롭게 말하게 내버려두지 말고, 적재적소에 물음을 끼워 넣어 환자의 말을 중단시켜 "그의 대답이 진정한 의미에서 의사에게 정보를 주는 것이 아니라는 것, 그 질문이 단지 그를 알게 하는 단서만 줄 뿐이며, 그에게 자신을 설명할 기회를 주는 것뿐이라는 것 …… 그의 모든 대답이 의미를 갖는 것은 의사의 머릿속에서 이미 완전하게 구성된 지식의 영역 내부에서라는 것을 그로 하여금 깨닫게 할 필요가 있다는 것"(269~270쪽)이다. 요컨대 심문은 환자로부터 필요한 정보를 얻기 위해 행해지지만, 그것을 매우 의미 있어 보이는 질문을 통해 은폐하고, 의사가 '알고 있다'는 것을 과시함으로써 의사-환자 사이의 비대칭적 힘의 관계를 확립하기 위해 행해지는 것이다. 이렇듯 '지식의 표식'은 그 위광을 통해 환자를 대하는 의사의 절대적 권력의 구성을 확보한다.

둘째로 항상적 감시에 기초해 환자에 관한 항상적 기록의 작성이라는 형태로 기능한다. 기록은 규율권력의 특성 중 하나이다. 피넬은 "정신이상이 그 초기부터 말기까지 어떻게 진행되고, 어떻게 여러 형태를 취하는지 정확하게 일지에 적을" 것을 권장했다. 마찬가지로 자크-조제프 모로 드 투르는도 "환자에 관해서 얻은 정보"와 "병의 진행과 관련해 필요한 세부사항을 포함하는" 관찰 노트를 작성하고, 그것에 기초한 통계적 연구를 행하도록 권하고 있다(270쪽). 요컨대 입원 환자에 관한 일람표와 기재의 완전한 시스템을 조직화하고, 의사가 그것을 언제라도 이용할 수 있는 상태로 만들 필요가 있는 것이다. 이것은 한편으로는 환자에 대한 의사의 '지식의 표식'의 구성에 도움을 줌과 동시에 질병분류학적 지식의 생산에도 도움을 주며, 마지막으로 그것은 다시금 '지식의 표식'을 구성하는 데 가세한다.

셋째로 처벌과 치료의 이중적 작용에 지식이 활용된다. 환자는 뒤프레씨가 그랬던 것과 같이, 가혹한 치료나 처벌을 순교자적으로 견디어냄으로써, 그것들을 '광기'의 쾌락에 봉사케 하고 만다. 의사는 언제나 질환의 내부에 있으면서 질환을 작동시키고 있는 이 쾌락을 공격하고 탈취해야 한다. 언제나 '광기'의 의표를 찔러야 하는 것이다. 그러므로 환자를 처벌할 때에는 그것을 치료라고 생각케 해야 하고, 반대로 치료를 실시할 때에는 그것을 처벌이라고 생각케 해야 한다. 그러나 이 모든 것이 가능하기 위해서는 "치료약 혹은 처벌일 수 있는 것에 대한 진실을 소유한 자가 거기에 있다는 조건"(271쪽)을 충족시켜야 한다. '알고 있다'고 간주되는 것이 처벌행위를 치료행위로 만들고, 치료행위를 처벌로서 사용하는 것을 의학적으로 합법화하는 것이다.

넷째로 그러나 정신병원에서 최대의 '지식의 표식'은 의사가 학생 앞에서 환자를 전시하며 행하는 임상강의이다. 임상강의는 프랑스에서는 매우 일찍부터 행해지고 있었다. 살페트리에르에서는 1817~26년에 에스키롤이, 다음에는 1841년에 쥘 바이야르제가, 이어서 1843년에는 팔레가 임상강의를 행했다. 다른 한편 비세트르에서는 1833~39년에 기욤 페뤼가, 다음으로 1840~47년에는 뢰레가 각기 임상강의를 행했다. 이런 임상강의는 의사가 의사임과 동시에 의학적 진실의 주인으로서 자기를 제시하는 장이었다. 팔레는 다음과 같이 그 장점을 들고 있다.

첫째로, 환자가 의사의 말에 주의를 기울이지 않는다거나 의사의 말을 받아들이지 않을 수는 있지만, 의사 주위의 많은 학생들이 의사의 말에 경의를 표하며 경청하는 것을 보지 않을 수는 없다. "다수의 다양한 청중이 현전함으로써 그[의사]의 말은 한층 더 권위를 갖게 되는 것이다"(272쪽)라고 팔레는 단언한다.

둘째로, 임상강의에서 의사는 환자에게 심문할 뿐만 아니라 학생들 앞에서 환자의 대답에 주석을 달아 보이며, "자신이 환자의 병에 대해 여러 가지로 알고 있다는 것, 학생들 앞에서 그것에 대해서 말하거나 이론적으로 설명할 수 있다는 것을 환자 자신에게 보여줄 수 있게" 된다. 그래서 "모두에게 받아들여진 하나의 진리 같은 어떤 것이 의사의 말 내부에서 말해지고 있다는 것을 환자는 이해하게 되는 것"(273쪽)이다. 이것은 의사의 권력을 다른 방식으로 강화하는 것이다.

셋째로, 의사는 학생들 앞에서 증례를 전반적으로 상기시킨다. 즉 환자의 생애 전반을 환자 스스로 말하게 하거나 환자가 함구하고 있는 경우에는 의사 자신이 말해준다. 그러므로 환자는 학생들 앞에서 자기의 인생이 '병으로서' 제시되는 것을 본다. 이렇게 해서 환자는 "자신의 삶이 …… 병이라는 현실을 갖게 됨을 보게 되는 것"(같은 곳)이다.

넷째로, 이렇게 전시물이 되어, 자신의 삶이 병으로서 제시된 환자는 사람들이 자신에게 관심을 보이는 것에 놀라움과 자부심을 느끼기 때문에 때때로 의사에게 협력적이 되고, 더 나아가 의사의 이야기를 보완한다. 즉 그 병을 통해 의사에게 협조하게 되는 것이다.

그러므로 임상강의에는 정신병원의 치료장치가 현실을 보충하는 요소들이 모두 발견된다(환자를 타자의 권력에 복속시키고, 강요된 정체성을 받아들이게 하며, '광기'가 무엇인지에 대해 고백하게 만들며, 보수와 교환의 회로로 환자를 투입하기). 의사의 말은 최고의 권력을 갖고, 환자는 자기의 인생을 전반적으로 상기해 자기를 인정하도록 강제되며 또 자진해 의사의 이야기를 보완해줌으로써 '진실'을 이야기하며, 마지막으로 만족감·놀라움·자부심을 갖게 되고 의사에게 협력하는 대가로 보수를 받는 경제적 회로로 들어가게 된다. 임상강의는 정신병원에서 일상적으로 행사되는 규율권력의 '증폭기' 역할을 한다. 그것이 몸에 두르고 있는 '지식의 표식'이 의사를 진실을 이야기하는 자로 만드는 것이다.

'지식의 표식'이 갖는 기능은, 의사를 '알고 있는' 자로 만드는 것, 더 정확하게는, 의사를 '알고 있는' 자로서 환자와 학생 앞에, 더 나아가서는 정신병원을 둘러싼 법적·행정적 권력 앞에 제시하는 것이다. 뿐만 아니라 이렇게 '알고 있는' 자로서 제시되고, 그렇게 여겨짐으로써 처음으로 정신과 의사는 의사로서 행동할 수 있게 됐고 그 규율권력을 의학적 권력으로서 행사할 수 있게 된 것이다.

그러므로 정신의학의 '지식'은, 치료의 실천을 '광기'의 진실에 기초케 하기 위해서가 아니라, 오로지 정신의학의 규율권력을 보강하기 위해 채용되고 있다. 그렇다 해도 이 '지식'이 광기의 '진실'에 전혀 관심이 없었다는 것은 아니다. 오히려 정신의학은 '진실'에 관한 '지식'을 꼭 필요로 하고 있었다. 왜냐하면 정신의학은 인체의학이자 기관의 의학인 임상의학과는 근본적으로 이질적인 것이었기 때문에, 자신 또한 '의학'이라는 것을 증명해야 했기 때문이다. 그래서 이 '진실'을 둘러싸고 정신의학과 광기 간의, 의사와 환자 간의 격렬한 대결 장면이 생겨나게 된다. 푸코는 11강(1974년 1월 30일)을 이 장면의 분석에 할애한다.

인체의학에서는 18세기 말부터 19세기 초에 걸쳐 병리해부학이 출현했고 그 결과, 신체 내부에서 평가해 정할 수 있는 기관적 손상에 기초해 개개의 질환을 설명할 수 있게 됐다. 또한 질환을 개별화하는 기관적 손상에 입각해 징후의 수집을 행할 수 있게 됐기 때문에, 질환의 감별진단이 확립됐다. 그런데 정신의학에서는 사정이 전혀 달랐다. 첫째로 애초부터 정신의학에서는 감별진단이 필요하지 않았다. 확실히 정신의학은 질병분류학적 시도에 기초해 개개의 정신질환에 꼬리표를 다는 감별진단을 실행했지만, 그럼에도 불구하고 그것은 이차적인 문제일 뿐, 정신의학의 모든 진단에서 가장 근본적인 문제는 다른 데 있었다. 즉 그것은 "광기인가 아닌가?"라는 문제이다. 모든 것은 먼저 이 문제로부터 시작된다. 그러므로 정신의학이 가장 먼저 행해야 하는 것은 절대진단이다. 그리고 치료에 질병분류학적 지식이 반영되어 있지 않았기 때문에, 정신의학이 행해야 하는 진단은 실제로 절대진단뿐이다.

둘째로 정신의학에는 신체가 부재했다. 확실히 정신의학도 병리해부학을 수용했다. 질환의 위치가 경우에 따라 발견되는 경우도 있었다. 벨르에 의한 전신성 마비의 발견, 요컨대 매독의 후유증인 수막의 병변은 유명한 예라 할 수 있다. 그렇지만 정신의학이 진단해야 하는 것은 어떤 행동·발언·환상 등이 어떤 기관적 손상에서 기인하는가의 진단이 아니라, 광기인가 아닌가의 진단인 것이다. 그러므로 정신의학은 절대진단의 이런 요청에 답할 수 있기 위해, 광기라고 상정되는 것을, 현실의 영역에 기입할 것이냐, 아니면 비현실로서 광기의 자격을 박탈할 것이냐를 시험해야 했다. 정신과 의사는 한 개인이 광인인가 아닌가라는 물음에 답해야 한다. 정신의학에서 의학적 지식이 기능하는 지점은, 광인인가 아닌가를 결정하는 지점, 소위 광기가 현실인가 아닌가를 결정하는 지점이다. 이 시험은 광기의 존재를 어떤 개인에게 인정케 하기에 충분한 '증상'의 요구로서 행해진다. 정신의학은 환자로부터 언제나 '증상'을 구해야 하는 것이다. 그런데 이 '현실성의 시련'은 실제로는 동시에 두 가지 작용을 하고 있다. 첫째로 가정이 있는 사람의 수감을 원할 때, 수감의 동기가 되고 있는 것(해당 인물의 언동)을 광기의 '증상'으로 치환하고, 이 증상을 보이는 광기를 '정신질환'으로 치환하는 것이 가능한지 아닌지가 시험된다. 그러나 둘째로, 동시에 이렇게 수감을 결정하는 진단행위가 의학적 행위인지 아닌지, 이 행위의 주체가 의사인지 아닌지도 시험된다. 왜냐하면 환자로부터 '증상'을 추출해낼 수 없다면, 정신의학은 그를 병리화할 수 없기 때문이다. 요컨대 의학으로서 행동할 수 없기 때문이다. 그러나 광인은 언제나 수감을 피하려고 한다. 그러므로 '현실성의 시련,' '증상'의 요구는 실제로는 의사와 환자의 복잡하며 골치 아픈 싸움, 일종의 결투로서 수행된다. 왜냐하면 환자가 정신의학의 테스트를 받느냐 피하느냐에 따라 정신과 의사에게 의사의 위상을 부여하느냐 아니냐의 여부가 결정되기 때문이다. 환자는 의사에게 '증상'을 주는 한에서 의사를 의사로 만들고, 정신의학을 의학으로 만드는 것이다. 의사의 과잉권력 아래에는 환자의 과잉권력이 있다. 절대진단은 정신의학의 진정한 시련이고 거기서 진정한 관건은 정신의학의 의학으로서의 위상이다. 정신의학이 의학이 되기 위해서는 이 싸움에서 반드시 승리해야 한다. 그러기 위해서 의사는 한편으로는 환자의 이 권력에 의존해야 하고, 동시에 다른 한편으로는 환자의 저항을 무력화시켜야 한다.

19세기 중반까지, 요컨대 신경학이 탄생하기 이전까지 정신의학에는 '광기'를 현실화하기 위한 기술, 요컨대 '증상'을 이끌어내기 위한 세 가지 기술이 있었다. 심문, 마약, 그리고 최면술이 그것이다. 이 기술들은 모두 정신병원 내부에서 규율적인 기능을 담당하고 있었다. 뿐만 아니라 이것들은 '광기'를 현실화하고 정신의학의 '지식'이 광기의 '진실'을 포착하는 장이기도 했다.

심문은 몇 가지 절차를 포함한다. 첫째로 심문은 전력의 탐구를 포함한다. 즉 선조나 직계 친족이 예전에 앓던 여러 가지 질환을 환자에게 캐묻는 절차를 포함하고 있다. 이것은 질환의 징후나 전구증상의 탐구를 복수의 개인의 범위로 확대해 정신의학에 부재하는 병리적 신체를 가족의 신체로 치환하기 위한 절차이다. 병리해부학의 신체를 유전적 신체로 대체하기 위한 절차인 것이다. 예컨대 1835년에 어머니와 남동생과 여동생을 살해한 20세 청년 피에르 리비에르에 관한 법의학감정서는 그의 숙부가 미쳐서 죽었다는 사실, 친척 형제들 가운데 광기의 징후를 보인 사람이 두 사람 있었다는 사실, 리비에르의 어머니의 뇌는 미쳐 있고, 남동생은 거의 완전히 백치라는 사실을 지적하고 있다.

둘째로 심문은 전구증상이나 체질적 징후, 개인적 전력의 탐구라는 절차를 포함한다. 즉 광기가 발현하기 이전 단계에 광기를 예고하고 있었던 여러 징후를 발견하는 절차가 포함되어 있다. 이 징후들은 그 자체가 병리적인 것은 아니다. 그러므로 아직 광기는 아니지만, '광기'가 광기로서 발현하기 이전부터 존재하고 있었다는 사실을 증명하는 절차인 것이다. 예를 들어 리비에르는 4살 때부터 백치 혹은 저능아로 통하고있었다. 그는 혼잣말을 하고, 작은 생물을 괴롭혀 죽이고 산 재물로 신에게 바쳤으며, 몽둥이를 들고 채소밭으로 돌진해 소리를 지르며 채소를 엉망으로 만들고, 어린아이들을 위협하며 괴롭히고, 근친상간과 생식을 너무 두려워한 나머지, 친족의 여성뿐 아니라 암탉이나 암고양이가 가까이 오는 것도 싫어했다는 것이다. 따라서 여기서 탐구되고 구성되는 것은 정확하게는 '광기의 기질적 병변'으로서의 '비정상성'이다. 수감의 동기를 구성하는 것은 비정상성으로서의 병리적 증상이 된다.

셋째로 심문 내에는 의사와 환자 간에 암묵적 거래가 존재한다. 환자가 수감의 동기가 되는 것의 현실성을 인정하고 증상으로서 그것을 제시해준다면, 이를 통해 의사는 의사가 될 수 있고 그 대가로 환자는 사법적이거나 도덕적 탄핵을 면할 수 있기 때문이다.

그러므로 문제는, 최종적으로는 '광기'의 현동화, 다시 말해 광기의 '증상'을 부정할 수 없는 형태로 명시하는 데 성공해야 한다는 것이다. 이 현동화는 두 가지 방식으로 얻을 수 있다. 먼저 환자가 자기의 광기를 고백하는 경우이다. 환청이나 환각이 있다는 것, 자신이 나폴레옹이라고 생각하고 있다는 것을 환자 자신이 고백한다. 그렇지 않을 경우 광기는 발작으로서 현동화되기도 한다. 심문은 환자를 실제로 자기의 광기를 분명히 드러낼 수밖에 없는 지경으로까지 몰아세우는 기술이다. 그리고 이렇게 광기가 드디어 현실화됐을 때 의사는 승리한다. 요컨대 의사가 될 수 있는 것이다.

심문에는 규율적 기능과는 다른 두 가지 기능이 있다. 한편으로 심문은 병리적 신체와 징후의 집합을 구성하고, 수감의 동기에 입각해 증상을 만들어내며, 최종적으로 이 증상을 현실화한다. 즉 심문은 정신의학이 결여하고 있는 인체의학의 감별진단 요소들을 모방적으로 복원하는 기술이다. 다른 한편으로 심문은 의사와 환자 사이의 거래, 증여와 반대-증여를 통해, 삼중의 현실화를 획득하는 역할을 한다. 즉 어떤 행동을 광기로서 현실화하고, 이 광기를 질환으로서 현실화하며, 최종적으로 의사를 의사로서 현실화하는 삼중의 역할을 담당한다. 그러나 심문에는 몇 가지 결함이 있었다. 먼저 심문은 언어를 통해서만 수행될 수밖에 없다. 요컨대 물음을 던지고 답을 얻는 형식으로만 '광기'와 거래할 수 있었던 것이다. 그러므로 환자의 신체를 구석구석까지는 지배할 수 없다. 즉 환자가 저항할 가능성이 상존한다.

11. 마약, 최면술, 그리고 감별진단의 꿈

이 결함을 극복하기 위해 정신의학이 이용했던 방법이 아편, 아편팅크, 아질산아밀, 클로로폼, 에테르 같은 마약의 사용이다. 마약은 물론 규율적 목적으로, 즉 환자를 온순하게 만들기 위해 사용됐는데 이미 18세기 말부터 '현실성의 시련'으로서도 사용되고 있었다. 그러나 정신의학에서 마약 사용의 의미를 가장 잘 보여주는 것으로서 푸코가 주목하고 있는 것은 모로 드 투르가 1840년대에 행했던 실험이다. 동방 여행에서 하시시를 알게 된 모로 드 투르는 자신을 실험대로 삼아 행복감, 흥분이나 여러 관념의 괴리, 시간과 공간의 착오, 시각적·청각적 감수성의 발달, 고정관념이나 망상적 확신, 정서의 손상, 극단적인 공포, 흥분, 열렬한 사랑, 저항할 수 없는 충동, 환영이나 환각 등과 같은 하시시의 단계적 중독 증상이 정신질환의 증상과 겹쳐지고 있다는 것을 알게 된다. 모로 드 투르는 하시시 중독의 이 증상들이 자연적이고 필연적인 연속, 자발적 연쇄를 형성한다고 생각했다. 요컨대 '광기'의 여러 증상은 결국 동일한 계열에 속해 있다는 것이다. 초기 에스키롤과 같은 정신과 의사는 각 정신질환이 인간의 각기 다른 능력을 손상시킨다고 생각했지만, 이제는 여러 단계를 거치며 진전하는 하나의 '광기'만이 존재한다. 어떤 광기는 진행 단계의 "어떤 국면에서 정지하거나 방해되거나 고정되기도 하지만 어쨌든 동일한 광기가 모든 곳에서 그 진행 전반에 걸쳐 발견된다"는 것이다. 따라서 광기의 모든 발현형태를 완전히 포괄하고 있는 하시시 중독의 증상을 검토함으로써 정신의학은 인체의학에는 존재하지만 정신의학에는 결여되어 있던 질환의 '위치'에 해당하는 것, 즉 '광기'의 절대적 시작 지점, '광기'의 유일한 기반과도 같은 것을 발견할 수 있고, 다시 그것을 현동화할 수 있게 된 것이다. 모로 드 투르는 그것을 "최초의 지적 변형," 혹은 "본원적 변형"이라고 불렀다. 이 말을 통해 모로 드 투르가 표현하려고 했던 것은 "정신적 능력이라고 명명되는 지적 합성물의 붕괴이며, 그것의 명백한 해체"이다(399쪽).

그런데 여기서 특히 중요한 것은, 하시시를 이용함으로써 의사는 스스로 '광기'를 재생산할 수 있고, '광기'와 직접 교류할 수 있게 된다는 점이다. 그것은 실험의 결과로 얻어졌기 때문에 인위적이지만, 광기의 자연스러운 과정을 따라가고 있는 이상, 자연스러운 '광기'가 된다. 그러므로 병리해부학에는 존재하지만 정신의학에는 부재했던 병리적 신체를 의사는 실험을 통해 획득할 수 있게 된 것이다. 이후로 의사는 광기와의 '내적인 관계'를 획득할 수 있게 됐다. 자신은 '광기'가 없는 정상적이고 규범적인 의사가 이 "내적인 관계'에 기초해 '광기'를 이해하고 복원할 수 있게 됐다는 것이다. 소위 '광기'는 내면으로부터 공략당한다. 그리고 "정신과 의사가 자신의 정상성의 이름으로 …… 광기를 보거나 광기를 말하거나 광기에 법을 부과할 가능성이 생기는 것"(400쪽)이다. 왜냐하면 의사는 이제 실제로 '알고 있기' 때문이다.

모로 드 투르는 처음에는 우울증 환자에게 하시시를 통해 흥분을 유발시키면 치료될 것이라고 착각했다. 하지만 치료에 실패한 후에는 역으로 조광증 환자에게 하시시를 투여했다. 더욱 더 그 흥분을 고조시킨다면, 즉 환자의 광기를 더 가시적인 것으로, 더 강도 높은 것으로 만든다면, 그리고 "만성적 상태로 향하는 망상에서 그 최초의 격렬함을 유지[시키거나] 그런 격렬함을 떠올리게 하고 그것이 사라지려 할 때 다시 활성화"(407쪽)한다면, 환자는 치유되리라고 생각한다. 이렇게 얻어진 많은 사례를 모로 드 투르는 치유의 예로서 보고했다.

'광기'를 가시적으로 만드는 하시시 요법은 강도 있는 심문, 혹은 심문의 자동화라고 말해도 좋을 것이다. 환자는 마비의 힘에 의해 이제 의사의 권력에 저항할 수 없게 되며 자기의 '광기'를 몸으로 재현동화하고 이해할 수 있게 된다. 따라서 의사는 그 권력의 일부를 하시시에 위임하지만, 이렇게 해서 얻어진 '지식'을 통해 잃은 것을 회복한다. '광기'는 내부로부터 공략된다. 그러나 하시시의 결함은 의사가 그럼에도 불구하고 아직 환자의 신체 내부에는 들어갈 수 없다는 데에 있었다.

정신의학의 '지식'이 광기의 '진실'에 접근하는 세 번째 수단은 동물자기와 최면술이다. 동물자기는 1820년대 전반에 살페트리에르 정신병원에 도입된다. 그것은 물론 환자를 온순하게 만들기 위한 것이었지만, 동물자기에 어떤 효과가 있다고 여겨졌기 때문이기도 했다. 동물자기에 걸린 환자는 의식의 권역이 증대되고, '직관력' 혹은 '통찰력'이라고 불리는 능력, 즉 "자신의 병의 본성이나 절차가 어떤 것인지, 그것이 언제까지 지속되는지를 실제로 인식할 수 있는" 능력을 발휘한다고 생각되고 있었다(410쪽). 그러나 바로 이 능력을 의학은 위협으로 여겼다. 그러므로 동물자기는 1840년대 전반에는 의학계로부터 추방됐다.

같은 시기에 자기요법의 증명을 본 스코틀랜드의 외과의 제임스 브레이드가 그것을 '최면술'이라는 이름으로 대중화시켰다. 브레이드의 최면술은 1859년 폴 브로카가 환자를 최면상태에서 외과수술을 행한 사례를 계기로 프랑스에 도입됐고, 이후 정신의학에서 정식으로 시민권을 얻는다. 그것은 세 가지 이유에서였다. 첫째로 최면술은 동물자기와는 달리 그 모든 효과를 의사의 의지에 복속시키기 때문이었다. 의사의 명령만이 최면술의 고유한 효과를 발생시키게 되어 있기 때문인 것이다. 둘째로 최면술은 환자의 의지를 전면적으로 무력화시켜 정신의학의 권력과 지식이 '광기'에 침투하는 문을 열어주기 때문이었다. 최면상태의 환자는 모든 저항력을 상실하고 "의사의 의지가 각인되는 무력한 표면과 같은 것"(414쪽)이 되기 때문이었다. 의사는 환자를 마음대로 할 수 있고, 환자의 모든 행동을 막을 수도 있으며, 어떤 행동을 강제할 수도 있고, 징후를 무력화시킬 수도 있다. 요컨대 행동의 조련이 가능하게 된 것이다. 셋째로 의사는 최면술을 통해 환자의 신체를 직접 공략할 수 있기 때문이었다. "근육의 연축 내지 마비를 불러일으킬 수 있고 신체 표면의 감각을 자극하거나 사라지게 할 수 있으며, 지성과 정신의 능력을 약화시키거나 활기를 불어 넣을 수 있[고] …… 혈액 순환이나 호흡 등 기계적인 기능조차 변형시킬 수"(416쪽) 있었던 것이다. 그러므로 최면술을 통해 정신의학은 이제까지 부재했던 환자의 신체를 수중에 넣게 된 것이다. 왜냐하면 최면술은 근육이나 신경이라는 근본적 기능의 수준에서 신체에 개입하는 것이 가능해졌기 때문이다.

정신의학의 '지식'은 권력과 연동됨으로써 '광기'의 저항을 체계적으로 배제해가면서 광기의 '진실'을 공략해간다. 즉 '지식'은 의사와 환자의 전투를 통해 환자의 신체에 행사되는 권력을 통해서만 생산된다. 그리고 이 '지식'이 이번에는 의사를 '알고 있는' 자로 만들어주고, 정신의학을 '의학'으로 만들어주며, 그 권력 효과를 강화시키는 것이다. 달리 말해서 '지식'은 환자와의 결투를 유리하게 이끌고 '광기'를 무력화시키기 위해서만 작동할 뿐이다. 광기의 '진실'은 의사가 의사가 되기 위해, 요컨대 현실의 앞잡이인 의사가 환자의 신체에 규율권력을 정신의학의 권력으로 행사하기 위해서만 필요한 것이다. 따라서 권력이 지식을 생산해내고 지식이 권력을 보강하는 이 상승 효과에 입각해 '과학적 진실'을 말한다고 하는 담론이 생산되더라도, 그것은 결코 치료에 반영되지도 통합되지도 않는다. 이런 의미에서 실제로 정신의학은 광기의 '진실'을 필요로 하긴 하지만 결코 문제시하지는 않는다고 말해도 좋을 것이다. 그러므로 광기의 '진실'을 결코 실제로는 이해하려고 하지 않는 의사가, 최면 속에서 완전히 무저항의 상태에 있는 환자의 신체에 손을 댔을 때, 거기서 발견하는 광기의 '진실'은 도대체 어떤 것일까? 살페트리에르 병원의 히스테리 환자가 그 답을 주게 된다.

12. 장-마르탱 샤르코와 히스테리

히스테리는 19세기 정신의학에서 매우 곤란한 문제였다. 그러나 그 이유는 정신의학 자체가 탄생 초기부터 포함하고 있던 역설에서 기인한다. 인체의학에는 병리해부학이 명확히 밝혀낸 기질적 손상을 입은 병리적 신체가 존재했다. 이 기질적 손상과 증상에 대한 대응에 기초해 임상의학은 질환의 감별진단을 실행할 수 있었다. 병원을 방문한 환자에게 의사가 실행해야 할 의무는 "병을 명확히 정의하거나 특징짓거나 설명"하는 것, 달리 말해서 "환자의 고통스런 목소리에 대해 명확한 설명이나 특징화 작업을 통해 대응하는 것"이었다(368~369쪽). 거기에 임상의학의 지식이 행사되어야 하는 '진실'의 지점이 있다고 말할 수 있다. 그러나 오로지 "광기인가 아닌가?"라는 절대진단이 요청되는 정신의학에서는 이런 일이 발생할 수 없다. 정신과 의사에게 요구되는 것, 그의 지식과 권력이 응당 기능해야 하는 지점은 수감의 동기가 되는 것이 광기인가 아닌가를 결정하는 것, 다시 말해 수감의 동기가 되는 것을 광기의 증상으로 현실화할 수 있는가 없는가를 아는 것이다. 광기의 '진실'은 이 광기와 비광기의 결정, 광기의 현실성과 비현실성의 결정에만 관계된다. 심문·마약·최면술 같은 정신의학의 지식과 기술 역시 권력 효과를 원용하면서 대부분 전적으로 이 점에 할애되어 있다. 그리고 이 광기의 현실화를 획득할 수 있게 해주는 것이 광기의 '발작'이었다. 정신의학의 기술은 발작을 의학적 지식·권력이 통제하기 쉬운 형태로 발현시키기 위해 세련화됐다고 말할 수 있을 것이다. 따라서 정신의학이 찾고 있는 광기의 '진실'로서의 발작은 '광기'가 그 진실된 모습으로 자신을 드러내 보이는 것이 아니라, 단지 광기를 현실화하는 것에 지나지 않는다. 바로 이런 맥락에서 정신의학은 발작을 절실히 필요로 하게 된다. 정신의학에서 발작을 통해 광기를 현실화하는 것은 지상명령이라고 말할 수 있다. 그러나 다른 한편으로 정신병원 공간에서 광기는 절대로 존재해서는 안 되는 것이기도 했다. 정신병원이 현실의 억압적인 힘을 통해 광기를 제압할 수 있는 공간, "너는 왕이 아니다"라고 광기에게 말하고, 광기가 그것을 받아들이게 해야 하는 공간인 이상, 거기서 광인에게 내려지는 지상명령은 "너의 광기를 생각하라"가 된다. 광인은 자기 자신의 광기 이외의 것에 정신을 집중해서는 안 되고, 광기의 쾌락을 단념하며 질서에 따르고 욕구하며 결여에 고통스러워하고 이 결여를 충족시키기 위해서는 노동이 필요하다는 것을 학습하고 현실로의 복귀를 희망해야 하며 최종적으로는 현실로 복귀해야 한다. 그러므로 정신병원의 규율적 공간이 발작을 성립시킬 수는 없다. 정신병원에서 발작은 철저하게 배제되어야 한다. 정신의학과 그 지식·권력의 특권적 장으로서의 정신병원의 역설은 이 점 때문에 생겨난다. 한편으로 정신병원은 병원인 이상 '병의 소거'를 그 기능으로 하지만, 다른 한편으로 거기서 작동하는 권력의 기능은 "광기에 현실성을 부여하고, 광기에 현실화의 공간을 여는 것"(370쪽)이기 때문이다. 이 역설에 사로잡힌 정신의학과 정신병원에게 이상적인 광기는 '치매'이다. 치매에서는 질환의 특징이 되는 징후학적 분류를 할당하는 것이 이제 가능하지 않은 만큼 징후가 다수화되던가, 반대로 평준화된다는 것이다. 분류에서 징후는 완전히 소거되어 매끄럽게 된다. 즉 치매에는 발작이 되어 나타나야 하는 고유한 증상 따위는 없다. 그러나 다른 한편으로 치매는 정신의학의 권력이 갈망하는 것에도 부응한다. 왜냐하면 치매 환자는 실제로 광기를 정신병원 내부에서의 개별적 현실로서 현실화하고 있기 때문이라는 것이다.

반면에 정신의학을 곤경에 빠뜨리는 징후가 히스테리이다. 히스테리 환자는 너무나 잘 분류화되고 명확화된 징후, 요컨대 명백히 기질적인 질환을 보여주는 징후의 존재에 매료된 나머지 스스로 그 증상을 반복하는 자라는 것이다. 그(녀)는 자신을 진정한 질환의 문장紋章으로서 구성한다는 것이다. 자신을 가역적으로 진정한 징후를 갖춘 장과 신체로서 구성한다는 것이다. 달리 말하면 히스테리는 정신의학과 정신병원이 '광기'에 내리는 이중적으로 역설적인 명령, 즉 '광기'의 현실화의 요청과 병원 공간에서의 발작의 배제에 협력하면서 저항한다는 것이다. 히스테리는 한편으로 명확히 기질적인 손상에서 기인한다고 가정할 수밖에 없는 증상의 명시를 통해 질환의 현실화의 요청에 부응하고 있지만, 바로 그렇게 함으로써 다른 한편으로는 완강하게 "발작을 일으켜서는 안 된다"는 명령에 저항하고 있다. 하지만 히스테리의 교묘함은 실은 거기서 그치는 것이 아니다. 히스테리 환자는 "가장 명시적이고 가장 잘 한정된 징후를 격화"시킴으로써 "그 병을 현실로서 지정하는 것을 불가능하게" 만든다는 것이 명확해지기 때문이다. 즉 히스테리 환자는 "자신의 징후가 하나의 기질적 기체基體로 환원될 것 같을 때 그런 기체 따위가 없다는 것을 보여주고 …… 그 병을 현실적인 수준에서 지정될 수 없게" 만든다(373쪽). 따라서 병은 현실화되지 못하고 실제로 현실화될 수 없다. 즉 '발작'은 일어나지 않는다. 그러나 증상에 기질적인 확실한 증거가 없게 되면, 거기에는 무엇인가 광기와 같은 것이 나타난다. 그러나 그것은 '광기'인가? 그렇지 않으면 단지 '광기'를 연기하고 있는 것인가? 히스테리는 "광기가 광기를 위장하는 방식 …… 진짜 징후가 사실은 기만하는 한 방식이 되고 가짜 징후가 실제로 아픈 것으로 위장하는 방식이 되는"(198쪽) 것, 정신의학의 역설적인 이중적 명령에 순종과 저항이라는 끝없는 반전의 도식을 통해 응수하는 것이다. 히스테리 앞에서 정신의학은 고민하고 적용의 기술을 상실하고 만다. "징후를 소멸시키고 소거하던 압력에 대항해 징후의 한 형식을 구성하고, 그것을 가시적이고 조형적인 방식으로 건립하며, 광기를 현실로 지목하는 것에 대해 위장을 통해 저항하는"(373~374쪽) 이 히스테리를 정신의학은 도대체 어떻게 공략할 수 있는 것일까?

푸코는 19세기 정신의학의 역사에서 커다란 전환점이 된 신경학의 출현에 관해 마지막 강의에서 상세히 언급한다. 실제로 신경학을 통해 정신의학은 신경학적 위치와 신경학적 병인론을 실제로 밝혀낼 수 있는 여러 장애를 수중에 넣을 수 있게 됐다. 골수신경의 손상이나 대뇌의 장애와 결부된 신경학의 임상이 마비, 지각상실, 감각장애, 동통 같은 몇몇 증상을 신체에 '위치'를 갖는 질환으로서 인수할 수 있게 된다. 정신의학에 남아 있는 것은 어떤 기관적 손상에 기초한 병인을 밝혀낼 수 없는 질환이며, 그것은 항시 '현실성의 시련'을 필요로 하고, "광기인가 아닌가?"라는 절대진단을 내려야만 하는 영역, 따라서 늘 그릇된 병의 가능성을 내포하는 영역, 의사와 환자의 항구적인 결투의 영역이었다.

신경학은 1840년대에 근육과 신경의 흥분가능성을 연구하고 있었던 뒤셴느 드 불로뉴가 "두 개의 젖은 전극으로 피부 표면에 전기요법을 행하면서 근육에 의한 유일한 반응을" 얻을 수 있다고 발표했을 때 탄생한다(425쪽). 따라서 신경학은 환자의 신체를 자극-반응에 기초해 분석한다. 이를 통해 얻어지는 것은 무엇일까? 반응에는 정상적인 반응과 비정상적인 반응이 있으며, 비정상적인 반응은 신체의 기능실조를 보인다는 것이다. 그로부터 '기관의 연합작용,' 즉 근육 간에 존재하는 여러 상관관계가, 그러므로 어떤 근육의 기능실조가 무엇을 야기시키는지가 명백해진다. 이로부터 이번에는 행동을 의지적인 것으로부터 무의지적인 것에 이르는 축 위에서 분류할 수 있게 된다. 단순히 반사적일 뿐인 행동으로부터 자동적 행동, 의도적·자발적 행동을 거쳐, 최종적으로 외부로부터의 명령에 반응하는 의도적 행동에 이르기까지 행동의 계층화가 가능해진다. 달리 말해서 "주체의 태도, 주체의 의식이나 의지를 소위 그의 신체 내부 그 자체에서 포획할 수 있게 된다"는 것이다. 정신의학에서 환자의 의지는 규율권력이 싸워서 제압해야 할 상대, 처벌과 포상체계를 통해서만 제압할 수 있는 강력한 적이었다. 그러나 신체의 반응을 관찰하는 신경학의 임상은 환자를 "그 의지의 수준 그 자체에서 포획하는 것이 가능"해진 것이다(431쪽). 그러므로 신경학은 임상의학이나 정신의학과는 전혀 다른 의사와 환자의 관계를 성립시킨다.

임상의학에서 의사는 환자의 의지에 최소한으로 의존하고 있다. 확실히 의사는 환자에게 "기침을 하세요, 심호흡을 하세요" 등의 명령을 한다. 그러나 이 최소한의 명령 이외에는 모든 것이 시진, 촉진, 타진, 청진과 같은 의사의 검사에 맡겨져 있다. 그리고 병리해부학적인 신체는 거짓말을 하지 않는다. 따라서 검사를 통해 환자의 신체는 전면적으로 포획되고 감별진단이 가능하다.

반대로 정신의학의 경우 병리적 신체가 부재하기 때문에 임상의학의 검사를 대체하는 것은 주로 심문이었다. 따라서 환자의 의지에 의존하는 정도는 비약적으로 높아진다. '지식의 표식'과 규율권력의 채용은 그 대항수단이었다. 그럼에도 불구하고 환자는 응답하지 않을 수 있고 거짓말을 할 수도 있다. 그리고 환자가 응답할지라도, 그것은 오로지 언어에만 의존하고 있기 때문에 절대진단만을 구성할 뿐이다.

신경학에서도 의사는 권력의 일부를 환자에게 이양하지 않으면 안 된다. 거기서는 임상의학과 비교해 더 많은 명령이 환자에게 내려지기 때문이다. 걸어보시오, 손발을 뻗어보시오, 이야기해보시오, 이것을 읽어보시오, 써보시오, 등등. 그리고 환자는 못하는 척하면서 저항할 수 있다. 그러나 신체가 반응하는 단계에서의 행동을 해독함으로써 "의사는 "환자가 요구된 바대로 잘 대답하는지 아닌지, 환자가 하는 대답의 질과 속성은 어떤 것인지, 환자의 대답이 거기서 개입하는 의지에 의해 어느 정도까지 변조되어 있는지를 알 수 있게" 된다(432쪽). 이를테면 구어장애 유형의 실어증과 의지적 침묵이 이제는 완벽하게 구별될 수 있게 된다. 구어장애에서는 "말을 할 수 없게 될 때에는 언제나 말하려는 시도와 더불어 깊은 곳에서 소리가 울리거나 자동작용이 …… 또한 그것과 상관적인 운동신경 장애 및 몸짓이나 글쓰기에서의 표현의 결함도 언제나 동반"되는데 비해 말하기를 거부하는 환자에게서는 그것이 보이지 않기 때문이다. 혹은 어떤 환자의 보행 곤란이 척수로에 의한 것인지, 소뇌의 종양에 의한 것인지, 만취에 의한 것인지를, 가령 비틀거리는 방식의 차이와 같이 신체의 시차적 반응이 명확히 구별해준다. 이렇듯 신경학에서 빼앗겼던 의사의 권력은 환자의 신체적 반응의 해독을 통해 회복된다. 환자의 행동에 대한 임상적 소견에서 환자의 의지를 포착할 수 있다. 의사는 환자에게 속을 위험 없이 환자의 반응에 기초해 감별진단을 실행할 수 있다. 이제 '현실성의 시련'은 필요하지 않다. 결국 신경학은 환자에게 이렇게 말하는 것이다. "내 명령에 따르고 입을 다문다면 네 신체가 너를 위해 반응할 것이고 그 반응에 대해서는 의사인 나만이 진실이라는 관점에서 그것을 해독하고 분석할 수 있을 것이다"(434쪽).

이 신경학에서의 의사와 환자의 관계가, 신경학의 치료장치가 신경증을, 즉 히스테리를 고유한 위치를 확정할 수 있는 자리를 가지고 있지 않은 감각적·운동적 기능장애로서 공략할 수 있게 된다. 왜냐하면 신경학은 이 질환들을 기질적 질환에 인접하는 곳에 위치시키고, "해부학적으로 지정가능한 병변을 동반하는 신경학적 장애와 '신경증'이라고 불리는 장애" 사이에서 감별진단을 행할 수 있기 때문이다. 이렇게 해서 히스테리성 함묵증이나 히스테리성 고관절통과 기질성 장애의 차이가 명백해진다. 또한 역동성 마비군(히스테리성 마비, 외상후 마비, 최면성 마비)과 신경계 손상의 결과인 기질성 마비의 구별, 그리고 역동성 기억상실(최면 중에 기억 내용을 회복한다)과 기질성 기억상실(기억 내용을 회복할 수 없다)의 구별이 확립된다. 비로소 샤르코의 시대가 시작된 것이다. 갑자기 그때까지는 귀찮고 힘에 겨운, 따라서 정체를 알 수 없는 것이었던 신경증은 '병리학적 구별'이 가능해지게 되고 히스테리 환자는 신경학의 치료장치에 편입된다. 이것은 의학적 권력과 히스테리의 권력 사이에 새로운 전투가 개시됐음을 의미한다. 12강(1974년 2월 6일)의 후반부는 이 투쟁의 분석으로 채워져 있다. 이 전투는 어떤 절차를 거쳐 수행되고 어떤 귀결에 이르게 되는 것일까?

첫째로 징후학적 시나리오의 조직화를 거친다. "히스테리가 기질적 병과 동일한 평면에 놓여지기 위해서는, 히스테리가 감별진단의 소관인 진정한 병이기 위해서는, 즉 의사가 진정한 의사이기 위해서는 히스테리 환자가 안정된 징후의 총체를 제시해야" 한다(444쪽). 이 시나리오의 구성에는 의사와 환자 쌍방의 이득이 숨어 있다. 한편으로 환자가 이렇게 항상적이고 규칙적인 증세를 제공해준다면 의사는 안심하고 의사로서 존재할 수 있다. 바꿔 말하면 증세의 현동화를 추구할 수밖에 없는 '사실'을 소거하고, 정신의학의 '현실성의 시련'을 지배하고 있던 환자와의 결투에 참여하지 않아도 된다. 다른 한편 환자 쪽에서도 의사의 암묵적 요청에 긍정적인 회답-반응을 줌으로써 이제는 광인이나 가짜 병자가 아니라 병자의 권리를 획득할 수 있다. 그러나 주목해야 할 것은 여기서 우월적 입장에 서 있는 것은 의사가 아니라는 것이다. 왜냐하면 환자가 만일 요구되는 증세를 거부하면 의사는 순식간에 절대진단으로 되돌아가서 눈앞에 있는 것은 "광기인가 아닌가?"를 말해야 하는 입장으로 내몰리기 때문이다. 실제로 샤르코는 앞서 기술한 증세가 "히스테리에서 항상적인 것이지만 그렇다고 해서 그 모든 것이 언제나 발견되는 것은 아니고, 아무것도 발견되지 않는 경우도 있다"(445쪽)고 인정하고 있다. 그러므로 신경과 의사가 의사로서 행동할 수 있는지의 여부는 실은 환자에게 달린 것이다. 환자가 의사가 원하는 증세를 제공하는 한에서 의사는 의사로서 우뚝 서게 된다. 또 동시에 환자 자신도 병자로서 인정된다. 그러므로 실제로는 여기서도 '현실성의 시련'은 담합 속에서 은폐되어 실행되고 있다. 게다가 이 게임에서 환자는 증세를 제공함으로써 병의 쾌락으로 곧장 달려갈 수도 있다. 그래서 환자는 요구되는 것 이상으로 증세를 제공했다. 샤르코의 어떤 환자는 15년간 규칙적으로 '좌측 완전 반신마비'를 계속 제공했고, 다른 환자는 13일간 4,506회의 발작을, 그리고 수개월 후에는 14일간 17,083회의 발작을 일으켰다.

둘째로 '기능적 마리오네트'의 술책을 거친다. 의사에게 있어서 이런 과잉적인 회답-반응은 통제의 틀을 넘어선다. 그러므로 이 과잉을 피할 필요가 생긴다. 최면상태에서의 암시는 이렇게 해서 신경학적 장치에 도입됐다. 즉 최면상태에 있는 환자가 의사의 암시에 따라 의사가 원하는 때에, 의사가 바라는 근육의 마비, 실어증, 경련 등과 같은 특정한 증세만을 보여주도록 조작하는 것이다. 그러나 이것은 새로운 문제를 야기시킨다. 왜냐하면 만약 최면상태에서 의사가 환자에게 "당신은 걸을 수 없다, 당신은 말할 수 없다" 등을 말하고, 실제로 환자가 마비나 실어증을 제시한다면 그것은 정말로 병인 것일까? 그것은 신체의 반응이 아니라 단순히 암시의 결과에 지나지 않는 것이 아닐까? 따라서 의사는 최면상태에서 발생되는 증세가 '자연스러운 반응'이라는 것을 증명해야 한다. 최면상태에서 발생되는 장애와 똑같은 장애를 최면과 암시가 없는 자연스러운 상태에서 제시하는 환자가 필요해진 것이다. 다행히도 샤르코에게는 그런 환자가 있었다.

19세기 후반은 노동재해나 철도사고와 관련된 여러 가지 문제, 요컨대 감정, 포상, 노동 무능력성의 결정 등의 문제가 중요해진 시기였다. 병원에는 보험으로 처리되는 사고나 재해의 희생자라는 새로운 환자의 범주가 출현한다. 요컨대 상처나 병이 경우에 따라서는 환자에게 이익을 가져다주는 시대가 온 것이다. 실제로 이 새로운 범주의 환자 중에는 "지정가능한 해부학적 토대가 없는 마비나 감각상실, 연축, 고통, 경련 등, 외상성 장애라고 불리는 여러 장애"(454쪽)를 보이는 사람들이 발견됐다. 그들을 희생자라고 인정하고 보험에서 보상해야 할 것인지, 아니면 가짜 병자로 여겨야 하는 것인지가 해결해야 할 긴급한 과제가 된다. 여기서 이용된 것이 히스테리 환자였다. 만약 최면상태에서 암시를 받은 히스테리 환자가 이 환자들과 같은 증상을 보인다면 이 환자들은 "히스테리 환자와 동일한 병을 갖는다"(외상성 히스테리). 그러나 그렇지 않다면 그들은 가짜 병자가 된다. 이것은 아무도 손해보지 않는 해결책이었다. 우선은 환자에게도, 그리고 보험회사에게도 손해가 가지 않는 해결책이었다. 왜냐하면 가짜 병이 아니라면 얼마나 지불해야 할 것인지, 그것은 "진정한 손상이 있었던 경우와 같은 만큼"은 아니기 때문이다. 의사도 득을 본다. "히스테리 환자를 기능적 마리오네트로서 이용함으로써"(458쪽) 의사는 이제 기질적 혹은 역동적, 역동적 혹은 가짜 병이라는 이중의 감별진단을 행할 수 있기 때문이다. 그러나 히스테리 환자도 득을 본다. 왜냐하면 손상이 없는 역동적 질환을 정당화하는 기능적 마리오네트의 역할을 수행함으로써 히스테리에게 향해진 이 새로운 가짜 병의 혐오를 해소할 수 있기 때문이다. 그러나 여기서도 다시금 우위에 서 있는 것은 실은 히스테리 환자이다. 왜냐하면 그(녀)들이 없다면 의사는 재해나 사고를 이용해 얼마쯤 챙기려고 하는 가짜 병자들의 덫으로부터 벗어날 수 없기 때문이다. 신경학에서 '진실'의 심급을 구성하고 있는 것은 의사가 아닌 히스테리 환자인 것이다.

셋째로 외상을 중심으로 한 증상의 재배치 절차를 거치게 된다. 그러나 여기서 다시 새로운 문제가 생겨난다. 왜냐하면 히스테리 환자가 이렇게까지 순종적으로 의사가 명령하는 대로 어떤 증상이라도 재현한다면, 결국 그것이 바로 히스테리가 의사에 의해 만들어진 병이라는 증거가 아닐까? 따라서 의사는 히스테리의 현상과 외상성 기능장애의 현상을 함께 설명할 수 있는 병리를 발견해야만 한다. 이 두 현상을 동시에 설명하는 병인론이 필요하게 된 것이다. 그래서 샤르코는 '외상성 암시'의 메커니즘을 고안하게 된다. '외상성 장애'는 어떤 폭력적인 사건이나 두려운 체험을 통해 야기된 일종의 장기적인 최면상태이다. '외상'이 되는 사건으로 인해 환자에게는 어떤 고정관념이 생겨나 항상적인 암시로서 기능하기 시작한다. 이를테면 1885년 샤르코에게 보내진 29세의 한 사환은 마차에 치여 기절하기 직전, 마차 바퀴가 몸 위로 지나가는 것을 느꼈다고 생각했다. 다시 숨을 쉬게 됐을 때 그 사환의 다리는 아무 손상이 없는데도 불구하고 마비되고 말았다. 이 경우 "마차 바퀴가 몸을 깔고 지나갔다"는 생각이 최면상태의 암시로 작용해 마비를 불러일으키고 있는 것이다. 그러므로 최면상태에서 생겨난 히스테리 현상과 외상성 히스테리 현상은 '외상성 장애' 내에서 서로 합치된다. 그러므로 이제부터 '외상'을 찾아야 한다. 히스테리 환자가 진정으로 히스테리 환자라면 거기엔 항상적으로 다시 현동화되고 있는 '외상적인' 사건이 틀림없이 있다. 의사는 환자에게서 그것을 찾게 된다. "당신의 외상은 무엇인가, 당신의 외상적 사건을 말해 보십시오." 그리고 환자는 여기서도 순종적이고 적극적으로, 그리고 과잉적으로 의사에게 답한다. 자기의 생애를, 성생활을, 모조리 그에게 준다. "환자들이 제공한 발작의 징후학적 표면이나 일반적 시나리오는 샤르코가 만들어낸 규칙들에 따르고 있었[고] …… 그런 시나리오를 구실삼아 환자들은 자신의 개인적 삶 전체, 자신의 성현상 전체, 자신의 추억 전체를 마구 끌어내고 있었[다]. 환자들은 자신의 성현상을, 병원 내부 그 자체에서 연수의나 의사를 상대로 재현동화하고 있었던 것"(470쪽)이다. 샤르코 제자들의 임상소견에는 히스테리 환자가 발작에서 연기하는 드라마의 음탕하고 외설적인 연기의 기술들이 넘쳐나고 있다. 이를테면 그것은 다음과 같다.

> 슬리나 M은 주의를 집중해 누군가를 발견하고 자기에게 오도록 머리로 신호를 보낸 뒤 마치 상상 속의 존재를 껴안는 것처럼 양팔을 움직인다. 표정은 우선 불만, 실망을 나타내고 이어서 갑작스런 변화로 기쁨을 나타낸다. 이때 복부의 움직임이 관찰된다. 두 다리가 구부러지고 M은 침대에 쓰러져 다시 한번 간헐적인 움직임이 일어난다. 신속한 동작으로 그녀는 몸을 침대 오른편에 붙이고 머리를 베개 위에 올린다. 얼굴이 달아오르고 신체 일부가 구부러지며 오른쪽 뺨이 베개에 달라붙는다. 침대 오른편으로 얼굴을 향하고 환자는 다리를 구부리며 둔부를 높이 내민다. 좀 지나 그 음란한 자세를 유지하며 M은 엉덩이를 움직인다. 그리고 그녀는 얼굴을 찡그리고 눈물을 흘리며 초조한 모습을 보인다. 그녀는 다시 앉아서 왼쪽을 보고 머리와 오른손으로 신호를 보낸다. 그 표정으로 판단하는 한, 그녀는 변화로 가득 찬 정경에 있고, 기분 좋은 감각과 고통스러운 감각을 교차해 맛보고 있는 것처럼 보인다. 갑자기 그녀는 침대 중앙에 다시 누워 몸을 조금 일으키고 오른손을 들어 '내 탓이오, 내 탓이오. 내 큰 탓이로소이다'하는 몸짓을 하다가 과장된 몸짓이나 표정이 이어진다. 그러고 날카로운 비명을 지른다. "어쩜 이럴까!" 미소, 음란한 표정으로 바라보며 앉아서 에르네스트가 눈앞에 있는 것처럼 말한다. "어서와요! 어서와!"(468쪽).

히스테리 환자가 신경학적 신체로 대치한 이 성적 신체는 히스테리를 병리학화하려는 의학적 조작에 환자가 보내는 '대항적 술책'이다. 의사가 환자에게 병인으로서 '외상'을 부여한다면 환자는 반대 급부로서 과잉된 성적 욕망으로 응답하는 것이다. 주권자에서 종이 호랑이로 전락한 조지 3세가 자신의 신체로부터 나온 배설물을 통해 의학적 권력에 대항했던 것처럼, 히스테리 환자 역시 자신의 신체 자체를 통해 의사에게 대항하며 도전하고 있는 것이다. 그러나 그녀들은 조지 3세보다 훨씬 더 영리하게 처신하고 있다. 왜냐하면 그것은 샤르코를 딜레마로 몰아 넣기 때문이다. 샤르코는 물론 신체의 이 회답-반응을 막을 수 없었다. 암묵 속에서 이런 증상과 발작을 찾고 있었던 것은 바로 샤르코였기 때문이다. 그러나 샤르코는 그것을 인정할 수도 없었다. 히스테리의 이 외설적이고 성적인 측면도 히스테리로부터 병의 자격을 박탈하는 것이었기 때문이다. 따라서 이것을 인정하면 샤르코가 구축해온, 히스테리를 신경학의 대상으로 삼으려는 작업 전체가 붕괴되어버리기 때문이다. 그래서 샤르코는 제압할 수도 없고 승인할 수도 없는 환자의 이 반란을 부인했다. 임상강의에서 환자의 반응이 너무나 노골적으로 성적인 것이 되면 샤르코는 수업을 중단하고 환자를 퇴장시켰다. 의사의 암묵적 요구에 따라 환자가 성에 대해 말하거나 제시한 것을 최초로 기록한 샤르코 제자들의 임상소견은 앞의 예에서처럼 명료하게 기재됐지만, 최종적으로 공표된 샤르코 자신의 손을 거친 관찰 자료에서는 소거된다. 그리고 샤르코는 "나로서는 히스테리에서 음란이 언제나 작용하고 있다고는 전혀 생각하지 않는다. 나는 사실 그 반대라는 것을 확신하고 있기까지 하다"(470쪽)고 이야기하는 것이다. 그러나 샤르코는 알고 있었다. 1885~86년 샤르코 밑에서 연수 중이던 프로이트는 샤르코의 집에서 있었던 어느 만찬 자리에서 귀를 의심케 하는 말을 듣는다. "그래, 히스테리에서 성현상이 문제라는 것은 누구라도 알고 있지." 프로이트는 속으로 부르짖는다. "그런데 그는 그것을 알고 있으면서도 왜 말하지 않는 것일까?"(471쪽). 이렇게 히스테리 환자는 언제나 승리했다. "늙은 샤르코가 죽기 직전의 몇 개월간, 자신의 업적이 갖게 될 미래의 운명을 비관하고 …… 자신의 업적은 사후에 그리 오래 남지 않을 것 같은 기분이 든다고 말했다"고 증언하는, "샤르코와 절친한 사이였던 쥘 보와"의 증언을 앙리-프레데릭 엘랑베르제는 소개한 바 있다.[45] 그렇지만 이 싸움은 계속된다. 왜냐하면 이 성적 신체는 다시금 정신분석에 의해, 또 의학이나 정신의학에 의해 새로운 공략의 대상이 되기 때문이다.

따라서 아마도 샤르코라는 의학적 권위에 대한 살페트리에르의 '히스테리'의 이 승리를, 17세기의 루됭에서 일어난 마귀들린 수녀들에 의한 그리스도교의 육체 지배와 관련한 승리에 대응시킬 수 있을 것이다. 후자의 사건을 푸코는 『비정상인들』에서 분석하고 있다. 고해는 중세에 이미 그리스도교 신학에서 중요한 위치를 점하기에 이르렀지만, 트리엔트 공의회 이래로 고백과 양심지도의 적용점이 크게 변한다. 여섯 번째 죄인 음욕의 죄에 관해 회개해야 할 사항, 지도를 청해야 할 사항은, 행해진 행위로부터 신체의 감각적인 쾌락과 그것이 만들어내는 욕망으로, 요컨대 성의 법적 위반으로부터 '쾌락과 욕망의 육체'로 미끄러져 들어가는 것이다. 이후에 종교권력은 고해와 양심지도를 실천함으로써 개인의 '욕망하는 고독한 육체'로 헤집고 들어가 육체의 미세한 동요, 그 세세한 쾌락적 감각, 욕망의 단초를 집요하게 뒤적여 규명하게 된다. 따라서 마귀에 들린 수녀들의 경련하는 육체는 수녀와 악마의 싸움이 가시적으로 드러난 형식 이상의 것이며, 그 아래에는 실제로는 남김없는 고백의 의무라는 이름 아래 그녀들의 '쾌락과 욕망의 육체'를 집요하게 파헤치기를 멈추지 않는 이 종교권력에 대한 순종과 저항의 반전 도식이 있다. 그리고 바로 이 경련하는 육체의 출현은 그리스도교에 커다란 충격을 주었고 중대한 결과를 발생시키게 됐다. 왜냐하면 그 이래로 고해에는 '온순함의 규칙'이 도입되고 육체와 경련은 주의 깊게 분리되어 경

45) Henri-Frédéric Ellenberger, *The Discovery of the Unconscious: The History and Evolution of Dynamic Psychiatry*, New York, Basic Books, 1980, pp.100~101.

련은 이후 의학에 양도되고, 육체에 관한 상세하고 집요한 담론을 대신해 규율적인 건축양식이나 감시의 제도화와 같은 물질적 장치를 통한 성적 신체의 망라적이고 치밀한 공략이 도입되기 시작했기 때문이다. 바로 이 두 점에서 루덩 수녀들의 육체적 반란은 정신의학과 히스테리의 싸움을 미리 예시하고 있다고 말할 수 있다.

13. '탈정신의학' 운동과 '반정신의학' 운동

『정신의학의 권력』에서 푸코는 이미 권력체제 내에 편입된 의학과 정신의학의 위기를 확인한다. 푸코는 이런 위기와 관련해 어떤 특별한 해결책을 제안하는 것이 아니라 그 발단과 단서를 발견하려고 시도한다. 정신의학에 종사하는 자들이 스스로 자신들의 학문 이론과 실천에 대해 문제를 제기하는 것이 아니라 철학자이자 인간과학의 고고학자인 푸코가 정신의학에 대해 성찰하면서 과감하게 그 토대에 대해 문제를 제기한다. 그래서 푸코는 탈정신의학화 운동 및 1960~70년대에 출현한 반정신의학 운동이 취한 방향에 대해 지대한 관심을 보인다.

푸코에 따르면 "세계는 병원 모델을 지향해나가고 있고 정부는 치료적 기능을 획득하고 있다." 여기서 문제는 극단적으로 과잉된 의료화의 도착적인 효과이다. 즉 이제는 정신의학이 지식을 보유하고 있다는 이유에 의해서만 권력이 자신의 권한을 행사할 수 있는 것이다. "의학적 치료는 억압의 한 형태이다"라고 푸코는 지적한다.[46] 다시 말해 치료를 행하는 의사는 개인의 정신상태와 관련해 정상인지 비정상인지를 판단한다는 의미에서 환자에게 권력을 행사하는 자이다. 푸코에 따르면 전문화된 진찰실과 병원 내부에서 행해지는 정신의학의 실천은 적절하다고 말할 수 없는데, 그 이유는 정신병원은 개인을 그가 생활하던 익숙한 공간으로부터 격리시켜 이후 그를 그 공간에 재적응케 하는 것을 목적

46) Michel Foucault, "Le monde est un grand asile"(1973), *DÉ*, t.2: 1970-1975, p.433.

으로 치료를 행하기 때문이다. 정신의학의 치료에는 일종의 모순이 존재한다. 오히려 정신의학이 환자들에게 다가가고 그들이 사는 곳으로 가야 한다는 것이다. 심리학자들도 일정 형태의 권력을 행사한다. 왜냐하면 그들은 개인의 생활방식 선택에 일정한 영향력을 행사하고 그것이 단체 치유일 경우에는 복수의 개인들의 생활방식에 영향력을 행사하기 때문이다. 의료화보다도 푸코가 경계하는 것은 '정신의학화'이다. 그래서 푸코는 "세계는 거대한 정신병원이다"[47]라고 말한다. 통치자들에게 개인의 정신상태는 더욱 중요한 것이 되어간다. 푸코는 로베르 카스텔의 『정신의학의 질서』에 대해 논하면서 정신의학은 규범화-정상화, 구호, 감시 등과 같은 일련의 전략 속에 통합됐다고 단언한다. 푸코와 카스텔은 사회적 신체를 대상으로 하는 일반 테크놀로지임을 자처하는 정신의학이 의학에서 중심적 위치를 점유하는 권력의 장치라는 사실에 서로 동의하고, 또 정신의학이 숨기고 있는 사회적 통제와 조작의 위험성을 일제히 고발한다. 카스텔에 따르면 우리 모두는 강력하게 정신의학화될 수 있는 존재라는 것이다. 이런 확증에 입각해 탈정신의학화의 문제가 제기된다. 사회적 신체를 이렇게 전면적으로 정신의학화해 거기에 예속시키려는 지배의 절차를 막고 이런 예속 전략으로부터 벗어날 수 있는 해결책을 마련하는 것이 합리적이라고 할 수 있지 않을까?

『광기의 역사』가 출간됐을 때 이 저작은 가스통 바슐라르와 캉길렘이 선구자라 할 수 있는 프랑스 과학인식론 전통에 속하는 흥미로운 대학 연구서로 간주됐다. "『광기의 역사』가 출간됐을 때 정치적 관심을 갖고 있던 어떤 학술지도 이 저작에 대해 논하지 않았습니다."[48] 1960년대 말 사회적 동요가 있은 후에 『광기의 역사』는 비로소 억압에 반대하

47) Foucault, "Le monde est un grand asile," p.434.

48) Michel Foucault, "Prisons et asiles dans le mécanisme du pouvoir"(1973), *DÉ*, t.2: 1970-1975, p.524.

는 선언문으로 인식됐다. 1968년 5월 혁명 당시 푸코는 파리에 있지 않았다. 푸코는 당시 튀니지의 튀니스 대학교에 교수로 있었다. 5월 혁명 직후 귀국한 푸코는 자신의 저서가 모든 종류의 감금에 반대하는 선도적인 책들 가운데 하나가 된 것을 보고 놀란다. 『광기의 역사』는 이런 식으로, 특히 데이비드 쿠퍼가 서문을 단 축소판이 『광기와 문명: 이성 시대에서의 정신이상의 역사』라는 제목으로 영역되고 난 후에 반정신의학 운동의 핵심적인 텍스트 가운데 하나가 됐던 것이다. 쿠퍼와 로널드 랭의 연구로부터 나온 영국의 반정신의학은 프랑스에서 큰 반향을 일으켰다. 반정신의학 운동은 1960~70년대에 정신의학과 그것이 수반하는 제도적 폭력을 가차 없이 비판했다. 1962년 초 영국의 정신과 의사였던 쿠퍼는 런던의 거대한 정신병원 체제 전반을 개편해 그곳에 정신분열증 환자들을 받아들여 이성과 광기의 경계를 제거하고 제한 없는 자유방임을 적용하며 위계질서를 소거시킨 새로운 정신의학의 방법을 적용했다. 이 실험은 4년간 지속됐지만 병원 행정당국의 회의주의에 봉착하게 된다. 1965년 쿠퍼는 랭과 아론 에스터손의 도움을 받아 정신분열증 환자들을 위한 특수 시설들을 설립하는데, 그 중에서 가장 유명한 것이 런던에 위치한 킹슬리 홀이다. 반정신의학은 우선 일련의 거부로 요약될 수 있다. 첫째로 반정신의학은 광기를 오직 정신과 의사만이 그 과학적 진실을 보유하고 있는 병리 현상으로 간주하기를 거부한다. 다음으로 반정신의학은 향정신성 의약품에 의한 치료나 억압적 성격의 치료를 거부한다. 따라서 반정신의학은 광기를 질병으로 간주하는 것이 아니라 실존의 위기·불안으로 간주하고 그 원인을 환자의 주변, 특히 가정에서 찾아야 하는 하나의 역사로 생각한다. 영국의 반정신의학이 무엇보다도 환자의 실존적 선택인 광기를 옹호하려는 입장을 취했던 반면, 이탈리아에서 프,랑코 바잘리아가 발전시킨 반정신의학은 훨씬 더 정치적인 관점과 입장을 취한다. 정신병원이라는 제도를 우선 내적인 메커니즘으로 변형시키고, 그러고 나서 그것을 완전히 소거시켜버림으로써 정신병원 제도를 파괴하려는 것이 반정신의학의 핵심 과제이다. 당시 영국의 반정신의학을 전혀 알지 못했던 푸코는 자신의 저작이 이런 식으로 수용되는 것에 놀라지 않을 수 없었고, 또 영국의 반정신의학이 자신이 거부하던 사르트르의 실존적 현상학으로부터 지대한 영향을 받고 있는 데 놀라지 않을 수 없었다. "『광기의 역사』를 집필하고 있었을 때 저는 반정신의학이 영국에 존재하는지조차 모를 정도로 무지한 상태에 있었습니다. 그래서 저는 반정신의학의 한 경향에 회고적으로 위치하게 됐죠"[49]라고 푸코는 고백한 바 있다. 프랑스에서 영국의 반정신의학과 푸코를 연결시킨 사람은 정신분석학자 마우드 마노니였다. 마노니는 1970년에 출간된 『정신과 의사, 그의 광인, 그리고 정신분석학』에서 정신의학에 대한 푸코의 논지를 재검토했다. 마노니에 따르면, 푸코와 반정신의학의 주창자들은 광기가 하나의 역사이고 정신의학이 합리성의 가면을 쓰고 이 역사의 사료들을 은닉했다는 사실에 동의한다. 『정신의학의 권력』에서 푸코는 반정신의학을 "제도에 의한, 제도 내에서의, 제도에 반하는 투쟁"(489쪽)이라 정의한다. 하지만 푸코와 반정신의학의 차이는 예를 들어 푸코가 정신과 의사가 아닌 반면에 쿠퍼는 정신과 의사라는 데 있다. 푸코는 광기가 역사라는 것을 인정하게 만들기 위해 투쟁했으나 그 자신은 정신과 의사가 아니었고, 이 점은 비판거리가 됐다. 뿐만 아니라 반정신의학이 비판의 궁극적인 표적으로 정신의학 제도 자체를 겨냥하고 있는 반면에 푸코는 정신의학의 권력이 제도를 넘어서는 것이라 피력하고 바로 그 때문에 반정신의학이 불충분하다고 주장한다. 그럼에도 불구하고 반정신의학의 공로는 의료제도에 대해 다른 방식으로 문제를 제기했다는 점, 광인으로 하여금 자기 자신을 끝까지 표현할 수 있게 해줬다는 점, 마지막으로 광인을 의학적 위상으로부터 분리시켜 그를 감금하는 제도적 권력으로부터 해방시키려 했다는

49) Foucault, "Prisons et asiles dans le mécanisme du pouvoir," pp.522~523.

점이다. "광기의 탈의학화는 반정신의학의 실천에서 무엇보다 먼저 권력이 문제화된 것과 상관관계에 있다"(491쪽).

반정신의학은 정신병원 안에서 생겨나 정신병원 제도에 근본적인 이의를 제기한 운동이다. 당연히 그 주된 표적은, "정신요양원 제도가 기능하는 방식을 조건화하고, 개인들 간의 관계를 배치하며, 의학적 개입의 형태를 규제"(490쪽)하는, 환자를 대하는 의사의 권력에 고정된다. 그러나 여기서 규탄되는 것은 이미 "환자는 감금됐다는 단순한 사실로 인해 권리 없는 시민이 되고, 자신을 마음대로 다루는 의사와 간호사의 전횡에 내맡겨지고 도움을 요청할 가능성조차 갖지 못한다"(489~490쪽)고 하는 바잘리아의 비판이 함의하고 있는 바와 같이, 환자의 폭력적이고 비인간적인 처우 문제나, 힘을 통한 광기의 제압뿐만이 아니다. 그 근본에 있는 근대 고유의 광기 인식 자체, 요컨대 '광기의 의료대상화' 자체가 비판되고 있다. 바꿔 말하면, 반정신의학이 주장하는 것은 '광기'를 더 이상 정신질환이라고 여기지 않는 것, 즉 완전히 새로운 광기 인식의 확립인 것이다. 예를 들면, 킹즈리 홀에서의 랭의 협력자이며, 그곳이 1970년 5월에 폐쇄된 후에는 아버스위기센터Arbours Crisis Centre를 창설하고 그 시도를 계속한 조지프 버크는 이렇게 말하고 있다.

> 정신병이란 한 인간이 통과할 수 있고, 그렇게 함으로써 한층 좋아질 수 있는 하나의 체험이다. …… 정신병이란, 주어진 현실로부터 다른 의식의 상태로 비약하는 것이며, 성인으로부터 유아기로의 비약, 즉 퇴행이고, 이것은 창조적인 체험일지도 모른다. …… 낡은 자기의 붕괴과정이 한번 시작되면, 이 붕괴를 완료할 수 있도록 특별한 준비를 해야 [한다]. 이때 본질적으로 중요한 것은, 이 붕괴가 정신적으로 산산조각 나버리는 단편의 시기를 포함해, 정신적 재건의 시기에 이르는 주기적인 사건이라는 통찰이다. 맨 처음 모습은 '양성적(포지티브) 붕괴'의 양태라 부를 수 있으며, 이것이 나중의 탄생을 위해 인격의 발전과 통합을 위해

결여할 수 없는 최초의 한 걸음인 것이다. ……] 그[랭]는 이 여행을, 모든 외적 관계로부터 떨어져 시간과 공간의 내계로 퇴각하는 것이라 보고 [있다]. …… 최초의 모습은 '자신' 안으로, '모든 것이 태어나는 자궁(탄생 전)' 안으로 거슬러 올라가는 것이다. 돌아감은 안에서 바깥으로, 퇴행으로부터 진행으로, 우주적 시간으로부터 현세적 시간으로, '우주적 운명화로부터 실존적 재건으로' 가는 여로이다.[50]

랭과 버크에게 '광기'는 가정·노동·의료 등의 여러 제도들이 개인에게 가져다주는 견디기 힘든 압박적 상황에, 개인이 대응하려고 해서 창출되는 특유의 전략에 다름 아니다. 이 전략은 광기의 주체를, 때로는 비광기의 주체가 가려고 해도 갈 수 없는 내면의 시-공간의 심연으로까지 데리고 간다. 그곳에서 주체는 낡은 자기를 철저하게 해체하고, 새로운 실존적 주체로서 부활한다. 그곳에 '광기'의, 경험으로서의 자족성과 창조성이 있다. 그러므로 필요한 것은, 향정신성 의약품이나 때로는 전기쇼크를 통해 광기의 주체를 강제적으로 현실로 복귀시키려고 하는 의학적 '치료'가 아닌 '지원,' 즉 '광기'를 의학으로부터 해방시키고, 이 해체와 갱생의 '여행'이 '모든 외적 관계'로부터 보호되면서 '광기'의 주체 자신에 의해 극한으로까지 수행되도록 지켜보고, 필요하다면 도와주는 일이다. 그러기 위해서 랭이나 버크는 사람들이 자기 자신과 만나고 자신의 마음의 고동을 듣고, 그 리듬을 분명하게 할 수 있는 공간으로서, 킹슬리 홀이나 아버스위기센터와 같은, 정신병원과는 다른 비의학적 공간으로서의 장기 체류 공동체를 준비했다. 하지만 모든 반정신의학이 이런 '광기' 의식을 공유하고 있는 것은 아니었다. 반정신의학 운동에 공통된 최대 공약수적 테제는 "정신질환은 존재하지 않는다"는 것이지만,

50) Mary Barnes and Joseph Berke, *Mary Barnes: Two Accounts of a Journey through Madness*, London: MacGibbon and Kee, 1971.

'광기'란 무엇인가라는 문제에 접하게 되면, 사고방식은 달라진다. 가령 토머스 사스에게 광기란 "생활에 문제를 가진 사람에게 강요된 의학적 오해"이다. 마찬가지로 사스에게는, 사회의 반응이 일탈자에게 강요된 사회적 역할이며 낙인이다. 다른 한편 바잘리아는 자본주의 사회의 모순들의 특권적인 장, 사회-정치적 시스템에 내재하는 폭력과 배제의 토대로서의 정신병원 제도를 비판하고, 좌파와의 연대를 강화했다. 따라서 바잘리아에게 '광기'는, '실존적 경험'의 용어보다는 오히려 '소외'와 '억압'의 용어로 논의되어야 하는 것이다. 이렇게 해서 바잘리아는 1974년 민주주의정신의학psychiatria democratica를 설립하고, 그 활동은 이탈리아에서 1978년 5월 17일의 제180호법, 즉 공적 정신병원의 폐쇄, 그러므로 이후 입원이 필요해진 환자는 종합병원 정신과에만 입원할 수 있다는 법안 채택의 원동력이 된다. 마지막으로 푸코는 실존적 분석이 '광기'를 "유일하고 비교할 수 없는 근본적 경험"으로서 기술하고, 전통적인 정신의학의 '광기' 인식에 포함되어 있던 "질식할 것 같고 억압적인 것"으로부터의 해방에 공헌한 것을 인정한 상태에서, 자신과 랭 사이의 미묘한 거리를 표현하고 있다. "랭도 그런 것[실존적 분석] 모두에 인상을 받은 것 같습니다. 랭도 오랫동안 실존적 분석을 준거로 삼았죠. 랭은 더 사르트르적으로였고, 저는 더 하이데거적으로였지만요."[51] 또한 랭의 체험에 대한 푸코의 공감이 전면적인 것이었는지는 의문이다.

그럼에도 불구하고 푸코가 반정신의학을 높게 평가한 이유는, 아마도 이 운동이 주장하고 있는 "광기는 정신질환이 아니다"라는 관점이 이미 『광기의 역사』에서 푸코 자신이 한 주장이기도 했기 때문일 것이다. 실제로 광기를 정신질환으로 간주하는 광기 의식은 푸코가 보기에 정신의학이 주장하는 것 같은 만고불변의 '광기'의 본질이 아니라, 근대에 이르러 처음으로 확립된 것에 불과하다. 그러므로 '광기'를 정신질환

51) Foucault, "Entretien avec Michel Foucault," p.58.

이라고는 여기지 않는 다른 광기 의식이 존재했고, 이제부터도 분명히 존재할 수 있을 것이다. 하지만 광인이 병자로 여겨지는 경우보다도 쾌적할 것이라고 장담할 수는 없지만 말이다. 적어도 반정신의학은 그런 새로운 광기 의식의 가능성을 제시했고, 푸코는 그 가능성이 내포하는 새로운 합리성의 예감에 공감했다. 1973년 5월 9일 몬트리올에서 열린 학술대회("정신과 의사를 감금해야 하는가?")에 초대된 푸코는 거기서 발표한 「광기의 역사와 반정신의학」이라는 논문에서 랭과 쿠퍼의 실험을 언급하며 "광기가 발생되는 공간의 탈의학화"에 "단순히 인식론적 단절 이상의 것," "민족학적 단절", "그리스인 이래 역사적으로 구성되어 온 우리들의 광대한 사회적 합리성 전체"에 대한 문제제기를 적시하고 있다.[52] 이런 관점의 공유는 일시적인 만남이 아니라, 푸코와 반정신의학 운동을 동일한 방향으로 나아가게 했다. 광기를 병리학화하지 않으려고 하는 관점이 정신의학 권력의 비판에 열어준 완전히 새롭고 광대한 전망 아래서, 반정신의학의 문제의식은 『정신의학의 권력』에서 푸코가 보여주는 문제의식과 확실하게 겹쳐지기 때문이다.

우선 정신의학 권력의 역사적·사회적·경제적 비판이 가능해진다. 왜냐하면 "광기는 정신질환이 아니다"라는 사고방식은 회고적으로 정신의학의 역사적·사회적·경제적 기능을 드러내주기 때문이다. 이 점에서 반정신의학 운동과 『광기의 역사』는 완벽하게 겹쳐지고 있다. 광기를 정신질환으로 여기는 근대의 광기 의식 배후에는, 이미 자선이 아니라 경제적 효율성이라는 관점에 입각해 제시되는 새로운 약자 원조의 사고방식과, 국력의 증대를 위해 광범위하고 값싼 노동력 인구를 요구하는 경제 발전이 존재하고 있었다. 광기를 정신질환으로 여기고, 광인을 치료가능한 병자, 즉 치료하면 노동이 가능한 병자로 규정하는 정신의학

52) Michel Foucault, "Histoire de la folie et antipsychiatrie," *Cité*, hors série, Voyages inédits dans la pensée contemporaine, 2010, pp.109~122.

의 '광기' 인식은 바로 이 경제적 요구에 부응할 수 있는 기능을 달성하고 있다. 그러므로 광기의 병리학화를 비판하는 것은 바로 정신의학과 근대 자본주의 체제의 이런 공모관계를 따져 묻는 것이다.

두 번째로 실천적 비판이 가능해진다. 반정신의학 운동을 통한 광기의 탈-의료대상화의 실천은, '광기'와 정신의학적이지 않은 다른 관계를 맺는 것이 가능하게 됐다는 사실을 보여주고 있다. 말하자면 그것은 오늘날 정신의학이 그 의료 대상으로서 전유하기에 이른 협의의 정신의학에 그치지 않는 광범위한 '비정상,' 요컨대 행동의 비정상이나 성적인 비정상 혹은 인격장애 등에 대해 의학적으로 접근하는 것을 중단하는 것이다. 더 구체적으로 그것은 정신의학의 대상이 되는 사람들이 내포하고 있는 노동·일상생활·성생활·사회생활 상의 곤란에, 그들의 행동·고통·욕망에 의학적인 위상을 부여하지 않는 것, 그러므로 그것들을 의학적으로 분류하지 않고 진단과 증상으로부터 해방시켜 사람들이 스스로 그것들을 해결하도록 도와줄 수 있는 것을 의미한다. 푸코는 이렇게 말한 바 있다. "많은 사람들이 일할 수 없게 됐고, 많은 사람들이 성생활을 할 수 없게 됐습니다. …… 그러나 중요한 것은 이런 문제들이 이제는 의학적 권력에 의해 더 이상 담당될 수 없다는 것이죠. …… 현재 프랑스에는 환자 그룹들이 있습니다. 용어가 모호하기는 하지만 '곤란과 문제를 갖고 있는 사람들'이라 불리고 있어요. 그들이 작은 공동체를 형성해 '조정자'라는 외부인의 도움을 받아 서로 의지하며 자신들의 문제를 해결하려고 하고 있습니다. 그들은 자신의 문제의 자기관리자들입니다."[53] 푸코의 이 발언을, "정신병자가 충분한 정도의 적응력, 자기관리 능력, 평형 능력을 획득할 수 없다든가 유지할 수 없다"는 것은 그 자체로서는 진단의 대상이 될 수 없다 해도 징후의 가치를 지니며 "정신질환의 최초의 객관화이다"[54]라고 말하는 앙리 에의 발언과 대조해보면

53) Michel Foucault, "Asiles, Sexualité, Prisons"(1975), *DÉ*, t.2: 1970-1975, p.776.

양자가 염두에 둔 "광기와 공생/동거하는 사회"(에의 표현으로는 "정신병자와의 공존")의 역력한 차이가 확연해진다. 푸코의 반정신의학 사회에서는 곤란과 문제를 갖고 있으면서도 아무튼 자립하고 있거나 자립하려고 하는 사람들이, 에의 정신의학 사회에서는 병리적 징후를 보이고, 그러므로 정신의학적 후견 없이는 생활할 수 없는 언어의 모든 의미에서의 소수자적 존재로 규정되어버린다. 광기의 정신병리화는 그들로부터 '광기'의 주체성과 생활의 주체성도 박탈하는 것이다.

세 번째로 권력이라는 것을 고찰할 수 있는 완전히 새로운 관점이 도입된다. "광기는 정신질환이 아니다"라는 사고방식의 가장 큰 중요성은 권력에 대한 완전히 새로운 비판적 분석을 가능케 한 것이다. 실제로 푸코가 지적하고 있듯이 그때까지의 권력 분석은 본질적으로 억압이라는 개념을 중심으로 전개됐다. 억압하는 권력을 고발하고 그것을 눈으로 목격하게 하는 것, 그것과 싸우는 것이었다. 그러나 광기의 병리화에 대한 비판은 완전히 다른 권력의 존재를 돌연히 조명한다.

예를 들면 개인의 정신상태를 교정한다고 하는 의사가 소유하는 어떤 권력의 존재 말이다. 이런 의사의 권력을 푸코는 이중적 의미로 고발하고 있다. 먼저 이 권력과 직결되어 있는 정신의학의 치료 자체가 그 규율적 기능을 추궁하고 비판한다. 예를 들면 에스키롤은 광인의 수감, 격리를 다음의 다섯 가지 근거에 의해 정당화하고 있다. "(1) 광인의 안전과 그 가족의 안전을 보장하기 위해, (2) 광인이 외적인 영향을 받지 않게 하기 위해, (3) 광인의 개별적인 저항을 제압하기 위해, (4) 광인을 의학적 체제에 복종시키기 위해, (5) 광인에게 새로운 지적·도덕적 관습을 부과하기 위해"(489쪽). 그렇지만 이런 근거는 뒤집어보면 광인의 권력을 제압하고 광인에게 행사될 수도 있는 외적 권력을 중화시켜

---

54) Henri Ey, *Défense et illustration de la psychiatrie: La réalité de la maladie mentale*, Paris: Masson, 1978, pp.104~105.

광인에 대해 치료와 교정의 정형외과적인 권력을 확립하는 것에 지나지 않는다. 그 이상으로 또, 그 이전에 의사가 어떤 개인의 정신상태를 결정하는 행위를 실행할 수 있는 '인식'이라는 지식의 형식이 본질적으로 권력행사의 형식으로서 비판의 대상이 된다. 실제로 '인식'의 권력성은 이 형식에 고유한 두 속성에 의해 논증된다. 첫째로 지식의 형식은 주체-대상이라는 명확히 비대칭적인 관계에 따라 성립되고 있다. 대상의 진실을 발견하는 자는 인식의 주체이고, 대상 자체는 그 진실이 발견된 것인 이상 이 인식으로부터 배제되어 있다. 둘째로 이 인식의 주체는 권리상으로는 확실히 보편적인 주체이다. 또 진실을 발견하는 데 필요한 도구, 진실을 사유하기 위해 필요한 범주, 진실을 명제로 정식화하기 위해 적절한 언어를 가지고 있다면 아무나 그 위치에 오를 수도 있다. 하지만 사실 이런 인식의 주체는 '희소한 주체'이다. 현실에서는 보편적인 진실에 접근가능한 사람들의 희소성을 배분하는 방법이 있다는 것이다. 그것이 '교육과 선별'의 절차이며 그것을 통해 '자격이 부여된 주체'만이 인식의 특권적인 주체가 될 수 있는 것이다. 광기의 병리학적 인식에서 주체로서의 자격을 갖는 자는, 말할 것도 없이, 전문 교육을 통해 직업적 자격을 획득한 의사이다. 환자[광인=광기의 주체]는 자신의 광기의 진실에 스스로 접근할 수 있는 자격을 사전에 이 지식-권력의 구조에 의해 박탈당한다. 정신의학의 지식과 권력은, 자신의 병의 실제와 관련한 환자의 무지는 정확히 말하면 무의식, 치매, 망상, 외상의 병리적 구조에 속한다고 말하며 사후적으로 이 자격 박탈을 환자의 병리적 구조로 되돌린다. 따라서 인식의 대상이 되는 환자는 자신이 누구이며 자기의 광기의 진실이 무엇인가를 의학적 인식을 통해 부여받으며 그것을 전면적으로 수용해야 하는 입장에 놓이게 된다. 그러나 광기를 병리학화하지 않을 때는 광기를 인식한다고 떠드는 권력과 지식으로부터 해방되고, 개인에게 자신의 경험 속에서 "자신의 광기를 끝까지 영위할 임무와 권리를 부여"할 수 있게 된다(491쪽).

또 정신의학의 의학적 기능에 은폐되어 있는 하나의 기능이 명확히 밝혀진다. 실제로 정신의학이 정신질환의 전문 의학이라는 지위를 국가에 의해 인정받은 이유는 의학과는 근본적으로 다른 임무, 즉 공중위생과 사회 방어의 임무를 자발적으로 수용했기 때문이다. 프랑스 최초의 정신의학자 관련법이 있는 1838년 6월 31일 법률의 주해는 그 목적을 "정신병자의 격리는 공중보건 조치임과 동시에 치료의 수단이다"라고 정의하고 있다. 마찬가지로 이 법률을 거의 그대로 취하고 있는 오늘날의 공중위생법(「제5편: 정신질환과의 싸움」)에도 "정신질환에 대한 싸움에는 예방, 진단, 간호, 재적응, 사회 복귀활동이 포함된다"(제1장 1조)는 자기 정의가 달려 있다. 여기서 언급되는 '예방'은 어떤 의미에서는 초기 단계의 치료적 개입을 의미하고 있지만 거기에는 정신질환자가 발생시키는 위험의 예방, 즉 사회를 정신질환자의 위협으로부터 예방하는 것, 그러므로 위험한 광인의 강제 입원이 함의되어 있다고 말할 수 있다. 광기의 주체를 둘러싼 법률적·행정적·의학적 영역에서 '위험'과 '질환'은 애초부터 일관되게 표리관계에 있으며, 공중위생-사회 방어의 기능과 의학적 기능의 이런 거래는 '위험'이라 판단된 일탈행위가 '정신질환'으로 간주되고 정신의료의 대상이 되는 것을 용인하고 있다.

마지막으로는 더 근원적으로 "광기에 대한 비광기의 절대적 권리"가 고발된다. 이 권리는 "무지에 대해 행사되는 전문 지식, 착오(착각, 환각, 환상)을 수정하는 (현실에 접근하기 위한) 양식, 무질서와 일탈에 대해 부과되는 정상성이라는 세 관점에 입각한 권리였다. 광기를 하나의 의학적 과학을 위해 가능한 인식 대상으로 구성시킨 것은 이 삼중의 권력이다. 바로 이 삼중의 권력이 병에 걸린 '주체'가 광인으로서 그 자격을 박탈당하는 그 순간에(요컨대 '주체'가 자신의 병에 관한 모든 권력과 모든 지식을 박탈당하게 되는 바로 그 순간에) 광기를 병으로 구성했던 것이다. …… 하나의 권력이 하나의 인식을 발생시키고 그 인식이 이번에는 그 권력을 기초하는 권력관계의 이런 작용이 '고전적' 정신의학을 특징짓는다"(490~491쪽). 확실히 '고전적' 정신의학 자체를 구성하고 있는 이 원환이 권력의 문제로서 부상하게 된다. 과거의 정신의학 비판이 제도적 구조와 환자의 처우 개선은 추구하지만, 정신장애는 전문적 능력을 수용하고 치료되어야 한다고 함으로써 의학적 권력을 수중에 간직해야 한다고 주장하는 반면에, 반정신의학은 이 '전문적 능력' 자체가 정신의학의 권력을 합법화하고 있다고 고발하며 환자가 갖고 있는 문제는 의학적 기술에 의해 해결될 수 있는 것이 아니고, 결정권은 오직 환자 자신에게 있다는 점을 강조한다. 자격이 박탈된 당사자들에게 말할 권리를 부여하고 그들의 자기결정을 지원하는 운동은 여기로부터 발생한다. 그리고 마지막으로 이런 권력의 비판적 문제화는 단지 정신의학에만 한정된 것이 아니라 모든 규범화하는 권력에 대한 비판으로 열린다. 몇몇 제도가 이성과 규범성의 이름으로 작동하기 시작하고 비정상·광기·병 등으로 구성된 행위, 존재방식, 제스처, 말하는 방식과 관련해 그 권력을 어떤 개인 집단에 대해 행사하는 사태 그 자체가 권력의 문제로서 부상하게 되는 것이다.

14. 정신분석학

푸코가 정신의학과 맺는 관계는 항상 명확한 것만은 아니고 잘 알 수 있는 것도 아니다. 권력이 정신병원 밖으로 옮겨가게 하기 때문에 정신분석학은 탈정신의학화의 한 형태로 간주할 수도 있을 것이다. 권력은 정신분석학자의 진료실이라는 특수하게 고안된 공간으로 이동한다. 정신분석학이 정신의학적 치료의 세계로부터 탈출을 가능케 한 절차, 다시 말해 권위적인 강압으로부터 벗어난 새로운 치료적 관계의 구상을 가능케 한 절차를 거론하는 데 '탈정신신의학화'가 원용된다. 이런 새로운 치료적 관계에서 환자는 이제 자신의 병의 과학적 진실을 알고 있는 유일한 자로서의 의사의 객관적인 시선 아래 있는 대상이 아니라 역동적이고 풍부한 어떤 것이 된다. 푸코가 정신분석학에 취하는 입장은 결코 명확하지 않다. 정신분석학에 개인적으로 '심각한 권태로움'을 체험하고 빈스방거의 『꿈과 실존』에 붙인 서문에서는 꿈의 문제와 관련해 정신분석을 비판했지만 푸코는 정신분석학이 정신의학에 비해 일정한 장점을 가지고 있고, 또 이 장점을 통해 중단됐던 탈이성과의 대화를 재개하려고 시도한다는 점을 인정하는 것 같다. 『광기의 역사』에서 푸코는 "프로이트에게 공정해야 한다"[55]고까지 말한다. 자크 데리다는 푸코의 이런 표현을 프로이트와 정신병리학을 동일시하려는 경향에 대한 일정 형태의 비판으로 해석한다. 푸코는 정신의학이 광기를 침묵으로 환원시켜버린 시대에 프로이트는 광기가 다시 자기 자신에 대해 말할 수 있게 만들려고 시도한 탁월한 능력을 가진 분석가라는 것을 인정한다. 이 점에 비춰볼 때 마치 푸코가 정신분석학을 복권시키려고 노력하는 것으로 생각될 수도 있을 것이다. 하지만 신중할 필요가 있다. 정신분석학이 이미 고전주의 시대에 망상이라는 형태로 존재하고 있던 광기와의 대화적 경험과 같은 것을 복원하려고 했던 공로가 있는 것은 사실이다. 하지만 프로이트가 포착한 것은 새로운 의미작용이지 복원해야 할 잃어버린 의미는 아니라는 것이다. 이제 광기는 가공할 만한 의미 저장고가 된다. 정신분석학의 경험은 근본적으로 언어의 경험이다. "언어는 광기의 처음이자 마지막 구조이다."[56] 광기를 그것을 표현하는 언어와 연동시킴으로써 고전적인 광기와 언어의 유연관계를 가능하게 만들었다. 푸코가 보기에 프로이트는 환자로 하여금 자신이 앓고 있는 병의 책임을 지게 하고 그 결과 병으로부터 결과되는 처벌을 수용하게 만드는 새무얼 튜크의 전략으로부터 광인을 해방시켰고, 광인으로 하여금 그들이 보편적인 윤리적 기준을 위반했다는 사실을 인정하게 만드는 도덕적 획일화의 도구를 사용하는 프랑스적 접근법으로부터도 광인을 해방했다. 마찬가

55) Foucault, *Histoire de la folie à l'âge classique*, p.360. [『광기의 역사』, 540쪽.]

56) Foucault, *Histoire de la folie à l'âge classique*, p.255. [『광기의 역사』, 394쪽.]

지로 프로이트는 환자와 의사 간에 설정되는 관계라는 본질적인 요소의 중요성을 부각시킴으로써 정신병원의 구조를 탈신비화시켰다. 또한 푸코에 따르면 정신분석학은 감금이 최적의 치료술이 아니라는 것을 알게 해줬다. 프로이트가 없었다면 언어의 경험과 동일시되는 고전적 광기 경험의 의미 전체가 소거됐을 것이라는 말이다.

하지만 정신분석학적 경험에는 한계가 있다. "프로이트는 의사를 둘러싼 구조를 충분히 활용해 그의 마술사적인 힘을 배가시키고 그 전능한 힘에 거의 신적 지위를 부여했다."[57] 19세기의 정신의학은 이렇게 정신분석학적인 요소들을 맹아의 상태로 갖고 있었고 결국 정신분석학은 정신의학과의 총체적인 철저한 단절이 아니라는 것이다. 그러므로 프로이트는 정신질환의 중핵이 환자와 의사의 관계에 있다는 것을 잘 이해했지만 권력관계가 전적으로 부재한 치료술을 제공할 수는 없었다. 그래서 푸코는 정신분석학이 정신병의 본질을 실질적으로 이해할 수 없다고까지 말한다. "정신분석학은 광기의 몇몇 형태를 이해할 수는 있었지만 비이성의 지고한 작업과는 무관한 채로 존재한다."[58] 게다가 정신분석학은 정신의학을 진정으로 대체한 것도 아니다. 많은 사람들이 감금됐고, 또 감금되고 있다. 정신분석학과 정신의학이 공존한다고 말하는 것이 더 적절할 듯하다. 게다가 이 두 실천은 세상에서 유일한 실천도 아니다. 푸코는 공동체적 심리치료지구 같은 다른 형태의 의학적 교정술도 존재한다는 것을 지적한다. 결국 정신의학과 관련한 두 관점이 도출될 수 있다. 한편으로 정신분석으로 인해 감금이 아닌 다른 형태의 치료를 제안하면서 정신의학의 실천을 비판하는 것이 가능해졌다. 다른 한편으로 정신분석학은 정신의학과 철저히 단절한 것이 아니라 19세기에 정의된 마술사로서의 의사의 역할을 강화시켰다는 것이다.

---

57) Foucault, *Histoire de la folie à l'âge classique*, p.529. [『광기의 역사』, 776~777쪽.]
58) Foucault, *Histoire de la folie à l'âge classique*, p.530. [『광기의 역사』, 776~777쪽.]

정신분석학은 탈정신의학의 한 형태이다. 하지만 조제프 프랑수아 펠릭스 바뱅스키가 광기의 진실 생산을 가능한 한 축소시키려 한 반면에 정신분석학은 광기의 진실 생산을 가능한 한 강화시키려 했다. 그때 히스테리 환자에 의한 '대항적 술책'의 효과를 통제하기 위해 의사와 환자의 '대면'관계, '자유로운 계약,' '자유로운 발설' 등의 원칙이 조직된다. 환자가 의사를 함정에 빠뜨리려고 해도 그것은 진실의 생산을 방해할 수 없고, 환자 자신이 치료를 지연시킬 뿐이라는 것이다. 그러므로 정신분석에 의해 행해지는 것은 정신병원의 외부로 일단 후퇴해 '진실 생산'의 장을 마련함과 동시에 그것을 다시 정신의학의 권력에 재접합시키려는 시도이다. 그렇게 하기 위한 술책이 '전이'와 '금전 수수'라는 제도이다. 이런 시도는 정신의학의 권력을 약화시키지 않고 오히려 '대항적 술책'의 역설적 효과로 인해 의사 자신이 환자에 의해 함정에 빠지는 것을 방지하려는 시도인 것이다. 따라서 정신분석학은 "광기의 초의학화"(492쪽)를 행한다. 요컨대 정신분석학은 19세기에 이미 행해진 의학화를 다른 방식으로 반복·강화하는 것이다.

15. 정신의학의 권력

『정신의학의 권력』이 제기하는 정신의학 비판은 세 가지 요점으로 집약될 수 있다고 생각한다. 첫째로 개인의 정신상태를 질환의 현실로 결정하고 의료대상화하는 것에 존재하는 권력에 대한 비판, 둘째로 정신의학적 치료가 갖고 있는 규율적 기능에 대한 비판, 그리고 마지막으로 정신의학이라는 것에 존재하는 근대적 광기 의식에 대한 비판, 따라서 완전히 새로운 '광기'를 경험할 수 있는 가능성의 제기.

물론 정신의학은 반론했다. 예컨대 에는 작고하기 4개월 전에 집필한 『정신의학의 옹호와 설명: 정신질환의 실제』에서 '정신질환'을 정의하고 그 치료대상화를 정당화한다. 에의 설명에 따르면 인간의 '심적' 신체는 "그 자체가 붕괴의 잠재적 대상이다." "정신병리학적 현상은 잠재적으로 이 조직화 [심적 존재의 개체발생론적 조직화] 내에 포함되어 그것에 의해 억제되고 있다." 즉 심적 조직은 항시 병리(붕괴, 조직의 해체)의 가능성을 숨기고 있지만 동시에 정상적인 조직화가 행해진다면 그것을 억제하는 체계를 갖춘다는 말이다. 이 정상적인 조직화는 "인격의 자율성과 자기형성 능력의 발달에 필요한 조직화의 수준"과 "정신적 성숙의 점진적 발달을 통해 구성되는" 수준이라는 두 규범적 수준에서 측정될 수 있다. 정신병리학적 이상은 이 두 규율적 수준과 관련한 간극, 즉 도달하지 못한다거나 도달해도 유지할 수 없거나 퇴행하는 것에 의해 객관화된다. 이 간극이 개인으로부터 사유와 행동의 자유를 박탈하는 한에서 그것은 의료의 대상이 된다. 치료는 규범화=정상화, 바꿔 말하면 이 잃어버린 자유의 회복이며 그것을 실현할 수 있는 것은 의사가 소유하는 특수한 전문 기술뿐이다. "환자는 환자들끼리 의사 없이도 회복할 수 있고 치료행위에는 어떤 기술도 필요하지 않으며 그 기술은 누구든 수중에 넣을 수 있는 것"이 아니라는 설명이다.[59)]

실제로 푸코의 강의로부터 30년이 지나 반정신의학도 쇠퇴해버린 오늘날, 에의 주장은 올바른 것처럼 보일 수도 있다. 뿐만 아니라 그 사이에 정신의학 자체도 많이 진보했다고 볼 수 있다. 인간 게놈의 해독은 정신분열증과 조울증을 일으킬 수 있는 유전자군의 소재를 밝혀내려 시도하고 있다. 신경전달 물질의 발견과 향정신성 의약품의 발견은 정신분열증과 우울증이 기질적 질환일 수 있을 가능성을 시사하고 있다. 또 신경학은 정신분열증의 기질적 병인을 밝혀냈다고 생각하고 있다. 정신분열증 환자의 뇌실은 장애 정도에 따라 확대된다는 것이 뇌 사진에 의해 확인된다. 또 부검으로부터 정신분열증 환자의 뇌의 어떤 영역에서 뉴런의 배열이 무질서해져 있는 것이 발견되는데 그것은 태아의 발달기에 일어나는 것이기 때문에 질환의 결과는 아니라고 결론지을 수 있

---

59) Ey, *Défense et illustration de la psychiatrie*, pp.51~52.

다. 바꿔 말하면 정신질환은 유전성 질환이 없는 경우에도 자궁 내의 비유전적 변화와 출산시 외상이 뇌의 발달에 손상을 입히게 되면 그 결과로서 발생한다고 생각할 수 있다. 이 견지들은 '광기'가 명확히 '질환'이고, 따라서 의료의 대상이 될 수 있다는 것을 증명하고 있지는 않지만 말이다. 그러니 개인의 정신상태를 질환으로 판정하는 정신의학의 권력은 개인의 신체적 상태를 질환으로 판정하는 임상의학의 권력과 마찬가지로 '의학적 지식'에 의해 뒷받침되는 정당한 권력행사의 한도 내에 있다고 말할 수도 있지 않을까? 게다가 이 견지들과 치료수단의 진보에 의해 정신질환의 형상이 대대적으로 변하고 오늘날은 아무도 정신병에 걸렸다는 것을 수치스럽게 여긴다거나 겁내지 않고 당당히 진료받을 수 있게 됐기 때문에 과거에는 여러 문제가 있었다 해도 결국 오늘날에는 좋은 권력이라고도 말할 수 있지 않을까?

하지만 적어도 두 가지 문제를 제기할 수 있고 그 문제제기에서 『정신의학의 권력』과 반정신의학의 정신의학 비판은 지금까지도 유효성을 가지고 있다고 생각된다. 에는 정신질환의 치료를 '규범화=정상화'에서 찾는다. 하지만 지금까지 살펴본 『정신의학의 권력』의 역사적 분석은 에가 정의하는 '규범=정상' 개념이 반드시 정신의학에서의 보편적 진실은 아니었다는 사실을 명확히 현시하고 있다. 정신의학의 역사에서 '규범화=정상화'나 적어도 그 인정 기준은 환자가 자신이 위치해 있는 현실에 동의하고 거기서 확립되고 있는 사회적·도덕적 규범에 자신을 적응시키는 것이었기 때문이다. 이 적응의 부재, 규범과 관련한 간극을 자각하지 못한 상태에서 정신의학은 주체의 자유 상실과 통합체계의 조직 해체의 명백한 증거를 해독해낼 뿐이다. 하지만 심적 조직의 통합은 심신의 활동을 현실의 질서에 전면적으로 적응시키는 것을 반드시 의미하지는 않으며, 자유의 회복이 현실과 거기서 확립되고 있는 여러 규범들에 따르는 것을 필연적으로 의미하지도 않는다. 현실과 그 규범에 저항할 수 있는 것은 자유의 중요한 일부이기 때문이다. 재적응과 사회 복귀의 의미가 다시 문제시되어야 한다. 하지만 이 재문제화는 현실에 준거하는 것이 아니라 개인들의 '광기'의 진실에 준거해 행해져야 한다.

또 푸코의 강의는 정신병원에서 행사되는 이 '규범화=정상화'가 현실에서는 신체의 규율화를 통해 획득되고 있다는 사실도 명확히 보여줬다. "그것은 이제 과거의 것이다"라고 정신의학은 반론할 수도 있을 것이다. 확실히 주간보호소day care나 야간병원night hospital의 진정성 혹은 심리치료지구 제도가 입원 치료를 감소시키고 또 입원 환자의 사회 복귀율을 높이는 것은 사실이다. 또 입원 치료가 실시되는 경우에도 푸코가 예시한 것 같은 가혹한 처벌적 치료가 완전히 일소됐다고 말할 수는 없지만 적어도 위법적인 것이 됐는지도 모른다. 하지만 샤르코 이후 20세기 정신의학, 특히 생물학적 정신의학이 채용해온 정신외과(로보토미)나 약물치료(향정신성 의약품)가 실제로는 눈으로 볼 수 없는 구속복으로 작용하고 있는 것은 아닌지 자문해볼 필요가 있다. 더욱이 약물요법이 증상의 완화에만 유용할 뿐이지 심각한 의존과 부작용을 발생시키는 이상 그것이 가능케 하는 '규범화=정상화'는 결코 에가 주장하고 있는 "잃어버린 자유의 회복"이 아니라 더 완화된 방식의 '재규율화'라고 말할 수 있지 않을까? 에가 주장하고 있는 이상적·관념적 재규율화=정상화와 실제의 규범화=정상화의 간극을 애써 못 본 채 한다면 푸코와 반정신의학이 제기한 비판의 가장 근본적이고 중요하며 오늘날에도 유효한 바를 듣지 않고 무시하는 일이 될 것이다.

다른 한편으로 현대 사회에는 푸코가 비판했던 과잉적인 정신의료 대상화가 더 가속화된 상태로 존재하고 있다. 첫째로 정신질환의 수는 항시 계속 증가하고 있다. 정신분열증과 조울증만이 정신질환이 아니다. 일상적인 불안이나 비애, 강박적 행동 특성, 인격적 미성숙 등을 특징으로 하는 신경증적 질환이 존재하는데 이 '질환들'은 유전적 흔적이 발견되지도 않고 신경전달 물질과도 무관하며 환경 변화나 인격적 성숙이 이 질환을 소멸시켜줄 가능성이 있기 때문에 질환인지 아닌지가 분명하지 않다. 게다가 새로운 질환들이 계속 생겨나고 있다. 가령 미국정신의학회가 정신장애의 정확한 감별진단 규범으로서 1952년에 간행하기 시작한 『정신장애의 진단-통계 매뉴얼』*Diagnostic and Statistical Manual of Mental Disorders*(이하 DSM)은 이후 4회 개정됐고 1994년에 DSM-IV가 출간됐는데 개정 당시에 수록된 정신장애의 수는 현저하게 증가했다. DSM-II에서 180개였던 것이 DSM-III에서는 265개, DSM III-R에서는 292개, DSM-IV에 와서는 297개가 됐다. 하지만 이 변동은 DSM의 작성 정황을 살펴볼 때 반드시 의학적 관점에 기초한 것이라고는 말할 수 없다. 예를 들면 '외상후 스트레스 장애'는 베트남 참전용사를 지원하는 단체의 압력으로 채용됐다. DSM에 수록된 이 외상후 스트레스 장애에 해당되는 자가 가해 기억의 후유증으로 고통받는 사람들에서, 반대로 특히 성적 학대의 피해 기억으로 고통받는 사람들로 변했는데, 여기서 이 이행에 공헌한 것은 여성 운동이다. 역으로 DSM-II까지 '성도착' 항목에 포함되어 있던 동성애가 DSM-III에서 삭제된 것은 동성애자 해방운동이 동성애에 대한 사회적 시선을 변화시켰기 때문이다. DSM-III은 또 '자아위화적 동성애'를 남겨두며 저항했지만 DSM III-R에서는 그것마저 삭제된다. 마찬가지로 페미니스트 단체는 DSM-III의 개정에 즈음해 새롭게 출현한 '마조키즘적 성격장애'(후에 '자기패배형 인격장애'로 변경된다), '생리전 증후군'의 삭제를 요구한다. 자기패배형 인격장애와 생리전 증후군은 '사디즘적 인격장애'와 함께 DSM III-R에는 특별부록 목록에 기입되어 있었지만 DSM-IV에서는 삭제된다. 그러므로 대다수의 정신질환 혹은 정신장애라고 하는 것은 감별진단의 대상이 될 수 있기 이전에 먼저 절대진단의 대상이 되어야 했지만 그 절대진단은 늘 의학과 의학외적 집단 간의 권력관계에 의해 결정되고 있다.

둘째로 질환의 수가 증대되면 그때까지 질환이 아니었던 행동이나 정신상태가 의료대상화되고 그 결과 장애자가 아니었던 사람들이 장애자가 된다. 하지만 새롭게 공인된, 하지만 그 가운데는 극도로 단명한 것도 있는, 이 정신장애들을 현실적으로 '장애'라고 말할 수 있는 것일까? 외상후 스트레스 장애 피해자들의 고통을 인정하는 것은 중요하지만 폭행, 학대, 짓궂게 남을 괴롭히는 것과 관련된 특정한 반응을 정신장애 증상이라고 단정하려는 것은 지나친 비약이라고 말할 수 없단 말인가? 마찬가지로 페미니스트 단체가 마조키즘적 성격장애의 소거를 요구한 이유는, 가정폭력에 희생된 여성들은 확실히 마조키즘적 성격장애가 정의하는 성격 특징을 보이지만 그것을 근거로 가정폭력의 희생자들이 정신장애로 간주되고 "학대를 조장하고 있다"고 비난받게 된다면 단순히 문제의 소재가 은폐할 뿐만 아니라 그런 은폐행위가 '과학의 옷'을 걸치게 되어 그 결과 은폐행위 자체가 은폐되기 때문이다. 이런 문제는 질환이나 장애의 역치閾値가 낮아지고 있다는 사실로 지적될 수 있을 것이다. 예를 들면 '주의력 결핍·과잉행동 장애'와 '아스퍼거 증후군' 같은 새로운 장애가 계속해서 인정되고 있고, 그 결과 과거에는 흔했던 아이들이 장애아가 되고 있다. 또 우울증의 경계가 확장되고 있다. 과거의 우울증은 자기혐오, 심기증, 황량한 기분, 불감증을 그 증상으로 했지만, 오늘날에는 식욕부진이나 수면장애를 수반하는 기분의 변화도 우울증으로 진단되고 있다. 또 다양한 망상적, 분열증적, 자기애적, 반사회적, 히스테리적, 연기적,演技的 강박적, 회피적, 의존적 '인격장애'가 인정되고 있지만 이런 성격 특성을 '장애'로 인정한다면 불유쾌한 성격이나 타인에게 폐를 끼치는 행동을 하면 누구나가 장애자로 판정받을 수 있을 것이다. 더욱이 대인관계의 문제나 직장에서의 부적응, 학업·직업적 측면에서의 슬럼프와 같은 역치 밑에 있는 증상이 병리학화되기도 한다. 그러나 이런 고뇌를 갖고 있는 사람들에게 필요한 것이 진정 정신의학적 치료인 것일까? 생물학적 정신의학에 찬동하는 입장에서조차도 이런 사태는 정신질환의 개념을 의미가 없어질 정도로 희석시킬 뿐이고, 그 결과 내인성 우울로부터 비애감에 이르기까지 혹은 정신분열증으로부터 기발함에 이르기까지 증상의 연속성 내에서 병적인 것으로부터 멀어지며, 평범한 것을 가지고 정신의학은 병리의 경계를 끊임없이 우익의 방향으로 밀고 가고 있다는 경종이 울리고 있다. 바꿔 말하면 정신의학은 오늘날 '광기'를 희박하게 만들면서 확산시키고 있다. 그 결과 살아가면서 마주치게 되는 다양한 실존의 사건에 대한 자연스러운 반응이나, 과장되어 있기는 하지만 대단히 흔한 성격·행동 특성에 지나지 않는 것들이 '의학'의 이름 아래 차츰 현실의 질환으로 변형되어 존재하게 되고 의료대상화되어 결국 탈규범적·비정상적 영역으로 추방된다. 바로 여기에 정신의학과 임상의학의 근본적인 차이가 있고, 푸코가 비판한 정신의학 권력의 집요한 존속 이유가 있다고 말할 수 있다.

이런 '과잉 의료대상화'는 현실에서 두 차원을 갖는다. 한편으로 정신질환자, 정신장애자라고 가정된 사람들은 그들의 행동·고통·욕망이 증상으로 규정당해 의사로부터 약물 과다투여를 당하게 된다. 다른 한편으로 정신질환이나 정신장애의 폭을 확대함으로써 점점 더 많은 사람들이 정신의학의 의료 대상이 되고 있다.

여기에는 물론 여러 가지 요인이 있다. 먼저 경제적 이해관계라는 요인이 있다. 한편으로 정신의학자는 현재 사회복지사, 임상심리사, 작업치료사 등과 같은 유사의료 스태프와 경쟁관계에 놓여 있다. 이 상황에서 상담의 대상 영역을 확대하고, 또 특히 의사를 이 스태프들과 차별화하고 있는 처방전 발행을 필요로 하는 영역을 독점·확대·창출하는 것은 유효한 수단이다. 다른 한편으로 정신질환이나 정신장애의 폭이 넓어지는 것은 당연히 다국적 제약회사에게는 환영할 만한 사태이다. 그러므로 지금까지 전혀 지각되지 않았던 장애가, 그것에 대한 치료법을 제약회사가 제안한다면 '장애'로서 독립하는 일도 발생한다. 예를 들면 에드워드 쇼터는 DSM-II에서는 불안신경증에 포함되어 있던 공황 증상이 DSM-III에서는 공황장애로 독립하는가 하면, 이듬해에 업존사가 새로운 벤조디아제핀계 약품 자낙스를 발매하고 광범위한 필드테스트 자금을 제공했는데 "1990년대 초 자낙스는 정신의학계에서 가장 인기 있는 약이 됐[다]. …… 정신의학계 내부에서는 공황장애를 '업존 병'이라고 농담하곤 했다"[60]는 에피소드를 소개하고 있다.

하지만 이보다 더 중요한 것은 사회적 요인이다. 실제로 환자 자신이 생활상의 다양한 스트레스로부터 '장애'로 도피하려는 경향이 존재한다. 예를 들면 산만하게 이리저리 돌아다니고 학업에 집중할 수 없기 때문에 학력도 낮고 학교에 적응할 수도 없으며 학교가 문제아로 여기는 아이는 '주의력 결핍·과잉행동 장애'로 진단받으면 이제 '나쁜 아이'가 아니라 '병든 아이'가 될 수 있다. 즉 '장애'를 통해서, 아니 오직 '장애'를 통해서만 시민권을 획득할 수 있는 사람들이 생겨나게 된다. 그러므로 정신장애 폭의 확장은 규율의 잔재를 다시 여과시키는 장치가 더 섬세해졌다는 것, 또 그 배후에는 사회의 규율장치가 점점 더 많은 잔재를 생산하게 됐다는 것을 의미한다. 그러나 이 경향은 이제 한층 더 가속화되어가고 있는 것 같다. 리카르도 페트레라는 1980년대부터 현저해진 경제 세계화는 다섯 가지 개념을 축으로 진행된다고 설명한다. 첫째로 개인의 우위성이 강조된다. "규칙은 개인이 타자와의 관계 속에서 만들어간다. 사회의 조정은 개인 '안에 있는' 원리에 기초해 계약과 합의를 통해 아래로부터 정해지는 수평적인 형태의 조정이 된다." 둘째로 시장의 자기조정 능력이 강조된다. "시장은 자원의 할당이나 배분에 관해 개인 간에 (주가를 통해) 항시 조절되는 합의점을 끌어내는 것을 가능케 한다." 셋째로 시장의 본래적으로 공정한 성격이 강조된다. "모든 개인에게 경제에의 참여를 가능케 하는 시장사회는 개인이 자기책임을 지고 자주성과 창조성에 의해 자신들의 복지를 확보하는 길을 열어야 한다"고 목소리를 높인다. 하지만 "이런 사고방식에서는 실업과 관련해서도 개인 책임의 원리가 중시된다. 그 점에서 중심적인 역할을 부여받는 것

60) 에드워드 쇼터, 최보문 옮김, 『정신의학의 역사: 광인의 수용소에서 프로작의 시대까지』, 바다출판사, 2009, 521쪽.

이 초기 교육과 평생 교육이다. 정보, 지식, 적응 능력 등의 면에서 적절한 무기를 획득하지 않으면 경쟁력을 계속 확보할 수가 없다. 학교에서의 경쟁을 통해 최대한의 이익을 끌어내는 것은 개인들의 문제이다. 주로 개인의 재능과 노력에서 기인하는 정당한 불평등이 존재해야 한다. 교육제도는 점차적으로 사회 도태의 역할을 담당해야 한다"는 것이다. 넷째로 사기업이 우선시된다. 경쟁하는 상거래를 최선의 형태로 조절하고 세계시장에서 비용과 이윤의 가장 공정한 재분배를 가능케 하는 조직은 사기업"이라는 것이다. 다섯째로 오늘날 우리가 살고 있는 사회는 자본이 가치의 원천이 되는 사회, 즉 쓰고 버리는 사회라는 것이다. "자본이 가치의 원천이고 인간을 포함한 모든 유무형의 재화나 서비스의 가치를 계산하는 유일한 척도"가 되는 사회라는 것이다. 따라서 "'인적 자원'이라는 관점에서만 사유되는 개인은 '수익성'을 잃어버리면 '가치'가 없어진다. 이것저것에 관심이 쏠리는 사회, 쓰고 버리는 사회, 쓰레기를 토해내는 사회는 이런 사고방식에 입각해 자신을 '정당화'한다"[61] 이곳이 오늘날 우리가 살고 있는 사회라는 것이다.

이런 개념들에 기초해 작동하는 현대 신자유주의 사회가 사회적 약자, 즉 어린이, 노인, 여성, 장애자뿐만이 아니라 모든 의미에서의 사회적 부적응자에게 가혹한 스트레스를 주고, 한번 적응한 자에게도 계속해서 재적응하도록 항상 강한 스트레스를 주는 사회, 그러므로 부단히 부적응자를 생산해내고 폭력과 범죄와 더불어 '정신장애'를 수없이 계속 생산해내는 사회가 된다는 것에는 이론의 여지가 없고, 우리가 사는 사회는 이미 그런 사회가 되어 있다. 그럼에도 불구하고 사회 전체에 퍼지는 규율장치의 한 파편으로서, 규율화될 수 없었던 잔재를 재규율화 한다고 주장하는 정신의학의 사회적·법률적 기능은 더 '효율적으로' 작동될 수 있다. 왜냐하면 정신의학이 행사해온 규율권력은 오늘날 뢰레와 그의

61) Riccardo Petrella, "La dépossession de l'État," *Le monde diplomatique*, août, 1999.

의료 스태프로 대표되던 가시적 형식에 의거하지 않고 향정신성 의약품을 통해 개인의 신체 내부에, 그야말로 '뇌의 말랑말랑한 섬유'에 직접 작동하기 때문이다. 그러나 우리가 살고 있는 이 '현실'이라는 공통의 세계가 이미 미쳐 있다면, 정신의학은 '환자'의 '뇌의 말랑말랑한 섬유'에만 **우선적으로** 향정신성 의약품을 통해 일시적인 작용을 가해야 할 것이 아니라, 이 '미쳐 있는 세계'를 **동시에** 치료해야 하지 않을까?

2014년 6월 17일
우이동 연구실에서

찾아보기

ㅇ

ㅊ

ㅋ

ㅌ

ㅍ

ㅎ

표지그림
André Brouillet(1857~1914), *Une leçon clinique à la Salpêtrière*, oil on canvas(290×430cm), Université Paris 5 René Descartes, Paris, 1887.

정신의학의 권력 콜레주드프랑스 강의 1973~74년

초판 1쇄 인쇄 | 2014년 7월 1일
초판 1쇄 발행 | 2014년 7월 7일
초판 2쇄 발행 | 2024년 3월 18일

지은이 | 미셸 푸코
옮긴이 | 오트르망(심세광, 전혜리)
펴낸곳 | 도서출판 난장·등록번호 제307-2007-34호
펴낸이 | 이재원
주　소 | (04380) 서울시 용산구 이촌로 105 이촌빌딩 401호
연락처 | (전화) 02-334-7485　(팩스) 02-334-7486
블로그 | blog.naver.com/virilio73
이메일 | nanjang07@naver.com

책값은 뒤표지에 있습니다. 잘못 만들어진 책은 구입하신 서점에서 바꿔드립니다.
ISBN 978-89-94769-15-8 04100
ISBN 978-89-94769-01-1 (세트)

이 도서의 국립중앙도서관 출판시도서목록(CIP)은
서지정보유통지원시스템 홈페이지(http://seoji.nl.go.kr)와
국가자료공동목록시스템(http://www.nl.go.kr/kolisnet)에서 이용하실 수 있습니다.
(CIP제어번호: CIP2014014378)